BIBLIOTHÈQUE
VILLA STE-MARCELLINE

Le dictionnaire portatif du bachelier

De la Seconde à l'Université

Bruno Hongre

HATIER

© HATIER PARIS JUILLET 1998 - ISBN 2-218-72252-6

Toute représentation, traduction, adaptation ou reproduction même partielle, par tous procédés, en tous pays, faite sans autorisation préalable est illicite et exposerait le contrevenant à des poursuites judiciaires. Réf. : loi du 11 mars 1957, alinéas 2 et 3 de l'article 41. Une représentation ou reproduction sans autorisation de l'éditeur ou du Centre Français d'exploitation du droit de Copie (20, rue des Grands-Augustins 75006 Paris) constituerait une contrefaçon sanctionnée par les articles 425 et suivants du Code pénal.

AVANT-PROPOS

Cet ouvrage répond à un double objectif :

• **Faire connaître les mots indispensables qu'un élève doit posséder à la fin des études secondaires.** Il s'agit, pour la plupart, de termes abstraits que l'on acquiert de la Seconde à la Terminale, comme *aphorisme, exorciser, macrocosme, paroxysme, transgresser,* qui figurent dans les textes que les candidats doivent résumer ou expliquer. L'expérience montre que leur nombre est d'environ 2 000 ; nous les avons sélectionnés et regroupés ici.

• **Faire comprendre en profondeur un certain nombre de mots-concepts,** qui recouvrent des notions qu'une simple définition ne peut suffire à expliquer. Il s'agit de termes appartenant aux sciences humaines, à la philosophie ou à la religion, à la critique littéraire ou artistique, comme *aliénation, idéologie, surmoi, stoïcisme, dogmatisme, métonymie, utopie.* À ces mots, environ 300, nous consacrons un développement plus substantiel, introduisant aux problèmes qu'ils peuvent poser comme concepts.

Les étymologies étant souvent éclairantes, nous ajoutons à cet ensemble les principales racines gréco-latines, lesquelles permettent de mieux saisir environ 600 mots du vocabulaire général ou scientifique (comme *autobiographie, psychopathologie, spectroscope,* etc.).

Une centaine de **locutions classiques,** qui figurent souvent dans le discours journalistique et sont incompréhensibles sans un minimum de références culturelles, ont été également expliquées ici (*boîte de Pandore, coup de Jarnac, franchir le Rubicon,* etc.).

Ce dictionnaire, aisément transportable, devrait faciliter le travail de l'étudiant aussi bien au lycée qu'à la bibliothèque ou à la maison.

Qu'il me soit permis, pour finir, d'exprimer ici toute ma reconnaissance à mon ami Jacques Pignault, dont la collaboration patiente, informée, décisive, m'a permis de mener à bien la réalisation de cet outil de culture, au service de tous ceux qui désirent apprendre.

B.H.

ABRÉVIATIONS

adj.	adjectif
adv.	adverbe
ant.	antonyme
av. J-C.	avant Jésus-Christ
cf.	confer
dir.	direct
f.	féminin
ind.	indirect
intr.	intransitif
inv.	invariable
m.	masculin
n.	nom
n. f.	nom féminin
n. m.	nom masculin
plur.	pluriel
pron.	pronominal
réfl.	réfléchi
sing.	singulier
tr.	transitif
v.	verbe
v. intr.	verbe intransitif
v. pron.	verbe pronominal
v. tr.	verbe transitif

A-. Préfixe d'origine latine (*ad*, « vers »), qui signifie la direction, la jonction, le but à atteindre.
Variantes : *ac-, ad-, af-, al-, at-*, etc. Exemples : *abaisser, accourir, adjoindre, allier, assister, attirer.*

A-, AN-. Préfixe d'origine grecque qui exprime la négation ou la privation. Il s'agit précisément du *a-* privatif, dont la reconnaissance permet de retrouver ou deviner le sens de nombreux mots ; *a-* devient *an-* devant une voyelle. Ex. : *amorphe* (étymologiquement : « qui est sans forme »), *anarchie* (« sans gouvernement »), *aphone* (« sans voix »), *athée* (« sans Dieu »).
Ne pas confondre ce préfixe avec le précédent (*avili* par exemple, ne signifie pas le contraire de « vil » !).

ABERRATION. *n. f.* 1° *(sens scientifique)* Écart, déviation (d'un rayon lumineux par exemple). 2° *(sens courant)* Égarement mental, déviation du jugement. *Par quelle aberration peut-il dire que deux et deux font cinq ?* Par extension : pensée erronée ou conduite « aberrante ».

ABHORRER. *v. tr.* En **langue classique,** avoir en horreur quelqu'un ou quelque chose ; exécrer. Phèdre exprime ainsi à Hippolyte l'horreur qu'elle a d'elle-même :
« *Je m'abhorre encor plus que tu ne me détestes.* » De nos jours, l'emploi de ce verbe est en général parodique : *j'abomine l'auto, j'abhorre le métro !*

ABJECT. *adj.* Répugnant, vil, ignoble. Se dit aussi bien d'une personne que d'une conduite méritant le plus grand mépris. *Une calomnie abjecte.*

ABJURER. *v. tr.* Renoncer solennellement à une religion qu'on professait. *J.-J. Rousseau abjura son protestantisme* *pour devenir catholique, puis plus tard, abjura le catholicisme.* Voir **Renégat**.

ABLATION. *n. f.* Action d'ôter, au *sens propre* (*ablation d'une tumeur, ablation du sein*) comme au *sens figuré* (*une éducation autoritaire qui aboutit à l'ablation de toute pensée personnelle*).

ABNÉGATION. *n. f.* Dévouement total, sacrifice de soi au profit d'autrui ou d'une cause supérieure. *Il servait le Parti avec abnégation.*

ABOIS (être aux abois). *Sens propre* : situation de la biche ou du cerf cernés par la meute de chiens qui *aboient*. *Sens figuré* (le plus fréquent) : être dans une situation désespérée, poursuivi par une série d'ennuis.

ABORIGÈNE. *adj.* et *n.* Qui est originaire du pays où il habite. Se dit en particulier des populations autochtones de l'Australie. Voir **Autochtone**. Comme adjectif, le mot peut s'appliquer aux végétaux.

ABOULIE. *n. f.* Absence maladive de volonté. Incapacité à décider. *Être atteint d'aboulie. Un individu aboulique.*

ABROGER. *v. tr.* Annuler, abolir, en ce qui concerne une loi, un décret. Ne s'emploie pratiquement que dans le cadre juridique.

ABSOLUTISME. *n. m.* Caractère d'un régime politique dans lequel le chef de l'État détient un pouvoir absolu, tente de concentrer dans ses mains toutes les formes de pouvoir. *L'absolutisme de Pierre le Grand, empereur russe. La monarchie absolue de Louis XIV fut une forme d'absolutisme.* Ne pas confondre avec **Étatisme**.

ABSOUDRE. *v. tr.* Pardonner à quelqu'un ses péchés, ses fautes. *« Mais priez Dieu que tous nous veuille absoudre »* (Villon). Noter la construction transitive directe : *absoudre une personne* (alors qu'on dit *pardonner à*).

ABSTRACTION. *n. f.* (du latin *ab-*, « hors de », et *trahere*, « tirer »). Conformément à l'étymologie, l'abstraction est une idée qu'on *extrait* de la réalité concrète. Mais cette notion complexe exige un approfondissement.

1° L'abstraction est d'abord l'*opération* de l'esprit qui tire, qui isole d'une réalité donnée l'un de ses éléments, ou l'une de ses qualités, en mettant à part ses autres aspects.

Par exemple, si je considère un morceau d'étoffe, je peux choisir d'envisager sa couleur, ou sa solidité, ou sa souplesse : dans chaque cas, j'isole un des aspects de la réalité globale que représente le tissu, je le retiens ; du même coup, je laisse de côté les autres aspects. Cette opération double explique les deux sens contraires que peut prendre la notion d'abstraction : « abstraire », c'est à la fois *retenir* un élément et *écarter* les autres. D'où les expressions *faire abstraction de*, « ne pas tenir compte de », et *s'abstraire*, « s'isoler du milieu ambiant ».

2° L'abstraction, c'est aussi le *résultat* de l'opération précédente. La « souplesse » que j'ai isolée est une qualité en soi, une abstraction : par rapport à tous les objets souples, la souplesse est une notion abstraite. De même, par rapport à tous les arbres réels que je connais, le concept d'arbre — le mot lui-même — est une abstraction. De ce point de vue, on peut dire que tous les mots, dans la mesure où ils sont des « concepts » élaborés à partir des réalités qu'ils désignent, sont des abstractions.

3° Plus généralement, les abstractions sont des idées en soi, des notions plus ou moins éloignées de l'expérience sensible. L'idée d'égalité, le concept de beauté idéale, la notion d'espace-temps sont des abstractions sur lesquelles on peut parler, philosopher ou rêver. Cela ne veut pas dire qu'il s'agit de choses irréelles, même si le mot « abstraction » (surtout au pluriel) peut être employé péjorativement : simplement, les abstractions sont alors des *représentations de l'esprit* qui servent, non plus à reproduire, mais à interpréter la réalité. La réflexion abstraite, après s'être éloignée de la réalité concrète, retourne dans un second temps à cette réalité qu'elle a analysée pour mieux la comprendre, ou même la transformer. Voir **Concept, Idée, Système, Théorie.**

ABSTRAIT. *adj.* Qui résulte de l'abstraction (définie ci-dessus). Qui présente un caractère intellectuel, apparemment éloigné de la réalité : *un style abstrait*. Qui se développe indépendamment de l'expérience sensible, de toute référence à la réalité concrète : *une théorie abstraite*, difficile à comprendre. Antonyme : *concret*.

Art abstrait : peinture ou sculpture qui ne cherchent pas à reproduire le réel, mais à produire un univers de formes et de couleurs qui ne représente rien d'autre que lui-même. L'art *abstrait* s'oppose à l'art *figuratif* en ce qu'il n'a pas de

« sujet » identifiable. *Une peinture abstraite. Un peintre abstrait.* Voir **Figuratif**.

ABSURDE. *adj.* Contraire à la raison, insensé, illogique, impossible. *Des propos, des projets absurdes. Des gens absurdes.*

n. m. Ce qui est absurde. *Le sentiment de l'absurde de la condition humaine.* Pour Camus, notamment, l'esprit humain désire que toute chose ait un sens, alors que le monde n'a pas de sens : de cette confrontation naît la conscience de l'absurde, que l'homme doit assumer.

Démonstration par l'absurde : démonstration qui prouve la validité d'une proposition en montrant que la thèse inverse aboutit à des conséquences absurdes.

ABUSER. *v. tr. ind.* User mal ou excessivement de quelque chose : *abuser du tabac, abuser du pouvoir. Un abus de langage* (un usage incorrect).

v. tr. dir. Tromper quelqu'un (en abusant, justement, de sa naïveté). *S'abuser :* se tromper soi-même. Expression fréquente : *Si je ne m'abuse,* si je ne me trompe.

ABUSIF. *adj.* Qui constitue un abus, est la conséquence d'un abus. *L'emploi abusif d'un mot. Des mesures abusives. Des reproches abusifs.*

N.B. Cet adjectif ne s'applique pas aux personnes.

ABYME (mise en abyme) *n. m.* Dans certains tableaux, le peintre insère un miroir qui reflète la scène reproduite ; dans ce miroir, il y a donc en miniature la scène elle-même avec le miroir qui la reflète ; et ainsi de suite... De la même manière, dans certains récits, on voit l'auteur mettre en scène un écrivain en train d'écrire un roman qui est justement le récit que narre le romancier (c'est le cas des *Faux-Monnayeurs* de Gide). Ce procédé qui consiste à insérer dans une œuvre un élément qui la reflète (tableau dans le tableau, récit dans le récit, motif partiel qui se fait le miroir de la représentation d'ensemble) se nomme précisément *composition en abyme.*

ACADÉMISME. *n. m.* Respect rigide des règles établies, en art ou en littérature. Imitation étroite des modèles conventionnels. Terme le plus souvent péjoratif. Voir **Classicisme, Modernisme**.

ACARIÂTRE. *adj.* Se dit d'une personne d'humeur désagréable, souvent agressive, pleine d'aigreur, d'acrimonie. *Dans les contes, la belle-mère est souvent acariâtre.*

ACCALMIE. *n. f.* Période de calme, de paix, après l'agitation. *Une accalmie, entre deux crises.*

ACCENTUATION (poétique). *n. f.* Dans un vers, l'accentuation est la disposition particulière des *accents toniques*, destinée à faire ressortir le rythme de ce vers. Voici par exemple l'accentuation d'un vers de La Fontaine :

Le long d'un clair ruisseau buvait une colombe

Ces quatre accents marquants guident la *diction* du vers : les syllabes fléchées doivent être prononcées plus intensément.

Pour comprendre et repérer l'accentuation d'un vers, il faut savoir que :

1° Le français est une langue accentuée, en prose comme en vers. L'accent tonique porte en général sur la dernière syllabe d'un mot (sur l'avant-dernière s'il se termine par un *e* muet) : il consiste à donner une intensité et une durée plus fortes à cette syllabe. Voici par exemple, en italiques, où se placent les accents des mots suivants : triste*ment*, catas*troph*e, am*our*, éphé*mèr*e, plai*sir*, espér*anc*e, étern*ité*.

2° Quand les mots sont groupés entre eux (groupe verbal, groupe nominal, courte proposition), l'ensemble porte un *accent de groupe*, toujours sur la dernière syllabe : un clair ruiss*eau*, bienheureux les p*auv*res, ne te verrai-je *plus*, glissant sur l'eau n*oire*. Cela ne supprime pas l'accent propre à chaque mot, mais le fait passer au second plan.

3° Dans le vers, et particulièrement dans l'alexandrin, les accents déterminent ainsi des groupes de mots : ils sont comme les mesures de base qui composent le rythme d'ensemble ; chaque groupe est suivi, après la syllabe accentuée, d'une pause plus ou moins marquée, qu'on appelle *coupe* (voir **Césure**). Bien entendu, le lecteur garde une certaine latitude dans sa diction. Si l'on reprend le vers de La Fontaine cité plus haut, on peut lui donner les deux modulations suivantes :

Le long d'un clair ruisseau / buvait une colombe

Ou bien :

Le long / d'un clair ruisseau / buvait / une colombe

Rythme et accentuation sont ainsi extrêmement liés l'un à l'autre. Naturellement, l'accentuation existe aussi dans les textes en prose. Elle contribue à marquer le rythme de la phrase, ses coupes, son ampleur. Elle mérite un examen attentif dans les discours particulièrement éloquents (étude du *style périodique*) et dans la prose poétique (les *versets* par exemple).

ACCEPTION. *n. f.* Sens particulier d'un mot. L'une de ses significations parmi d'autres. *Dans quelle acception employez-vous le mot « valeur », au sens financier ou au sens moral ?*

Ne pas confondre ce mot avec le mot *acceptation* (le fait d'accepter).

ACCESSION. *n. f.* Fait d'accéder, d'arriver à quelque chose : *accession à la propriété ; accession au pouvoir.*

ACCOINTANCES. *n. f.* Relations, connaissances. *Avoir des accointances dans tel ou tel milieu.*

ACCOUTUMANCE. *n. f.* 1° Fait de s'habituer progressivement ; habitude qui en résulte. 2° *(en matière de drogue)* Dépendance physique ou psychique, habitude qu'on ne peut vaincre.

ACCRÉDITER. *v. tr.* 1° *Accréditer quelqu'un :* lui conférer la qualité nécessaire pour remplir une mission, occuper un poste.

2° *Accréditer quelque chose :* faire croire à sa réalité. Authentifier, propager une nouvelle, une rumeur. Voir **Crédit, Discréditer**.

ACCULTURATION. *n. f.* Processus par lequel un individu ou un groupe humain assimile les valeurs culturelles d'une civilisation étrangère. Cette adaptation peut être totale (cas d'un immigré qui s'intègre en abandonnant sa culture d'origine) ou partielle (cas d'une population anciennement colonisée qui reprend à son compte une bonne part des valeurs culturelles, des modes de vie ou de pensée du pays colonisateur).

Le mot « acculturation » n'est pas en soi péjoratif : il décrit un phénomène socio-économique qui peut être jugé positif ou négatif, ou partiellement l'un et l'autre, par les intéressés. Lorsque le phénomène est considéré comme négatif (destruction d'une culture originale, à jamais perdue, par une civilisation impérialiste), on doit alors employer le mot *« déculturation »*. Voir **Culture (sens n° 2), Aliénation, Idéologie**.

ACERBE. *adj.* Aigre, blessant, mordant, virulent. S'emploie essentiellement pour qualifier des paroles ou des écrits. *Des remarques acerbes, des critiques acerbes.*

ACHOPPER. *v. intr.* Buter sur un obstacle. *Les discussions du GATT ont achoppé sur la question agricole.* À propos de ce type de difficultés, on parle souvent, au sens figuré, de *pierre d'achoppement*.

A CONTRARIO. Locution d'origine latine (invariable) qui signifie littéralement *« à partir du contraire »*. Cette locution s'applique à une forme de raisonnement qui consiste à établir une vérité en montrant ce que produit le cas contraire. Pour prouver que A entraîne B, on montre que le contraire de A entraîne le contraire de B. Par exemple, si je veux montrer que le travail est un bien, je prends le cas contraire — le chômage — et je montre que c'est un mal. En montrant que le manque de travail est un malheur, j'ai « prouvé » que le travail est un bienfait : j'ai fait un raisonnement *a contrario*.

ACQUIESCER. *v. tr. ind.* Donner son accord, consentir à. L'acquiescement peut être signifié par des paroles, mais le plus souvent par des gestes (regard affirmatif, signe de tête). Il peut aussi être tacite.

ACQUIS. 1° *adj.* Se dit de ce qu'acquiert l'individu, par opposition à ce qu'il reçoit de naissance. En biologie, on oppose par exemple les *caractères acquis* (obtenus par l'adaptation au milieu) au patrimoine génétique, qui est *inné*. Voir **Inné**.

2° *n. m.* Ce qui est obtenu définitivement : *avoir de l'acquis* (du métier, de l'expérience). *Les acquis sociaux* (conquêtes sociales sur lesquelles on ne saurait revenir).

ACQUIT. *n. m.* Reconnaissance écrite d'un paiement. Au sens figuré, *par acquit de conscience* : pour délivrer sa conscience de tout regret (le regret étant assimilé à une dette morale).

Ne pas confondre avec *acquis*.

ACRIMONIE. *n. f.* Humeur agressive qui se traduit par des propos acerbes. *Il ne sait pas parler sans acrimonie.*

ACTANT. *n. m.* Néologisme employé par les spécialistes de la narratologie (science du récit) pour désigner un personnage ou une réalité agissante dans le déroulement de l'action d'un roman, d'une pièce ou d'un film. Dans *L'Étranger* de Camus, par exemple, le meurtre de l'Arabe résulte du conflit entre deux «actants» : le personnage de Meursault, qui veut fuir, et le soleil hostile, qui le fait agir. Voir **Adjuvant, Opposant**.

ACTE MANQUÉ. En **psychanalyse**, conduite aboutissant à faire autre chose que ce qu'on a voulu réellement faire, sous l'effet d'un désir inconscient qui s'y oppose. Par exemple, envoyer un chèque en oubliant de le signer (en toute bonne foi !) est un acte manqué : au fond de soi, on ne voulait pas payer. Voir **Lapsus**.

ACTUALISER. *v. tr.* 1° Rendre actuel, moderniser.

2° En **économie** : estimer en valeur actuelle des dépenses, des coûts ou des biens relatifs à une autre époque — passée ou future.

3° En **linguistique** : rendre effectif, par l'usage, le potentiel d'une langue. La langue est en effet un ensemble de possibilités au service du locuteur ; chaque emploi de celle-ci, chaque énoncé concrétise certaines de ces possibilités : on dit ainsi que la *« parole »* actualise la *« langue »*. Voir ces mots.

ACUITÉ. *n. f.* Caractère de ce qui est aigu, perçant, intense, aussi bien au sens propre qu'au sens figuré. *Acuité visuelle. Acuité d'une sensation. Acuité d'un esprit.*

AD ÆTERNAM. Locution latine, abréviation de *ad vitam aeternam*, qui signifie couramment : pour toujours, à longueur de temps.

ADAGE. *n. m.* Proverbe ou maxime, à portée morale ou juridique. *L'adage antique « mens sana in corpore sano »* (un esprit sain dans un corps sain). De nombreux mots servent à désigner, avec certaines nuances, les règles de vie :

aphorisme, devise, formule, maxime, précepte, principe, proverbe, sentence.

ADEPTE. *n. m.* Partisan d'une doctrine ; adhérent d'une école, d'une secte, d'une religion, d'une mode. *Les adeptes du nudisme.*

ADÉQUAT. *adj.* Approprié, convenant parfaitement à son objet. *Un style adéquat. Le lieu adéquat.* Lorsqu'on apprécie la littérature classique, on souligne souvent l'*adéquation* de la « forme » et du « fond ».

AD HOC. Locution latine. Tout à fait adapté ; particulièrement qualifié. *C'est la personne ad hoc.* Notons que, contrairement au mot précédent, dont le sens est proche, celui-ci s'emploie généralement à propos des personnes.

AD HOMINEM. Locution latine qu'on rencontre essentiellement dans l'expression *« argument ad hominem »*, c'est-à-dire : « qui s'en prend à l'homme ». Au lieu de discuter le fond de ses idées, on s'attaque bassement à la personne.

ADJURER. *v. tr.* Demander instamment, supplier quelqu'un avec force (souvent au nom de Dieu). Ne pas confondre avec le paronyme **abjurer**. *Je t'adjure de changer de conduite.*

ADJUVANT. *n. m.* 1° Médicament, produit qui vient renforcer un traitement. 2° En *narratologie* (science du récit), personnage, force ou objet qui vient aider le héros. Voir **Actant, Opposant**.

ADMONESTER. *v. tr.* Réprimander sévèrement, avertir. *Admonester un enfant.*

ADOUBER. *v. tr.* Au Moyen Âge, armer chevalier. Ce verbe s'emploie parfois au *sens figuré* pour évoquer une sorte de droit plus ou moins officiel à exercer une fonction. *Je n'attends pas d'être adoubé par le Président de la République pour me porter candidat à sa succession.*

ADULER. *v. tr.* Flatter, encenser, choyer, fêter. *Un artiste adulé par les médias.*

ADVERSITÉ. *n. f.* Situation dans laquelle tous les événements semblent contraires. *Demeurer stoïque dans l'adversité.*

AFFABLE. *adj.* Accueillant, aimable, à qui l'on peut parler, bienveillant. *Un homme affable* (et non pas «à femme», — malentendu observé).

AFFECT. *n. m.* En *psychologie*, état affectif élémentaire, émotion ponctuelle. *Il était traversé d'affects contradictoires.* Voir **Affectivité**.

AFFECTATION. *n. f.* (voir aussi le mot suivant).

1° Destination à un usage déterminé. *Affectation d'une somme à l'achat d'une voiture. Affectation d'un bâtiment à un usage précis.* Dans ce sens, l'antonyme est *désaffectation*.

2° Désignation ; action d'affecter quelqu'un à une fonction (ou à un lieu), notamment dans le langage militaire.

Ne pas confondre ce mot avec son homonyme, qui suit.

AFFECTATION. *n. f.* (voir aussi mot précédent). Manière d'être apprêtée, précieuse, recherchée. Antonymes : *naturel, simplicité*. Ne pas confondre ce mot avec son homonyme, qui précède.

AFFECTER. *v. tr.* (voir les mots *affectation* et *affection*).

1° Destiner à ; procéder à l'affectation de quelqu'un à quelque chose. *Il a été affecté au service des achats.*

2° Afficher (une manière d'être), prendre une attitude ; poser, manifester de l'affectation. *Il affecta l'indifférence. Un style affecté.*

3° Toucher, faire impression sur ; modifier en mal. *Il a été douloureusement affecté par cette nouvelle.*

AFFECTION. *n. f.* 1° (sens *psychologique* et aussi *médical*). État affectif heureux ou non (mais le plus souvent douloureux). Maladie : *une affection aiguë*. Voir **Affectivité**.

2° Sentiment tendre et «affectueux» envers quelqu'un ; attachement. *Avoir de l'affection pour ses vieux parents.* Antonyme : *désaffection*.

AFFECTIVITÉ. *n. f.* Ensemble des états affectifs de l'être humain. Sensibilité, émotions, sentiments, états d'âme. *Il paraissait indifférent, dénué de toute affectivité.*

Au sens large, l'affectivité peut désigner tout le psychisme humain en tant qu'il est sans cesse traversé d'**affects**, touché, mobile, agissant et réagissant. Dans un *sens plus limité*, on réservera l'emploi du mot *affectivité* aux sentiments et aux émotions, à tout ce qui est de l'ordre du «cœur» (joie, souffrance, tendresse, colère). *C'est un être* *essentiellement affectif : l'affectivité domine tout son comportement.*

AFFINITÉ. *n. f.* En chimie, propriété qu'ont deux éléments de s'assembler. En général : parenté secrète, correspondance entre des choses ou entre des êtres. Souvent employé au pluriel. *Avoir des affinités avec quelqu'un. Les Affinités électives* (titre d'un roman de Goethe) : sympathies profondes conduisant certains êtres à se choisir mutuellement.

AFFLICTION. *n. f.* Vive et immense douleur. Ce terme littéraire correspond au verbe ***affliger*** (désoler profondément).

AFFRANCHI. *adj.* et *n.* Rendu libre, en parlant des esclaves. *A Rome, les esclaves affranchis devenaient citoyens romains.* Sens actuel : qui s'est libéré des règles morales ou sociales. *Vivre en affranchi. Une femme affranchie* (de mœurs libres).

AFFRES. *n. m. plur.* Horribles souffrances. *Les affres de l'agonie. Les affres de la jalousie.* S'emploie parfois ironiquement : *j'attendais dans les affres mes résultats au concours.*

A FORTIORI. (locution latine, employée couramment). À plus forte raison. *Un argument a fortiori. Si un gramme d'arsenic suffit à empoisonner un chien, a fortiori un kilo !*
N.B. On ne met pas d'accent sur le *a* de la locution *a fortiori.*

AGAPES. *n. f. pl.* (du grec *agapê*, « amour » au sens de charité). Repas entre amis, festin. *Des agapes fraternelles.* Se dit souvent, de nos jours, sur un ton de plaisanterie, pour désigner des repas copieux et joyeux. *Se livrer à de perpétuelles agapes.*
N.B. Le terme, selon son étymologie, avait chez les premiers chrétiens une connotation de fraternité spirituelle : le repas communautaire avait un sens religieux. Passé dans la langue profane, il n'a plus du tout la même résonance !

AGGIORNAMENTO. *n. m.* Mise à jour, adaptation de la tradition de l'Église au monde actuel. Répandu au début des années 60, ce terme s'emploie en général pour désigner toute adaptation d'une institution à la réalité contemporaine.

AGNOSTICISME. *n. m.* Doctrine philosophique selon laquelle l'esprit humain ne peut connaître que ce qui est à la portée des sens et de la raison. Le reste — les problèmes métaphysiques, la question de Dieu, l'immortalité de l'âme — échappe donc à la pure intelligence de l'homme, et doit être considéré comme «inconnaissable», que cela soit ou ne soit pas. C'est donc à tort que le mot agnosticisme est parfois employé comme synonyme d'incroyance ou d'athéisme. L'*agnostique* est celui qui refuse de se prononcer sur ces questions, voilà tout. Voir **Athéisme, Déisme, Métaphysique, Scepticisme**.

AGNOSTIQUE. *adj.* et *n.* Qui manifeste de l'agnosticisme (cf. ci-dessus). Notons qu'on peut trouver ce mot dans le sens d'incroyant, d'athée, même s'il s'agit d'une extension abusive de sa signification.

-AGOGIE. -AGOGUE. Éléments issus de la racine grecque -*agog*-, qui signifie «conduire, diriger». On a ainsi les mots *démagogie, démagogue* (littéralement «qui guide le peuple», mais voir le sens précis du mot); *pédagogie, pédagogue, pédagogiquement* (littéralement : «qui guide l'enfant»); *synagogue* (littéralement : «qui conduit ensemble, qui rassemble»).

N.B. Ces étymologies ne donnent qu'une première approche du mot; il convient d'en vérifier le sens précis.

AGON-. Racine grecque qui signifie «combat, lutte». On la retrouve dans les mots *antagonisme* (littéralement : «combat contre»), *agonie* (lutte contre la mort), *protagoniste* (littéralement : «premier combattant»).

AGORA. *n. f.* Dans la Grèce antique, place publique où se tenait l'assemblée du peuple. Le mot d'origine latine correspondant est le mot **forum**.

AGORAPHOBIE. *n. f.* Construit à partir du mot grec précédent, ce mot désigne la peur panique, la «phobie» des lieux publics et des espaces libres. Antonyme : *claustrophobie* (peur de l'enfermement, hantise des lieux clos).

AGRAIRE. *adj.* (cf. la racine *agri-, agro-*). Relatif aux champs, à la terre, mais dans un sens économique ou juridique. *Réforme agraire. Mesures agraires. Structure agraire.* Voir ci-dessous la différence avec *agreste*.

AGRÉER. *v. tr.* Recevoir favorablement. *Agréer une demande. Agréer quelqu'un. Se faire agréer quelque part.*

Agréer des sentiments. Veuillez agréer l'expression de mes sentiments respectueux.

AGRESTE. *adj.* Relatif aux champs, dans un sens littéraire, poétique (comparez avec *agraire*). *Le charme agreste de ces lieux.* Synonymes : *champêtre, pastoral, rustique.*

AGRI-, AGRO-. Racine latine qui signifie « champ », d'où proviennent les mots : *agriculture, agro-alimentaire, agronomie,* etc.

AGUERRIR. *v. tr. (sens propre)* Accoutumer à la guerre, à ses dangers. *(sens figuré)* Habituer à supporter des épreuves difficiles. *S'aguerrir :* s'endurcir, se fortifier dans l'épreuve.

AJOURNER. *v. tr.* Renvoyer à un autre jour ; remettre à une date ultérieure. *Ajourner un candidat :* le renvoyer à une prochaine session.

ALAMBIQUÉ. *adj.* (à partir de l'image de l'alambic) Exagérément compliqué. Biscornu, contourné, entortillé, faussement subtil. *Un esprit alambiqué.*

ALCHIMIE. *n. f.* Au Moyen Age, science secrète dont l'objectif était la transmutation des métaux. L'*alchimiste*, qui était aussi un philosophe mystique, recherchait notamment la « pierre philosophale », substance capable de transformer les métaux en or pur.

Sens figuré : art secret d'analyser et de métamorphoser les choses. *« L'alchimie de la douleur »* (Baudelaire) *« L'alchimie du verbe »* (Rimbaud). Le poète, selon Baudelaire, est capable de transformer en beauté la médiocrité du monde ordinaire ; aussi déclare-t-il à la ville de Paris (et c'est bien une tâche d'alchimiste) :

« *Tu m'as donné ta boue et j'en ai fait de l'or* ».

ALÉATOIRE. *adj.* Incertain, hasardeux, qui dépend des divers « aléas » (événements imprévisibles) de la vie. *Des résultats aléatoires.*
Qui est le résultat du pur hasard. *Séries aléatoires.*

ALEXANDRIN. *n. m.* Vers français de douze syllabes. Ce terme vient du récit en vers *Le Roman d'Alexandre*, l'un des premiers textes écrits en vers de douze syllabes, au XIIe siècle. Voir **Césure, Hémistiche**.

ALGIE. *n. f.* Douleur vague. Ce mot, issu d'une racine

grecque, se retrouve dans de nombreux mots relatifs à la souffrance : *analgésique* (littéralement : « qui supprime la douleur »), *gastralgie* (littéralement : « douleur d'estomac »), *névralgie* (« douleur des nerfs »), *nostalgie* (« mal du retour », c'est-à-dire : mal du pays, où l'on voudrait retourner).

ALIAS. *adv.* (mot latin) Autrement appelé. *Jean-Baptiste Poquelin alias Molière.* Le terme a parfois une connotation péjorative : on l'emploie pour révéler le pseudonyme de quelqu'un qui se cachait sous un faux nom. *Jacques Collin, alias Vautrin.*

ALIBI. *n. m.* Ce mot signifie en latin : « ailleurs ». *Alibi* a d'abord été employé, dans son sens propre, pour signifier que l'auteur présumé d'un méfait, étant *ailleurs* au moment du délit, était innocent : il avait un « alibi ». À partir de là, le mot sert à désigner toute excuse, preuve plus ou moins valable, justification avancées pour s'innocenter d'une conduite blâmable. *Les problèmes de ses parents servent d'alibi à son absentéisme.*

ALIÉNATION. *n. f.* Folie. Asservissement. Dépossession (de soi). La signification de ce mot part du double sens du latin *alienus* : « qui appartient à un autre, qui est autre ; qui est éloigné, étranger, hostile ». Le **concept d'aliénation** comprend donc toujours une idée de dépossession, d'appartenance à autrui, d'étrangeté (fût-ce vis-à-vis de soi-même), d'éloignement hostile. D'où la série de sens suivants :

1° **Sens médical.** Folie, aliénation mentale. État d'une personne dont l'esprit est égaré, devenu étranger à lui-même, et comme possédé par un autre esprit. La personne aliénée est *étrangère* à son environnement.

2° **Sens juridique.** Cession d'un bien ou d'un droit à une autre personne, cette dépossession se faisant à titre gratuit ou onéreux. Par extension, perte, abandon involontaire de ce dont on bénéficiait. *S'aliéner quelqu'un :* perdre sa confiance, le rendre hostile. *Cet acteur s'est aliéné la sympathie de la foule.*

3° **Sens marxiste.** Dans son travail, l'ouvrier est *dépossédé* de son activité créatrice au profit du système de production ; il « s'aliène » dans les choses qu'il produit, ne s'appartient plus, devient étranger à sa propre vie. De même, dans sa croyance religieuse, selon Marx, le peuple adhère à une idée de Dieu que la classe dominante (la bourgeoisie, le clergé) lui a mise dans la tête pour mieux le soumettre ici-bas, en le faisant rêver d'un paradis futur (« *La religion est l'opium du peuple* ») : il est « aliéné » par l'idéologie, la vision du monde qu'on lui a inculquée.

4° **Sens sociologique général.** Dans le sillage de Marx (lui-même inspiré de Hegel), le terme d'aliénation a été repris par de nombreux auteurs. Il est devenu synonyme d'asservissement économique, politique, religieux, médiatique, ce qui est sans doute une généralisation abusive. Il faut garder au mot son sens d'origine, appliqué à la conscience individuelle ou collective : *il y a aliénation chaque fois que le sujet, conditionné par des idées venues d'ailleurs, croit penser personnellement alors que c'est « l'autre » qui pense en lui*. De ce point de vue, on a pu établir plusieurs étapes dans le processus d'asservissement d'un peuple ou d'une classe sociale : la **domination**, acte brutal d'un pouvoir qui s'impose par la force ; l'**exploitation**, système économique d'organisation de la servitude (l'individu a besoin d'obéir pour survivre) ; l'**aliénation** proprement dite, système d'assujettissement *idéologique* (l'individu se soumet « librement » en croyant agir dans son propre intérêt).

Voir **Asservissement, Culture, Idéologie, Marxisme**.

ALINÉA. *n. m.* Début en retrait de la première ligne d'un paragraphe. Par extension, le paragraphe lui-même.

ALLÉGATION. *n. f.* Affirmation ; propos que l'on allègue pour se justifier ; fait qu'on met en avant pour s'excuser. Ce terme a souvent une connotation péjorative : *des allégations mensongères*. Voir **Assertion**.

ALLÉGORIE. *n. f.* 1° Au *sens strict*, l'allégorie est une figure de style consistant à personnifier une idée, une abstraction. Par exemple, la représentation de la Mort sous l'aspect d'une faucheuse, la figuration de l'Amour par un personnage qui lance des flèches (Cupidon), sont des allégories. Ces deux exemples montrent que l'allégorie est aussi bien présente en peinture et en sculpture qu'en littérature. Dans ce sens premier, c'est l'idée de personnification d'une réalité (qui n'a en soi aucun caractère personnel) qui est décisive : Marianne symbolisant la République est ainsi une allégorie caractéristique.

2° Dans un *sens plus large*, l'allégorie peut être un tableau ou un récit dont les divers éléments renvoient aux différentes significations d'un thème général qu'ils illustrent. Par exemple, la Carte du Tendre de Mlle de Scudéry est une allégorie dont les moindres détails géographiques sont censés symboliser les mille et une nuances de l'Amour. Un récit comme l'histoire d'Adam et Ève, qui n'a rien d'historique, peut être considéré comme une allégorie qui symbolise la chute de l'humanité séduite par le péché (le fruit défendu). De tels tableaux ou récits supposent une interprétation de leurs divers sens, puisqu'il s'agit de représentations symboliques. On parlera donc à ce propos d'interprétation *allégorique*, ce qui est le cas pour de nombreux textes sacrés dont le sens littéral couvre un sens figuré. Voir **Anthropomorphisme, Métaphore, Personnification, Symbole.**

ALLÉGRESSE. *n. f.* Joie intense, qui se traduit par de l'entrain, de l'enthousiasme manifesté devant tous. *L'allégresse était générale.*

ALLEGRO. *adv. et n.* En musique, mouvement rapide (c'est-à-dire qui a un rythme allègre, enjoué). À distinguer du *presto*, beaucoup plus rapide, et de l'*allegretto*, plus lent (et qui peut avoir une tonalité mélancolique, comme l'*Allegretto* de la 7e symphonie de Beethoven).

ALLERGIE. *n. f. (sens propre, médical)* Réaction excessive de l'organisme à certaines substances « allergènes » (pollen, venin, etc.), qui peut entraîner des désordres assez graves. *(sens figuré)* Incompatibilité ; antipathie, aversion à l'égard de. *Allergie à l'armée. Allergie à la publicité.*

ALLIANCE DE MOTS. Expression qui signifie en réalité « alliance de mots *contradictoires*. » Il s'agit de la figure de style nommée *oxymore*, qui consiste à produire un effet saisissant en associant deux termes de sens opposés : *« l'obscure clarté »* (Corneille), *le « soleil noir »* (Nerval), *« une sublime horreur »* (Balzac), *une paix armée.* Voir **Antithèse, Oxymore.**

ALLITÉRATION. *n. f.* En *poésie* (le plus souvent), répétition de plusieurs consonnes identiques, à intervalles marqués, pour produire un effet expressif (harmonie imitative ; insistance ; jeu sonore). On cite rituellement ce vers de Racine, dont le jeu sur les *s* évoque les sifflements : « Pour qui sont ces serpents qui sifflent sur vos têtes ? »

Mais l'allitération est un procédé stylistique également

présent en *prose*, comme dans ce jeu sur la lettre *t* : « Ton thé t'a-t-il ôté ta toux ? ». Ne pas confondre avec **Assonance**.

ALLOCENTRIQUE. *adj.* (du grec *allo-*, « autre »). Qui est centré sur les autres, tourné vers l'extérieur, ouvert, désintéressé. Antonyme : *égocentrique*. Ces mots ne s'emploient qu'à propos d'une personne.

ALLOCUTION. *n. f.* Discours relativement bref, adressé à un public déterminé : assemblée d'amis, foule de militants, public d'auditeurs ou de téléspectateurs. *L'allocution télévisée du Chef de l'État.* Ne pas confondre avec les paronymes *allocation* et *élocution*.

ALLOPATHIE. *n. f.* (du grec *allo-* qui signifie « autre » et *patho-* qui signifie « maladie ») Médecine classique, qui traite le mal par des remèdes contraires au mal (« autres »), à la différence de l'**homéopathie**, qui traite le mal par le mal.

ALTER-. Racine latine signifiant « autre », qu'on trouve aussi sous la forme *-ulter*, assez fréquente en français (voir les mots ci-dessous, et aussi : *alterner, alternance, alternatif, alternateur, adultère, subalterne*).

ALTERCATION. *n. f.* Échange de propos vifs et désobligeants avec quelqu'un, dispute, prise de bec. Ne pas confondre avec *altération* (voir mot suivant, premier sens).

ALTÉRÉ. 1° *Participe passé* (du verbe *altérer*), qui veut dire : « rendu autre », modifié, dénaturé, faussé (à l'inverse de ce qui est *« inaltérable »*).
     2° *Adjectif* qui signifie « assoiffé » (antonyme : *désaltéré*), et qui peut être employé au figuré : *altéré de*, avide de. *Altéré de sang.*

ALTER EGO. Expression latine signifiant *« un autre soi-même »*. Ami, personne de confiance par qui l'on se sent capable d'être parfaitement remplacé. L'expression est invariable et s'écrit sans accents.

ALTÉRITÉ. *n. f.* Caractère de ce qui est autre (cf. la racine *alter-*), de ce qu'on ressent comme autre. Fait d'être autre, de se ressentir comme autre. Antonyme : **Identité**.

ALTERNATIVE. *n. f.* Situation qui comporte *deux* possibilités, entre lesquelles il faut choisir. Souvent, aucune n'est satisfaisante, et l'on parle de *cruelle alternative* comme on parle de *cruel dilemme* (voir ce mot).

N.B. L'*alternative* ne doit jamais désigner une seule des options possibles ; mais la méprise est si fréquente qu'il faut faire état de cet usage.

ALTRUISME. *n. m.* Intérêt pour autrui, désir de se dévouer aux autres. Philosophie morale selon laquelle le bien consiste à servir ses semblables, à vivre pour autrui. Antonymes : **Égoïsme, Hédonisme, Individualisme**.

AMBAGES (SANS). Locution qui signifie : sans détours, sans circonlocutions, sans fioritures ; de façon franche et directe. *Expliquez-vous sans ambages.*

AMBIGUÏTÉ. *n. f.* Caractère de ce qui est ambigu, c'est-à-dire qui présente plusieurs sens possibles ; et donc, qui est difficile à interpréter ; qui est équivoque, trouble. Manque de clarté, aussi bien d'une phrase que d'une conduite. *Parler sans ambiguïté. L'ambiguïté de son comportement.*

AMBIVALENCE. *n. f.* Étymologiquement : qui a *deux* valeurs. Mais le mot désigne ce qui a deux valeurs *de sens opposé*, que l'on peut mettre en évidence. L'ambivalence peut concerner des mots à double sens (comme par exemple le mot *contre* dans la formule de Sacha Guitry : « *Je suis contre les femmes, tout contre, le plus près possible* ») aussi bien que des conduites, des situations ou des sentiments.

En **psychanalyse**, notamment, l'ambivalence est un concept-clé : par exemple, l'être qui donne tout (la mère) peut à la fois être l'objet d'un amour infini (puisqu'elle donne tout) et d'une crainte totale (puisqu'elle a le pouvoir de tout retirer) de la part du petit enfant ; ou encore, le fils peut à la fois admirer le père (modèle idéal) et désirer l'éliminer pour prendre sa place, tellement il veut *devenir* lui. On voit que l'ambivalence se distingue de l'ambiguïté, dans la mesure où elle suppose la coexistence d'aspects contradictoires mais clairement identifiables.

ÂME. *n. f.* (du latin *anima* , « vie », « âme » au sens n° 1).

1° **Sens religieux.** Principe spirituel de l'homme, considéré comme pouvant se séparer du corps, devenir immortel et être jugé (damné ou sauvé) par Dieu. *Vendre son âme au diable. Dieu ait son âme.*

2° **Sens philosophique** *(courant).* L'esprit, la pensée, la conscience, par opposition au corps. *Se donner corps et âme.*

3° **Sens proprement moral.** Conscience du bien et du mal ; principe de la vie morale. *J'ai l'âme en paix. La grandeur d'âme.*

4° **Sens psychologique large.** Ensemble des états intérieurs ; psychisme, affectivité. *L'état d'âme. J'ai du vague à l'âme.*

5° Être vivant, personne. *Une ville de vingt mille âmes. Venez, mon âme.*

6° **Sens figuré.** Force ou esprit qui anime une réalité, humaine ou non. *L'âme d'un peuple. Il était l'âme de ce complot. L'âme de la forêt.*

Voir **Animisme, Anthropomorphisme, Dualisme, Spiritualisme**.

AMEN. *adv.* En latin, issu de l'hébreu : «Ainsi soit-il», mot par lequel se terminent les prières chrétiennes. *Dire amen :* acquiescer, approuver.

AMENDER (s'). *v. pron.* S'améliorer, se corriger de ses fautes. **Faire amende honorable :** manifester le regret de ses actes ; réparer ses torts à l'égard de quelqu'un.

AMÉNITÉ. *n. f.* Fait d'être amène, c'est-à-dire aimable, avenant, gentil. S'emploie surtout dans l'expression **sans aménité** : brutalement, durement.

AMENUISER (s'). *v. pron. réfl.* Devenir plus petit, de plus en plus petit.

AMERTUME. *n. f. (sens propre)* Goût amer d'une substance. *(sens figuré)* Sentiment de tristesse et de déception, rancœur, frustration, à la suite de ce qu'on ressent comme une injustice, un sort contraire.

AMNÉSIE. *n. f.* (du grec *a-* privatif et *-mnèse*, «souvenir»). Perte de mémoire totale ou partielle. Signalons le mot **anamnèse**, de la même famille, qui signifie à l'inverse : effort pour se remémorer le passé, pour garder le souvenir (c'est le cas d'une prière de la messe).

AMORAL. *adj.* Qui est indifférent à la morale, étranger à toute idée de morale. L'être amoral n'a pas la conscience de ce qu'il faut faire ou ne pas faire : on ne peut porter sur lui de jugement moral.

Il faut donc bien distinguer ce mot de l'adjectif **immoral** qui, à l'inverse, qualifie la personne ou la conduite qui viole les règles de la morale en connaissance de cause.

AMORCE. *n. f.* Au *sens figuré* : commencement, début, ébauche. *Cet incident fut l'amorce d'une véritable révolution.*

AMORPHE. *adj.* (*a-* privatif et racine grecque *morph-*, « forme »). *(sens propre)* Qui n'a pas de forme. *(sens figuré)* Inerte, mou, sans énergie, sans réaction. *Il était complètement amorphe.*

AMPHI-. Racine d'origine grecque qui signifie « des deux côtés » ou « autour de ». **Amphibie** (qui vit ou va dans l'air comme dans l'eau), **Amphibologie** (expression à double sens, comme *« je veux votre bien »*), **Amphithéâtre** (édifice totalement ou partiellement circulaire).

AMPLIFICATION. *n. f.* 1° **Sens général** : action d'amplifier, de grossir, d'intensifier. *Amplification des sons. Amplification de la rumeur.*

2° **Sens particulier :** en rhétorique, figure de style qui consiste à faire progresser l'idée par une énumération de termes de plus en plus forts, et souvent de longueur croissante. Voir **Anaphore, Gradation**.

AMPOULÉ. *adj.* Se dit d'un style ou d'un discours boursouflé, plein d'emphase, sans simplicité.

AMPUTER. *v. tr.* Au *propre* comme au *figuré* : couper, ôter, retrancher. *Amputer quelqu'un d'un membre. Amputer un film d'une séquence.*

ANA-. Racine grecque qui peut signifier « de bas en haut », « d'avant en arrière », ou « de nouveau ». Ne pas confondre avec le préfixe *an-* privatif. Exemples : *anachronisme, anagramme, analyse, analogie, anaphore*. Voir ces mots.

ANACHORÈTE. *n. m.* Voir au mot **Sybarite**.

ANACHRONIQUE. *adj.* 1° Qui résulte d'un anachronisme (voir mot suivant). 2° Qui est déplacé à son époque ; qui est d'un autre âge : vieilli, désuet, archaïque, périmé.

ANACHRONISME. *n. m.* (du grec *ana-*, « en arrière », et *chronos*, « temps »). Erreur volontaire ou involontaire qui consiste à placer dans une époque donnée des faits historiques, des réalités sociales, des idées, qui sont d'une autre époque. Faire voyager Louis XIV en hélicoptère, jouer le personnage de Don Juan en «jeans», faire adhérer Socrate au christianisme sont des anachronismes.

N.B. Dans le texte d'un auteur reconnu, l'anachronisme est un trait d'humour; dans la copie d'un élève, c'est une faute contre l'Histoire.

ANACOLUTHE. *n. f.* Rupture de construction syntaxique. Par exemple, une phrase commence par un sujet et, dans la même proposition, se poursuit avec un autre sujet grammatical que le sujet attendu. C'est le cas de ces vers où Baudelaire, parlant du poète (sujet de la phrase), passe sans explication au sujet «ses ailes» («*L'Albatros*») :

> *Exilé sur le sol au milieu des huées*
> *Ses ailes de géant l'empêchent de marcher*

L'anacoluthe peut provenir d'un défaut de rigueur dans l'expression (cas des candidats à l'examen) ou d'une intention stylistique (cas des auteurs recherchant un style elliptique, saisissant).

ANAGRAMME. *n. f.* Mot nouveau obtenu en disposant différemment les lettres d'un mot initial. Ainsi, Ronsard fait remarquer à la jeune fille qu'il aime que «Marie» a pour anagramme «Aimer». Paul Verlaine transforme son nom en «Pauvre Lélian». Généralement, les auteurs aiment composer leurs pseudonymes en utilisant l'anagramme, comme François Rabelais signant le *Pantagruel* du nom d'auteur «Alcofribas Nasier».

ANALOGIE. *n. f.* Relation de ressemblance établie entre des réalités ou des notions qui, en tant que telles, sont de nature différente. Cette relation d'analogie peut être simplement constatée (c'est à partir de similitudes partielles entre des animaux différents que les biologistes peuvent classer les êtres vivants), mais elle est le plus souvent établie par un travail de l'esprit.

Ainsi, si je parle d'une couleur *criarde*, je crée une analogie entre une réalité *visuelle* et le domaine *sonore*, qui sont différents; pour cela, j'ai dû *comparer* en moi la sensation désagréable de cette couleur (dissonante) et la sensation correspondante d'un son (criard) : c'est à ce niveau *subjectif* que se situe la similitude.

De même, si je dis d'un ami qu'il est un être *profond*, j'emploie un terme dont le sens figuré a été établi par analogie (par correspondance entre la profondeur *spatiale*, bien concrète, et la «profondeur» *spirituelle* de la conscience humaine). On voit ainsi que la plupart des comparaisons, des métaphores, des mots abstraits, au départ, reposent sur des rapports d'analogie, des associations, des parallèles établis entre des réalités différentes.

L'analyse est donc une opération essentielle de l'esprit humain, avec souvent des risques d'erreur (cf. le proverbe *Comparaison n'est pas raison*).

On appelle **raisonnement par analogie** le fait de tirer des conclusions identiques de deux réalités rapprochées par analogie : transférer par exemple les lois des hordes d'animaux sauvages aux sociétés humaines, sous prétexte qu'on trouve des points communs aux unes et aux autres, est une forme d'analogie discutable. Voir les mots **Comparaison, Métaphore, Symbole**.

ANALYSE. *n. f.* 1° Opération intellectuelle qui consiste à décomposer une réalité, une œuvre, un texte, en ses éléments fondamentaux, pour mieux en établir les relations. L'analyse dissèque, réduit le tout à ses parties, cherche à étudier les combinaisons entre les divers éléments, qu'il s'agisse d'objets concrets ou abstraits. L'opération inverse (qui rassemble, unit) s'appelle **synthèse**.

2° Le résultat de l'opération précédente, l'exposé oral ou écrit qui résume et met en lumière l'objet de l'analyse. *Une brillante analyse de la société actuelle.*

3° Psychanalyse, traitement psychanalytique. Voir ce mot.

ANAPHORE. *n. f.* Procédé de rhétorique qui consiste à commencer par le même mot ou la même expression une série de phrases, de vers, ou de membres de phrases. La chanson de J. Brel *Le plat pays* est bâtie sur une grande anaphore («*Avec la mer... Avec le vent... Avec des cathédrales... Avec un ciel... Avec Frieda la Blonde,* etc.»). Ce procédé de mise en série des termes produit un effet de parallélisme, d'insistance, et d'intensification du discours. Voir **Gradation**.

ANARCHIE. *n. f.* (de *an-* privatif et de la racine grecque *arkhê*, «pouvoir, commandement»).

1° Au *sens originel*, l'anarchie est un système politique dans lequel il n'y a pas de pouvoir étatique. L'*anarchisme* a ainsi été un courant libertaire du XIXe siècle qui visait la destruction de l'État, considéré comme oppressif et corrupteur.

De ce point de vue, l'anarchie représente le rêve d'une société sans pouvoir dominant, où l'individu est le plus libre possible, et n'éprouve pas même le désir de commander à autrui.

2° Au *sens courant*, l'anarchie est synonyme de désordre, d'absence d'autorité aboutissant à une confusion dangereuse (risque de guerre civile ou de tyrannie, l'une succédant à l'autre).

ANATHÈME. *n. m.* Excommunication (c'est-à-dire exclusion définitive) prononcée contre les hérétiques, les ennemis du catholicisme. Par extension : condamnation totale, discours qui maudit une personne. *Un flot d'anathèmes. Jeter l'anathème sur les nouveaux prêtres.*

ANCESTRAL. *adj.* Qui appartient aux ancêtres, qui vient des ancêtres. *Une coutume ancestrale. Le respect ancestral de la nature.*

ANCRÉ. *adj.* Solidement implanté, fixé, enraciné (à l'image de l'ancre). Ne pas confondre avec l'homonyme *encré* (enduit d'encre). Ne pas confondre non plus **ancrage** et **encrage**.

ANDRO-. Racine grecque qui signifie « homme », au sens de sujet *masculin* (la racine correspondante pour « femme » est *gyn-*). Ne pas confondre avec *anthropo-* (l'homme comme être humain en général). Exemples : *androgyne, andropause, polyandrie.*

ANDROGYNE. *adj.* (voir racine précédente) Qui a les caractères sexuels des deux sexes. *Un homme androgyne. Une femme androgyne. Le rêve androgyne hante l'inconscient de tout être.*

ANESTHÉSIER. *v. tr. (sens propre)* Rendre insensible à la douleur par l'emploi d'une drogue. *(sens figuré)* Endormir, apaiser ; rendre inoffensif. *La bonhomie du chef de l'État a anesthésié l'opinion.*

ANGOISSE EXISTENTIELLE. Expression philosophique décrivant le malaise de l'homme en face de sa condition mortelle. Inquiétude métaphysique, sentiment de l'absurde.

ANIMA/ANIMUS. Mots latins qui signifient tous deux « âme », « esprit », mais avec des nuances que certains philosophes ou psychologues ont grossies pour en faire des *archétypes complémentaires* du psychisme humain.

Déjà, en latin, les mots s'opposent. L'*anima* est l'âme en tant que souffle, la vie qui anime ; elle peut même se séparer du corps (voir sens n° 1 du mot *âme*). L'*animus* se distingue aussi du corps, mais il est surtout l'esprit, en tant que volonté et siège de la pensée. Bien que ces mots puissent être synonymes, bien qu'ils désignent une même réalité psychique de l'être humain, ils ont pu servir à en opposer deux faces : la face «féminine» en quelque sorte — l'*anima* — plus vive, plus sensible, et la face «masculine» — l'*animus* — plus rationnelle, plus volontaire.

À partir de cette distinction, le psychiatre Jung tenta d'établir que l'inconscient de tout être humain se constitue de deux archétypes complémentaires — l'*anima* et l'*animus* —, aux proportions variables selon le sexe auquel on appartient. Ainsi, l'homme n'est pas seulement constitué d'*animus* (part «masculine»), mais aussi d'une part de sentimentalité, d'irrationnel, d'intuition, de tendresse qui sont l'apanage de l'*anima*. De même, la femme ne se constitue pas seulement d'*anima*, mais aussi d'une part de volonté, de puissance, de rationalité, d'agressivité typiques de l'*animus*. Homme et femme, en dépit du rôle social que la distinction des sexes leur impose, sont donc l'un et l'autre secrètement animés par le principe vital complémentaire, qu'ils ont trop souvent le tort de ne pas vouloir reconnaître au fond d'eux-mêmes. La véritable harmonie de chacun, comme des couples, ne saurait s'accomplir sans cette reconnaissance.

ANIMISME. *n. m.* Croyance spontanée ou système de pensée qui attribue une âme aux choses, aux objets, aux végétaux, aux diverses réalités du monde extérieur. C'est à la fois une attitude d'enfant (qui prête ses sentiments aux choses), une conduite religieuse primitive (la pensée magique peuple le monde d'esprits), et une tendance de la création poétique, qui projette des «états d'âme» sur les paysages, ou recherche des présences spirituelles au cœur du monde des choses, ce qu'exprime Lamartine en disant : *« Objets inanimés, avez-vous donc une âme ? »* Voir **Anthropomorphisme**.

ANIMOSITÉ. *n. f.* Désir de nuire ; agressivité dans la discussion. Ne pas confondre avec *animation*. Antonymes : *bienveillance, cordialité.*

ANKYLOSE. *n. f.* Disparition complète ou partielle des mouvements d'une articulation. Ce mot, et surtout le verbe pronominal correspondant, peuvent être employés au sens figuré. *Son esprit s'ankylose : forcément, il reste béat devant la télévision.*

ANNEXER. *v. tr.* Joindre, attacher. *Annexer une pièce à un dossier.* En particulier : faire passer une province ou un pays sous l'autorité d'un autre. *L'URSS annexa les pays baltes.*

ANNIHILER. *v. tr.* (du latin *nihil*, «rien»). Réduire à rien, anéantir, paralyser. *La rébellion a été annihilée. La drogue annihile la volonté.*

ANODIN. *adj.* Sans grande importance, inoffensif, insignifiant. *Des blessures anodines. Un personnage anodin.*

ANONYME. *adj.* (du grec *an-* privatif et *-onoma*, «nom»). Dont on ne connaît pas le nom. *L'auteur anonyme d'un fabliau.* Qu'on ne peut rapporter à personne, d'origine inconnue. *Une lettre anonyme.* Impersonnel, sans originalité. *Le discours anonyme des médias.*

ANOREXIE. *n. f.* Perte d'appétit. Maladie mentale qui conduit à s'abstenir de nourriture (partiellement ou totalement). Antonyme : *boulimie.*

ANTAGONISME. *n. m.* (du grec *anti*, «contre», et *agon*, «combat»). Rivalité, lutte, opposition entre personnes, partis ou nations justement dits «antagonistes». *Des antagonismes séculaires. Des forces antagonistes.*

ANTE-. Préfixe d'origine latine signifiant «avant», «devant» : *antécédent, antédiluvien, antépénultième, antérieur.* Ce préfixe prend parfois la forme *anti-* (à ne pas confondre avec le préfixe grec *anti-* qui exprime l'opposition) : *antichambre, antidater.*

ANTÉCÉDENT. 1° *adj.* Qui précède dans le temps.
2° *n. m. (sens grammatical)* Mot initial qui est ensuite repris par un pronom. *(sens courant, au pluriel)* Faits qui appartiennent au passé de quelqu'un. *Avoir de mauvais, de bons antécédents.*

ANTÉDILUVIEN. *adj.* Qui date d'avant le Déluge. Qui remonte à des temps très anciens. Cet adjectif est formé à partir du mot *diluvien*, qui est l'adjectif correspondant au substantif *déluge (des pluies diluviennes).* À noter que l'on emploie souvent *antédiluvien* dans un sens péjoratif : suranné, archaïque, désuet. *Une voiture antédiluvienne.*

ANTHOLOGIE. *n. f.* Recueil de morceaux choisis d'œuvres littéraires ou musicales. L'anthologie est supposée reprendre les extraits les plus beaux ou les plus caractéristiques d'un ouvrage, d'une œuvre complète ou d'un genre (*anthos* signifie «fleur» en grec). D'où l'expression : *un morceau d'anthologie*, pour qualifier une page brillante, un discours remarquable, une scène mémorable (de théâtre ou de film), voire même un grand moment d'une compétition sportive. Le synonyme **florilège**, d'origine latine, ne s'emploie que pour un recueil de textes.

ANTHROPO-. Racine grecque qui signifie «être humain» en général (à ne pas confondre avec *andro-* qui désigne l'homme par opposition à la femme). Le radical *anthropo-* se retrouve dans de nombreux mots. Outre ceux qui suivent immédiatement, on trouve : *anthropoïde, anthropométrie, anthropophage, anthropopithèque, misanthrope, philanthrope, pithécanthrope.*

ANTHROPOCENTRISME. *n. m.* Tendance naturelle ou conception philosophique qui fait de l'homme le centre de l'univers, le but de la création. Cette conception était dominante chez les Anciens. C'est à partir de Copernic et de Galilée, puis des travaux scientifiques qui ont suivi, que l'homme cessera de se croire le centre de l'univers, et apprendra, non sans résistance, qu'il est le simple habitant d'une petite planète qui tourne, parmi d'autres, au sein du cosmos.

ANTHROPOLOGIE. *n. f.* (du grec *anthrôpos*, «être humain», et *logos*, «parole, discours, étude»; littéralement : «discours sur l'homme»). L'anthropologie, au sens large, est l'ensemble des sciences qui étudient l'être humain dans toutes ses manifestations psychologiques, sociales, culturelles. L'anthropologie cherche à la fois à étudier les diverses civilisations dans leur variété et à saisir les constantes du phénomène humain à travers elles. L'anthropologie englobe les autres sciences humaines, notamment l'**ethnologie** (étude des groupes restreints ou *ethnies*) et la **sociologie** (étude du fonctionnement des sociétés — surtout modernes).

ANTHROPOMORPHISME. *n. m.* (du grec *anthrôpos-*, «être humain», et *morphê* «forme»). Comme l'étymologie permet de le comprendre, l'anthropomorphisme est cette tendance de notre esprit à projeter des formes humaines ou des sentiments humains sur les choses, sur la nature extérieure, sur les animaux, sur les « dieux », etc. Bref, à concevoir ce qui n'est pas humain sur le modèle humain.

• Au départ, l'*anthropomorphisme* désignait seulement la tendance à concevoir la divinité à l'image de l'homme, notamment dans la religion grecque. Mais il n'est pas difficile de constater que cette tendance est de toutes les religions. Elle est inhérente à la pensée magique, elle-même fondée sur l'*animisme* (voir ce mot).

• Mais l'anthropomorphisme est une attitude beaucoup plus large, spontanée chez les enfants, cultivée chez les poètes, fréquente dans de nombreuses réactions d'adultes. L'enfant qui prête un visage au nuage, le poète qui prête une volonté hostile à un astre, une âme à une flamme ou de l'orgueil à une machine, font naturellement de l'anthropomorphisme. Il suffit de dire qu'un paysage est mélancolique pour projeter sur les choses le sentiment même qu'elles nous inspirent. L'anthropomorphisme est d'autant plus répandu que les objets de l'industrie humaine eux-mêmes ont des formes humaines, ou sont valorisés comme tels dans la publicité (un balai, une tartine beurrée ou un flacon de parfum peuvent être personnifiés).

• En poésie, l'anthropomorphisme est une grande loi de l'imaginaire. De nombreuses métaphores, les allégories, les représentations d'une nature humanisée sont à base d'anthropomorphisme. Les dessins animés en abusent. Mais la langue elle-même en est le produit, l'homme partant de son expérience ou de sa nature propre pour désigner les choses qu'il découvre ou invente : l'âme d'un violon, le nez d'un avion, le visage de la guerre.

ANTI-. Préfixe grec signifiant « contre, à l'opposé de ». De nombreux mots, noms ou adjectifs, verbes, sont formés à partir de ce préfixe au sens bien connu. On prendra garde toutefois de ne pas le confondre avec la forme *anti-* que prend parfois le préfixe *ante-* (« avant »).

ANTICIPATION. *n. f.* 1° Exécution anticipée d'un acte. *L'épreuve anticipée de français* : faite par avance. 2° Imagination de ce qui va se passer, représentation présente d'un événement futur. *Roman d'anticipation*. 3° Dans un récit, élément qui suggère la suite sans la dire vraiment, pour donner à deviner au lecteur ou à l'auditeur. *Mais n'anticipons* *pas sur la suite de l'histoire.* Ou simplement : *n'anticipons pas.* Noter la double construction du verbe : on peut *anticiper quelque chose* (le faire d'avance) ou *anticiper sur quelque chose* (entamer son exécution).

ANTICLÉRICAL. *adj.* Qui s'oppose à l'intervention du clergé (de l'Église) dans la vie publique. Qui se méfie viscéralement de l'Église.

ANTIDOTE. *n. m.* Contrepoison. Remède à un mal moral ou social. *Il faut trouver un antidote à votre mélancolie, — le travail par exemple.*

ANTIHÉROS. *n. m.* Personnage principal d'un roman ou d'une pièce, mais qui, contrairement à la notion traditionnelle de « héros », n'a absolument rien d'héroïque. En cela, il peut symboliser l'homme ordinaire, quelconque, le « héros » de l'anonymat et de la médiocrité. C'est le cas, par exemple, de Frédéric Moreau dans *L'Éducation sentimentale* (Flaubert). Voir **Héros**.

ANTINOMIE. *n. f.* Contradiction, incompatibilité logique ; conflit entre notions, idées ou thèses. *Il y a antinomie entre le dirigisme et le libéralisme économique. Pour Sartre, la liberté de l'homme et l'existence de Dieu sont antinomiques.*

ANTIPHRASE. *n. f.* Phrase qui signifie le contraire de ce qu'elle énonce. L'antiphrase est une figure de style. Elle consiste à dire le contraire de ce que l'on pense, mais en faisant comprendre (le plus souvent par l'intonation) qu'on pense le contraire de ce que l'on dit. *« C'est du propre ! »,* dit par exemple la mère à son enfant qui a fait pipi au lit. L'antiphrase est le procédé principal dont se sert l'ironie.

ANTIPODE. *n. m. (sens propre)* Lieu de la planète diamétralement opposé à l'endroit dont on parle. S'emploie le plus souvent au pluriel. *La Chine est aux antipodes de l'Atlantique.* *(sens figuré)* Qui est, très exactement, l'extrême opposé de quelque chose. *Votre pensée est l'antipode de la mienne* ; ou mieux : *aux antipodes de la mienne.*

ANTIQUITÉ. *n. f.* 1° Caractère de ce qui est très ancien. 2° Temps très ancien (« *Cela remonte à la plus haute antiquité* »). 3° L'**Antiquité** (*avec une majuscule*) : les plus anciennes civilisations (l'Antiquité orientale ou l'Antiquité gréco-latine). Quand le mot est précisé par une information historique, on peut l'écrire avec une minuscule : *l'antiquité* *égyptienne.* 4° Au pluriel, *les antiquités,* les œuvres d'art de l'Antiquité : *les antiquités d'Athènes.*

ANTIROMAN. *n. m.* Roman qui s'oppose aux règles traditionnelles du roman : absence d'une intrigue cohérente, refus de personnages bien «réels», mise en cause de l'aspect réaliste et documentaire des lieux et des milieux. Comme les notions d'*antihéros* et d'*antithéâtre*, l'appellation d'*antiroman* a été inventée dans les années 1950 pour désigner les formes nouvelles du roman (le «nouveau roman»). Mais la contestation du genre romanesque à l'intérieur du roman se retrouve bien avant, par exemple dans *Jacques le Fataliste* (Diderot).

ANTITHÈSE. *n. f.* (du grec *anti-*, «contre» et *thesis*, «action de poser»); cette étymologie éclaire assez bien les deux sens principaux du mot.

1° Figure de style qui consiste à traduire l'opposition de deux idées ou réalités contraires par une disposition symétrique des termes qui les expriment. *« L'occident était blanc, l'orient était noir »* (Victor Hugo). En posant en parallèle les mots de sens opposés, on rend leur contraste plus saisissant. *Mieux vaut être riche et bien portant que pauvre et malade.*

Mais l'antithèse ne fait pas que traduire des oppositions entre des réalités naturellement contraires : elle sert aussi à *créer* des oppositions entre des idées ou des réalités simplement différentes. *« Si notre vue s'arrête là, que l'imagination passe outre »* (Pascal). Grâce à de multiples antithèses, certains auteurs donnent dans leur œuvre une vision contrastée du monde, parfois même manichéenne.

2° Point de vue opposé, idée contraire à une thèse précédemment exposée. On parle ainsi de plans de dissertation en trois points : *thèse, antithèse, synthèse.* Il faut préciser que cette trilogie dérive de la dialectique de Hegel, selon lequel la pensée (et même l'histoire) progresse selon un mouvement ininterrompu : une *thèse* se voit opposer une *antithèse*, d'où résulte une *synthèse*, qui à son tour donnera lieu à une antithèse, et ainsi de suite. Voir **Dialectique**.

ANTONYME. *n. m.* Mot de sens opposé à celui d'un autre. *« Ignoble »* est un antonyme de *« noble ».* On peut remarquer que si certains mots sont de parfaits antonymes *(petit/grand, richesse/pauvreté)*, d'autres ne le sont qu'approximativement (*gentil*, par exemple, admet comme antonymes *désagréable, dur, égoïste, méchant*).

APANAGE. *n. m.* Avantage exclusif propre à quelqu'un ou à quelque chose ; privilège. *L'éducation des petits enfants ne doit plus être l'apanage des femmes. La mode est l'apanage des jeunes.*

APARTÉ. *n. m.* 1° Au théâtre, réplique qu'un personnage semble dire pour lui-même, à l'insu des autres, mais de façon à être entendu par le public. *Les apartés de Sganarelle dans* Dom Juan.

2° Dans la vie courante, propos que l'on tient *à part*, à l'adresse d'une personne, de manière à ne pas être entendu des autres. *Un aparté à voix basse.* (L'expression **parler à la cantonade** signifie au contraire « parler de façon à être entendu de tout le monde », à voix haute, sans paraître viser quelqu'un de précis).

APATHIQUE. *adj.* (du grec *a-* privatif et *pathos*, « émotion, souffrance »). Insensible, sans réaction, sans ressort ; amorphe, indolent. *L'apathie est parfois une forme de résistance passive. Accoutumée au malheur, la population était devenue apathique.*

APHASIE. *n. f.* Perte partielle ou totale de la capacité de parler, par suite d'une lésion cérébrale (ou d'un traumatisme psychologique). *Baudelaire mourut aphasique.*

APHÉRÈSE. *n. f.* Voir **Apocope**.

APHONE. *adj.* (du grec *a-* privatif et *phônê*, « voix, son »). Qui n'a plus de voix (à la suite d'une extinction en général passagère). Ne pas confondre avec **aphasique** : hors d'état de parler.

APHORISME. *n. m.* Formule ramassée qui exprime une idée ou un principe moral. *« On ne commande à la nature qu'en lui obéissant »* (Francis Bacon, 1561-1626). L'aphorisme tente de donner le maximum de force à une pensée, grâce à sa concision et à des figures de style comme l'antithèse, la métaphore, etc. Voir **Adage, Maxime, Précepte**. Au pluriel, le mot est parfois péjoratif : *« Vous, avec vos éternels aphorismes ! »*

APOCALYPSE. *n. f.* 1° L'**Apocalypse** de Saint Jean est un livre prophétique, le dernier du Nouveau Testament, qui évoque la fin des Temps dans un style visionnaire et symbolique.

2° Dans le langage courant, le mot *apocalypse* désigne la fin du monde, catastrophique, ou ce qui en rappelle dramatiquement l'image. *Une vision d'apocalypse. L'apocalypse n'a pas de futur ! Un tableau apocalyptique de la situation.*

APOCOPE. *n. f.* Suppression à la fin d'un mot d'une ou plusieurs syllabes. On abrège ainsi, par apocope, *vélocipède* en *vélo*, *cinématographe* en *ciné*. L'opération inverse (chute du début d'un mot) se nomme **aphérèse** (*pitaine* pour *capitaine*, *Colas* pour *Nicolas*).

APOCRYPHE. *adj.* et *n.* Non authentique ; douteux, suspect (en parlant d'un document). *Les Évangiles apocryphes* (non reconnus par l'Église). *Un testament apocryphe.*

APOGÉE. *n. m.* (du grec *apo*, « loin de », et *gê*, « terre »).
(sens propre) Point le plus éloigné d'un astre ou d'un objet tournant autour de la Terre (l'orbite d'un astre est le plus souvent elliptique).
(sens figuré) Point culminant, sommet que peut atteindre la carrière d'une personne, l'histoire d'une réalité humaine. *L'apogée du règne de Louis XIV. Une civilisation à son apogée. Hugo à l'apogée de son génie.* N.B. L'antonyme **Périgée** ne s'emploie qu'au sens propre. Noter que les deux mots *apogée* et *périgée* sont bien masculins.

APOLITIQUE. *adj.* Qui est ou qui se veut politiquement neutre. *Une association apolitique. Un syndicat apolitique.* Qui ne se rattache à aucun parti politique, qui refuse toute interprétation politique de ses pensées ou de sa conduite.
Le débat sous-jacent au mot *apolitique* se comprend si l'on se souvient du sens originel du mot *politique*, c'est-à-dire au sens large « tout ce qui a rapport à la vie de la Cité » (*polis*, en grec). Ainsi, quand un individu ou un groupe se dit *apolitique* au sens étroit du terme (refusant tout lien avec un parti politique), on lui rétorque souvent que ses opinions ou ses actions, exerçant une influence sur la vie de la cité, sont malgré tout de nature *politique*. Afficher son *apolitisme*, c'est encore se situer politiquement, en choisissant de laisser faire le jeu politique qu'on abandonne aux autres.

APOLLINIEN. *adj.* Qui, dans le domaine esthétique, est relatif au dieu grec Apollon : c'est-à-dire qui se caractérise par l'ordre, par la mesure, par la maîtrise et l'harmonie. Cet adjectif s'oppose à *dionysiaque*, qui renvoie au contraire à la passion, à la démesure de l'inspiration, à l'ivresse, conformément au culte de Dionysos. Selon Nietzsche, ces deux tendances contradictoires se fondent dans la création artistique, et notamment dans la tragédie grecque.

APOLOGIE. *n. f.* 1° Texte ou discours tendant à démontrer l'excellence d'un commentaire religieux, des idées d'un penseur religieux, ou d'une religion elle-même. Pascal voulait faire une *Apologie de la religion chrétienne* dont les fragments ont donné les *Pensées*. La partie de la théologie qui traite de l'apologie de la religion chrétienne s'appelle **Apologétique**.

2° Par extension, éloge, justification ou défense d'une personne, d'une théorie, d'une institution, etc. *L'Apologie de Socrate*, ouvrage de Platon. *Faire l'apologie de la paresse*.

APOLOGUE. *n. m.* Récit en prose ou en vers chargé d'illustrer une leçon morale. On voit la relation avec le mot précédent : il s'agit de défendre un principe, une «moralité», comme dans les *Fables de la Fontaine*. Les apologues sont de petites fables ; mais le mot *fable* a aussi un autre sens, celui d'invention mensongère (cf. le verbe *fabuler*).

APORIE. *n. f.* (du grec *aporia*, «situation sans issue»). Se dit d'un raisonnement logique aboutissant à une contradiction insoluble. Il y a aporie lorsque les deux conclusions (opposées) auxquelles conduit le raisonnement semblent également logiques. Par exemple, il semble logique de penser qu'à l'origine d'une poule, il y a l'œuf dont elle est sortie. Mais à l'origine de l'œuf, il y avait forcément la poule qui l'a pondue. Qu'est-ce donc qui est à l'origine, la poule ou l'œuf ?

L'*aporie* n'est parfois qu'un raisonnement provisoire : il faut trouver un élément supplémentaire qui permette de poser la question autrement (par exemple, les principes de l'évolutionnisme résolvent l'aporie de la poule et l'œuf). Mais les philosophes ou les écrivains adorent poser certains problèmes sous forme d'apories, pour stimuler leurs lecteurs et interlocuteurs... ou les embarrasser (ce fut le cas de Socrate).

A POSTERIORI. Locution latine qui signifie «en partant de ; postérieurement à». D'où : en partant de l'expérience, en déduisant une vérité (ou une erreur) du constat de ses conséquences. *Un raisonnement a posteriori.* Cette locution prend tout son sens de son opposition à l'expression *a priori* («à première vue», «intuitivement»). Par exemple : *je ne savais pas a priori si l'indépendance des diverses nationalités de l'ex-Yougoslavie était une bonne ou mauvaise chose ; mais j'observe a posteriori que cela a été une catastrophe.* Noter que les deux mots *a priori* et *a posteriori* sont invariables, et n'ont pas d'accent sur le *a*.

APOSTOLAT. *n. m.* Mission de l'apôtre. Prédication, propagation de la foi, prosélytisme. Par extension, métier ou tâche qui demande l'énergie et la ferveur d'un apôtre. *Être médecin de campagne est un véritable apostolat.* L'adjectif correspondant est «apostolique». *L'Église catholique, apostolique et romaine.*

APOSTROPHE. *n. f.* Au *sens littéraire*, l'apostrophe est une figure de style qui consiste à s'adresser solennellement à une personne présente ou absente, ou à une réalité qu'on personnifie. *C'est à Toi que je m'adresse, ô Dieu Tout-Puissant.* «*Honte à toi qui la première m'as appris la trahison*» (Musset). «*Sois sage, ô ma Douleur*» (Baudelaire). L'apostrophe a toujours un caractère oratoire, dramatique, qui donne une «présence» intense à ce qu'on interpelle.

Au *sens courant*, l'apostrophe est simplement l'interpellation brusque, impolie, qu'on adresse à une personne réelle. *Un inconnu m'a apostrophé sans raison.*

APOTHÉOSE. *n. f.* (du grec *apo-*, «loin de» et *theos*, «Dieu»). Élévation d'un mortel (un héros, un empereur romain) au rang de Dieu. Par extension, glorification, consécration d'une personne célèbre. Moment suprême, sublime, où s'épanouit un spectacle, une période historique, un genre artistique, ou même une civilisation.

APÔTRE. *n. m.* 1° Disciple de Jésus-Christ, chargé de répandre la «bonne nouvelle», c'est-à-dire l'Évangile. Par extension, toute personne qui propage la foi chrétienne.

2° Personne qui répand ou défend une idée, une doctrine, une philosophie, même si elle n'a rien de religieux. *Il s'est fait l'apôtre de la laïcité.* Voir **Apostolat**.

APPRÉHENDER. *v. tr.* 1° Saisir, arrêter. *Appréhender un voleur.*

2° Saisir par l'esprit, comprendre. *Appréhender une notion difficile.*
3° *(sens courant)* Craindre, redouter; éprouver de l'appréhension à l'idée de ce qui va arriver ou qu'on va faire. *J'appréhende l'épreuve anticipée de français.*

ÂPRETÉ. *n. f.* Caractère de ce qui est âpre, rugueux, dur, difficile. Au *sens propre* comme au *sens figuré* : *l'âpreté d'un fruit ; l'âpreté d'un combat ; l'âpreté d'un caractère.*

A PRIORI. Locution latine qui signifie «avant toute expérience ; au premier abord». Elle peut s'employer comme adjectif : *un raisonnement a priori* (raisonnement purement abstrait, non fondé sur l'expérience). Cette expression s'emploie aussi comme substantif : *avoir des a priori* (des idées toutes faites, des préjugés). *A priori* s'oppose très exactement à la locution *a posteriori* (voir ce mot).

AQUILON. *n. m.* En poésie classique, vent du Nord, froid et violent. Par extension, le Nord lui-même ou tout vent violent. A l'aquilon s'oppose le *zéphyr* : «*Tout vous est aquilon, tout me semble zéphyr*» («Le Chêne et le Roseau», La Fontaine).

ARBITRAIRE. 1° *adj.* Qui dépend de la seule volonté humaine, du «libre arbitre», et non d'une règle ou d'une loi préexistante ; qui donc n'a pas à être justifié. *Un choix arbitraire. Une valeur arbitraire*, donnée par pure convention.
2° *adj.* Qui dépend du seul bon plaisir d'une personne en position d'autorité (le roi, le ministre, le chef de service). *Une mesure arbitraire. Des décisions totalement arbitraires*, c'est-à-dire le plus souvent *injustes.*
3° *n. m.* Autorité despotique, pouvoir d'un individu ou d'un groupe, qui s'exerce sans frein et sans raison. *L'arbitraire du roi, dans une monarchie absolue.*

ARBITRAGE. *n. m.* Règlement d'un conflit entre des personnes ou des groupes dans divers domaines (sportif, social, politique). *L'arbitrage du Ministre a permis d'aboutir à un compromis.* Décision technique qui permet de trancher entre plusieurs options. *Rendre des arbitrages.*

ARCANES. *n. m. pl.* Mystères, secrets. *Les arcanes du monde politique.* Ce mot, fréquent dans les médias, a une connotation de coulisses, de chemins secrets, de labyrinthe clandestin. «*Les cabinets ministériels lui sont aussi familiers que les arcanes de la communication, puisqu'il servit à* *l'Élysée comme chef du service de presse* » (*Le Monde* du 8/1/94).

ARCH-, ARCHÉO-. Racines issues du grec *arkhaios*, « ancien ». Voir *archaïsme, archétype* (et aussi *archéologie*). Bien prononcer *ark-*.

ARCHAÏSME. *n. m.* (voir racine ci-dessus). Caractère de ce qui est très ancien *(une civilisation archaïque)*; et donc périmé, désuet. En particulier : mot ancien ou tournure qui a vieilli, choisi par un écrivain qui aime la langue du passé. *Dire « partant » pour « par conséquent » est un archaïsme, mais on peut préférer ce mot.*

ARCHÉTYPE. *n. m.* (voir racine ci-dessus). Modèle originel ; type fondamental et primitif que reproduisent (délibérément ou non) les écrivains ou les artistes dans leurs ouvrages ou dans certains passages de leurs œuvres. *La « Scène du Pauvre », dans* Dom Juan, *repose sur l'archétype de la Tentation au jardin d'Éden. Dans* Œdipe-roi *de Sophocle, Freud a trouvé l'archétype de la relation du fils au père et à la mère, qu'il a justement nommé « complexe d'Œdipe ».*

La notion d'archétype vient de la théorie des *Idées*, chez Platon. Voir **Platonisme**.

ARCHI-. Racine d'origine grecque, elle-même dérivée de *arkhaios* (voir *Arch*). 1° Indique la prééminence, l'excès. *Une salle archicomble. Une copie archinulle. Être archimillionnaire.*

2° Exprime le commandement suprême : *archevêque, archiduc.*

-ARCHIE, -ARQUE. Racine d'origine grecque (*arkhê*, « pouvoir, commandement »), qui entre dans la composition de nombreux mots, en position de suffixe : *anarchie* (littéralement : « absence de pouvoir ») ; *dyarchie* (littéralement : « gouvernement à deux pouvoirs ») ; *hiérarchie* (« ordre du pouvoir sacré ») ; *monarchie, monarque* (« gouvernement d'un seul ») ; *oligarchie* (« gouvernement d'un petit groupe ») ; *patriarche, patriarcat* (« pouvoir des pères »).

ARGUMENT. *n. m.* 1° Fait, idée, preuve, raison qu'on utilise pour établir une proposition, une thèse, ou pour réfuter une théorie adverse. *Il a pour lui un argument irréfutable. Votre argument ne tient pas en face des miens. Pour réussir à l'examen, elle a un argument irrésistible : son sourire.*

2° Résumé rapide du contenu d'un

ouvrage, d'un roman, d'une pièce. Exposé sommaire. *Quel est l'argument de votre livre, de votre article ?*

N.B. C'est à partir de ce mot (au sens n° 1) qu'a été défini un type de textes d'idées dits «textes *argumentatifs*», centrés en général sur le désir de convaincre. Mais on notera que les textes argumentatifs cherchent souvent moins à persuader par le contenu des arguments que par l'efficacité du style ou les subtilités de l'énonciation.

ARGUTIE. *n. f.* Raisonnement subtil et souvent spécieux. *Ce n'est pas un argument, ce sont des arguties !*

ARIA. *n. f.* Air de musique classique : mélodie accompagnée d'instruments, jouée par un soliste ou chantée par une cantatrice. L'aria peut être composée en tant que telle, ou bien faire partie d'un opéra. Voir la différence avec **Récitatif**.

ARISTOCRATIE. *n. f.* (du grec *aristo*, «le meilleur» et, *kratos*, «force, puissance»)

1° Système de gouvernement où le pouvoir est exercé par un petit nombre de personnes, souvent une classe héréditaire, constituée de nobles, de patriciens, de «seigneurs».

2° La classe qui détient ce pouvoir ; ceux qui en font partie. La noblesse, les nobles, les privilégiés (même s'ils ne détiennent qu'un pouvoir partiel).

3° Au *sens figuré*, groupe de personnes qui manifestent une supériorité dans un certain domaine. Une élite, un aréopage. *L'aristocratie des connaisseurs* (ceux que Stendhal appelle les *« happy few »*). Notons que, selon le point de vue de celui qui parle, le mot «aristocratie» et les termes de la même famille peuvent être employés avec des connotations opposées. Selon le contexte, les expressions *manières d'aristocrate* ou *allure aristocratique* seront positives ou négatives. A distinguer de **Oligarchie** et **Ploutocratie**.

ARPÈGE. *n. m.* Exécution successive des notes d'un accord. L'arpège est fréquent à la harpe. *Arpéger* un accord, c'est en égrener les notes. Noter que le mot ne prend pas de *h* au début.

ARRIÈRE-GARDE. *n. f. (sens propre)* Partie d'une armée qui demeure à l'arrière, notamment pour la protéger contre le harcèlement ennemi, en cas de retraite.

(sens figuré) Groupe de personnes en retard sur la modernité (au contraire de l'*avant-garde*). Le mot s'emploie très souvent dans l'expression **Combat d'arrière-garde** :

c'est-à-dire combat dépassé, inutile, perdu d'avance. Voir **Avant-garde**.

ARROGER (s'). *v. pron.* S'attribuer des avantages, des pouvoirs auxquels on n'a pas droit. *Certains nobles s'étaient arrogé un « droit de cuissage » parfaitement abusif.* À noter, de la même famille, le mot **arrogance** qui désigne l'orgueil, l'insolence de ceux qui croient avoir tous les droits.

ARSENAL. *n. m. (sens propre)* Lieu où se fabriquaient les armes, et par extension, grande quantité d'armes.

(sens figuré, assez fréquent) Ensemble de moyens dont on dispose pour agir, attaquer ou se défendre. *L'arsenal des lois. Un arsenal de mesures dissuasives. Un arsenal d'outils et d'ustensiles.*

ART. *n. m.* Au premier sens, ancien, l'art est le *moyen de faire*, l'*aptitude à réussir* quelque chose. Mais du **savoir-faire** (aspect technique) au **bien faire** (aspect déjà esthétique dans la mesure où l'on peut admirer la réussite), il y a un glissement compréhensible qui éclaire les deux séries de sens du mot.

1° *(sens technique)* L'art est l'aptitude propre à l'**artisan** : le métier, l'habileté, l'adresse. *L'art de faire un feu. L'art de confectionner un habit. L'art et la manière.* Par extension, le mot désigne aussi bien un ensemble de techniques *(les arts ménagers, les arts et métiers)* que des aptitudes sociales ou morales *(l'art de plaire, l'art de persuader, l'art de vivre).* Quand Rousseau écrit son *Discours sur les sciences et les arts*, il songe moins aux arts au sens actuel qu'aux diverses techniques qui ont fait progresser la civilisation.

2° *(sens esthétique)* L'art est l'aptitude propre à l'**artiste**, qui cherche à produire de la beauté dans tel ou tel domaine : littérature, musique, peinture, sculpture, architecture, danse, cinéma (appelé précisément *« le septième art »*). *Les œuvres d'art, les beaux-arts, l'art pour l'art.* L'art peut devenir alors synonyme de beauté formelle, de réussite purement esthétique, de style propre à tel ou tel artiste *(l'art de Flaubert, l'art du roman, l'art abstrait).*

Quoi qu'il en soit, le mot **art** garde toujours plus ou moins les deux sens que l'on vient d'évoquer, même si l'accent est mis sur l'un ou l'autre. Il y a toujours une forme de beauté dans la recherche artisanale et le savoir-faire, comme il y a toujours une idée de technique, de maîtrise concrète, dans la visée esthétique de l'art, dans le travail artistique.

ASCENDANT. 1° *adj.* Ce qui monte. *Une course ascendante.*

2° *n. m. (sens propre)* Mouvement ascendant d'un astre, lequel est supposé exercer alors son influence dominante.
(sens figuré) Autorité, influence morale d'une personne sur une autre.

3° *n. m. (souvent au pluriel)* Parent dont l'on descend, aïeul, ancêtre. Nous retrouvons notre «ascendance» précisément en **remontant** notre ligne généalogique. *En bref, nous descendons de nos ascendants.*

ASCÈSE. *n. f.* Ensemble de pratiques, d'exercices physiques ou moraux qui, par la maîtrise (et souvent le mépris) du corps, tendent à fortifier et libérer l'esprit. L'ascète peut s'imposer une ascèse au nom d'un idéal religieux, pour mener une vie de sainteté, ou simplement par une volonté humaine de perfection morale (cas du philosophe ou de l'artiste qui se retire du monde pour mieux penser, ou mieux créer).

ASCÉTISME. *n. m.* Genre de vie religieuse fondée sur l'ascèse. Vie austère, frugale, centrée sur la maîtrise du corps. Par extension, doctrine ou idéal moral qui mène à pratiquer l'ascèse.

ASEPTISER. *v. tr.* (du grec *a*-privatif et *sêpsis* «putréfaction»).

(sens propre) Stériliser, désinfecter (pour éviter la «putréfaction»).

(sens figuré, au participe passé surtout, en général péjoratif) Débarrasser de toute impureté, de tout risque; sans vie, sans intérêt, sans originalité. *Des petites vies aseptisées. Une opinion conformiste, aseptisée par les discours officiels.*

N.B. Sur la même racine, on a **asepsie** (prévention des infections), **antisepsie** (destruction des germes infectieux), et leurs composés.

ASOCIAL. *adj. et n.* Qui n'est pas adapté à la vie sociale. Qui peut s'opposer violemment aux règles de la vie en société. *Le comportement asocial d'un délinquant.*

ASSENER. *v. tr.* Frapper, donner un coup. (*sens figuré*, fréquent). Imposer brutalement (des injures, des répliques, une propagande). *Les slogans publicitaires nous sont assenés soir et matin.*

ASSERTION. *n. f.* Affirmation, propos dont on soutient à tort ou à raison la vérité. Le terme a souvent une connotation péjorative. *Il se répandait en assertions mensongères, voire même contradictoires.* Voir **Allégation**.

ASSERVIR. *v. tr.* (de *a-*, « vers » et *serf*, esclave). Rendre esclave, réduire à la servitude. *Asservir une population.* Maîtriser, dompter. *Asservir les forces de la nature. Être asservi à ses instincts.*

ASSONANCE. *n. f.* 1° Répétition de la même voyelle accentuée à la fin de deux vers, ainsi ; *file/rime ; lobe/pomme ; nu/cru*. Dans ces exemples, où les consonnes sont différentes, les voyelles (et elles seules) ont la même sonorité. Il y a donc simplement *assonance*. Au contraire, pour qu'il y ait **rime**, il faut qu'il y ait au moins répétition de *deux* sonorités successives à la fin des vers (soit voyelle + voyelle : *loué/voué* ; soit voyelle + consonne, ou consonne + voyelle : *faire/taire ; cris/pris*). Quand une rime a trois ou quatre éléments sonores qui se répètent (dans l'ordre), on parle de rime riche (par exemple : *droites/étroites ; sacrifices/artifices*). On voit donc que l'assonance est une « rime » très pauvre, élémentaire, réduite au minimum. Elle était fréquente dans les poèmes du Moyen Age.

2° On nomme aussi *assonance*, au fil d'un vers, une répétition expressive de sons vocaliques, sur deux, trois ou quatre syllabes accentuées. Par exemple, dans ce vers de Racine :

> *Tout m'afflige et me nuit, et conspire à me nuire*

L'**assonance** à l'intérieur des vers doit absolument être distinguée de l'**allitération**, qui ne concerne que la répétition de *consonnes*. Naturellement, à l'intérieur d'un vers, le poète peut lier des assonances et des allitérations, les mettre en écho avec les rimes elles-mêmes, et produire ainsi des rimes intérieures. Voir **Accentuation, Allitération, Rime**.

ASSOUVIR. *v. tr. (sens propre)* Satisfaire totalement un appétit : la faim, la soif (dans le cas de la soif, il vaut mieux dire *étancher*), ou d'autres instincts primaires.

(sens figuré) Satisfaire complètement, calmer toutes

sortes de désirs ou de passions : la curiosité, la haine, l'amour, la vengeance. Mais ce verbe ne s'emploie généralement plus qu'à propos de passions excessives, destructrices : *assouvir sa fureur ; assouvir des pulsions sadiques.*

ASSUMER. *v. tr.* Prendre sur soi, se charger de. *Assumer une responsabilité, une fonction.* Faire face à, accepter en toute conscience (une situation, un problème, des difficultés psychologiques). S'emploie parfois intransitivement : *ma situation est difficile, mais j'assume.*

S'assumer : se prendre en charge, librement et volontairement. Noter que le substantif correspondant au verbe est le mot **assomption**, qui signifie « élévation », dans un sens *spirituel*.

ASTRONOMIE. *n. f.* Science des astres, dont l'origine remonte à l'Antiquité. A l'origine, l'astronomie (mesure des mouvements des corps célestes) ne se distinguait pas de l'*astrologie* (art de prédire les événements terrestres et le destin des hommes, supposés liés à l'influence des astres). Seule l'astronomie, de nos jours, est considérée comme scientifique. A noter l'emploi familier de l'adjectif *astronomique* pour signifier « très grand, excessif » : *des prix, des sommes astronomiques.*

ASYNDÈTE. *n. f.* Absence volontaire d'éléments de liaison entre des mots ou des groupes de mots, là où on attend des particules de coordination ou des articulations logiques. L'asyndète sert à produire des effets d'ellipse, comme on le voit dans ce qu'on appelle souvent le « style télégraphique ». *« J'ai reçu un télégramme de l'asile : "Mère décédée. Enterrement demain. Sentiments distingués" »* (Camus, *L'Étranger*). Autre exemple, sur lequel on peut s'exercer à retrouver les éléments manquants : *Coup de fil, rasoir, voiture ; je monte ; la voici dans mes bras.* Ou encore ce slogan contre l'alcoolisme : *Les parents boivent, les enfants trinquent.*

ATARAXIE. *n. f.* Parfaite tranquillité que recherche le sage ; idéal des stoïciens, dont le but était de n'être troublés par rien. Quiétude, sérénité, avec une nuance d'indifférence aux choses.

ATAVISME. *n. m.* Caractère héréditaire, qui réapparaît alors qu'il ne se manifestait plus.

(sens figuré) Hérédité de traits psychologiques ou cultu-

rels (supposée, à tort, de nature biologique). *Tu tiens cela de ton atavisme paternel. Il était royaliste et catholique par atavisme.*

ATERMOIEMENTS. *n. m.* (le plus souvent employé *au pluriel*). Action de remettre à plus tard, de différer une décision, d'hésiter. *Après bien des atermoiements, le Ministre a fait voter la loi.*

ATHÉE. *n. m.* (de *a-* privatif et du grec *theos*, «Dieu»; littéralement : «sans Dieu») Individu qui ne croit pas en Dieu, qui nie l'existence de toute divinité. Incroyant, irréligieux. À distinguer de l'**agnostique** qui, lui, refuse de se prononcer sur la question de Dieu, et par ailleurs du **déiste**, qui croit en l'existence d'une divinité, mais refuse d'adhérer aux religions «révélées».

Selon les contextes, le mot «athée» peut avoir diverses connotations : il est positif pour certains humanistes (qui défendent un humanisme athée), et négatif, on le comprend, pour les croyants convaincus. En fait, l'**athéisme** est tantôt un athéisme pratique, sans virulence particulière, tantôt un athéisme militant, qui nie l'«illusion» religieuse (cf. le *matérialisme athée* de Marx). Voir **Agnosticisme, Déisme, Matérialisme, Scepticisme**.

ATONE. *adj.* (*sens propre*, médical) Qui manque de ton, de tonicité. *Un intestin atone.* (*sens figuré*) Qui manque de vigueur, de «tonus», de relief; paresseux, éteint, morne, amorphe. *Un visage atone.*

ATROPHIE. *n. f.* (*sens médical*) Défaut de nourriture entraînant une perte de poids ou de volume. *L'atrophie d'un muscle.*

(*sens figuré*) Dépérissement, déchéance, dégradation. *Atrophie intellectuelle. L'atrophie d'une institution.* Antonyme : *hypertrophie.*

ATYPIQUE. *adj.* Qui s'écarte du type commun, dominant; non conforme, sans rapport avec la norme établie. *Un comportement atypique. Un individu atypique.* Antonyme : *typique.*

AUBE (du grand soir). Dans la terminologie marxiste, l'*aube du grand soir* désigne par métaphore (et souvent ironiquement) la naissance définitive de la société sans classes, ouvrant à l'Humanité un avenir radieux. Voir **Marxisme**.

AUGURE. *n. m.* 1° À Rome, prêtre chargé de prédire l'avenir à partir de certains signes dits présages. *Les augures ne se regardent pas sans rire.*

2° Présage, conjecture, signe annonçant l'avenir. *L'INSEE prévoit une hausse de la consommation : acceptons-en l'augure. Être de bon augure :* s'annonce favorablement. Voir **Auspices**.

AUGURER. *v. tr.* Tirer un bon ou mauvais présage de quelque chose. Prévoir. *Je n'augure pas grand-chose de cette nouvelle politique. Que pouvait-il augurer de ces indices ?*

N.B. Respecter la construction de ce verbe : *augurer quelque chose de quelque chose.*

AUGUSTE. *adj.* Noble, sacré, vénérable. *« L'heure était nuptiale, auguste et solennelle »* (Hugo).

AUNE. *n. f.* Mesure ancienne. Ce mot se retrouve assez souvent, au figuré, dans l'expression **À l'aune de** : d'après, en prenant comme référence, en mesurant selon. *On ne peut juger le succès d'une politique à l'aune de critères exclusivement économiques. Mesurer les autres à son aune* (les juger d'après soi-même).

AURA. *n. f.* Atmosphère immatérielle qui semble envelopper certains êtres. *Une aura de sainteté.* Rayonnement, émanation positive que dégagent moralement certaines personnes.

AUSPICES. *n. m. pl.* Chez les Anciens, présages tirés du comportement des oiseaux (voir **Augure**). Sens figuré : *sous les auspices de*, sous le signe de (signe favorable lorsqu'il n'y a pas d'autre précision). *Sous de bons, de mauvais, d'heureux, de fâcheux auspices :* sous de bons, mauvais signes, etc.

AUSTÉRITÉ. *n. f.* Attitude de sévérité et de rigueur à l'égard de soi-même ou des autres. *L'austérité de la vie monacale, l'austérité des mœurs puritaines.* Vie de privations, d'économies, de frugalité. *Jusqu'à quand le gouvernement nous imposera-t-il cette période d'austérité ?* Refus des ornements et des facilités dans le domaine artistique. *Un style austère, une architecture austère.*

AUTARCIE. *n. f.* (du grec *autos*, « soi-même » et *arkein*, « suffire » ; littéralement : « qui se suffit à soi-même »).

État d'un pays qui, au plan économique, se suffit à lui-même.

L'autarcie vise aussi bien un petit groupe (une communauté paysanne) qu'un grand pays protectionniste (pratiquant une économie totalement autocentrée). L'autarcie totale est naturellement exceptionnelle, surtout dans le monde actuel. *Vivre en autarcie* (expression qui peut s'appliquer à un particulier aussi bien qu'à une communauté).

AUTEL. *n. m.* Au *sens figuré*, l'autel symbolise la religion, le pouvoir de l'Église. *L'ancien régime reposait sur le trône et l'autel.* Noter aussi l'expression *Sacrifier* (quelque chose) *sur l'autel de* (quelque chose) : *sacrifier le plein emploi sur l'autel de la rigueur économique.*

AUTISME. *n. m.* (voir racine ci-dessous). Maladie psychique qui se caractérise par un désintérêt total vis-à-vis du monde extérieur et le repli sur soi-même. *Un enfant autiste.*

AUTO-. Racine issue du grec *autos*, « soi-même » ; elle sert, de nos jours encore, à créer de nombreux mots. Outre les cinq mots qui suivent dans ce lexique, on trouve par exemple : *automobile* (qui se meut par soi-même), *autocollant*, *autocrate* (qui exerce un pouvoir absolu sans contrôle d'autrui), *autocritique* (critique de soi par soi), *autodétermination, autofinancement, autonomie, autosuggestion.* Ne pas confondre avec les mots composés à partir de l'abréviation d'automobile, « auto » *(autocar, autoradio, autoroute).*

AUTOBIOGRAPHIE. *n. f.* Récit de sa propre vie par un auteur. Ce mot illustre remarquablement l'intérêt qu'il y a à connaître les racines grecques fondamentales, puisqu'il en est uniquement composé : *auto-* (« soi-même »), *bio-* (« vie ») et *grapho-* (« écriture »). Les *Confessions* de Rousseau, les *Mémoires d'Outre-Tombe* de Chateaubriand, *Les Mots* de Sartre, sont des autobiographies. Les autobiographies ne sont pas toujours véridiques : il s'agit d'œuvres littéraires dans lesquelles l'auteur se plaît souvent à soigner l'image de sa personne. D'autre part, à travers le récit de sa vie, l'auteur essaie souvent de raconter son époque, tendant alors à faire de son ouvrage des « mémoires » de son temps. Voir **Mémoires**.

AUTOCENSURE. *n. f.* Censure qu'opère un journaliste sur ses propres articles, pour ne pas déplaire aux pouvoirs ou à l'opinion. Voir **Censure.**

AUTOCHTONE. *adj. et n.* Qui est originaire du territoire même où il habite (contrairement aux immigrés). *Un autochtone, une population autochtone.* Noter la différence avec le mot *indigène*, qui au départ avait le même sens, mais qui se rapporte plutôt maintenant aux personnes issues d'une ethnie vivant, avant la colonisation, dans tel ou tel pays.

AUTODIDACTE. *adj. et n.* (du grec *autos*, «soi-même» et *didaskein*, «instruire»). Se dit d'une personne qui s'instruit elle-même, sans professeur. *Le dictionnaire est indispensable à un autodidacte.*

AUTOGESTION. *n. f.* (de *auto-*, voir plus haut, et *gestion*; littéralement : «gestion par soi-même». Ce mot, né dans les années 1960, a eu beaucoup de succès à l'époque, notamment en 1968).

1° **Au sens strict,** technique, l'autogestion est un système d'organisation des entreprises dans lequel l'ensemble du personnel participe aux prises de décision, qu'il s'agisse de la production proprement dite, des conditions de travail, du partage des revenus, etc. *La communauté s'autogère sur le plan économique.*

2° **Au sens plus général,** l'autogestion représente un idéal de vie sociale dans lequel la communauté se prend en charge totalement; les intéressés prennent eux-mêmes les décisions qui les concernent, sur les lieux où se posent les problèmes. Il n'y a pas d'un côté des masses qui obéissent en déléguant aveuglément leur pouvoir, et de l'autre des individus ou des petits groupes détenant le savoir et le pouvoir de décision. Le projet autogestionnaire suppose : la clarté et la libre circulation de l'information, la prise de décision collective en groupes plus ou moins importants (comités de gestion), des mandats donnés à des élus révocables aisément, et naturellement, une grande coordination entre les individus, les groupes, les différents niveaux de prise de décision. Le tout doit conduire à une société plus solidaire, plus conviviale, où la vie publique, dans tous ses aspects, est prise en charge par la communauté, par les citoyens eux-mêmes.

AUTOGRAPHE. *adj. et n. m.* (du grec *autos*, «soi-même», et *graphein*, «écrire»). Qui est écrit de la main même de l'auteur. *Un manuscrit autographe. Des autographes.* Antonymes : *copie, reproduction.*

AUTORITÉ. *n. f.* 1° **Au sens courant,** l'autorité est le droit de commander *(l'autorité du supérieur)*, la capacité de se faire obéir *(ce professeur manque d'autorité)*, l'ascendant ou l'influence que peut avoir quelqu'un sur son entourage *(il s'impose par une sorte d'autorité naturelle)*, la personne elle-même qui exerce l'autorité *(vous devrez en référer aux autorités)*. L'abus d'autorité se nomme *autoritarisme*.

2° **Au sens littéraire ou philosophique,** l'autorité, c'est ce qu'a établi durablement un «auteur» reconnu. Le mot *auteur* en effet, originellement (en latin), signifie : «qui est à l'origine de quelque chose, qui en répond, qui en est le garant». Les grands auteurs ou les grands textes étaient donc considérés comme *faisant autorité* ; ils n'étaient pas discutables ; il suffisait de les citer pour prouver une proposition (cf. les médecins de Molière et leurs citations latines). On appelait cela l'*argument d'autorité* ou le **principe d'autorité**. Ce principe a été battu en brèche dès le XVIIIe siècle (et même avant) par l'émergence de la raison et de l'examen critique. L'idée d'autorité reste néanmoins vive, notamment dans les sciences, où elle se fonde maintenant sur la connaissance expérimentale et rationnelle : c'est moins la personne du savant qui *«fait autorité»* que la qualité objective de ses travaux.

AVACHISSEMENT. *n. m.* Action de se relâcher, de s'amollir. Au *sens figuré* : perte d'énergie, effondrement lent. *L'avachissement d'un régime.*

AVALISER. *v. tr.* Cautionner, apporter sa garantie, soit au sens propre (cautionner un effet de commerce en lui donnant son «aval», sa signature), soit au sens figuré (se porter garant d'une entreprise, d'une action, d'une décision politique).

AVANT-GARDE. *n. f.* 1° Groupe qui ouvre la marche d'une armée.

2° Par métaphore, ensemble d'artistes ou d'intellectuels qui se veut à la pointe des idées ou des formes d'art nouvelles. *L'avant-garde compte de réels précurseurs et de simples amateurs de mode. Être à l'avant-garde du progrès.* Antonyme : **Arrière-garde**.

AVATAR. *n. m.* 1° Transformation, métamorphose. *Les avatars du dieu Vishnu dans la religion hindoue* : ses diverses incarnations.

2° Changement, transformation, le plus souvent en mal ; par extension (abusive mais courante), mésaventure, vicissitude. Le terme s'emploie généralement au pluriel. *Les avatars d'une carrière fluctuante. Ce projet de loi, qui a subi divers avatars, est complètement défiguré.*

AVENANT. *n. m.* Acte écrit qui est ajouté à un contrat pour officialiser certaines modifications apportées à celui-ci. Ne pas confondre avec l'adjectif *avenant* (plaisant, gracieux, aimable).

AVERSION. *n. f.* (du latin *avertere*, «détourner»; littéralement : «fait de se détourner».) Répugnance extrême, répulsion, vive antipathie. *Avoir de l'aversion pour quelqu'un.* Sur le plan étymologique, on peut noter que le mot *avertir*, formé sur la même racine *vertere*, signifie à l'inverse «se tourner vers» (pour annoncer, prévenir).

AVILIR. *v. tr.* Rendre vil, corrompre, souiller. *S'avilir :* se dégrader, se déshonorer. *Il s'avilissait en fréquentant des prostituées, des avocats véreux, et des politiciens vendus.*

AXIOME. *n. m.* Vérité d'évidence qui n'a pas à être démontrée, chacun étant censé pouvoir constater par lui-même son caractère indiscutable. Un axiome peut servir de proposition fondamentale à une philosophie, ou à une science (par exemple, l'axiome suivant : *Deux quantités égales à une même troisième sont égales entre elles*).

À noter qu'au sens strict, un axiome a une portée plus large qu'un postulat. Un axiome est en principe une vérité universelle, alors que le postulat est une proposition de base (indémontrée) dans le domaine des mathématiques. Cela dit, dans le vocabulaire courant, les deux termes peuvent avoir la même signification. De même, par extension, un axiome peut désigner une «vérité» morale que certains prennent pour indiscutable alors que d'autres la récusent.

On appelle **axiomatique**, dans une science ou une philosophie, l'ensemble des propositions de base (admises sans démonstration), d'où tout le reste se déduit logiquement.

BACCHANALES. *n. f.* Fêtes antiques célébrées en l'honneur de Bacchus, dieu du vin, assimilé par les Romains au dieu grec Dionysos. Ces fêtes comportaient des jeux, des danses, des «mystères» réservés aux initiés, sous la conduite des Bacchantes, prêtresses de Bacchus. Les bacchanales ayant dégénéré en orgies parfois criminelles, le terme est devenu (dans le langage littéraire) synonyme de débauche bruyante et monstrueuse : il peut s'employer, dans ce sens, au singulier.

BADINAGE. *n. m.* Action de badiner, c'est-à-dire de plaisanter légèrement, avec enjouement. *Le badinage des personnages de Marivaux.* *« On ne badine pas avec l'amour »* (Musset). *Un ton badin.* Antonymes : *gravité, sérieux* (dans les propos).

BAFOUER. *v. tr.* Mépriser ; se moquer ostensiblement de quelqu'un ou de quelque chose ; offenser gravement. *J'ai été bafoué, humilié en public. Bafouer les autorités, les lois. Honneur bafoué.*

BAILLEUR (de fonds). *n. m.* Celui qui avance ou donne de l'argent pour une entreprise déterminée. Du vieux français *bailler*, «donner» (à ne pas confondre avec *bâiller*).

BALISER. *v. tr.* Jalonner de balises, de signaux, de points de repère qui permettent de se guider. *Baliser un port. Baliser une piste. Baliser un apprentissage. Baliser les étapes d'une lecture.*

BALLADE. *n. f.* 1° Au Moyen Age, poème lyrique à forme fixe (composé de trois strophes et d'un «envoi» en conclusion). *« Ballade des Dames du temps jadis »* (Villon).

2° Poème d'inspiration familière ou légendaire, au XIXᵉ siècle. *Ballades* de V. Hugo, *Ballades* de Schiller.

3° Œuvre musicale (vocale ou instrumentale) composée en général sur le texte des ballades d'inspiration romantique (sens n° 2). *Les ballades* de Chopin.

Ne pas confondre avec le mot familier *balade* (promenade).

BANNIR. v. tr. *(sens propre)* Exiler, condamner quelqu'un à quitter le pays. Exclure d'une société (on dit aussi « *mettre au ban* »). *Substantif correspondant* : **bannissement.**

(sens figuré) Chasser, supprimer, rejeter. *Bannir toute cérémonie inutile. Bannir de son esprit telle ou telle pensée. Bannir le sucre de son régime alimentaire.*

BAPTÊME. n. m. (du grec *baptizein*, « immerger »).

1° Dans la religion chrétienne, sacrement fondamental par lequel le bébé, l'enfant ou le converti devient chrétien. L'eau du baptême, en le lavant du « péché originel » ; le fait entrer dans une nouvelle vie (spirituelle). Un nom de baptême lui est donné, qui symbolise ainsi le nouvel être qu'il devient. *Recevoir le baptême. Être baptisé au nom du Père, du Fils et du Saint-Esprit. L'eau baptismale.*

2° Par extension, cérémonie qui consacre la « naissance » d'un objet *(baptiser un navire)*, ou simplement, première expérience d'une réalité nouvelle *(baptême du feu, baptême de l'air)*. À partir de leur sens premier, les mots *baptiser, baptême* ont toujours une connotation de nouveauté, de cérémonie consacrant cette nouveauté, de nomination qui fait « exister pleinement ». Baptiser, c'est nommer, c'est consacrer en nommant. Débaptiser, c'est ôter le nom : *une avenue débaptisée.*

N.B. Le fait de verser de l'eau au cours du baptême a pu donner des expressions figurées tout à fait profanes comme *baptiser son vin* (y mettre de l'eau) !

BARBARE. *adj.* et *n.* (du grec *barbaros*, « étranger ») 1° Qui n'appartient pas à la civilisation : *le monde barbare, les peuples barbares.* Ce sens est proche du sens étymologique : pour les Grecs, puis pour les Romains, le « barbare » était l'étranger, dont les mœurs, le langage, inintelligibles, ne leur paraissaient pas « civilisés » (voir **Civilisation**). 2° Qui est grossier, incorrect, non conforme au bon goût ou au bon usage. *Un style barbare, des manières barbares.* A ce sens se relie le mot *barbarisme.* 3° Qui est cruel, brutal ; qui commet des atrocités. *Un vrai barbare. La barbarie d'une guerre civile.*

BARBARISME. *n. m.* Grave incorrection qui consiste à déformer un mot ou à forger un mot inexistant (dans un esprit contraire à la langue). Par exemple, écrire *infligements* pour *dommages, détériorisation* pour *détérioration* ou *conformiser* pour *conformer*. Le barbarisme se distingue d'une part de l'*impropriété de termes* (qui consiste à employer un mot à la place d'un autre qui s'imposerait) et d'autre part du *solécisme* (qui consiste en une faute contre la syntaxe).

Notons que lorsqu'un mot nouveau est admis (et consacré par un écrivain reconnu), on l'appelle **néologisme**. La distinction entre barbarisme et néologisme peut paraître parfois bien arbitraire. Le mot *visualité* (caractère de ce qui est bien visuel) par exemple, qui paraît si convenable, pourra être considéré comme un barbarisme jusqu'à ce qu'il entre dans le *Petit Robert*.

BAROQUE. *adj. et n. m.* (du portugais *barroco*, « pierre irrégulière »).

1° **Historiquement,** en architecture et en arts plastiques, le baroque est un style qui s'est développé d'environ 1630 à 1750 en Italie d'abord, puis en Europe et, en passant par l'Espagne, jusqu'en Amérique latine. En réaction contre l'austérité protestante, sous l'influence de l'Église catholique désireuse de séduire les croyants par la magnificence du culte, le style baroque se caractérise par la recherche de plans grandioses, le goût du monumental, le jaillissement des formes et des motifs, la surcharge de l'ornementation, l'exubérance du décor, une sculpture mouvementée, une peinture éclatante, etc.

2° **En littérature française,** la période baroque concerne essentiellement la poésie et le théâtre de la fin du XVIe siècle et du début du XVIIe. Elle se traduit par un certain nombre de thèmes de prédilection (l'instabilité des choses, le vertige des apparences, la fascination du mouvement et de la métamorphose, le goût du pathétique grandiose) et des traits d'écriture caractéristiques (liberté et foisonnement des formes, mélange des genres, abondance des métaphores et des hyperboles, recherche des antithèses, exubérance verbale). Cette tendance s'opposera au **Classicisme**, épris de raison et de mesure.

3° **Au sens général,** non historique, l'emploi du mot baroque peut désigner :
— *péjorativement,* des œuvres au style chargé, excentrique, irrégulier, bizarre, où des réussites se mêlent à l'invraisemblance et au mauvais goût ;
— *positivement,* une tendance esthétique permanente s'opposant à la rigueur classique paralysante, et réaffirmant sans cesse la liberté de l'inspiration, la vitalité de formes renouvelées, l'imagination créatrice et les droits de la fantaisie. Dans ce sens, le **Romantisme** serait une résurgence du baroque.

On notera que le terme baroque utilisé par la critique musicale, pour désigner un style mélodique chargé d'ornements, est discuté : son emploi semble avoir un sens plus historique qu'esthétique, ce qui crée une confusion contestable. Il vaut mieux l'éviter dans ce domaine.

BAVURE. *n. f. (sens propre)* Trace d'encre, débordement léger de matière.

(sens figuré) Excès regrettable, abus fâcheux en matière politico-sociale. Le mot a eu beaucoup de succès, dans les années 1960/1970, pour désigner les exactions policières ou les abus du pouvoir politique. *Il n'y a pas de répression sans bavures policières. Exécuter un innocent à la suite d'une confusion de noms, ce n'est plus un crime, c'est une bavure !*

BÉATITUDE. *n. f.* État de bonheur absolu, par l'union à Dieu, auquel accèdent les élus au paradis. Par extension : bonheur parfait, euphorie, félicité. À noter que l'adjectif *béat* a fréquemment une connotation péjorative. *Un optimisme béat.*

BEHAVIORISME. *n. m.* (de l'anglais *behaviour*, « comportement », d'où parfois la forme *behaviourisme*).

1° École de psychologie (début XXe siècle) qui tend à n'étudier les individus qu'à travers leurs réactions au milieu, à travers leurs comportements scientifiquement observables, en refusant de recourir à l'introspection ou aux hypothèses de la psychologie profonde.

2° Dans le sillage du mouvement behavioriste, technique romanesque qui s'efforce de ne décrire les personnages que d'un point de vue extérieur : le romancier behavioriste refuse d'entrer dans le for intérieur de son personnage ; il ne fait qu'enregistrer ses gestes, ses actions et réactions, ses paroles effectivement prononcées. C'est le contraire du roman psychologique.

BELLI-. Racine d'origine latine, qui vient du mot *bellum*, «guerre». Sur cette racine sont forgés les mots **Bellicisme** («amour de la guerre»), **Belligérants** (états en guerre), **Belliqueux** (qui aime se battre, qui a l'esprit guerrier). Ce dernier adjectif, notons-le, a un sens figuré : *un tempérament belliqueux, une humeur belliqueuse* (qui aime la querelle, les polémiques). Noter aussi l'expression, **casus belli**, «motif de guerre» (acte qui suffit à déclencher la guerre).

BÉNIN. *adj.* Doux, qui ne fait pas de mal, sans conséquence grave. *Un médicament bénin. Une tumeur bénigne* (par opposition à *tumeur maligne*, qui peut entraîner la mort). Notez bien le féminin *bénigne*.

BÉOTIEN. *n. m.* Personnage inculte, qui n'a ni le sens ni le goût de la culture, des lettres et des arts. *Ce sont des béotiens.*

Au départ, le mot *béotien* désigne simplement les habitants de la Béotie (en Grèce). Mais ceux-ci, dans l'Antiquité, étaient considérés comme grossiers de goût ou d'esprit; d'où l'extension du mot, devenu injurieux.

BESOIN. *n. m.* Envie physique ou morale; aspiration naturelle ou sociale dont la satisfaction offre un caractère de nécessité.

La notion de «besoin» ne présente pas de difficulté de compréhension : chacun sait que ce dont il a besoin, c'est ce qui est ou lui paraît indispensable à sa vie. Mais qu'est-ce qui est «indispensable» à notre vie ?

A priori, on croit pouvoir distinguer le *besoin* du *désir*. On parlera de besoins *élémentaires*, surtout physiques (boire, manger, dormir), — tout ce qui doit assurer la survie de l'individu ou de l'espèce. On parlera ensuite de besoins *secondaires*, dont la satisfaction vise non plus notre survie, mais ce qui nous semble une vie «normale», équilibrée : besoin d'un abri, besoin de biens de première nécessité sans doute, mais aussi aspirations humaines à une activité créatrice, à une vie affective harmonieuse, à la reconnaissance sociale, etc. Insensiblement, on glisse de la zone des besoins objectifs au champ beaucoup plus vaste de tout ce que peut désirer l'être humain pour se sentir exister pleinement. *«L'homme est une création du désir, non pas une création du besoin»* (Bachelard).

Il est vrai que, *du point de vue individuel*, le «désir», outrepassant le pur besoin, ne semble pas offrir un caractère de nécessité foncière : on peut renoncer à l'objet du désir, survivre à son manque. Mais, *du point de vue social*, il se trouve qu'un désir partagé par tout le monde (une habitude de consommation devenue «naturelle») se présente très vite comme un besoin impérieux. L'individu ressent comme une aspiration profondément personnelle des besoins créés de toute pièce par la vie sociale (par la publicité, par exemple). L'économie, la culture, la civilisation nous rendent ainsi nécessaires des objets ou des réalités dont nous pourrions nous passer : la voiture, la télévision, les vacances, le droit à l'instruction ou à l'information, etc. Il suffit que la société reconnaisse des droits comme essentiels pour en faire des «besoins». On voit ainsi que ce que l'homme nomme «besoin» lui vient bien plus souvent de la **Culture** (sens n° 2) que de la **Nature** (voir ces mots).

BÉVUE. *n. f.* Grossière erreur, méprise due à l'étourderie ou à l'ignorance. *Commettre une bévue.* Bourde, gaffe, impair.

BI-, BIS. Racine d'origine latine signifiant «deux», «deux fois». Par exemple, **Bicentenaire, Bicéphale** («qui a deux têtes»), **Bicolore, Bigame, Bilatéral** (voir ce mot), **Bilingue, Binôme, Bissectrice, Bivalent** («qui a deux valeurs», cf. *ambivalent*).

BIBLE. *n. f.* 1° (du grec *biblio-*, «livre»). La Bible, c'est d'abord *le* Livre sacré qui rassemble l'ensemble des textes où s'exprime la Parole de Dieu pour les Juifs et pour les Chrétiens. La différence est que les Juifs n'admettent que l'Ancien Testament comme constitutif de la Bible, alors que les Chrétiens y joignent le Nouveau Testament (c'est-à-dire les Évangiles, le récit des Actes des Apôtres, les Épîtres et l'Apocalypse).
2° Par extension, ouvrage fondamental qui sert de référence à une philosophie, à une doctrine politique. Le Capital *est la bible des marxistes.* Le Petit Livre rouge *fut la bible des partisans de Mao Tsé Toung.*

BIBLIO-. Racine d'origine grecque qui signifie «livre». On trouve ainsi **Bibliographie** (liste de textes relatifs à un auteur ou à un sujet), **Bibliophile** (personne qui aime les livres précieux, rares, et les collectionne), **Bibliothèque** et **Bibliothécaire**.

BIENSÉANCE. *n. f.* Littéralement, « ce qui sied bien ». Ce qui est convenable, ce qui est conforme aux bonnes mœurs dans une société donnée.

À l'âge classique (1655-1680 environ), les **bienséances** — règles de la bonne sociabilité — devaient être également respectées *dans les œuvres littéraires*, en particulier au théâtre. Le langage déplacé, les actions familières (boire ou manger), les écarts de conduite (actes de violence) étaient bannis de la scène. Rien ne devait choquer le bon goût, les convenances, la sensibilité artistique dominante.

BILATÉRAL. *adj.* 1° Qui présente deux côtés, qui a rapport à deux côtés. *Stationnement bilatéral.*
2° Qui engage réciproquement deux personnes, deux parties contractantes, deux États. *Des accords bilatéraux.* Le mot **bilatéral** s'oppose à la fois au mot **unilatéral** *(rupture unilatérale d'un traité)* et au mot **multilatéral** *(des accords multilatéraux,* c'est-à-dire entre plusieurs États).

BINAIRE. *adj.* Qui est composé de deux termes ou de deux éléments. *Numération binaire :* système de numération à base *deux*, formé des seuls chiffres 0 et 1, qui est à l'origine du *langage binaire* des ordinateurs. *Rythme binaire :* rythme musical dont la base est deux (mesure de deux ou quatre temps). Cette expression s'emploie aussi en prosodie (étude du rythme, en poésie ou en prose littéraire).

BIO-. Racine d'origine grecque qui signifie « la vie ». Elle sert à la composition de nombreux mots : **Biochimie** (chimie des phénomènes vivants), **Bioéthique** (morale du respect de la vie, notamment dans le cas des manipulations génétiques), **Biogenèse** (théorie de la formation progressive de la vie), **Biographie** (récit de la vie d'une personne), **Biologie** (science de la vie), **Biosphère** (ensemble des organismes vivants et de leur zone d'existence sur la Terre), et aussi *amphibie, antibiotique, autobiographie, biodégradable, microbiologie, symbiose,* etc.

BIOGRAPHIE. *n. f.* (des racines *bio-*, « vie » et *grapho-*, « écrire »). Récit de la vie d'un personnage ayant existé. La biographie a d'abord un intérêt historique : faire connaître un personnage (illustre ou obscur) et, à travers lui, son époque ou son milieu. Mais l'auteur et le lecteur d'une biographie ont souvent, en même temps, d'autres intérêts : un intérêt psychologique (éclairer les cohérences ou les ambiguïtés d'une personne), un intérêt romanesque (se plaire à rêver d'aventures réelles — souvent romancées) ou un intérêt moral (méditer sur un destin, en tirer des leçons ou des exemples). Aussi la biographie est-elle un véritable *genre littéraire*. Voir **Autobiographie**.

BLASON (redorer le blason). *n. m.* Le blason représente l'ensemble des signes caractéristiques d'une famille noble. *Redorer son blason,* c'est, pour un noble pauvre, épouser une jeune fille riche. Plus généralement, pour un organisme ou une institution dont la mission est à la fois noble et ancienne, c'est retrouver une certaine aisance financière qui lui permet de survivre.

BLASPHÈME. *n. m.* Injure, parole outrageante proférée à l'égard de la Divinité ou de la religion. *Maudire Dieu est un blasphème.* Baudelaire est *blasphématoire* lorsqu'il écrit à propos de Dieu :

> *Comme un tyran gorgé de viande et de vin*
> *Il s'endort au doux bruit de nos affreux blasphèmes*

Plus généralement, *blasphémer*, c'est outrager ou insulter tout ce qui est considéré comme sacré ou respectable.

BOHÈME. *n. f.* Genre de vie insoucieuse et libre menée par certains écrivains ou artistes au XIXe siècle. *Mener une vie de bohème.* Par extension, vie d'artiste désordonnée, s'opposant au mode de vie rangé, conforme, du milieu bourgeois.

N.B. Ne pas confondre avec la Bohême, région d'Europe centrale (noter l'accent circonflexe).

BOLCHEVIQUE. *n. et adj.* Se dit de communistes russes partisans du bolchevisme au début du XXe siècle, c'est-à-dire favorables au collectivisme forcé, au nom du «marxisme». Par extension, péjorativement, s'applique aux communistes intransigeants, radicaux. *C'est un bolchevique, un révolutionnaire ; il déteste les réformistes.*

BONHOMIE. *n. f.* Qualité de l'homme bon et simple, affable, bienveillant. *Il avait un air de bonhomie irrésistible, touchant, désarmant.*

N.B. Ne prend qu'un seul *m*.

BORÉAL. *adj.* Qui est au nord du globe terrestre. *Vent* *boréal, ciel boréal.* Synonymes : *septentrional, nordique.* Antonyme : *austral* (proche du pôle Sud, antarctique).

BOUC ÉMISSAIRE. *n. m.* (à partir du latin *emittere*, « envoyer dehors », qui a donné les mots *emissarius*, « agent, émissaire » et *emissarium*, « déversoir »).

(sens propre) Dans la religion hébraïque, le jour de la fête des Expiations, il était coutume de choisir un bouc que le prêtre chargeait de tous les péchés d'Israël et qu'on chassait dans le désert (où il allait rejoindre les démons).

(sens figuré) Le bouc émissaire, dans un groupe donné, est une personne que l'on charge de tous les torts, de toutes les fautes. La collectivité, consciemment ou inconsciemment, se délivre de sa culpabilité en projetant son péché sur la victime (innocente ou non).

• C'est souvent le rire collectif qui « tue » symboliquement la victime. Ainsi, dans la première scène de *Madame Bovary* (Flaubert), on voit le professeur tourner en ridicule le jeune Charles Bovary. Celui-ci est coupable de n'être pas comme les autres. Il paye, pour chacun, le péché de singularité. Pour le groupe, il est l'instrument qui sert à façonner l'unanimité. Pour le professeur, il est le moyen d'affirmer son pouvoir sur la classe, soudée dans son rire collectif.

• Le lynchage, comme le montrent de nombreux westerns, se fait toujours dans la passion et l'injustice. La foule s'empresse de sacrifier un coupable qui assume le péché collectif. Les moins vertueux sont souvent les plus ardents dans la chasse au bouc émissaire, pour se délivrer de leur propre culpabilité.

• Le « besoin » de boucs émissaires, dans une société quelle qu'elle soit, est souvent utilisé par les politiques. Machiavel, dans *Le Prince*, donne l'exemple suivant : des troubles éclatent dans une partie du royaume ; le prince y expédie un chef militaire brutal qui rétablit l'ordre par des moyens sanglants ; le prince, une fois la « pacification » opérée, fait traduire en justice et exécuter sur la place publique le capitaine brutal qui a rétabli l'ordre. Celui-ci a assumé la violence et payé pour la violence. Tout le monde est satisfait.

• On peut citer encore la magnifique fable de La Fontaine

Les Animaux malades de la Peste : le mécanisme d'expulsion de la culpabilité collective sur l'âne sacrifié y est parfaitement décrit. Dans son roman *1984*, Orwell institue *« deux minutes de Haine »* pendant lesquelles la foule en délire est poussée à exécrer un traître fondamental (le type même du bouc émissaire) : elle trouve son unité en orientant sa violence vers un ennemi commun.

• Pour René Girard, auteur de l'essai *La Violence et le Sacré*, la « victime émissaire » draine sur elle toutes les impuretés de la communauté ; sa mort ou son expulsion, rituellement organisées, ont un effet purificateur ; en la sacrifiant, la communauté expulse sa violence interne et se réconcilie avec elle-même. Le sacrifice religieux a ainsi une fonction sociale essentielle : il remplace la violence désordonnée entre les individus (qui menace l'unité du groupe) par une violence ritualisée (qui unifie le groupe tout en lui servant d'exutoire).

Voir **Catharsis, Transfert**.

BOUFFON. 1° *n. m.* Personnage grotesque chargé de divertir le roi ou le prince par des plaisanteries plus ou moins grossières. *Le bouffon du roi* (ou *le fou du roi*). Par extension : personne qui fait rire, qui amuse (pas toujours volontairement) par ses farces, ses pitreries, ses ridicules.

2° *adj.* Caractérise ce qui provoque un rire peu raffiné, burlesque, enlevé, cocasse. *Une scène bouffonne. Des bouffonneries énormes. Une situation bouffonne.* Voir **Opéra-bouffe**.

BOULIMIE. *n. f. (sens propre)* Faim insatiable, continuelle, souvent d'origine pathologique (antonyme : *anorexie*).

(sens figuré) Appétit énorme, passion dévorante. *Une boulimie de lectures. Une boulimie de connaissances.*

BOVARYSME. *n. m.* Trait psychologique qui consiste, à l'instar de *Madame Bovary* (Flaubert), à s'imaginer soi-même et à rêver sa propre vie sur un modèle idéal et romanesque. Cette faculté d'auto-illusion, qui rend impossible l'adaptation à la réalité, aboutit inévitablement à la frustration et à l'échec.

Le mot a été créé par un critique pour désigner le défaut essentiel de l'héroïne de Flaubert, Emma Bovary. Celle-ci, petite bourgeoise sentimentale ayant épousé un médecin médiocre, ne se satisfait pas de son existence platement réaliste. Imprégnée de ses lectures et de rêveries romantiques, elle désire vivre sa vie à la manière d'un grand roman d'amour pathétique. Elle projette ses fantasmes sur le moindre événement de sa vie et, chaque fois qu'elle est déçue, loin de se faire une raison, refuse le réel et reporte ses imaginations sur d'autres situations, sur d'autres êtres, sur d'autres aventures possibles. À force de se mentir à elle même, trahie par l'affreuse réalité, elle est conduite à l'issue fatale : le suicide.

De cette histoire qui se veut « exemplaire », la critique littéraire a ainsi tiré une tendance psychologique universelle : le bovarysme.

BRAVER. *v. tr.* Affronter courageusement : *braver la mort.* Défier avec fierté ou insolence : *braver l'autorité du roi. Don Juan brave la statue du Commandeur et, par-delà la Statue, le Ciel lui-même.*

BRÈCHE (être sur la brèche). Dans une ville assiégée, les soldats doivent défendre hardiment les brèches créées par l'ennemi. Par analogie, *être sur la brèche,* c'est devoir faire face aux « agressions » incessantes d'une situation difficile.

BRIGUER. *v. tr.* Tenter d'obtenir, par différents moyens, une position, un titre, un poste, une décoration qu'on mérite ou qu'on ne mérite pas. Ambitionner, rechercher, désirer, convoiter, viser. *Je brigue le seul honneur de servir mon Roi. Il brigue un poste de ministre.*

BRIMER. *v. tr.* Maltraiter, imposer des « brimades », c'est-à-dire des vexations, des humiliations, des frustrations. *Je trouve scandaleux le droit qu'ont les Anciens de brimer les Bizuths. Des enfants brimés par une éducation autoritaire. Les brimades de l'Administration.*

BRISÉES (aller sur les brisées de). *n. f. pl.* Cette expression signifie : entrer en concurrence avec quelqu'un, vouloir empiéter sur son terrain. D'usage littéraire, elle est synonyme de la locution familière : *« marcher sur les plates-bandes de quelqu'un ».*

BRUIRE. *v. intr.* Faire entendre un murmure confus. *Le vent bruissait.*

BUCOLIQUE. *adj.* Qui se rapporte à la nature, ou à la poésie qui chante la vie champêtre, les mœurs pastorales. *Une scène bucolique. Un poème bucolique.* Qui aime la vie simple de la campagne. *Un tempérament bucolique.*

BUREAUCRATIE. *n. f.* (de *bureau* et *-cratie*, racine d'origine grecque signifiant « pouvoir, gouvernement »).

• La **bureaucratie**, littéralement, c'est **le pouvoir des hommes de bureau**, c'est-à-dire de l'administration d'un organisme (public ou privé), des fonctionnaires de l'État, etc.

• Le développement des États ou des grandes organisations (entreprises, partis, mouvements) a nécessité la mise en place de services administratifs de plus en plus complexes, destinés à entériner, réglementer, organiser ou exécuter les décisions prises au sommet, par les responsables du pouvoir. Ces organismes, largement fonctionnarisés et hiérarchisés, par leur pesanteur propre, ont donc représenté un certain frein aux décisions politiques qu'ils sont chargés de mettre en œuvre. D'où un *premier sens* du mot bureaucratie : il désigne la lourdeur, la force d'inertie que les services administratifs opposent toujours plus ou moins aux initiatives, aux décisions prises par le Pouvoir.

• Mais bien vite, on le comprend, *une bureaucratie peut devenir un pouvoir à elle seule*. Non contente de tempérer ou paralyser les décisions politiques prises au sommet, elle exerce quotidiennement sur ceux qu'elle administre (les « gouvernés ») une fonction d'autorité qui est un pouvoir en soi. C'est le bureaucrate qui sélectionne les demandes, tamponne les cartes, recouvre des amendes, etc. Dès lors, la bureaucratie peut se muer en État dans l'État, en système de pouvoir qui suit sa logique propre (indépendamment des gouvernants officiels et des gouvernés). Elle traduit l'idéologie ou l'égoïsme du groupe social qu'elle constitue, comme ce fut le cas un URSS et dans les pays de l'Est. Elle peut être l'expression de l'appareil d'un parti qui ne consulte pas les militants.

Quelle que soit la nature d'une organisation (étatique ou privée), dès que celle-ci prend de l'importance et se complexifie, elle génère en elle-même le risque d'un système bureaucratique. Elle peut même, du bas en haut, n'être plus que bureaucratie, incapable de se réformer, d'évoluer, — uniquement soucieuse de se perpétuer.

BURLESQUE. *n. m. et adj.* (de *burlesco*, venu de l'italien *burla* qui signifie «plaisanterie» ; ce mot signifie aussi «moquerie» en espagnol).

1° **Historiquement,** le burlesque est une forme de comique parodique, bouffon, en vogue au milieu du XVIIe siècle. Il grossit et ridiculise les modèles de la littérature épique ou du style précieux, en jouant sur le décalage des tons, en parodiant et en outrant les codes du langage soutenu qu'il mêle à des réalités triviales (cf. *Le Virgile travesti* ou *Le Roman comique* de Scarron).

2° **En général,** on qualifie de burlesque toute situation (réelle ou fictive) dont le comique se fonde sur le ridicule, l'extravagance, la bouffonnerie. *Un épisode burlesque. Une farce burlesque. Une séquence burlesque* (dans un film de Laurel et Hardy, par exemple). Dans ce sens, le mot est proche de *grotesque, loufoque, clownesque*.

BUTTE (être en butte à). Expression figurée qui signifie : être l'objet, la cible, la victime de réalités contrariantes. *Être en butte aux vexations de l'entourage, à l'hostilité des critiques.*

BYZANTIN. *adj.* 1° Propre à la ville antique de Byzance ou à son Empire (l'empire romain d'Orient). Rappelons à ce sujet que Byzance fut baptisée Constantinople (en 330) puis Istanbul (en 1453), qui est son nom actuel. Mais on a conservé l'adjectif byzantin : *l'art byzantin, l'empire byzantin.*

2° Se dit de discussions intellectuelles subtiles ou purement formalistes, par allusion aux théologiens byzantins qui se plaisaient à débattre sans fin de questions oiseuses (par exemple, la question du sexe des anges), alors que les Turcs assiégeaient la ville. *Des querelles byzantines. Le byzantinisme consiste à couper les cheveux en quatre, de préférence dans le sens de la longueur...*

ÇA. *n. m.* Le **Ça** est, selon Freud, l'une des trois instances psychiques qui constituent le fond de l'être humain, avec le **Moi** et le **Surmoi**. Le *ça* est l'ensemble des pulsions enfouies dans l'inconscient. Il est à la fois le réservoir de l'énergie psychique qui anime l'individu (souvent malgré lui) et un chaos de tendances incohérentes, amorales, impersonnelles, qui grouillent au fond de l'être. Il se manifeste souvent par des lapsus, des actes manqués ou des comportements étranges qui surprennent leur auteur, qui dira alors « *Ça m'a échappé, ça a été plus fort que moi* ». Aussi le *moi* et le *surmoi* se constituent-ils, progressivement, en réaction (plus ou moins consciente) contre le *ça* . Le *ça* a besoin d'être discipliné par le sujet qui prétend vivre en société, sans être pour autant écrasé puisqu'il est source d'énergie. Voir **Libido, Moi, Surmoi, Inconscient**.

CABALE. *n. f.* 1° (souvent écrit *kabbale* dans ce sens) Interprétation savante et allégorique de l'Ancien Testament, réservée à des cercles d'initiés, spécialistes de la tradition juive.

2° Par extension, science occulte qui prétend faire communiquer ses adeptes avec les êtres surnaturels.

3° Manœuvres secrètes, complot organisé par un groupe contre une personne. Au XVIIe siècle, Molière eut à souffrir de la *cabale des dévots* qui fit interdire sa pièce *Tartuffe*. Synonymes : *conspiration, faction, intrigue, ligue*.

CABALISTIQUE. *adj.* (à partir des sens 1° et 2° du mot *cabale*) Mystérieux, magique, secret, hermétique.
Des signes cabalistiques : des signes obscurs, incompréhensibles (sauf pour les initiés). Voir **Ésotérique**.

CABOTIN. *n. m.* et *adj.* Acteur médiocre, imbu de lui-même, qui veut sans cesse épater. On dit aussi *un cabot*. Par extension, personne qui cherche à se faire valoir par un comportement théâtral. *Un enfant cabotin.*

CACHET (lettre de). Lettre fermée par le cachet du roi, donnant ordre d'emprisonner ou d'exiler quelqu'un sans jugement. Les lettres de cachet étaient une manifestation de l'*arbitraire* du roi.

CACIQUE. *n. m.* Grand chef indien. (*sens figuré*) Responsable important dans un parti ou un secteur professionnel donné. *Ce soir-là étaient réunis les caciques du mouvement social-démocrate.* Le mot s'emploie aussi pour désigner, dans le vocabulaire étudiant, le premier reçu au concours d'une grande école.

CACOPHONIE. *n. f.* (à partir des mots grecs *kakos*, «mauvais» et *phonos* «voix, son»). Rencontre de sonorités désagréables, parfois volontaires (pour produire un effet d'humour; par exemple: *il peut mais peut peu*). Plus généralement, ensemble de sons discordants, peu harmonieux. *Je trouve la musique dodécaphonique vraiment cacophonique: on devrait l'appeler «dodécacophonique»!* Antonyme: **euphonie**.

CADUC. *adj.* Qui n'a plus cours, démodé, désuet, périmé, vieux. *Un usage caduc, une loi caduque.* À noter le sens botanique du terme: des feuilles *caduques*, qui tombent chaque année, par opposition aux feuilles persistantes.

CALENDES. *n. f. plur.* Premier jour de chaque mois, chez les Romains (jour où venaient à échéance les dettes). Les Grecs n'avaient pas de «calendes», d'où l'expression courante: **renvoyer aux calendes grecques**, c'est-à-dire renvoyer à un jour qui ne viendra jamais, remettre indéfiniment une décision ou une entreprise.

CALEMBOUR. *n. m.* Jeu de mots qui repose sur une différence de sens entre des termes dont les sonorités sont semblables ou assez proches. Par exemple: *merveilleuse / mère veilleuse; harmonie / arme honnie.* Les paronymes peuvent aider à produire de nombreux calembours. Voir les sketches de Raymond Devos *(Caen).*

CALICE (boire le calice jusqu'à la lie). Le calice est un vase sacré. Au cours de son agonie, le Christ supplie Dieu d'éloigner de lui les souffrances du sacrifice qui l'attend, en employant le mot calice au sens figuré : « *Père, s'il est possible, que ce calice passe loin de moi !* ». D'où l'expression **boire le calice jusqu'à la lie** : souffrir mille douleurs, subir malheurs et humiliations jusqu'au bout.

CALVAIRE. *n. m. (sens propre)* Nom de la colline où fut crucifié Jésus-Christ (en grec : Golgotha). Par extension, représentation (picturale ou sculptée) de la scène du Calvaire. Le terme s'applique aussi à des croix, en plein air, qui commémorent la crucifixion du Christ : *les calvaires bretons.*

(sens figuré) Longue et douloureuse suite d'épreuves, de souffrances. *Sa maladie fut un vrai calvaire.* Ce sens imagé s'est usé. *Faire un dictionnaire, quel calvaire !*

CANDIDE. *adj.* (du latin *candidus*, « blanc (éclatant) ». À Rome, ceux qui postulaient à une fonction officielle revêtaient une robe blanche ; d'où leur nom de « candidat »). Crédule, innocent, ingénu, naïf. La candeur est souvent perçue comme une innocence excessive, raison pour laquelle Voltaire nomme *Candide* le héros de son célèbre conte philosophique : « *Il avait le jugement assez droit, avec l'esprit le plus simple, c'est pour cette raison je crois qu'on le nommait Candide* ». Victor Hugo joue sur l'étymologie du mot en écrivant ce vers :

« *Vêtu de probité candide et de lin blanc* ».

CANEVAS. *n. m. (sens propre)* Grosse toile sur laquelle s'exécute une tapisserie finie. *(sens figuré)* Ébauche ; schéma d'un ouvrage ou d'un exposé ; scénario, synopsis. *Des comédiens improvisent une pièce à partir d'un simple canevas.*

CANON. *n. m.* 1° Au **sens religieux**, règles établies par l'Église en matière de foi et de culte, notamment au cours des Conciles (le *Droit canon* est le droit ecclésiastique fondé sur ces règles).

2° Au **sens esthétique**, règles ou modèles à imiter pour créer de belles œuvres ; idéal artistique. *Les canons de la beauté.*

3° En **musique**, chant ou composition dans laquelle les voix entonnent la même mélodie à intervalles successifs. *Canon à deux, à plusieurs voix.*

N.B. Le sens n° 1 a donné, par extension, le verbe **canoniser** : admettre *officiellement* au nombre des saints un personnage à la vie édifiante. L'adjectif **canonique** (à partir des sens n° 1 et 2) signifie «qui est conforme aux règles, qui obéit aux normes académiques, qui fait autorité». *L'édition canonique de tel ouvrage.*

CANTATE. *n. f.* Composition vocale comprenant une ou plusieurs voix, accompagnée d'un orchestre. *Les cantates de Jean-Sébastien Bach.* La cantate, qui peut avoir des sujets profanes ou religieux, alterne les airs et les récitatifs. Le mot peut être employé au figuré pour désigner des poèmes d'inspiration lyrique noble.

CANTILÈNE. *n. f.* Au Moyen Age, poème chanté sur un sujet épique (un événement célèbre). *La cantilène de sainte Eulalie* (vers 880 : c'est le plus ancien poème en langue française).

Sens courant : chant monotone et mélancolique, complainte, romance.

N.B. Contrairement à la *cantate* et au *cantique*, la cantilène est un chant profane.

CANTIQUE. *n. m.* Chant religieux à la gloire de Dieu. Poème, religieux ou non, d'un lyrisme élevé. *Un cantique de douleur et de mort.*

N.B. Le *Cantique des cantiques*, dans la Bible (attribué à Salomon), est un des plus beaux chants d'amour.

CANTONADE. Voir **Aparté**.

CAPITALISME. *n. m.* Système économique et social fondé sur le «capital», c'est-à-dire sur la propriété privée des moyens de production, et sur l'accumulation des richesses obtenues par la mise en œuvre de ces moyens.

Le capitalisme se caractérise par le libéralisme économique (n'importe qui peut investir, créer son entreprise), l'initiative privée (du petit entrepreneur jusqu'à la stratégie des grands groupes), la recherche du profit (distribué aux actionnaires privés ou réinvesti dans l'entreprise), et la libre concurrence.

Les théoriciens favorables au capitalisme estiment qu'il est le seul système favorisant le développement économique ; son efficacité provient de la concurrence qui le stimule, qui l'oblige à rationaliser la production, à rechercher sans cesse une plus grande productivité. Même si le capitalisme est mû par des intérêts privés, son dynamisme doit rejaillir sur la prospérité générale, et ses fruits être finalement partagés par la collectivité.

Les détracteurs du capitalisme opposent à cet idéal un certain nombre d'objections. La concurrence peut aboutir à l'absorption des petites entreprises par les grandes ; les monopoles de fait qui en résultent, contredisant la notion de libéralisme, font disparaître la concurrence et ses vertus stimulantes ; les grands groupes peuvent alors être paralysés par des dérives bureaucratiques, ou inversement, acquérir mondialement une puissance nocive aux États ou aux citoyens.

Pour les marxistes, le capitalisme est un système pervers en lui-même puisque les détenteurs du « Capital » s'enrichissent au détriment des travailleurs (qui vendent leur force de travail sans participer à la prospérité de l'entreprise). La logique du profit à court terme conduit ce système à ignorer l'intérêt général, à exploiter la main-d'œuvre et à transformer la société en un simple marché où le citoyen est voué à la seule consommation. Le capitalisme aboutirait ainsi à la double déshumanisation d'un citoyen exploité comme travailleur et aliéné comme consommateur. À cette critique s'ajoute, à la fin du XXe siècle, l'argument du chômage, engendré par un système qui, en principe, devait assurer l'emploi du plus grand nombre. Il est même reproché à l'économie capitaliste d'utiliser cyniquement la pression du chômage pour sous-payer ceux qui ont la « chance » de bénéficier d'un emploi.

À tout ceci, les partisans du capitalisme répondent que les autres systèmes économiques (notamment le communisme) ont échoué. Le débat reste donc ouvert.

Voir **Collectivisme, Communisme, Étatisme, Socialisme**.

CAPTATIF. *adj.* Qui cherche à capter, à accaparer quelqu'un ou l'affection de quelqu'un. *Un amour captatif* (contraire d'un *amour oblatif*, désintéressé). Noter que le substantif « captation » ne s'emploie qu'au sens concret, pour désigner les manœuvres par lesquelles on tente d'obtenir frauduleusement les biens d'une personne. *Une captation d'héritage*.

CARACTÉROLOGIE. *n. f.* Branche de la psychologie qui étudie et classe les différents caractères des individus, en tentant d'y repérer des types permanents de structure psychique. Le philosophe Le Senne, par exemple, à partir de trois traits distinctifs de l'individu, le *Retentissement* (primaire ou secondaire, selon que l'on réagit immédiatement ou après coup), l'*Émotivité* et l'*Activité*, dresse une liste de huit caractères fondamentaux qui sont les suivants : **Passionné** (*Émotif, Actif, Secondaire*, par ex. Napoléon) ; **Sentimental** (*Émotif, non Actif, Secondaire*, par ex. Vigny) ; **Colérique** (*E.A. Primaire*, par ex. Danton) ; **Nerveux** (*E.nA. P.*, par ex. Musset) ; **Flegmatique** (*nE. A. S.*, par ex. Kant) ; **Sanguin** (*nE. A. P.*, par ex. Talleyrand) ; **Amorphe** (*nE.nA.P.*, par ex. Louis XV) et **Apathique** (*nE. nA. S.*, par ex. Louis XVI).

CARCAN. *n. m. (sens propre)* Collier de fer par lequel on attachait les criminels condamnés à être exposés au public.
(sens figuré) Contrainte, entrave, obligation pénible. *Le carcan de la morale puritaine.*

CARCÉRAL. *adj.* Qui se rapporte à la prison. *L'univers carcéral.*

CARENCE. *n. f.* Manque, insuffisance, absence d'élément indispensable. *Carence en vitamines. Carence affective* (manque crucial d'affection). Manquement à des obligations : *les carences du pouvoir, de l'administration.* Voir **Pénurie**.

CARPE DIEM. Maxime du poète latin Horace qui signifie : « *Cueille le jour présent* ». La brièveté de la vie conduit à cultiver l'instant présent, à le saisir dans ce qu'il a de meilleur. Cette devise est souvent citée pour caractériser le mode de vie épicurien. Voir **Épicurisme**.

CARTÉSIEN. *adj.* Qui se rapporte à la philosophie de Descartes, qu'on appelle **cartésianisme**.

La doctrine de Descartes est fondée sur la raison et sur le doute méthodique. Critiquant le *principe d'autorité*, Descartes commence par faire « table rase » de toutes les connaissances antérieures, parvient à la seule certitude que l'on pense dans l'acte même de douter et en arrive à la conclusion fondamentale : « Je pense donc je suis » *(Cogito ergo sum)*. À partir de là, il déduit l'existence de Dieu, puis les exigences de la morale.

Pour fonder sa démarche, Descartes établit les *quatre règles de la méthode* (mise en cause de tout ce qui ne paraît pas clair et évident ; analyse des difficultés ; synthèse des vérités en ordonnant les connaissances des plus élémentaires aux plus générales ; observation et dénombrement aussi exhaustif que possible des éléments d'information). C'est ainsi qu'il établit les bases de l'esprit critique et l'exigence d'une pensée rationnelle.

Dans le sillage de la doctrine de Descartes, on taxera de « cartésianisme » toute philosophie qui s'inspirera de son rationalisme. De même on emploiera l'adjectif « cartésien » pour désigner toute forme de pensée éprise de clarté, toute volonté de faire prévaloir la raison sur les préjugés ou sur les passions. *Un esprit cartésien. Une démarche cartésienne.*

CASANIER. *adj.* Qui aime (un peu trop) rester chez soi. *Un homme casanier.* Qui dénote le goût du logis. *Des habitudes casanières.*

CASTE. *n. f.* En Inde, groupe social héréditaire, dans le cadre d'une stratification à base religieuse. Par exemple, la *caste des brahmanes*, composée des prêtres et enseignants. Dans ce sens, la caste s'oppose à la classe sociale qui (en principe) n'a pas de caractère héréditaire ou sacré (l'individu peut en changer).

Par extension, la caste désigne (péjorativement) un ensemble d'individus dotés des mêmes fonctions ou privilèges, et qui manifestent un esprit d'exclusion envers les autres. *Un esprit de caste. La caste des gens de lettres.* Synonyme : *coterie.*

CASUISTIQUE. *n. f.* Étude des cas de conscience, c'est-à-dire des problèmes que peuvent rencontrer les individus dans la pratique de la morale (chrétienne), notamment lorsque deux règles morales contradictoires s'imposent dans une même situation. Par exemple : 1° Je n'ai pas le droit de tuer. 2° J'ai le devoir de défendre ma patrie. Dois-je faire la guerre et tuer l'ennemi ?

La casuistique a pris un sens péjoratif lors de la querelle des *Provinciales*, quand Pascal, pour défendre ses amis jansénistes, tourna en dérision les accommodements douteux et les relâchements auxquels les *casuistes* jésuites étaient parvenus pour faciliter la pratique de la religion par les Grands de la société.

Depuis, le mot « casuistique » désigne le plus souvent des argumentations subtiles, destinées à masquer la vérité ou à contourner les exigences morales. Cf. **Jésuitisme**.

CASUS BELLI. « Cas de guerre » en latin. Invariable, cette expression désigne tout acte (agressif) susceptible de motiver une guerre.

CATA-. Racine d'origine grecque qui signifie « de haut en bas », « en arrière », « contre » (à l'opposé de). On la retrouve par exemple dans **Cataclysme** (bouleversement de la terre, terrible catastrophe), **Catalepsie** (immobilisation subite), **Catalogue, Catalyse, Catalyseur** (au *sens propre* comme au *sens figuré* : élément qui favorise ou provoque une réaction ; déclencheur), **Catastrophe**.

CATÉGORIQUE. *adj.* 1° *(sens courant)* Indiscutable, absolu, qui ne souffre aucun doute, aucune protestation. *Un propos catégorique. Un personnage catégorique en toute chose.*

2° *(sens philosophique)* Absolu, sans condition. Kant, en particulier, oppose l'**impératif catégorique** (le devoir qui oblige sans discussion, absolument) aux **impératifs hypothétiques** (qui dépendent de conditions particulières, et peuvent varier). L'expression *impératif catégorique* s'emploie parfois dans la langue courante, de façon approximative et souvent ironique. *Le Plaisir est devenu l'impératif catégorique de la philosophie publicitaire.*

CATHARSIS. *n. f.* (du grec *katharsis*, « purification »).

1° **Sens littéraire.** Purgation des passions, selon Aristote, par le moyen de la représentation dramatique. En assistant à un spectacle théâtral, l'être humain se libère de ses pulsions, angoisses ou fantasmes, en les « vivant » à travers les héros, ou les situations imaginaires représentées sous ses yeux. En s'identifiant à des personnages dont les passions coupables sont punies par le Destin, le spectateur de la tragédie se voit ainsi délivré et « purgé » des sentiments inavouables qu'il peut éprouver secrètement. Le théâtre a dès lors, pour les théoriciens du classicisme, une valeur morale, une fonction édifiante.

2° **Sens psychanalytique.** La catharsis, ou méthode cathartique, consiste à faire venir à la conscience des sentiments profondément enfouis dans l'inconscient du sujet ; l'émergence des émotions profondes refoulées (qui causaient des troubles psychiques) libère ainsi le patient, le « purifie » des angoisses ou des sentiments de culpabilité qui l'entravaient à son insu. Il faut noter qu'indépendamment de la méthode psychothérapique qui pratique cette catharsis, il existe un phénomène psychologique spontané de **projection cathartique** (appelée tout simplement «projection») qui consiste, pour l'individu, *sans en avoir bien conscience*, à projeter sur autrui des affects (désirs, pulsions, culpabilités, phobies) qui sont en réalité présents dans son inconscient : il a besoin, pour s'en délivrer, de les rejeter hors de lui-même. Bien des haines, des préjugés sociaux ou des racismes se nourrissent de ce phénomène. Voir **Transfert**.

CATHODIQUE. *adj.* Relatif à la cathode. Mais les téléviseurs étant constitués d'un *tube cathodique*, l'adjectif «cathodique» en est venu à qualifier tout ce qui concerne la télévision. *La vie cathodique. Le pouvoir cathodique.*

CATHOLICISME. *n. m.* Principale religion chrétienne, qui reconnaît l'autorité souveraine du Pape en matière de dogme et de morale, par opposition aux Églises orthodoxes orientales et aux diverses Églises protestantes (issues de la Réforme). L'Église catholique se distingue des autres par sa soumission au Pape, qu'elle estime être le successeur de saint Pierre, lui-même désigné par Jésus-Christ. Le catholicisme se distingue également par l'importance du culte marial (la place de la Vierge Marie et les dogmes qui lui sont consacrés : l'Immaculée conception, l'Assomption) ainsi que par des «sacrements» que ne reconnaissent pas les Églises protestantes (la confirmation, le sacrement de pénitence, l'extrême-onction).

L'Église catholique est souvent dite «apostolique et romaine» (elle a vocation de répandre universellement sa doctrine ; son siège est à Rome).

Noter le sens particulier du mot catholique dans l'expression *Ce n'est pas très catholique, ça n'a pas l'air très catholique* : ce n'est pas très honnête, c'est moralement douteux. Durant les siècles où le catholicisme définissait la morale, il suffisait de «n'être pas catholique» pour être considéré comme immoral... Voir **Christianisme, Protestantisme**.

CAUSTIQUE. *adj. (sens propre)* Qui attaque les tissus animaux ou végétaux. Acide, corrosif, décapant. *Soude caustique.*

(sens figuré) Incisif, blessant, mordant, par la raillerie, ou le ton moqueur. *Un esprit caustique, satirique.*

CAUTIONNER. *v. tr.* Apporter sa garantie financière à une entreprise. **Se porter caution**, se porter garant, c'est d'abord s'engager à remplir les obligations d'une personne dans le cas où celle-ci n'y parviendrait pas elle-même, en particulier lorsqu'il s'agit d'un emprunt à rembourser. Par extension, cautionner une action, une idée, une personne, c'est lui apporter son soutien moral. *En démissionnant, ce ministre refuse de cautionner l'engagement de la France dans la guerre du Golfe.* **Être sujet à caution :** avoir besoin de confirmation, et donc, être largement discutable (se dit pour une information).

CÉCITÉ. *n. f.* (*sens propre*, neutre) Privation de la vue, fait de se trouver aveugle. *Il est atteint de cécité.*
(*sens figuré*, péjoratif) Aveuglement, incapacité de voir ce qui est, manque de clairvoyance. *Par quelle cécité des intellectuels de gauche ont-ils pu faire confiance à Staline ?*

CELER. *v. tr.* Cacher, garder secret, taire quelque chose à quelqu'un. *Au second acte, Dorante ne peut plus celer son amour à Silvia.* On peut comparer ce mot avec le verbe **déceler** (découvrir, révéler), qui est resté courant. Ne pas confondre avec **sceller** (apposer un sceau ; fermer hermétiquement).

CÉLÉRITÉ. *n. f.* Grande rapidité, promptitude. *Il a exécuté les ordres avec célérité.*

CÉNACLE. *n. m.* 1° Salle où Jésus-Christ prit son dernier repas, entouré de ses apôtres, la veille de la Passion (cf. **Cène**). 2° Réunion d'écrivains, d'artistes ou d'intellectuels partageant les mêmes aspirations ou les mêmes idées. Cercle restreint d'amis, club. *Cénacle littéraire. Victor Hugo anima un véritable cénacle d'artistes romantiques.*

CÈNE. *n. f.* La Cène est le dernier repas pris par Jésus-Christ au milieu de ses disciples. Il y institua l'**Eucharistie**. Cet épisode a été souvent représenté par les peintres (*La Cène*, de Léonard de Vinci). Ne pas confondre avec *scène*.

CENSÉ. *adj.* Supposé, considéré comme, présumé. *Il est censé être en voyage. Vous êtes censés savoir le sens du mot « censé ». Nul n'est censé ignorer la loi.* Ne pas confondre avec **sensé**.

CENSURE. *n. f.* **Le mot censure comprend l'idée de blâme, de contrôle et d'interdiction.** Le censeur est celui qui dit ce qui est admis et ce qui ne l'est pas, et qui «censure» ce qui doit être interdit. D'où plusieurs sens du mot, selon les domaines.

1° **En religion,** la censure est la condamnation d'opinions ou de textes jugés non conformes à la doctrine. Elle conduit à «mettre à l'Index» les auteurs ou les livres proscrits (l'*Index* fut la liste des ouvrages interdits par l'Église catholique).

2° **En politique,** la censure est le contrôle exercé par le pouvoir sur les productions intellectuelles et artistiques. Il en résulte des autorisations (qu'il faut demander, par exemple, à une «commission de censure») ou des interdictions : de films, de livres, de journaux, ou de passages de ces diverses productions. Le journal paraîtra par exemple avec des «blancs» correspondant aux paragraphes ou aux articles interdits de publication. Pour éviter la censure officielle, les auteurs d'articles pratiquent parfois l'**autocensure**. À noter le sens spécial de l'expression *« motion de censure »*, texte qu'une Assemblée peut voter à l'encontre de la politique d'un gouvernement, et susceptible d'obliger celui-ci à démissionner.

3° **En psychanalyse,** la censure est une sorte d'instance psychique, un instrument de contrôle situé à la limite entre l'Inconscient et le Moi conscient, qui refoule les désirs, les pulsions à l'état brut, que le sujet ne saurait admettre en lui-même. La censure est l'instrument essentiel du **Surmoi** (voir ce mot). Elle épargne à la conscience le trouble ou la honte de se sentir traversée par des désirs socialement ou moralement répréhensibles. Ceux-ci se manifestent néanmoins, notamment dans le rêve, sous une forme que la censure, précisément, oblige à travestir en symboles, à déguiser en les déformant. Ici comme ailleurs, la censure ne supprime jamais les choses, mais seulement leur expression trop claire.

CENTAURE. *n. m.* Animal fabuleux, moitié homme (pour le buste), moitié cheval (pour le corps de quadrupède), issu de la mythologie grecque. Chiron, éducateur d'Achille, est un centaure devenu à sa mort la constellation *le Sagittaire*.

CÉPHAL-. Racine d'origine grecque qui signifie «tête». On trouve ainsi **Céphalée** (mal de tête), **Céphalopode** (mollusque dont les pieds sont directement issus de la tête, comme la pieuvre), **Bicéphale** (qui a deux têtes), **Encéphale** (ensemble du cerveau et des centres nerveux contenus dans le crâne), et aussi, **Encéphalogramme, Hydrocéphale, Microcéphale**, etc.

CÉRÉBRAL. *adj.* (du latin *cerebrum*, à comparer avec la racine grecque ci-dessus *cephal-*). Qui est relatif au cerveau (biologiquement), à la pensée, à l'intellect. *Les hémisphères cérébraux. Une activité cérébrale. Un individu de type cérébral, qui vit dans l'abstraction.*

CÉRÉMONIAL. (comme *nom masculin*). Procédure selon laquelle est ordonnée une cérémonie, ou le déroulement d'un événement officiel.

CÉSARISME. *n. m.* Système de gouvernement semblable à celui de César, et qui consiste, au nom du peuple ou en prétextant s'appuyer sur lui, à exercer un pouvoir dictatorial. *Le césarisme de Napoléon Bonaparte.*

CÉSURE. *n. f.* On appelle césure, dans l'alexandrin classique, la coupe centrale du vers, qui oblige le lecteur à marquer une pause nette. Elle sépare le vers en deux moitiés égales ou **hémistiches**. Le rythme d'ensemble qui en résulte est dit *binaire*. Voici un exemple (Musset) :

L'homme est un apprenti, / la douleur est son maître,
Et nul ne se connaît / tant qu'il n'a pas souffert

La césure est obligatoire ; mais elle peut parfois être moins nette que des coupes *secondaires*, comme dans ces vers de La Fontaine :

Perrette là-dessus / saute aussi, // transportée :
Le lait tombe ; // adieu veau, / vache, cochon, couvée.

Le rythme de l'alexandrin peut devenir *ternaire* lorsque le vers se constitue de trois groupes de mots ; c'est le cas du trimètre romantique ; la césure disparaît (à l'oreille) au profit de deux coupes marquées (Baudelaire) :

Chacun plantant, // comme un outil, // son bec impur

Voir **Accentuation, Hémistiche**.

CHAIR. *n. f.* Au **sens figuré**, dans le langage moraliste, la chair représente la nature corporelle de l'homme, par opposition à l'esprit, à l'âme. Dans la philosophie chrétienne de l'incarnation, le mot chair est positif chaque fois que l'esprit est supposé irradier la chair *(« Le Verbe s'est fait chair »).*

Mais le plus souvent la « chair », livrée à elle-même, est dangereuse pour l'âme. Elle est le lieu de l'instinct, du désir sexuel, de la volonté de domination. La luxure, la concupiscence conduisent au *péché de la chair* : *« L'esprit est prompt, la chair est faible »* (Évangile selon saint Matthieu, XXVII, 41). Voir **Corps, Incarnation, Désincarné.**

CHAMP. *n. m.* Au *sens figuré*, qu'il s'agisse d'un domaine d'activité ou d'observation, le *champ* est toujours un espace structuré, un ensemble de réalités ayant des relations entre elles. *Le champ des recherches génétiques.* On peut retenir ici quatre emplois notables de ce terme.

1° Le **champ de la conscience** est l'ensemble des phénomènes ou représentations que l'individu peut percevoir à un moment donné en lui-même (y compris au fond de lui-même, les images du monde extérieur). Il ne s'agit pas d'un simple constat de données conscientes, mais des relations, de l'ordre, que la conscience peut mettre dans cet espace intérieur.

2° Le **champ social** représente l'ensemble des positions et des relations d'éléments sociaux (individus, sous-groupes, institutions, etc.) qui peuvent constituer une société ou une catégorie, y compris leur structure et leur orientation dynamique. Par exemple, on peut étudier en sociologie le *champ social des intellectuels et artistes* au sein de la bourgeoisie, au milieu du XIXe siècle.

3° Le **champ lexical** (ou réseau lexical) est, dans un texte, l'ensemble des mots ou des expressions qui se rapportent au même thème, ou concourent à une même signification. Un champ lexical peut rassembler des termes précis, limités à leur dénotation : on recensera, par exemple, le vocabulaire relatif à telle ou telle sensation (les impressions visuelles, ou auditives). Mais le plus souvent, le champ lexical comporte un ensemble de mots chargés de **connotations** convergentes ; par exemple, le champ lexical du froid et de la mort, dans le poème « Chant d'automne » de Baudelaire, se constitue des expressions suivantes : *« froides ténèbres », « chocs funèbres », « enfer polaire »,*

« bloc rouge et glacé », « échafaud », « tour qui succombe », « cercueil (qu'on cloue) », « départ ». Le climat est donné !

4° Le **champ sémantique**, à ne pas confondre avec le précédent, couvre l'ensemble des significations que peut prendre un mot dans un contexte ou dans un ensemble de textes donnés. Par exemple, on peut étudier le champ sémantique du mot « socialisme » ou du mot « social » dans les discours politiques de 1870 à 1914. Ou encore le champ sémantique du mot « cœur » chez Pascal, qu'on comparera aux acceptions dominantes de ce mot chez ses contemporains.

CHANTRE. *n. m.* Originellement, chanteur dans les offices religieux. Au *sens figuré*, personne qui glorifie quelqu'un ou quelque chose, qui défend une cause. *Chopin, chantre de la Pologne opprimée.*

CHAOS. *n. m. (sens propre)* Grande confusion des éléments, de la matière, et du vide avant la création du monde.
(sens figuré) Désordre total, bouleversement général. *Le chaos d'un pays en pleine guerre civile.*

Ne pas confondre avec le mot **cahot** (les adjectifs correspondant à ces mots sont respectivement *chaotique* et *cahoteux*).

CHARABIA. *n. m.* Langage confus, inintelligible, incorrect. *Votre copie, c'est du charabia !*

CHARISME. *n. m.* 1° **Sens religieux.** Don particulier accordé par Dieu à un croyant ou à une communauté. Le don de prophétie, l'aptitude à parler en diverses langues, le rayonnement personnel ou le discernement d'un mystique sont des *charismes. Chacun doit reconnaître et exercer son charisme. Les communautés chrétiennes charismatiques se multiplient.*

2° **Sens général.** Prestige, ascendant personnel qu'exerce une personnalité exceptionnelle (politique, spirituelle). *Le charisme du général de Gaulle. Un chef charismatique.*

N.B. Prononcer « karisme ».

CHARITÉ. *n. f.* 1° **Sens religieux.** Amour de Dieu et du prochain au nom de Dieu (selon la parole du Christ : *« Ce que vous faites au plus petit d'entre les miens, c'est à moi que vous le faites »*). La Charité, avec la Foi et l'Espérance, est l'une des trois principales vertus chrétiennes.

2° **Sens général.** Amour d'autrui, volonté de faire le bien, pitié pour les plus pauvres, bienfaisance, bonté, miséricorde. Noter que le mot *charité* est parfois employé dans un sens péjoratif, en raison de la supériorité secrète, de la condescendance, que trahissent ceux qui «font la charité». Mais la vraie charité n'encourt pas ce reproche; elle s'inspire plutôt de la parole de Grégoire le Grand : *«Si tu possèdes une deuxième paire de chaussures et qu'un pauvre va nu-pieds, tu n'as pas à la lui donner, mais à la lui rendre».*

N.B. Le sens de ce mot est souvent affaibli. *Faites-moi la charité de m'écouter. Un conseil charitable.*

CHARME. *n. m.* (du latin *carmen*, «chant magique»). Dans la *langue classique*, pouvoir magique, enchantement, sortilège qui subjugue celui qui est «charmé», qui est «sous le charme».

En usant et en abusant de ce mot, dans le langage amoureux, les auteurs l'ont peu à peu affaibli. Il désigne maintenant une forme d'attrait difficile à expliquer, une grâce indéfinissable. On peut ainsi comparer ce vers de Corneille :

Un je ne sais quel charme encor vers vous m'emporte

avec la phrase familière : *il a / elle a du charme.*

CHARNEL. *adj.* Qui se rapporte à la chair, au *sens figuré* du terme (voir ce mot). Le mot *charnel* désigne globalement tout ce qui est tangible, matériel, terrestre, temporel, par opposition à ce qui est immatériel, spirituel, idéal. La richesse, le luxe, le pouvoir sont, par exemple, pour Pascal, des «biens charnels».

Dans un *sens plus précis*, le mot renvoie à l'amour physique, sensuel, souvent pris en mauvaise part. Le mot charnel devient alors synonyme d'impur, grossier, libidineux, luxurieux, sensuel. On opposera l'*amour charnel* à l'*amour spirituel*, comme le fait, par exemple, Baudelaire dans *Les Fleurs du Mal*, ou encore à l'*amour platonique*.

CHARTE. *n. f.* Règle fondamentale, loi. Ensemble des lois sur lesquelles se fonde un État, une société, un projet politique. La *Déclaration Universelle des Droits de l'Homme*, adoptée par les Nations Unies en 1948, est la charte indiscutable des droits de l'homme.

CHARYBDE EN SCYLLA (tomber de). Dans le détroit de Messine, deux passages redoutés des marins se succèdent : le tourbillon de Charybde et l'écueil de Scylla. Quand on échappait au premier, on risquait de sombrer dans le second. D'où l'expression *tomber de Charybde en Scylla,* c'est-à-dire d'une situation périlleuse dans une épreuve bien plus terrible encore.

CHASTETÉ. *n. f.* Au *sens strict* : comportement d'une personne qui s'abstient de tout plaisir sexuel. Les moines font *vœu de chasteté,* s'engageant ainsi à une continence absolue.

Dans un *sens plus général* : qualité d'une personne chaste, c'est-à-dire décente, pudique, honnête, retenue dans l'expression même de l'amour. On parlera ainsi de *fiancés chastes,* de *chaste baiser,* d'*oreilles chastes*. Antonyme : *concupiscence*.

CHÂTIER. *v. tr.* Punir avec sévérité ; corriger (quelqu'un, une conduite) en infligeant des peines physiques ou verbales. *Qui aime bien châtie bien. La comédie châtie les mœurs par le rire* (traduction de la locution latine **Castigat ridendo mores**).

Le mot *châtier* s'emploie aussi au *sens figuré* à propos du style : *châtier son style,* c'est lui donner la plus grande pureté en le « corrigeant » sans cesse. Il va de soi que, dans cet exercice, c'est l'auteur qui se châtie lui-même, à l'image de Flaubert qui s'imposait d'infinies corrections...

CHAUVINISME. *n. m.* (du nom de *Nicolas Chauvin,* personnage patriote et belliqueux, dans une pièce de théâtre du XIXe siècle) Forme de patriotisme agressif et fanatique. Le citoyen chauvin prend parti exclusivement pour son pays, indépendamment de toute considération objective, notamment dans le domaine sportif où ne devraient régner que l'admiration du jeu, la loyauté des partenaires et la qualité des performances. Le chauvinisme débouche souvent sur la violence dans le stade.

CHÈRE. *n. f.* Nourriture. *Faire bonne chère :* bien manger. Ce mot est surtout à ne pas confondre avec son homonyme *chair*. On peut faire bonne chère avec un menu sans viande...

CHEVAL DE TROIE. Énorme cheval de bois que les Grecs laissèrent capturer par les Troyens : ces derniers ignoraient qu'ils introduisaient ainsi dans leur ville une poignée de soldats grecs qui étaient cachés dedans, et qui purent ainsi ouvrir les portes de la ville assiégée. Dans le discours politique, on se réfère parfois à ce stratagème pour suspecter la ruse d'un adversaire. *De Gaulle craignait que l'entrée de l'Angleterre dans le Marché commun fût le cheval de Troie du capitalisme américain.*

CHEVILLE. *n. f.* En versification, mot ou expression qui ne sert qu'à remplir un vers, pour obtenir un compte de syllabes correct, sans souci de l'élégance poétique ou de la nécessité expressive du style.

CHIASME. *n. m.* (du grec *khiasma*, « croisement »; prononcer « kiasme »). Figure de rhétorique qui consiste, dans une opposition, à inverser l'ordre des termes qui s'opposent; l'entrecroisement qui en résulte produit un effet de symétrie A-B-B-A, comme dans l'exemple suivant (Molière) :
 Il faut manger pour vivre et non pas vivre pour manger
Les termes mis en vis-à-vis ne sont pas forcément les mêmes : le chiasme peut entrecroiser simplement des mots de même nature grammaticale, comme dans l'exemple suivant *(nom-adj. / adj.-nom)* (Baudelaire) :
 Valse mélancolique et langoureux vertige !
ou encore de même nature phonique (consonnes *m/b/t // t/b/m*) (Hugo) :
 Une immense bonté tombait du firmament
C'est toujours la disposition **croisée** qui permet de reconnaître un chiasme (le mot est d'ailleurs aussi employé, en sciences naturelles, pour désigner des dispositions de ce type).

CHICANE. *n. f.* Artifice, complication de procédures dans le domaine *juridique*. Les *gens de la chicane* sont les protagonistes des procès qui aiment particulièrement les procédures. L'*esprit de chicane* caractérise ceux qui aiment discuter, chercher querelle, multiplier les procès et les obstacles à des solutions simples. D'où le verbe **chicaner** : discutailler, ergoter, être de mauvaise foi dans la discussion.

Au *sens concret*, les chicanes sont aussi des passages en zigzag obligeant un véhicule à ralentir, ou les skieurs à slalomer...

CHIMÈRE. *n. f.* 1° Animal fantastique de la mythologie, composé d'une tête de lion, d'un ventre de chèvre et d'une queue de dragon. Au *sens figuré* : assemblage monstrueux. C'est dans ce sens que Pascal écrit : « *Quelle chimère est-ce donc que l'homme ?* ».

2° Chose impossible, rêve irréalisable, imagination vaine, utopie. *Il se complaît dans des chimères. C'est un individu chimérique. Chimères que tout ceci ! Des rêveries chimériques.*

CHŒUR. *n. m.* 1° **Dans le théâtre antique,** ensemble de personnes qui chantent et dansent, en se faisant l'écho de l'action tragique. Le chœur commente ce qui se passe, exprime les sentiments du peuple. On appelle aussi *chœur* le texte récité ou chanté par le chœur (par les *choristes*).
2° **Au sens courant,** ensemble de chanteurs, dans des cérémonies religieuses ou des spectacles musicaux. Chorale. Noter le masculin *un choral* (chant composé par un chœur religieux : *les chorals de Bach*).
3° **Au sens figuré,** groupe de personnes ayant une attitude commune, participant unanimement à des louanges ou des critiques. *Le chœur des critiques. Ils bêlent en chœur.* **Faire chorus :** appuyer bruyamment une position.
4° **Partie d'une église** où se tenaient la chorale et le clergé. Un **enfant de chœur** sert la cérémonie (au *sens figuré*, un *enfant de chœur* est une personne crédule, naïve).

CHORÉGRAPHIE. *n. f.* Ensemble des pas de danse et des figures qui composent un ballet. Art propre à cette composition, que règle un *chorégraphe*.

CHRISTIANISME. *n. m.* Religion fondée sur la vie, l'enseignement et la personne de Jésus-Christ. Issu du judaïsme, dont le Christ dit qu'il ne vient pas «abolir» la loi mais l'«accomplir», **le christianisme se propose comme une interprétation du monde, une doctrine du salut de l'Humanité et une religion** (avec ses institutions, son culte et sa morale). La place occupée par le christianisme dans la culture occidentale nous conduit à en retracer ici, schématiquement, quelques grandes lignes.

• Il existe un seul Dieu, Créateur du monde, Père Tout-Puissant. Ce Dieu, pourtant unique, se compose de trois personnes : le Père, le Fils et le Saint-Esprit. Dieu est Amour. La nature relationnelle de ce Dieu unique, formé de trois Personnes, est donnée par la religion chrétienne comme un mystère, le mystère de la *Trinité*.

• Dieu le Père crée l'Homme en même temps que l'univers. Il le crée libre, l'appelant à vivre librement au sein de la

Création, dans le jardin d'Éden ou paradis terrestre. Mais l'homme, par orgueil, veut devenir son propre dieu. Il mange le « fruit défendu » (symbole du savoir et du pouvoir) et, dans cet acte de rébellion, se coupe de la Divinité. C'est le « péché originel », raconté symboliquement dans la Bible, — l'histoire d'Adam et Ève. Le péché originel produit la chute de l'homme qui, non seulement se sépare de Dieu et brise son harmonie avec la Création, mais encore se divise avec lui-même. Le Mal, le Malheur, la Mort sont donnés comme les conséquences du péché originel.

• Dieu n'abandonne pourtant pas l'homme à lui-même. Il désire le sauver, refaire alliance avec lui, lui envoyer un « Messie » — un libérateur. Ce Sauveur de l'Humanité sera son propre Fils, qui s'incarne en la personne de Jésus-Christ. Du point de vue des chrétiens, la Bible est l'histoire de la venue du Sauveur, de son annonce et de sa promesse. Comment le Fils de Dieu, Dieu lui-même, peut-il à la fois garder sa nature divine et revêtir la nature humaine de cet homme nommé Jésus, c'est là un autre mystère, le mystère de l'*Incarnation* (voir ce mot).

• Le Fils de Dieu ne vient pas sauver les hommes d'un coup de baguette magique. S'il revêt la nature humaine, c'est pour en assumer le mal et le malheur, et délivrer les hommes de leur condition déchue. Il vient prendre sur lui le « mal » et, par sa souffrance, « racheter » l'Humanité en la reliant à Dieu le Père. Il s'agit là du mystère de la *Rédemption*, qui implique que le Christ, pour effacer la faute des hommes, assume une souffrance qui soit à la dimension du « Péché du monde ». Ce sacrifice, c'est sa *Passion* et sa *Mort sur la Croix*, épisodes de la fin de sa vie, racontés dans les Évangiles. En assumant le mal, en triomphant de la mort par sa nature divine, le Christ ouvre à l'Humanité la voie de la *Résurrection*.

• Il ne suffit pas que le sacrifice du Christ ait réconcilié Dieu (le Père) et l'Humanité. Chaque homme peut s'associer ou non à la voie ouverte par le Christ. L'homme demeure libre. L'Évangile (qui signifie étymologiquement « la bonne nouvelle », celle du salut de l'humanité) propose à partir de là une morale exigeante, fondée sur la prière et la pratique de la *charité*, sur l'union du chrétien à la personne du Christ. C'est en s'associant au Christ, unique médiateur, en s'ouvrant à son amour, que l'homme est appelé à «aimer», à participer à la nature mystérieuse de Dieu, à devenir «fils de Dieu» à son tour, par-delà la vie et la mort.

• Cette doctrine ne se vit pas «intellectuellement» et isolément. Le Christ a fondé une *religion*, mot qui signifie étymologiquement «ce qui relie, ce qui rassemble». C'est donc à travers la communauté des croyants que Dieu se rend présent aux hommes par son Fils. L'Église est, au sens large, le rassemblement de tous les «hommes de bonne volonté» qui désirent vivre les valeurs enseignées par l'Évangile. Valeurs qui se résument au commandement de l'Amour — «aimer Dieu» et «aimer son prochain» ne faisant qu'un dans la logique du christianisme.

• Dans la pratique de cette morale exigeante, Dieu ne laisse pas l'homme se débrouiller tout seul : il lui envoie une puissance intérieure, la «grâce», puisque l'homme ne saurait se délivrer du mal qui est en lui par ses seuls moyens. La prière, individuelle et collective, le culte centré sur la personne du Christ, les *sacrements* (le Baptême, l'Eucharistie) sont les voies par lesquelles les chrétiens reçoivent cette grâce de Dieu, tentent de «faire le bien» autour d'eux, travaillent à la justice et à la fraternité, et s'acheminent vers la vie éternelle après la mort.

• Il faut savoir enfin que le christianisme a engendré plusieurs formes de religion (catholique, protestante, orthodoxe notamment), dont le fond est commun.

D'un point de vue philosophique, indépendamment de la question de la foi, on peut estimer que le christianisme a marqué la culture occidentale d'un double apport :
— d'une part, il a renforcé la tradition humaniste gréco-latine ; il est intéressant de rapprocher, par exemple, la formule de Térence, *«Je suis homme, et rien de ce qui est humain ne m'est étranger»*, du commandement du Christ *«Aime ton prochain comme toi-même»* (commandement indissociable de l'amour de Dieu) : la tradition antique et la tradition chrétienne ont sans doute convergé pour aboutir à la *Déclaration Universelle des Droits de l'Homme* (1948) ;
— d'autre part, le christianisme, renforçant la notion de messianisme, a fortement développé l'idée que l'Humanité a une Histoire, et que celle-ci doit évoluer dans le sens d'un

progrès moral, en vue d'un salut collectif. La foi dans le Progrès est une sorte de laïcisation de l'espérance en un Salut.

Voir **Catholicisme, Charité, Grâce, Incarnation, Protestantisme, Rédemption, Résurrection**.

CHRONIQUE. *n. f.* (du grec *khrônos*, «temps». Voir aussi le mot suivant).

1° Récit d'événements (historiques ou fictifs) qui suit, en principe, l'ordre dans lequel ils se sont déroulés. *Les Chroniques* de Jean Froissart (XIVe siècle). Comme genre littéraire, la chronique tente d'adopter le style «objectif» d'un récit historique, même s'il s'agit d'une œuvre de fiction (cf. *La Chronique des Pasquier*, de G. Duhamel).

2° Événements d'actualité, nouvelles concernant tel ou tel milieu, ou encore rubrique journalistique qui en rend compte régulièrement *(la chronique sportive, la chronique locale, la chronique gastronomique)*. Noter l'expression **défrayer la chronique**, qui signifie : être le sujet essentiel de l'actualité, de la presse (souvent pour des raisons de scandale : *Le divorce du prince X a défrayé la chronique*).

CHRONIQUE. *adj.* (voir mot précédent) Continuel, qui se perpétue dans le temps. Se dit en particulier de réalités nuisibles : *une maladie chronique* (et non pas *aiguë* ou *occasionnelle*) ; *une inflation chronique* (constante, endémique, et non pas *conjoncturelle*).

CHRONO-. Racine d'origine grecque *khrônos* qui signifie «temps». Outre les mots précédents, on trouve ainsi **Anachronisme, Chronologie** (ordre des événements dans le temps), **Chronomètre, Synchrone** (qui se produit en même temps), **Synchroniser**.

CHUTE. *n. f.* En **littérature**, effet de surprise (d'amusement, d'ironie ou d'ouverture poétique) produit par la fin d'un texte particulièrement étudiée. Il peut s'agir de la conclusion (inattendue quoique préparée) d'un texte en prose, mais le plus souvent, la *chute* est le dernier vers d'un sonnet, ou d'une pièce assez courte (épigramme par exemple). Voici une épigramme de Voltaire :

> *L'autre jour au fond d'un vallon,*
> *Un serpent piqua Jean Fréron ;*
> *Que pensez-vous qu'il arriva ?*
> *Ce fut le serpent qui creva !*

La chute ici est ironique. Elle peut aussi être poétique, par exemple dans ces derniers vers du « Soleil couchant » de Heredia :

Et le soleil mourant, sur un ciel riche et sombre
Ferme les branches d'or de son rouge éventail.

-CIDE. Racine issue du latin *caedere,* qui signifie « tuer ». On trouve ainsi **Bactéricide** (qui tue les bactéries), **Ethnocide** (destruction de la culture d'une ethnie ou d'un peuple), **Fratricide** (meurtre du frère), **Génocide** (extermination d'un peuple, d'un groupe humain ou d'une race), **Homicide** (meurtre de l'homme), **Infanticide** (meurtre de l'enfant), **Parricide** (meurtre du père ou de la mère), **Régicide** (meurtre d'un roi), **Suicide** (meurtre de soi-même), **Trucider** (tuer). Notons que *fratricide, infanticide, parricide et régicide* désignent aussi l'auteur du meurtre en question.

CINÉ(MA)T-. Racine d'origine grecque qui signifie « mouvement » (*Kinésis* en grec). D'où les mots **Cinématique** (étude du mouvement en physique), **Cinéma(tographe)** (appareil qui reproduit le mouvement par un défilement d'images), **Cinétique** (qui a rapport au mouvement : *énergie cinétique*), **Kinésithérapeute** (« qui soigne le mouvement »).

CIRCON-, CIRCU-. Racines d'origine latine signifiant « autour de ». **Circoncision, Circonférence, Circonflexe, Circonlocution, Circonscrire, Circonspection, Circonstance, Circonvenir, Circuit, Circulaire, Circuler, Cirque**, etc.

CIRCONLOCUTION. *n. f.* (de *circon*, « autour de » et *locution*). Parole qui fait le tour de la pensée, au lieu de l'exprimer directement. Périphrase. On utilise généralement des circonlocutions quand on se trouve gêné de dire des vérités désagréables, ou de faire des demandes trop directes.

CIRCONSPECTION. *n. f.* (de *circon*, « autour de », et de *spect-*, du latin *specere*, « regarder »). Attitude prudente et réservée de quelqu'un qui observe les choses, qui regarde autour de lui, avant de parler ou d'agir. *Un individu circonspect. Un diplomate doit parler, agir et même marcher avec circonspection...*

CIRCONVENIR. *v. tr.* (littéralement, « encercler »). Manœuvrer habilement quelqu'un, le « piéger » (à son insu), pour parvenir à ses fins (en particulier, neutraliser un adversaire). *Circonvenir une assemblée.*

CITOYEN. *n. m.* Homme qui appartient à une cité (*civitas* en latin), qui jouit du « droit de cité » (liberté, participation sous diverses formes aux affaires publiques), qui se sent partie prenante de ce qui se décide dans la république où il vit. À distinguer du mot *citadin*, simple habitant de la ville.

Dans la cité antique (Athènes, Rome), tout le monde n'était pas citoyen : seuls l'étaient les hommes libres. Les autres catégories (femmes, esclaves, étrangers, une partie du peuple lui-même parfois) ne bénéficiaient pas du statut de citoyen.

C'est sous la Révolution française que le mot a pris sa signification actuelle, indissociable de l'idée de démocratie. Les citoyens sont égaux en droit, et leur ensemble constitue le peuple souverain. Chaque individu, en tant qu'il participe au pouvoir du peuple et à la vie de la république, est un citoyen.

On parlera en particulier de citoyen chaque fois qu'on regarde un individu d'un point de vue politique, par opposition aux autres aspects de son comportement. On opposera, par exemple, dans la réflexion sur la société, le citoyen (qui vote) et le consommateur (qui achète), la communauté des citoyens (qui décident et jugent la vie politique) et le public des téléspectateurs (qui se contentent de regarder), etc.

CIVILISATION. *n. f.* 1° **Fait de civiliser ou de se civiliser,** c'est-à-dire d'accéder à un degré d'évolution supérieur. *Les peuples européens ont cru ou fait semblant de croire qu'ils apportaient la civilisation aux peuplades qu'ils colonisaient.*

2° **Ensemble des caractères sociaux, culturels, techniques, des sociétés humaines supposées les plus avancées** (par opposition aux sociétés « primitives » ou aux peuples « barbares »). Ce second sens repose sur l'idée de progrès ininterrompu de l'humanité, dont les diverses sociétés seraient considérées comme inégalement « civilisées », et pouvant être classées selon leur « degré de civilisation ». À l'encontre de cette idée, qui tient l'Europe et sa civilisation pour les plus évoluées, Valéry n'eut pas de peine à s'écrier, après les hécatombes et la barbarie de la

Première Guerre mondiale : *« Nous autres, civilisations, nous savons maintenant que nous sommes mortelles »*.

3° *(sans jugement de valeur)* **Ensemble des caractères sociaux, culturels, religieux, techniques définissant une société** ou un groupe de sociétés données, durant une époque donnée. Comme le second sens du mot culture, cette définition, qui en est proche, se veut neutre et objective : elle ne hiérarchise pas les civilisations ; elle les considère, quelles qu'elles soient, comme des productions historiques également valables du génie humain. *La civilisation aztèque. La civilisation égyptienne. Les civilisations primitives*, etc.

CIVILITÉ. *n. f.* Sociabilité. Caractère d'une personne respectueuse des bienséances, extrêmement courtoise, polie, raffinée. *Lors d'un accident automobile, il est préférable de se conduire avec civilité.* Au pluriel : *faire des civilités, présenter ses civilités*, faire des compliments, présenter ses hommages, abonder en salutations.

CLAIR-OBSCUR. *n. m.* (plur. *des clairs-obscurs*). En **peinture,** procédé qui consiste à produire des effets de lumière sur un fond d'ombre, de façon à suggérer le relief, le contraste, la profondeur, ou le passage insensible de l'obscurité à la lumière diffuse. Les clairs-obscurs de Rembrandt sont célèbres. On peut trouver des équivalents *littéraires* du clair-obscur dans certains textes ou poèmes, de Victor Hugo par exemple, lequel adore les contrastes de l'incandescence et de la nuit…

CLASSES. *n. f. pl.* 1° **Au sens sociologique général,** ensemble de personnes qui, dans une société, ont en commun une même fonction (la classe des fonctionnaires, par exemple), un même genre de vie (la classe des rentiers), une même idéologie ou une conformité d'intérêts, de mœurs, etc. Ce sens est un peu l'équivalent de « catégorie sociale ». Les individus sont répartis en fonction de critères communs, sans qu'il y ait nécessairement d'analyse des rapports de ces « classes » entre elles. *Une classe d'âge.*

2° **Au sens marxiste,** les classes sont définies par la place qu'elles occupent dans la production économique et, à partir de celle-ci, dans la hiérarchie sociale. Cette distinction oppose principalement les capitalistes ou bourgeois (possédants, ou apparentés à la classe possédante), et les prolétaires (ouvriers obligés de

« vendre » leur travail, et donc « exploités » par les possédants). Les phénomènes de domination, d'exploitation ou d'aliénation qui relient ces classes entre elles font qu'elles ont des intérêts divergents. Il y a donc objectivement entre elles une lutte (pour le pouvoir d'un côté ; pour la liberté de l'autre), même si les individus qui les composent n'en ont pas forcément conscience. D'où les notions de **« conscience de classe »** (le prolétaire ne peut pas se libérer tant qu'il n'a pas conscience d'appartenir à un ensemble dominé, car c'est collectivement et non individuellement qu'il peut faire cesser l'exploitation) et de **« lutte des classes »**. Cette dernière est à la fois une *constatation* des divergences entre les classes et, chez Marx, un appel au prolétariat pour lutter contre les classes dominantes, dont la violence oppressive est inhérente à leur position de pouvoir (liée à la propriété des moyens de production).

Voir **Capitalisme, Autogestion, Aliénation, Marxisme, Idéologie.**

CLASSICISME. *n. m.* 1° **En littérature française,** le classicisme est le mouvement intellectuel et artistique qui s'est développé sous Louis XIV et dont les auteurs les plus renommés (les « classiques », — ceux qu'on enseigne dans les « classes ») sont La Fontaine, Pascal, Molière, Racine, Boileau, Bossuet, Mme de Lafayette, Mme de Sévigné, La Bruyère, etc. L'art *classique*, par opposition au *baroque*, à la *préciosité* et au *burlesque* (puis, plus tard, au *romantisme*) se caractérise par la recherche de l'ordre, de la clarté, de la mesure, du naturel, du « vraisemblable », d'une certaine retenue et maîtrise de l'expression (la « raison » domine le « cœur »). Codifiée après coup par Boileau, l'esthétique classique met l'accent sur plusieurs principes :

— la **fidélité aux Anciens :** les auteurs de l'Antiquité gréco-latine sont admirés pour avoir produit les premières œuvres conformes à la « raison », fidèles à la nature humaine ; ils seront d'ailleurs eux-mêmes nommés classiques (le grec et le latin sont des « langues classiques ») ;

— le **respect de la nature,** du « naturel » considéré comme l'expression mesurée, raisonnable, belle en soi, de tout ce qui est humain : l'auteur classique, dans sa peinture de l'âme humaine, recherche d'ailleurs ce qui est vrai de tout temps, ce qui exprime le plus universellement la nature humaine ; il ne cherche nullement à exprimer sa singularité, son moi personnel ;

— l'**économie de moyens,** l'ajustement constant entre le «fond» et la «forme», la recherche de la concision et de la simplicité (une simplicité savante lorsqu'il s'agit d'atteindre au «sublime», ce qui n'exclut pas la recherche de la grandeur (quand le sujet traité est lui-même l'expression d'une grande vérité); les classiques pensent que l'énoncé du vrai est en lui-même beau, et que le style ne touche que lorsqu'il est au service de la pensée ou de l'émotion véritable (ce qui suppose une parfaite maîtrise des figures de style);
— le **travail de l'art :** écrire est un métier. Pour «plaire et se rendre utile», objectif des auteurs classiques, il ne suffit pas d'avoir du talent ou de l'inspiration. Concevoir, ordonner, rédiger, respecter les règles de chaque genre, cela ne s'improvise pas. D'où les conseils de Boileau :

> *Vingt fois sur le métier remettez votre ouvrage,*
> *Polissez-le sans cesse et le repolissez ;*
> *Ajoutez quelquefois, et souvent effacez.*

Notons que le mot **classicisme** est postérieur à l'âge classique. «Nos» classiques ne savaient pas qu'ils étaient des «classiques».

2° **En général,** et pas seulement en littérature, le classicisme devient une sorte d'idéal artistique de mesure et d'équilibre, par opposition aux tendances nouvelles, modernistes, romantiques, qui se font jour par intervalles. Les détracteurs du classicisme le nomment alors **académisme**, voire archaïsme, alors que les défenseurs de l'art classique en font l'idéal, le modèle esthétique inimitable hors duquel il ne peut y avoir que des ouvrages de seconde valeur. D'où des oppositions sans fin, d'éternelles «querelles des Anciens et des Modernes» : car très vite, les (bons) ouvrages d'une époque donnée, modernes ou décriés comme tels aux yeux des contemporains, deviennent des «classiques» pour l'âge qui suit. Les auteurs romantiques du début du XIXe siècle, opposés en leur temps au classicisme, font maintenant partie de la «littérature classique». Dans tous les arts, il y a des périodes «classiques». On parlera des «classiques de la chanson» à propos d'auteurs en vogue il y a seulement deux ou trois décennies (Brel, Brassens, Ferré).

Le classicisme est donc à la fois une forme d'art, une esthétique précise dont la référence est historique (cf. Sens n° 1) et une notion extensible qui recouvre les modèles du passé par opposition aux productions modernes (comme le montre encore, par exemple, l'expression de «musique classique»).

CLAUSE. *n. f.* Disposition précise, particulière, dans un contrat, un traité, une loi, ou tout acte juridique. *Dans un contrat d'assurance, une clause, écrite en petits caractères, stipulait que les dégâts ne seraient pas remboursés en cas de catastrophe naturelle.* Il faut lire toutes les clauses d'un contrat…

Clause de style : clause purement formelle, rituelle, et donc sans importance.

CLAUSTRO-. Racine d'origine grecque qui signifie «lieu clos, cloître». On a ainsi **Claustration** (action d'enfermer; état de celui qui est longtemps en lieu clos; isolement), **Claustrer** (enfermer) et surtout **Claustrophobie** (peur maladive des endroits fermés, angoisse dans les lieux clos). Voir, à l'inverse, **Agoraphobie**.

CLAUSULE. *n. f.* Dernier membre d'une phrase, particulièrement travaillé, dans une strophe, une période, un texte éloquents. Voici une phrase de Rousseau dont la clausule est visiblement soignée : «*Je veux montrer à mes semblables un homme dans toute la vérité de la nature : et cet homme, ce sera moi.*» *(Les Confessions)*.

CLÉMENCE. *n. f.* Vertu qui consiste, de la part d'une personne qui dispose de l'autorité (un juge, un roi, un père), à pardonner les fautes ou à atténuer les punitions. *La clémence d'Auguste pardonnant à Cinna.* Par extension : douceur, générosité, indulgence, magnanimité, miséricorde.

Noter que, par extension encore, le mot peut s'appliquer au climat. *Un ciel clément. La clémence de la température.*

CLERC. *n. m.* 1° Personne qui a quitté l'état laïque pour l'état ecclésiastique (moine, prêtre). L'ensemble des clercs forme précisément le *clergé*. L'adjectif correspondant est *clérical*. Voir **Anticlérical**.

2° Personne lettrée, savante, instruite (seuls les clercs, au sens n° 1, l'étaient pratiquement au Moyen Age). *Il est grand clerc en la matière.* Sens *moderne* : intellectuel. *La Trahison des clercs* (J. Brenda, 1927).

3° Employé d'un avoué, huissier ou notaire. *Être clerc de notaire.*

CLICHÉ. *n. m.* Au **sens littéraire**, image toute faite, expression usée, et donc devenue banale. *Un parfum exquis, le fond de l'air est frais, un avocat véreux, les yeux sont le miroir de l'âme,* sont des clichés. Voir **Lieu commun, Poncif, Stéréotype.**

CLIENTÈLE. *n. f.* Ensemble de clients, d'acheteurs réels ou potentiels. (*Sens figuré*) Public d'admirateurs fidèles ; électorat politique. **Clientélisme :** attitude qui consiste à augmenter le nombre de ses partisans par toutes sortes de moyens démagogiques.

CLIVAGES. *n. m.* Au **sens figuré**, souvent *au pluriel*, séparation nette entre groupes, entre niveaux. *Des clivages sociaux. Des clivages entre jeunes et vieux. Dans toutes les cités, des clivages se créent entre quartiers riches et zones périphériques.*

CO-, COL-, COM-, CON-, COR-. Préfixe issu du latin *cum*, qui signifie « avec, ensemble, en même temps ». Cet élément peut prendre la forme *co-* devant une voyelle, *col-* devant un *l*, *com-* devant *b, m, p, cor-* devant *r*, et *con-* dans la plupart des autres cas. De très nombreux mots sont formés ainsi, que cette étymologie éclaire. Par exemple, le mot *compagnon* vient du latin *cum* et *panis* (en passant par le bas latin *companio*), c'est-à-dire : « qui mange le pain avec » ; le mot *copain* a la même étymologie.

COALISER (SE). *v. pron.* Former une alliance, se réunir contre un même ennemi. *Les puissances occidentales se sont coalisées contre l'Irak. Une coalition de critiques contre un auteur dramatique.*

CODE. *n. m.* En **linguistique** et, plus généralement, dans toute théorie de l'information, système rigoureux de signes, de relations entre des signes, qui permet de transmettre des messages. La langue est un code. Tous les systèmes de significations (gestuels, picturaux, vestimentaires, etc.) reposent sur des codes. La transmission de l'information génétique repose aussi sur un code. Voir **Communication, Sémiologie.**

COERCITION. *n. f.* Action de contraindre, emploi de la force pour imposer quelque chose à quelqu'un. *Quand la ruse ou la séduction ne suffisent pas, il faut bien recourir à la coercition. Devrai-je employer des moyens coercitifs pour obte-*

nir le silence ? Ce qui est **incoercible** est ce qu'on ne peut dominer.

CŒUR. n. m. 1° (*sens figuré*, courant) Sensibilité, générosité. Lieu de l'affectivité, de l'amour, de la bonté.

2° (*sens classique*, général) Courage (chez Corneille notamment). *Sens classique particulier*, chez Pascal : conscience spirituelle, intuition supérieure qui, par opposition à la raison, permet de « sentir » les plus hautes vérités, notamment la présence de Dieu. C'est en ce sens que Pascal écrit : *« Le cœur a ses raisons que la raison ne connaît point »* ou encore, *« Dieu sensible au cœur, non à la raison »*.

COEXISTENCE. n. f. Existence simultanée de plusieurs phénomènes. Le mot a surtout été mis à l'honneur dans l'expression **Coexistence pacifique**, en 1954, pour désigner la tolérance réciproque entre pays occidentaux et pays de l'Est, nations fondées sur des systèmes politiques opposés. La *coexistence pacifique* fut aussi appelée *guerre froide* et parfois *paix armée*.

COGITO. Mot latin signifiant « je pense », et qui s'est répandu comme *nom* à partir de la célèbre phrase de Descartes : *« Cogito ergo sum »* (« Je pense donc je suis »). Le *Cogito*, c'est la pensée indissociable de la conscience que l'on pense, et que l'on existe comme sujet pensant. Mon *Cogito*, c'est mon *Moi-pensant*. De là viennent les mots familiers **cogiter** et **cogitation**.

COHABITATION. n. f. *(sens propre)* Fait d'habiter ensemble.
(sens politique, depuis 1981, en France). Présence simultanée d'un chef de l'État d'une tendance politique donnée et d'un gouvernement de tendance politique opposée (la majorité ayant changé à l'Assemblée). Ainsi, de 1986 à 1988, il y a eu cohabitation entre le Président François Mitterrand (soutenu par le P.S.) et le Premier Ministre Jacques Chirac (soutenu par le R.P.R.). Cette situation s'est reproduite en 1993, puis en 1997.

COHÉRENCE. n. f. (du latin *cohaerens*, « qui adhère ensemble »). Logique interne, harmonie entre différentes idées, parties, réalités d'un ensemble. *La cohérence d'une dissertation, d'une pensée, d'une conduite. Il n'est pas cohérent d'aller à la messe le dimanche et de tenir des propos agnostiques le reste de la semaine.*

COHORTE. *n. f.* Chez les Romains, dixième d'une légion. Sens *actuel*, au pluriel : *des cohortes*, des groupes ; des bandes plus ou moins désordonnées, assez nombreuses.

COLLABORATEUR. *n. m.* (du préfixe *co-*, « avec », et du latin *laborare*, « travailler »). Personne qui travaille avec une autre ; adjoint, associé. Mais nous donnons surtout ce mot ici pour le sens qu'il prit au cours de l'occupation allemande, en 1940-1944, pour désigner les Français qui étaient partisans d'une collaboration totale avec l'envahisseur allemand (contrairement aux héros du récit de Vercors, *Le Silence de la mer*). Abréviation : *un collabo*.

COLLECTIVISME. *n. m.* Régime économique et social qui prône la propriété *collective* des moyens de production. Les théoriciens du socialisme reprochaient au capitalisme d'être fondé sur la propriété *privée* des moyens de production, source d'injustice et d'aliénation des travailleurs. Il était donc logique qu'ils imaginent un système inverse où, collectivement, les travailleurs et citoyens pourraient posséder leurs moyens de production (voir les mots **Autogestion, Capitalisme, Communisme**). Dans la réalité, la collectivisation de l'économie a surtout débouché, en URSS et dans les pays dits communistes, sur un capitalisme d'État anonyme, et dominé (en même temps que paralysé) par une bureaucratie. Voir **Bureaucratie, Étatisme**.

COLLOQUE. *n. m.* (des racines latines *co-*, « avec », et *loqui*, « parler ») Entretien, discussion entre deux ou plusieurs personnes. *Sens courant :* débat organisé sur un sujet donné, conférence, petit congrès ; on dit parfois « symposium ». *Un colloque de linguistes sur les problèmes de vocabulaire du lycéen moyen.*

COLLUSION. *n. f.* (du latin *co-*, « ensemble » et *ludere*, « jouer »). Entente secrète destinée à tromper quelqu'un. *Le P.C. craignait d'être victime d'une collusion entre le P.S. et le M.R.G.* Ne pas confondre avec *collision*.

COLONIALISME. *n. m.* Doctrine ou attitude d'un État expansionniste qui tente d'annexer des territoires en y installant des colonies, ou d'étendre sa domination économique sur des pays étrangers. Le colonialisme peut aussi être **culturel**. *Certains affirment que la publicité « colonise » les esprits.* Voir **Impérialisme**.

COMÉDIE. *n. f.* 1° (*sens ancien*) Pièce de théâtre, quelle qu'elle soit (tragique ou amusante). On retrouve ce sens dans le mot *comédien* (acteur de rôles aussi bien tragiques que comiques); de même, c'est en comparant la société à une vaste pièce de théâtre, fertile en actions dramatiques et en personnages sombres, que Balzac intitule son œuvre romanesque *La Comédie humaine*.

2° Pièce de théâtre dont la fonction est de faire rire, en ridiculisant les travers de la société ou les vices de la nature humaine. On distingue classiquement cinq niveaux de comique : le *comique de gestes* (chutes malencontreuses, gags divers), le *comique de mots* (jeux de mots, répliques spirituelles), le *comique d'intrigue* ou *de situation* (quiproquos, rencontres fâcheuses), le *comique de mœurs* (satire du milieu social, de certaines professions) et le *comique de caractère* (caricature des grands défauts humains, avarice, colère, snobisme, etc.). Selon le philosophe Henri Bergson, nous rions chaque fois qu'on nous fait percevoir « *du mécanique plaqué sur du vivant* » (*Le Rire*, 1900). Voir **Théâtre**.

COMMÉMORER. *v. tr.* Célébrer la mémoire d'un événement (ou d'une personne) par des cérémonies. *Commémorer la prise de la Bastille, la naissance ou la mort d'un écrivain, l'armistice d'une guerre.*

COMMERCE. *n. m.* (du latin *cum-*, « avec » et *merc-*, « échanger (contre de l'argent) »).

Au *sens littéraire*, relations avec quelqu'un ou avec la société; fréquentation. *Le commerce des hommes. Être d'un commerce agréable.*

Ce sens dérivé du sens courant du mot *commerce* semble montrer combien l'échange des marchandises a pu favoriser les relations (désintéressées) entre les hommes…

COMMINATOIRE. *adj.* Qui exige en menaçant. *Un ton comminatoire.*

COMMISÉRATION. *n. f.* (du latin *cum-*, « avec » et *miserari*, « avoir pitié ») Sentiment qui fait prendre part à la misère d'autrui. Pitié, compassion. *Éprouver de la commisération pour quelqu'un.*

COMMOTION. *n. f.* Choc, traumatisme. Émotion violente. *Être atteint de commotion cérébrale. La mort de son enfant l'a mise en état de commotion.*

COMMUNICATION. *n. f.* 1° Action de communiquer, d'échanger des informations. Toute communication suppose un code connu par les différents interlocuteurs. Selon les linguistes, à la suite d'un schéma établi par R. Jakobson, toute communication met en œuvre six composantes, dont chacune correspond à une fonction dominante du langage. Voici ce schéma :

```
                    CONTEXTE (ou référent)
DESTINATEUR ←────── MESSAGE ──────────────→ DESTINATAIRE
(locuteur, auteur,  CODE                     (interlocuteur, lecteur,
émetteur, etc.)     CONTACT                  auditeur, spectateur, etc.)
```

1. Au **destinateur**, qui envoie le message, correspond la *fonction expressive* (centrée sur celui qui parle, écrit, émet).
2. Au **destinataire**, qui reçoit le message, correspond la *fonction impressive* (centrée sur le récepteur, pour le faire sentir/agir).
3. Au **contexte**, à propos duquel est établi le message, correspond la *fonction référentielle* (centrée sur l'objet du discours).
4. Au **message**, que l'émetteur tente de mettre en valeur, en en soignant la forme, correspond la *fonction poétique*.
5. Au **code**, qu'il faut respecter pour se faire comprendre et qu'il faut « décoder » pour recevoir le message, correspond la *fonction métalinguistique* : dès qu'on parle de la langue, on assume cette fonction.
6. Au **contact**, qui est le moyen physique par lequel le message passe du *destinateur* au *destinataire* (voix directe, écriture, image, radio, téléphone, télévision), correspond la *fonction phatique* (il faut que les interlocuteurs soient « en phase »).

Chacune de ces fonctions participe nécessairement à un acte de communication. Mais les différents discours, littéraires ou non, peuvent être distingués selon les fonctions dominantes qu'ils mettent en œuvre. La poésie verra prédominer en elle les fonctions 1 et 4 ; le discours de propagande ou de publicité la fonction 2 ; un cours de langue, les fonctions 3 et 5.

2° Le mot « communication », aujourd'hui, est souvent utilisé pour définir des actions de promotion (de produits, d'entreprises, de « politiques » gouvernementales). On dira à un homme politique ou à une vedette du petit écran : *« Il faut améliorer votre communication »*. Cet usage doit être compris, évidemment. Mais on peut estimer qu'il y a là un abus de langage. La communication véritable ne se faisant pas à sens unique, il est contestable de confondre ce mot avec ce qui n'est que propagande ou publicité.

COMMUNISME. *n. m.* Doctrine économique et sociale fondée sur la collectivisation des moyens de production, sur la répartition des biens produits dans un esprit d'égalité sociale *(« À chacun selon ses besoins »)*, sur la suppression progressive des pouvoirs hiérarchiques, dans le but de parvenir enfin à une «société sans classes». Tel est, schématiquement résumé, l'idéal marxiste du communisme.

Dans la réalité, on appelle aussi *communisme* les systèmes effectivement mis en place (en Chine, en URSS, dans les pays de l'Est, à Cuba) pour parvenir au communisme idéal. *Les événements des années 1990-1992 ont signé la faillite du communisme. Le Livre noir du communisme* (1997). Mais un certain nombre de penseurs marxistes estiment que c'est là un abus de langage, le « communisme » selon Marx n'ayant rien à voir, selon eux, avec les régimes qui ont prétendu le réaliser.

Noter que le «communisme», au sens de mise en commun de tous les biens, est un projet ou une utopie déjà présents chez Platon, Thomas More ou Campanella (lequel, dans son utopie *La Cité du soleil*, en 1623, prévoit même le communisme des femmes, — mises à la disposition de la cité pour mieux organiser la fécondité!).

COMMUTATION. *n. f.* 1° Fait de substituer un élément à un autre. Permutation.

2° Action de *commuer* une peine en une autre (commuer la peine de mort en prison à vie).

COMPARAISON. *n. f.* Au *sens littéraire*, figure de style qui consiste à établir (ou à constater) un rapport de ressemblance entre deux termes, deux éléments donnés, deux réalités. Le but est d'éclairer une réalité ou de mieux la faire sentir en lui trouvant une analogie avec une autre. Par exemple, cette image traditionnelle *la vie dissipe les illusions comme le vent chasse les nuages* établit une comparaison entre la «vie» et le «vent», qui ont en commun de «dissiper» des réalités considérées comme également vaporeuses.

La comparaison se compose de trois éléments : le *comparé* (ici, les illusions dissipées par la vie), le *comparant* (les nuages chassés par le vent), et un *terme de comparaison* (ici, *« comme »*, mais qui pourrait être *ainsi que, de même que*, ou encore faire place à une tournure du type *« semblable à, pareil à »*). La différence entre la comparaison et la métaphore tient à ce que cette dernière supprime le terme de comparaison et assimile directement le *comparé* et le *comparant*; mais le *rapport d'analogie* en demeure le fondement. Voir **Allégorie, Analogie, Métaphore, Symbole**.

COMPASSION. *n. f.* (du latin *cum*, « avec », et *passio*, « souffrance »). Même sens que **commisération** : profonde pitié.

COMPATIBILITÉ. *n. f.* Caractère de ce qui est compatible, de ce qui s'accorde avec autre chose, peut exister simultanément. *Compatibilité d'humeur. Compatibilité entre deux systèmes informatiques. La foi et la raison sont-elles compatibles?*

COMPÉTENCE. *n. f.* **Sens général :** capacité; connaissance approfondie dans une matière; métier ou autorité reconnue qui permet de juger ou d'agir. *La compétence caractérise (en principe) les experts.*
    Sens linguistique : ensemble des règles et des connaissances linguistiques mentalement intégrées par un locuteur, qui lui permettent de comprendre ou de produire des phrases, des énoncés jusqu'alors inconnus de lui. La compétence est en quelque sorte la capacité **potentielle** de l'individu; chaque acte de parole, chaque emploi particulier de la langue est appelé *performance*. La liaison *compétence-performance* est à la base de la créativité linguistique. Elle permet d'interpréter le fonctionnement d'une langue.

COMPLAINTE. *n. f.* (étymologiquement : *plainte avec*) Chant ou poème mélancolique qui raconte, sur un ton plaintif, les malheurs ou l'histoire tragique d'une personne, ou d'un groupe. La *Ballade des Pendus* de Villon ou *La Chanson du Mal-aimé* d'Apollinaire peuvent être considérées comme des complaintes.

COMPLAISANCE. *n. f.* 1° Amabilité, volonté d'être agréable à quelqu'un. 2° Faiblesse coupable envers autrui, ou envers soi-même. *Une éducation trop complaisante. Un certificat de complaisance.*

COMPLEXE. *n. m.* **Sens psychanalytique :** ensemble de tendances affectives et de représentations généralement inconscientes, liées à l'histoire de la petite enfance, et qui produisent des effets puissants sur les fantasmes (les rêves), les émotions et les conduites de la personne, parfois même des troubles psychiques.

Comme le mot l'indique, les complexes sont des enchevêtrements d'affects difficiles à démêler, mais non dénués de cohérence. C'est à tort que, dans le langage courant, on emploie le mot «complexe» pour désigner les petits problèmes de quelqu'un (généralement un sentiment d'infériorité ou une vexation) en l'accusant «d'avoir des complexes». Les complexes sont en effet présents en chaque personne, sans pour autant entraver sa vie psychique, et souvent même en la stimulant. Il existe même deux complexes-types auxquels, selon Freud, aucun n'être humain n'échappe :
— le *complexe de castration* (peur d'être castré chez le jeune garçon ; sentiment d'avoir été «mutilée» par la nature chez la petite fille, avec désir d'obtenir ce que les garçons paraissent avoir «en plus») ;
— le *complexe d'Œdipe* (désir de posséder le parent de sexe opposé et donc, d'éliminer le parent de même sexe, devenu un rival gênant ; culpabilité et crainte d'être puni en raison de ce double désir, — l'ensemble étant refoulé dans l'inconscient). Voir **Œdipe**.

COMPLEXION. *n. f.* Constitution physique d'un individu, état de son organisme. S'emploie le plus souvent dans les expressions *être de complexion délicate, faible, robuste, vigoureuse*.

COMPORTEMENTALISME. *n. m.* Voir **Behaviorisme**.

COMPOSITE. *adj.* Composé de styles différents (en architecture). Par extension : disparate, hétérogène, mal ficelé. *Un livre composite.*
N.B. Attention au sens de ce terme, qui semblait au contraire exprimer une idée de composition, d'ordre. Ce mot, sans nuance péjorative, sert à l'inverse dans le langage technique pour désigner des matériaux de *synthèse*, dits *composites*.

COMPROMIS. *n. m.* Accord auquel on parvient en faisant des concessions de part et d'autre (entre adversaires, entre signataires d'un contrat). *Ils ont fini par s'entendre sur un compromis.* Moyen terme entre deux positions ou choses opposées. *Trouver un compromis entre le rêve et la réalité.*

Ce mot est à distinguer du suivant, bien qu'il vienne du même verbe original : *se compromettre*, c'est s'engager, au risque de renoncer à certaines exigences — ce qui est déjà un «compromis» avec soi-même.

COMPROMISSION. *n. f.* Action de se compromettre ou d'être compromis dans des engagements discutables. *Il est difficile de se faire élire sans promesses démagogiques et sans certaines compromissions.* Liberté que l'on prend avec la morale, en s'arrangeant avec sa propre conscience. *De compromission en compromission, il en est arrivé à mentir et à escroquer.*

Ce mot est à distinguer du précédent, malgré leur parenté d'origine.

CONCÉDER. *v. tr.* Dans une **discussion**, accorder à un interlocuteur une part de vérité, la valeur d'un argument, pour mieux combattre sa thèse par la suite. Voir **Concession, Prolepse.**

CONCEPT. *n. m.* Idée, abstraction ayant une portée générale. *Le concept de bonheur. Le concept d'impératif catégorique chez Kant. Le concept d'espace-temps chez Einstein. Élaborer des concepts opératoires.*

Le concept est une abstraction (comme le mot *abstraction* est lui-même un concept!), mais c'est une *abstraction-clef*, qui permet d'approfondir des notions, de les différencier, classer et organiser entre elles. Le maniement et le bon usage des concepts permettent de déboucher sur de grandes conceptions intellectuelles, artistiques ou scientifiques. Le concept est donc à la fois un fruit et un outil de l'esprit.

Il y a des petits et des grands concepts. Toute abstraction est en quelque sorte un «concept» : chaque mot servant à nommer, non pas telle chose, mais l'idée même de cette chose (non tel arbre, mais l'*idée* d'arbre) est en soi un concept. Dans l'avant-propos de cet ouvrage, nous avons précisément employé l'expression «mot-concept» pour désigner des mots qui, au-delà de simples réalités (concrètes ou abstraites), permettent de saisir des notions-clefs du champ de la culture.

En règle générale, il vaut mieux n'user du mot *concept* que pour des notions d'une certaine ampleur, servant réellement d'outils de la pensée. Le travail des hommes de science, des philosophes, des artistes, consiste souvent à **concep-**

tualiser leurs intuitions ou leurs expériences, à leur donner une forme claire et rigoureuse, pour les rendre utilisables par d'autres esprits.

Aussi peut-on considérer comme un abus de langage la mode actuelle qui est d'employer le mot concept à tout propos, pour qualifier une idée pratique, un style publicitaire ou la forme d'un produit. Voir **Abstraction, Idée**.

CONCEPTUALISME. *n. m.* Théorie philosophique selon laquelle les concepts sont de purs produits de l'esprit, sans référence à la réalité objective des choses. À rapprocher de l'**idéalisme** platonicien, selon lequel les Idées existent en elles-mêmes (le monde ou l'esprit humain n'en sont que des reflets), ainsi que de la philosophie scolastique des « universaux » (concepts universels qui expliquent, voire régissent, toute l'organisation du monde).

CONCERTER. *v. tr.* Organiser quelque chose avec une ou plusieurs personnes (*agir de concert :* conjointement). *Concerter un projet :* le préparer en commun. On emploie plus souvent le verbe pronominal *se concerter* : se concerter avec untel et untel pour mener à bien une entreprise. *Ils se sont concertés. Cette machination avait été concertée.*

CONCESSION. *n. f.* **En général :** cession d'un droit, d'un avantage à quelqu'un (un citoyen, un partenaire, un adversaire). *Faire des concessions. Concéder un bien, une terre, un privilège.*

Dans un débat ou un texte argumentatif : figure de rhétorique par laquelle on cède (ou on affecte de céder) sur une objection de l'interlocuteur, pour mieux le contredire sur d'autres points. Le balancement de cette figure de rhétorique s'opère en deux temps : *1° Certes, il est vrai que, je te concède ou t'accorde que... 2° Mais en réalité, il n'en reste pas moins que...* La concession « cède » sur un point mineur pour mieux l'emporter sur l'essentiel.

CONCILE. *n. m.* Assemblée des évêques de l'Église catholique.

CONCILIABULE. *n. m.* Entretien secret, conversation à voix basse. *Les conciliabules de jeunes fiancés qui se chuchotent des secrets.*

CONCIS. *adj.* Qui s'exprime ou qui est exprimé en peu de mots. *Un écrivain concis. Une narration concise.* La concision est en général considérée comme une qualité du style (par opposition à la prolixité, la longueur, la lenteur). Les synonymes sont nombreux. *Bref, court, dense, sobre, succinct*, etc. Lorsque la concision est extrême, on parlera de phrase *lapidaire*, de réplique *laconique*, de style *elliptique*.

CONCOMITANT. *adj.* Se dit d'événements ou de phénomènes qui se produisent en même temps, qui sont simultanés. *Des faits concomitants.* Cet adjectif s'emploie en général au pluriel et laisse entendre qu'il peut y avoir une relation entre les deux manifestations qui coïncident. *Les symptômes concomitants d'une maladie.* Voir **Corrélation**.

CONCRET. *adj.* Sensible, bien réel, palpable, tangible, matériel, positif, pratique. *Des objets concrets. L'expérience concrète. Il faudrait concrétiser votre pensée par des exemples.* Le mot **concret** s'emploie souvent en relation (de complémentarité ou d'opposition) avec le mot **abstrait**. C'est précisément à partir du «concret» que l'abstraction s'opère, et que se développe une pensée abstraite. Voir **Abstraction, Concept**.

CONCUPISCENCE. *n. f.* Convoitise, attirance très vive pour les biens terrestres, en particulier pour les plaisirs de la chair. *« Je vois mon abîme d'orgueil, de curiosité, de concupiscence. »* (Pascal). *L'œil concupiscent d'un voyeur.*

CONDESCENDANT. *adj.* Qui affecte de devoir s'abaisser pour s'adresser à autrui. Hautain et légèrement méprisant. *Il a daigné m'adresser un sourire condescendant. Serrer la main avec condescendance.*

CONDISCIPLE. *n. m.* Compagnon d'études, camarade d'école.

CONDITION. *n. f.* 1° Au **sens littéraire** et classique : rang social, et plus précisément «rang social élevé». Un *« homme de condition »* est un noble. Les autres sont «des hommes de rien», des «roturiers».

2° Au **sens philosophique** : situation de l'être dans le monde, à la fois dans la société des hommes et dans l'univers. *La condition humaine. Les contingences de notre condition terrestre.*

CONDITIONNEMENT. *n. m.* En **psychologie**, création de réflexes «conditionnés», c'est-à-dire d'habitudes acquises par des processus répétitifs. Résultat de ce processus. Par extension, ensemble des comportements ou des opinions, des attitudes déterminées chez des individus ou des groupes sociaux par l'éducation, la propagande, la publicité, etc. *Nous sommes conditionnés par le climat familial, la discipline scolaire, la culture dominante, le rythme de nos sociétés. Pouvons-nous nous dire libres, à la suite de tous ces conditionnements ?*

N.B. L'idée de *conditionnement* est sans doute à rapprocher de l'idée de *déterminisme*. Mais les connotations sont sans doute différentes. Alors que le conditionnement intervient en second (il « conditionne » notre comportement, mais celui-ci ne s'y réduit pas complètement), le déterminisme présuppose que le comportement humain est le produit absolu de causes externes : il n'y a donc plus de « liberté ». Voir **Déterminisme**.

CONFÉRER. 1° *v. intr.* S'entretenir de quelque chose avec quelqu'un. Discuter, être en conférence.

2° *v. tr.* Attribuer quelque chose à quelqu'un, en vertu d'une autorité ou d'une capacité particulière. *Conférer la Légion d'honneur. L'expérience confère une certaine sagesse.*

CONFER. Terme d'origine latine, abrégé en *cf.*, qui sert à renvoyer à un passage de livre, à un exemple particulier (prononcer *« confère »* ou, pour l'abréviation, *« cf. »*).

CONFESSION. *n. f.* 1° Chez les catholiques, aveu de ses fautes à un prêtre qui, en tant que représentant de Dieu, a le pouvoir de les pardonner en donnant une « pénitence » (une peine) à celui qui se confesse (qu'on appelle *pénitent*). La confession est un « sacrement », dit « sacrement de Pénitence ». Voir **Sacrement**.

2° Par extension, aveu que l'on fait, plus ou moins publiquement, d'actes répréhensibles ou d'erreurs que l'on a commises. *Les Confessions* de saint Augustin, *Les Confessions* de Rousseau, sont des ouvrages dont les auteurs racontent leur vie dans ce but.

3° Déclaration publique de sa croyance, de sa foi, de sa religion ; ou cette croyance elle-même. *Être de confession catholique, israélite, musulmane.* C'est dans ce sens que le mot *confessionnel* est synonyme de *religieux. Une Association ni politique ni confessionnelle.*

CONFIDENT. *n. m.* Personne à qui l'on confie ses secrets, ses états d'âme, notamment dans la tragédie classique où le rôle du confident (ou de la confidente) permet aux héros de se confier indirectement... aux spectateurs.

CONFINER. *v. tr.* Enfermer dans un espace clos *(une atmosphère confinée)*. Au *sens figuré*, reléguer quelqu'un dans un rôle limité, dans une occupation réduite et peu utile. *Se confiner dans son chagrin* : s'y enfermer inutilement.

Noter que le verbe *confiner* signifie aussi *toucher à la limite (aux confins) de. Son attitude étrange confine à la paranoïa.*

CONFITEOR. *n. m. inv.* Mot latin qui signifie « je confesse ». Il désigne une prière catholique commençant par ce mot, dite notamment à l'occasion de la confession (sens n° 1). Dans son poème « Le Confiteor de l'Artiste », Baudelaire joue sur les différents sens du mot *confession*.

CONFLAGRATION. *n. f.* Grand bouleversement, en particulier conflit international. Ne pas confondre avec le paronyme **Déflagration** (explosion). Noter que les deux mots ont pour origine étymologique le verbe latin *flagrare*, « flamber » (et donc, éclater aux yeux comme un incendie). Voir aussi **Flagrant**.

CONFONDRE. *v. tr.* Au **sens classique** : anéantir, faire échouer. *Confondre l'ennemi.* D'où, au sens *figuré* : déconcerter *(j'en suis tout confondu)*, décontenancer, ou réduire au silence quelqu'un que l'on démasque *(confondre un menteur)*.

CONFORMISME. *n. m.* Attitude qui consiste à se conformer aux normes sociales, à suivre les modes, à mimer les conduites majoritaires ou à adopter ce qu'on croit être l'opinion de tous. *« La formule de l'homme heureux de demain, ce sera le conformisme »* (J. Cazeneuve). Antonymes : *anti-conformisme, non-conformisme, originalité.*

CONFORTER. *v. tr.* Au sens moderne : raffermir, renforcer (quelqu'un ou quelque chose). *Conforter une thèse, un régime. Les sondages ont conforté la position du Premier ministre (ou conforté le Premier ministre dans sa politique).*

CONGÉNÈRE. *n. m.* Qui appartient au même genre. S'applique au *sens propre* à des animaux, et au *sens figuré*, de façon péjorative ou plaisante, à des humains de même espèce. *Ah, toi et tes congénères !* Cet emploi, appliqué à des étrangers, a parfois des connotations racistes.

CONGRATULER. *v. tr.* Féliciter, complimenter de façon souvent ostentatoire, à l'occasion d'un événement heureux. *Ils se sont joyeusement congratulés.* Il y a souvent une nuance ironique dans l'emploi du mot (au pluriel) **congratulations**.

CONJECTURE. *n. f.* Supposition fondée sur des probabilités ; présomption, hypothèse. *Se livrer à des conjectures sur l'avenir ; en être réduit aux conjectures en ce qui concerne la nomination du prochain Premier ministre. Se perdre en conjectures :* être perplexe.

N.B. Ce mot, relativement fréquent dans les médias, est surtout célèbre dans les dictionnaires où l'on recommande de ne pas le confondre avec le paronyme **conjoncture** (voir plus loin).

CONJONCTION. *n. f.* (de *con-*, du latin *cum-*, «avec, ensemble» et de *jonction*) Action de joindre ; réunion, rencontre qui en résulte. *La conjonction de deux événements, de deux facteurs.* Noter le *sens astronomique* (rencontre de deux planètes sur une ligne droite partant de la terre) et aussi le *sens grammatical* (conjonction de coordination, conjonction de subordination). Antonyme : *disjonction*.

CONJONCTURE. *n. f.* Situation donnée, résultant d'un certain nombre de causes et de circonstances. *Une conjoncture favorable, défavorable.* La conjoncture peut être météorologique, politique, mais le mot est surtout employé dans un sens *économique*. On oppose alors ce qui est de l'ordre de la **conjoncture** (des circonstances économiques variables, provisoires) à ce qui est de l'ordre de la **structure** (les caractères fondamentaux d'une économie). *Le chômage actuel n'est pas seulement conjoncturel, il a des causes structurelles.*

N.B. Ne pas confondre avec le paronyme **conjecture** (voir ce mot).

CONJURER. *v. tr.* 1° Prier avec instance. *Je vous en prie, je vous en conjure.* 2° Détourner une menace, neutraliser un mauvais sort, écarter un danger par un moyen ou un autre (par des moyens magiques : *conjurer les démons* ; ou par des moyens normaux : *conjurer une crise économique*). Voir **Exorciser**.

N.B. Au *sens ancien*, «conjurer» signifie comploter, tramer une conjuration. Les *conjurés* sont les protagonistes de la conspiration.

CONNIVENCE. *n. f.* Entente secrète, complicité entre deux ou plusieurs personnes ; accord tacite. *Agir, être de connivence.* Voir **Collusion** (terme dépréciatif, contrairement à *connivence*).

CONNOTATION. *n. f.* Notation annexe, adjacente, qui se greffe autour du sens principal d'un mot. On parle en général de connotations *au pluriel*, pour désigner le halo de significations *secondes*, de nuances particulières (subjectives ou culturelles) prises par un mot en plus de son sens *premier*, appelé *dénotation*. Ainsi, la dénotation du mot *clef* sera son sens usuel, — pièce métallique servant à ouvrir ou fermer une serrure —, mais ses connotations sont immenses :
— soit en fonction de l'image que chacun se fait de ce mot (les uns y voient surtout l'ouverture, les autres surtout le moyen de fermer) ;
— soit en fonction de l'imaginaire que la société, la littérature (songeons au conte *Barbe bleue*) ou la culture ont tissé autour du mot (ses sens figurés : la « clef des songes », la « clef des champs », etc.).

Ce simple exemple permet de faire trois remarques utiles :

1° Les connotations d'un mot sont d'abord *individuelles*, subjectives, liées à notre expérience du mot ou des réalités (positives ou négatives) auxquelles il renvoie. Chacun a ainsi *son* image du mot *pierre*, du mot *église*, du mot *mariage*, du mot *discipline*, etc.
2° Les connotations des mots sont aussi, très vite, *collectives* (liées à tel groupe social) ou *culturelles* (figées dans le réseau de significations que recense le dictionnaire, à travers les expressions, les sens figurés, les citations). L'emploi de tel ou tel mot pour désigner une même réalité dépendra donc souvent des connotations que la langue lui a données (par exemple, pour désigner mon véhicule à quatre roues, je puis dire : *véhicule, voiture, automobile, bagnole, tire, caisse...* selon l'image que je veux en donner).
3° Les connotations ont beau être « secondes », par rapport au sens premier (la dénotation du mot), *elles ne sont nullement secondaires*. Aux yeux de l'écrivain, elles sont souvent principales. Elles aident à donner un certain climat (réaliste, poétique, symbolique) aux textes. Les grands auteurs sont même des créateurs de connotations par

l'emploi qu'ils font de certains mots, par la charge personnelle qu'ils leur donnent. Ainsi, le mot *divertissement* après Pascal, le mot *spleen* après Baudelaire, enrichis des connotations propres à leurs œuvres respectives, n'ont plus le sens réduit, usuel, limité, qu'ils avaient auparavant. Voir **Dénotation**.

CONSCIENCE. *n. f.* Faculté qu'a l'être humain de se connaître, de développer par la réflexion cette connaissance et de porter des jugements sur lui-même. Ces trois aspects sont liés, mais on peut néanmoins les distinguer pour mieux en voir les trois dimensions.

1° Il y a d'abord **la conscience psychologique**. C'est la perception que nous avons de notre existence, la connaissance intuitive et spontanée, plus ou moins claire, de ce que nous sommes : je suis untel, je suis éveillé, je fais telle chose et je sais que je suis en train de la faire. Le contraire de cet état de conscience est précisément l'*inconscience*.

2° Il y a ensuite ce qu'on peut appeler **la conscience philosophique** : la capacité de réfléchir sur soi de façon systématique, d'étudier les caractères ou les dimensions de son être propre, de son être *en tant qu'être humain*, de sa relation au monde extérieur et aux autres. Pouvoir dire non seulement *je suis conscient*, mais mieux encore, *je suis conscience*. Cette dimension de *la conscience de soi*, considérée comme souveraine et fondatrice de la liberté de la personne, a été mise en cause par certains philosophes ou psychologues : K. Marx, par exemple, estime que la conscience «personnelle» est en réalité aliénée par sa situation sociale et l'idéologie qui la forme ; Freud développe l'idée que la conscience apparente du sujet est manipulée par son «inconscient» et qu'elle n'est nullement «maîtresse dans sa propre maison». Mais cela ne ruine pas l'idée que la conscience de soi existe et peut être développée.

3° Il y a enfin **la conscience morale**, capacité de porter des jugements de valeur sur soi-même, sur sa conduite, sur sa pensée, sur ses désirs. Celle-ci ne peut effectivement avoir de sens que si les deux précédentes formes de conscience sont établies. Cette conscience est en fait la conscience du bien et du mal, l'idée de ce qui doit, aux yeux de chacun, orienter sa conduite. Pour les croyants, elle est en relation avec la présence de Dieu. Rousseau la nomme précisément «instinct divin». *« Il est donc au fond des âmes un principe inné de justice et de vertu, sur lequel, malgré* *nos propres maximes, nous jugeons nos actions et celles d'autrui comme bonnes ou mauvaises, et c'est à ce principe que je donne le nom de conscience. » (Profession de foi du Vicaire Savoyard).*

Voir **Aliénation, Âme, Ça, Inconscient, Moi, Surmoi**.

CONSENSUS. *n. m.* Accord entre personnes, fait de partager (plus ou moins explicitement) la même opinion. Ce terme s'est répandu à partir des années 80 pour désigner le consentement supposé du plus grand nombre des citoyens à la politique du gouvernement. *Les sondages ont montré l'existence d'un réel consensus sur telle ou telle position gouvernementale. Il y a consensus entre le Premier ministre et le Président de la République sur la politique étrangère. Adopter une attitude consensuelle.*

CONSÉQUENT. *adj.* Se dit d'une personne qui met en accord ses actions et ses opinions, ou simplement ses diverses déclarations. *Opposé au meurtre des animaux, il a décidé d'être végétarien : il est conséquent avec lui-même.* Synonymes : *logique, cohérent.* Antonyme : **inconséquent**.
N.B. Éviter l'emploi familier de ce mot dans le sens « important » (anglicisme).

CONSOMMATION (Société de). Type de société dont la finalité est la consommation. Cette expression est devenue célèbre en 1968, la « société de consommation » étant elle-même la cible privilégiée de la contestation étudiante. La plupart des sociétés du monde occidental « développé » sont des sociétés de consommation. La question qui se pose est de savoir si elles correspondent à un développement naturel et inéluctable de l'être humain *(« homo consumans »)* ou si elles sont le fruit d'un système économique centré sur la production et le profit (voir **Capitalisme**), dont la logique pousse les individus à consommer de plus en plus en leur créant des besoins (notamment par la publicité). Les défenseurs du système capitaliste penchent pour la première hypothèse, ses contempteurs pour la seconde (cf. *La Société de consommation*, de Jean Baudrillard, Gallimard, 1969 ; et *Le Bonheur conforme*, de François Brune, Gallimard, 1985). Voir **Besoin**.

CONSTANCE. *n. f.* Qualité de ce qui dure ou se répète. Persévérance, attitude résolue d'une personne. En particulier, fidélité des sentiments (antonyme : **inconstance**). *Sens* *ancien :* force morale dans l'épreuve. *Agir, travailler, souffrir, aimer avec constance.*

CONSTITUTION. *n. f.* En matière politique, ensemble des textes et des lois fondamentales qui déterminent la forme de gouvernement d'un pays, fixent l'organisation des pouvoirs publics, et règlent les relations entre les gouvernants et les gouvernés. Une « Constitution » est souvent élaborée et votée par une assemblée *constituante*. Ce qui n'est pas conforme à la Constitution (telle décision du pouvoir par exemple) est déclaré *anticonstitutionnel*.

N.B. On considère l'adverbe *anticonstitutionnellement* comme le mot le plus long de la langue française.

CONSUMER (Se). *v. pron.* S'épuiser, dépérir. Noter en particulier le *sens figuré* du mot : *se consumer en chagrins, en vaines douleurs*, qui implique l'idée d'une action du sujet sur lui-même. *« Le poète se consacre et se consume à définir et à construire un langage dans le langage. »* (P. Valéry).

N.B. Le substantif correspondant garde un sens concret (*consomption*, amaigrissement).

CONSUMÉRISME. *n. m.* Dans une « société de consommation » (voir ce mot), mouvement des consommateurs pour défendre leurs droits, s'organiser en associations, etc. *Aux États-Unis, le consumérisme représente un véritable contre-pouvoir.*

CONTEMPLER. *v. tr.* 1° Regarder longuement et attentivement avec, en général, un sentiment d'étonnement ou d'admiration. *« Que l'homme contemple donc la nature dans sa haute et pleine majesté »* (Pascal).

2° Méditer, s'absorber dans la considération d'une réalité spirituelle, communier à son mystère. Ce deuxième sens convient en particulier aux religieux dits *contemplatifs*. Mais il y a toujours, dans le verbe contempler, une connotation d'étonnement devant le mystère des choses, fût-ce aux yeux d'un être agnostique. *Contempler la nature, contempler la vie humaine.*

CONTEMPTEUR. *n.* Individu qui critique, qui décrie quelqu'un ou quelque chose. *Les contempteurs de la modernité. Une féministe, contemptrice du pouvoir mâle.* Mot de sens voisin : **Détracteur**. Antonymes : *partisan, laudateur.*

CONTENTIEUX. *n. m.* Ensemble des désaccords ou des litiges qui peuvent exister entre deux entreprises, deux partenaires, deux pays. *Il existe un contentieux sur les zones de pêche entre la France et l'Espagne.* **Service du contentieux**, ou **contentieux** : service qui s'occupe des affaires litigieuses dans une entreprise.

CONTESTATION. *n. f.* Fait de discuter quelque chose, de s'opposer plus ou moins violemment (controverse, discussion, litige, mise en cause). Ce mot a été mis à l'honneur en 1968 pour désigner la critique radicale que les étudiants faisaient de la «société de consommation» et de l'idéologie qui y régnait. *Les étudiants contestataires portaient la contestation sur toute chose.*

CONTINENCE. *n. f.* **Sens religieux** : chasteté. Voir **Incontinence**.

CONTINGENCE. *n. f.* **Sens général :** caractère de ce qui se produit par hasard, sans nécessité, à l'occasion de tel ou tel phénomène. Et donc, surtout au pluriel, ensemble des choses sans importance qui accompagnent la vie. *Ne pas se soucier des contingences. Je m'intéresse aux réalités essentielles, non aux faits contingents.*

Sens philosophique : fait de n'être ni nécessaire ni impossible ; d'exister sans raison, de façon imprévisible, gratuite. En particulier, l'existentialisme insiste sur *la contingence de l'être humain*, sur le fait que l'homme semble exister sans nécessité, comme il pourrait ne pas exister, ce qui pose le problème de son sens ou plutôt de son absence de sens (cf. la philosophie de l'**absurde**). On voit ainsi que, paradoxalement, la contingence humaine (le côté dérisoire de l'existence de chacun) devient une notion capitale, *essentielle* de la condition humaine. Il devient nécessaire de *tenir compte de la contingence*, ce qui finit par donner à ce mot une connotation quasi inverse de son sens premier !

CONTRADICTION (Principe de non-). Principe de logique élémentaire selon lequel deux propositions contraires ne peuvent pas être vraies en même temps. Il y a contradiction (antinomie, incompatibilité) entre les deux affirmations : *« Ce dictionnaire existe »* et *« Ce dictionnaire n'existe pas »*. Je ne puis à la fois être et ne pas être, je ne puis nier et affirmer une même chose : c'est contradictoire. Un tableau blanc ne peut être en même temps un tableau noir, etc.

Ce principe peut sembler évident pour tout esprit logique. Il n'en va peut-être pas de même pour la nature du désir humain, qui, contre toute raison, aimerait bien parfois que des réalités ou des affirmations contradictoires soient compatibles. L'enfant prend son désir pour la réalité, désire que certaines choses à la fois soient et ne soient pas, voudrait pouvoir cumuler le fait d'être courageux et de ne pas faire d'efforts, d'être totalement protégé et totalement autonome, etc. La psychologie profonde de l'être humain est suffisamment *ambivalente* pour que le « principe de non-contradiction » doive être pour chacun une conquête en même temps qu'une évidence. Voir **Principe d'identité**.

CONTRE. 1° Auprès de. 2° Opposé à. Ce mot signifiant *à la fois le contact et l'opposition*, des ambiguïtés peuvent en découler, notamment dans la formation d'autres mots. Pour le contact : *contre-allée, ci-contre, contre-amiral, contre-maître, contresigner*. Pour l'opposition : *contre-jour, contre-balancer, contre-poison*, et de nombreux autres exemples. Sacha Guitry a joué sur ce double sens dans sa formule faussement misogyne : *« Je suis contre les femmes, tout contre, le plus près possible. »*

CONTREPOINT. *n. m.* En **musique**, technique de composition qui consiste à superposer plusieurs lignes mélodiques qui alternent, s'entrecroisent, se répondent. Cette technique est utilisée en particulier dans la **fugue**, sommet de l'art *« contrapuntique »*.

Par extension, on parle de contrepoint dans d'autres arts (littérature, cinéma), lorsque des thèmes secondaires se superposent au thème principal de l'œuvre, de la séquence, — le renforçant ou contrastant avec lui.

CONTRITION. *n. f.* Profond et douloureux regret d'une faute. Repentir. L'*acte de contrition* consiste à regretter ouvertement d'avoir péché contre Dieu, en promettant de ne plus recommencer. Un *air contrit* : un air repentant, embarrassé, qui traduit un regret sincère. Voir **Pénitence**.

CONTROVERSÉ. *adj.* Discuté ; sujet à des contestations. Se dit de positions, d'interprétations, de faits mêmes qui font l'objet d'une *controverse*, d'un débat entre différentes personnes (critiques, historiens, spécialistes, politiciens, moralistes, etc.).

CONVENTION. *n. f.* 1° Accord entre parties ou individus. Une convention peut être *tacite*. Elle a moins de force qu'un contrat ou un traité.
2° Règle établie, qu'il est «convenu» de respecter en tant que telle. *Les conventions du langage, de la politesse. Les modes conventionnels de la représentation picturale* (règles de la perspective, réalisme). Voir **Code**. 3° Nom donné à certaines assemblées nationales (exemple : la «Convention», 1792-1795). Congrès du parti républicain ou du parti démocrate aux États-Unis pour désigner un candidat à la présidence.

CONVIVIALITÉ. *n. f.* Relations chaleureuses et «humaines» entre individus dans la société (et pas seulement à table). Le terme a été répandu à partir du livre d'Ivan Illich *La Convivialité*, qui déplore la froideur et l'indifférence des individus dans la «société de consommation», et recommande de réintroduire de la cordialité, de la responsabilité, de la tolérance, de l'échange, du «plaisir de vivre ensemble» dans tous les domaines de la vie sociale.

CONVOITISE. *n. f.* Désir intense de biens, d'objets, de plaisirs dont on se trouve dépossédé. Envie profonde, avidité. *La convoitise d'une chose augmente lorsqu'on voit autrui en jouir. La convoitise de la chair a un nom : la concupiscence.*

COOPTATION. *n. f.* Dans un groupe, choix et désignation d'un nouveau membre par ceux qui en font déjà partie (et non pas, par exemple, par une élection d'une assemblée externe). *Le bureau de l'association a recruté trois nouveaux membres par cooptation.*

CORNÉLIEN. *adj.* Qui se rapporte au théâtre de Corneille, et notamment aux situations tragiques de ses héros. Un *héros cornélien* est un héros qui fait passer l'honneur et le devoir avant toute autre considération. Une *situation cornélienne*, est un conflit dans lequel le héros doit choisir entre son idéal (devoir patriotique, religieux) et son sentiment (son amour). Par extension, toute situation où l'on est déchiré entre deux impératifs également nobles et nécessaires. *Un dilemme cornélien.*

COROLLAIRE. *n. m.* En **mathématiques**, conséquence immédiate d'un théorème démontré. En **général**, conséquence naturelle, évidente, d'une chose. *Le verglas a sur-*

pris tout le monde; corollaire: des embouteillages monstres. L'adverbe *corollairement* est assez fréquent.

CORPORATISME. *n. m.* 1° Attitude de défense systématique des intérêts professionnels de catégories de travailleurs ou d'artisans (anciennement nommées «corporations»).
Les corporatismes ignorent l'intérêt général du pays.
2° Doctrine selon laquelle l'organisation économique et sociale doit se fonder sur l'organisation de corporations et leur représentation auprès des pouvoirs publics. L'idée de fond de cette doctrine est que seuls les intéressés peuvent régler les problèmes économiques liés à leur catégorie professionnelle. La critique de cette doctrine est que les intérêts divergents des corporations ne peuvent aboutir à un développement économique harmonieux.

CORPS. *n. m.* 1° **Objet matériel** qui occupe un volume donné, qui a toutes les propriétés de la réalité physico-chimique. *Les corps solides. Un corps céleste. Corps simple. Corps composé.*
2° **Organisme des êtres doués de vie :** l'homme, l'animal. *Le corps humain.* En particulier, la partie physique, substantielle, matérielle de l'être humain, par opposition à la partie spirituelle, mentale, affective. *Le corps et l'esprit. L'âme et le corps. Suis-je mon corps ou suis-je dans mon corps ?*
3° **Réalité principale, essentielle**, substantielle d'un ensemble donné. *Le corps d'un bâtiment. Le corps d'un ouvrage.*
4° **Ensemble organisé formant un tout**, ayant une cohérence interne, au point de vue moral ou social. *Le corps des fonctionnaires. Le corps diplomatique. Le corps électoral. Les corps constitués. Les grands corps de l'État. L'esprit de corps. Le corps des lois. Un corpus de mots.*

Ces quelques rubriques n'épuisent pas la diversité des nuances du mot «corps». Il existe toute une problématique liée à la question du corps dans notre civilisation :

• **Le corps et ses métaphores.** Comme le montrent les divers sens du mot, le corps a servi d'image fondamentale pour désigner bien d'autres réalités que lui-même, par extension ou par analogie. En gros, les métaphores du corps sont allées dans deux directions : le corps comme image de la substance, de la matérialité ; le corps comme image d'un ensemble organique. Dans la première direction, s'inscrivent notamment des expressions comme *prendre corps* (se matérialiser), *avoir du corps* (une réalité bien substantielle), et, plus généralement, l'opposition entre le corps (la chair) et l'esprit (l'âme). Dans la seconde direction, on trouve l'ensemble des emplois du mot au sens n° 4, et des expressions comme *faire corps* (adhérer à un tout, ne faire qu'un avec) ou *esprit de corps* (sentiment d'appartenance quasi viscérale à un groupe, notamment à l'armée).

- **Les attitudes vis-à-vis du corps.** Dans la civilisation occidentale, le corps humain a été tantôt décrié, tantôt exalté, tantôt considéré comme l'opposé de l'esprit, tantôt étroitement relié à la vie psychique. Sans faire l'histoire du statut du corps, on peut noter — très sommairement — trois étapes dans la représentation du corps.

1° **Dans l'Antiquité gréco-latine.** Le corps n'est pas coupable, pas «inférieur». Il y a un culte du corps sain, visible aussi bien dans l'art des sculpteurs que dans la fête des Jeux Olympiques, ou encore dans la gaieté naturelle de la poésie érotique. Cette culture du corps ne doit cependant pas être considérée comme unilatérale. Il existe également une *méfiance* vis-à-vis du corps, lieu des passions et des pulsions, susceptible d'engendrer des conduites excessives. Platon oppose les Idées (seules «vraies» réalités) à la nature corporelle qui emprisonne l'âme humaine et peut la vicier. Même chez les philosophes qui font du bonheur l'art de jouir de son corps, comme Épicure, le corps est l'objet d'une maîtrise, et il n'y a pas de bonheur physique réel qui ne suppose une maîtrise psychique. L'idéal antique est bien *« un esprit sain dans un corps sain »*.

2° **Dans la tradition chrétienne.** Chez beaucoup de moralistes, le corps a été présenté comme bas et méprisable ; les plaisirs de la «chair» sont souvent coupables. Mais cette tendance (qui a triomphé avec la morale puritaine), n'est pas conforme à la conception de base de la théologie chrétienne. Celle-ci admet en effet la **dualité** esprit-corps. Mais le péché marque aussi bien le corps que l'esprit. Et même, le **péché de chair** (la luxure) est moins grave que le **péché d'esprit** (l'orgueil). Si donc le corps est le lieu de la **concupiscence**, il n'est pas pire que l'esprit, lieu de la volonté de puissance et de la préférence de soi. Le chrétien doit cultiver de pair le corps et l'esprit (il serait chrétiennement irrecevable de prétendre avoir «un esprit sain dans un corps malsain ») ; il est dit à ceux qui veulent mépriser le corps au nom de la pureté de l'âme : *« Qui veut faire l'ange fait la bête »*. Plus profondément, le christianisme est une religion de l'*Incarnation*. Il distingue le corps *tel qu'il est* (lieu de pulsions, séparé de l'âme) au corps *tel qu'il doit être* (lieu d'une tempérance et d'un équilibre en liaison avec l'âme). Tout ce qui est spirituel doit s'incarner ; tout ce qui est corporel doit devenir transparent à l'âme. On trouve même cette formule : *« Le corps est le temple de l'esprit »*.

3° **De nos jours.** La libération des mœurs, les réactions contre le **puritanisme**, les développements de la biologie, le prestige de la médecine (à laquelle on demande le salut d'une jeunesse éternelle), le culte du sport, le souci de la beauté, la glorification du corps publicitaire (qui est à lui-même sa propre fin), ont inversé la hiérarchie esprit-corps.

Le corps triomphe ; l'esprit est au service de la forme physique. Pour certains philosophes comme Marcuse, l'homme moderne est devenu « unidimensionnel » : l'âme est oubliée, la morale ambiante met le corps et ses impératifs au-dessus de tout. Les sociétés développées (axées sur le confort, la consommation, la sexualité, un bonheur tout centré sur un corps resté jeune) seraient donc aux antipodes de la morale puritaine : celle-ci sacrifiait le corps à l'esprit pur : la mode actuelle, au contraire, cultive une « idéologie du corps » qui semble éliminer la dimension proprement spirituelle de l'être humain. Bien entendu, il s'agit là d'une tendance. La vie de l'esprit a la capacité de résister. Voir **Âme, Esprit, Dualisme, Chair, Incarnation**.

CORPUS. *n. m.* Ensemble d'éléments recensés et regroupés. Notamment en linguistique. *Un corpus de mots, de documents, de données.*

CORRÉLATION. *n. f.* (du préfixe *cor-*, « avec, ensemble » et de *relation*). Relation qu'on établit ou qu'on observe entre deux phénomènes successifs ou concomitants. Lien logique réciproque, interdépendance. Par exemple, on peut constater, l'hiver, une corrélation entre une nuit étoilée, bien dégagée, et la chute de la température en dessous de zéro. L'explication logique viendra ensuite : en l'absence de nuage, la terre rayonne et sa chaleur se perd dans l'espace. Ainsi, l'observation d'une concomitance entre deux phénomènes ne suffit pas à établir un lien de cause à effet entre eux : ce n'est qu'un constat qu'il faudra *interpréter* pour établir s'il y a « corrélation » ou non.

CORRESPONDANCES (Théorie des -). Théorie philosophique et poétique selon laquelle des liens mystérieux existent entre le monde visible et le monde invisible, entre l'intérieur de l'être humain et l'univers extérieur, entre les diverses sensations qui renvoient à une même réalité spirituelle.

Cette philosophie, formulée par le suédois Swedenborg (1688-1772), a été reprise dans le célèbre poème de Baudelaire intitulé « Correspondances ». Ce poème fait état de deux types de correspondances :
— les **correspondances «horizontales»**, qui s'établissent d'une sensation à l'autre (« *Les parfums, les couleurs et les sons se répondent / Il est des parfums frais comme des chairs d'enfants / Doux comme les hautbois, verts comme les prairies* ») ;
— les **correspondances «verticales»**, qui s'établissent entre le monde sensible et le monde spirituel, entre les sensations et les idées, entre l'ici-bas et l'au-delà. Ainsi, la moindre sensation intense peut donner le sentiment de l'infini, faire accéder à l'expérience de la Beauté, transporter l'âme vers «les confins des sphères étoilées». C'est précisément parce que les sensations, apparemment disparates, renvoient toutes à ce même monde spirituel qu'elles correspondent entre elles. La tâche du poète est dès lors de les explorer, et de les relier pour nous au monde de la Beauté, dont elles sont le chemin. Voir **Symbolisme, Synesthésie**.

CORROBORER. *v. tr.* (du préfixe *cor-*, «avec» et du latin *robur*, «force»). Conférer de la force, du poids, de l'authenticité à une thèse, un fait, une opinion. Confirmer, certifier, garantir. *Ce témoignage a corroboré la thèse de l'accusation.* Voir **Roboratif**.

CORROSIF. *adj. (sens propre)* Qui corrode, ronge, détruit, détériore. *Un acide corrosif.*
(sens figuré) Qui attaque, blesse ; qui est virulent, caustique. *Un esprit corrosif.* Le glissement du sens propre au sens figuré est similaire à celui du mot *caustique*.

CORVÉABLE. *adj.* Voir au mot **Taillable**.

COSMO-. Racine d'origine grecque qui signifie «ordre du monde, univers». De nombreux mots sont formés sur cette racine. Notamment : **Cosmique** (qui est relatif au monde extraterrestre, à l'espace intersidéral), **Cosmogonie** (théorie

— ancienne — de la formation de l'univers), **Cosmologie** (étude des grandes lois physiques de l'univers), **Cosmonaute** (voyageur de l'espace), **Cosmos** (univers, espace intersidéral), **Macrocosme** (grand monde; monde de l'infiniment grand perçu comme un Tout bien ordonné), **Microcosme** (petit monde, monde abrégé — à l'image du macrocosme — mais minuscule; voir ce mot), et aussi **Cosmopolitisme**, ci-après.

COSMOPOLITISME. *n. m.* (du grec *kosmos*, «univers» et *politês*, «citoyen»).
1° Disposition d'esprit qui consiste à s'ouvrir à toutes les nations et civilisations, et à leurs influences culturelles. Littéralement : attitude de celui qui se sent «citoyen de l'univers». *Le cosmopolitisme a caractérisé, en France, le siècle des Lumières.*
2° Caractère d'un lieu qui accueille toutes sortes d'étrangers ou d'influences étrangères. *Le cosmopolitisme de New-York. Une cité, un art cosmopolite.*

COULEUR LOCALE. Expression mise à l'honneur par les écrivains romantiques pour désigner tout ce qui, dans une œuvre, doit rappeler l'époque et le lieu où elle se déroule, ou en donner l'impression : langue, coutumes, décor, vêtements, arts (*couleur* a ici le sens figuré d'*aspect caractéristique*).

COULPE. *n. f.* Faute. Voir **Culpa-**.

COURROUX. *n. m.* En **langue classique**, colère véhémente. S'applique en général aux héros tragiques, aux dieux ou aux éléments. *Le céleste courroux. Les flots en courroux.* Synonymes : *véhémence, fureur, ire.*

COURTOIS. *adj. (sens courant)* D'une politesse raffinée, aimable, plein de civilité.
(sens littéraire) Se dit de la poésie raffinée, célébrant le culte de la femme et les exploits chevaleresques accomplis pour obtenir son amour, aux XIe et XIIe siècles. L'idéal *courtois*, l'amour *courtois*, la littérature *courtoise* se sont développés dans les cours seigneuriales (orthographiées « *court* » à l'époque, d'où l'adjectif « *courtois* »).

-CRATIE, -CRATE. Racines issues du grec *kratos*, qui signifient «pouvoir, gouvernement». En position de suffixe, a servi à la formation de nombreux mots, notamment : **Aris-**

tocratie («gouvernement des meilleurs», voir ce mot), **Autocratie** (pouvoir personnel tyrannique), **Bureaucratie** (voir ce mot), **Démocratie** (voir ce mot et les mots de la même famille), **Gérontocratie** («gouvernement des vieillards»), **Phallocratie** («pouvoir masculin» symbolisé par le «phallus», ou encore «machisme»), **Technocratie** (voir ce mot) et **Théocratie** («gouvernement de Dieu»; c'est-à-dire gouvernement de religieux qui se disent représentants de la volonté de Dieu).

CRÉDIT. *n. m.* (du latin *credere*, « croire, avoir confiance »). Au **sens classique,** confiance dont on jouit, ascendant que l'on exerce. *Avoir du crédit* : inspirer confiance, faire autorité. *Perdre son crédit* : ne plus être estimé, tomber en discrédit. Voir **Accréditer, Discréditer.**

N.B. En comptabilité, le mot *crédit* désigne au départ la confiance que le banquier a dans son client : ce dernier est solvable, il peut payer, puisqu'il a de l'argent sur son compte ; on peut donc honorer son chèque. Toute somme déposée est ainsi mise dans la colonne « crédit ». Inversement, quand le client tire un chèque ou prend de l'argent, cela est inscrit sur la colonne « débit » (ce que l'on *doit,* en latin).

CREDO. *n. m. inv.* Mot d'origine latine (*credo,* « je crois »), désignant le texte fondamental des articles de foi catholique, appelé aussi «symbole des Apôtres». Le *Credo* est ainsi une prière fondamentale des croyants. *Dire, chanter le Credo.* Voir **Messe.**

Par extension, on appelle *credo* l'ensemble des principes de base, la croyance fondamentale, sur lesquels on fonde sa conduite, son opinion. *Chaque homme politique a son credo ; parfois, au cours de sa carriè*re, *il adopte plusieurs credos...* (dans ce sens, le mot est variable).

CRÉDULE. *adj.* Naïf, porté à croire tout ce qu'on lui dit, excessivement confiant. Candide, simple. *Un peuple crédule.* L'antonyme *incrédule* a d'abord eu un sens religieux *(incroyant).*

CRÉNEAU. *n. m.* Au **sens figuré**, assez courant : ouverture, espace disponible (dans un ensemble plus ou moins limité). *Un créneau horaire* (à la radio, à la télévision). *Un créneau commercial* (un segment du marché où l'on parvient à placer un produit). *Un créneau porteur* (une zone de besoins où la clientèle est croissante).

CRESCENDO. *adv.* et *n. m. inv.* En **musique**, augmentation progressive de l'intensité sonore. Au *sens figuré :* amplification; mouvement croissant. Prononcer «crechendo».

CRISE. *n. f.* (du grec *krisis*, «décision, choix»).

1° Phase décisive, subite, d'une maladie (dont l'issue peut être favorable ou non). Accès, accident. *Crise d'appendicite, crise de foie, crise cardiaque.* L'étymologie est ici révélatrice : la crise est une «décision», un moment «critique» dont l'organisme sortira vainqueur ou vaincu.

2° Dans une première extension du mot, manifestation émotive ou psychologique qui surprend l'individu, qu'il s'agisse d'un mouvement soudain *(crise de larmes, de mélancolie)* ou d'une période morale difficile *(crise sentimentale, religieuse, conjugale).* Là encore, l'étymologie nous suggère que l'on sort de la crise par des choix. La crise peut être pénible, aboutir à l'échec, ou au contraire se traduire par un élan nouveau (crise relançant la fécondité d'une artiste par exemple). Dans une tragédie classique, la «crise» est le moment où le conflit atteint son point culminant, d'où sortira le «dénouement».

3° Dans une seconde extension, période difficile que traverse une société (ou un groupe social), soit au plan culturel *(la crise de la famille, la crise des Institutions)*, soit au plan économique *(crise de 1929, crise du pétrole, etc.).* Dans ce dernier sens, le mot a pris en quelque sorte une valeur absolue : dire «la crise», depuis quelque vingt ans, c'est pratiquement renvoyer à chaque fois à la situation économique qui a toujours une bonne raison d'être en crise (la spéculation, la politique d'austérité, l'inflation, le chômage, la concurrence étrangère, les délocalisations; tout produit toujours «la crise»!).

4° Dans un sens particulier, la crise est synonyme de manque : *crise de main-d'œuvre, crise de logements* (le sens global du mot s'est alors déplacé sur l'une des causes du phénomène).

CRISTALLISATION. *n. f. Sens figuré* : Selon Stendhal, phénomène typique de la naissance de l'amour. L'imagination de celui qui aime pare l'objet aimé de toutes les qualités, et transforme tout ce qu'il apprend en raison supplémentaire d'aimer. Comme un rameau d'arbre se couvre de cristaux de sel, dans les mines de Salzbourg, de même l'image initiale de l'objet aimé s'enrichit d'incessantes cristallisations. L'être passionné «cristallise» sur l'objet de sa passion.

Par extension, on appelle *cristallisation* tout amas de sentiments, de fantasmes, de représentations autour d'un objet réel ou imaginaire.

N.B. Stendhal étudie aussi le phénomène inverse, la «décristallisation», mais le terme n'a pas été retenu dans l'usage courant (on peut le regretter).

CRITÈRE. *n. m.* (du grec *kritêrion*, «discernement») Principe qui permet de distinguer, d'établir la réalité ou la valeur de quelque chose. Élément d'appréciation sur lequel se fonde un jugement ou s'opère un choix. *Sur quels critères vous appuyez-vous pour juger de la qualité d'un roman? Le succès? Ce n'est pas un critère suffisant.*

CRITIQUE. *n. f.* 1° Jugement négatif, reproche, remarque désobligeante. *Faire des critiques sans fin. Faire son autocritique.*

2° Examen d'une œuvre intellectuelle ou artistique, et jugement (négatif ou positif) qui s'ensuit. *Vous avez eu une bonne critique : votre pièce sera un succès.*

3° Domaine général de l'activité intellectuelle et artistique qui étudie les œuvres de l'esprit. *La critique est devenue un véritable genre littéraire.* La critique peut porter sur la valeur même de la connaissance humaine. Voir **Épistémologie**.

4° Ensemble des personnes (journalistes notamment) dont le métier est de faire la critique (au sens n° 2) des œuvres qui se produisent. *La critique fait et défait les auteurs au gré des modes, en dépit de tout critère esthétique.*

5° *Au masculin :* un «critique» (qu'il s'agisse d'un homme ou d'une femme) est un individu spécialisé dans la critique (sens 3) ou l'examen critique (sens 2) des œuvres.

CRITIQUE. *adj.* 1° Se dit d'une situation cruciale, dont va dépendre l'issue d'une maladie, d'une période mouvementée, d'une émotion. *Le moment critique, le point critique, l'âge critique.* Voir **Crise**.

2° En rapport avec les différents sens de *la critique* (voir mot précédent) :
— qui est critique, sévère, voire malveillant ;
— qui examine les choses posément, avec objectivité et discernement *(une étude critique, un examen critique)*, pour en étudier la valeur ou l'*authenticité* (une *édition critique*) ;

— qui n'admet pas les choses de façon naïve, mais les regarde et les analyse sans complaisance avant d'en décider : c'est le cas de ce qu'on appelle *« l'esprit critique »* (qui refuse le dogmatisme aussi bien que la négativité systématique), qu'on distingue en général de *« l'esprit de critique »* (attitude de ceux qui éprouvent sans cesse le besoin de critiquer, ne sont satisfaits de rien).

CRUCIAL. *adj.* (du latin *crux, crucis*, « croix ») Se dit d'une situation décisive (où il faut faire le choix d'un chemin, comme à un *croisement* de routes), d'un moment important, critique (adjectif au sens n° 1), capital. *La Terminale, année cruciale. L'instant crucial où va se décider enfin la paix en Bosnie.*

CRYPT(O)-. Racine issue du mot grec *kruptos*, « caché ». D'où les mots **Crypte** (caveau ou chapelle souterraine), **Crypter** (brouiller un message ou une émission télévisée), **Décrypter** (décoder un message complexe, déchiffrer un texte obscur), **Crypto-communiste** (partisan occulte du communisme — d'autres mots ont été composés sur ce modèle), **Cryptogame** (champignon dont les spores sont peu apparentes), **Cryptogramme** (message écrit en langage chiffré), et **Cryptographie** (art de rédiger des cryptogrammes).

CUBISME. *n. m.* (de *cube*) École de peinture, illustrée notamment par Picasso et Braque, de 1906 à 1930. Abandonnant les modes conventionnels de représentation (la perspective en particulier), le cubisme traite son objet de façon géométrique, en le décomposant et en juxtaposant sur la toile les éléments obtenus.

CULP(A)-. Racine latine issue du mot *culpa*, « faute, coulpe ». D'où les expressions **Battre sa coulpe** (se repentir, s'avouer coupable), **Faire son mea-culpa** (avouer ses fautes, en demander pardon), et les mots **Coupable, Culpabilité, Culpabiliser, Déculpabiliser, Disculper, Inculper**.

CULTE. *n. m. (sens propre)* Ensemble de pratiques religieuses (rites, cérémonies, prières, assemblées) par lesquelles les croyants célèbrent l'objet de leur foi : Dieu, les Saints, les réalités sacrées. Par extension, pratique d'une religion. *Le culte de la Vierge Marie. Le culte des morts. Le culte musulman.* Dans la religion catholique, **le denier du**

culte : argent versé par les fidèles chaque année pour subvenir aux besoins du clergé et du culte.

(sens figuré) Vénération pour quelqu'un, attachement à un objet, à une valeur morale. Sacralisation d'une réalité. *Le culte de la famille. Le culte de l'art. Un film-culte.* En politique, **culte de la personnalité** : idolâtrie du chef de l'État, adoration d'un homme au pouvoir (souvent suscitée ou imposée par celui-ci).

CULTURE. *n. f.* (sens **figuré**, à partir de la culture *agricole*).

1° **Au niveau individuel**, la culture représente à la fois l'ensemble des connaissances acquises et le développement des facultés intellectuelles et morales liées à cette acquisition. *Avoir de la culture, être un homme cultivé,* ce n'est donc pas seulement accumuler un savoir, c'est exercer et former son esprit (sa raison, son sens critique, sa sensibilité esthétique, etc.). Tel est le sens de la formule fameuse d'E. Herriot : *« La culture, c'est ce qui reste quand on a tout oublié ».* Formule qui implique toutefois que pour « tout oublier », il faut avoir beaucoup appris…

Cette culture individuelle peut être générale (elle implique une connaissance moyenne et une réflexion sur toutes les branches du savoir) ou être plus spécialisée (culture artistique, musicale, philosophique, scientifique).

2° **Au niveau collectif**, la culture représente l'ensemble des pratiques, des mœurs, des savoirs, des valeurs, des arts d'une société ou d'un groupe humain. Ce second sens signifie que la civilisation même d'une société est une production de l'esprit humain : les techniques (et donc le savoir qu'elles supposent), les mœurs (et donc la philosophie, la morale dont elles sont le reflet) et les mentalités dominantes sont donc aussi révélatrices du génie créateur de l'homme que les œuvres d'art, les activités intellectuelles ou littéraires, les sciences et tout ce qui fait partie de la culture au sens n° 1.

Ce sens global du mot « culture », proche du mot **Civilisation**, est notamment utilisé par les ethnologues, anthropologues et sociologues. On parlera de culture à propos des structures sociales, du type de religion, ou du mode de consommation. On parlera de « choc des cultures ». Polygamie, mode musicale (culture-rock) ou boisson moderne seront considérées comme des traits « culturels », au risque de faire perdre au mot « culture » son sens originel d'exercice de la pensée (ce que déplore A. Finkielkraut dans *La Défaite de la pensée*, 1987).

Quoi qu'il en soit, ce qui demeure commun aux deux sens du mot *culture*, c'est l'opposition qu'il forme avec le mot *nature*. La «nature» est ce qui est inné, instinctif, et qui ne semble provenir que du déterminisme biologique en l'homme. La «culture» est le fruit du travail de l'homme sur lui-même, ce qu'il acquiert aussi bien individuellement que collectivement : ses traditions, ses coutumes, sa manière de penser et de vivre, ses croyances, sa science, ses productions artistiques, morales ou intellectuelles. La grande question est de faire la part de l'une et de l'autre dans l'être humain. L'homme est-il surtout «nature» ou surtout «culture»? On peut renvoyer aux interrogations de Pascal qui, en donnant au mot «coutume» un sens proche de celui qu'on donne au mot «culture», écrit : *« La coutume est une seconde nature, qui détruit la première. Mais qu'est-ce que la nature ? Pourquoi la coutume n'est-elle pas naturelle ? J'ai grand'peur que cette nature ne soit elle-même qu'une première coutume, comme la coutume est une seconde nature. »* Voir **Acculturation, Inculte, Nature**.

CUPIDE. *adj.* Avide d'argent, assoiffé de richesses. *Un spéculateur cupide.*

CURATIF. *adj.* (du latin *curare*, «prendre soin, soigner») Qui soigne, qui est relatif aux soins et à la guérison. *Des remèdes curatifs.* On oppose en général ce qui est *curatif* (qui s'attaque au mal) à ce qui est *préventif* (qui prévient le mal, qui l'empêche de se produire); cf. le proverbe *Mieux vaut prévenir que guérir.* Voir **Pallier**.

CURRICULUM VITAE. *n. m. inv.* Expression latine invariable qui signifie textuellement *« la carrière, la course de la vie »*. Abrégé en *Curriculum* ou *C.V.*, c'est la présentation chronologique des études, diplômes et principales étapes de la carrière d'une personne postulant un emploi.

CYBERNÉTIQUE. *n. f.* (du grec *kubernân*, «gouverner»). Science des processus de contrôle, de commande et de régulation interne (par échange d'informations) des êtres vivants, des systèmes socio-économiques ou des machines autorégulées.

CYCLOPÉEN. *adj.* Énorme, gigantesque. Relatif aux Cyclopes, qui étaient, dans la mythologie grecque, des géants forgerons et bâtisseurs, n'ayant qu'un seul œil au milieu du front. *Écrire un dictionnaire est une tâche cyclopéenne.*

CYCLOTHYMIQUE. *adj.* Alternativement excité et déprimé. En psychiatrie, caractérise les malades atteints de psychose maniaco-dépressive.

CYNISME. *n. m.* 1° *(sens ancien)* Philosophie antique qui professe une vie libre, animale, simple, individualiste. Les Cyniques dénonçaient les conventions sociales, jugées hypocrites, et les masques de la bienséance.

2° *(sens courant)* Mépris délibéré des principes moraux ; brutalité et impudence dans le mal fait aux autres. *Une conduite cynique. Le cynisme de Don Juan se vantant de tromper son épouse.*

DACTYLO-. Racine d'origine grecque, qui signifie « doigt ». D'où les mots **Dactylographe** (« qui écrit (en tapant) avec les doigts »), **Dactylographier**, et aussi **Ptérodactyle** (oiseau préhistorique « dont les doigts sont des ailes »).

DAM. *n. m.* (du latin *damnum*, « perte ») Préjudice. S'emploie dans l'expression **au grand dam de** : au grand tort, au préjudice de (quelqu'un).

DAMER LE PION (à quelqu'un). Expression familière qui vient du jeu de dames et signifie *prendre un avantage décisif sur quelqu'un.*

DAMNATION. *n. f.* (voir racine, au mot **dam**). Dans la religion chrétienne, fait d'être voué, « condamné » aux peines éternelles de l'enfer. *Les souffrances des damnés. Le péché mortel conduit à la damnation.* Noter le juron : *enfer et damnation !*

DANDYSME. *n. m.* Recherche de manières élégantes, raffinées, supposées traduire la supériorité de celui qui les manifeste.

Le dandy, au XIXᵉ siècle, est un personnage qui règle sa vie selon des principes esthétiques, pour se distinguer de la vulgarité bourgeoise, obsédée d'utilité et de rentabilité. Baudelaire en France, Oscar Wilde en Angleterre, ont cultivé le dandysme littéraire dans cet esprit.

DANTESQUE. *adj.* Qui se rapporte au poète italien Dante Alighieri, en particulier à son œuvre majeure *La Divine comédie.* Au début de son récit, le poète décrit l'Enfer en lui conférant un caractère fantastique et terrifiant. À partir de là, l'adjectif *dantesque* est devenu synonyme d'« infernal », « effroyable et sublime » à la fois. *Une vision dantesque. Une poésie dantesque.*

DARWINISME. *n. m.* Théorie évolutionniste de Charles Darwin (1809-1882), exposée dans son ouvrage majeur *De l'Origine des espèces par voie de sélection naturelle* (1859). Parmi la multitude d'individus que produit une espèce donnée (animale ou végétale), seuls les plus adaptés au milieu survivent et transmettent leurs caractères propres, tandis que les autres sont éliminés : c'est la sélection naturelle. Lorsque le milieu naturel se modifie, il arrive que certaines variétés seulement de l'espèce s'adaptent, ce qui contribue à la modifier quelque peu elle-même ; sur des milliers d'années, d'adaptations en adaptations, ce processus peut conduire l'espèce à une véritable transformation de ce qu'elle était à l'origine. D'où le mot *transformisme*, qui est également donné à la théorie de Darwin. Voir **Lutte pour la vie**.

A l'opposé se situe le **Fixisme** pour lequel les êtres vivants sont aujourd'hui exactement tels qu'ils sont sortis il y a très longtemps de la main de Dieu.

DÉ-, DÉS-, DES-. Préfixe d'origine latine qui signifie le plus souvent l'éloignement, la séparation ou la privation. Ce préfixe est resté très vivant en français pour indiquer l'inversion du sens d'un mot, ou créer un mot de sens contraire. Outre les exemples qui suivent dans ce dictionnaire, on peut signaler **Décloisonner, Décentraliser, Délocaliser, Dénucléariser, Dépénaliser, Désengager, Dépolitiser, Déqualifier, Déréglementer, Désacraliser, Déstabiliser**. La plupart de ces mots ou de leurs composés se devinent à partir du radical, dont il suffit d'inverser le sens.

N.B. Le préfixe *dé-* a parfois une valeur intensive, à ne pas confondre avec le sens précédent (par exemple dans *déambuler, déchoir,* « *déconner* », *déplorer, dessécher*). On restera donc prudent.

DÉBILE. *adj. (sens classique)* Faible, fragile *physiquement*. *(sens courant)* Faible *mentalement*. Le terme est employé familièrement comme insulte (synonyme d'« imbécile ») ; mais il conserve un sens neutre dans son application aux enfants ou adultes mentalement déficients (de quotient intellectuel inférieur à 75). Le sens classique est demeuré dans le verbe *débiliter* : affaiblir, déprimer. *Une atmosphère débilitante.*

DÉBITEUR. *n.* Personne qui doit (de l'argent) à quelqu'un. Un débiteur, une débitrice. *Sens figuré :* individu qui a ou se sent une dette morale à l'égard de quelqu'un d'autre. *Je suis, Monsieur, votre débiteur.* Comme *adjectif*, le mot débiteur s'applique à un compte bancaire : un compte est *débiteur* quand son titulaire est en déficit ; *créditeur* dans le cas inverse. Voir **Crédit**.

DÉCA-. Racine d'origine grecque signifiant « dix ». On a ainsi les mots **Décade** (période de dix jours), **Décalogue** (table des dix commandements), **Décamètre** (mesure de dix mètres), **Décathlon** (discipline d'athlétisme comprenant dix épreuves), **Décennie** (période de dix ans), **Décasyllabe** (vers de dix syllabes).

N.B. 1° Ne pas confondre *décade* (dix jours) et *décennie* (dix ans ; une *garantie décennale*).

2° Ne pas confondre la racine *Déca-* (dix) avec la racine d'origine latine *Déci-* (un dixième), qui a donné les mots *décibel, décigramme, décilitre, décimètre.* Voir aussi le verbe **Décimer**.

DÉCADENCE. *n. f.* Ruine progressive, déclin d'une réalité sociale, morale, politique. *Une période de décadence. La décadence de l'Empire romain. Grandeur et décadence d'un personnage qui fut célèbre.*

Les **décadents** : écrivains et artistes de la fin du XIXe siècle qui se sentaient pris dans une époque de décadence et voulaient en exprimer le désenchantement.

DÉCIMER. *v. tr.* (du latin *decimus*, « dixième ») Chez les Romains, mettre à mort une personne sur dix, dans un but répressif. *Sens actuel :* faire périr un grand nombre (de personnes ou d'animaux). *La peste a décimé la population.*

N.B. L'évolution du sens de ce mot est notable, puisqu'on est passé de l'idée d'un meurtre sélectif à l'idée d'une extermination générale.

DÉCLAMATION. *n. f.* Art de déclamer, c'est-à-dire de réciter un texte, des vers, avec une certaine emphase. *Une tirade pompeusement déclamée. Prononcer un discours sur un ton déclamatoire. Trop d'acteurs confondent diction et déclamation.*

DÉCONCERTER. *v. tr.* (de *dé-* privatif et *concerter*, « organiser intentionnellement »). Jeter quelqu'un dans l'incertitude ; le décontenancer, le désorienter. *Son attitude imprévue m'a déconcertée.*

DÉCRÉPITUDE. *n. f.* État de ce qui est décrépit, c'est-à-dire usé, vieux, décadent, dégradé, en pleine déchéance. *Cet hospice, ses bâtiments et ses vieillards, semblaient atteints d'une même décrépitude. La décrépitude d'une civilisation.*

DÉCUPLER. *v. tr.* (du latin *decem*, «dix») Rendre dix fois plus grand. Au *sens figuré* : grossir, augmenter intensément. *L'espoir décuplait son ardeur.*

DÉDALE. *n. m.* (de Dédale, architecte qui, dans la mythologie grecque, construisit le Labyrinthe). Ensemble compliqué de voies où l'on se perd ; labyrinthe. *Un dédale de chemins et de routes qui ne semblaient mener nulle part.*

(sens figuré) Ensemble embrouillé, inextricable, de réalités abstraites. *Un dédale de pensées, de craintes, de lois, de préceptes.*

DÉDOUANER. *v. tr.* Payer une taxe qui libère une marchandise des droits de douane. D'où, au *sens figuré,* dégager quelqu'un de sa responsabilité ou de sa culpabilité éventuelle, le « blanchir ». L'emploi de ce verbe est fréquent à la forme pronominale : *il a tenté de se dédouaner de son passé communiste en accusant son adversaire d'avoir eu un rôle trouble sous Vichy.*

DÉDUCTION. *n. f.* En **logique**, opération de l'esprit par laquelle on tire une conclusion, une conséquence nécessaire, à partir d'une proposition, d'un principe préalablement posé (ou de plusieurs propositions). Par exemple, si je pose que «tous les hommes sont mortels» et que je constate que je suis un homme, j'en déduis que je suis mortel. *Les fameuses déductions de Sherlock Holmes.*

L'**induction**, au contraire, part d'un certain nombre de cas observés pour en tirer une hypothèse générale, une loi (qu'il restera à vérifier). *Raisonner par induction*, c'est aller souvent du particulier vers le général. Par exemple, si je constate que beaucoup d'hommes qui m'entourent finissent par mourir, je peux en *induire* que les hommes sont mortels (ce n'est pas une preuve absolue, mais une loi fort probable).

Dans le raisonnement, les deux opérations s'unissent souvent. L'*induction* me permet d'esquisser une loi (les hommes sont mortels). La *déduction* me permet de tirer de cette loi des conséquences (je suis mortel). Il restera à l'expérimentation d'établir le bien fondé de ces conclusions. Voir **Inférer, Logique, Syllogisme.**

DE FACTO. Locution d'origine latine qui signifie « de fait ». Mais *de fait* s'oppose à *de droit* (« de jure » en latin). Par exemple, on peut reconnaître *de facto* l'annexion d'un territoire par un pays (en entretenant des relations diplomatiques avec lui), sans pour autant considérer cette annexion comme légitime (on ne la reconnaît pas *de jure* ; on le rappellera à l'occasion à ce pays).

DÉFALQUER. *v. tr.* Soustraire, retirer. *On a défalqué de votre salaire la cotisation pour la sécurité sociale.* Synonymes : déduire, ôter, retrancher. Noter l'origine de ce mot, qui vient de « falx » (faux), et signifie littéralement : « couper avec la faux ».

DÉFECTION. *n. f.* Fait d'être absent, de manquer, d'abandonner ; de « faire défaut » là où l'on est attendu. *La défection d'une partie de ses partisans a conduit l'Empereur à abdiquer. Vous n'étiez pas à l'assemblée : on a regretté votre défection.*

DÉFÉRENCE. *n. f.* Attitude de très grand respect à l'égard de quelqu'un. *Manifester de la déférence. Une attitude pleine de déférence à l'égard des autorités.*

DÉFIANCE. *n. f.* Manque de confiance, méfiance. Attitude de réserve, de prudence défensive, d'incrédulité parfois hostile. *Ce personnage m'inspire une défiance constante. Je me défie de lui et de ses propos flatteurs.*

DÉFICIENCE. *n. f.* Manque, insuffisance (physique ou mentale), faiblesse. *Déficience mentale. Une santé déficiente. Les déficiences d'une copie. Je lui suis fidèle malgré ses déficiences.*

DÉFRAYER. *v. tr.* 1° *Sens propre* : payer les frais de quelqu'un. *J'ai voyagé en T.G.V., mais mon employeur m'a défrayé.*

2° *Sens figuré* : limité aux expressions *« défrayer la conversation, défrayer la chronique »* : être le sujet principal de celles-ci (c'est-à-dire, en quelque sorte, « en faire les frais »). Notons que ces expressions ont souvent une connotation péjorative : c'est *à mes dépens* que je « défraye la chronique ».

DÉFROQUÉ. *adj.* Se dit d'un prêtre ou d'un moine qui a

quitté la vie religieuse (en abandonnant le «froc», c'est-à-dire l'habit monacal; *«Jeter le froc aux orties»* signifie familièrement «quitter les ordres»).

DÉGAINE. *n. f.* Allure bizarre, tournure plus ou moins ridicule. *Te voilà avec une belle dégaine!* L'emploi de ce mot est familier.

DÉGÉNÉRER. *v. tr. (sens propre)* Perdre ses qualités originelles, sa «race» naturelle. S'abîmer, s'abâtardir. *Un aristocrate dégénéré.*
(sens figuré) Se dégrader, perdre sa valeur originelle, se transformer en mal. *Le cinéma dégénère, perverti par l'argent. Le spectacle a dégénéré sous les sifflets du public. Une manifestation pacifique qui dégénère en violents affrontements.*

DÉISME. *n. m.* Attitude philosophique ou «religieuse» de ceux qui croient en l'existence d'un Dieu, mais refusent l'idée de toute **révélation** particulière de ce Dieu.

Le **déisme** s'oppose d'une part à l'**athéisme** (qui nie l'existence d'une divinité) et d'autre part aux **diverses religions** (qui prétendent que la divinité s'est adressée aux hommes par leur intermédiaire).

Le déisme ne croit pas en un Dieu personnel, mais plutôt en un Être suprême, créateur de l'univers et relativement distant des hommes, — position illustrée par Voltaire notamment. Il en résulte que le déisme est une croyance sans culte, une «religion naturelle» réduite au «culte du cœur», selon l'expression de Rousseau. La tentative d'instaurer un «culte de l'Être suprême» a effectivement tourné court, sous la Révolution française.

Pas plus qu'il n'a de culte, le déisme n'a de **dogme**. Le Dieu des déistes est simplement la Cause première qui est à l'origine de l'univers et continue de l'ordonner, le «grand horloger» qui fait fonctionner plus ou moins harmonieusement la grande «horloge» qu'est le cosmos (l'image est de Voltaire).

Le déisme est un thème central de la philosophie des **Lumières** au XVIIIe siècle. Voir **Agnosticisme, Athéisme, Lumières, Religion, Révélation, Théisme**.

DÉLATION. *n. f.* Dénonciation particulièrement lâche. *Dans la Chine communiste, on encourageait les enfants à pratiquer la délation à l'égard de leurs parents.*

DÉLÉGATION. *n. f.* 1° Action de déléguer (transmettre, confier) des pouvoirs ou des responsabilités à quelqu'un d'autre : un représentant, une autorité, un mandataire. *L'envoyé du Président, bénéficiant d'une délégation de pouvoir, a pu signer le contrat.*
2° Groupe de personnes chargées d'une délégation, d'un mandat. *Le Ministre a bien voulu recevoir une délégation des syndicats. La délégation envoyée par l'Assemblée ne comprenait que cinq représentants.*

DÉLÉTÈRE. *adj. (sens propre)* Nocif, toxique (se dit surtout des gaz). *(sens figuré)* Nuisible, corrupteur. *Une influence délétère.*

DÉLIBÉRATION. *n. f.* Discussion orale, dans un groupe, avant de prendre une décision. *La délibération des jurés.* Examen d'une question dont on pèse le pour et le contre. La délibération peut être intérieure à un individu. *« Avant que je délibère, les jeux sont faits »* (Sartre). **Avoir voix délibérative :** dans une assemblée, pouvoir prendre part au vote (contrairement à celui qui a seulement une voix *consultative*).

DÉLIBÉRÉ. *adj.* Qui a été (ou semble avoir été) décidé après délibération. Donc : voulu, intentionnel, prémédité. *Une attitude, un air, des propos délibérés. Il a agi délibérément, en pleine connaissance de cause.*

DÉLIQUESCENCE. *n. f. Sens figuré* : dégradation, décrépitude, décadence complète. *Un esprit en état de déliquescence. Une société déliquescente :* qui se désagrège.

DÉLITER (SE). *v. pron.* Se désagréger sous l'action des éléments (l'air ou l'eau). *Une pierre qui se délite.*
Sens figuré : se décomposer, se désagréger, en parlant d'un groupe, d'une institution, d'une structure. *En URSS, l'administration se délitait ; seule l'armée tenait bon.*

DÉMAGOGIE. *n. f.* (des racines grecques *démo-*, « peuple », et *-agog-*, « conduire, diriger ». Littéralement, « action de mener le peuple, de diriger un parti populaire » ; mais le sens est toujours péjoratif).
  1° Comportement politique qui consiste à flatter le peuple (ses intérêts, ses passions, ses préjugés) pour le séduire, et ainsi obtenir ou conserver le pouvoir. *Ce gouvernement ne gouverne pas : il fait de la démagogie ! Nous voulons une*

réelle politique, et non pas un saupoudrage de mesures démagogiques.
 2° En général, action de flatter les gens, les groupes de personnes dont on veut obtenir le soutien, la faveur. *Ce professeur confond pédagogie et démagogie. Quel démagogue !*

Un démagogue se reconnaît en général à deux traits :
— il tente de flatter, séduire, amuser, accroître sa « popularité » ;
— il le fait dans son propre intérêt, dans l'intention d'obtenir le pouvoir ou de soigner son image, et non dans le bien réel de ceux qu'il séduit.

DÉMANTELER. *v. tr. (sens propre)* Détruire, démolir, notamment dans le langage militaire. *Démanteler les lignes ennemies, leurs fortifications.*
 (sens figuré) Abattre, désorganiser, réduire à néant. *Démanteler un réseau clandestin, une mafia locale.* Ce verbe ne signifie pas seulement détruire brutalement, mais détruire *avec ordre et méthode* quelque chose qui en général est bien organisé.

DÉMARQUER. *v. tr. Sens figuré* : imiter, reproduire une œuvre, mais en y introduisant quelques modifications pour masquer l'imitation (on ne reconnaîtra pas ainsi la « marque » originelle). *Dans* La Bicyclette bleue, *R. Deforges a démarqué le roman de M. Mitchell* Autant en emporte le vent. Voir **Plagiat**.
 N.B. **Se démarquer** a pratiquement le sens contraire : il s'agit de se différencier, de prendre ses distances d'avec quelqu'un.

DÉMIURGE. *n. m.* (des racines d'origine grecque *dêmos*, « peuple », et *urg-*, de *ergon*, « action, œuvre ». Littéralement, « personne qui travaille pour le peuple »). Chez Platon et les philosophes grecs, créateur, organisateur d'un monde (Dieu est le premier « démiurge »). Par extension, artiste puissant, créateur d'une œuvre immense. *Quel démiurge que Beethoven ! Les utopistes rêvent d'être des démiurges.*

DÉMO-. Racine d'origine grecque signifiant « peuple », ou « territoire occupé par le peuple ». Racine présente dans des mots essentiels comme **Démagogie, Démiurge, Démocratie, Démographie, Endémie, Épidémie** (voir ces mots, et leurs composés).

DÉMOCRATIE. *n. f.* (du grec *dêmos*, « peuple », et *kratos*, « pouvoir, gouvernement »). Système politique dans lequel le peuple exerce directement ou indirectement le pouvoir. Et donc, **gouvernement du peuple par lui-même**. On emploie parfois à ce propos l'expression de « peuple souverain », dont tous les citoyens sont membres.

• La notion de démocratie vient de la Grèce antique. Égalité des droits entre citoyens, participation (directe) au pouvoir, en sont les deux éléments déterminants. Il faut savoir cependant que, même dans l'Antiquité, la démocratie athénienne n'était pas parfaite : seuls y participaient les « citoyens », à l'exclusion des femmes, des esclaves et des « métèques » (les étrangers vivant dans la Cité), ce qui en faisait une démocratie très *sélective*.

• Le bon fonctionnement d'une démocratie suppose plusieurs conditions, sur lesquelles se sont penchés les penseurs politiques. Sans évoquer tous les problèmes posés par ce régime, on peut au moins en signaler trois essentiels :
1° **La question de la vertu.** Le danger de la démocratie est, pour le citoyen, dans la tentation de se croire tout permis sous prétexte qu'il détient le pouvoir, de vouloir tout partager, de ne pas supporter la contrainte de la loi qu'il peut avoir lui-même contribué à établir. Platon, Montesquieu, Tocqueville et d'autres ont analysé ce danger. Pour l'éviter, le citoyen doit recevoir une éducation civique, avoir le sens de l'intérêt général, et donc, savoir accepter le sacrifice ou la limitation d'une partie de ses droits. Il faut en effet que ses concitoyens aient les mêmes droits, jouissent d'une même liberté. Cette qualité est nommée par Montesquieu **la vertu**. Sans vertu républicaine, fruit de l'éducation, le peuple ne saurait vivre en démocratie.
2° **La question de l'égalité.** Partager le pouvoir politique ne peut être qu'un leurre si la situation économique ou sociale d'une république est inégalitaire. Le pouvoir de l'argent peut être sans commune mesure avec le pouvoir du vote. Il faut donc un minimum d'égalité entre les citoyens, un minimum de « démocratie économique » (voir **Autogestion**) si l'on désire qu'une démocratie ne soit pas purement formelle.
3° **La question de la représentation.** Quand un groupe est restreint, il peut prendre des décisions en assemblée

directe (à travers la discussion et le vote). Quand le groupe augmente en nombre, quand le peuple forme une grande nation, la « volonté populaire » ne peut s'exercer qu'à travers des « représentants ». La démocratie est *indirecte*. Le peuple ne s'exprime que par hommes politiques interposés. Comme en outre, dans les démocraties modernes, l'évolution technique et économique rend la société très complexe, l'exercice du pouvoir échappe de plus en plus aux citoyens. Les élus, nombreux, les savants experts, les technocrates ou les bureaucrates, chargés de mettre en œuvre la volonté du peuple qu'ils représentent, freinent, déforment ou parfois même dénaturent les désirs profonds des citoyens. Ils disposent souvent en outre de l'influence des médias pour orienter l'opinion publique. La représentativité des gouvernements ou des pouvoirs, dans une démocratie, est donc toujours menacée. Le danger d'abstention, de perte de confiance, de « dépolitisation » des citoyens qui se sentent impuissants, est permanent.

• Tous ces problèmes ne doivent toutefois pas faire oublier la formule de Churchill : *« La démocratie est le pire des régimes, à l'exception de tous les autres ».* Voir **Anarchie, Bureaucratie, Citoyen, Démagogie, Égalitarisme, Pouvoir.**

DÉMYSTIFIER. *v. tr.* (de *dé-* privatif et *mystifier*, « tromper, abuser »).
1° Éclairer, détromper quelqu'un ou une collectivité victime d'une mystification. *Cette enquête a démystifié les jeunes trop crédules que tentait l'adhésion à telle secte. Le discours démystificateur d'un philosophe lucide.*
2° *(Emploi critiqué mais fréquent)* Révéler la véritable nature d'une réalité, d'une idéologie ; lui retirer son « mystère », sa séduction trompeuse. *Il faut analyser les publicités pour en démystifier la séduction et l'idéologie.* Voir **Démythifier**, mot suivant, pour éviter la confusion.

DÉMYTHIFIER. *v. tr.* (de *dé-* privatif et *mythifier*, « faire un mythe d'une personne, d'une valeur ou d'une réalité »). Retirer son caractère de mythe à une réalité, une valeur, une personne. *Démythifier la Bourse. Démythifier la famille. Démythifier le général de Gaulle.*
N.B. On peut comprendre la confusion fréquente faite entre *Démystifier* et *Démythifier* : c'est souvent à la suite d'une « mythification » que les gens sont « mystifiés » ; inver-

sement, ce sera par une «démythification» qu'on les démystifiera. *Mystère* et *Mythe* ont des connotations assez proches. En pratique, il faudra néanmoins :
— employer **Démystifier** à propos des *personnes* trompées puis détrompées ;
— employer **Démythifier** à propos des *réalités* trompeuses enfin éclaircies.

DÉNATURER. *v. tr. Sens figuré* : changer la nature d'une chose, lui faire perdre sa réalité originelle. *Dénaturer le sens d'une pensée. Dénaturer un fait, des propos.* Altérer, défigurer, déformer.

DÉNÉGATION. *n. f.* **Sens général :** acte par lequel on nie quelque chose. Démenti, déni, négation. Refus de reconnaître la réalité d'un fait (que ce fait soit vrai ou non). *J'oppose une dénégation formelle à cette accusation. Contrairement à ce qu'on pensait, les dénégations du prisonnier correspondaient à la stricte vérité.*
Sens psychanalytique : négation d'un désir, d'un fantasme, d'un sentiment refoulé que le sujet ne peut pas reconnaître consciemment. *C'est l'intensité même de sa dénégation qui est révélatrice d'un désir refoulé.*

DÉNIER. *v. tr.* Opposer une dénégation à un fait, une parole, une vérité. *Dénier toute responsabilité dans une affaire.* Refuser d'accorder un droit à quelqu'un. *Je vous dénie le droit de juger cette affaire.*
N.B. À partir de ce mot se sont constitués les mots *déni* (en particulier : déni de justice, refus de rendre justice à quelqu'un, injustice flagrante) et *indéniable* (qu'on ne peut nier, irréfutable).

DÉNIGRER. *v. tr.* (du latin *denigrare*, «noircir»). «Salir» la réputation ou l'image de quelqu'un, par des critiques, des calomnies, des méchancetés. Discréditer. *Il ne cesse de me dénigrer auprès de mon patron. Dans* Le Misanthrope *de Molière, Arsinoé dénigre Célimène auprès de ses amies.*

DÉNOTATION. *n. f.* En **linguistique**, sens premier, usuel, principal, d'un mot. Il s'agit de la signification «objective» du terme par opposition à ses «connotations», qui sont l'élément subjectif (individuel ou collectif) qui se greffe autour de ce mot. Ainsi, la dénotation du mot *arbre* est la désignation précise à laquelle renvoie le mot dans la réalité (définition de *ce qu'est* un arbre), tandis que les connotations du même vocable renvoient à toute la représentation (positive/négative; imaginaire/symbolique; subjective/poétique) qu'il évoque dans notre esprit. Voir **Connotation**.

DÉNOUEMENT. *n. m.* Scènes finales, dans une pièce de théâtre, où l'intrigue culmine et se «dénoue», c'est-à-dire trouve sa solution. Celle-ci doit en principe surprendre le spectateur, tout en étant cohérente. *Sens général :* issue d'un événement, heureuse ou non.

DÉONTOLOGIE. *n. f.* Éthique propre à une profession : ensemble des devoirs qui régissent la conduite des membres de cette profession, de leurs rapports avec leurs clients, de leurs rapports entre eux. S'applique en particulier à l'ensemble des professions médicales. *Pratiquer l'euthanasie est contraire à la déontologie médicale.* Mais l'emploi de ce mot se généralise. *L'activité commerciale, la profession de journaliste, les publicitaires devraient se donner et respecter un code déontologique.*

N.B. Il est donc redondant de dire «déontologie professionnelle».

DÉPENS. *n. m. pl.* Ce que coûte quelque chose, les frais. *Être condamné aux dépens :* devoir payer les frais d'un procès. *Aux dépens de :* au détriment de, au préjudice de. *Il se donne aux sports aux dépens de ses études. Ils s'amusent à mes dépens.*

DÉPLORER. *v. tr.* 1° Manifester de la douleur; pleurer sur, s'affliger à propos d'un événement généralement tragique. *Déplorer les malheurs, la mort de quelqu'un.*

2° Regretter vivement, se désoler de quelque chose. *Je déplore cet accident fâcheux. Les Danois ont voté «non» au référendum, je le déplore.* Noter que, dans ce sens, le verbe peut prendre une connotation morale (correspondant à l'adjectif *déplorable*). *Le professeur déplore ta paresse et tes perpétuelles tricheries.*

DÉPOLITISATION. *n. f.* 1° Action qui consiste à ôter tout caractère politique à une réalité de nature politique. *La dépolitisation du débat l'a dépassionné; mais en même temps, elle a contribué à dissimuler aux citoyens ses enjeux profonds.*

2° Résultat de cette action. *Écoeurés par l'impuissance gouvernementale, les citoyens sont complètement dépolitisés.* Notons que selon les contextes, la «dépolitisation» peut être prise en bonne ou en mauvaise part (soit apaisement d'une querelle, soit perte de la conscience politique).

DÉPOSITAIRE. *n. m. (sens propre)* Personne qui se voit confier quelque chose en dépôt. Dépositaire d'un bien, d'un document, d'une marchandise. En particulier : commerçant (grossiste) qui vend les marchandises d'un producteur ; concessionnaire de telle ou telle marque.

(sens figuré) Personne qui a en charge un bien (immatériel) de valeur. *Être le dépositaire d'un secret, d'un mystère, d'une réalité spirituelle. «L'homme... dépositaire du vrai, cloaque d'incertitude et d'erreur.»* (Pascal).

DÉPRAVÉ. *adj.* 1° Altéré, transformé, modifié dans sa nature. *«L'homme qui médite est un animal dépravé»* (Rousseau).

2° *(péjorativement)* Corrompu, débauché, pervers. *Des mœurs dépravées. Un être dépravé, immoral. Des lieux de dépravation.*

DÉPRÉCIER. *v. tr.* Retirer du prix à, dévaloriser, sous-estimer une chose. Déconsidérer, critiquer, mésestimer quelqu'un ou une œuvre.

Se déprécier, notamment pour une monnaie ; perdre de sa valeur. Pour une personne : ne pas se mettre en valeur, se juger défavorablement.

DÉPRÉDATION. *n. f.* Souvent employé au pluriel : dommages, vol, pillage. *Les manifestants se sont livrés à des déprédations considérables.* Les déprédations sont en quelque sorte des destructions ou exactions commises par des individus «prédateurs». Synonymes : dégradations, destructions, dégâts, détériorations.

DÉRÉLICTION. *n. f.* État de la créature abandonnée de Dieu ; sentiment de solitude et de détresse lié à cet état. Par extension, situation de l'être humain qui se sent absolument abandonné de tous, et seul dans un univers hostile. *Un poète en proie à la déréliction. La déréliction d'une âme.*

DÉRISION. *n. f.* Attitude dédaigneuse qui se manifeste par le rire, la moquerie, la raillerie, à l'égard de quelqu'un ou de quelque chose. *La dérision était chez lui une seconde nature, tant les choses lui paraissaient méprisables et* *risibles. Être l'objet de la dérision. Tourner quelqu'un en dérision* (s'en moquer et pousser les autres à s'en moquer). La dérision consiste soit à trouver quelque chose *dérisoire* (insignifiant, risible), soit à le rendre tel par le sarcasme, l'ironie, la risée, le persiflage.

DÉROGER. *v. t. ind.* On dit *déroger à*. 1° **Sens juridique** : manquer à l'observation d'une loi, d'une règle. Enfreindre, transgresser, contrevenir à. *On ne peut déroger à la loi, sauf bien entendu si l'on a obtenu officiellement une «dérogation».*
2° **Sens général** *(littéraire)* : manquer à ses principes, ses convictions, son rang. Se montrer indigne de ce que l'on doit être. *Il a dérogé à son honneur, à sa naissance, à sa réputation.* Dans ce sens, le verbe peut être intransitif. *Un noble ne pouvait travailler sans déroger.*

DÉSABUSÉ. *adj.* Désillusionné, désenchanté, détrompé. Le verbe *abuser* signifiant «tromper, induire en erreur», le verbe *désabuser* a le sens inverse. Mais l'adjectif a un sens plus large : il se dit de quelqu'un qui, ayant été déçu, est définitivement dégoûté. *Être désabusé, c'est ne plus y croire.* Synonyme : *blasé*.

DÉSAFFECTION. *n. f.* Détachement affectif, perte d'intérêt pour ce qu'on aimait. Ce mot est l'antonyme du mot *affection* (sens n° 2). *La désaffection du public pour la poésie, pour un auteur, pour une vedette.*
Ne pas confondre avec le paronyme **Désaffectation**.

DÉSAGRÉGATION. *n. f.* Décomposition, désintégration, morcellement, écroulement (au *propre* comme au *figuré*). *La désagrégation des lois, d'une couche sociale, d'une institution. La désagrégation d'un esprit, d'une personnalité.*

DÉSALIÉNER. *v. tr.* Libérer quelqu'un de son «aliénation» (mentale ou sociale). La désaliénation est simplement le contraire de l'**aliénation** (voir ce mot). *Les masses enfin désaliénées sauront que leur avenir est entre leurs mains, nulle part ailleurs !*

DÉSARROI. *n. m.* Trouble moral. Égarement intérieur. Confusion, désordre de l'âme, détresse. *Être en plein désarroi. Je ne savais plus où j'en étais : un désarroi sans précédent m'accablait.*

DÉSAVOUER. *v. tr.* Ne pas avouer comme étant sien ; refuser de reconnaître un propos, une œuvre qu'on vous attribue. *À la parution de* Candide, *Voltaire s'est amusé à désavouer son ouvrage.* Refuser de donner son approbation à une conduite, à une personne, à ses déclarations. Désapprouver. *Désavouant les propos racistes de ce leader politique, il a quitté son parti.* Il y a toujours une nuance de *proclamation* dans un désaveu : on désavoue *en public*, pour que cela se sache.

DÉSERTIFICATION. *n. f.* Transformation d'une région en désert. *La désertification du Sahel.* Mais ce mot a pris aussi un sens figuré : *la désertification de nos campagnes* (elles sont désertées par les hommes), ou même, *la désertification spirituelle* (la perte des valeurs morales et spirituelles dans un public, ou un groupe de personnes, voire une civilisation).

DÉSHÉRITÉ. *adj. et nom. (sens propre)* Enfant ou individu privé d'héritage. *(sens figuré)* Personne que la nature a privée de biens, matériels ou moraux ; individu qui se sent victime du destin, de l'injustice ou de l'ingratitude du sort. Ainsi, Nerval, s'emparant du mot qui signifie « déshérité » en espagnol, « El desdichado », écrit : *« Je suis le ténébreux, le veuf, l'inconsolé ».* Synonymes : *Défavorisé, malchanceux.*

DESIDERATA. Mot latin qui signifie « choses désirées » (souhaits, doléances). *Il m'a fait part de ses desiderata* (pas d'*s* au pluriel).

DÉSINCARNÉ. *adj. (sens propre, religieux)* Privé de son corps, dégagé de son enveloppe corporelle. *Les âmes désincarnées.*

(sens courant) Se dit d'une personne ou d'une doctrine morale qui néglige ou méprise le corps, qui tend vers un détachement de toute réalité sensible. *Une religion désincarnée. Un philosophe désincarné.* Voir, à l'opposé, le mot **Incarnation**.

DÉSINFORMATION. *n. f.* Action (politique) qui consiste à tromper le public sur la réalité des faits, soit en les cachant, soit en répandant de fausses « informations » (sur des faits totalement fictifs). *Des réseaux d'espionnage étrangers ont pénétré les milieux journalistiques pour y conduire des opérations de désinformation. Faire courir le bruit que le gouvernement ne fait rien contre le chômage, mais c'est de la désinformation !*

DÉSINTÉRESSEMENT. *n. m.* Absence d'intérêt personnel, qui conduit à se montrer altruiste, soucieux du bien ou de l'utilité de ce qu'on fait. Détachement, générosité. *Un parfait désintéressement dans l'accomplissement de sa tâche.* Ne pas confondre avec le mot suivant, **Désintérêt**.

DÉSINTÉRÊT. *n. m.* Indifférence, manque d'intérêt pour quelqu'un ou quelque chose. *Je déplore le désintérêt des élèves pour le beau langage.*

Ne pas confondre avec le mot **Désintéressement**. La confusion vient, en effet, de ce que l'antonyme de ces deux mots est le même, c'est le mot **intérêt**. Mais ce mot a lui-même deux sens : on peut éprouver de l'intérêt, être intéressé, dans un sens moral et généreux (être intéressé par un cours sur l'art); on peut d'autre part avoir des intérêts, «être intéressé», dans un sens matériel et égoïste (être intéressé dans une affaire commerciale). *On agit avec désintéressement. On manifeste du désintérêt.*

DÉSISTER (SE). *v. pron.* Renoncer à, se retirer en faveur de quelqu'un d'autre, — dans le cas d'une élection ou d'une responsabilité à laquelle on prétendait. *Ma candidature ne pouvant obtenir la majorité, je me suis désisté en faveur du concurrent le plus proche de mes projets.*

DESPOTISME. *n. m.* 1° Forme de gouvernement dans lequel l'ensemble des pouvoirs est détenu par un seul homme, sans contrôle institutionnel, sans contre-pouvoirs. Pour les philosophes du XVIIIe siècle, c'est le cas-limite de la monarchie absolue et arbitraire. Pour Montesquieu, cette forme de gouvernement, reposant sur la crainte des sujets, est par elle-même contre nature. Pour d'autres écrivains du XVIIIe siècle, elle peut être tempérée par la qualité du «despote», pour peu que celui-ci soit inspiré par les «lumières» de la philosophie. Ce fut là le rêve du *despotisme éclairé*, cruellement déçu par la réalité.

2° Au **sens courant**, le despotisme est un gouvernement tyrannique. Le despote, non seulement jouit du pouvoir absolu, mais n'en use que pour satisfaire ses intérêts ou ses fantasmes cruels. *Le traditionnel «despotisme» se nomme aujourd'hui «dictature». Il existe des patrons autoritaires, quasi despotiques.* Au **sens figuré** : *cet enfant est un vrai despote.* Voir **Dictature, Autocratie, Tyrannie**.

DESSEIN. *n. m.* Projet, ambition secrète ou non, désir que l'on s'apprête à mettre en œuvre. *De cruels desseins. Un grand dessein. C'est à dessein de le tromper que je l'ai flatté.* Ce terme a une connotation littéraire. Ne pas confondre avec *dessin* (malgré l'origine commune).

DESTIN. *n. m.* 1° Fatalité antique, ordre suprême du monde qui, chez les Grecs, était même supérieur aux dieux. *Le destin gouverne la tragédie en faisant agir les personnages malgré eux.* Il s'agit du *« fatum »*, en latin : voir ce mot.

2° Ensemble des événements, indépendants de la volonté, qui s'imposent à l'existence humaine. Destinée, sort, hasard. *Le destin a voulu que je sois là au bon moment. Notre liberté peut-elle modifier le cours du destin ? Quel que soit ton destin, il faut te prendre en mains.* Dans ce second sens, on voit que le destin s'oppose à la liberté sans forcément la nier : il y a des événements contingents ou nécessaires qui s'imposent aux hommes, mais en même temps des possibilités de les modifier, de les fuir ou de les inverser. *« L'art est un anti-destin »* (Malraux). Voir **Déterminisme, Tragique**.

DESTINATAIRE. *n. m.* Personne à qui s'adresse un message (une parole, une lettre) ou qui est l'objet d'une visée, d'une action. Voir **Communication**.

DESTINATEUR. *n. m.* Personne qui adresse un message, un discours, une parole. Voir le mot précédent et le schéma de la **Communication**.

DESTITUTION. *n. f.* Révocation d'une personne que l'on prive de sa fonction, de sa charge, de sa responsabilité, de son grade. Renvoi, déposition, limogeage. *La destitution d'un magistrat. Destituer un commissaire de ses fonctions, en raison de sa vénalité.*

N.B. Logiquement, les mots *destitution/institution* et *destituer/instituer* devraient être de parfaits antonymes. En réalité, la symétrie des significations est ici illusoire. Alors que *destituer* et *destitution* ne s'appliquent qu'à des personnes, pour des actions ponctuelles, les mots *instituer* et *institution* ont un sens beaucoup plus large et concernent surtout des organismes, des établissements, des structures de vie collective, des lois, bref des réalités que caractérise leur durabilité.

DÉSUET. *adj.* Se dit de ce que l'on a perdu depuis longtemps l'habitude d'employer, qu'il s'agisse de vêtements, de mots, de coutumes. Passé de mode, suranné, périmé, vieux, tombé en désuétude. *Un langage désuet. Des manières désuètes, d'un autre âge.*

Cet adjectif, contrairement à ses synonymes, n'a pas *a priori* de connotation négative. Ce qui est *périmé* ne mérite que l'oubli ; ce qui est *désuet* a souvent un certain charme...

DÉTERMINISME. *n. m.* Conception philosophique selon laquelle tous les faits, tous les événements, et même les actions humaines, s'expliquent par des causes, par des lois, par des conditions antérieures qui les ont rigoureusement «déterminés». Il n'y a pas d'effets sans cause ; tout est «causé» et «causant», la chaîne des phénomènes interdit toute liberté, tout hasard. Cette signification globale du mot déterminisme mérite quelques précisions, selon les domaines dans lesquels on l'envisage.

1° **Au niveau scientifique,** le déterminisme apparaît moins comme une conception en soi philosophique que comme **une attitude de base sans laquelle il ne pourrait pas y avoir de science**, de connaissance sérieuse des lois du monde. Étudier l'univers, la physique, la biologie, c'est mesurer des phénomènes obéissant à des lois stables, c'est étudier des causes qui produisent les mêmes effets dans les mêmes conditions, c'est constater un enchaînement rigoureux des réalités de la matière. La science est donc fondamentalement déterministe. Les «choses» ne sont pas «libres».

2° **Au niveau humain,** il n'en va pas tout à fait de même. On peut évidemment croire ou ne pas croire à la liberté de l'homme. Mais le problème se pose dès qu'on envisage d'étudier scientifiquement la vie humaine, ce qui est le cas de ce qu'on appelle les *sciences humaines* : psychologie, sociologie, ethnologie, anthropologie, histoire.

La notion de science, la recherche de lois, supposent en effet que les conduites humaines soient dénuées de liberté, de sorte qu'on puisse les connaître objectivement, les expérimenter, les «prédire», — bref les considérer comme un ensemble de causes et d'effets éliminant autant que possible l'intervention de la volonté individuelle.

Pour le psychanalyste, qui fait de la conduite, des sentiments ou des rêves de l'individu des résultantes de conflits inconscients, la «liberté» se réduit vite à une illusion de la conscience — le temps du moins qu'il étudie, (aussi rigoureusement que possible) la chaîne des affects qui interagissent dans la constitution du psychisme humain. *Pour le sociologue*, qui étudie les phénomènes sociaux de masse, leurs logiques, leurs «lois», la liberté de chacun est de même mise entre parenthèses : sa méthode d'approche lui interdit de croire au «hasard» que seraient des volontés individuelles imprévisibles. *De même pour l'ethnologue,* qui étudie l'histoire d'un groupe humain, l'organisation de sa parenté, etc.

Ainsi, dans leur logique méthodologique, les «sciences humaines» sont déterministes. Elles font comme si la liberté humaine n'existait pas. Elles parleront des «déterminismes» divers qui pèsent sur la conduite des individus. Comment les concilier avec la croyance dans la liberté?

La solution à ce conflit dépend sans doute de l'idée que chacun se fait de l'homme. Toutefois, on peut remarquer que chaque science humaine, en ayant tendance à expliquer tout l'homme par sa méthode propre, en vient à contredire ou à nuancer les données de ses concurrentes. Ainsi, les déterminismes qui pèsent sur l'homme sont sans doute contradictoires; on peut alors penser que la liberté de chacun consiste à jouer de ces influences qui se contredisent, pour se tracer un chemin autonome. Le débat reste ouvert : c'est une question centrale de la philosophie.

N.B. Ne pas confondre **Déterminisme** et **Fatalisme**. Le fataliste ne croit pas non plus à la liberté humaine, mais il fait de la destinée de chacun un programme d'événements *fixés d'avance* par le Destin ou la volonté d'un Dieu. Voir **Conditionnement, Destin, Fatalisme, Liberté, Prédestination**.

DÉTONNER. *v. tr.* Produire une rupture du ton, que ce soit en musique (dissonance) ou en général (*des couleurs qui détonnent,* qui «jurent»). Choquer. *Une conduite qui détonne.*

N.B. Ne pas confondre avec *détoner* (exploser), qui n'a qu'un seul *n.*

DÉTRACTEUR. *n. m.* (du latin *detrahere*, «tirer vers le bas») Personne qui dénigre, qui rabaisse, qui critique quelqu'un ou quelque chose. *Cette politique a ses partisans, mais aussi beaucoup de détracteurs. Mes détracteurs veulent m'abattre par d'ignobles calomnies.* Voir **Contempteur**.

DÉTRIMENT. *n. m.* Dommage, préjudice, tort. Ne s'emploie que dans les expressions «au détriment de» ou «à (mon, ton, son) détriment.» *On a augmenté la quantité des biens* *au détriment de leur qualité. Il a obtenu des avantages à mon détriment.* Synonyme : *aux dépens de.*

DEUS EX MACHINA. Expression latine employée au théâtre pour désigner une personne ou un événement qui intervient de façon invraisemblable, à la fin de la pièce, pour en permettre le dénouement. Ainsi, à la fin de *Tartuffe*, quand tout semble compromis, l'intervention inespérée d'un envoyé du roi vient sauver la situation, à la façon d'un *deus ex machina* (c'est-à-dire d'un dieu qui sortirait de la machinerie du décor). La tragédie classique répugne à ce type de « coup de théâtre » qui ne s'inscrit pas dans la nécessité profonde de l'œuvre.

Noter qu'à partir de la référence théâtrale, cette expression peut s'employer, par exemple, dans la vie politique ou sociale, chaque fois qu'on envisage le dénouement imprévisible d'une situation désespérée. *Tel un deus ex machina, ce personnage providentiel intervint.*

DÉVIANCE. *n. f.* Caractère de ce qui s'écarte des normes. Conduite qui échappe aux règles de la société, des convenances. *L'alcoolisme, la délinquance routière sont des formes de déviance. Le comportement déviant d'un drogué.*

DEVISE. *n. f.* Au **sens littéraire**, formule concise, phrase exprimant une pensée, une règle de vie, un mot d'ordre. *Liberté, Égalité, Fraternité* est la devise de la République française. *Diviser pour régner* est la devise de certains politiciens. Les slogans publicitaires se veulent parfois les « devises » des firmes qui les lancent. *Bien faire et laisser braire* est la devise de ceux qui soignent la perfection de leur ouvrage, en méprisant les âneries des critiques. Voir **Aphorisme, Adage, Maxime, Précepte, Proverbe**.

DÉVOLU (jeter son dévolu sur). Fixer son choix, prétendre à. *Il a jeté son dévolu sur cette jeune fille* (il prétend donc obtenir son accord). *J'ai jeté mon dévolu sur cette ville* (j'ai fixé le choix de mon habitat sur cette localité).

DÉVOT. *adj.* et *n.* Qui s'adonne avec ferveur à la pratique religieuse, c'est-à-dire à la prière, à la fréquentation des lieux saints, à toutes les manifestations extérieures de piété. La dévotion est en général sincère ; toutefois, il se créa au XVIIe siècle des groupes de *faux dévots* dont Molière dénonça l'hypocrisie dans *Tartuffe*, et qui montrèrent une cabale contre lui. De cette époque date l'emploi parfois péjoratif du mot.

DEXTÉRITÉ. *n. f.* (la *dextre*, en ancien français, est la « main droite »). Habileté manuelle, adresse dans l'exécution d'un ouvrage. *La dextérité d'un bon plâtrier, d'un habile prosateur.* Habileté en général, art, savoir-faire. *La dextérité d'un homme d'affaires, d'un psychologue, d'un diplomate.*

DI-. Racine d'origine grecque qui signifie « deux », par exemple dans **Dièdre, Dioxyde, Diptyque, Dissyllabique.** Ne pas confondre avec la racine latine *dis-* et ses composés (qui peuvent être aussi écrits *di-*) ; voir plus loin.

DIA-. Racine d'origine grecque qui signifie la distinction, la séparation, que l'on trouve par exemple dans **Dialogue, Diagnostic, Dialectique.** Noter que la même racine, dans quelques mots (plus rares), a aussi le sens de « à travers » *(diagonale, diaphane, diachronie).*

DIABOLISER. *v. tr.* Présenter une personne ou un groupe comme absolument détestable, « diabolique ». Ce verbe, récent, s'emploie souvent à propos des débats politiques ou idéologiques. Il renvoie à la tendance manichéenne classique qui consiste à faire d'un adversaire le mal absolu, pour se présenter soi-même comme le bien parfait. *Il est trop facile de diaboliser vos opposants.* Voir **Manichéisme**.

DIACHRONIE. *n. f.* En **linguistique**, ensemble des faits de langue étudiés dans leur évolution historique, par opposition à **Synchronie**, qui est l'étude du système d'une langue tel qu'il fonctionne à un moment donné. On trouve parfois l'emploi de ces mots hors de la linguistique, dès qu'il s'agit d'étudier des phénomènes, soit dans une perspective « diachronique », soit dans une perspective « synchronique ». Voir **Chronique** et **Chronos**.

DIALECTIQUE. *n. f.* (du grec *dialektiké*, « art de discuter »).

• **Historiquement, au sens philosophique,** la dialectique a deux significations principales.

1° *Chez Platon et de nombreux philosophes grecs,* la dialectique est l'art de discuter par questions et réponses, de progresser ainsi dans l'exploration des concepts, de s'élever des connaissances *sensibles* aux connaissances *intelligibles*. Voir **Platonisme**.

2° *Chez Hegel, puis chez les marxistes,* la dialectique est le mouvement même de la pensée. Elle progresse par un jeu de contradictions qui engendre des notions nouvelles (thèse, antithèse, synthèse), lesquelles s'opposent à d'autres, et ainsi de suite. La pensée progresse *dialectiquement*, par une série de dépassements continuels d'idées contradictoires. Mais la «dialectique» est aussi, à l'image de la pensée, le processus *suivi par l'histoire* pour avancer : les réalités historiques sont contradictoires ; elles engendrent des situations nouvelles qui dépassent les contradictions antérieures, et ceci sans fin, jusqu'à l'avènement d'une société sans classes (pour Marx).

• **Au sens actuel,** qui a absorbé les différentes acceptions historiques du mot, la dialectique désigne :
1° L'art d'argumenter, de diviser les questions pour mieux les étudier, d'ordonner les raisonnements, d'opposer les idées aux idées pour parvenir à convaincre ou à approfondir. On parlera d'une *dialectique brillante, creuse, convaincante, artificielle, féconde*.
2° Le processus contradictoire, la relation conflictuelle qui peut exister entre des notions, des réalités, des statuts. *La dialectique du maître et de l'esclave* (Hegel), *la dialectique de l'expérience et de la rationalité, la dialectique de la tendresse et de la possession affective*, etc.
Dans de nombreux emplois, il devient impossible de dire si le mot désigne les interactions de la réalité, ou l'argumentation de l'orateur qui les analyse en termes «dialectiques».

DIAPASON. *n. m.* À partir de la fonction technique de l'instrument qui donne le ton, le mot «diapason» désigne l'accord, la disposition harmonieuse qui existe entre plusieurs personnes. *Se mettre, être au diapason :* être en accord, en phase, en harmonie avec.

DIASPORA. *n. f.* **Historiquement,** dispersion du peuple juif à travers le monde. Par extension, dispersion de tout peuple. *La diaspora arménienne.*

DIATRIBE. *n. f.* Texte, discours ou propos violent et injurieux, à l'encontre de personnes, de groupes, de comportements, d'institutions. Pamphlet. *Des diatribes contre la république, les mœurs modernes, les hommes de lettres.*

DICHOTOMIE. *n. f.* (des racines grecques *dikho-*, «en deux», et *tomia*, «coupure»). Division nette entre deux réalités, ou présentation de deux éléments sous la forme d'une nette division. Faire une dichotomie, opérer une dichotomie entre deux choses, deux notions qu'on oppose radicalement l'une à l'autre. *Notre société repose sur une dichotomie discutable entre travail manuel et travail intellectuel. La dichotomie droite/gauche est-elle dépassée en politique ?*

DICTATURE DU PROLÉTARIAT. Dans la théorie marxiste, phase historique transitoire pendant laquelle le prolétariat, au nom de la révolution, devra exercer un pouvoir dictatorial pour détruire complètement l'État bourgeois et les restes de son idéologie, préparant ainsi la société sans classes. L'histoire des pays socialistes semble avoir montré que la « dictature du prolétariat » fut plutôt la dictature d'une bureaucratie ou de chefs autocrates. Elle se présenta faussement comme transitoire, illustrant en fait la formule d'Orwell : *« On n'établit pas une dictature pour sauvegarder une révolution, on fait une révolution pour établir une dictature »* (Orwell, *1984*).

DICTION. *n. f.* Art de dire un poème, de prononcer un discours, de bien articuler son texte au théâtre. *Une diction claire, élégante, confuse.*

N.B. Au sens classique, la « diction » était la manière de parler et d'écrire, le style en quelque sorte. On ne séparait pas l'art de dire de la façon de prononcer.

DIDACTIQUE. *adj.* (à partir du grec *didaskein*, « instruire ») Qui a rapport à l'instruction, à l'enseignement, à la pédagogie. *Un ouvrage didactique* (qui vise à instruire), *la poésie didactique* (genre qui veut enseigner), *un exposé didactique* (qui enseigne avec clarté et méthode), *un style didactique* (qui procède méthodiquement, et parfois lourdement, comme un ouvrage scolaire).

n. f. La *didactique* étudie l'art et la manière d'enseigner une spécialité donnée. *La didactique des mathématiques, la didactique moderne.* Dans ce sens, le mot est synonyme de théorie pédagogique, tandis que la pédagogie désigne plutôt la *pratique* de l'enseignement. Un *autodidacte* est quelqu'un qui s'instruit par lui-même.

DIDASCALIES. *n. f. pl.* Ensemble des indications scéniques qu'un auteur dramatique porte sur son texte (généralement représentées en italique), pour signifier aux interprètes le ton à prendre, le geste à faire, la place à adopter, au cours de la représentation. Ces indications (qui comprennent tout ce que l'auteur suggère indépendamment du texte même qu'il a écrit) sont plus ou moins abondantes selon les auteurs. Elles ont l'avantage d'informer le metteur en scène des intentions de l'œuvre, mais en même temps, elles peuvent limiter son invention scénique.

DIÉRÈSE. *n. f.* En **versification**, prononciation distincte de deux voyelles qui, normalement, ne forment qu'une seule syllabe. Par exemple, la diphtongue *-io-*, dans *violon*, sera prononcée en dissociant les voyelles, ce qui donnera trois syllabes au mot *(vi-o-lon)* au lieu de deux *(vio-lon)*. On rencontrera de même *purifi-er* pour *purifier*, *vi-o-lence* pour *violence*, *dévoti-on* pour *dévotion*, etc.

La diérèse, propre à la langue poétique, obéit souvent à un effet expressif : souligner un mot, produire une sorte de dissonance, donner une impression d'extension du vers, comme dans cet exemple de Baudelaire *(Le Voyage)* :

Et se réfugi-ant dans l'opi-um immense

Voir, à l'inverse, **Synérèse**.

DIÉTÉTIQUE. *n. f.* et *adj.* Science des régimes alimentaires, axée sur une nourriture équilibrée (ce qui suppose généralement des restrictions). *La diététique a pour effet d'éviter beaucoup de maladies. Un régime diététique. Un aliment diététique* (le beurre allégé par exemple). La *diète* est un régime alimentaire fondé sur l'abstention de certains aliments.

DIFFAMATION. *n. f.* Action de diffamer, c'est-à-dire de porter atteinte à la réputation de quelqu'un en répandant des calomnies, des critiques, des faux bruits. En principe, la diffamation se constitue d'allégations *mensongères*. *Les médias ont un tel pouvoir qu'il est difficile de les poursuivre devant les tribunaux pour diffamation. Des propos diffamatoires.*

N.B. La racine de ce mot vient du latin *fama*, qui signifie «réputation, opinion publique», et qu'on retrouve dans les mots *fameux, mal famé, infamant, infamie.*

DIFFÉREND. *n. m.* Désaccord, conflit d'intérêts, divergence d'opinions entre des personnes ou des parties. *Ils ont eu un sérieux différend à propos des réparations d'un mur mitoyen. La France a un différend avec les USA au sujet du prix du blé.*

N.B. Ce mot se termine par un *-d*, bien qu'il ait la même origine que l'adjectif *différent*.

DIFFÉRER. *v. tr.* Reporter à plus tard ; remettre une décision, une réalisation à un temps ultérieur. *Le gouvernement a différé le vote, l'application du décret. Une émission diffusée en différé.* Renvoyer, repousser, retarder une opération à une autre date (qu'on peut ne pas préciser). Faire attendre une décision espérée, temporiser.

N.B. Ne pas confondre ce mot avec l'homonyme **Différer** qui signifie « être différent de, avoir des traits différents » *(je diffère de toi ; voilà sur quel point nous différons).*

DIGRESSION. *n. f.* (du latin *digressio*, « éloignement, écart »). Dans un discours, un exposé, un récit, tout développement qui s'écarte du sujet. *Votre devoir souffre de trop de digressions : vous êtes hors sujet.* La digression peut être involontaire (auteur qui n'arrive pas à contrôler son propos) ou volontaire (auteur qui désire amener progressivement son lecteur à certaines conclusions). *Les savantes digressions de Charles Péguy.*

N.B. Ce mot, formé sur le radical d'origine latine *gress-* « marche vers », est à rapprocher des mots de la même famille : *agression, progression, régression, transgression* et de leurs composés (cf. aussi *congrès, dégressif*).

DILAPIDER. *v. tr.* Gaspiller, dépenser une fortune ou des biens de façon incontrôlée. *Dilapider un héritage.* Peut s'employer au sens moral : *il dilapide ses dons dans des œuvres faciles.*

DILATOIRE. *adj.* Qui tend à retarder une échéance, à gagner du temps pour éviter de prendre une décision. *Des manœuvres dilatoires. L'augmentation de 1 % n'était qu'une mesure dilatoire.*

N.B. Cet adjectif, généralement péjoratif, est l'adjectif qui correspond étymologiquement au verbe **Différer** (voir plus haut).

DILEMME. *n. m.* Sens courant : situation dans laquelle on est obligé de choisir entre deux possibilités ou deux partis contradictoires, qui présentent tous deux des inconvénients. *Le héros cornélien est souvent placé dans un cruel dilemme : perdre son amour ou son honneur.* Le mot **Alternative** a un sens assez proche : la nuance est cependant que les deux possibilités d'une alternative, si elles sont incompatibles, ne sont pas nécessairement fâcheuses.

N.B. Bien respecter l'orthographe *dilemme* (et non pas « dilemne », par confusion avec « indemne »).

DILETTANTE. *n.* Personne qui exerce une activité librement, en amateur, pour le simple plaisir, notamment en ce qui concerne les arts et les lettres. *Il pratique la musique en dilettante.* À partir de ce sens neutre (et plutôt positif), le mot a pris parfois le sens péjoratif d'amateur superficiel, qui ne fait pas les choses à fond. *Comment voulez-vous qu'il progresse en anglais : c'est un dilettante !* Les deux mots *amateurisme* et *dilettantisme* ont fini par s'employer l'un pour l'autre, de façon péjorative, en opposition à *professionnalisme.*

N.B. Si l'on remonte aux étymologies latines, ce mot a la même origine que les mots *dilection* (amour tendre), *prédilection* et *se délecter.*

DILIGENCE. *n. f.* Rapidité d'exécution, empressement, zèle. Le mot s'emploie surtout aujourd'hui dans l'expression *faire diligence,* « agir vite et efficacement ».

DILUVIEN. *adj.* Qui se rapporte au Déluge. *Époque diluvienne* (donc très ancienne). Mais ce mot s'emploie le plus souvent dans l'expression stéréotypée *pluie diluvienne,* c'est-à-dire très abondante (à l'image du déluge), torrentielle. Voir **Antédiluvien**.

DIONYSIAQUE. *adj.* Qui se rapporte au culte de Dionysos, dieu grec de la végétation et de la vigne. Qui, dans le domaine religieux ou esthétique, symbolise l'ivresse sacrée, l'exubérance de la vie, l'inspiration, le délire, la démesure — par opposition à ce qui est *apollinien.* Voir **Bacchanales**.

DIRIGISME. *n. m.* Système économique (ou stade d'une économie) dans lequel l'État assume la direction de l'économie. Par exemple, dans un régime économique de nature capitaliste, le gouvernement peut orienter les décisions, agir plus ou moins directement, freinant ainsi la libre expansion du système libéral (dans l'intérêt général, en principe) : il pratique alors le dirigisme. Les pratiques dirigistes sont décriées par les uns, réclamées par les autres. L'adjectif *dirigiste* peut, par extension, s'appliquer à des personnes autoritaires, mais il vaut mieux dire *directif.* Voir **Étatisme, Libéralisme**.

DIS-. Préfixe d'origine latine qui signifie la séparation, le défaut, l'écartement, l'opposition : *disjoindre, disparate, disgrâce,* etc. Il peut prendre aussi, en se combinant avec le radical des mots, la forme **di-** *(digression, dilater, dimen-*

sion, divertir) ou **diff-** *(différence, diffamer, difficile, difforme, diffus)*. De nombreux mots sont ainsi composés (voir ceux qui précèdent ou qui suivent). Ne pas confondre avec les racines d'origine grecque **di-** *(deux)* et **dys-** *(mal, mauvais)*.

DISCERNEMENT. *n. m.* (du latin *discernere*, «séparer, distinguer», cf. racine ci-dessus). Opération de l'esprit par laquelle on analyse et distingue les notions, les objets de pensée. Par extension, capacité de jugement clair et critique. Le discernement sépare le vrai du faux, élimine la confusion, perçoit les distinctions profondes, et donc situe les choses les unes par rapport aux autres. C'est à la fois une qualité intellectuelle et morale. *Faire preuve de, manquer de discernement.*

DISCOURS. *n. m.* 1° **Sens courant.** Allocution tenue en public plus ou moins solennellement. *Discours politique. Discours à l'occasion d'un anniversaire.*
2° **Sens classique.** a) Propos oral ou écrit. *Il m'a tenu des discours infamants.* Ce sens se retrouve parfois dans la conversation actuelle. b) Exposé écrit, rigoureux et ample. *Discours de la Méthode* (Descartes).
3° **Sens linguistique.** Énoncé, quel qu'il soit, mettant en œuvre les possibilités de la langue. Acte d'énonciation.
4° **Sens littéraire.** Par opposition au «récit», dans un texte narratif, ensemble des commentaires directs ou indirects que le narrateur introduit (et qui donne un éclairage plus ou moins explicite à ce qui est raconté).
5° **Sens idéologique.** Philosophie d'ensemble que manifeste un individu ou un groupe, à travers ses prises de parole ou ses écrits, sur un sujet donné. *Le discours antisémite chez Céline. Les traits les plus fréquents du discours médiatique.*

N.B. Pour couvrir tous ces sens, on peut tenter la définition suivante: *le discours, c'est à la fois ce qui est dit et l'acte de le dire.* Mais cette définition est trop globale. Le sens du mot s'oriente tantôt sur le signifié (contenu), tantôt sur le signifiant (façon de dire, d'énoncer). Il faut donc à chaque fois cerner avec précision l'emploi qui en est fait. Quant à l'adjectif **discursif**, il renvoie à ce qui est de l'ordre de la pensée, du raisonnement, par opposition à ce qui est *intuitif* ou *empirique*. *La connaissance discursive.*

DISCRÉDITER. *v. tr.* Faire perdre à quelqu'un ou à quelque chose la confiance, l'estime, l'influence dont il bénéficiait. Déconsidérer, ruiner la réputation d'une personne. *Les calomnies de ses détracteurs l'ont discrédité.*
   Se discréditer : perdre tout crédit, toute estime, à cause de sa conduite. Voir **Crédit.**

DISCRÉTIONNAIRE. *adj.* Se dit d'un pouvoir qui est donné à une personne ou à une administration, laquelle peut en user en toute liberté. *Le représentant de l'État avait été doté de pouvoirs discrétionnaires.* Par extension, péjorativement : *abusif, arbitraire, illimité.*
   N.B. Cet adjectif est à relier à l'expression **à discrétion** : autant que l'on veut, à volonté.

DISCRIMINATION. *n. f.* **Sens littéraire** *(neutre)* : action de distinguer, d'opérer une distinction entre des notions généralement abstraites. **Sens courant** *(péjoratif)* : action de séparer un groupe social d'un autre pour lui appliquer un régime différent (et infériorisant). Ségrégation. *Le régime de Vichy pratiqua à l'égard des Juifs des mesures discriminatoires.* La discrimination est souvent raciale ou sociale.
   N.B. Le verbe **discriminer**, littéraire, ne s'emploie quasiment plus. C'est dommage, vu la fréquence des attitudes ou des décisions qui l'illustrent.

DISCULPER. *v. tr.* (du préfixe privatif *dis-* et du mot latin *culpa*, «faute») Innocenter quelqu'un d'une faute qui lui est injustement reprochée. *Des témoignages probants ont disculpé l'accusé.* Antonyme : **Inculper**. Voir **Culp-**.
   N.B. *Disculper* a une connotation juridique, alors que *déculpabiliser* a une valeur psychologique et morale.

DISERT. *adj.* Qui parle avec aisance et élégance. Loquace. *Un amateur d'art disert et séduisant.*

DISJONCTION. *n. f.* Action de disjoindre, de séparer des notions ou des réalités mêlées, pour mieux les examiner. *Lorsqu'on étudie l'égalité entre les hommes, il faut opérer une disjonction entre la question de fait et la question de droit. Dans votre recherche, commencez par disjoindre les idées et les exemples, avant de les articuler.*

DISPARITÉ. *n. f.* Manque de parité, c'est-à-dire d'égalité. Absence d'harmonie entre divers éléments. *La disparité des salaires masculins et féminins. La disparité des chapitres d'un ouvrage. Un mobilier disparate.* Dissemblance, discordance, hétérogénéité. Antonyme : **parité** (fait d'être pair, pareil, égal).

DISPENDIEUX. *adj.* Qui revient cher, coûteux ; qui exige des dépenses ; onéreux. *Des habitudes de consommation dispendieuses. Un train de vie dispendieux.*
N.B. Ce terme est courant au Canada.

DISPOS. *adj.* En bonne forme. *Être frais et dispos.*
N.B. À distinguer de **Disposé**, être prêt à. *Être bien ou mal disposé :* être de bonne ou de mauvaise humeur. *Être bien disposé à l'égard de quelqu'un ou de quelque chose :* se montrer favorable à.

DISSENSION. *n. f.* Désaccord, mésentente, opposition, qu'il s'agisse de sentiments ou d'opinions. *De nombreuses dissensions minaient l'équipe dirigeante. Des dissensions au sein d'une famille.*
N.B. Ce mot est à comparer (étymologiquement) à son antonyme **Consensus**.

DISSIDENT. *n.* et *adj.* Se dit de personnes qui se séparent d'un groupe dominant, s'opposent à un parti ou à un régime. *En URSS, Soljenitsyne fut un dissident célèbre, persécuté par les autorités.* Rebelle, séparatiste, scissionniste.

DISSIPATION. *n. f.* Fait de se dissiper, de se disperser peu à peu. *La dissipation des nuages.* Au *sens figuré* : dispersion mentale, déconcentration *(la dissipation d'un élève turbulent).* Dispersion morale, mauvaise conduite, vie de débauche *(ce libertin vivait dans la dissipation).* Dispersion financière, folle dépense, dilapidation *(la dissipation de l'héritage ne lui prit qu'un seul mois).*

DISSOLU.. *adj.* Se dit d'une conduite immorale, d'une vie déréglée. *Des mœurs dissolues.*
N.B. Ne pas confondre avec *dissous, dissoute,* dont le sens est uniquement concret.

DISSONANCE. *n. f. (sens propre)* Effet produit par la rencontre de sonorités (musicales ou verbales) qui ne « sonnent » pas bien ensemble, sont désagréables à l'oreille. Antonymes : *consonance, harmonie, euphonie.*

(sens figuré) Désaccord, discordance, dysharmonie entre des réalités liées entre elles. Dissonances dans un tableau dont les couleurs « jurent » entre elles. Dissonances dans les versions que donnent deux

témoins d'un même événement. Dissonances dans les goûts d'un couple. *Les dissonances étudiées d'un récit :* des ruptures de ton volontaires.

DISSUADER. *v. tr.* Convaincre de ne pas faire. Amener quelqu'un à renoncer à une entreprise; détourner d'un projet. *Il m'a dissuadé d'intervenir. Le général réclame des fusées pour dissuader l'ennemi d'attaquer. Contre l'absentéisme des élèves, les châtiments corporels devraient être des arguments dissuasifs.*

Force de dissuasion : expression par laquelle on a souvent désigné la « force de frappe nucléaire » de l'État français, — l'armement atomique étant censé « dissuader » tout adversaire potentiel d'attaquer ce pays.

DISTANCIATION. *n. f.* 1° **Au théâtre,** la distanciation est d'abord l'attitude de l'acteur qui refuse de s'identifier au personnage qu'il joue, puis l'effet produit sur le spectateur, c'est-à-dire un *recul* critique par rapport à ce personnage (et à ce qu'il représente). La théorie de la distanciation vient de Bertolt Brecht. Il s'agit de détruire l'illusion du spectacle, l'identification spontanée du public, pour obliger celui-ci à une prise de conscience : le théâtre sert ainsi à démythifier la société qu'il représente.

2° **En général,** dans le roman, ou dans la langue, la distanciation désigne l'attitude de distance que prend le narrateur ou le locuteur par rapport à ce qui est énoncé. Cette *prise de distance* du romancier a pour but évidemment de *faire prendre distance* au lecteur ou à l'interlocuteur. Par exemple, si le narrateur écrit de son héros : *il était heureux,* le lecteur peut s'identifier ; mais s'il écrit : *il se croyait heureux,* le lecteur est conduit à douter de ce bonheur, à prendre distance du personnage, ce qui détruit l'effet d'identification.

DISTIQUE. *n. m.* Ensemble de deux vers qui offrent un sens complet, qu'ils forment un court poème par eux-mêmes ou soient détachés d'un ensemble. Les distiques énoncent souvent des devises, des sentences, des aphorismes. Ainsi ce distique de Molière, dans *Le Misanthrope* :

> *La parfaite raison fuit toute extrémité*
> *Et veut que l'on soit sage avec sobriété.*

DISTORSION. *n. f. (sens propre, scientifique)* Déformation, altération, écart (par rapport à ce qu'on pourrait attendre). *(sens figuré)* Décalage entre deux phénomènes, déséquilibre, discordance, dont il résulte des inadaptations, des tensions diverses. *La distorsion entre ce qu'offre l'école et ce qu'en attendent les familles. Les distorsions entre les lois économiques et les impératifs sociaux. La distorsion entre ce qu'on croit dire et ce qui est réellement entendu.*

DITHYRAMBIQUE. *adj.* Qui se rapporte au dithyrambe, poème antique élogieux et lyrique. Par extension : qui est très élogieux, d'un enthousiasme excessif. *Parler d'une personne en des termes dithyrambiques. Un panégyrique est toujours un éloge dithyrambique.*

DIVERGENT. *adj.* Se dit de ce qui va dans un sens contraire, qui s'écarte ou s'éloigne radicalement. *Des rayons divergents. Des opinions divergentes. Des interprétations divergentes.* Ce mot est beaucoup plus fort que le mot *différent*. Ce qui est différent peut être complémentaire, ce qui est divergent est incompatible. Antonyme : *convergent*.

DIVERSION. *n. f.* (du latin *divertere*, «(se) détourner»).
1° Dans le domaine militaire ou politique : action qui consiste à détourner l'adversaire d'un point essentiel, pour égarer ses forces sur des choses accessoires. *L'intervention du Premier ministre sur la culture a servi de diversion au grave problème du chômage.*
2° Action qui détourne quelqu'un de ses préoccupations. *Le travail est la meilleure des diversions pour un individu hypocondriaque.* Distraction, dérivatif. *Faire diversion :* divertir, détourner l'attention. En ce sens le mot est proche du mot qui suit, **Divertissement**.

DIVERTISSEMENT. *n. m.* 1° **Sens courant :** action de se distraire, de se récréer. Amusement, distraction. *Les divertissements reposent les esprits, changent les idées. Ce que les téléspectateurs attendent d'abord, ce sont des divertissements, du spectacle : l'information vient en second.*

2° **Sens littéraire,** chez Pascal : ensemble des occupations qui détournent l'homme de penser aux problèmes essentiels. Ce sens est proche de l'étymologie latine, du verbe *divertere*, «se détourner». Dans l'esprit de Pascal, l'homme sans Dieu est misérable. Seule la reconnaissance de Dieu, la foi en Jésus-Christ, pourraient le sauver (voir **Christianisme**). Mais pour trouver le chemin du salut, l'homme doit regarder en face sa condition mortelle, s'interroger sur son mystère et sur son sens, et à partir de là, se tourner vers Dieu. Or, l'homme répugne à contempler sa malheureuse condition; tout lui est bon pour s'en détourner, pour s'en divertir. Le divertissement, ce n'est pas seulement le jeu, la chasse, la fréquentation des salons, c'est aussi l'activité sérieuse, la recherche des responsabilités ou même l'occupation militaire. Tous les engagements humains ne sont ainsi pour Pascal que fuite dans l'activisme, refus de penser à l'essentiel, vaine tentative pour échapper au malheur de notre condition mortelle : *se divertir* devient une forme d'aveuglement qui accroît ce malheur au lieu de le résoudre. L'homme devrait au contraire *se convertir*, ce qui veut dire selon l'étymologie latine du verbe *convertere*, « se tourner vers » (c'est-à-dire : se tourner vers Dieu).

DIVINATION. *n. f.* Art du « devin », qui découvre les choses cachées en interprétant des signes. En particulier, art de prédire l'avenir par des moyens qui ne relèvent pas de la connaissance naturelle (magie, occultisme, chiromancie). Par extension, intuition vive, prescience, sens quasi-prophétique. *Comment a-t-il pu imaginer ce qui allait arriver : c'est de la divination !*

DIVULGUER. *v. tr.* (du latin *divulgare*, forgé à partir du mot *vulgus*, « foule »). Faire connaître à la foule, rendre public ce qui n'était connu que de quelques-uns. *Divulguer une information capitale.* « Divulguer » a souvent une connotation d'indiscrétion : ce qui est révélé aurait dû rester caché.

DOCTE. *adj.* et *n.* (du latin *doctus*, « savant, érudit »). Savant. *Les doctes médecins de Molière. De plus doctes que moi vous le diraient.* Ce mot vieilli s'emploie souvent avec une nuance d'ironie. On en retrouve la racine dans *docteur, doctorat, doctrine*, ainsi que *docile, document*.

DOCTRINAIRE. adj. et n. Se dit d'un individu qui s'attache avec intransigeance et rigidité à une doctrine, à une opinion, à une position (philosophique, religieuse, politique). *C'était un doctrinaire, un partisan de la révolution pure et dure.*
    N.B. Le mot *doctrinaire* a un sens le plus souvent péjoratif, tout comme le mot *dogmatique*, qui a un sens voisin, alors que les noms d'origine (*doctrine* et *dogme*) n'ont pas

en eux-mêmes cette valeur péjorative. L'adjectif «neutre» correspondant au mot doctrine est *doctrinal*, mais il ne s'applique pas aux personnes.

DOCTRINE. *n. f.* Ensemble d'idées et de croyances élaborées, formant une interprétation du réel, et pouvant servir de fondement à un mouvement philosophique, à une religion, à un parti politique, etc. *Enseigner une doctrine. La doctrine marxiste. Il ne change pas de doctrine.* Voir **Dogme, Théorie, Système**.

DOGMATIQUE. *adj.* et *n.* 1° Qui concerne le dogme, qui est relatif à la doctrine fondamentale d'une religion, d'une philosophie, d'une idéologie.

2° Qui impose ses idées de façon autoritaire, intransigeante et sectaire. Doctrinaire. Voir les mots **Dogme** et **Dogmatisme**.

DOGMATISME. *n. m.* Position catégorique, qui rejette le doute et refuse la critique. Attitude des personnes fermées à toute discussion, qui ne songent qu'à faire taire l'expression des opinions adverses. Voir **Dogme** et **Dogmatique**.
 N.B. Dans des textes anciens, au sens philosophique, le mot *dogmatisme* peut simplement désigner une doctrine qui croit l'homme capable d'accéder à la vérité avec certitude. Dans ce sens, le terme n'est pas péjoratif.

DOGME. *n. m.* Vérité de base, point fondamental d'une doctrine religieuse ou philosophique. *Le dogme de la chute originelle dans le christianisme. La notion de lutte des classes est en quelque sorte un dogme du marxisme.*
• Le dogme est au départ un principe incontestable d'une religion donnée. Le croyant ne peut le contester, sous peine de s'exclure et de devenir hérétique. Dans la réalité, il y eut toujours des contestations, certains croyants voulant assouplir tel ou tel point de la doctrine sans la quitter globalement, ou d'autres voulant imposer des «vérités» nouvelles à la foi établie jusqu'alors. Dans ces querelles relatives aux dogmes, les défenseurs les plus intransigeants, les partisans les plus catégoriques de telle ou telle position sont précisément dits **dogmatiques**.
• À partir de l'exemple religieux, les mots *dogme* et *dogmatique* sont employés dans le domaine philosophique ou politique. On parlera de «dogme» à propos d'un «principe sacro-saint» de tel ou tel parti. On qualifiera de «dogmatique» ou de «sectaire» celui qui défend son opinion de

façon péremptoire et autoritaire, refusant toute discussion. Voir **Dogmatisme, Hérésie, Intégrisme, Schisme**.

DOMINICAL. *adj.* Qui concerne le dimanche. *Le repos dominical.*

DONNE. *n. f.* Distribution de cartes au cours d'un jeu. *Au sens figuré :* ensemble de forces en présence dans une situation politique ou sociale. *La candidature d'Untel a complètement modifié la donne.*

DOXA. *n. f.* Mot grec signifiant « opinion commune ».

1° **Dans le vocabulaire philosophique** et littéraire, ce mot s'emploie en français pour désigner l'opinion commune, l'opinion courante, par opposition au raisonnement philosophique, à la pensée savante. Plus précisément, on désigne parfois du nom de *doxa* l'idéologie dominante, c'est-à-dire l'ensemble des idées toutes faites, des « valeurs » ou des normes de pensée que la société (notamment à travers les médias) impose comme des évidences à chaque individu. Par exemple, on peut dire que la croyance selon laquelle tout progrès technique est nécessairement un progrès humain fait partie de la *doxa* contemporaine.

2° **Comme racine,** le mot *doxa* entre dans la composition de plusieurs mots, notamment : **Hétérodoxe** (qui s'écarte de la doctrine officielle, qui s'oppose aux idées reçues), **Orthodoxe** (qui est conforme au dogme, qui correspond à ce qu'il faut penser), **Paradoxe** (qui est contraire à l'opinion commune). Les penseurs grecs opposent souvent les *« philosophes »* (ceux qui aiment la vérité, la sagesse) aux *« philodoxes »* (ceux qui aiment les idées toutes faites et s'y conforment par facilité).

DRACONIEN. *adj.* (formé sur le nom du législateur athénien Dracon, qui était d'une grande sévérité). Se dit de lois, de mesures, de décisions qui semblent excessivement rigoureuses et sévères. *Une politique draconienne contre l'inflation. Un régime draconien contre l'obésité.* Voir **Drastique**.

DRAMATIQUE. *adj.* (du grec *drama*, « action »). 1° Qui se rapporte au théâtre, genre littéraire fondé sur une *action* représentée sur scène. *Art dramatique, genre dramatique, auteur dramatique, critique dramatique.* Dans ce sens, cet adjectif a pour synonyme *théâtral*.

2° Qui provoque une émotion intense, souvent pathétique, à l'image de celle que produisent les moments forts d'une pièce de théâtre, mais aussi bien dans d'autres genres littéraires que dans la réalité quotidienne ou historique. *Des événements dramatiques* (tragiques). *Une scène de ménage dramatique* (poignante, douloureuse). *Un match dramatique, ponctué de suspenses* (passionnant, palpitant — mais pas forcément tragique). À ce sens correspond le verbe *dramatiser*, « amplifier la gravité d'une situation », ainsi que son antonyme *dédramatiser*. Voir **Drame, Tragique**.

DRAMATURGIE. *n. f.* Art de composer des pièces de théâtre ; principes régissant cet art ; traités concernant le genre théâtral, ses règles et son esthétique selon les époques. Alors que le mot **Dramaturge** désigne simplement l'auteur de pièces de théâtre, la *dramaturgie* dépasse très largement le rôle propre de l'auteur dramatique. L'auteur d'une pièce n'est pas obligatoirement conscient des *principes dramaturgiques* qui régissent son œuvre.

DRAME. *n. m.* (de *drama*, « action » en grec ; cf. le mot *dramatique*).

1° Au **sens ancien** (le plus général) : théâtre, par opposition à la poésie, à l'épopée ou au roman.

2° Au **sens classique**, à partir du XVIIIe siècle : pièce de théâtre qui n'est ni une comédie ni une tragédie. Il y a notamment le *drame bourgeois* (de Diderot et d'autres auteurs), qui représente avec réalisme, en prose, les situations des milieux bourgeois de l'époque, et le *drame romantique*, au XIXe siècle (Hugo, Musset), qui remplace la tragédie désuète, abandonne la règle des trois unités et mêle les scènes comiques et tragiques. Toutefois, le drame (et son avatar le mélodrame) sera surtout marqué par son caractère grave, pathétique, mouvementé ou tragique, ce qui explique l'extension du mot dans le vocabulaire courant (voir sens suivant).

3° Au **sens moderne** (courant) : événement grave ou tragique, situation terrible dans la réalité (crime, catastrophe, violence). L'évolution du mot « drame » a ainsi été parallèle à celle de l'adjectif *dramatique* (voir ce mot). Voir **Tragédie, Tragique**.

DRASTIQUE. *adj.* Se dit de mesures contraignantes, énergiques, rigoureuses. Ce terme, fréquent dans les médias, est quasi synonyme de **Draconien**.

DROIT. *n. m.* (du latin *directum*, «qui est correct, conforme à la règle, juste»).

1° **Ce qu'il est permis de faire,** ce qu'on a la faculté d'accomplir, selon les règles morales ou sociales. Dans ce premier sens, le mot *droit* donne lieu à deux oppositions classiques : — *opposition des droits et des devoirs* (ce que l'on *peut* faire / ce que l'on *doit* faire), avec l'idée classique que la jouissance d'un droit suppose qu'on respecte le même droit chez les autres : on ne peut donc séparer les droits et les devoirs d'un citoyen ;

— *opposition du droit et du fait :* ce qui existe n'est pas juste par le simple fait que cela existe. Dans différents débats, on distingue donc la **question de fait** (ce qui se passe, ce qui se fait) de la **question de droit** (ce qui se passe est-il légitime, conforme à la règle morale ou sociale ?).

2° **L'ensemble des règles juridiques** qui, dans une nation, régissent les rapports des citoyens entre eux. Dans le sens précédent, on parle des droits dont chacun dispose. Dans ce sens, on parle du **Droit** auquel chacun est soumis, dans une société, pour pouvoir effectivement profiter de ses droits et respecter ceux des autres. Ce Droit peut naturellement se répartir dans les différents domaines de la vie humaine : *droit commercial, droit civil, droit maritime, droit constitutionnel,* etc.

Dans ce second sens, un débat classique oppose le «**droit naturel**» et le «**droit positif**» : le premier est le droit dont tout homme est censé pouvoir jouir moralement et humainement ; le second désigne le droit effectif (sens n° 2) que les conventions sociales et la législation d'un pays donné ont édicté, et qui semble souvent restrictif par comparaison aux droits naturels de toute personne humaine.

3° **Droits de l'Homme.** Ensemble de principes fondamentaux (déclarés «universels» en 1789) qui protègent la personne humaine, sont à la base de son épanouissement privé et du plein exercice de sa citoyenneté, et s'imposent impérativement à toute société démocratique et pluraliste.

Les principales déclarations «des droits de l'homme» ont été celles de 1789 et 1793 sous la Révolution française, largement préparées par la philosophie des **Lumières** (voir ce mot), et la «Déclaration universelle des Droits de l'homme» proclamée par les Nations Unies en 1948.

L'égalité des êtres humains devant la loi, les libertés fondamentales (de pensée, de conscience, d'expression, de circulation), les droits essentiels de tout individu (droit à l'instruction, au travail, à l'insurrection contre l'oppression, à la propriété, à l'assistance, etc.) ont été ainsi affirmés solennellement, de façon de plus en plus précise et de plus en plus complète, du XVIIIe au XXe siècle.

Ces «droits de l'homme» sont simultanément des «devoirs» pour chacun et pour tout État (le mot «devoir» figure expressément dans les déclarations). Ils se présentent comme une sorte *«d'idéal commun que tous les peuples et toutes les nations devront s'efforcer de réaliser»* (Déclaration de 1948). On peut donc affirmer qu'ils représentent l'aboutissement, universellement reconnu (sinon respecté), de l'humanisme fondamental auquel tend l'humanité à travers ses multiples cultures.

La «Convention internationale des droits de l'enfant», votée par les Nations Unies en 1989, a complété la Déclaration universelle des droits de l'homme. Il reste, bien entendu, à la faire appliquer partout.

DUALISME. *n. m.* Doctrine philosophique qui interprète la réalité (globalement ou partiellement) à partir de deux principes fondamentalement opposés. *Le dualisme de l'esprit et de la matière. Le dualisme du Bien et du Mal* (voir **Manichéisme**). Ce mot est à distinguer du mot **Dualité**. D'une part, dans le dualisme, les deux éléments coexistants sont *irréductibles* (et non pas seulement différents). D'autre part, le dualisme fait de cette opposition un *principe d'explication* (non un simple constat). On peut dire par exemple que le «dualisme» va utiliser la «dualité de l'âme et du corps» pour interpréter fondamentalement la nature humaine.

DUALITÉ. *n. f.* (du latin *dualis*, «composé de deux»). Caractère de ce qui est double, composé de deux éléments différents. *Rousseau déplore la dualité de sa nature, où s'allient la vivacité des émotions et la lenteur de la réflexion. La dualité du pouvoir politique, partagée entre l'exécutif et le législatif*. Mot de sens voisin : **Ambivalence**. Ne pas confondre avec **Duplicité**.

DUBITATIF. *adj.* Qui est hésitant, incertain ; qui manifeste le doute. *Il a paru dubitatif à l'annonce de cette nouvelle. Une expression dubitative.*

DUPER. *v. tr.* Tromper, leurrer, berner (quelqu'un). La personne dupée est appelée la dupe. Les synonymes familiers de ce verbe sont nombreux : *feinter, posséder, avoir, rouler, pigeonner,* etc.

DUPLICITÉ. *n. f.* Caractérise un comportement double, le plus souvent volontaire. La « duplicité » se distingue de la « dualité » par *l'intention* qui l'anime : la personne joue double jeu, affecte d'être ce qu'elle n'est pas. Au-delà des individus, on peut parler de *duplicité d'une politique, d'une stratégie.* Ne pas confondre avec **Dualité**.

DYARCHIE. *n. f.* (du latin *duo*, « deux », et du grec *arkhê*, « pouvoir »). Régime politique dont le pouvoir est exercé par deux personnes ou deux groupes. Finit en général par l'élimination de l'un des chefs par l'autre…

DYS-. Racine d'origine grecque qui signifie « mal, mauvais » (ne pas confondre avec *dis-*). De nombreux termes médicaux ou psychologiques sont formés à partir de ce préfixe : **Dysenterie, Dysménorrhée, Dyspepsie, Dyspnée**. Voir aussi, d'un emploi plus courant, **Dysfonctionnement, Dysharmonie, Dyslexie** ou **Dysorthographie**.

É-. Préfixe d'origine latine *(« ex- »)*, qui prend parfois la forme *ef-* (devant *f*) et *es-* (devant *s*). Comme le préfixe *ex-*, ce préfixe fréquent peut signifier :
— l'**éloignement**, la sortie : *éclore, écouler, effusion, égarer, émission, éruption, essor.* Dans ce sens, il s'oppose au préfixe *in-* (au sens n° 1, «dedans, vers l'intérieur») : *exclure/inclure ; exporter, importer,* etc. ;
— le **changement** d'état : *éclaircir, élucider, émonder, ébruiter, édulcorer* (et les noms dérivés), *efféminé, esseulé* ;
— la **privation**, le contraire : *échevelé, égorger, énorme, épouiller, éradiquer, émerger, essouffler,* etc. Dans ce sens, le préfixe est proche des autres préfixes privatifs (*a-, in-* au sens n° 2) ;
— l'**accomplissement** d'une action : *s'écrier, élaborer, émouvoir, étirer, évaser.*

EAU-FORTE. *n. f.* Acide dont se servent les graveurs pour attaquer les plaques de cuivre. Par extension, gravure obtenue par ce procédé.

ÉBRIÉTÉ. *n. f.* (du latin *ebrius*, «ivre») Ivresse, état d'une personne saoule. *Un conducteur en état d'ébriété.* Ne pas confondre, évidemment, avec *sobriété !*

ECCLÉSIAL. *adj.* (du latin *ecclesia*, «église»). Qui est relatif à l'Église (catholique), comme communauté de fidèles et hiérarchie institutionnelle. *L'autorité ecclésiale, les biens ecclésiaux.*
N.B. À propos des membres du clergé, on emploie le mot *ecclésiastique* (adjectif et nom).

ÉCHAPPATOIRE. *n. f.* Issue *(au sens figuré)* par laquelle on réussit à «s'échapper», c'est-à-dire à se tirer d'une situation embarrassante. L'échappatoire peut être un moyen verbal (une excuse, un argument), une ruse, un subterfuge, etc.

ÉCHELLE DE VALEURS. Ensemble ordonné de principes moraux sur lesquels on règle sa vie (ou dont on se sert, plus ou moins consciemment, pour juger les autres). *Je place avant tout le courage, puis la générosité, puis l'intelligence : telle est mon échelle de valeurs.* Voir **Valeurs.**

ÉCHELLE MOBILE (des salaires). Un certain nombre de facteurs, parmi lesquels l'inflation, sont à l'origine d'une augmentation des prix. Pour que le pouvoir d'achat des salariés reste constant, il faut donc augmenter proportionnellement leurs salaires. Ce système d'indexation des paiements sur le coût de la vie s'appelle « échelle *mobile* ». Il a été critiqué comme favorisant ou entretenant l'**inflation** (voir ce mot).

ÉCHELONNER. *v. tr.* Disposer des éléments de façon régulière, dans l'espace ou dans le temps. *Échelonner les épreuves d'un rallye. Échelonner les dates de congé au long de l'année.*

ÉCHOIR. *v. intr.* Arriver à échéance, se produire au moment prévu. Ne s'emploie qu'à l'infinitif, à la 3ᵉ personne de certains temps ou au participe passé, à propos de dates ou d'obligations stipulées dans un contrat. *La charge qui m'échoit. Le terme est échu.*

ÉCLECTISME. *n. m.* 1° Attitude philosophique qui consiste à prendre des idées ou des notions de diverses doctrines pour se constituer un système personnel.
2° Par extension, variété de goûts, d'intérêts ou de pratiques dans les domaines artistiques ou littéraires. Un individu *éclectique* s'intéresse aux sujets les plus divers, ou dans un domaine particulier, aux formes les plus diverses. *Un artiste éclectique, un homme du monde éclectique, des goûts éclectiques.*
   N.B. Ce terme ne comporte pas de nuance péjorative, comme *dilettante.*

ÉCO-. Préfixe tiré du grec *oikos,* « maison, habitat », qui signifie par extension *milieu, environnement.* A servi à constituer les deux mots essentiels que sont **Écologie** (« étude du milieu, science des rapports de l'être vivant avec l'environnement », et donc préoccupations politiques qui s'y rapportent) et **Économie** (« art de bien gérer la maison », puis par extension, science des faits économiques dans une collectivité humaine, et enfin, vie matérielle et économique d'un groupe humain).

ÉCOLE. *n. f.* Au **sens littéraire et artistique,** rassemblement d'écrivains, d'artistes ou d'intellectuels qui partagent les mêmes préoccupations esthétiques, ont les mêmes convictions morales et parfois politiques, tentent éventuellement d'agir ensemble pour faire triompher leurs conceptions. *L'école romantique, l'école naturaliste, l'école de Barbizon,* etc. Le mot «école» ne doit pas être nécessairement pris dans le sens de mouvement cohérent et didactique : si, parfois, des artistes se groupent consciemment et publient même des «manifestes», souvent aussi, ce sont les critiques qui, après coup, inventent le terme d'école à propos de créateurs qui n'ont pas vraiment eu le souci de se concerter et de mettre en commun leurs similitudes (voir **Classicisme** et **Symbolisme** par exemple).

ÉCOLOGIE. *n. f.* (du grec *oikos,* « maison » et *logos,* « science » ; littéralement : « science de l'habitat »).
1° Science de l'environnement et des équilibres qui se tissent entre les êtres vivants et leur milieu naturel. 2° Attitude de respect de la nature, souvent liée à une critique des menaces ou des dégâts qu'engendrent l'activité industrielle ou les expériences militaires. L'écologie devient alors *l'écologisme,* débouche sur une attitude politique et peut préconiser un autre modèle de société.

ÉCRITURE. *n. f.* Manière d'écrire, style. Dans le vocabulaire de la critique philosophique ou littéraire, le mot *écriture* s'oppose d'abord à *parole,* dans la mesure où l'acte d'écriture suppose un travail réfléchi, une volonté d'utiliser les codes littéraires ou de les renouveler. Le mot écriture devient vite, ensuite, un synonyme de *style,* de *manière d'écrire personnelle.* On parlera même, par extension, d'écriture artistique, cinématographique, musicale, etc. **L'Écriture sainte** ou **Les Écritures :** la Bible.

ÉCULÉ. *adj.* (*sens figuré*) Complètement usé, à force d'avoir été répété. Se dit en général d'expressions ou d'idées. *Des jeux de mots éculés. Des promesses éculées.* Synonymes : *rebattu, stéréotypé, archi-banal.*

ÉDEN. *n. m.* Paradis terrestre où, selon la Bible, Adam et Ève furent créés libres et heureux : *le jardin d'Éden.* Par extension, lieu paradisiaque, séjour enchanteur où le bonheur doit être perpétuel. Antonyme (dans les deux sens) : **Enfer**. Noter l'adjectif *édénique : une lumière édénique* (paradisiaque).

ÉDIFIANT. *adj.* Qui est moralement constructif, positif. *Des propos édifiants.* Qui donne un exemple digne d'être imité. *Une conduite édifiante.*

Noter l'emploi ironique : *un livre édifiant, un témoignage édifiant, un film édifiant,* c'est-à-dire particulièrement révélateur (et donc consternant) !

ÉDILE. *n. m.* Magistrat romain. Par extension : responsable municipal. *Nos édiles sont devenus irresponsables* (le mot est souvent employé ironiquement).

ÉDITORIAL. *n. m.* (de l'anglais *editor*, «directeur de journal»). Article de fond, dans la presse, situé en général en première page, et qui reflète la position prise par la rédaction sur un sujet donné.

L'éditorial peut être le fruit d'un travail collectif, ou être rédigé par un journaliste renommé de l'équipe dirigeante, appelé **éditorialiste.**

L'éditorialiste est souvent le rédacteur en chef. Mais il peut y avoir au sein d'une rédaction plusieurs éditorialistes exprimant, avec des sensibilités différentes, la ligne générale du journal.

ÉDUCATION. *n. f.* Ensemble des actions destinées à former et à développer l'être humain, à tous les niveaux : physique, intellectuel, relationnel, social, civique, etc. L'éducation est davantage que l'instruction (qui vise plus particulièrement l'activité de l'esprit et l'acquisition des connaissances) : elle s'attache à l'ensemble du comportement de l'individu. L'éducation ne se réduit pas non plus à une somme d'apprentissages (d'une activité professionnelle, d'une bonne conduite en société, de telle ou telle technique) ; elle dépasse en particulier la notion de «savoir-vivre» à laquelle se réfèrent les expressions *avoir de l'éducation / manquer d'éducation.* La véritable éducation prend en charge la totalité de la personne, notamment sa dimension éthique. L'éducateur doit toujours s'interroger sur le projet humain qui l'anime et se demander quel futur homme, quel futur citoyen il prépare. Voir **Droits de l'homme**.

ÉDULCORER. *v. tr.* (du latin *dulcor*, «douceur»). Au *sens propre* comme au *figuré*, adoucir. Ce verbe est en particulier employé à propos des textes dont on atténue la virulence, en adoucissant ou en supprimant certaines expressions choquantes ou blessantes. *La version édulcorée d'un discours, d'un récit, d'un compte-rendu.* Voir **Expurger.**

EFFET. *n. m.* Résultat d'une action ; phénomène produit par une cause ; impression produite sur des personnes. Notons surtout ici le couple **cause/effet,** qui est un des principes fondamentaux de la logique : *il n'y a pas d'effet sans cause.*

Au pluriel, (dans la langue *littéraire*) les effets sont les vêtements et éléments divers constitutifs de l'habillement.

EFFICIENCE. *n. f. (anglicisme).* Efficacité technique ; performance effective. *L'efficience d'une politique économique. Une stratégie terriblement efficiente.*

N.B. • Il est considéré comme abusif d'employer le terme *efficience* à propos d'une personne : il faut alors dire *efficacité.*

• L'adjectif *efficient* a été employé dans la langue philosophique (une *cause efficiente,* qui engendre un effet). Le mot *coefficient* signifie littéralement « qui multiplie l'effet de quelque chose ».

EFFIGIE. *n. f.* Portrait, image d'une personne généralement célèbre. En particulier, reproduction du visage d'une personne connue sur les pièces de monnaie.

EFFRÉNÉ. *adj.* Qui est sans frein, donc sans limite, sans retenue. *Une jalousie effrénée. Des goûts, des désirs effrénés.* Immodéré, démesuré.

EFFUSION. *n. f. (sens propre)* Action de répandre, débordement. *Des effusions de sang au cours d'une répression militaire.*

(sens figuré, le plus souvent au pluriel) Manifestation de sentiments, d'affection, de tendresse. *Assez d'effusions, dit le notaire : venons-en au partage de l'héritage.*

ÉGALITARISME. *n. m.* Doctrine (ou attitude politique) qui réclame une égalité absolue entre les hommes en matière politique et sociale.

Le plus souvent, ce terme est employé de manière péjorative. Au départ, en effet, l'égalitarisme part du désir d'obtenir une parfaite égalité *de droits* politiques et sociaux dans la démocratie. Mais souvent, le partisan de l'égalitarisme désire aussi que cette égalité *de droit* devienne une égalité *de fait :* il ne supporte pas qu'un citoyen ait plus de fortune ou de pouvoir qu'un autre, il est traversé, comme le dit Montesquieu par un *« esprit d'égalité extrême »*. Cette attitude conduit à imposer à tous un modèle uniforme de vie, à refuser toute distinction ou initiative individuelle ; elle mène la société à un ordre rigide et à l'impuissance. L'*égalité* devient le contraire de la *liberté*.

Cela dit, l'accusation d'égalitarisme est aussi souvent le fait de citoyens privilégiés à l'égard des démocrates qui mettent en cause légitimement ces privilèges. Voir **Démocratie**.

ÉGÉRIE. *n. f.* Femme qui exerce une influence déterminante sur un homme (une personnalité politique, un artiste) ou sur un groupe de citoyens. *Elle était l'égérie de la bande.* Le terme prend souvent une nuance péjorative lorsqu'il s'agit de groupes clandestins (terroristes, marginaux).

ÉGIDE. *n. f.* L'égide était, dans la mythologie grecque, le bouclier de Zeus (que celui-ci cédait souvent à sa fille Athéna). D'où le sens figuré de *protection accordée par une autorité d'importance.* **Sous l'égide de :** sous la protection notoire, sous le patronage de.

EGO. *n. m.* (du latin *ego,* « moi, je »). L'ego est le *moi,* le sujet en tant que tel, le noyau central de la conscience. Le terme est employé en philosophie, en psychanalyse, et de plus en plus, dans le langage courant.

Par ailleurs, ce mot a servi de racine dans la constitution de plusieurs mots connus : **Égocentrisme** (tendance excessive à se centrer sur soi, dont l'antonyme est le mot **Allocentrisme**), **Égoïsme** (amour excessif de soi et de ses intérêts, dont l'antonyme est le mot **Altruisme**), **Égotisme** (attitude volontaire d'analyse de soi et de culture de son « ego », — mot mis à l'honneur par Stendhal).

ÉLABORÉ. *adj.* Se dit d'un objet, d'une œuvre, d'un produit qui ont été particulièrement travaillés, et portés à un certain degré de finition, de perfection — par opposition à ce qui est mal dégrossi, resté à l'état brut, inachevé. *Un travail particulièrement élaboré. Un système très élaboré.*

ELDORADO. *n. m.* (de l'espagnol *el dorado,* « le pays doré »). Pays légendaire, situé en Amérique du Sud, où la richesse abonde. Ce pays fait l'objet de deux chapitres du roman de Voltaire, *Candide,* et se caractérise par la tolérance de ses habitants, la sagesse de ses gouvernants, le raffinement de ses mœurs, le bonheur de tous. Par extension, le mot *eldorado* symbolise tout pays idéal et riche dont on rêve. *Qui n'a pas imaginé son eldorado ?*

N.B. Le mythe de l'Eldorado continue d'être cultivé au XXe siècle. Un dessin animé proposé aux jeunes, intitulé *La Merveilleuse Cité d'or,* était fondé sur sa quête.

ÉLECTION. Au **sens littéraire** *(classique),* le mot *élection* signifie *choix,* notamment en ce qui concerne l'amour et l'amitié. À propos de Jésus, Pascal parle par exemple de «l'élection» de ses apôtres (c'est Jésus qui les a choisis). On parle couramment encore de **patrie d'élection** (pays que l'on a choisi). Notez aussi l'expression **les affinités électives,** qui désigne (à la suite d'un roman de Goethe) les sympathies naturelles qui conduisent certaines personnes à se choisir mutuellement comme amies. De même, le **Peuple élu** désigne le peuple *« choisi »* par Dieu (dans la Bible).

ÉLÉGIAQUE. *adj.* Se dit du ton plaintif, mélancolique, qui est propre aux élégies poétiques, et qu'on peut retrouver ailleurs, dans la musique par exemple.

ÉLÉGIE. *n. f.* Dans l'Antiquité, jusqu'au XVIIIe siècle, l'élégie est le plus souvent un poème lyrique qui exprime des sentiments de mélancolie ou de tristesse en rapport avec un deuil ou un amour malheureux. Mais l'amour chanté par l'élégie n'est pas toujours triste et l'élégie a pu jadis chanter d'autres thèmes (louange des princes, sentiments patriotiques).

Au XIXe siècle, l'élégie se spécialise dans la mélancolie, l'expression du «mal du siècle» romantique, la plainte sur la destinée, la tristesse amoureuse. Les *Méditations poétiques* de Lamartine en sont l'exemple le plus caractéristique.

ELLIPSE. *n. f.* En **rhétorique,** l'ellipse est une figure de style qui consiste à omettre, dans un énoncé ou dans un récit, un ou plusieurs éléments en principe nécessaires à la compréhension du texte, pour produire un effet de raccourci, et ainsi, saisir l'attention de l'interlocuteur, en l'obligeant à compléter mentalement ce qui est sous-entendu. Par exemple, dans la première page de *La Condition humaine,* Malraux évoque ainsi le sort du terroriste Tchen : *« Pris ou non, exécuté ou non, peu importait »;* il abrège de cette manière une phrase qui serait complète dans la forme suivante : *« Qu'il fût* pris ou non, *qu'il fût* exécuté ou non, *cela lui* importait peu. » Le **style elliptique** produit ici un effet de rapidité, de bouleversement interne.

Notons que l'ellipse fonctionne à un niveau supérieur à celui de la phrase : des épisodes, des scènes peuvent être évoqués de façon elliptique dans un récit ou un film. À la fin de sa chanson *Mon enfance,* par exemple, Jacques Brel, qui a longuement décrit son enfance et son adolescence, évacue en quelques mots tout le reste de sa vie : *« Et la guerre arriva... Et nous voilà ce soir » ;* il signifie ainsi, de manière saisissante, que l'âge adulte ne compte pour rien à ses yeux. L'ellipse nous oblige toujours à *rétablir mentalement* ce que l'auteur passe sous silence.

ÉLOCUTION. *n. f.* 1° **Sens courant :** manière de s'exprimer oralement, qui comprend le débit, l'articulation, l'intonation et, au sens large, l'art de dire. Selon les contextes, le terme peut ne désigner que la diction, la prononciation des paroles *(une élocution confuse, claire, rapide, lente, saccadée, impérieuse)* ou s'étendre à l'aisance verbale, l'éloquence proprement dite *(une élocution brillante, convaincante),* qui rappelle le sens ancien du mot. Ne pas confondre avec les paronymes **Allocution** (il s'agit aussi de discours), **Allocation** ou **Électrocution !**

2° **Sens ancien :** l'élocution (*elocutio* en latin) désigne le style même du discours, l'art de façonner des phrases convaincantes. En rhétorique classique, on distinguait chez un orateur l'**actio** (les attitudes, les gestes, l'intonation, bref tout ce qui fait de l'orateur un acteur), l'**inventio** (ou invention : les thèmes, les idées, les arguments, le contenu du discours), la **dispositio** (ou composition : la mise en ordre du texte, ses enchaînements, l'articulation entre idées et exemples) et l'**elocutio,** l'élocution. Dans l'acception que nous venons de préciser, celle-ci est donc l'écriture même du texte ou du discours, son expression, ses figures, sa prosodie, tout ce qu'on appelle plus généralement le style. Voir **Rhétorique.**

ÉLOGE. *n. m.* Discours ordonné par lequel on célèbre une personne, une œuvre, une entité quelconque *(éloge de la démocratie)* ou une valeur. On peut faire l'éloge du Président, d'une pièce de théâtre, du boudin, etc. *Un éloge funèbre. L'éloge de la folie.*

Par extension, les éloges sont des louanges, des jugements flatteurs, des félicitations, des compliments. *Il ne tarit pas d'éloges sur moi.* Voir **Apologie, Dithyrambe, Panégyrique.**

ÉLOQUENCE. *n. f.* Art de persuader, par oral ou par écrit. Facilité verbale, **élocution** (voir ci-dessus les deux sens du mot), rhétorique, chaleur communicative. Art de convaincre par des arguments ou par l'efficacité du discours, du style. Expressivité en général, qui peut aboutir aux excès de l'emphase et de la *grandiloquence*. Par extension, le terme peut s'appliquer à ce qui est convainquant de soi-même (sans le moyen du discours) : c'est ainsi qu'on peut parler d'une *attitude éloquente*, de l'*éloquence des chiffres*, d'un *silence éloquent*. Voir **Discours, Élocution, Rhétorique.**

ÉLUCIDER. *v. tr.* (à partir du latin *lux, lucis*, «lumière»). Rendre clair à l'esprit (une notion, une énigme, un problème). Faire la lumière sur une question abstraite. *Élucider une affaire obscure, élucider un mystère, élucider un comportement.* « *Le roman est à mes yeux un moyen d'expression privilégié du tragique de l'homme, non une élucidation de l'individu.* » (Malraux).
Ne pas confondre avec **Éluder.**

ÉLUCUBRATION. *n. f.* Pensée confuse et laborieuse qui, malgré son apparence savante, n'a pas de sens. *Élucubrer des théories fumeuses. Les élucubrations de son ouvrage, si longtemps médité, ne résistent pas au moindre examen critique.* Ce mot s'emploie le plus souvent au pluriel. Termes de sens voisin : *divagation, aberration, chimère*.

ÉLUDER. *v. tr.* (du latin *e-*, «hors de» et *ludus*, «jeu» : littéralement, «mettre hors jeu»). Écarter adroitement (un obstacle, un argument, une obligation) par une ruse ou un artifice. *Éluder une question.* Éviter, escamoter, se soustraire à.
Ne pas confondre avec **Élucider.**

ÉMANCIPER. *v. tr. (sens juridique)* Affranchir un mineur de la tutelle paternelle. *(sens courant)* Libérer, affranchir une personne ou un groupe qui était en état de servitude ou de dépendance (physique, morale, sociale). *Émanciper un peuple jusqu'alors en esclavage. L'émancipation des colonies, de la femme.*
(v. pron.) **S'émanciper :** s'affranchir de l'autorité morale, ou de contraintes sociales ; prendre des

libertés. *Tu sors en boîte, tu as des fréquentations curieuses : tu t'émancipes, dis donc !*

ÉMANER. *v. intr. (sens propre)* Provenir (par exhalaison) de quelque chose, se dégager d'une source quelconque : *la chaleur émane d'un foyer. Il émane une curieuse odeur de cette grotte.*

(sens figuré) Provenir, découler de quelqu'un ou d'une entité morale. *L'autorité du gouvernement émane de la nation. Un rayonnement paisible émanait du bon vieillard.*

EMBARGO. *n. m.* Interdiction faite à des navires de sortir du port. Par extension, interdiction de faire commerce de certaines marchandises (importation/exportation, achats ou ventes). *Décider l'embargo des ventes d'armes à l'égard d'un pays en guerre.*

EMBLÉE (d'). Aussitôt ; d'entrée de jeu. *D'emblée, l'équipe belge marque un but.*

EMBLÈME. *n. m.* Représentation figurée qui symbolise un personnage célèbre (le soleil pour Louis XIV), un pouvoir (l'aigle pour l'empire napoléonien), une collectivité (la femme au bonnet phrygien pour la République française), un métier (le caducée pour la profession médicale), une vertu ou une valeur (la colombe pour la paix). Les emblèmes, parfois accompagnés de devises, nous permettent de connaître les idéaux collectifs ou l'imaginaire (le jeu des symboles) d'une civilisation donnée. Les mots **Symbole, Emblème, Figure emblématique** sont souvent employés comme synonymes les uns des autres. Mais le **symbole** a un sens plus large, alors que l'emblème est toujours une représentation *imagée, concrète,* de ce à quoi il renvoie. *Figure emblématique* se dit d'un personnage célèbre qui incarne ou symbolise un mouvement (culturel, politique, etc.) : *Che Guevara, figure emblématique de la révolution.*

ÉMERGENCE. *n. f. (sens propre)* Fait de sortir d'un milieu où l'on semblait plongé. *L'émergence du soleil au-dessus de l'horizon.*

(sens figuré) Irruption plus ou moins brutale d'une réalité, d'un fait, d'une idée, d'un mouvement collectif. *On assiste à l'émergence de nouvelles relations familiales.*

ÉMÉRITE. *adj.* Qui a de l'expérience et de la pratique dans un domaine donné. Par extension, très habile, très compétent, éminent. *Un médecin émérite.* Se dit aussi (notamment en Belgique) de professeurs d'université qui, ayant cessé leurs fonctions, conservent leurs titres et leurs émoluments.

ÉMINENT. *adj. (sens propre)* Qui est élevé. *Un lieu éminent, supérieur. (sens figuré, assez courant)* Qui est très au-dessus du niveau moyen ; élevé, remarquable, insigne. *Occuper une place éminente dans la hiérarchie. Rendre d'éminents services. Un personnage éminent des milieux artistiques.*

Éminence grise : conseiller qui inspire l'action d'un personnage officiel, parfois en le manipulant.

ÉMOLUMENTS. *n. m. pl.* Rétributions d'un officier ministériel. Par extension, traitement. Synonymes : appointements, cachet, honoraires. *Le montant de vos émoluments est de 15 000 francs.*

ÉMOULU. *adj.* Aiguisé. Ne se rencontre guère que dans l'expression **frais émoulu de** : fraîchement sorti de, récemment diplômé de. *Ce jeune homme, frais émoulu de son école d'architecture, prétendait révolutionner l'urbanisme.*

ÉMOUSSER. *v. tr. (sens propre)* Rendre moins aigu, moins tranchant. *Une arme émoussée. (sens figuré)* Atténuer, affaiblir, rendre moins incisif. *Un goût émoussé. Son esprit s'est émoussé.*

EMPATHIE. *n. f.* (à partir du préfixe *en-*, et du radical grec *pathos*, « émotion, affect, souffrance ». Littéralement, « sentir de l'intérieur »). Disposition à ressentir intérieurement les émotions d'autrui, et donc, à le connaître par identification, en « se mettant à sa place ». Le mot est proche du sens originel du mot **sympathie** (« souffrir avec »), avec sans doute une nuance ou une visée didactique : par la sympathie, je *communie* aux sentiments de l'autre ; par l'empathie, je puis *étudier*, en l'intériorisant, la complexité de son état affectif.

EMPHASE. *n. f.* Exagération verbale, enflure, outrance dans l'expression. *Un discours plein d'emphase ; un style emphatique.* Déclamation, grandiloquence (ces deux termes visant plus particulièrement l'expression orale). Par extension, l'emphase peut s'appliquer à la manifestation exagérée des sentiments eux-mêmes, et non pas simplement au langage.

L'emphase caractérise souvent les discours officiels, dont la solennité réclame des tournures grandioses ou hyperboliques. Elle se retrouve aussi dans les excès du style romantique ou baroque, qui visent à frapper le lecteur en produisant de l'effet. À l'opposé du style emphatique *(ampoulé, grandiloquent, pompeux)* se situent les **tournures elliptiques,** la **litote,** la sobriété du vocabulaire, en un mot, l'esthétique de la retenue.

EMPIRIQUE. *adj.* 1° **Sens philosophique :** qui se rapporte à l'empirisme (sens n° 1). *La connaissance empirique. Une recherche empirique.* Fondé sur l'empirisme comme système ou comme attitude. Antonyme : *rationnel.*

2° **Sens courant :** qui procède par tâtonnements, à partir d'expériences particulières, sans présupposé théorique, sans concept préétabli. Dans cet emploi, le mot *empirique* s'applique bien entendu à des personnes ou à des conduites *qui n'ont pas du tout conscience de pratiquer l'empirisme comme philosophie.* Aux procédés empiriques s'opposent, dans ce sens, les méthodes rationnelles, systématiques, et même scientifiques : *la science médicale n'a rien à voir avec la médecine empirique des guérisseurs.* Les antonymes (dans ce sens) du mot **empirique** pourront être **rationnel, théorique,** voire même **doctrinaire** (qui fait prévaloir ses a priori sur l'expérience).

EMPIRISME. *n. m.* (voir mot précédent). Système philosophique qui fait de l'expérience la source unique de toute connaissance : il n'existe pas d'idées en soi dans l'esprit humain ; les facultés intellectuelles elles-mêmes se construisent par le contact de nos sens avec le monde extérieur. L'empirisme s'oppose à toutes les formes d'**idéalisme** philosophique. Il a notamment inspiré des philosophes du XVIIIe siècle, les Anglais Hume et Locke en particulier. Aux partisans de cette doctrine correspond l'adjectif **empiriste.**

Par extension, on nomme parfois empirisme une *attitude* qui consiste à se méfier des théories et à ne s'appuyer que sur l'expérience pour trouver des solutions, mettre en œuvre des méthodes, etc. Aux partisans de cette attitude correspond l'adjectif **empirique** (sens n° 2). Voir aussi **Pragmatisme.**

EMPOIGNE (foire d'empoigne). Situation confuse dans laquelle s'affrontent des intérêts divergents, où chacun combat les autres pour arracher des avantages indus.

EMPORTE-PIÈCE (À L'). Locution qui signifie : incisif,

acéré, mordant, entier. *Une formule à l'emporte-pièce. Un caractère à l'emporte-pièce.*

EMPREINT. *adj.* Imprégné, marqué visiblement. *Le regard empreint de mélancolie.* Orthographe : ne pas confondre avec *emprunt.*

EMPYRÉE. *n. m.* Dans la mythologie antique, partie la plus élevée des cieux, qui était le séjour des dieux.

Sens figuré *(littéraire) :* ciel, lieu idéal où se rencontrent les grands esprits, les poètes, les sages et les dieux. Ne pas confondre avec le verbe homonyme *empirer.*

ÉMULATION. *n. f.* Sentiment qui pousse à égaler ou à surpasser autrui, dans le travail, le savoir ou toute sorte d'activité où joue le mérite. Effet produit par ce sentiment dans un groupe. *Une saine émulation anime l'équipe de France. L'émulation doit porter les élèves à la réussite.* Contrairement aux mots de sens voisins (concurrence, compétition, rivalité), *émulation* ne s'emploie presque jamais péjorativement. Il est toujours louable d'être l'*émule* de quelqu'un d'autre, qu'on se sente son égal ou qu'on veuille le surpasser.

EN- OU EM-. Racine d'origine latine (*in*, « dans ») qui sert à la composition de nombreux mots (substantifs et surtout verbes). S'écrit *em-* devant les consonnes *b, m, p (embarquer, emmener, s'empresser).* Le sens se déduit souvent du préfixe et du substantif, mais les significations du mot peuvent avoir évolué.

ENCAN (à l'encan*).* Livré aux enchères, vendu au plus offrant. *Les biens publics étaient mis à l'encan par des fonctionnaires malhonnêtes.*

ENCLIN. *adj.* Qui incline à, qui est porté à quelque chose par une sorte de penchant naturel. *Être enclin à la sévérité, à la miséricorde. Être enclin à se révolter, à se résigner.* Hugo dit d'un vieillard :
Il était, quoique riche, à la justice enclin.

ENCYCLIQUE. *n. f.* Lettre solennelle envoyée par le pape à tous les évêques pour faire le point sur un problème de doctrine, à propos de questions actuelles. *L'encyclique Rerum novarum, l'encyclique Pacem in terris.* L'encyclique peut être un document assez long, malgré sa définition de « lettre ». Il s'agit en fait d'une lettre *circulaire,* comme le suggère l'étymologie *(-cycl-)*, qui doit faire le tour de tous les responsables du clergé auxquels elle s'adresse. Elle est le plus souvent rédigée en latin.

ENCYCLOPÉDIE. *n. f.* (en grec, étymologiquement : «qui fait le tour du savoir à transmettre»; voir la racine *ped(o)-, pédie-*). Vaste ouvrage qui traite l'ensemble des connaissances humaines, soit par ordre alphabétique, soit par ordre méthodique (par matières). *L'Encyclopaedia Universalis,* par exemple. La plus célèbre des encyclopédies est tout simplement l'*Encyclopédie,* publiée au XVIIIe siècle de 1751 à 1772 sous la direction de d'Alembert et Diderot.

Par extension, une encyclopédie peut ne concerner que l'ensemble des connaissances d'une seule science. *L'encyclopédie de la médecine.*

L'adjectif correspondant est *encyclopédique.* On parle d'un dictionnaire encyclopédique, d'un savoir encyclopédique, d'un cerveau encyclopédique. *Pic de la Mirandole était plus qu'un esprit encyclopédique : c'était une encyclopédie vivante* (humaniste italien, 1463-1494).

ENDÉMIQUE. *adj.* (à partir de la racine d'origine grecque *-démie,* de *démos,* «peuple, sol»). Se dit d'une maladie ou d'un mal propre à une région donnée *(endémie),* constamment présent. *Un chômage endémique.* On peut comparer avec **épidémie, épidémique** (qui concernent une maladie contagieuse touchant soudain toute une population, mais de façon épisodique, comme la peste) et **pandémie, pandémique** (qui se disent d'une maladie touchant plusieurs continents, comme le Sida). Voir les racines **Epi-** et **Pan-**.

ENDIGUER. *v. tr.* (de *en* et *digue*) Au **sens figuré**, faire obstacle, contenir, canaliser. *Endiguer le flot des manifestants. Endiguer les débordements de la foule. Endiguer les révoltes de la jeunesse.*

ENDOCTRINER. *v. tr.* Faire adopter à quelqu'un des idées religieuses, politiques, philosophiques, etc. On peut endoctriner une personne par la force, par la propagande ou par la persuasion. Voir **Doctrine**.

ENFER. *n. m.* 1° *Au singulier.* Dans la religion chrétienne, lieu de supplices où sont envoyés les damnés après la mort. Dans l'imagerie populaire, l'enfer est semblable à un grand bûcher où les méchants sont destinés à brûler éternellement; ils s'y trouvent en compagnie des démons dont le chef, appelé Satan, Belzébuth, Lucifer ou Méphistophélès, ne cesse de pousser les hommes à faire le mal pour grossir ses troupes de damnés. Antonymes : *Paradis, Ciel.*

Au *sens figuré*, l'enfer désigne les lieux de souffrance extrême, les moments de douleurs continuelles. *Ses derniers jours furent un enfer. Elle subissait une torture morale qui était un véritable enfer.* Le mot s'est affaibli. *Paris à 18 h, c'est l'enfer.*

La pièce de J.-P. Sartre *Huis clos* illustre assez bien le glissement du mot «enfer», du sens propre au sens métaphorique. Les héros, criminels, se retrouvent officiellement après leur mort en enfer, où ils s'attendent à des tortures sans fin. Or, il n'y a pas de torture physique. Leur souffrance consiste simplement à vivre sous le regard les uns des autres, à se supporter mutuellement malgré leurs égoïsmes fonciers. D'où la formule célèbre : *«L'enfer, c'est les Autres»*, qui évoque un enfer… tout à fait terrestre !

2° *Au pluriel.* Dans l'Antiquité, *les enfers* représentent le séjour souterrain des morts, qu'ils y soient heureux ou malheureux. C'est là que les âmes sont jugées, les unes vouées aux châtiments, les autres aux délices. Le mot vient du latin *infernus* (lieu *inférieur*, lieu d'en bas) ; aussi l'adjectif correspondant au mot *enfer* est-il *infernal*.

ENGAGEMENT. *n. m.* En littérature ou dans l'art en général, attitude qui consiste à mettre son œuvre au service d'une cause sociale ou politique.

Le thème de l'engagement de l'écrivain ou de l'artiste, déjà présent chez certains Romantiques (pour qui le Poète a le devoir d'éclairer le peuple), s'est développé surtout après la Seconde Guerre mondiale, notamment à la parution de l'essai de J.-P. Sartre *Qu'est-ce que la littérature ?* L'idée centrale est que l'artiste ne peut pas se contenter de faire de «l'art pour l'art», en restant à distance des problèmes de son temps et des maux de la société. Il doit s'engager, par son œuvre, dans un sens libérateur pour l'homme, quitte à mettre son art au service de causes immédiates. S'il ne le fait pas et reste dans sa tour d'ivoire, il se rend complice des injustices ou des oppressions du monde (il se trouve — malgré lui ? — *engagé*, mais alors, dans une abstention coupable).

Cette thèse a été combattue par les artistes qui pensent que le travail sur les formes, l'écriture même des œuvres, les effets qu'elle produit sur le regard des lecteurs ou spectateurs, sont des formes d'engagement en soi, qui contribuent à libérer les esprits. On a d'ailleurs pu noter que de nombreux créateurs se sont engagés, au cours des siècles, dans le sens premier du terme, sans pour autant négliger d'être des artistes à part entière. Ce débat a donc surtout montré à quel point, engagé ou non dans des causes officielles, tout artiste est responsable : il agit *par les formes d'art* qu'il choisit. Il n'y a pas d'écriture qui ne soit marquée socialement, comme le montre R. Barthes dans *Le Degré zéro de l'écriture,* et qui n'influe, plus ou moins sciemment, par la vision des choses qu'elle transmet.

ENGEANCE. *n. f.* Ensemble de personnes, espèce d'individus particulièrement méprisables. *Les fanatiques de tous ordres forment une engeance que je ne supporte plus. Gens de lettres, engeance vaniteuse et puérile !*

ENGOUEMENT. *n. m.* Passion soudaine, admiration excessive et passagère pour une personne ou pour une chose. *L'engouement pour un acteur, pour une pratique sportive, pour un style de meubles.* Fait de s'engouer *(s'enticher, s'emballer pour).* Ne pas confondre avec le paronyme **enjouement** (gaieté, disposition au jeu, badinage).

ÉNIGME. *n. f.* 1° Problème dont il faut deviner la solution à partir d'une formulation ambiguë. *La solution de l'énigme.* L'énigme la plus célèbre est celle que posait le Sphinx, dans la mythologie grecque, et que les voyageurs devaient deviner sous peine d'être dévorés : *« Quel est l'animal qui, le matin, marche à quatre pattes, à midi sur deux pattes, et le soir sur trois pattes ? »* Seul Œdipe trouva la solution, « l'homme » : enfant, il marche à quatre pattes, adulte sur ses deux jambes et, vieillard, à l'aide d'une canne.

2° À partir du genre littéraire qu'est l'énigme, tout problème difficile, toute réalité mystérieuse, tout secret non élucidé peut être appelé « énigme », qu'il s'agisse d'événements romanesques (dans les romans policiers par exemple) ou de réalités effectives (historiques, actuelles, publiques ou privées). *La vie quotidienne est peuplée d'énigmes.* Est *énigmatique* ce qu'on ne peut connaître que par un effort d'interprétation. *Un visage énigmatique, un sourire énigmatique* (celui de la Joconde), *une conduite énigmatique, un personnage énigmatique* doivent être déchiffrés. Mots de sens voisin : *indéchiffrable, étrange, mystérieux, sibyllin.*

ENJAMBEMENT. *n. m.* En versification, l'enjambement est un procédé qui consiste à faire «déborder» une phrase d'un vers sur le vers suivant; la compréhension du premier vers est impossible sans la lecture de la partie de la phrase rejetée dans le second. C'est le cas de ce début d'une fable de La Fontaine :

> *Un astrologue, un jour, se laissa choir*
> *Au fond d'un puits.*

On confond souvent les mots *enjambement* et *rejet*. Le procédé est effectivement le même. Mais certains auteurs recommandent de distinguer l'**enjambement**, défini comme le *processus d'empiétement* d'un vers sur l'autre, et le **rejet,** défini comme la *partie de la phrase effectivement «rejetée»* dans le second vers. Selon cette logique, ils nomment *contre-rejet* la partie de la phrase qui précède l'enjambement (fin du premier vers).

D'autres auteurs préfèrent opérer la distinction selon l'importance des deux membres de phrase : il y aurait rejet lorsqu'une faible partie est rejetée, et enjambement lorsque l'essentiel de la phrase est dans le second vers. C'est l'exemple de ce quatrain de Baudelaire où l'auteur, décrivant «les Aveugles», use successivement des deux procédés :

> *Leurs yeux, d'où la divine étincelle est partie,*
> *Comme s'ils regardaient au loin, restent levés*
> REJET ➤ **Au ciel***; on ne les voit jamais vers les pavés*
> ENJAMBEMENT ➤ **Pencher rêveusement leur tête appesantie.**

Dans la pratique, on peut se contenter de cette distinction. L'essentiel est de préciser le sens des termes qu'on emploie et, surtout, d'analyser les *effets produits* par le rejet ou l'enjambement.

ENNUI. *n. m.* Au **sens classique,** tristesse profonde, tourment intérieur, désespoir. C'est en ce sens que Pascal dit que l'homme sans divertissement (au sens n° 2) voit aussitôt sortir *«du fond de son âme l'ennui, la noirceur, la tristesse, le chagrin, le dépit, le désespoir»*. Ce sens classique dure bien au-delà du XVIIe siècle. On le retrouve dans ces vers de «Spleen» de Baudelaire :

> *Quand le ciel bas et lourd pèse comme un couvercle*
> *Sur l'esprit gémissant en proie aux longs ennuis...*

ÉNONCÉ. *n. m.* En **linguistique**, l'énoncé est *ce qui est dit :* la parole prononcée, la phrase écrite, l'ensemble des paroles et des phrases prises dans leur succession, à l'état brut. L'importance de l'énoncé est inséparable de l'opposition **énoncé/énonciation** (voir mot suivant).

ÉNONCIATION. *n. f.* **On appelle énonciation l'acte de produire un énoncé.** L'énonciation se constitue donc de l'ensemble des conditions de production qui confèrent à cet énoncé son importance concrète, sa valeur particulière. Les éléments qui entrent dans l'énonciation et concourent à l'originalité de l'énoncé se déduisent des questions suivantes : qui parle ? à qui ? où ? quand ? comment ? sur quel ton ? Par exemple, l'énoncé le plus banal qui soit — « *il fait beau* » — n'aura pas le même effet ni la même signification selon la personne qui l'énonce (un enfant, un peintre, un paysan), la personne à qui on l'adresse (un ami, un public), le contexte dans lequel il est prononcé (l'hiver, l'été, sous le soleil ou en pleine tempête), le ton sur lequel il est dit (objectif, distrait, volontariste, ironique). Voir à ce propos le mot **communication**, et le schéma qui y est décrit.

Dans un sens plus particulier, l'énonciation est surtout révélatrice du rapport que le locuteur entretient avec son énoncé. Dire « je » ou ne pas dire « je », prendre un ton personnel pour émouvoir ou un ton impersonnel pour sembler objectif, choisir des mots ou des figures de style de préférence à d'autres, s'exprimer sous la forme d'un genre littéraire plutôt que sous une autre forme, tout cela caractérise la personne qui se constitue à travers cet énoncé, plus que le contenu de l'énoncé en tant que tel. Dans ce sens, l'étude de l'énonciation sera surtout, au-delà des indices formels de celle-ci, l'étude de l'énonciateur. L'énonciation devient quasi synonyme de style, au sens classique du terme, celui qui faisait dire à Buffon : « *Le style est l'homme même.* »

Voir **Communication, Connotation, Écriture, Élocution, Rhétorique, Style.**

ENQUÉRIR (S'). *v. pron.* (du latin *inquirere*, « rechercher ») S'informer de quelque chose, chercher à savoir. *S'enquérir d'une adresse, s'enquérir des conditions d'achat, s'enquérir du sort d'un navigateur.* Chercher à connaître.

Notons que sur la même racine sont constitués les mots **Enquête** et surtout **Inquisition**.

ENSERRER. *v. tr.* Serrer étroitement, en entourant ce qu'on serre. Peut s'employer au *sens figuré*. *Les préjugés qui enserrent l'esprit.* Ne pas confondre avec *insérer* (introduire).

EN SOI. Expression philosophique qui désigne *ce qui est en soi,* indépendamment de l'être humain et de la perception qu'il en a. Selon les philosophes, l'*en soi* fait l'objet d'approches différentes :

• Pour Kant, l'*en soi* existe indépendamment de l'esprit et des apparences sensibles par lesquelles l'homme pourrait le percevoir. Kant oppose ainsi les *noumènes* (les choses en soi, qui nous échappent par leur essence même) aux *phénomènes* (les choses telles qu'elles se présentent et se manifestent à nous, et donc que la conscience humaine peut connaître).

• Chez Sartre, l'*en soi* représente les choses en ce qu'elles ne sont pas dotées de conscience de soi. La réalité matérielle du monde, son existence et son opacité, qui sont *déjà là* avant que l'homme les perçoive, constituent la nature massive de l'*en soi*. À l'**en soi** s'oppose le **pour soi,** c'est-à-dire la conscience humaine qui se connaît elle-même, et se constitue dans cet acte de connaissance. Une confrontation incessante s'opère entre le sujet humain qui désire, qui existe comme projet et comme conscience de lui-même, et la réalité massive des choses, qui lui opposent leur *« en soi »* comme un butoir dénué de raison d'être. Dialectique d'autant plus complexe que, pour chaque individu, la donnée biologique est une part de cet *en soi,* préexistant à la conscience.

ENTENDEMENT. *n. m.* Faculté de comprendre et de penser, par opposition à la sensibilité, ou à la volonté. *Cela dépasse l'entendement.* Ce mot, employé couramment dans la langue littéraire classique, s'est vite cantonné dans le vocabulaire philosophique. Voir le mot suivant.

ENTENDRE. *v. tr.* Au **sens classique** ou **philosophique,** comprendre. Dans ce sens, ce verbe est encore employé dans quelques expressions courantes du type : *Je n'entends rien à ce que tu dis. Qu'entends-tu par là ? Il faudrait s'entendre.* Voir le mot précédent.

ENTÉRINER. *v. tr.* (dérivé de *entier*) **Sens juridique :** rendre valide, définitif, complet, un acte décidé par un tribunal, par une assemblée, par une autorité. *La loi votée par le Parle-*

ment a été entérinée par le Conseil constitutionnel. Homologuer, ratifier, confirmer.
Sens large : approuver ou admettre une action, une décision, un principe, un usage. *Malgré les protestations de quelques-uns, le passage à l'heure d'été semble entériné par la plupart des pays européens.*

ENTHOUSIASME. *n. m.* (du grec *théos*, « dieu ». Littéralement : « dieu en soi »).
 Sens classique (dans l'Antiquité) : transport divin qui saisit le prêtre ou le prophète. Par extension, inspiration sacrée qui transporte le poète.
 Sens moderne : émotion très forte qui pousse à agir ou à admirer, dans l'allégresse et la passion. *Des débordements d'enthousiasme.*
 N.B. C'est surtout pour son étymologie (malgré l'usure du sens) que ce mot est à connaître : il y a toujours du « dieu en soi » dans l'enthousiasme…

ENTICHER (S'). *v. pron.* Se passionner à l'extrême, sans raison apparente, pour quelqu'un ou quelque chose. *S'enticher de meubles anciens. S'enticher d'une femme sans beauté. S'enticher d'un sport, d'un feuilleton,* etc. Noter la construction : s'enticher de (et non pas « pour »).

ENTITÉ. *n. f.* **Sens philosophique :** réalité abstraite, conçue ou simplement perçue par l'esprit, qu'on ne peut saisir que par le concept qui l'exprime (voir **Concept** et **Abstraction**). Par exemple, le Bien (par rapport à l'ensemble des bonnes actions) est une entité. L'idée de Dieu (indépendamment de la personne divine à laquelle les croyants se sentent reliés par la foi) est une entité. La notion d'essence (l'*essence* des choses, l'*essence* du roman) est toujours une entité : les deux mots sont quasi synonymes. On notera que le mot « entité » est parfois utilisé péjorativement, comme synonyme d'invention, d'abstraction fumeuse (par opposition aux réalités palpables ou scientifiquement mesurables).
 Sens général : réalité existante mais difficile à saisir, à définir, à cerner, autrement que par un mot-concept. La société est une entité. La République française est une entité : elle existe bien, elle est bien une réalité isolable, concrète quoique complexe, mais on ne peut la cerner que comme une entité, comme cette essence globale qu'on nommera « République française ».

ENTROPIE. *n. f.* En **thermodynamique** (étude des relations entre l'énergie mécanique et la chaleur), l'entropie est une grandeur qui mesure la «dégradation de l'énergie» d'un système donné. Lors d'une transformation d'un système dans un autre, la «variation d'entropie» permet d'établir la part d'énergie «dégradée» en chaleur. Quand celle-ci augmente, on estime que la transformation opérée a accru le «désordre» du système initial, la chaleur étant liée à l'agitation désordonnée des molécules (voir un cours de Physique).

L'intérêt de la notion d'entropie vient sans doute de son extension. Certains physiciens, considérant que l'évolution du monde physique dans son ensemble est irréversible, estiment que l'entropie universelle augmente : la chaleur se dissipe, les systèmes ordonnés se dégradent, l'univers va vers une sorte d'indifférenciation globale liée à l'irréversibilité du Temps. On appelle à l'inverse **néguentropie** le fait qu'en certains endroits de l'univers se produisent des concentrations d'énergie ou des processus de complexification de la matière (donnant lieu à la vie, à des êtres pensants, etc.).

En extrapolant, d'autres sciences se sont emparé du concept d'entropie. Des anthropologues, par exemple, l'appliquent à la mise en contact de deux cultures : les échanges qui se produisent, le choc qui les transforme l'une par l'autre, aboutissent à un état final indifférencié où chacune a perdu sa spécificité, sa complexité, sa structure initiale. Les théoriciens de la communication posent que dans toute transmission de signaux d'un système à un autre, il y a risque de perte d'information et donc, là encore, dégradation, accroissement d'entropie. Ainsi, l'entropie finit par désigner métaphoriquement, tout ce qui est désordre, désintégration, déstructuration accompagnant la mutation d'une réalité en une autre (la «décomposition» d'un cadavre, par exemple). D'où sa fécondité mais aussi une certaine confusion.

ÉPHÉMÈRE. *adj.* (du grec *epi,* «sur, dans» et *hêmera,* «un jour»). Qui ne dure qu'un jour. Par extension : qui est de très courte durée. *Une mouche éphémère (*on emploie le nom **éphémère** pour désigner l'un de ces insectes). *Un succès, un bonheur, des amours éphémères.* À partir de cet adjectif, notons le sens courant du mot **éphéméride :** calendrier dont on tourne chaque matin la feuille du jour correspondant (qui contient des précisions sur les prénoms dont c'est la fête, des informations sur la position des astres, des rappels d'événements produits antérieurement le même jour).

ÉPI-. Racine d'origine grecque qui signifie « dans », « sur » ou « à la suite de ». On a ainsi **Éphémère** (voir ce mot), **Épidémie** (maladie qui se répand à la surface d'une région), **Épiderme** (peau du dessus), **Épilepsie** (attaque nerveuse qui saisit brutalement), **Épisode** (élément circonstanciel qui se produit dans un récit ou dans la vie), **Épithète** (mot qu'on ajoute à un nom, — « adjectif »), et aussi divers mots définis ci-dessous : **Épigone, Épigramme, Épigraphe, Épilogue, Épiphénomène, Épitaphe, Épithalame.** Dans tous ces termes, le préfixe *épi-* suggère l'idée de quelque chose qui s'ajoute, qui vient *se greffer* sur autre chose.

ÉPICURISME. *n. m.* 1° Doctrine du philosophe grec Épicure (341-270 av. J.-C.), selon laquelle, pour être heureux, il faut fuir la douleur et rechercher le plaisir. L'idée profonde d'Épicure est que l'âme ne survit pas à la mort ; l'homme ne doit donc rien craindre ni espérer des dieux (qui sont peut-être une invention humaine). Ces points bien établis, il faut vivre en épargnant au corps la souffrance et à l'âme l'angoisse. Mais cette recherche du bonheur terrestre, du plaisir quotidien (illustrée par la fameuse formule du poète latin Horace : *Carpe diem*, « cueille le jour présent »), ne conduit pas à la débauche ou à la poursuite effrénée des plaisirs matériels. Elle implique à la fois la connaissance et la maîtrise de soi, de sa nature corporelle ; elle suppose également l'amour des plaisirs de l'esprit, plus profonds, partagés entre amis. Elle peut conduire l'homme sage à une vie ascétique, qui débouche sur l'**ataraxie.**

2° Par extension, philosophie de la vie ou façon de vivre qui se propose avant tout de jouir de toutes les choses de l'existence, le plus tôt possible, et notamment des plus matérielles. C'est dans ce sens que le terme **Épicurien** désigne l'homme amateur de bonne chère, de bons vins et de douces compagnes. Le terme est souvent péjoratif dans la bouche des moralistes puritains. C'est ainsi que Sganarelle traite son maître Don Juan de *« pourceau d'Épicure »*. Il faut donc bien comprendre ce sens, mais en se souvenant qu'il est *une trahison* de la pensée première d'Épicure qui disait : *« Mon corps est saturé de plaisir quand j'ai du pain et de l'eau. »* Voir **Ascétisme, Stoïcisme.**

N.B. La doctrine d'Épicure nous est surtout connue par son disciple Lucrèce, poète latin du Ier siècle av. J.-C., dans son poème *De Rerum Natura* («De la nature des choses»).

ÉPIGONE. *n. m.* (du grec *epi-*, «sur, à la suite» et *gonos*, «action d'engendrer»). En **littérature :** successeur, imitateur d'un auteur ou d'une école qui précèdent. *Les épigones de la tragédie classique, au XVIIIe siècle.* Le terme s'emploie souvent péjorativement pour désigner un disciple sans originalité, esclave des thèmes ou des formes qu'il reproduit.

ÉPIGRAMME. *n. f.* (du grec *epi-*, «sur» et *gramma*, «lettre, écriture»).

1° Dans l'Antiquité, petit poème court (susceptible d'être gravé sur la pierre, comme le suggère l'étymologie).

2° Poème court et satirique, qui se termine par une chute ou «pointe» spirituelle. Selon Boileau, l'épigramme *«N'est souvent qu'un bon mot de deux rimes orné»*. Voir le poème cité au mot **Chute.** Par extension, on parle parfois d'épigramme à propos d'un trait satirique ou d'un simple mot piquant. *Je répondis à sa méchante réplique par une épigramme vengeresse.*

ÉPIGRAPHE. *n. f.* (du grec *epi-*, «sur» et *graphein*, «écrire»).

1° Inscription gravée sur les édifices. L'*épigraphie* est la science des inscriptions.

2° *(sens courant)* Courte citation placée en tête d'un livre, d'un article ou d'un chapitre d'ouvrage. L'épigraphe donne le ton du texte, éclaire sur son intention et permet souvent de placer l'œuvre sous l'autorité d'un grand écrivain du passé. Voir *Exergue*.

ÉPILOGUE. *n. m.* (du grec *epi-*, «sur, à la suite de» et *logos*, «parole, discours». Littéralement, «ce qui vient après le discours»).

1° Dans l'Antiquité, petite pièce en vers qui suit une représentation théâtrale.

2° En **littérature,** texte qui clôt une œuvre pour en achever l'histoire ou mettre en valeur son sens. L'**épilogue** fait pendant (très symétriquement) au **prologue** (voir ce mot). Il résume le discours ou le poème. Il est souvent, dans les récits ou pièces de théâtre, un chapitre ou un tableau ajouté à l'histoire principale pour relater ce qui se passe après, et compléter ainsi le message de l'œuvre.

3° Par extension, au sens figuré, l'épilogue désigne le dénouement ou la conclusion d'un événement qui a duré un certain temps. Noter le verbe **Épiloguer sur,** qui veut dire *faire des commentaires sur,* en s'étendant longuement.

ÉPIPHANIE. *n. f.* (du grec *epi-,* « sur » et *phaneia,* « qui apparaît »).

Sens religieux : dans l'Évangile, première manifestation de Jésus-Christ comme fils de Dieu, aux yeux des rois mages venus l'adorer à Bethléem. Jour commémorant cet événement, qu'on appelle aussi Fête des Rois (début janvier).

Sens figuré, *en littérature :* moment d'intense révélation qui illumine, de façon souvent imprévue, le poète ou le romancier. Pour Joyce, ces moments privilégiés doivent nourrir l'inspiration de l'écrivain.

ÉPIPHÉNOMÈNE. *n. m.* (du grec *epi-,* « sur » et *phainomenon,* « phénomène »). Phénomène accessoire qui accompagne un événement principal, mais n'influence en rien le cours des choses. Pour certains philosophes, la conscience elle-même n'est qu'un épiphénomène : elle est le produit de notre organisme et des déterminismes qui nous conditionnent, mais est bien incapable d'agir sur ces causes. Dans le langage courant, le mot épiphénomène désigne tout phénomène annexe, superficiel, simple effet accessoire d'une réalité essentielle. L'erreur serait de prendre l'épiphénomène pour la cause ou l'essence d'un événement.

ÉPIQUE. *adj.* 1° Qui se rapporte à l'épopée, ou à des œuvres littéraires qui manifestent les qualités ou le style de l'épopée : dramatisation des faits, héroïcisation des personnages, récit haut en couleur, noblesse des sentiments, ampleur historique des enjeux (qui fait participer les dieux ou le destin au cours des événements). Voir **Épopée.**

2° Qui, en dehors des œuvres littéraires proprement dites, présente des caractères dignes de figurer dans une épopée : *des personnages épiques, un match épique, un débat épique dans une assemblée houleuse.* Noter que le terme peut souvent être employé dans un sens ironique : *un voyage épique, une discussion épique sur un détail budgétaire.*

ÉPISTÉMOLOGIE. *n. f.* (du grec *épistêmê,* « science » et *logos,* « discours, étude »). Partie de la philosophie qui étudie la valeur des sciences comme moyen de connaissance. Cette étude comprend l'histoire des sciences et de la formation de l'esprit scientifique, l'examen critique en particulier de la «scientificité» des sciences humaines. Plus généralement, l'épistémologie est l'étude des processus de la connaissance même, des conditions de sa validité, des rapports du sujet (qui connaît) à l'objet (qui doit être connu), etc. Michel Foucault a désigné du terme d'*épistêmê* la configuration des divers savoirs propres à une société donnée, à une époque donnée, laquelle sert de base (et de limitation) aux manifestations de la pensée humaine dans cette époque.

ÉPISTOLAIRE. *adj.* (du latin *epistola,* «épître, lettre»). Qui se rapporte aux lettres, à la correspondance écrite. *Être en relation épistolaire avec un ami.* En **littérature,** le genre épistolaire désigne d'abord l'ensemble des lettres réellement écrites pour être envoyées et lues, comme celles qu'adressait Madame de Sévigné à sa fille, en sachant que ces lettres circuleraient dans de nombreuses mains. Le souci littéraire était présent puisque l'auteur savait que sa correspondance s'adressait à un public plus large que son destinataire. Les lettres des grands écrivains appartiennent au genre épistolaire, quelles qu'aient été leurs intentions.

Mais le genre épistolaire intègre aussi toute la littérature de fiction qui a adopté *la forme de lettres* comme moyen d'expression. Le *roman par lettres,* constitué uniquement d'une série de lettres qu'échangent entre eux les personnages, est ainsi devenu un genre en soi, dont les chefs-d'œuvre les plus connus sont *La Nouvelle Héloïse* de Rousseau et *Les Liaisons dangereuses* de Choderlos de Laclos, sans parler des *Lettres persanes* de Montesquieu.

ÉPITAPHE. *n. f.* (du grec *epi-,* «sur» et *taphos,* «tombeau»). Inscription gravée sur une tombe, qui désigne, et parfois décrit, la personnalité qui y repose. L'épitaphe commence en général par *Ci-gît* ou *Ici repose.* Souvent, l'épitaphe donne lieu à un court poème que les intéressés se plaisent à écrire d'avance, sur un ton tantôt grave, tantôt satirique. Voici par exemple l'épitaphe de Piron (1689-1773) :

> *Ci-gît Piron qui ne fut rien*
> *Pas même académicien*

Ne pas confondre **Épitaphe, Épigramme** et **Épigraphe.**

ÉPITHALAME. *n. m.* (du grec *epi-*, «sur» et *thalamos* «chambre nuptiale»). Poème célébrant le mariage de deux époux. Chant nuptial pratiqué fréquemment dans l'Antiquité, puis repris en France par la Pléiade. *« Accueillez la voix qui persiste dans son naïf épithalame »* (Verlaine).

ÉPÎTRE. *n. f.* (du latin *epistola*, «lettre, épître»).
   1° *(sens ancien)* Lettre. *Les épîtres de saint Paul, de saint Pierre.* Par extension, moment de la Messe, dans la liturgie catholique, où sont lus des extraits de ces textes.
   2° *(sens littéraire)* Lettre en vers, adressée à un personnage important ou au public, sur toutes sortes de sujets. *Les épîtres de Marot, de Boileau.* Les épîtres peuvent être graves, satiriques, philosophiques ou enjouées.

ÉPOPÉE. *n. f.* Long poème narratif qui se caractérise par des actions héroïques où se mêlent la légende et l'histoire, par la présence du merveilleux et le symbolisme des épisodes, par l'expression de grands sentiments collectifs qui façonnent l'âme d'un peuple (ou d'une communauté). Les grandes épopées sont par exemple **L'Iliade** et **L'Odyssée** du poète grec Homère, **L'Enéide** du poète latin Virgile, **La Chanson de Roland** (chanson de geste anonyme du XIe siècle). Le style épique est souvent hyperbolique : il grossit les faits, simplifie et transfigure le caractère des héros, orchestre puissamment les émotions contrastées que suscitent leurs aventures — joies et douleurs, combats et amours, aspirations et échecs, vie et mort. Les héros sont toujours des symboles incarnant l'histoire d'un peuple, l'idéal collectif.

Par extension, on appelle parfois épopée une grande aventure collective, au cours d'une période historique donnée : l'épopée napoléonienne par exemple, chantée dans certains poèmes de Victor Hugo.

ÉQUI-. Racine d'origine latine qui signifie «égal», qu'on retrouve dans de nombreux mots français comme **Équation, Équidistant, Équilatéral, Équilibre, Équinoxe, Équité, Équivalence, Équivoque**, et aussi **Adéquation, Inadéquat, Équateur**, etc. Dans tous ces mots se retrouve l'idée d'égalité, de partage ou d'harmonie entre des réalités identiques, égales ou symétriques, selon les cas. Ne pas confondre avec le latin *equus* (cheval), qui a donné *équitation, équestre*.

ÉQUITÉ. *n. f.* (de la racine d'origine latine *equi-*, «égal»). Sens de la justice, capacité d'attribuer à chacun ce qui lui est dû, en toute impartialité. L'équité se manifeste d'abord dans le partage des biens, en particulier lorsqu'il s'agit de distribuer des parts *égales* à chacun (à chaque enfant lors d'un héritage, à chaque membre d'un groupe dans la répartition de la nourriture, etc.) : d'où le lien entre ce mot et son étymologie. *Il a le sens de l'équité. Une répartition équitable. Un juge équitable.* Antonymes : **injustice, partialité, iniquité.**

ÉQUIVOQUE. *n. f* et *adj.* (de la racine d'origine latine *equi-*, «égal», et de *vox, vocis*, «voix, parole». Littéralement, «qui dit deux choses également»). Se dit de ce qui a double sens, c'est-à-dire qui présente deux ou plusieurs interprétations différentes entre lesquelles on ne sait que choisir. *Des propos équivoques, ambigus. Une conduite équivoque, suspecte.* En particulier, au sens péjoratif, dans le domaine sexuel : *des propositions équivoques, une posture équivoque.*

Comme *substantif,* le mot «équivoque» désigne une situation ambiguë, un malentendu. *Exprimez-vous sans équivoque. L'évolution des événements a levé toute équivoque.*

ÉRADIQUER. *v. tr.* (du latin *radix,* «racine». Littéralement : «déraciner».) Supprimer radicalement, extirper un mal ou une maladie. *Éradiquer les germes de la maladie. Éradiquer les dernières poches de résistance. L'éradication de toute superstition est un programme ambitieux.*

ERGONOMIE. *n. f.* 1° Au sein des entreprises, étude des relations entre l'homme et son outil de travail, dans le but d'améliorer la productivité et les conditions de travail.

2° Plus généralement, recherche de la meilleure adaptation d'un matériel à son utilisateur. *L'ergonomie du tableau de bord permet une conduite très fonctionnelle. Un siège ergonomique.*

ÉRIGER. *v. tr.* Dresser, élever, construire. Au **sens propre :** *ériger une statue ; l'érection d'un monument.* Au **sens figuré :** *ériger un tribunal ; ériger la paresse au rang de vertu.* **S'ériger,** *v. pron.* : se donner le caractère de, se dresser contre, s'attribuer le rôle de. *S'ériger en défenseur des pauvres. S'ériger en penseur, en moraliste, en juge.*

EROS. *n. m.* 1° Dieu de l'amour chez les Grecs, souvent représenté sous la forme d'un enfant ailé, qui décoche ses flèches sur ses victimes (chez les Romains, il prendra le nom de Cupidon). Par extension, l'*éros* désigne l'amour sexuel, le désir physique de l'autre. Chez les philosophes grecs, l'**éros**, amour-passion, s'oppose à l'**agapè**, qui désigne l'amour désintéressé, l'amour-charité. Voir le mot **Agapes.**

2° En **psychanalyse,** l'éros devient quasiment l'instinct de vie, le désir au sens large, qui comprend l'instinct sexuel bien sûr, mais aussi l'énergie vitale (la *libido*) qui pousse à agir, à créer, à s'investir dans toutes sortes de relations humaines. Il s'oppose, dans ce sens, à l'instinct de mort, qui pousse l'individu à s'autodétruire, **Thanatos** (du nom du Dieu grec de la mort).

ÉROTIQUE. *adj.* (du grec *éros*, «amour», voir mot précédent).

1° Qui se rapporte à l'amour et à son expression physique. *Poésie érotique.*

2° Qui concerne le désir sexuel proprement dit, et tend à l'exciter ou le satisfaire. *Des jeux érotiques.*

L'adjectif *érotique* oscille entre ces deux sens, le premier plutôt ancien, le second tout à fait courant : on parlera de *roman érotique,* de *film érotique,* de *scènes érotiques.* L'**érotisme** désigne le goût prononcé pour les choses sexuelles et l'art de leur représentation. *L'érotisme* se distingue de la *pornographie* en ce qu'il ne sombre pas dans la vulgarité, le voyeurisme, l'obscénité. Il suggère, mais ne décrit pas. On notera toutefois que la limite est difficile à établir. Tout dépend de ce que le spectateur ou lecteur veut voir ou ne pas voir.

ERRARE HUMANUM EST. Locution latine qui signifie «il est humain de se tromper». On l'emploie pour excuser les fautes ou les errements de quelqu'un. Mais on oublie souvent la suite de la formule : **Errare humanum est, perseverare diabolicum.** S'il est humain de se tromper, il est diabolique de persister dans l'erreur! Il est des conduites qu'on peut excuser une fois, mais non pas deux.

ERRONÉ. *adj.* Qui contient une erreur : faux, inexact, fautif. *Des informations erronées, des conclusions erronées. Votre raisonnement s'appuie sur des statistiques erronées.*

N.B. Respecter l'orthographe de ce mot, dont le *-n-* ne se redouble pas, contrairement au *-r-*.

ERSATZ. *n. m.* (allemand). Produit de remplacement. Substitut de quelque chose. Voir **succédané**.

ÉRUDIT. *adj.* et *nom.* Savant, personne qui possède des connaissances approfondies dans une matière déterminée. *Un érudit, un savant lettré. Un latiniste érudit. Des connaissances érudites, un savoir érudit. Un pédant étale son érudition, un vrai savant ne la transmet qu'avec modestie.*

ESCAMOTER. *v. tr.* **Sens figuré** *(courant)* : éviter une difficulté, éluder un problème de façon désinvolte. *Escamoter une question, une objection, un devoir.*

ESCHATOLOGIE. *n. f.* Doctrines ou croyances (religieuses) concernant les fins dernières de l'homme et de l'univers. *Une vision eschatologique.*

ESCIENT (À BON). Expression qui signifie : en sachant bien ce que l'on fait, en agissant avec discernement. *Il a répondu aux questions à bon escient. Il a décidé d'agir à bon escient.* L'expression contraire, **à mauvais escient,** est d'un emploi plus rare. Voir **Sciemment.**

ESCOMPTER. *v. tr.* En **langage financier,** payer d'avance un effet de commerce, pour en obtenir une réduction appelée «escompte».

Sens courant : compter sur quelque chose, s'attendre à un avantage, et se comporter en conséquence. *Escomptant de bonnes notes en matières générales, il néglige les matières professionnelles. Il escompte toujours un avantage de ses promesses apparemment désintéressées.*

ÉSOTÉRISME. *n. m.* Doctrine suivant laquelle les connaissances ne doivent être enseignées qu'à quelques initiés. Par extension, caractère d'un ouvrage hermétique, difficile à comprendre (sauf pour les initiés). *L'ésotérisme d'une philosophie, d'une poésie savante. Des œuvres ésotériques, des discours ésotériques.*

N.B. Ne pas confondre **ésotérique** avec **érotique** !

ESPRIT. *n. m.* (du latin *spiritus,* «souffle, esprit»)

1° **Sens religieux.** Souffle de Dieu, «Esprit» qui inspire les êtres de son souffle, de son élan. Par extension, principe immatériel de vie, substance incorporelle qui meut les individus, et peut se détacher du corps (on dit *«rendre* *l'esprit »* pour *mourir*). À partir de là, l'esprit désigne un être immatériel (ange, démon, revenant, fantôme, âme d'un mort, spectre, fée, elfe, génie, gnome, etc.), qui hante la réalité ou l'imaginaire des hommes (cf. le mot **Animisme**). *Certains croient aux esprits.*

2° **Sens intellectuel.** Réalité pensante en l'homme. Principe de la pensée en ce qu'elle s'oppose au monde extérieur (le monde de la matière) et en ce qu'elle se distingue fondamentalement du corps (qui est matière). Intelligence réflexive, conscience et capacité de connaissance. *L'esprit humain.* Par extension (qui est plutôt une restriction), ensemble des facultés proprement intellectuelles et artistiques de l'être humain. Dans ce sens, on pourra définir ou juger les différentes formes d'esprit : *un esprit de synthèse, d'analyse ; un esprit faux, un esprit d'invention ; un esprit pénétrant. Une vue de l'esprit* (purement intellectuelle).

3° **Sens psychologique large.** Domaine de la vie psychique (pensée, sentiments, états d'âme) par opposition à la vie physique. L'opposition de l'esprit et du corps, dans ce sens, ne signifie pas que l'esprit soit une réalité indépendante du corps, immatérielle, mais seulement qu'on examine l'individu d'un point de vue psychologique. *Disposition d'esprit ; santé de l'esprit. Un esprit sain dans un corps sain* (proverbe latin). Cette acception englobe la volonté et l'affectivité, qui font partie de la vie de l'esprit : elle rejoint le sens n° 4 du mot **âme**. L'esprit dépasse, dans ce sens, la notion de raison ou de pure cérébralité, mais il reste opposé à l'instinct, aux pulsions vitales, bref à la « chair » au sens classique (voir ce mot).

4° **Sens figuré.** Par métonymie, l'esprit peut désigner une personne considérée du point de vue de ses capacités mentales : un *esprit de valeur, un brillant esprit*. Par extension, l'esprit peut s'appliquer à la philosophie d'un ouvrage ou au sens profond d'une réalité : *l'esprit d'une époque, l'esprit de la loi*. On trouve ainsi des expressions toutes faites comme **Esprit de clocher** (tendance à ne juger les choses que de son petit point de vue, à l'ombre de son clocher) ou **Esprit de l'escalier** (lenteur d'esprit qui fait qu'on ne pense à ce qu'il aurait fallu dire aux gens qu'après les avoir quittés, au bas de l'escalier — à l'inverse de l'*esprit d'à propos*).

5° **Sens littéraire.** Sens de l'ironie, aptitude à faire des « saillies », des mots piquants, des calembours, des pointes verbales. *Avoir de l'esprit, faire de l'esprit. Un mot d'esprit.*

Il importe, à ce propos, de distinguer le sens religieux et le sens littéraire de l'adjectif **Spirituel**.

N.B. Ce tour d'horizon n'épuise pas toutes les nuances de sens du mot *esprit*. On aura soin en particulier de noter les similitudes et les différences des mots **Esprit** et **Ame**. On peut se rapporter en particulier à la distinction **Animus/Anima**.

Voir **Ame, Animus/Anima, Animisme, Chair, Corps, Dualisme, Spirituel, Spiritualisme**.

ESPRIT FORT. Expression qui désigne, au XVIIe siècle, les esprits libres ou libertins de pensée : personnes qui ne croyaient pas en Dieu et opposaient leur rationalisme à la religiosité, ou aux attitudes superstitieuses de leurs contemporains. Dans *Dom Juan,* Sganarelle accuse son maître d'être un esprit fort, notamment lorsque celui-ci affirme ne croire qu'en l'arithmétique : *« Je crois que deux et deux sont quatre, Sganarelle, et que quatre et quatre sont huit. »*

ESSAI. *n. m.* 1° **Sens courant :** acte d'essayer, de mesurer quelque chose. Expérimentation. Tentative. Expérience.
    2° **Sens littéraire :** ouvrage de réflexion en prose, qui propose, sur un sujet donné, une étude ou une analyse débouchant sur une thèse.

L'ouvrage de base qui a donné son nom à ce genre littéraire est le livre des *Essais* de Montaigne (1533-1592). Le mot *essai* signifie bien *expérience,* et ce que veut transcrire l'auteur, ce sont les expériences de sa vie. Mais en même temps, ce livre est lui-même une *tentative* pour cerner sa pensée, pour interroger les philosophies humaines et le sens de la vie : les *Essais* sont donc aussi une expérience intellectuelle, un «essai» philosophique, à partir des données autobiographiques qui forment le matériau du livre. C'est ce second sens qui donnera son impulsion au genre de l'*essai.*

    L'essai est de nos jours un genre concis (beaucoup moins lent et long que l'ouvrage de Montaigne). Mais il en garde le caractère libre, volontiers subjectif, lié au terme «essai» (expérience théorique). L'essayiste défend une thèse avec vigueur, sans se soucier d'être complet, méthodique, ou exhaustif comme dans un traité philosophique. Il se sait partiel, voire partial : il veut montrer un aspect des choses, éclairer une question d'une approche souvent paradoxale, sans prétendre tout dire, tout prouver, — ce qui libère en lui l'allégresse de l'écriture. *Le Mythe de Sisyphe* de Camus, *La Trahison des clercs* de Benda, sont des essais célèbres.

ESSENCE. *n. f.* (à partir du verbe latin *esse*, « être »).
Au **sens philosophique,** ce qui constitue la nature profonde, intime, d'une chose ou d'un être, par opposition à ce qui lui arrive, qui est accessoire, et que les philosophes classiques nomment « accident ».

L'essence, c'est ce qui fait qu'une réalité est ce qu'elle est : l'ensemble des caractères invariants qui la constituent comme telle, qui définissent sa « nature », sa valeur intrinsèque. Au contraire, les qualités annexes, relatives à certaines circonstances, variables et changeantes, qui s'associent à cette réalité sans en modifier la nature, ne font pas partie de son « essence ». La couleur d'un arbre, sa dimension, la forme de ses feuilles, ne l'empêchent pas d'être un arbre *par essence*. La taille d'un homme, sa mobilité, son intelligence plus ou moins développée ne l'empêchent pas d'être ce qu'il est, un homme, un être doué de conscience réflexive et de liberté (la pensée est l'essence de l'homme, selon Descartes).

En philosophie, l'**essence** est souvent opposée à l'**existence,** notamment en ce qui concerne l'être humain. L'essence est la nature humaine, en ce qu'elle a d'invariable et de commun à tout homme. L'existence, c'est le fait d'exister concrètement, à tel endroit particulier, dans telles conditions, comme tel individu de telle époque, de tel sexe, à qui il arrive tels événements dans son unique vie. Cette distinction de deux réalités complémentaires donne lieu à une opposition entre deux tendances philosophiques majeures : l'**essentialisme** et l'**existentialisme.** Voir ces mots ci-dessous.

ESSENTIALISME. *n. m.* Philosophie qui affirme **la primauté de l'essence sur l'existence** dans l'approche de l'homme. À cette conception s'est opposé directement l'**Existentialisme** (défini plus loin), selon la formule célèbre de Sartre : *« L'existence précède l'essence »*.

• Sommairement, on peut dire que les philosophies essentialistes définissent l'homme et les choses avant tout comme des *essences* préétablies, qui ne font que se « réaliser » en passant au stade de l'existence concrète. C'est notamment le cas pour la philosophie de Platon, selon laquelle les **Idées** sont les seules réalités, intemporelles et immuables, dont ce monde n'est qu'un pâle reflet (voir **Platonisme**). Plus généralement, les philosophies spiritualistes ou idéalistes définissent l'homme à partir d'une nature humaine théorique (bonne ou mauvaise, ou les deux à la fois) dont chaque individu n'est qu'une illustration, un exemplaire sorti du moule commun. Ces philosophies minimisent en général la liberté individuelle de l'être humain : l'homme digne de ce nom ne peut souvent que rejoindre son « essence idéale », devenir ce qu'il est.

• Il faut comprendre que, indépendamment de toute philosophie, l'essentialisme est une tendance spontanée de l'esprit : pour connaître le monde, il faut bien en isoler des réalités, les définir et les caractériser en les différenciant. L'erreur se produit quand on *fixe* les différences *apparentes* pour en faire des essences *définitives*. Cette déformation devient pernicieuse quand elle s'associe aux préjugés sociaux et raciaux, qui enferment précisément les êtres humains dans des conditions, des castes, des races considérées comme inégales *par essence*. En figeant les hommes dans des essences (le Paysan, le Noir, la Femme, le Noble, le Juif), la vision « essentialiste » aboutit à cautionner tous les ordres conservateurs. Voir **Existentialisme.**

ESTHÉTIQUE. 1° *n. f.* **Science du beau.** Partie de la philosophie qui étudie la nature du beau, ce qui est constitutif de l'art. Conception que des hommes ou des artistes se font de la beauté *(l'esthétique classique ; l'esthétique réaliste ; l'esthétique impressionniste ; l'esthétique de Corneille)*. On oppose parfois l'**Esthétique,** centrée sur la recherche du Beau, à l'**Éthique,** centrée sur la recherche du Bien. Pour certains, les deux recherches coïncident ; pour d'autres, il y a contradiction. Un titre comme *Les Fleurs du Mal,* de Baudelaire, mêle les deux ordres, et laisse entendre qu'il peut y avoir une forme de Beauté dans l'expression (ou la recherche) du Mal, ce qui a pu choquer. Par extension, l'esthétique peut désigner le caractère de beauté qu'on recherche dans telle ou telle réalité. *L'esthétique d'un visage. L'esthétique d'un grille-pain.*

2° *adj.* **Qui se rapporte à la beauté,** au sentiment qu'elle inspire, à l'art qui la produit. *Considérer les choses d'un point de vue esthétique. Une émotion esthé-*

tique. Le sens esthétique, les critères esthétiques. Un geste, une attitude esthétique. Synonymes : *artistique, beau.*

N.B. On distinguera soigneusement les mots **Esthète** (personne raffinée, qui met l'art au-dessus de tout, qui ne regarde le monde que du point de vue de la beauté formelle — d'où l'emploi péjoratif du terme dans certains cas) et **Esthéticien, ienne** (personne qui s'occupe des soins de beauté — le visage, le corps, les rides, etc.).

ESTIVAL. *adj.* Qui a rapport à l'été, qui se produit pendant l'été. *La mode estivale. Une température estivale.* Ne pas confondre avec *festival*, même si celui-ci a souvent lieu pendant la belle saison : *le festival estival d'Avignon. Un estivant* (un vacancier).

ÉTAT. *n. m.* (avec un E majuscule). Autorité souveraine qui s'exerce sur un territoire déterminé et sur un peuple qu'elle représente officiellement. L'État est à la fois une *réalité* politique et humaine (*l'État français*, par exemple, synonyme de «la France») et une *institution* officielle qui agit au nom de cette réalité (la structure administrative et politique qui personnifie juridiquement la nation). A cette double nature sont liés les oppositions classiques entre l'État et la Nation (conflit entre l'autorité souveraine et le peuple qui ne se reconnaît pas forcément en elle), ou entre l'État et le citoyen (le pouvoir de l'État, qui trouve sa légitimité dans l'incarnation de l'intérêt public, peut entraver la liberté du citoyen, qui poursuit des objectifs privés qui ont aussi leurs justifications). Voir **Anarchie, Démocratie, Droit, Loi, Pouvoir**.

ÉTAT DE GRÂCE. (voir le mot *grâce*, «aide de Dieu»).

1° Expression qui désigne, chez les chrétiens, l'état du croyant purifié de tout péché et donc favorisé par la «grâce» de Dieu, qui l'aide à demeurer dans le Bien. L'*état de grâce* est un don qui est en principe obtenu par le «sacrement de pénitence», c'est-à-dire par la **confession** (voir ce mot) : lavé de tout péché, le pécheur sent son âme comme régénérée. Bien entendu, cet état ne dure qu'en l'absence de nouvelles fautes — peu de temps en général...

2° Par extension, on appelle «état de grâce», dans la vie courante, une période quasi miraculeuse où tout semble favoriser un individu. Tel joueur de tennis est «en état de grâce» quand il joue comme un ange. Tel Président est en état de grâce, au début de son mandat, quand on ne peut encore rien lui reprocher et que la majorité qui vient de l'élire lui est a priori favorable.

ÉTATISME. *n. m.* Doctrine politique qui préconise un pouvoir quasi total de l'État dans le domaine économique et social. Situation qui en résulte. Voir les mots **Bureaucratie, Collectivisme, Dirigisme, Socialisme.**

ÉTAYER. *v. tr. (sens propre)* Poser des étais (pièce de bois ou de métal) pour soutenir un mur, un plafond, un pont, etc. *(sens figuré)* Appuyer (une démonstration), soutenir (une idée), fonder (une thèse). *Il faudrait étayer votre discours par des arguments ou des exemples. De bonnes citations étayent une dissertation.*

ÉTHIQUE. *n. f.* (du grec *êthos*, « mœurs »). Partie de la philosophie qui traite de la morale, de ce qui est bien ou mal, de l'art de se bien conduire. *L'éthique de Kant.* Par extension, ensemble de principes moraux que se donne un individu ou un groupe social ; règles de vie. *L'éthique protestante. L'éthique des affaires est-elle une réalité ou un mythe ? Une éthique s'impose dans la recherche biomédicale.*

Comme **adjectif,** le mot *éthique* est le plus souvent synonyme de *moral,* avec une connotation d'intellectualisme ou de prétention. *Nous avons agi de la sorte pour des raisons éthiques.* Ne pas confondre, bien entendu, avec l'adjectif *étique* (maigre). Voir **Déontologie, Morale.**

ETHNIQUE. *adj.* (du grec *ethnos*, « peuple »). Qui se rapporte à une ethnie, c'est-à-dire à un groupe humain partageant une communauté de langue et de culture. *Des caractères ethniques, des groupes ethniques.*

N.B. Il faut distinguer l'adjectif *ethnique* de l'adjectif *racial.* Alors qu'il n'y a que quelques « **races** » au sein de l'humanité (notion d'ailleurs très discutée), chacune de ces races comprend une grande diversité d'**ethnies** et de **cultures** (au sens n° 2 de ce mot). *Des caractères ethniques* (culturels) ne sauraient être des *caractères raciaux* (biologiques). Voir **Racisme.**

ETHNO-. Racine grecque qui signifie « peuple, groupe humain », et qu'on retrouve dans un certain nombre de mots : **Ethnique** (voir ci-dessus), **Ethnocide** (destruction d'un peuple ou de sa culture), **Ethnocentrisme** (tendance à survaloriser sa propre culture et à ne juger les autres peuples ou civilisations qu'à partir de ce modèle), **Ethno-**

graphie (étude descriptive des groupes humains et de leurs caractères anthropologiques), **Ethnologie** (science humaine qui étudie les diverses cultures humaines à partir des données de l'ethnographie), **Ethnologue** (savant spécialiste en ethnologie).

N.B. Ne pas confondre *Ethnologie* (qu'on vient de définir) et *Éthologie* (science du comportement des animaux dans leur milieu naturel).

ÉTIOLER (s'). *v. pron.* S'affaiblir, s'atrophier, dépérir. *Un leucémique qui s'étiole.* Ce verbe est souvent employé au *sens figuré :* un esprit, une civilisation, un groupe humain peuvent « s'étioler ».

ÉTIOLOGIE. *n. f.* Étude des causes ou des conditions d'apparition d'une maladie. L'étiologie fait partie de la *pathologie* (étude générale des causes et des symptômes), et prépare la *thérapeutique* (mise au point des remèdes, des traitements appropriés).

ÉTIQUE. *adj.* D'une extrême maigreur : décharné, squelettique. *Un cheval étique.* Ne pas confondre avec **Éthique** (voir ci-dessus) !

ÉTRIQUÉ. *adj. (sens propre)* Trop étroit, qui manque d'aisance et d'ampleur. *Un costume étriqué.*

(sens figuré) Mesquin ; limité, petit, sans grandeur. *Un esprit étriqué, un art étriqué, une existence étriquée.*

ÉTYMOLOGIE. *n. f.* (du grec *etumos*, « vrai », et *logos*, « discours, science ». Littéralement, « étude du vrai sens des mots »). Deux sens :

1° **Étude générale de l'origine et de l'histoire des mots,** de la variation de leurs sens et de leurs formes. Cette étude montre par exemple que 80 % environ des mots français sont d'origine latine. Voir **Sémantique**.

2° **Origine d'un mot, de sa composition.** Étude de l'évolution de son sens à partir de ses racines. Par exemple, le mot **Étymologie** vient du grec *« etumos »* et *« logos »* ; il présuppose que le sens premier d'un mot est son sens vrai, authentique ; cependant, ce n'est là qu'un présupposé, car la signification a évolué. Le sens premier n'est en général qu'une indication utile, parfois enrichissante, parfois surprenante, notamment lorsque le sens du mot s'est inversé (par exemple, *rem,* qui signifie « chose » en latin, a donné « rien » en français…).

EU-. Racine grecque qui signifie « bien, agréable ». Se retrouve dans les mots **Eucharistie, Eugénisme, Euphémisme, Euphonie, Euphorie, Euthanasie,** qui sont expliqués ci-dessous.

EUCHARISTIE. *n. f.* (du grec *eu,* « bien » et *charisme,* « grâce, faveur ». Littéralement, « action de grâce »).

• Sacrement essentiel du christianisme, qui commémore la **Cène** (voir ce mot), épisode au cours duquel le Christ déclare faire le don de sa personne pour le rachat de l'Humanité. La Cène est un repas où Jésus, entouré de ses apôtres, leur offre du pain en disant *« Ceci est mon corps »,* puis du vin en disant *« Ceci est mon sang »,* pour signifier symboliquement le sacrifice qu'il opère de sa personne, et qui aura réellement lieu un peu plus tard, sur la croix. Les apôtres sont invités à *communier* à ce repas (ce partage du corps et du sang de Jésus), raison pour laquelle l'**Eucharistie** est aussi appelée **Communion :** ils reçoivent ainsi en eux « le corps du Christ », c'est-à-dire la présence même de Jésus, et s'unissent à son sacrifice.

• À la demande du Christ, cette Cène est commémorée rituellement par les Chrétiens. Mais sur ce *mystère* de l'Eucharistie, les théologiens ont des points de vue divergents. Les uns n'y voient qu'une commémoration par laquelle la Communauté croyante réopère, pendant la cérémonie, sa communion spirituelle avec Jésus-Christ. D'autres, les catholiques, estiment que chaque Eucharistie renouvelle authentiquement le repas de la Cène : l'hostie consacrée pendant la Messe devient *effectivement* au cours de la cérémonie le corps du Christ ; le vin consacré par le prêtre se change *réellement* en « sang du Christ », tout en gardant son aspect naturel (cette doctrine s'appelle la *Transsubstantiation ;* elle est discutée parmi les catholiques eux-mêmes).

EUDÉMONISME.. *n. m.* Philosophie qui fait du bonheur le bien suprême. Voir **Hédonisme.**

EUGÉNISME. *n. m.* (formé sur le grec *eu-,* « bien » et *genos,* « naissance ») 1° Science qui étudie les moyens d'améliorer les populations humaines du point de vue génétique. 2° Doctrine qui préconise l'amélioration biologique d'une race par l'application des méthodes et connaissances acquises par cette science.

N.B. Si l'**eugénisme** comme science peut susciter l'intérêt, son utilisation comme alibi au service de doctrines ou de politiques racistes est totalement condamnable.

EUPHÉMISME. *n. m.* (du grec *eu-*, « bien, agréable » et *phêmê*, « parole »). Figure de style qui consiste à atténuer la réalité dont on parle, par l'emploi d'une expression indirecte qui l'adoucit. Par exemple, *disparu* pour *mort*, *petit coin* pour *cabinets*, *maladie de longue durée* pour *cancer*, *malentendant* pour *sourd*. L'euphémisme est employé chaque fois qu'on désire feutrer l'évocation d'une réalité choquante, douloureuse, pénible, soit pour soi-même, soit à l'égard d'un interlocuteur qu'on désire ménager. On dit *un euphémisme*.

N.B. L'euphémisme est proche, dans son expression, de la litote dont la forme est également en retrait par rapport à la réalité exprimée (voir ce mot). Mais alors que l'euphémisme atténue pour atténuer (et ne pas choquer l'interlocuteur), la litote sert le plus souvent à *dire le moins pour faire ressortir le plus*. Sur une copie médiocre par exemple, on peut lire : « *il y a des progrès possibles* » (euphémisme) ou bien « *Ce n'est pas génial* » (litote pour « C'est nul »).

EUPHONIE. *n. f.* (du grec *eu-*, « bien, agréable » et *phonos*, « son ») Agréable agencement de sonorités, en musique, en poésie, ou dans la langue. En **littérature,** le principe de l'euphonie est d'éviter les rencontres de sons peu harmonieuses, à l'oral comme à l'écrit. C'est pour cette raison que les classiques proscrivaient l'hiatus dans le vers français, et qu'il vaut mieux éviter les phrases du genre « *C'est là la latitude à laquelle elle l'a lâché* » (ah, là là!).

Antonymes : **Cacophonie, Dissonance.**

EUPHORIE. *n. f.* (du grec *eu-*, « bien, agréable » et *pherein*, « porter ».) Sensation de bien-être intense, de plénitude ou de joie intérieure. *Je nageais en pleine euphorie. L'euphorie du succès ne dure que quelques jours. La véritable euphorie ne peut provenir que de l'harmonie intérieure : je me méfie des états euphoriques que produisent les euphorisants. L'euphorie collective.*

EUROPE. *n. f.* L'Europe est à la fois une réalité géographique (de l'Atlantique à l'Oural), une entité historique et culturelle (berceau de la civilisation occidentale) et un projet d'avenir partiellement réalisé, dans la mesure où l'intégration économique actuelle, accélérée par la constitution de l'*Union européenne* en 1992, semble préparer à long terme une unité politique susceptible de s'ouvrir à l'ensemble des pays européens. L'emploi du mot *Europe* renvoyant à la fois à des réalités incontestables et à des aspirations politiques discutées, son interprétation doit faire l'objet d'un examen attentif, notamment dans le discours politique ou médiatique.

EUTHANASIE. *n. f.* (du grec *eu-*, « bien, agréable » et *thanatos*, « mort ». Littéralement, « mort heureuse »). Ensemble des procédés qui favorisent une mort sans souffrance, chez des êtres atteints d'une maladie incurable et douloureuse. L'euthanasie désigne aussi l'action de provoquer la mort (pour abréger les souffrances). Les législations belge et française ne l'autorisent pas, en raison des abus possibles que cette légalisation pourrait entraîner.

ÉVANGILE. *n. m.* (« bonne nouvelle » en grec). Message du Christ. Chacun des livres qui relate sa vie et son enseignement. L'*Évangile selon Matthieu*. Au *sens figuré* : texte fondamental d'une doctrine.
Parole d'évangile : à laquelle on peut totalement se fier. Voir **Bible, Testament.**

ÉVENTUEL. *adj.* (du latin *eventus*, « événement »). Qui peut se produire ou ne pas se produire. Possible, hypothétique. *Un gain éventuel, un échec éventuel. Il faut parer à toute éventualité. Un candidat éventuel à la présidence. Ce qui est éventuel n'est jamais sûr, mais on doit en tenir compte.*

ÉVERTUER (S'). (de *vertu*, au sens ancien de « courage ». Ce verbe s'emploie exclusivement à la forme pronominale). S'efforcer de, s'ingénier à, se donner de la peine pour. *S'évertuer à plaire, à comprendre, à chanter.* Notons qu'en général, quand on *s'évertue* à faire quelque chose, c'est qu'on n'y parvient pas, ou alors difficilement.

ÉVINCER. *v. tr.* (du latin *e-*, « hors de », et *vincere*, « vaincre »). Écarter quelqu'un d'une place ; le déposséder d'un droit, souvent par intrigue. *Il s'est fait évincer de la première place. Des manœuvres destinées à évincer un candidat trop ambitieux. Elle m'a évincé de son cœur.* Synonymes : *chasser, éliminer, exclure.* Substantif correspondant : *éviction.*

ÉVOLUTIONNISME. *n. m.* Doctrine selon laquelle les plantes et les espèces n'ont pas été créées de toutes pièces telles qu'on les observe actuellement sur terre, mais sont le résultat d'une longue et multiforme évolution du monde vivant depuis des millions d'années. Cette doctrine est encore appelée **transformisme**. Darwin en a été le principal théoricien. Voir **Darwinisme** et **Lutte pour la vie**.

Sous ses différentes formes, l'évolutionnisme a pu choquer les contemporains pour deux raisons : d'une part, il semblait en contradiction avec les données de la Bible, dont la Genèse, prise à la lettre, donne à croire que toutes les espèces ont été créées telles quelles dès la Création ; d'autre part, et plus profondément, il mettait en question la nature même de l'être humain. L'homme n'est-il qu'un animal un peu plus «évolué» que les autres (descendant du singe), ou bien a-t-il une essence spécifique, spirituelle, une âme échappant au déterminisme de la matière et de la biologie ? La question demeure posée.

La doctrine opposée à l'évolutionnisme s'appelle le **Fixisme**.

EX-. Préfixe d'origine latine qui signifie «hors de» (idée d'éloignement, de séparation, de transformation). Il entre dans la formation de nombreux mots français. Voir sa forme abrégée *e-*, dont les valeurs sont similaires.

N.B. Ce préfixe s'emploie aussi devant des noms, avec trait d'union, pour désigner l'état d'antériorité. *Ex-mari,* par exemple veut dire *ancien mari*. On rencontre sur ce modèle des substantifs d'autant plus nombreux qu'on peut en fabriquer à loisir : ex-professeur, ex-ministre, ex-directeur, ex-paysan, ex-marin, ex-préposé aux PTT, etc.

EX. Particule latine, de même sens que le préfixe ci-dessus, qu'on retrouve dans un certain nombre de locutions latines couramment employées, parmi lesquelles :

• **Ex aequo,** à égalité, sur le même rang *(deux concurrents ex aequo).*

• **Ex cathedra,** du haut de la chaire. Parler ex cathedra, c'est parler d'un ton doctoral, professoral. *Un cours ex cathedra.*

• **Ex nihilo,** à partir de rien. *Le monde a-t-il pu se faire ex nihilo ?*

EXACERBÉ. *adj.* Qui est poussé à son point extrême, à son paroxysme. *Un sentiment exacerbé, un désir exacerbé.* Se dit souvent d'un mal, ou d'un état affectif plutôt négatif. *L'exacerbation des passions politiques* (l'exaspération, le comble de l'irritation).

EXACTION. *n. f. (sens classique)* Action d'exiger le paiement de sommes non dues (par abus de pouvoir, de la part d'un agent de l'État). *(sens courant, au pluriel — emploi critiqué)* Actions violentes (vols, pillage, sévices, massacres), commises en général par des gens de guerre, des miliciens, des policiers. *Les exactions serbes en territoire bosniaque.*

EXALTATION. *n. f.* (du latin *ex-*, « hors de » et *altus,* « haut »). Littéralement : « ce qui est porté au-dessus de ce qui est haut »). **Sens littéraire et religieux :** glorification, élévation au plus haut degré d'un saint, d'un héros, d'une vertu. **Sens courant :** état de surexcitation, d'activité psychique intense, d'euphorie. *Il écrivait en pleine exaltation, presque avec délire.* Ne pas confondre avec le paronyme **Exultation** (Voir le mot **Exulter**).

EXAUCER. *v. tr.* Accorder à quelqu'un ce qu'il demande, satisfaire à l'objet d'une prière. *Le Ciel a exaucé les vœux que je formais. Nous avons été exaucés par les dieux.* Ce verbe s'emploie dans le langage religieux (Dieu exauce une prière) mais aussi dans le langage courant (une autorité peut exaucer un souhait, une demande). L'usage de ce mot implique souvent une connotation de supplication, suivie de reconnaissance (dans le cas favorable).

N.B. Ne pas confondre avec l'homonyme **Exhausser,** qui veut simplement dire surélever, hausser (un mur).

EXCLUSIVE. (comme *n. f.*) Mesure d'exclusion. *Jeter, prononcer l'exclusive contre quelqu'un :* décider d'exclure. Cette mesure peut parfois être officieuse, implicite.

EXÉCRABLE. *adj.* Détestable, qui mérite le plus grand mépris. *Un comportement exécrable.* Le terme s'emploie aussi à propos de réalités concrètes : *la nourriture de la cantine est exécrable, dégoûtante, infecte.*

EXÉGÈSE. *n. f.* Science qui consiste à établir, aussi scientifiquement que possible, le sens précis d'un texte. Le mot s'est d'abord appliqué à l'interprétation de la Bible *(exégèse biblique)* et des textes sacrés. Par extension, il désigne l'étude approfondie d'un texte, littéraire ou non, historique ou non, — étude qui s'appuie sur une analyse minutieuse du sens des mots. *Il y a des linguistes qui poussent très loin l'exégèse des discours politiques.*

EXEMPTER. *v. tr.* Dispenser quelqu'un d'une charge, d'une responsabilité, d'une obligation. *Être exempté du service militaire.* Peut s'employer ironiquement : *je vous exempte de vos remarques déplacées!* **S'exempter :** se dispenser. *Il aurait pu s'exempter de venir.*

EXERGUE. *n. m.* Inscription gravée sur une pièce de monnaie, sur une médaille. Par extension, toute phrase placée en tête d'un texte pour l'éclairer. Une citation mise *en exergue* se nomme plutôt **Épigraphe**. Mais on notera que l'expression **mettre en exergue** signifie, au sens figuré, mettre en évidence, mettre en valeur.

EXHAUSTIF. *adj.* Total, complet, qui fait le tour des choses, qui épuise le sujet traité. *Un recensement exhaustif, une étude exhaustive.* Antonymes : *fragmentaire, partiel, incomplet, sélectif.*

EXHORTER. *v. tr.* Encourager quelqu'un à faire quelque chose, par des paroles insistantes, aussi persuasives que possible. On dit « exhorter à », comme « appeler à » ou « inciter à ». *Exhorter un peuple à se libérer. Exhorter un enfant à prendre patience. Exhorter à la confiance, à la clémence, à la vertu.* Le discours qui exhorte s'appelle **exhortation :** ce mot est fréquent dans le langage religieux.

EXISTENTIALISME. *n. m.* Philosophie qui affirme **la primauté de l'existence sur l'essence,** dans l'analyse de la condition humaine. Voir à ce propos la définition des mots **Essence** et **Essentialisme.**

• Au fond de la pensée existentialiste, il y a l'idée que « l'essence » de l'homme n'est qu'un concept, une « vue de l'esprit » inventée après coup. La réalité, c'est l'existence concrète, première, immédiate, individuelle, tangible, limitée, que chacun découvre en lui-même et dans les autres. Il n'y a pas d'Homme en soi, il n'y a que des individus, jetés dans la vie. Il n'y a pas de concept immuable de la Mort : il y a le fait qu'un jour *je* meurs. Et ainsi de suite.

• Pour nous en tenir à l'existentialisme sartrien (athée), on peut dire qu'il s'oppose diamétralement à l'**essentialisme.** La formule *« L'existence précède l'essence »* (Sartre) signifie que l'essence de l'être humain ne se situe pas au début de la vie mais à la fin ; l'homme ne se définit pas par un modèle préexistant, mais par ce qu'il fait de lui-même au cours de sa vie. Il se trouve plongé dans l'existence, brutalement, avec ses limitations, ses contingences, ses données, diverses pour chacun ; mais, doté de liberté et de capacité d'agir, il doit construire son être, son « essence », au fil des ans. *« L'homme est une liberté en situation »* : il est ce qu'il se fait ; ses actes seuls le jugent. La prise de conscience de cette situation, dans un monde où les choses ou les autres résistent à sa liberté, la nécessité de se trouver pour soi-même un modèle de vie, une « morale », ne vont pas sans une profonde angoisse (« angoisse existentielle »). Mais tel est l'enjeu : l'homme doit assumer sa liberté, décider de lui-même.

De l'opposition entre **Essentialisme** et **Existentialisme**, on pourra rapprocher les oppositions entre **Nature** et **Culture**, ou encore entre **Fixisme** et **Évolutionnisme**. Dans des ordres différents, on retrouve les mêmes débats de fond, les mêmes approches contradictoires du phénomène humain. Voir **Absurde, Essentialisme, Idée, Culture/Nature, Platonisme.**

EXIT. Mot latin qui signifie « il sort ». Il s'emploie dans le langage théâtral pour indiquer qu'un personnage doit sortir, et figure généralement dans le texte de la pièce. Cette indication se retrouve parfois dans le style descriptif (en littérature ou dans la presse) pour désigner le départ de quelqu'un. *Après l'exit du petit juge, l'affaire a été reprise sur des bases nouvelles. Exit l'animateur X et son émission littéraire.*

EXODE. *n. m.* Migration massive d'un peuple ou d'une partie de ses habitants. *Exode rural* : départ massif des paysans venant travailler en ville. *Exode estival* : départ collectif des vacanciers pour la plage, ou la campagne, ou la montagne. Par extension, fuite vers l'étranger de personnes ou de choses. *L'exode des cerveaux, l'exode des capitaux.* À distinguer de **Exorde.**

N.B. Ce mot renvoie à deux faits historiques : l'**Exode** des Hébreux fuyant l'Égypte, dans l'Antiquité, et plus récemment, l'**exode** des Français (en 1940) fuyant l'avance des armées allemandes.

EXORBITANT. *adj.* (littéralement, « qui sort de l'orbite »). Qui dépasse la mesure, qui est excessif, exagéré, déraisonnable. *Un prix exorbitant. Des prétentions exorbitantes.*

EXORCISER. *v. tr. (sens propre)* Chasser les démons d'une personne qui en est possédée par des « exorcismes » (pratique religieuse ou magique). *(sens figuré)* Délivrer quelqu'un du mal (moral) ou des tentations internes qui le menacent. *La littérature exorcise mes angoisses. Dans Aurélia, Nerval peint ses hantises pour les exorciser.* Ce sens est très voisin du sens du verbe **Conjurer** (délivrer d'un mal, écarter d'un danger ; neutraliser un mauvais sort).

EXORDE. *n. m.* Début d'un discours organisé (sermon, plaidoirie, discours politique) en rhétorique traditionnelle. L'exorde est une entrée en matière (un préambule, une introduction) qui a pour but de créer le lien avec l'auditeur, de lui annoncer le sujet du discours et d'en exposer le plan. Ne pas confondre avec **Exode**. Antonyme : **péroraison.**

EXOTISME. *n. m.* Caractère de ce qui est étranger à la civilisation à laquelle on appartient, qui se trouve dans les pays lointains ou qui en provient. *Un récit de voyage fascinant par son exotisme. Des fruits exotiques, des mœurs exotiques, des rêves exotiques.* L'exotisme est une notion d'abord propre à l'Occident, qui cherchait dans les pays tropicaux ou les « colonies » l'image d'un *ailleurs* plein de richesses ou de charme. Mais aucune réalité n'est « exotique » en elle-même : pour les pays dits du « tiers monde », aujourd'hui, l'exotisme correspond aux dépaysements ou aux rêves que peuvent leur procurer les pays occidentaux.

EXPECTATIVE. *n. f.* Attitude de prudence, durant laquelle on attend de voir comment les choses tournent pour se décider. *Être dans l'expectative, demeurer dans l'expectative.*

EXPÉDIENT. *n. m.* Procédé sommaire qu'on emploie pour résoudre une difficulté — de façon le plus souvent provisoire. *Avoir recours à des expédients. User d'expédients pour apaiser des créanciers, pour calmer une foule en colère.* **Vivre d'expédients :** vivre en recourant à des moyens illicites ou indélicats. Synonyme : *palliatif.*

EXPÉRIENCE. *n. f.* 1° Fait d'éprouver. *Faire l'expérience de la douleur, de la réalité du monde.*

2° Connaissance partielle tirée d'une

expérience «vécue» (sens précédent) ou de la pratique de telle ou telle réalité : *l'expérience de la mer ; l'expérience de la vie ; une vérité d'expérience.*

3° Connaissance acquise en général, capacité élaborée au cours de la vie et de la réflexion sur celle-ci. C'est en ce sens qu'un héros de Malraux se donne pour devise de *« transformer l'expérience en conscience ».* Pour les philosophes empiristes, les connaissances, les idées, proviennent exclusivement des expériences, à commencer par les sensations les plus élémentaires (voir **Empirisme**).

4° Expérimentation que l'on provoque pour vérifier un phénomène, une loi. *Faire une expérience. La méthode expérimentale.*

EXPIER. *v. tr.* Subir une peine, un châtiment, en raison d'une faute commise. Se laver, par cette expiation, de la culpabilité éprouvée. *Expier ses péchés :* au sens religieux, accepter une pénitence (une punition) pour réparer le mal commis et s'en purifier. *Expier une folie, une imprudence :* se sentir puni à juste titre (par la vie et ses souffrances) de la folie commise. *Un crime inexpiable :* qu'aucun acte ne peut effacer ni faire pardonner.

EXPLICITE. *adj.* Qui est clairement dit, formellement énoncé, précisément expliqué. Sans équivoque, sans sous-entendu, sans contestation. *Une déclaration, des paroles explicites. Lisez bien la tirade de Phèdre : l'aveu de sa passion est explicite. Le notaire a explicitement confirmé la proposition du vendeur. Je ne comprends pas votre distinction : pourriez-vous l'expliciter ?* Antonymes : *implicite, tacite, allusif.*

N.B. Le mot **explicite** prend toute son importance lorsqu'on le met en relation avec la notion d'**implicite,** au niveau précis de la langue ou au niveau plus large du discours. Voir ce mot.

EXPOSITION. *n. f.* Au **sens littéraire,** début d'une œuvre où sont nécessairement exposés les éléments indispensables à la compréhension de l'intrigue ou du récit. L'exposition répond aux questions : qui, quoi, où, quand, comment ? Elle est essentielle au théâtre. L'art de l'auteur, toutefois, consiste à distribuer les informations *progressivement,* pour appâter le spectateur en même temps qu'il l'éclaire, sans tout dire tout de suite.

EXPRESSIF. *adj.* 1° Qui est exprimé avec force et suggestion. *Un langage, un discours, un style expressif.* Qui manifeste beaucoup de sensibilité, d'émotion, de mouvement. *Une musique expressive, des mimiques expressives. L'expressivité s'oppose à la monotonie.*

2° En linguistique, on appelle **fonction expressive** l'une des six fonctions dominantes de la communication, celle qui est centrée sur celui qui parle ou émet un message. La fonction expressive (dite encore *émotive*) manifeste dans le discours (directement ou non) toute la présence du «je» du locuteur, son affectivité, sa subjectivité, ses émois. Elle est majeure dans les textes autobiographiques et poétiques, mais reste fréquente dans d'autres formes de discours : dans le discours politique, par exemple, l'orateur joue de l'intonation, des gestes, de tous les modes de l'expressivité personnelle. Voir les mots **Communication, Impressif.**

EXPRESSIONNISME. *n. m.* Tendance artistique et littéraire du début du XXe siècle qui fait de l'œuvre d'art, non pas le moyen de représenter la réalité extérieure (ni même l'impression que celle-ci produit), mais l'expression intense et souvent violente du monde intérieur de l'artiste. Van Gogh (1853-1890) est considéré comme un précurseur de l'expressionnisme en peinture, lequel se développera dans la première moitié du siècle avec des représentants comme Edvard Munch (1863-1944) ou James Ensor (1860-1949). L'expressionnisme s'étendra aux autres arts : littérature, théâtre, cinéma.

• Historiquement, l'expressionnisme se présente comme une réaction contre le mouvement qui le précède, appelé **Impressionnisme** (voir ce mot). Alors que l'artiste impressionniste reproduit les impressions fugitives ou les sensations délicates que certains spectacles (soleil levant, paysage maritime) font sur lui, l'artiste expressionniste inverse la relation et ne se sert plus des éléments du monde extérieur les plus frappants (sélectionnés, modifiés, exacerbés) que pour imposer à la toile *son* univers intérieur.

• Cela dit, il y a tout de même filiation entre l'impressionnisme et l'expressionnisme. Par opposition à la peinture figurative ou réaliste, l'impressionniste faisait déjà le choix de mettre en avant la subjectivité de ses «impressions», en dépassant l'idée d'une objectivité statique du réel. L'expressionnisme ne fera donc que pousser plus loin encore la primauté de l'univers interne de l'artiste, pour aboutir à la peinture abstraite, qui crée délibérément un univers nouveau, sans souci de représenter le réel.

EXPURGER. *v. tr.* Au **sens figuré,** éliminer d'un texte ce qui peut paraître choquant, contraire à la morale, ou intolérable aux yeux du lecteur (compte-tenu de ses idées, de ses préjugés, des convenances ou de sa sensibilité). *Une édition expurgée. Expurger un roman de tous les passages érotiques. Un article expurgé de toutes les allusions politiques.* Voir **Édulcorer.**

EXSANGUE. *adj. (sens propre)* Vidé de son sang. *Un cadavre exsangue. Un visage pâle, exsangue.*
(sens figuré) Épuisé, à bout de forces, sans vigueur. *Un pays exsangue après une guerre civile. Une économie exsangue. Une littérature sans vitalité, décadente, exsangue.*

EXTATIQUE. *adj.* (littéralement, à partir du latin *extasis,* « qui est comme hors de soi »). Qui a le caractère de l'extase mystique, c'est-à-dire du transport intérieur, béat, de quelqu'un qui a la vision d'un être surnaturel. Par extension *(sens courant),* ravi, enthousiasmé, transporté. *Un air extatique. Une joie extatique. Un état extatique, exalté, émerveillé.* Pour une *personne* dans cet état, on emploie de préférence le participe passé du verbe **s'extasier** (être saisi d'admiration). *Je restais là, muet devant elle, extasié devant sa beauté* (ou *« en extase »*).

EXTENSION. *n. f. (sens propre)* Fait d'étendre ; allongement ou accroissement, expansion, prolongement. *(sens figuré)* Fait d'élargir une notion, de donner une portée générale à une réalité abstraite, de transférer un concept d'un domaine dans un autre. L'exemple le plus simple est celui de la signification des mots : leurs sens évoluent sans cesse, tantôt par restriction, tantôt par extension.

EXTIRPER. *v. tr.* (de *stirps*, « racine » en latin). *(sens propre)* Arracher quelque chose à la racine, enlever totalement. Extirper une tumeur, une dent. *(sens figuré)* Extraire radicalement, non sans mal, une réalité de type social ou moral. *Extirper le racisme et l'intolérance de notre société. Extirper d'un esprit les modes de pensée primitifs.*

EXTORQUER. *v. tr.* Obtenir quelque chose de quelqu'un

contre sa volonté, par l'emploi de la force (torture, menaces) ou de la ruse (pression morale, chantage). *Extorquer de l'argent en menaçant de représailles* (racket). *Extorquer des aveux par la torture. Extorquer une signature par chantage affectif. Une extorsion de fonds.*

EXTRA-. Racine d'origine latine qui signifie *« au-dehors de ; au-delà de »*. Le premier sens (qui s'oppose à *intra-*) donne les mots **Extrapolation, Extravagant, Extraversion** (expliqués ci-dessous). Le second sens (synonyme *d'ultra-*) se trouve dans des mots comme **Extra** *(faire un extra),* **Extra-ordinaire, Extra-fin, Extra-lucide.**

Notons ici les deux locutions latines de sens opposé **Extra muros** (en dehors des murs, donc de la ville) et **Intra muros** (à l'intérieur de la ville : *habiter intra muros*).

EXTRACTION. *n. f.* 1° Fait d'extraire, d'arracher. *Extraction d'un minerai, d'une dent, d'un gaz.*

2° Origine sociale *(langue littéraire). Il est de basse extraction, il est de souche populaire.* Ne pas confondre avec **Extradition.**

EXTRADITION. *n. f.* Procédure officielle par laquelle un État se fait livrer un individu poursuivi pour diverses raisons (politiques, criminelles) par le pays étranger dans lequel cet individu s'est réfugié. *L'extradition des criminels de guerre nazis réfugiés en Amérique latine.* Ne pas confondre avec **Extraction.**

EXTRAPOLATION. *n. f.* Opération mentale par laquelle, à partir d'un certain nombre de données ou d'éléments vérifiés, on induit la suite des résultats auxquels on peut s'attendre. Par exemple, si l'on observe une progression du chômage de 10 000 personnes le premier mois, de 12 000 le second, de 14 000 le troisième, on estimera *par extrapolation* que le chiffre de chômeurs du dixième mois risque d'atteindre 28 000. C'est une conclusion possible, mais aussi hâtive. D'où le sens parfois péjoratif du mot : généralisation abusive, hypothèse contestable. *28 000 chômeurs, vous extrapolez, mon cher !*

EXTRAVAGANT. *adj.* et *n.* (du latin *ex-*, « hors de » et *vagari*, « errer, vaguer »). Qui sort des limites de la normalité et du bon sens. Déraisonnable, bizarre, excentrique, fantasque. *Des théories extravagantes. Un personnage extravagant. « Moi, je buvais, crispé comme un extravagant »* (Baudelaire).

EXTRAVERSION. *n. f.* (du latin *extra-*, « au dehors », et *vertere*, « être tourné vers »). Tendance à se tourner vers le monde extérieur, à toujours se centrer sur les choses ou sur autrui, d'où une aptitude à établir des contacts et à s'adapter à la réalité externe. Cette attitude s'oppose classiquement à l'**introversion,** tendance inverse, qui conduit l'individu à se centrer sur son « moi », à approfondir ses sentiments et à pratiquer l'**introspection,** mais souvent au détriment de l'adaptation au monde extérieur. Voir ces mots.

N.B. Aucune de ces attitudes n'est bonne ni mauvaise en soi. La plupart des personnes les ont concurremment, avec prédominance de l'une ou de l'autre. Tout est question d'équilibre.

EXTRINSÈQUE. *adj.* Qui vient de l'extérieur, par opposition à ce qui est **intrinsèque** (qui fait partie intégrante d'une réalité). *Les causes extrinsèques* de la chute de l'Empire romain viennent précisément du dehors (les barbares), alors que *ses causes intrinsèques* sont à chercher au-dedans (la décadence du régime). La *valeur extrinsèque* d'une marchandise (conférée par le marché) s'oppose à sa *valeur intrinsèque* (sa qualité en soi).

EXUBÉRANCE. *n. f.* Au *sens propre* comme au *sens figuré*, surabondance, profusion. *L'exubérance de la végétation. Il manifestait ses sentiments avec exubérance. Un style exubérant. Une imagination exubérante.* Exagération, expansivité.

EXULTER. *v. tr.* Déborder d'une joie extrême, jubiler, manifester une allégresse intense. *J'ai fini mon roman, je respire ; j'ai le Prix Goncourt, j'exulte !* Ne pas confondre **Exultation** et **Exaltation.**

EXUTOIRE. *n. m. (sens médical, ancien)* Ulcère artificiel, abcès de fixation provoqué pour servir d'écoulement à diverses suppurations. *(sens courant)* Moyen de se délivrer d'un problème, de se défouler, de se soulager indirectement d'un besoin. *Le sport peut être un bon exutoire pour un individu nerveux. J'écris pour projeter les fantasmes qui m'obsèdent : c'est mon exutoire.* La **Catharsis** (voir ce mot) est une forme d'exutoire psychologique plus ou moins conscient.

N.B. La langue familière dit « défouloir » ; mais ce mot est un barbarisme.

FABLE. *n. f.* 1° Court récit en vers ou en prose chargé d'illustrer une moralité. Le plus souvent, les fables sont des récits allégoriques, mettant en scène par exemple des animaux pour symboliser le monde humain. *Les Fables de La Fontaine, de Florian, d'Anouilh.* Voir **Apologue**.

2° Mensonge, récit inventé de toutes pièces ; histoire que se plaît à raconter un mythomane, c'est-à-dire un personnage qui aime «fabuler» en croyant plus ou moins à ce qu'il imagine. Dans le sillage du mot *fable* (sens n° 2), on trouve les mots **Affabulation** (1° Trame d'un récit imaginaire ; 2° Invention mensongère), **Affabuler** (même sens que **fabuler**), **Affabulateur** (même sens que **fabulateur**), **Fabulation** (imagination, invention mensongère), **Fabuler** (élaborer des fabulations), **Fabulateur** (personnage qui raconte comme vraies des histoires imaginaires), **Fabuleux** (1° Qui appartient à la légende, mythique ; 2° Étonnant, prodigieux) et **Fabuliste** (auteur de fables au sens n° 1).

FABLIAU. *n. m.* Petit conte en vers du Moyen Age, de ton satirique. Le fabliau ne comporte pas nécessairement de moralité : il lui suffit d'amuser le lecteur. Il a surtout été en vogue au XIIIe siècle.

FACÉTIEUX. *adj.* Qui se rapporte à la facétie (c'est-à-dire à la farce, à la plaisanterie). *Un récit facétieux, une cérémonie facétieuse.* Qui a le goût de la facétie. *Un personnage facétieux, farceur. Un auteur facétieux, qui aime les canulars et les ouvrages burlesques.*

FACONDE. *n. f.* Invention verbale, facilité de parole. *La faconde de Cyrano de Bergerac dans la tirade des nez.* L'emploi de ce mot comporte souvent une nuance péjorative : il est rare que l'abondance verbale ne tombe pas dans l'excès, le verbiage.

FAC-SIMILÉ. *n. m.* Reproduction exacte d'un document. D'où l'abréviation américaine «fax» pour *télécopie*.

FACTICE. *adj. (sens propre)* Qui est produit artificiellement (sens ancien) et, par extension, qui est faux, artificiel, imité. *Un diamant factice; la cheminée factice d'un décor théâtral.*

(sens figuré, courant) Qui manque de naturel, qui est faux, forcé, affecté, «fabriqué». *Une spontanéité factice, simulée. Une poésie factice, insincère. Un personnage tout en facticité, parfaitement creux.*

N.B. Le mot *facticité* (caractère de ce qui est factice) prend un sens particulier en philosophie, chez Sartre notamment : *caractère de ce qui existe comme fait contingent* (et donc, qui peut être comme n'être pas).

FACTIEUX. *adj.* Qui s'oppose au pouvoir établi, au point d'organiser des **factions** (des complots, des mouvements armés, des séditions). Rebelle, révolutionnaire. *Des militaires factieux. Une ligue factieuse. Un esprit factieux.* Le terme peut s'employer comme nom : *une poignée de factieux, d'agitateurs.*

FACTUEL. *adj.* Qui est de l'ordre des faits purs. *Une information factuelle. Une preuve factuelle.* S'oppose à ce qui est de l'ordre de l'interprétation subjective, ou même de la simple analyse.

FACTUM. *n. m.* Libelle violent, diatribe, pamphlet. *Des factums politiques.* Ne pas confondre avec **factotum** (intendant «qui fait tout» dans une maison).

N.B. On prononce «factomme» (comme d'ailleurs «factotomme»).

FACTURE. *n. f.* (à partir du latin *facere*, «faire») **Sens littéraire :** manière dont est fabriquée une œuvre d'art, et par extension, qualité technique de celle-ci. *La facture d'un tableau, d'un poème.* On oppose en général la facture (la réalisation, sa manière) à la conception, à l'invention.

N.B. Le mot *facture* désigne directement, dans le domaine musical, la fabrication des instruments de musique. *La facture d'un piano. Un facteur d'orgue.*

FACULTÉ. *n. f.* 1° Capacité, pouvoir, ou droit d'accomplir quelque chose. *Faculté de choisir, de courir, de rêver, de travailler, de ne rien faire.*

2° **Sens philosophique** (traditionnel). *Les*

facultés de l'âme, qui sont la pensée, la volonté et la sensibilité.

3° **Sens courant** (souvent au pluriel). Aptitude intellectuelle, capacité mentale. *Jouir de toutes ses facultés. Sentir ses facultés décliner.*

4° Établissement où l'on poursuit des études supérieures, à l'Université. *Faculté de Droit, Faculté des Lettres. Doyen de la Faculté des Sciences.* Dans ce sens, le mot «Faculté» peut aussi désigner le corps professoral universitaire.

N.B. Ces divers sens du mot *faculté* sont évidemment liés. C'est précisément à l'Université qu'on développe (en principe) ses «facultés mentales». Dans un de ses sketches, Raymond Devos ne manque pas d'évoquer le cas d'un Doyen d'université ayant perdu ses «Facultés».

FALLACIEUX. *adj.* Trompeur, spécieux. *Des arguments fallacieux, des espérances fallacieuses.* Qui cherche à induire en erreur : *un discours fallacieux, des promesses fallacieuses.*

FALSIFIER. *v. tr.* Fausser intentionnellement quelque chose dans l'intention de tromper. *Falsifier un document, une signature.* Altérer, dénaturer, truquer. *Un vin falsifié. Falsifier la théorie d'un penseur en la résumant. Falsifier la vérité.* La notion de falsification suppose toujours qu'on mêle du faux au vrai.

FAMÉ. (du latin *fama*, qui signifie «renommée»). L'adjectif *famé* ne se trouve que dans les deux expressions *bien famé* (qui a bonne réputation) et surtout *mal famé* (qui a mauvaise réputation). *Un quartier mal famé, une rue mal famée.* «Bien famé» ne s'emploie plus.

N.B. La racine latine *fama* se retrouve dans un certain nombre de mots qu'elle aide à comprendre : **Fameux** (qui a bonne renommée), **Diffamer** (salir la réputation de quelqu'un), **Infâme** (honteux, ignoble) et les mots de la même famille, *fameusement, diffamation, diffamatoire, infamant, infamie.*

FAMÉLIQUE. *adj.* Affamé et amaigri par la faim. *Un renard famélique. Un enfant famélique.* Synonyme : *étique.*

FANATISME. *n. m.* Croyance exacerbée en une idée, une doctrine, une religion ou un homme, qui rend intolérant à l'égard de ceux qui ne partagent pas la même passion (ou ont des convictions opposées). Le *fanatisme religieux* a particulièrement été combattu par les intellectuels et humanistes de l'époque des **Lumières** (XVIIIe siècle).

• Le **fanatique** est souvent d'autant plus dangereux qu'il est sincèrement convaincu de posséder la vérité, d'être en contact avec la divinité ou d'avoir trouvé, dans l'enthousiasme, la certitude qui illumine sa vie. *« Rien n'est plus dangereux que la certitude d'avoir raison »*, déclare F. Jacob. Le zèle qui s'ensuit, surtout s'il donne lieu à des regroupements grégaires entre fanatiques de la même idée, conduit à des attitudes prosélytes, puis dogmatiques, puis sectaires, qui débouchent sur la violence, l'intolérance, l'inquisition.

• Le mot *fanatique* s'est banalisé. On se dit volontiers «fan» ou «fana» de quelqu'un ou de quelque chose (une vedette, un sport). Mais le germe est toujours là, et le risque de débordements collectifs, aveugles et intolérants, demeure. Voir **Dogmatisme, Intégrisme**.

FANGE. *n. f.* Boue épaisse et salissante. (*sens figuré*) Vie de débauche et d'abjection, qui souille moralement. *Se traîner, se vautrer dans la fange* (se jeter, se complaire dans l'ignominie).

FANT-. Racine d'origine grecque, orthographiée originellement *phant-*, issue de *phainein*, «briller, apparaître». Cette racine se retrouve dans de nombreux mots français issus du latin et du grec, qui concernent pour la plupart le domaine de l'imaginaire : **Fantaisie** (imagination créatrice; originalité, caprice), **Fantasia** (réjouissance un peu folle), **Fantasmagorie** (spectacle fantastique avec effets de merveilleux), **Fantasme** (voir ci-après), **Fantasque** (capricieux, bizarre), **Fantastique** (fabuleux, surnaturel, extraordinaire), et **Fantôme** (vision surnaturelle, spectre, revenant, illusion). Voir aussi **Épiphanie** et **Phénomène**.

FANTASME. *n. m.* (du grec *phantasma*, «apparition»).
1° **Sens courant.** Représentation imaginaire, plus ou moins obsessionnelle, qui hante l'esprit d'une personne. Il peut s'agir de rêves divers (de richesse, d'amour, de bonheur), d'angoisses ou de peurs projetées sur la réalité, dont le sujet a en principe conscience. *Tu as des fantasmes sexuels ? Vivre dans ses fantasmes.* À ce sens correspond le

verbe **fantasmer** : se plaire à ses fantasmes ; percevoir les choses à travers les déformations de ses fantasmes.

2° **Sens psychanalytique.** Scénario imaginaire, rêve issu de l'Inconscient, au cours duquel l'individu «satisfait» des désirs irréalisables dans sa vie quotidienne. La cure psychanalytique permet au sujet de prendre conscience de ses fantasmes profonds. Certains fantasmes seraient communs à tous les individus, et liés aux **complexes** mis au jour par Freud (voir ce mot).

N.B. Le mot *fantasme* s'est banalisé en passant du sens psychanalytique au sens courant. Il est donc important de voir dans quel contexte il est employé. Notons que le terme a une portée féconde en critique littéraire et artistique : les fictions, les œuvres d'imagination, les représentations picturales sont en effet comme de grandes rêveries maîtrisées et mises en forme par les artistes, des fantasmes architecturés en objets esthétiques.

FANTASTIQUE. *n. m.* Dans le domaine littéraire et artistique, le *fantastique* est devenu un genre, un mode d'expression à mi-chemin entre le naturel et le surnaturel, entre le réel et l'imaginaire pur. Ce sens est un peu restreint par rapport à celui de l'*adjectif* «fantastique» (merveilleux, surnaturel, incroyable) ; le conte de fées, par exemple, ne fait pas partie du fantastique. Dans les œuvres de ce genre, l'auteur propose sans doute une histoire «fantastique» au sens courant du terme, mais de telle sorte qu'une interprétation rationnelle puisse également être donnée des événements apparemment extraordinaires qui se sont déroulés. Ainsi, dans *Le Horla* de Maupassant, on ne peut décider à la fin de l'histoire s'il s'agit réellement de la prise de possession du narrateur par un esprit étranger ou d'un simple délire psychologique du personnage qui s'autohallucine. Dans la science-fiction, on retrouve d'une certaine manière cette recherche d'une caution rationnelle (fournie par l'élément scientifique) au libre développement d'un imaginaire futuriste.

FANTOCHE. *adj.* Sans consistance. Se dit d'un individu qui se laisse mener comme une marionnette. Dans le *vocabulaire communiste*, cet adjectif a souvent été employé pour qualifier des gouvernements impopulaires, «postiches», supposés à la solde des régimes impérialistes. *Nous renverserons le gouvernement fantoche de Saïgon.*

FARAMINEUX. *adj.* Extraordinaire, fabuleux. *Des prix faramineux.* Cet adjectif est familier, souvent ironique. On le trouve parfois orthographié *pharamineux*.

FARCE. *n. f.* 1° Pièce comique, au Moyen Age, qui fut d'abord intercalée dans les représentations des mystères (d'où le nom de «farce», par analogie avec la substance alimentaire de même nom). Il s'agissait d'un comique bouffon, satirique, fondé sur des procédés assez grossiers (jeux de scène, calembours, quiproquos, etc.). La plus célèbre de ces farces est *La Farce de Maître Pathelin* (XVe siècle). La farce n'a pas été négligée par Molière, qui en reprend certains procédés *(Le Médecin malgré lui)*. Cette forme de comique se retrouve de façon fragmentaire dans le théâtre moderne (*Ubu Roi* de Jarry ; les pièces de Ionesco).

    2° Par extension, plaisanterie ou tromperie, «bon tour» que l'on joue à quelqu'un. Facétie, mystification, bouffonnerie. Événement (comique) qui rappelle la farce théâtrale, ou semble dérisoire. *La conférence des belligérants sur la paix est une véritable farce.*

FASCISME. *n. m.* 1° Mouvement et doctrine politique ayant abouti à la dictature de Mussolini, en Italie (1922/1945), fondé sur l'exaltation du nationalisme, le parti unique et le corporatisme. 2° Doctrine ou attitude politique préconisant un régime totalitaire de type mussolinien, ou développant certains thèmes de cette doctrine (corporatisme, parti unique, nationalisme).

N.B. À noter que le mot *fascisme* et l'adjectif correspondant *fasciste* sont abondamment utilisés dans la polémique politique et intellectuelle, avec souvent des exagérations ou approximations. On accuse trop vite de «fasciste» quelqu'un qui réclame des mesures autoritaires ou émet des réserves sur la démocratie. Un intellectuel de renom a même déclaré un jour que toute langue est «fasciste», en raison du code que le langage impose toujours à ses utilisateurs. Il y a là un usage pour le moins extensif du terme...

FASTE. *adj.* Se dit d'un jour heureux, d'un moment particulièrement favorable. *Une période faste.* Antonyme : *néfaste* (qui nuit).

    nom. Déploiement de luxe, de richesse, de magnificence. *Le faste d'une cérémonie, d'un palais, d'un décor.* À cet emploi du mot *faste* correspond l'adjectif **fastueux**. *Une robe fastueuse.*

FAT. *adj.* et *n. m.* Personnage vaniteux, d'une prétention ridicule, totalement imbu de lui-même (cf. l'expression *être infatué de soi-même*). Dans *Le Misanthrope*, Molière a mis en scène un petit marquis, Acaste, qui est un véritable fat. Son autoportrait est l'incarnation même de la *fatuité*.

FATAL. *adj.* Qui est marqué, fixé par le destin. *Un jour fatal.* Qui conduit inévitablement à l'échec ou à la mort. *Un coup fatal. Une femme fatale.*

FATALISME. *n. m.* (de *fatal*, qui vient du latin *fatum*, « destin »).

1° Doctrine philosophique selon laquelle les événements et la destinée des êtres sont fixés à l'avance par une volonté surnaturelle (Dieu, la Fatalité ou le Destin). L'homme n'y peut rien. Il n'a pas de liberté. Ne pas confondre avec le **déterminisme**, qui nie aussi la liberté humaine (du moins en partie), en estimant que le monde n'est qu'un enchaînement de causes et d'effets, mais sans intervention d'un principe surnaturel. Voir ce mot.

2° Attitude morale de résignation devant ce qui arrive. Sentiment ou idée qu'on ne peut rien faire à l'encontre de ce qui se produit. *Le fataliste laisse faire, s'abandonne aux événements* (cf. le personnage de Diderot, Jacques le Fataliste, pour qui *« Tout est écrit là haut »*).

FATALITÉ. *n. f.* (du latin *fatalitas,* qui vient de *fatum*, « destin »).

1° Puissance surnaturelle qui régit le cours des événements collectifs et la vie de chaque individu, à laquelle croient certaines philosophies et religions. La fatalité, ou Destin, ou Fatum, est censée fixer à l'avance tout ce qui arrive. Chez les Grecs, elle impose sa volonté aux dieux eux-mêmes. Elle est notamment la force supérieure qui régit le déroulement de la tragédie antique.

2° *(sens courant)* Caractère de ce qui est fatal, qui se produit de façon apparemment inéluctable. *La fatalité d'une guerre, d'une maladie.* Suite de circonstances malheureuses qui semblent « voulues » par le sort. *C'est la fatalité, que voulez-vous ?*

N.B. Alors que le « destin » peut avoir un sens favorable, la « fatalité » est toujours funeste.

FATIDIQUE. *adj.* (du latin *fatum*, « destin »). Qui semble marqué par le destin, qui relève d'une intervention manifeste du destin. *Un jour fatidique ; le moment fatidique.*

FATRAS. *n. m.* Amas confus, ensemble hétéroclite de choses. S'emploie au propre comme au figuré. *Un fatras d'objets sans valeur et de meubles poussiéreux. Un fatras d'idées mal assimilées.*

FATUITÉ. *n. f.* Caractère d'une personne qui se satisfait excessivement d'elle-même, étale son «moi» de façon ridicule et déplaisante. Vanité, suffisance, autosatisfaction. *La fatuité des «petits marquis»* dans Le Misanthrope *de Molière. Un homme fat et prétentieux. La fatuité est une synthèse de sottise et de vanité.*

FATUM. *n. m.* Mot latin qui signifie «Destin». Il s'emploie dans la langue littéraire. On parle de **Fatum** dans la tragédie classique, ou parfois, à l'occasion de grands événements.

N.B. Ce mot est à l'origine des mots expliqués ci-dessus **Fatalisme, Fatalité, Fatidique.** Voir aussi le mot **Destin.**

FAUX-FUYANT. *n. m.* Détour par lequel on évite de répondre à une question, de prendre une décision. Moyen de se tirer d'embarras en «fuyant» le problème. Échappatoire, dérobade, prétexte. *Il est temps de vous prononcer : ne cherchez pas de faux-fuyant.* Pluriel : *des faux-fuyants.*

FÉBRILITÉ. *n. f. (sens propre)* État d'une personne fiévreuse (tremblement, agitation).
(sens figuré) Excitation, nervosité. *Il s'affaire avec fébrilité. La fébrilité des préparatifs de la cérémonie.*

FÉCOND. *adj. (sens propre)* Capable de reproduction; apte à produire et à reproduire. *Un étalon fécond. Une espèce féconde, prolifique. Une terre féconde.*
(sens figuré) Qui produit beaucoup, qui est fertile, abondant, créateur, fructueux. *Un artiste fécond. Une philosophie féconde. Une époque féconde en événements et en chefs-d'œuvre.*

FÉLICITÉ. *n. f.* (du latin *felix*, «heureux»). Grand bonheur, durable et sans mélange. *Atteindre enfin à la félicité.* Joie suprême, béatitude, notamment au sens religieux.
Au **pluriel** : *les félicités* sont des plaisirs intenses, des bonheurs liés aux circonstances. *Une vie comblée de félicités.* L'emploi de ce terme est parfois ironique.

FÉMINISME. *n. m.* Doctrine qui préconise l'égalité des droits entre les femmes et les hommes et, plus globalement, l'extension du rôle des femmes dans la vie sociale, politique, économique, culturelle, artistique. Mouvement qui milite dans ce sens, qui tente de «libérer» la condition féminine du pouvoir masculin.

Ne pas confondre l'adjectif *féministe* et l'adjectif *féminin*. *Un mouvement féminin* est un mouvement de femmes; *un mouvement féministe* est un mouvement qui milite *en faveur* des femmes et de leurs revendications. Un groupe «féminin» n'est pas forcément «féministe»; un *«antiféministe»*, de même, n'est pas nécessairement *misogyne*.

FÉODAL. *adj.* Se dit d'un régime fondé sur l'institution du **fief**.

FERMENT. *n. m.* Ce qui fait naître un sentiment, une idée, une passion, ou qui entretient une agitation quelconque. *Un ferment de haine. Un ferment d'indiscipline agitait l'assemblée.* À l'image de la **fermentation**, le mot *ferment* suggère l'idée d'une cause interne qui engendre, secrètement, une forte effervescence.

FÉRU. *adj.* Passionné. *Être féru d'histoire, de sciences, d'astrologie.* Cet adjectif s'emploie avec une connotation d'érudition : celui qui est féru d'une réalité en connaît beaucoup sur celle-ci.

FÉRULE. *n. f.* Baguette de bois ou lanière de cuir avec laquelle on frappait autrefois les écoliers fautifs. D'où l'expression **sous la férule de**, sous l'autorité (ou le pouvoir) de. *Maupassant a appris à écrire sous la férule de Flaubert.*

FERVEUR. *n. f.* Ardeur vive et intérieure, dans l'expression des sentiments religieux. *Prier avec ferveur.* Par extension, enthousiasme et chaleur que l'on met dans une activité, une passion, ou l'expression de sentiments. *Participer à un spectacle avec ferveur; aimer avec ferveur; manifester sa reconnaissance avec ferveur.*

Le mot *ferveur* garde de son emploi religieux une connotation d'intériorité, de profondeur d'expression. «*Nathanaël, je t'enseignerai la ferveur!*» (Gide).

FESTIF. *adj.* Qui a rapport à la fête. *Des occupations festives.*

FÉTICHISME. *n. m.* 1° **Sens propre :** culte des fétiches, c'est-à-dire des objets sacrés auxquels les religions animistes attribuent des pouvoirs magiques.

2° **Sens figuré :** admiration excessive ou attachement exagéré, à l'égard d'une personne, d'un objet ou d'une chose qu'on vénère. *Le fétichisme d'un collectionneur. Selon Marx, la société capitaliste est hantée par le fétichisme de la marchandise, à laquelle elle attribue une valeur mystique. Le sport souffre actuellement d'un véritable fétichisme de la performance.*

3° **Sens psychnalytique :** déviation sexuelle qui conduit le sujet à vouloir satisfaire son désir sur des objets partiels, plus ou moins liés à la personne de l'être aimé (un élément du vêtement, une chaussure, le pied, etc.). *Une fixation fétichiste sur le soutien-gorge. Le fétichisme du genou.*

FICTION. *n. f.* 1° Invention, imagination, chose irréelle. *C'est de la fiction ! La réalité dépasse la fiction. Un personnage fictif, qui n'existe pas.*

2° En **littérature**, ensemble des productions issues de l'imagination créatrice des auteurs (quelle que soit la part de « réalité » et de « fiction » qui s'y trouve). Un roman, même réaliste, même autobiographique, est une fiction. *Les œuvres de fiction* (contes, romans, par opposition aux ouvrages d'histoire, aux essais). La notion de fiction s'étend naturellement au cinéma, aux téléfilms. Elle triomphe dans la *science-fiction*, la *politique-fiction*, etc.

FIDÉISME. *n. m.* (du latin *fides*, « foi »). Dans le **domaine religieux**, doctrine qui fait reposer la croyance exclusivement sur la foi, et non sur la raison. L'esprit, le raisonnement logique, n'ont donc pas lieu de jouer, d'argumenter ou d'examiner : il faut adhérer aux vérités de la foi par un mouvement irrationnel. Les détracteurs du fidéisme jugent cette attitude aveugle et préconisent au contraire, dans la croyance, une alliance de la foi et de la raison. Voir **Révélation**.

Dans le **domaine philosophique**, indépendamment de la question religieuse, le fidéisme est une attitude qui fait reposer l'adhésion à la vérité sur une croyance sentimentale ou intuitive, par opposition au rationalisme.

FIEF. *n. m. (sens propre)* Au Moyen Age, domaine concédé par un seigneur à un vassal, en échange de quoi celui-ci doit servir loyalement son seigneur. Le vassal est donc à la fois maître dans son fief et asservi à son suzerain. L'institution du fief caractérise la société dite *féodale*.

(sens figuré) Zone d'influence, domaine dans lequel quelqu'un jouit d'un pouvoir indiscuté. En particulier, **fief électoral** : zone dans laquelle un notable se fait régulièrement réélire, et qu'il estime être sa «chasse gardée».

FIELLEUX. *adj.* Plein de fiel, de haine. *Des propos fielleux. Un adversaire fielleux.* Ne pas confondre avec le paronyme *mielleux*.

FIGURATIF. *adj.* Qui figure, qui représente la forme réelle des choses. En particulier, l'**art figuratif** est l'art qui représente les réalités du monde visible de façon clairement identifiable (paysage, objet, animal, personnage), par opposition à l'**art abstrait**, qui ne renvoie qu'à son propre jeu de formes et de couleurs.

FIGURÉ. *adj.* 1° *(ancien)* Se dit de ce qui est représenté avec une certaine richesse d'expression, avec des «figures de style» notamment. *Un style figuré, imagé. La langue figurée des poètes.*

2° *(courant)* Se dit du *sens second* pris par certains mots, à partir d'une analogie découlant du *sens originel*. On oppose ainsi le **sens propre** (originel, concret, usuel) et le **sens figuré** (métaphorique, abstrait, dérivé). Des exemples abondent dans tous les dictionnaires. Pour désigner des réalités non sensibles, le langage doit souvent procéder par analogie, par image, par métaphore. C'est le cas notamment des réalités affectives, morales, sociales : on parle d'un chagrin *profond*, d'une vertu *solide* d'un situation *élevée*. Quand un mot est souvent employé de façon imagée (le mot **carcan** par exemple), le nouveau sens qu'il prend se spécialise et fait partie de la langue usuelle : l'image s'est «lexicalisée», elle est devenue le sens figuré de ce mot, répertorié comme tel dans le dictionnaire. Quand on parle couramment du «bras» d'un fauteuil, par exemple, on a oublié la métaphore originelle.

FIGURE DE STYLE. Procédé d'expression particulier, visant à produire un certain effet. On dit aussi **figure de rhétorique** (mais les figures de rhétorique concernent plus particulièrement l'art du **discours**). *La métaphore, l'antithèse, l'anaphore, la litote sont des «figures de style» extrêmement vivantes.*

• Parler, écrire, c'est toujours employer des façons de dire, des modes d'expression que les structures de la langue et de la grammaire mettent couramment à la disposition de celui qui s'exprime. Chacun peut les utiliser pour transmettre des significations ou des informations. La notion de *figure de style* prend son sens quand le locuteur est animé par une **volonté d'expression** qui *dépasse* le simple désir de transmettre une information : il veut renforcer, intensifier, nuancer, atténuer ; il veut produire un effet, convaincre, rendre sensible, amuser, jouer avec les mots, etc. Il utilise volontairement les fonctions du langage les plus expressives, il recherche des procédés efficaces ou originaux, il tente de travailler son **style**.

• Or, parmi les diverses façons de s'exprimer, un certain nombre d'entre elles obéissent à des formes stylistiques précises, elles-mêmes correspondant à des schémas de pensée qu'on peut assez clairement définir et désigner : ce sont les « figures » de style. Si elles peuvent avoir des formes propres à chaque langue, elles illustrent des opérations de l'esprit qui se retrouvent d'une langue à l'autre. Il est donc utile de savoir les reconnaître et les utiliser. S'il est vrai que certains auteurs ont parfois détaillé à l'infini les « figures de style », d'une façon qu'on peut juger trop subtile, l'homme cultivé n'en doit pas moins connaître les principales d'entre elles : par exemple (pour compléter celles qui sont citées ci-dessus), l'**Allégorie**, l'**Apostrophe**, la **Comparaison**, l'**Ellipse**, l'**Euphémisme**, l'**Hyperbole**, l'**Ironie**, la **Métonymie**, la **Périphrase**, et quelques autres…

FIGURER (SE). *v. pron.* S'imaginer, se représenter les choses par la pensée. *Je me figure déjà la retraite heureuse que je prendrai dans mon chalet du Reposoir. Figurez-vous la félicité d'un tel lieu ! Je n'arrive pas à me figurer comment tu as pu en arriver là.*

FIN. *n. f.* 1° **Terme, achèvement ;** moment ou endroit où se termine quelque chose. Cessation définitive. Conclusion *(mot de la fin).* Dans un *sens classique* : mort (fin de l'existence).

2° **But que l'on poursuit.** Objectif, intention qui anime quelqu'un. *Parvenir à ses fins. La fin ne justifie pas les moyens.* Destination finale d'une chose ou d'un être (en ce cas, le mot *fin* semble fondre ses deux acceptions en une seule). Dans ce sens n° 2, pour fuir toute confusion, on emploie souvent le synonyme **Finalité**.

N.B. Il est essentiel de distinguer les deux sens de ce mot, tout en comprenant leur relation. Le *but* et le *bout* d'une action coïncident en effet souvent. Mais ce serait une erreur de croire que le terme d'une réalité est nécessairement ce vers quoi cette réalité tendait : ce serait tomber dans un **finalisme** grossier (voir ci-après).

FINALISME. *n. m.* Doctrine philosophique selon laquelle le monde dans son ensemble est orienté selon une finalité précise, d'origine supérieure (même si elle demeure mystérieuse). Les philosophes opposent les causes «efficientes», originelles, qui permettent d'expliquer les phénomènes par les différentes forces antérieures qui les produisent, et les **causes finales**, qui expliquent les phénomènes par des buts qu'ils sont censés poursuivre. Le finalisme est la doctrine qui explique donc les choses par leurs causes finales, par une sorte d'intentionnalité qui les conduirait secrètement à être ce qu'elles sont. Au contraire, les esprits scientifiques se contentent de chercher, dans des lois, les causes originelles des phénomènes qui se produisent.

• Il y a plusieurs degrés dans l'attitude finaliste. Le finalisme est en général la philosophie des croyants qui pensent que le monde est créé et ordonné par Dieu selon un certain plan, lequel apparaît évident à leurs yeux : la succession des phénomènes (par exemple la façon dont l'évolution conduit à l'émergence de l'homme) est même pour eux la preuve qu'un Dieu conduit ainsi l'univers.

À l'autre extrême, on trouve un finalisme grossier, à courte vue, qui prête aux faits naturels des explications finalistes sommaires, pour leur donner un sens immédiat, rassurant, en général favorable à l'être humain. Un exemple caricatural fut ainsi avancé à propos du melon ; son enveloppe serait intentionnellement striée par la nature pour permettre un découpage facile dans une famille nombreuse !

• Dans le domaine scientifique, par exemple en biologie où les phénomènes d'adaptation sont souvent étonnants, il est parfois difficile de se garder d'une attitude finaliste, tant une visée secrète semble orienter les choses de la vie. Le glissement consiste à passer de l'impression *« tout se passe comme si »* à la conclusion *« c'est donc que »*. Le vrai savant, même s'il a le sentiment d'une finalité de l'univers, se garde bien d'en faire un principe d'explication.

FINALITÉ. *n. f.* 1° But poursuivi, «fin» au sens n° 2. *Quelle est la finalité de cette politique ?* On notera que le mot *fina-*

lité englobe l'ensemble des significations des termes « but », « objectif » ou « fin » : la finalité, c'est cet *ensemble ordonné qui est orienté vers une fin*. Les buts, les objectifs peuvent être précis, à court terme ; la finalité est la visée qui les dépasse et les unifie.

2° Au **sens philosophique**, la finalité est le fait d'être organisé selon un dessein, une fonction donnée. *Le corps fonctionne de telle sorte qu'il tend sans cesse vers sa survie : c'est là sa finalité.* La croyance dans un monde gouverné par une finalité supérieure constitue alors le **finalisme**. Voir ce mot.

FINITUDE. *n. f.* Caractère de ce qui est fini, limité dans le temps et dans l'espace. *La finitude de la condition humaine.* Le terme s'emploie en philosophie pour qualifier la nature mortelle de l'homme, que chaque instant déposséde de sa vie.

FIRMAMENT. *n. m.* En *langage littéraire*, voûte céleste. Les poètes évoquent souvent le firmament le soir ou la nuit, quand ont paru les étoiles. *« Je pensai que la terre était sortie de son orbite et qu'elle errait dans le firmament comme un vaisseau démâté. »* (Nerval).

FIXISME. *n. m.* Voir **Darwinisme, Évolutionnisme**.

FLAGRANT. *adj.* (du latin *flagrare*, « brûler » ; voir **Conflagration**) Qui saute aux yeux, que personne ne peut nier. *Un flagrant délit. Une injustice flagrante.* Évident, incontestable, patent, notoire.

FLEGMATIQUE. *adj.* Se dit d'un individu calme, peu émotif, qui garde son sang-froid et maîtrise ses réactions. Qui a du flegme, c'est-à-dire une humeur fondamentalement tranquille. *L'apparence flegmatique d'un lion.*

FLEXIBILITÉ. *n. f.* Caractère de ce qui est flexible, souple. Ce mot s'est employé, à partir des années 1980, dans un sens socio-économique, pour définir la souplesse d'organisation de certains secteurs. *La flexibilité de l'emploi. Une économie qui manque de flexibilité. La flexibilité des prix, des salaires.*

N.B. Ce mot a pris une connotation négative à partir des années 1995-96, la « flexibilité de l'emploi » entraînant une précarité accrue des salariés dans une Europe au chômage endémique.

FLORÈS (faire florès). Obtenir un succès éclatant, réussir. *La récente politique en faveur du logement a fait florès.* Cette locution adverbiale, ancienne, jouit d'un regain dans la presse : elle « fait florès » elle-même...

FLORILÈGE. *n. m.* Recueil de textes choisis (poésies, pensées, etc.). Voir **Anthologie**.

FOCALISATION. *n. f.* (à partir de *focal*, du latin *focus*, « foyer »).

1° Concentration en un point donné (foyer). Le mot s'emploie soit dans un sens *concret* (particules, rayons), soit dans un sens *figuré (focaliser l'attention).*

2° En **littérature** : lieu d'où le narrateur opère le récit ou la description des faits, dans une œuvre romanesque. La focalisation est en quelque sorte le choix du « foyer » privilégié qu'adopte un auteur pour « faire voir » les événements, les paysages, les personnages. On l'appelle aussi « point de vue » ; mais cette expression peut avoir un sens plus large. On distingue classiquement :

— **la focalisation interne :** le récit est rapporté par un personnage de l'histoire, ou exclusivement de son point de vue. On voit tout par lui, on ne voit rien en dehors de ce qu'il perçoit. Exemple : *L'Étranger* (Camus).

— **la focalisation externe :** le narrateur rapporte les événements en position de témoin objectif. Il n'entre pas dans le for intérieur des personnages, dont il ne fait que décrire les comportements ou enregistrer les paroles effectivement prononcées. Exemple : les premières lignes de *L'Éducation sentimentale* (Flaubert).

— **la focalisation zéro.** Elle cumule les deux précédentes : le narrateur raconte tout, de loin ou de près, de l'extérieur des personnages ou de l'intérieur. Il se donne le droit de tout savoir, est présent partout où il veut, comme s'il avait le regard même de Dieu pénétrant la totalité de l'univers romanesque. On parle à ce sujet de **narrateur omniscient**.

N.B. Dans une même œuvre, l'auteur peut choisir d'adopter successivement plusieurs types de focalisation.

D'autre part, le mot **point de vue** peut avoir une autre signification. Par exemple, au cours d'une description, le narrateur peut déplacer son regard, montrer les choses selon différents angles, s'approcher ou s'éloigner de l'objet décrit (un paysage, un portrait). À l'intérieur d'une focalisation donnée, le « point de vue » descriptif peut donc lui-même varier. Voir **Narrateur**.

FOI. *n. f.* (du latin *fides*, «confiance, foi», d'où vient aussi le mot «fidèle»).

1° **Sens classique :** fidélité que l'on promet ; confiance que l'on a en quelqu'un. *Donner sa foi. Avoir foi en.* Il s'agit d'une confiance absolue.

2° **Sens religieux :** croyance très vive et très profonde en Dieu ou dans les vérités d'une religion. Certitude intérieure. *J'ai la foi.* Par extension, ensemble des vérités (doctrine) qui font l'objet de cette foi. *La foi chrétienne.* Voir **Confession, Dogme**.

3° **Sens courant :** forte croyance dans une réalité ou dans une personne. *Avoir foi en l'avenir. Avoir foi en l'école de la République. Avoir foi en son Président.*

N.B. On oppose classiquement la foi et la raison. Même dans le domaine non religieux, la foi est une forme de conviction intuitive, intérieure, qui déborde la pure logique de l'esprit. Poussée à l'extrême (sans le contrôle de la raison), la foi débouche sur le **fidéisme**. Cela dit, bien des croyants estiment pouvoir concilier les adhésions de leur foi et l'exercice de leur raison.

FOISONNANT. *adj.* Qui foisonne, qui se produit «à foison», c'est-à-dire en quantités abondantes et variées. Cet adjectif s'emploie au sens *propre* comme au sens *figuré*. *Un jardin foisonnant de fleurs. Un livre foisonnant d'idées. Une imagination foisonnante. Un foisonnement d'étoiles envahissait le ciel.*

FOLKLORIQUE. *adj.* 1° Qui est relatif au folklore, c'est-à-dire aux coutumes, arts et fêtes populaires d'un pays. *Des danses folkloriques ; des rites, des croyances, des légendes folkloriques.* D'où : coloré, animé, pittoresque.

2° Qui manque de sérieux, sous une apparence pittoresque et plaisante. Farfelu. *Un personnage folklorique. Une réunion syndicale plutôt folklorique.* Quand le *folklore* devient artificiel, vide de sens, le terme devient péjoratif.

FOMENTER. *v. tr.* Préparer, organiser secrètement, susciter ou entretenir une action néfaste. *Fomenter une révolte, une émeute, un complot, des troubles.*

FONCIER. *adj.* (*sens propre*) Qui se rapporte à la terre, au terrain possédé, bâti ou exploité. *Un propriétaire foncier. L'impôt foncier.*

(*sens figuré*) Qui caractérise le fond même

d'un être ; qui renvoie à la réalité fondamentale d'une chose. *Des qualités foncières. Une différence foncière entre deux attitudes. C'était un personnage foncièrement méchant.*

FONDAMENTALISME. *n. m.* Dans le domaine religieux, attitude de ceux qui préconisent un retour à la doctrine fondamentale de leur religion, et sa stricte observation. *Le fondamentalisme musulman.* Voir **Intégrisme**.

FONDEMENT. *n. m.* Élément de base, principe essentiel sur lequel repose une philosophie, une doctrine, une théorie ou une réalité sociale. *Selon Rousseau, un « contrat social » sert de fondement à la société. Les fondements de la morale. Les fondements théoriques d'une science. Les fondements de la République sont inscrits dans sa devise : Liberté, Égalité, Fraternité. Sur quoi fondez-vous votre raisonnement ? Une accusation sans fondement* (sans base réelle).

N.B. En ce qui concerne les édifices, on dit **fondations**.

FORFAITURE. *n. f.* Trahison, déloyauté. Crime ou manquement grave commis par un fonctionnaire dans l'exercice de ses fonctions. *Un policier accusé de forfaiture.*

FOR INTÉRIEUR. (du latin *forum*, « place publique, tribunal »). Expression qui désigne le fond de la conscience, ce lieu intérieur où l'on débat avec soi-même et où l'on se juge. Ne s'emploie pratiquement que sous la forme *« en* (dans) *mon* (ton, son, etc.) *for intérieur »* : au plus profond de moi-même (de toi, de soi). *Il n'en laisse rien paraître, mais en son for intérieur, il regrette sa conduite.*

FORMALISER (SE). *v. pron.* Être choqué par un manquement aux règles formelles de la politesse, aux conventions sociales, et le faire savoir. *Il ne me salue pas : je pourrais m'en formaliser, mais je passe là-dessus.*

FORMALISME. *n. m.* (à partir de *formel*, voir plus loin).

1° Attitude générale qui consiste à s'attacher scrupuleusement aux formalités, aux aspects officiels des choses. Cette attitude se manifeste dans le domaine juridique par un respect sourcilleux des règles et des conventions. Elle se retrouve aussi dans l'attachement excessif aux formes extérieures de la politesse, de l'étiquette, des usages cérémonieux. Devant tout manquement, la personne « formaliste » se sent choquée, elle « se formalise » (voir ci-dessus).

2° Dans le *domaine littéraire et artistique*, tendance à privilégier avant tout la forme des œuvres, leur aspect purement esthétique, au détriment du contenu, des idées, des thèmes. Tendance qui peut aussi bien concerner les créateurs que les critiques.

En particulier, on donne le nom de **Formalisme** à une école de critique littéraire russe du début du XXe siècle (Moscou, Leningrad, Prague) qui met l'accent sur les aspects proprement formels de toute œuvre, insiste sur l'autonomie de l'art, et tente d'analyser les lois esthétiques (structurelles, formelles) qui régissent la spécificité des œuvres (par exemple : les structures narratives du conte). Les formalistes réagissent contre la tendance à expliquer les œuvres par des éléments selon eux extra-littéraires (la biographie, le contexte socio-historique, les idées ou intentions de l'auteur). Les théoriciens formalistes seront à l'origine de la linguistique moderne et du structuralisme.

FORME. *n. f.* En littérature, on appelle classiquement «forme» d'un texte la façon dont il se présente (style, composition) par opposition au «fond», qui en est le contenu (sujet, matière, thèmes, message).

Cette distinction, parfois commode pour aborder une œuvre en première approximation (ou pour soi-même composer un texte), est mise en cause par la critique moderne. D'une part, au niveau de l'émotion du lecteur, le fond et la forme sont souvent si bien fondus dans une œuvre réussie qu'il est impossible d'attribuer l'émotion produite à l'un ou l'autre des deux aspects. D'autre part, lorsqu'on regarde avec précision une œuvre, on est vite dans l'embarras : une figure de style est-elle purement formelle ou traduit-elle une manière de penser? Une structure narrative est-elle «pure forme» ou expression d'une façon de voir le monde, de situer l'événement dans le temps? La forme n'est jamais pur ornement; le fond n'est jamais une substance en soi inséparable de son expression. L'œuvre originale crée *en même temps* une pensée et une forme neuves. Le «sens» n'est souvent qu'un effet produit par un agencement de signes, sans qu'on sache ce qui est premier. *Forme et contenu participent consubstantiellement à l'œuvre.*

FORMEL. *adj.* 1° Qui est relatif à la forme, à l'apparence extérieure. *Beauté formelle. Politesse formelle* (hypocrite). Voir **Forme** et **Formalisme**.

2° Qui est parfaitement clair, précis, sans équivoque. *Déclaration formelle. Preuve formelle.* Indiscutable : *ordre formel, catégorique. Ton formel. Il a été formel sur ce point.*

FORNICATION. *n. f.* Au *sens religieux* (classique), péché de la chair. *« Il m'a toujours semblé que nos concitoyens avaient deux fureurs : les idées et la fornication »* (Camus, La Chute).

FORTUIT. *adj.* Qui se produit de façon imprévue, par hasard. *Une rencontre fortuite. Un incident fortuit. C'est souvent ce dont on ignore les causes qui nous semble fortuit.* Mots de sens voisin : accidentel, inopiné, occasionnel.

FORTUNE. *n. f.* (du latin *fortuna*, « sort ; hasard bon ou mauvais »).

1° **Sens ancien.** Sort favorable ou défavorable. La **Fortune** était une déesse chez les Anciens : elle décidait à l'aveuglette des hasards favorables ou non, des sorts heureux ou malheureux que l'existence dispensait aux mortels. D'où l'idée, dans la langue classique, d'une puissance qui distribue au hasard le bonheur ou le malheur.

2° **Sens classique.** Ensemble d'événements qui arrivent à quelqu'un. *Il a traversé la vie avec une plus ou moins bonne fortune. Ses livres ont eu des fortunes diverses.* Destinée, chance ou malchance. *Une intallation de fortune :* bricolée à la hâte dans une situation précaire.

À partir de l'expression *bonne fortune*, le terme a eu peu à peu une connotation positive. Cette bonne fortune étant souvent de nature financière, le mot a pris le sens qui suit.

3° **Sens courant** (actuel). Ensemble de biens ; richesse, argent, patrimoine. *Avoir une petite ou grande fortune.* Par extension, grande richesse. *C'est une fortune ! Faire fortune. Avoir de la fortune, être fortuné.*

FORUM. Mot latin désignant la place publique où s'assemblait le peuple, à Rome ou dans les autres villes de l'Empire romain. Ce mot est utilisé en français pour désigner le lieu symbolique où se déroule le débat politique. *La télévision est devenu l'unique forum où se joue le sort de la démocratie.* On l'emploie aussi pour désigner des réunions ou des colloques qui se tiennent sur divers sujets. *Vous êtes invité au Forum international sur la condition féminine.* Pluriel : *des forums.*

N.B. Au mot latin *forum* correspond le mot grec **Agora**.

FOURCHES CAUDINES (passer sour les fourches caudines de). *Historiquement,* défilé très étroit en forme de fourche, près de Caudium, où les Romains furent sévèrement battus (en 321 avant J.-C.). D'où le *sens métaphorique* de l'expression **passer sous les fourches caudines de quelqu'un** : devoir subir un traitement déshonorant, passer par des conditions vexatoires pour obtenir quelque chose.

FOURVOYER (SE). *v. pron.* (de l'ancien français *fors*, « hors de » et *voie*, « chemin »). **Sens littéraire :** s'égarer, se détourner du bon chemin. *« Un chien qui s'était fourvoyé par mégarde »* (La Fontaine).
Sens figuré (le seul actuel) : se tromper complètement ; être pleinement dans l'erreur. *À partir d'une expérience fausse, des savants se sont fourvoyés dans une ridicule théorie sur la mémoire de l'eau. Cet idéaliste s'est fourvoyé dans le commerce.*

FOYER. *n. m.* (à partir du latin *focus*, « foyer, feu »).
Au *sens figuré,* lieu central d'où provient quelque chose, par analogie avec le feu de l'âtre qui rayonne chaleur et lumière. Source, origine, cause. *Le foyer de la maladie. Le foyer de la rébellion. Ce foyer d'images et de rêves d'où était issue son inspiration.* Dans l'idée de foyer, il reste toujours une trace de l'image originelle, celle d'un rayonnement intense partant d'un point central.

FRANCHISE. *n. f.* Au **sens juridique**, liberté, avantage ou droit particulier qui est concédé à un bénéficiaire : ce peut être une exonération d'impôts ou de taxes (droit fiscal), le droit d'exploiter un brevet ou une marque (droit commercial), la possibilité pour l'assureur de ne pas rembourser une partie des dommages subis par son client, etc. La notion de « franchise » comporte toujours l'idée d'une liberté un peu exceptionnelle (cf. le verbe *affranchir*).

FRANCOPHONIE. *n. f.* Ensemble de pays ou de populations parlant la langue française, habituellement ou occasionnellement. Dans certains pays, le français peut être la langue officielle, mais les diverses ethnies peuvent pratiquer, dans leur communauté, des langues ou des dialectes qui leur sont propres.

FRANC-MAÇONNERIE. *n. f.* Société secrète à vocation universelle, animée par un idéal humaniste, fraternel et libéral, proche de la philosophie des Lumières. *Mozart fut un franc-*

maçon fervent. Les francs-maçons sont réunis en «loges»; l'entrée dans une loge suppose des rites d'initiation; un ensemble de loges forme une «obédience».

Les francs-maçons ayant parfois été accusés de trop se soutenir les uns les autres, le terme «franc-maçonnerie» peut se trouver employé péjorativement pour désigner un groupe dont les membres se favorisent mutuellement, pour mieux réussir leurs carrières (un réseau d'anciens élèves d'une grande école, par exemple). Cet emploi dérivé du mot ne correspond évidemment pas à l'idéal originel.

FRASQUES. *n. f.* (le plus souvent au pluriel). Écarts de conduite, extravagances. *Les frasques de jeunes gens romantiques.* S'emploie souvent sur un ton de plaisanterie.

FRAYER. *v. tr.* Ouvrir, tracer un chemin. Frayer une voie, au *propre* comme au *figuré*.

v. tr. ind. **Frayer avec**, fréquenter quelqu'un, avoir des relations amicales avec une personne ou avec un groupe. *Il frayait peu avec ses collègues de bureau.*

FRELATÉ. *adj. (sens propre)* Se dit d'un produit falsifié, dénaturé par quelque mélange (en vue de tromper le client). *Un vin frelaté; des marchandises frelatées.*

(sens figuré) Altéré, dénaturé, corrompu. *Les mœurs frelatées d'un milieu décadent.* Qui a perdu toute pureté, tout naturel. *Le mode de vie frelaté des grandes agglomérations. Une littérature médiocre, commerciale, frelatée.*

FRÉNÉSIE. *n. f.* État d'exaltation violente, qui se manifeste par un comportement agité, fébrile, ou par une ardeur intense. *Une foule en pleine frénésie. La frénésie d'une passion. Il travaille avec frénésie, avec enthousiasme. Des applaudissements frénétiques; un rythme frénétique; un style frénétique, agité, passionné. Une littérature frénétique, qui pousse les sentiments, les thèmes, les scènes jusqu'à leur paroxysme.*

FRESQUE. *n. f.* (de l'italien *fresco*, « frais »). **Historiquement**, technique qui consistait à peindre directement sur des murs encore frais auxquels les couleurs s'incorporaient. Comme ces peintures étaient souvent vastes, le mot **fresque** a très vite désigné une ample peinture murale (*les fresques de Michel-Ange,* par exemple). Par analogie, le terme s'emploie aussi en **littérature** pour caractériser une œuvre qui fait le tableau d'une époque, d'une société, d'une classe sociale. *Dans Germinal, Zola nous livre une fresque de la condition ouvrière à son époque.*

FRUGAL. *adj.* Se dit d'une alimentation simple et peu abondante. *Un repas frugal.* Par extension, s'applique à un mode de vie austère, sobre, ascétique, tempéré. *Il dépense peu, il consomme peu : il mène une existence frugale.*

FRUSTE. *adj.* Grossier, rude ; mal dégrossi ; sans finesse. *Un marbre fruste. Une personne fruste. Un style fruste.*

FRUSTRER. *v. tr.* Priver quelqu'un d'un avantage (ou d'une satisfaction) qui lui paraissait dû, qui lui semblait naturel. *Frustrer un héritier de sa part d'héritage, d'un bien qui devait lui revenir.* Décevoir, plonger dans l'insatisfaction. *Être frustré dans ses espérances, dans ses désirs, dans ses attentes. La vie m'a continuellement frustré.*

La notion de *frustration* dépasse la notion de *privation*. La privation est un manque auquel on peut se résigner. La frustration est un manque *ressenti comme injuste* : le **frustré** se sent lésé dans son droit, trompé dans son attente, que sa frustration soit objective ou subjective. La psychanalyse, qui confrère au *désir* une place essentielle dans la psychologie humaine, use abondamment de la notion de frustration. Pour l'**inconscient**, toute limitation est frustration, la sexualité est toujours «frustrée». D'où l'acception courante du mot «frustré» au sens de «frustration sexuelle». *Il a des obsessions, des fantasmes : il doit être frustré.*

FUG-. Racine issue du latin *fugere*, «fuir». Elle entre dans la composition des mots **Fugace** (qui passe et disparaît promptement : *une impression fugace*), **Fugitif** (qui fuit, qui passe — *un bonheur fugitif* ; comme *nom* : individu qui s'enfuit), **Fugue** (escapade, fuite ; voir également ce mot dans son sens musical). Mais aussi, comme suffixe, dans **Calorifuge** (qui empêche la chaleur de fuir), **Centrifuge** (qui fuit le centre, qui s'en éloigne, contrairement à *Centripète*), **Refuge** (lieu où l'on fuit pour se mettre à l'abri), **Subterfuge** (prétexte, moyen par lequel on fuit une situation embarrassante ; faux-fuyant), **Transfuge** (individu qui fuit d'un parti ou d'un groupe pour passer dans le camp opposé).

FUGUE. *n. f.* En musique, composition dans laquelle un premier thème exposé «fuit» devant un second qui le chasse, pour se faire réentendre parallèlement dans une tonalité différente ou à une autre octave. Plusieurs autres thèmes (ou voix) peuvent entrer dans ce développement, selon une complexité croissante. Les diverses potentialités mélodiques des thèmes sont ainsi systématiquement explorées. La **Fugue** se fonde sur l'art du **Contrepoint** (voir ce mot). Elle constitue l'une des formes majeures de ce qu'on a appelé la *polyphonie*, dans la musique classique européenne.

FULMINER. *v. tr.* (du latin *fulminare*, « lancer la foudre »). Faire éclater sa colère en lançant des menaces, des injures, des reproches. *Fulminer contre quelqu'un, contre le gouvernement, contre l'époque. Le « Misanthrope » de Molière fulmine contre les hommes.* Éclater, exploser, tempêter, vitupérer.

FUNÈBRE. *adj.* (du latin *funus, funeris*, « funérailles »). Qui est relatif à la mort, aux funérailles. *Une cérémonie funèbre, les pompes funèbres, une marche funèbre.* Par extension : qui évoque ou exprime des idées de mort, de tristesse mortelle ; qui renvoie à une atmosphère sinistre, sépulcrale. *Un silence funèbre, un visage funèbre, des pensées funèbres ; une scène, une résonance funèbre.* Voir la différence avec le mot suivant, **funeste**.

FUNESTE. *adj.* Qui annonce ou qui cause le malheur, la mort. *Un funeste présage. Des circonstances funestes.* Par extension, qui entraîne de graves conséquences, la désolation. *Une erreur funeste. Un enchaînement funeste de causes et d'effets. Un spectacle funeste.* Fatal, catastrophique. Le sens est parfois affaibli : *une influence funeste* (nuisible). Ne pas confondre avec **funèbre**, bien que les termes (d'étymologie commune) se rejoignent : ce qui est *funeste* aboutit souvent à des situations tragiques, *funèbres*.

FURIBOND. *adj.* Furieux, avec un excès qui tend au ridicule. *Un petit homme furibond. Lancer des regards furibonds.*

FUSTIGER. *v. tr.* (*sens propre*, ancien) Fouetter, battre à coups de bâton.

(*sens figuré*, littéraire) Blâmer, critiquer vertement. *Fustiger les mœurs contemporaines. Fustiger les journalistes, les publicitaires et les politiciens, tous complices. Fustiger l'anarchie.* Dénoncer, condamner, stigmatiser, flétrir.

FUTILE. *adj.* Vain, frivole, insignifiant. *Des choses futiles,* *des propos futiles, des motifs futiles, des plaisirs futiles.* Qui ne s'occupe que de choses sans importance. *Une femme futile. Des magistrats futiles au plus profond d'eux-mêmes.*

N.B. On oppose souvent, en jouant sur la rime, ce qui est **futile** à ce qui est **utile**. C'est un bel exemple de *paronomase* (voir **Paronyme**).

FUTURISME. *n. m.* 1° Mouvement littéraire et artistique, né en Italie au début du XXe siècle, qui rejette les modèles esthétiques traditionnels et le culte des objets anciens, pour exalter tout ce qui, dans la vie moderne, annonce un futur en rupture totale avec le passé (en particulier la vitesse, la violence de la vie urbaine, la machine).

2° Attitude de ceux qui recherchent, dans tous les domaines, ce qui préfigure le futur. Caractère de ce qui annonce le style de l'avenir. *Le futurisme cinématographique. Une esthétique futuriste. Des inventions futuristes. L'univers futuriste d'un roman de science-fiction.*

FUTUROLOGIE. *n. f.* Ensemble des études et des recherches concernant l'évolution à venir des sociétés humaines, dans tous les domaines (techniques, scientifiques, économiques, sociaux). *La futurologie utilise toutes les méthodes de la prospective.*

Ne pas confondre avec **Futurisme**.

GAGE. n. m. (du francique *waddi*) 1° **Sens juridique :** objet, bien ou valeur que l'on dépose à titre de garantie dans le cadre d'une opération commerciale (prêt sur gage, par exemple). L'objet gagé restera entre les mains du créancier si l'emprunteur ne le rembourse pas. Au XIXe siècle, les gens qui avaient un besoin immédiat d'argent déposaient des objets de valeur au mont-de-piété, en échange desquels on leur prêtait la somme dont ils avaient besoin : ces objets servaient précisément de *gage* ; ils n'étaient restitués que lorsque l'argent était rendu. La notion de gage suppose donc toujours un *échange* et l'engagement d'un bien comme caution. Lorsque l'on parle de « gage » dans un jeu de société, l'idée reste la même : pour recouvrer un avantage que l'on a perdu, on donne quelque chose en échange, on s'acquitte par une peine plus ou moins symbolique.

2° **Sens figuré :** garantie, assurance, caution morale. *Gage de fidélité. Gage d'amour.* Au *sens figuré*, le gage suppose toujours un échange *symbolique*, auquel on apporte une garantie plus ou moins concrète : un objet de valeur sentimentale, une manifestation de tendresse, un service. On « engage » toujours quelque chose à titre de garantie, même s'il s'agit d'une réalité morale : le verbe *engager* signifie littéralement *mettre en gage*. Lorsqu'il s'agit de *s'engager* dans une entreprise, une action militante ou une décision, c'est *soi-même* que l'on apporte comme gage, comme garantie. Jadis, **gager**, au sens de *parier*, signifiait de même *mettre en gage* son argent ou sa parole : on risquait sa réputation ou sa fortune pour bien montrer son assurance.

3° Au pluriel, **les gages :** salaire d'un domestique (en échange des services qu'il rend). L'idée d'échange demeure, les gages représentent la garantie financière équivalant au service rendu. Idem dans l'expression **Tueur à**

gages (le paiement n'est donné qu'à condition que l'assassinat soit dûment effectué).

N.B. Le mot gage est intéressant à connaître en raison de l'éclairage qu'il apporte aux mots de même famille : *gageure, engager, dégager*, etc.

GAGEURE. *n. f.* (à partir du verbe *gager*, «parier». Prononcer «gajure»). Action quasi irréalisable, projet très risqué ; opinion ou hypothèse hautement improbable. *Se lancer dans la traversée de la mer avec une simple barque, c'est une véritable gageure. Se fier à l'humanité d'un dictateur, quelle gageure !* On retrouve dans ce mot l'idée d'engagement, de risque, de pari aventureux.

GALANT. *nom.* Homme qui aime faire la cour aux femmes. Soupirant, partenaire amoureux.

adj. 1° Relatif à la galanterie. Se dit d'un homme empressé auprès des femmes, ou simplement courtois, poli, attentionné. *Il est galant et délicat.*

2° Qui concerne les relations amoureuses. *Des propos galants. La poésie galante. Une entreprise galante. En galante compagnie. Une femme galante* (de mœurs légères).

3° En **littérature** (et en arts) : qui relève d'un ton raffiné, léger, gracieux. *«Ah ! qu'en termes galants ces choses-là sont dites»* (Molière). *Le style galant. L'atmosphère galante des toiles de Watteau.*

GALIMATIAS. *n. m.* Langage embrouillé, écrit inintelligible. *Qu'est-ce que c'est que ce galimatias : vous appelez cela un résumé de texte ?* Charabia, style abscons (quasi incompréhensible).

GALLICANISME. *n. m.* (à partir du latin médiéval *gallicanus*, «gaulois») Historiquement, en France, opposition de l'Église catholique à l'autorité excessive du Pape. Cette résistance au pouvoir de Rome avait notamment pour enjeu la nomination des évêques, sur laquelle le pouvoir royal et le pouvoir papal étaient en conflit. Plus globalement, c'est l'indépendance de l'Église de France en matière institutionnelle et liturgique qui était en question au XVIIe siècle. Au **gallicanisme** s'opposait l'**ultramontanisme**, mouvement favorable au pouvoir absolu du Pape dans la gestion politique et administrative de l'Église de France (*ultramontain* veut dire textuellement «au-delà des monts», c'est-à-dire des Alpes).

Comme l'a montré la querelle de Port-Royal, le débat ne porte pas seulement sur des problèmes institutionnels, mais sur la forme même de la sensibilité religieuse : les Jansénistes s'inscrivaient dans le mouvement de résistance gallicane à la hiérarchie romaine, alors que les Jésuites étaient des partisans convaincus de l'ultramontanisme.

N.B. Ne pas confondre avec **Gallicisme** (tournure ou expression propre à la langue française, qu'on peut trouver dans une autre langue — comme l'anglais !).

GALVAUDER. *v. tr.* Gâter quelque chose de valeur par un mauvais usage, par un emploi dégradant. *Galvauder son talent dans des articles de circonstance. Galvauder son esprit dans des plaisanteries faciles. Galvauder sa réputation en fréquentant des individus peu recommandables. Une expression galvaudée* (usée). **Se galvauder :** s'abaisser, se dégrader.

-GAME, -GAMIE. Racines d'origine grecque signifiant «mariage», et parfois «reproduction» (termes botaniques). On trouve ainsi **Bigame** (qui a deux conjoints simultanément) et **Bigamie** ; **Polygame** (qui contracte légitimement plusieurs mariages : homme ayant plusieurs femmes ou femme ayant plusieurs maris) et **Polygamie** ; **Monogame** (qui ne contracte qu'un mariage, n'a qu'un seul conjoint) et **Monogamie**, **Endogame** (qui se marie dans sa propre tribu) et **Exogame** (qui choisit un conjoint à l'extérieur de sa propre tribu) ; et aussi, les termes techniques **Cryptogame, Gamète, Phanérogame** (voir un dictionnaire spécialisé).

N.B. «Game» veut bien dire mariage, et non pas «femme».

GAMME. *n. f.* (de la lettre grecque *gamma*, qui désignait la première note de la «gamme»). En **musique**, échelle des notes ou des sons. Par analogie, série plus ou moins homogène de toutes sortes de réalités. *Gamme des couleurs* (série naturelle des tons successifs). *Gamme des prix. Gamme d'objets ou de produits. Voiture bas de gamme, voiture haut de gamme. Gamme de sentiments.*

Faire ses gammes : au *sens propre*, travailler toute la gamme des notes sur le clavier d'un piano ; au *sens figuré*, faire les premiers exercices, les premiers apprentissages d'une expérience humaine ou d'un métier.

GANGUE. *n. f. (sens propre)* Substance qui entoure un

minerai. *Il faut extraire le minerai ou les pierres précieuses de leur gangue.*

(sens figuré) Enveloppe, magma confus qui entoure une réalité abstraite. *Il y a quelques pépites d'esprit dans la gangue de son bavardage. Une gangue de préjugés, une gangue d'inepties.* Au figuré, le mot gangue représente toujours quelque chose d'épais, de négatif, dont il faut extraire la perle, le positif.

GARANT. *nom.* Personne qui répond des actes d'une autre personne, qui est prête à en assumer la responsabilité, en particulier dans le cas d'une dette. *Être le garant de l'emprunt d'un ami :* lui apporter sa caution, sa garantie. L'expression la plus généralement employée est **se porter garant**. Elle s'applique à toutes sortes de réalités sociales ou morales : *se porter garant de l'existence d'un fait, se porter garant de la valeur ou de la vertu d'une personne. Trouver, dans l'estime d'un ami, le garant de sa propre valeur.*

GARGANTUESQUE. *adj.* Digne du héros de Rabelais, Gargantua. C'est-à-dire à la fois énorme et pittoresque. *Un appétit gargantuesque, des exploits gargantuesques.*

GÉMONIES (VOUER AUX). Livrer quelqu'un au mépris public, le couvrir de honte devant tout le monde (et de nos jours, dans les médias). À Rome, les **gémonies** étaient des escaliers où l'on exposait le corps des criminels étranglés, avant de les jeter dans le Tibre. L'expression, par bonheur, n'a plus actuellement qu'un sens figuré.

GEN-, -GÈNE. Racine d'origine grecque qui signifie «naître, engendrer, produire». Elle entre dans la composition de nombreux mots dont elle éclaire le sens, par exemple : *généalogie, genèse, gène, génétique, génocide, biogenèse, cancérigène, érogène, eugénisme, hallucinogène, hétérogène, homogène, indigène, lacrymogène, pathogène, thermogène,* etc. Cette racine est vivante dans la composition de mots actuels (cf. *anxiogène*, qui date de 1968). On peut noter la proximité de cette racine avec la racine d'origine latine *génér-*, qui a le même sens *(engendrer, générer, génération, progéniture)*, et que nous percevons intuitivement comme étant de même origine (au grec *genos* correspond le latin *genus, generis*, «origine, naissance»). Voir **Genre, Sui generis**.

GÉNÉREUX. *adj.* 1° **Sens classique :** noble ; qui a «naturellement» des sentiments élevés et courageux (on retrouve ici la racine *génér-*, «naissance» : l'adjectif *generosus* signifie en latin «de bonne race»). *Un sang généreux. Un combattant généreux.*

2° **Sens courant :** qui se donne avec cœur et désintéressement. *Une âme ardente et généreuse.* Qui traduit sa générosité d'âme par des dons, des cadeaux, des gestes larges et gratuits. Charitable, bienveillant. *Une personne généreuse, qui aime rendre service. Il donne généreusement. Il parle des autres de façon généreuse, et ne cherche qu'à en dire du bien.*

GENÈSE. *n. f.* (à partir du grec *genos*, «naissance, origine»).
1° **Sens historique : la Genèse**, création du monde. Nom donné au premier livre de la Bible, qui raconte la création du monde et de l'être humain (Adam et Ève) par Jehovah (Dieu).

2° **Sens courant :** élaboration progressive d'une œuvre *(la genèse d'un roman)* ; ensemble du processus qui aboutit à la création d'une chose ou à l'apparition d'un événement. *La genèse de l'esprit humain. La genèse du nationalisme allemand. La genèse d'une affaire* (ses causes, son déclenchement).

GÉNIE. *n. m.* (du latin *genius*, «divinité tutélaire — c'est-à-dire protectrice»).
1° **Sens originel :** esprit protecteur qui préside à la destinée d'une personne, d'une communauté ou d'un lieu. *Un génie tutélaire.* D'où : être surnaturel doté de pouvoirs magiques. *Un bon, un mauvais génie.* Dans ce sens, peut être employé au figuré *(elle est son bon génie).* Le «génie» étant propre à chacun, dès sa naissance, on glisse aisément au sens suivant.

2° **Sens classique :** caractère inné ; nature (morale) profonde qui fait l'originalité d'un être, d'un peuple, d'une réalité abstraite. *Vautrin ou le génie du mal. Le génie français se manifeste particulièrement dans la diversité de nos fromages et de nos vins. Dans* Le Génie du Christianisme, *Chateaubriand analyse l'essence de la religion catholique. Le génie du roman, c'est avant tout de raconter, de mettre en scène.*

3° **Sens courant :** capacité artistique ou intellectuelle hors du commun. *Il a du génie. Un auteur de génie.* Le *génie seul est créateur : tout le reste n'est qu'imitation, reproduction, technique. Le génie mathématique, le génie musical, le génie poétique. Le génie militaire de Napoléon.* Dans ce sens, on oppose traditionnellement le **talent** (qui suppose de bonnes aptitudes, alliées à de la maîtrise) au **génie** (qui dépasse par son caractère extraordinaire, neuf, inventif, le simple talent).

4° **Sens technique :** art de la construction. *Le génie militaire, le génie civil* (cf. le mot *ingénieur*).

GÉNITAL (STADE). En psychanalyse, le **stade génital** (ou phallique) est le troisième stade que traverse la sexualité infantile au cours de son évolution. Le premier est le **stade oral**, au cours duquel le bébé découvre les plaisirs liés à la succion (la bouche est la première zone érogène : le nourrisson éprouve le besoin de sucer son pouce pour se sentir bien). Le second stade est le **stade anal** (ou sadique anal) : le tout petit enfant découvre les plaisirs liés à la maîtrise de son sphincter (rétention ou relâchement); surtout, il prend conscience du pouvoir qu'il a de plaire ou déplaire aux adultes en leur offrant ou non le « cadeau » naturel issu de son transit intestinal. Le troisième stade est le **stade phallique ou génital** : l'enfant découvre la réalité des organes génitaux et éprouve le plaisir de les tripoter. Les pulsions sexuelles « investissent », dit-on, la zone génitale. C'est aussi le point de départ de la prise de conscience, chez les garçons et les filles, des différences anatomiques qui vont les distinguer sexuellement.

GENRE. *n. m.* (du latin *genus, generis*, « race, naissance, origine »).

1° **Sens général :** ensemble d'êtres, d'objets, ou de réalités abstraites qu'on regroupe en vertu de caractères communs. Espèce. L'ensemble des animaux pensants qui offrent les caractères de l'homme s'appellera le *genre humain.* En zoologie, en botanique, plusieurs espèces voisines pourront être regroupées en un genre : la classe des mammifères, le groupe des bipèdes peuvent être considérés comme des genres. Naturellement, selon les traits communs qui servent de critères distinctifs, la notion de genre peut être très large ou assez restreinte. Ainsi, le mot *genre* s'applique parfois à un type de vie *(le genre bohème)*, à une manière de s'habiller ou de se présenter socialement *(bon chic bon genre)*, à une espèce d'individus ayant une conduite peu honorable (« *C'est le genre d'individus à faire ceci ou cela* »).

2° **Sens littéraire et artistique** : catégorie d'œuvres que l'on rassemble à partir de critères divers, qui peuvent être le ton *(genre noble, genre mineur)*, le sujet ou la nature du contenu (genre didactique, lyrique, dramatique, épique), la structure formelle (récit, théâtre, poésie), l'effet recherché (comique, tragique, burlesque). Dans la classification des genres, il est souvent difficile de distinguer les caractères formels de la nature des sujets traités : les « grands genres » portaient souvent, historiquement, sur de « grands sujets », avec un ton relevé (tragédie, épopée, poésie didactique ou lyrique). On peut se demander si des genres établis, comme la poésie, constituent absolument un genre spécifique. La poésie tient-elle à la versification, aux effets d'images et de sonorités (critère forme) ou bien dépend-elle surtout de l'inspiration, de la capacité à faire rêver, de « l'imaginaire » d'un auteur (qu'il s'exprime en vers, en prose, dans le roman ou le théâtre) ? Cette problématique donne lieu à d'infinis sujets de dissertation. La question se complique d'ailleurs du fait qu'il y a des genres à l'intérieur des genres : le genre du « sonnet », par exemple, à l'intérieur du genre poésie. Il y a aussi des genres mixtes. La chanson est-elle un genre littéraire ? Oui pour la « chanson à texte », mais encore ?

Retenons de ce débat qu'il y a des aspects, des critères de classification, certes ; il y a aussi quelques pôles ayant une spécificité bien reconnaissable (le genre narratif, le roman ; le théâtre). Mais il ne faut rien figer : la plupart des grandes œuvres sont protéiformes, elles participent de plusieurs genres à la fois.

GÉO-. Racine d'origine grecque qui signifie « terre », et se retrouve à la fin de certains mots sous la forme *-gée*. De nombreux mots concernant la vie de notre planète (— sa surface, sa dimension, sa mesure ou ses différents aspects —) sont construits à partir de ce radical : *Géode, Géodésie, Géographie, Géologie, Géométrie, Géopolitique, Géosphère, Géostationnaire, Géothermie,* et aussi *Apogée, Périgée.*

GÉRONTOCRATIE. *n. f.* (du grec *gerôn*, « vieillard », et *kratos*, « pouvoir, gouvernement »). Gouvernement exercé par des vieillards ; régime politique dans lequel le pouvoir des vieillards est dominant. L'URSS des années 1960-70 était dominée par une gérontocratie.

N.B. La racine *gerôn* se retrouve dans **Gériatrie** (médecine spécialisée dans la vieillesse), **Gérontologie** (étude du vieillissement sous tous ses aspects, physiques, psychologiques et sociaux) ou encore dans le nom de **Géronte**, donné à des vieillards plus ou moins ridicules dans la comédie classique (cf. *Les Fourberies de Scapin*).

GESTE (CHANSON DE). En **littérature**, poème épique du Moyen Age, retraçant les exploits d'un héros légendaire. La Geste est un cycle de chansons que les troubadours et jongleurs « récitaient » (c'est-à-dire déclamaient avec un accompagnement musical), de château en château. Dans la geste consacrée à Charlemagne, on trouve la célèbre *Chanson de Roland*. Voir **Épopée**.

GHETTO. *n. m.* **Sens propre :** quartier traditionnellement réservé aux Juifs dans les villes européennes. *La destruction du ghetto de Varsovie par les nazis, pendant la Seconde guerre mondiale.* Par extension, lieu où une communauté, qu'elle soit ou non d'origine étrangère, vit retranchée du reste de la population. *Le ghetto noir à New York (Harlem).* C'est pour se protéger, et parce qu'ils sont victimes de l'ostracisme de la collectivité, que des communautés particulières forment des ghettos.
Sens figuré : lieu ou milieu refermé sur lui-même. *Le ghetto culturel.* Situation de marginalité. *Les artistes d'avant-garde devraient sortir de leur ghetto, mais la société l'accepterait-elle ?*

GLORIA. *n. m.* Hymne chrétien qui proclame ou chante la gloire de Dieu. Musique composée sur cette prière. *Le Gloria de Vivaldi.* Pluriel : *des gloria.* Voir **Messe**.

GLOS(S). Racine issue du grec *glôtta* ou *glôssa*, qui veut dire « langue ». D'où les mots **Glose** (notation explicative d'un mot et, par extension, commentaire plus ou moins savant d'un texte), **Gloser** (commenter un texte ; mais aussi, péjorativement, discuter à n'en plus finir), **Glossaire** (lexique spécialisé dans une langue ancienne, étrangère ou technique), **Glotte** (orifice du larynx), **Polyglotte** (qui parle plusieurs langues). Dans *Candide*, Voltaire s'amuse à nommer l'un de ses personnages, philosophe et métaphysicien, **Pangloss** (littéralement : celui qui est Tout-langue, qui ne fait que parler partout et toujours, un phraseur impénitent !).

GON(E). Racine d'origine grecque qui signifie « angle », qu'on trouve dans de nombreux mots de la géométrie : *diagonale, heptagone, hexagone, octogone, orthogonal, pentagone, polygone, trigonométrie.*

GORGES CHAUDES (faire des gorges chaudes de). Expression familière qui signifie *se moquer sans retenue et sans bienveillance de quelqu'un.*

GOTHIQUE. *adj.* et *n.* 1° Le *style gothique* ou le *gothique* est une forme d'art qui s'est répandue au Moyen Age, du XIIe au XVe siècle. Il se manifeste principalement dans les cathédrales, où on le reconnaît à la forme des voûtes en ogives, qui le différencie de l'**art roman**.

2° L'*écriture gothique* (qui, elle aussi, fait suite à l'*écriture romane*) est une forme d'écriture à caractères droits et légèrement anguleux. *Le titre du journal* Le Monde *est imprimé en lettres gothiques.*

GOUAILLE. *n. f.* Verve populaire, mi-railleuse mi-pittoresque. Façon de parler traditionnelle des faubourgs parisiens, qui peut être illustrée par le ton sur lequel l'actrice Arletty prononce sa fameuse réplique : « *Atmosphère, atmosphère ? Est-ce que j'ai une gueule d'atmosphère ?* » (dans le film *Hôtel du Nord*, de Marcel Carné). *Parler d'un ton gouailleur,* d'un ton de plaisanterie sans délicatesse mais sans méchanceté.

GRÂCE. *n. f.* (du latin *gratia*, « faveur », et en latin médiéval, « aide de Dieu »). Faveur que l'on accorde à autrui ou qu'on reçoit d'autrui. Aide, bienfait, bienveillance, plaisir. Mais ce sens général donne lieu à des significations plus précises dans trois domaines.

1° **Sens religieux :** la grâce est la faveur de Dieu, le don surnaturel que Dieu accorde au croyant qui désire bien se conduire et faire son salut. D'où l'expression *Être en état de grâce* (voir cette expression). Plus généralement, le mot grâce peut désigner tous les bienfaits particuliers (spirituels ou matériels) dont Dieu comble ses bons serviteurs. Ces « grâces » supposant de la reconnaissance, le croyant (chrétien) remercie Dieu à son tour par des offrandes ou des prières : il **rend grâce**, il fait des **actions de grâces**, et ce sont en quelque sorte des grâces *rendues* en échange des grâces *reçues.*

2° **Sens juridique :** pardon, remise de peine. Un condamné bénéficie dans ce cas d'une *faveur* de la part des autorités : c'est bien une « grâce » dont il s'agit. Plus généralement, au sens *politique*, la grâce est la faveur du roi, du président, de l'homme au pouvoir, — la manifestation de sa clémence. On peut **tomber en disgrâce, rentrer en grâce, demander grâce.** Le roi peut pardonner, **faire grâce.** Le **coup de grâce** est le coup qui donne la mort, que demande *comme faveur* un blessé ou un supplicié qui souffre abominablement. D'où le *sens figuré* de l'expression **coup de grâce** : ce qui achève définitivement (moralement ou physiquement) quelqu'un.

3° **Sens esthétique :** la grâce est le charme, la beauté particulière qui émane de quelqu'un naturellement. C'est comme une faveur de la nature et un agrément (involontaire) que cette personne accorde à ceux qui la côtoient : elle fait «grâce» de sa gracieuse manière d'être... A partir de ce sens, la «grâce» devient une catégorie esthétique s'appliquant aux choses, aux œuvres d'art, à la musique, à la danse, à la littérature, pour désigner une sorte d'élégance indéfinissable, irréductible à l'explication, alliant beauté, délicatesse, douceur et raffinement (qui peut s'opposer au travail, au métier, à la technique artistique).

N.B. *Gracieux* et *gracieusement* s'inscrivent naturellement dans le sens général du mot. **À titre gracieux,** en particulier, signifie «gratuitement», de façon bénévole.

GRADATION. *n. f.* **Sens général :** progression d'éléments par degrés successifs, selon des valeurs croissantes ou décroissantes. *Une gradation d'effets sonores. La gradation des symptômes d'une paralysie.*

Sens littéraire : succession de mots, dans une phrase, dont les effets (ou les significations) ont une intensité croissante (ou décroissante). La gradation est une figure de style qui unit souvent l'effet rythmique et la progression du sens. Exemples : *« Va, cours, vole et nous venge ! »* (Corneille, *Le Cid*); *« Je me meurs, je suis mort, je suis enterré »* (Molière, *L'Avare*); *« Je le vis, je rougis, je pâlis à sa vue »* (Racine, *Phèdre*).

N.B. La gradation *progresse* toujours, alors que l'*accumulation* se contente d'un effet chaotique produit par une série de termes disparates.

GRAMM(E). Racine issue du grec *gramma*, «lettre, écriture, tracé», que l'on retrouve dans **Épigramme** (voir ce mot), **Grammaire, Gramme** (et ses composés), **Monogramme,**

Télégramme; et aussi **Diagramme, Électrocardiogramme**, etc.

GRANDILOQUENCE. *n. f.* Éloquence pompeuse, constituée de grands mots creux et de tournures emphatiques, avec si possible des tremblements de voix et des gestes factices. *La grandiloquence de certains orateurs à l'Assemblée Nationale. Un style grandiloquent et affecté.* Voir **Emphase**.

GRAPHO-. Racine issue du grec *graphein*, «écrire». Nous la trouvons dans de nombreux mots, comme préfixe : **Graphe** (représentation graphique en mathématiques), **Graphie** (transcription littérale d'un mot), **Graphisme** (lignes, dessin propre à une écriture ou à l'art graphique), **Graphique** (courbe, tracé), **Graphologie** (étude du caractère des individus à partir de leur écriture). Mais comme suffixe, cette racine est encore plus répandue : **Autographe, Bibliographique, Biographie, Calligraphie, Dactylographie, Ethnographie, Filmographie, Géographie, Orthographe, Photographie, Radiographie**, etc. Dans tous ces mots, le terme indique soit le fait d'écrire ou de représenter par des tracés, soit le fait de décrire et d'étudier (de répertorier), — toutes activités qui passent par une représentation graphique de la réalité.

GRATITUDE. *n. f.* (du latin *gratum*, «chose agréable»). Sentiment de reconnaissance envers quelqu'un qui nous a rendu service, offert un cadeau, apporté un réconfort, fait du bien moralement ou physiquement. Expression de cette reconnaissance. *Comment pourrai-je témoigner de ma gratitude envers tous ceux qui m'ont aidé à composer ce dictionnaire?* Antonyme : *ingratitude* (mot, hélas, beaucoup plus fréquent).
   N.B. En langue classique, l'*ingrat* est celui qui ne répond pas à l'amour qu'on lui porte.

GRATUIT. *adj.* 1° Qui ne coûte rien, que l'on obtient sans payer, qui est offert gracieusement. *Un échantillon gratuit. La gratuité des soins à l'hôpital public. Rien de ce qu'il fait n'est vraiment gratuit : il escompte toujours quelque chose en échange.*
   2° Qui est sans motif, sans raison, purement arbitraire. *Vous faites là une hypothèse gratuite.* Par extension : qui n'a pas de sens, de motivation apparente. *Un acte gratuit.* Un héros d'André Gide désire commettre un crime sans raison, au hasard, pour le simple caprice de le commettre au hasard : c'est là un *acte gratuit* (*Les Caves du*

Vatican, 1914). En fait, cet acte a tout de même comme motif le fait de n'avoir pas de mobile...

GRÉ. *n. m.* (du latin *gratum*, «chose agréable»). Acceptation, convenance. Gratitude, reconnaissance. Ce terme ne s'emploie que dans des expressions comme : **de bon gré, de mauvais gré** (en acceptant bien ou mal); **bon gré mal gré** (volontairement ou non); **de son plein gré** (avec sa pleine acceptation); **savoir gré à quelqu'un de quelque chose** (lui en être reconnaissant). Noter aussi les mots composés : *malgré, agréer, agréable*, etc.

N.B. Ne pas confondre les deux expressions de sens voisin : «Je vous *saurai* gré» et «je vous *serai* reconnaissant».

GRÉGAIRE. *adj.* (du latin *grex, gregis*, «troupeau»). Se dit des espèces animales qui ont un besoin instinctif de vivre en groupe, comme les moutons. Par extension, cet adjectif qualifie la tendance à se regrouper, à suivre la mode dominante d'un groupe social, à imiter docilement la majorité. *L'instinct grégaire, l'esprit grégaire. Pour susciter des conduites d'achat collectives, la publicité flatte l'instinct grégaire des gens.* Deux exemples classiques d'instinct grégaire nous sont donnés en littérature : l'épisode (symbolique) des moutons de Panurge (dans le *Pantagruel* de Rabelais) et la pièce *Rhinocéros* d'Ionesco, dont tous les personnages (sauf un) veulent devenir «rhinocéros» par mimétisme. L'**instinct grégaire** se nomme encore **grégarisme** ou **moutonisme**.

La même racine latine se retrouve dans *Agrégat, Agrégé, Congrégation, Désagréger* et *Ségrégation*.

GREVER. *v. tr.* (du latin *gravare*, «charger»). Charger, alourdir de charges (financières en général). *Un budget grevé de dépenses militaires. Sous l'Ancien régime, les paysans étaient grevés d'impôts et de servitudes.* Antonyme : *dégrever. Un dégrèvement d'impôts* (un allégement).

GRIBOUILLE (politique de Gribouille). Gribouille est un personnage naïf dont les décisions, irréfléchies, aboutissent toujours au contraire du but recherché : par exemple, s'il vient à pleuvoir, pour éviter d'être mouillé, il se plonge dans l'eau. L'expression **politique de Gribouille** se dit de la politique de certains dirigeants dont l'action réelle produit exactement l'inverse de ce que leurs discours promettaient.

GRIEF. *n. m.* (du latin *gravis*, «pesant, pénible»). Sujet de plainte, reproche que l'on a à formuler contre quelqu'un. *Avoir des griefs. Faire grief de quelque chose à quelqu'un.* Doléance, récrimination.

N.B. L'adverbe *grièvement* (gravement) ne s'emploie qu'avec des verbes tels que *blesser, toucher, handicaper, meurtrir*, etc.

GRIVÈLERIE. *n. f.* Fraude, et, plus précisément, délit qui consiste à consommer sans payer, dans un café, un restaurant, etc. *Comment voulez-vous qu'un homme sans revenus survive sans commettre de grivèlerie?*

GRIVOIS. *adj.* Se dit de propos lestes, licencieux sans être obscènes, ou encore des personnes qui les tiennent. *Des plaisanteries grivoises* (gentiment paillardes, gauloises). *Un conteur grivois. Des causeurs mondains qui se plaisent dans la grivoiserie.*

GROSSO MODO. (en latin, «d'une manière grosse»). D'une façon globale, approximative. Sans entrer dans les détails.

GROTESQUE. *adj.* et *n.* 1° Se dit de ce qui est risible, énorme, extravagant. *Un personnage grotesque et ridicule. Une scène grotesque. Une opinion grotesque.* Caricatural, burlesque, ridicule. *Je te trouve grotesque.*

2° En **art et littérature**, ce qui relève d'un genre grotesque (au premier sens): **le grotesque** se caractérise par le goût du bizarre, du bouffon, de l'énorme, qui pousse le comique jusqu'au fantastique. *Chez Victor Hugo, le grotesque s'oppose au sublime; le personnage de Quasimodo allie les deux caractères. Ce film américain a des scènes d'un grotesque ahurissant : on aime ou on n'aime pas.*

GUERRE. *n. f.* Lutte armée et sanglante entre États, ou entre groupe sociaux d'une même nation (guerre civile). La question que pose la guerre, compte tenu de sa permanence dans l'Histoire, est de savoir si elle est un phénomène normal inhérent à une logique fatale des communautés humaines, ou si elle demeure une réalité exceptionnelle que la sagesse politique des hommes devrait pouvoir éviter. La condamnation humaniste ne semble pas suffire; d'où la naissance d'une nouvelle discipline, la **polémologie**, qui se propose d'étudier *scientifiquement* la sociologie de la guerre (ses causes, ses mécanismes psychologiques, ses manifestations, etc.) pour mieux contribuer à la prévenir.

GUINDÉ. *adj.* Qui affecte une certaine raideur pour paraître digne. *Un maître d'hôtel à l'allure guindée.* Qui est ampoulé, artificiel. *Un style guindé.*

GUTTURAL. *adj.* Se dit d'une voix, d'un ton grave, produits du fond de la gorge. *Il fait le fantôme en prenant une voix gutturale, qui effraye les enfants.*

N.B. On appelle couramment **gutturales** les consonnes K et G (*keu* et *gueu*).

GYNÉCO- OU -GYNE. Racines issues du grec *gunê*, qui signifie «femme». Cette racine se retrouve dans les mots **Gynécée** (appartements réservés aux femmes dans l'Antiquité — on dit *harem* chez les peuples musulmans), **Gynécologie** (partie de la médecine spécialisée dans l'appareil génital de la femme) et aussi **Androgyne** (qui a les caractères sexuels de l'homme et de la femme), **Misogyne** (qui n'aime pas les femmes).

HABILITER. *v. tr.* Donner officiellement à quelqu'un le pouvoir d'accomplir (légalement) un acte, d'exercer une fonction. *Le ministre de l'économie est habilité à signer les accords du GATT. L'ONU a habilité les casques bleus français pour mener les opérations de pacification à Sarajevo.*

N.B. Au sens classique, **habile** signifiait *capable, propre à faire*. On retrouve ce sens dans le verbe **habiliter**. L'autre sens (moderne) du mot **habile** *(adroit, ingénieux)* a donné le mot **habileté**. Il ne faut donc pas confondre *habilité* et *habileté*, malgré l'origine commune des deux termes.

HÂBLEUR. *adj.* et *n.* (de l'espagnol *hablar*, « parler »). Se dit d'une personne qui parle abondamment, exagère, promet, se vante, etc. Beau parleur. *Méfie-toi de ses beaux discours : c'est un hâbleur. Les mythomanes sont souvent hâbleurs.*

HAGARD. *adj.* Qui a l'air effaré, troublé, bouleversé. *Des yeux hagards. Un visage hagard. Une démarche hagarde.*

HAGIOGRAPHIE. *n. f.* (du grec *hagios*, « saint » et *graphein*, « écrire »). Récit qui relate la vie d'un saint, dans le but d'édifier les lecteurs. Par extension, biographie extrêmement élogieuse d'un personnage dont l'auteur veut faire un héros. *Une hagiographie du général de Gaulle. Ce n'est plus de l'histoire objective, c'est une hagiographie !* Voir **Apologie, Dithyrambe** et **Panégyrique**.

HAILLON. *n. m.* Lambeau d'étoffe, vêtement plus ou moins déchiré, en loques. L'emploi de ce terme, souvent au pluriel, est littéraire. *Un pauvre en haillons. « D'énormes nuages (...) pareils à des haillons que le vent déchiquetait »* (Zola).

HANTISE. *n. f.* Obsession d'une idée, d'un souvenir, d'une angoisse dont on ne peut se libérer. *La hantise de l'examen. Il était en proie à la hantise du suicide.*

HARANGUE. *n. f.* Discours soutenu prononcé devant une assemblée, une foule ou de hauts personnages, pour convaincre, exhorter ou condamner. *Les anciens aimaient les harangues prononcées sur la place publique; les révolutionnaires ont largement cultivé ce genre; de nos jours, les harangues se sont dégradées en allocutions télévisées. Savoir haranguer les foules exige une éloquence vibrante.* Le mot peut naturellement être pris au sens péjoratif : *ce moraliste nous ennuie avec ses harangues perpétuelles.*

HARMONIE IMITATIVE. Effet de style par lequel un texte, en combinant diverses sonorités, tend à reproduire ou à suggérer le son produit par la réalité qu'il décrit. L'harmonie imitative combine les effets du rythme, des allitérations et des assonances (voir ces mots). Dans ces vers de Hugo, par exemple :

La respiration de Booz qui dormait
Se mêlait au bruit sourd des ruisseaux sur la mousse

on peut constater que l'écoulement de l'eau est suggéré par la répétition des sonorités *rui/sour, ruis/seau, sur, ousse*, dont le «glissement» tente de correspondre à ce qui se passe dans la réalité.

Au départ, l'harmonie imitative se veut pure reproduction du réel, comme c'est le cas dans les onomatopées (mots imitant le bruit qu'ils désignent). Mais cette reproduction, en poésie, est surtout une *suggestion*, une forme d'équivalence plutôt qu'une imitation. L'harmonie n'imite plus le bruit réel : elle cherche plutôt à traduire par les sons l'*impression* produite par la réalité. Ainsi, pour rendre une atmosphère chargée de parfums enivrants (ce qui n'est pas un bruit), Hugo se sert d'une allitération en *f* :

Un frais parfum sortait des touffes d'asphodèle

L'harmonie n'imite plus un son, elle «imite» l'expansion nocturne des parfums. Voir **Allitération, Assonance, Onomatopée, Signe.**

HARO (crier haro sur). Dénonciation bruyante de quelqu'un à la colère publique. *« À ces mots, on cria haro sur le baudet »* (La Fontaine).

HÉBÉTUDE. *n. f.* État d'abrutissement, d'ahurissement stupide, qui traduit un engourdissement aussi bien physique que psychique. *Au réveil d'une nuit d'ivresse, il était plongé dans une profonde hébétude. Il avait l'air hagard, hébété, abêti.*

HÉCATOMBE. *n. f.* (du grec *hécatombê*, qui signifie «sacrifice de cent bœufs»). Dans l'Antiquité, sacrifice aux dieux d'un grand nombre d'animaux. De nos jours, massacre ou mort violente d'une grande quantité de personnes. *Le week-end de Pâques a été le plus meurtrier de l'année : une véritable hécatombe sur les routes.* **Au figuré :** élimination d'un grand nombre de candidats à des examens. *Vous avez vu les résultats au bac ? Une hécatombe !*

HECTO. Racine issue du grec *hekaton*, «cent». Se retrouve dans de nombreux termes de mesure : **Hectare, Hectogramme, Hectolitre, Hectomètre, Hectopascal.** Voir aussi **Hécatombe**.

HÉDONISME. *n. m.* (du grec *hêdonê*, «plaisir»). 1° **Philosophie** qui fait du plaisir le principe ou le but de toute existence. *L'épicurisme est un hédonisme* (voir ce mot). Comme l'épicurisme, l'hédonisme, au sens philosophique, n'est pas une attitude de recherche effrénée des plaisirs matériels : c'est une morale fondée sur une gestion saine du plaisir, centrée sur la recherche du bonheur comme équilibre. En ce sens, l'hédonisme est proche de cette autre philosophie qu'on nomme l'**Eudémonisme** (selon lequel le but de toute action est le bonheur, souverain bien).

2° **Au sens courant,** attitude de recherche immédiate du plaisir, de la satisfaction. *L'hédonisme du petit enfant. L'hédonisme publicitaire. La société de consommation repose sur une sorte d'hédonisme économique : consommer serait le bonheur suprême de chaque individu et le moteur de la vie collective.*

HÉGÉMONIE. *n. f.* Suprématie. Pouvoir dominateur d'un État sur un groupe de pays, une zone économique. *L'hégémonie russe sur les pays satellites. Napoléon voulait faire de la France la puissance hégémonique de l'Europe.* Par extension, prépondérance, domination, situation de pouvoir d'un groupe social sur un autre. *L'hégémonie de la bourgeoisie au XIXe siècle.*

HELLÉNISTE. *n.* Spécialiste de la Grèce, de sa culture ou de sa littérature. *Un helléniste distingué.*

N.B. Les Grecs se nommaient eux-mêmes dans l'Antiquité les **Hellènes**. D'où aussi l'adjectif *hellénique* : *la langue hellénique, la civilisation hellénique.*

HÉMA-, HÉMATO-, HÉMO-. Racines d'origine grecque signifiant «sang». De nombreux termes médicaux en sont issus. **Hématie** (globule rouge), **Hématome** (épanchement interne de sang), **Hémoglobine, Hémophilie, Hémorragie, Hémorroïde.** Orthographiée **-émie**, la même racine a donné **anémie, leucémie, septicémie,** etc.

HÉMI-. Racine grecque qui signifie «demi». **Hémicycle, Hémisphère, Hémiplégie** (paralysie d'une moitié du corps), **Hémistiche** (voir mot suivant). La racine correspondante, en latin, est **semi-**.

HÉMISTICHE. *n. m.* (du grec *hêmi*, «demi», et *stikhos*, «vers»).

1° Moitié d'un vers, délimitée par la **césure** (voir ce mot). Dans le cas de l'alexandrin classique, la césure située au milieu du vers partage celui-ci en deux hémistiches égaux. À partir de l'époque romantique, la césure se déplaçant parfois dans l'alexandrin, les deux parties du vers pourront être inégales. Dans le cas de l'octosyllabe ou du décasyllabe, la césure ayant souvent une place variable dans le vers, les deux «hémistiches» sont fréquemment inégaux; mais il est vrai que dans ces types de vers, la césure est une coupe beaucoup moins marquée que dans l'alexandrin. Voici des vers de Musset dont nous marquons le partage en deux hémistiches :

Poète, prends ton luth ; // la nuit sur la pelouse
Balance le zéphyr // dans son voile odorant.

Voici un vers de Baudelaire dont les deux parties sont inégales :

Moi, je buvais, // crispé comme un extravagant

2° L'hémistiche désigne parfois aussi le *milieu* du vers. Pour un alexandrin partagé en deux moitiés égales, on parle fréquemment de *césure à l'hémistiche*. Cette extension du terme peut prêter à confusion ; il faut néanmoins en reconnaître l'emploi.

HEPTA-. Racine grecque qui signifie «sept». On peut la

reconnaître dans les deux mots **Heptagone** (polygone qui a sept angles, sept côtés) et **Heptasyllabe** (vers de sept syllabes).

HÉRÉSIE. *n. f.* 1° **Sens religieux :** doctrine qui s'écarte partiellement (ou largement) du dogme officiel d'une religion. Le mot fut employé au départ dans le cadre de la religion catholique. Le *protestantisme*, le *calvinisme* furent de grandes hérésies (voir **Schisme**). Les **hérétiques** furent longtemps pourchassés par l'Inquisition, en France, en Italie, et surtout en Espagne.

2° **Sens général :** dans le domaine philosophique ou politique, on appelle hérésie (par analogie avec le domaine religieux) toute opinion ou toute thèse qui s'écarte de la doctrine officielle. Par exemple, les communistes qui contestaient la ligne définie par leur Parti étaient dits *« hérétiques »*. Plus généralement, on peut qualifier d'hérétique un comportement totalement déraisonnable ou des propos qui choquent le bon sens, souvent avec une nuance d'ironie. *Vous croyez encore à la génération spontanée : c'est une hérésie scientifique ! Mettre de l'eau dans son champagne, quelle hérésie !* Antonyme : *orthodoxie*.

HERMÉNEUTIQUE. *adj.* ou *n. f.* Qui se rapporte à l'interprétation des textes, à l'étude de leurs sens. *L'art, la science herméneutique.* En particulier, l'**herméneutique** est la science des textes anciens, et d'abord bibliques.

Par extension, le mot « herméneutique » s'emploie à propos de toute forme d'interprétation fondée sur l'analyse des signes (voir **Sémiologie**). *Une herméneutique de la peinture classique.*

HERMÉTISME. *n. m.* (à partir du nom *Hermès*, dieu grec qui possédait les secrets de l'univers).

1° Doctrine qui contient les enseignements des alchimistes, lesquels sont particulièrement difficiles à interpréter, ésotériques (voir ce mot).

2° Caractérise des textes ou œuvres complexes, particulièrement difficiles à pénétrer ou à comprendre. *L'hermétisme d'une poésie de Mallarmé.* Les ouvrages de style hermétique sont souvent voulus comme tels par les auteurs, pour n'être compris que des seuls initiés. D'où la nuance péjorative du mot, lorsqu'il est employé par ceux que décourage la difficulté de ces ouvrages. Voir les mots **Cabalistique, Ésotérisme**.

N.B. L'adjectif «hermétique», qui signifie également *fermé (un récipient hermétiquement fermé)*, a un sens plus large : il s'applique aux textes bien sûr, mais aussi aux comportements, aux apparences. *Un visage hermétique, impénétrable.*

HÉROS. *n. m.* 1° **Dans la mythologie antique,** demi-dieu, ou homme divinisé en raison de ses exploits. Par exemple, Hercule. Les exploits des héros étaient racontés et chantés dans les épopées, ou dans les poésies de style «héroïque» (voir le mot **épopée**). Les héros étaient souvent, à l'origine, des personnages historiques dont les faits et gestes, magnifiés et idéalisés dans la mémoire des peuples, en faisaient des êtres légendaires. D'où la locution *les temps héroïques* (temps épiques où se sont fondées les réalités dont on parle).

2° **Au sens courant,** personnage d'exception, qui s'est distingué par ses actes, son courage, ses vertus. Cet héroïsme peut être *historique* (grands hommes, inventeurs de génie, défenseurs d'un peuple) ou *quotidien* (personnes ordinaires qui manifestent un comportement héroïque au cours d'un fait divers par exemple). Le mot s'est d'ailleurs usé et il peut qualifier quelqu'un dont la situation n'est guère héroïque, tout juste un peu exceptionnelle. *Le héros du jour, le héros de la fête.*

3° **Sens littéraire ou artistique :** le héros (ou l'héroïne) est le personnage principal d'une œuvre de fiction (roman, théâtre, cinéma, bande dessinée). Historiquement, les œuvres de fiction relataient d'abord les aventures exceptionnelles de personnages sortant de l'ordinaire (épopée, roman, théâtre), ce qui justifiait l'appellation de héros. *Le héros cornélien,* par exemple. Quand les récits se sont mis à raconter l'existence de personnages plus ordinaires, le terme de héros s'est conservé. À vrai dire, même si le personnage central d'une œuvre littéraire n'est pas un être d'exception, le fait même qu'il soit l'objet d'un récit codé, obéissant à une certaine esthétique, valorisé par son statut fictif au sein d'un ouvrage imaginaire, fait de lui *formellement* un être d'exception. C'est pourquoi on a inventé, à propos des personnages, la notion d'**antihéros**. Mais un antihéros reste tout de même, fût-ce de façon inversée, une sorte de héros : le fait de raconter ce qui lui arrive d'ordinaire le sort de l'ordinaire ! Ces remarques éclairent un peu certains sujets d'examen du genre : « *Attendez-vous du per-*

sonnage principal d'un roman qu'il soit un héros ? » ou bien
« *Un personnage médiocre peut-il être un héros romanesque ?* »

N.B. « Antihéros » n'a pas de féminin.

HÉTÉRO-. (du grec *heteros*, « autre (en parlant de deux) »). Racine d'origine grecque qui signifie « autre, différent », et s'oppose directement à la racine *homo-* (« même », voir plus loin). On trouve ainsi **Hétéroclite** (se dit d'une œuvre, d'un ensemble composé d'éléments différents, disparates : *un monument hétéroclite*), **Hétérodoxe** (qui s'écarte du dogme, qui s'oppose aux idées reçues, contrairement à ce qui est *orthodoxe* ; voir **Doxa**), **Hétérogène** (qui est composé d'éléments de nature différente, par opposition à ce qui est *homogène*), **Hétérosexuel** (qui éprouve de l'attirance pour l'autre sexe, par opposition au mot *homosexuel*). Le sens des mots *hétérodoxie, hétérogénéité, hétérosexualité* se déduit aisément.

HEXA-. Racine grecque qui signifie « six ». On la retrouve dans de nombreux termes chimiques, dans **Hexagone** (polygone à six angles, six côtés) et dans **Hexasyllabe** (vers de six syllabes).

N.B. Le mot **Hexagone** désigne parfois la France, à partir de la figure géométrique que forme le pays. Le terme s'est notamment employé à l'époque de la décolonisation, lorsque l'Empire français s'est réduit à sa configuration géographique originelle.

HIATUS. *n. m.* 1° Rencontre de deux voyelles qu'il faut prononcer l'une après l'autre, soit à l'intérieur d'un mot *(ahaner, haïr)*, soit d'un mot à l'autre : *il a eu un os*. Il faut distinguer l'hiatus, dont les deux voyelles doivent être prononcées successivement (il m'a *ri au* nez), du cas de la diphtongue, dont les deux sons se prononcent en une fois (un v*io*lon). L'hiatus étant jugé désagréable à l'oreille, il fut proscrit dans la poésie classique. De même, dans la prose, certains écrivains l'évitent par souci d'**euphonie** (voir ce mot). Cependant, un hiatus peut être volontaire, pour produire un effet amusant *(tu as été à Tahiti)*, ou simplement expressif, comme dans ce vers de La Fontaine :

Après bien du travail le coche arrive au haut

L'effort que nous faisons, pour prononcer cet hiatus, nous fait sentir l'effort du coche pour parvenir *« au haut »*.

2° Au *sens figuré*, un hiatus est une discordance, un décalage, une distorsion entre des éléments, entre deux phénomènes. *Il y a un hiatus entre l'euphorie de la Bourse et la gravité du chômage. Il y a un hiatus entre les déclarations du ministre de l'Éducation et le projet de son collègue de la Culture.*

HIC ET NUNC. Expression latine qui signifie « ici et maintenant ». On l'emploie pour exprimer l'urgence d'une situation, d'un désir, ou le caractère concret, immédiat, que l'on veut attribuer à une réalité. *Il faut agir sur le champ, hic et nunc. Il cherche le sens de sa vie, non pas en général, mais dans chaque situation concrète, hic et nunc.*

HIÉRARCHIE. *n. f.* (du grec *hieros*, « sacré » et *arkhê*, « pouvoir »).

1° **Sens religieux** (originel) : ordre selon lequel est réparti le pouvoir entre les membres officiels d'une Église. *La hiérarchie catholique comprend le Pape (au sommet), les évêques et les simples prêtres.* On dit parfois simplement **la hiérarchie** pour désigner le clergé de l'Église institutionnelle, par opposition à la communauté des fidèles.

2° **Sens politique et social :** organisation d'ensemble des pouvoirs, depuis ceux qui obéissent (la base) jusqu'à ceux qui commandent (le sommet). On peut parler de la hiérarchie en général *(hiérarchie sociale)*, ou de hiérarchies particulières *(hiérarchie militaire)*. Une société suppose toujours l'organisation de pouvoirs sociaux, donc des hiérarchies. Mais elle peut être plus ou moins **hiérarchisée** selon la rigidité plus ou moins grande de ses catégories, de ses « castes », de ses « classes » (voir ces mots). *Un système hiérarchique. Les échelons de la hiérarchie.*

3° **Par analogie,** classement d'un ensemble de réalités selon un ordre dégressif ou progressif. *Une hiérarchie de droits, de devoirs. Hiérarchiser les notions par ordre d'importance croissante. La hiérarchie des salaires. Toute morale repose sur une hiérarchie de valeurs ; il faut parfois en privilégier certaines.* Mots de sens voisin : *classification, ordre, subordination.*

HIÉRATIQUE. *adj.* (du grec *hieros*, « sacré »). *(sens originel)* Qui concerne les choses sacrées, en particulier l'art, le rite, l'aspect formel de la liturgie. *(sens courant)* Qui manifeste un style un peu raide et solennel, rappelant le cérémonial d'une liturgie. *Des gestes hiératiques. La pose hiératique* d'un personnage. *Un visage d'une expression noble et figée, hiératique.*

HIPP(O)-. Racine issue du grec *hippos*, «cheval». On la retrouve dans les mots **Hippique** (qui se rapporte au cheval, à l'équitation : *concours hippique*), **Hippodrome** (littéralement : «champ réservé aux chevaux», champ de courses), **Hippopotame** (littéralement : «cheval de fleuve»!). Ne pas confondre avec *hypo-* (voir plus loin).

HISTORIOGRAPHE. *n. m.* Écrivain chargé d'écrire l'histoire officielle de son temps ou de son souverain. *Racine, Boileau furent les historiographes de Louis XIV.* Ne pas confondre avec **historien**. Alors que l'historien se veut objectif et libre, l'historiographe ne peut écrire l'histoire que dans un sens favorable au pouvoir qui l'emploie. D'où parfois le sens péjoratif du mot.

HISTORIQUE. *adj.* 1° Qui se rapporte à l'Histoire, à la fois étude et relation du passé. *Des travaux historiques, des recherches historiques.* 2° Qui s'avère parfaitement exact, qui a bien eu lieu, sans contestation possible. *Un événement historique.* 3° Qui a un caractère mémorable, méritant d'être célébré longtemps. *Ce fut un exploit historique.*

Comme substantif, **un historique** est un exposé chronologique des faits.

Ces trois sens du mot sont liés à la complexité de ce qu'on appelle l'Histoire : celle-ci cherche à connaître et à raconter objectivement le passé ; mais le passé a de multiples dimensions et ne laisse pas toujours des documents ou témoignages suffisants ; obligé d'*interpréter*, l'historien est amené à privilégier certains faits au détriment d'autres ; enfin, conduit à *raconter* le passé, il ne peut s'empêcher parfois de faire sentir ce qu'il admire ou qu'il déplore. Voir **Récit**.

HISTRION. *n. m.* Comédien qui jouait, anciennement, dans des farces bouffonnes. **Sens actuel** (péjoratif) : personnage bouffon, qui se donne en spectacle ou fanfaronne, notamment dans le domaine politique. *Bokassa, dictateur africain, n'était qu'un histrion. Trop d'histrions gesticulent sur la scène politique.*

HOLO-. Racine issue du grec *holos*, «entier, total». On la trouve dans **Holographie** (système photographique qui permet de reproduire les objets en relief, c'est-à-dire de façon complète) et **Holocauste** (voir mot suivant). Voir aussi **Holisme**, à l'article **Individualisme** (sens n°2).

HOLOCAUSTE. *n. m.* (mot d'origine grecque qui signifie «brûlé en entier», voir la racine *holo-*). 1° **Chez les Hébreux :** sacrifice au cours duquel la victime était entièrement brûlée. 2° **Sens général :** sacrifice total, religieux ou non. *S'offrir en holocauste.* 3° **L'Holocauste,** au sens historique : l'extermination des Juifs par les nazis de 1939 à 1945. On dit aussi *la Shoah.*

HOMÉLIE. *n. f.* **Sens religieux :** au cours de la messe, commentaire du prêtre sur un passage de l'Évangile lu auparavant, sur un point de doctrine ou de morale. Prêche, sermon. *Le célébrant se lança dans une longue homélie.* Par extension, discours moral que l'on tient à quelqu'un pour lui faire la leçon. Dans ce sens, comme les mots «prêche» et «sermon», l'emploi du mot *homélie* est souvent péjoratif, synonyme de leçon longue et ennuyeuse.

HOMÉO-, HOMO-. Racines d'origine grecque qui signifient «semblable, le même». Voir les mots **Homéopathie, Homologue** et **Homonyme,** définis ci-dessous. On trouve aussi **Homogène** (qui est de même nature, qui s'assemble aisément), **Homogénéiser** (rendre homogène), **Homosexuel** et **Homosexualité** (attirance sexuelle pour une personne de même sexe).

Les préfixes contraires sont **Allo-** *(allopathie)* et **Hétéro-** *(hétérogène, hétérosexuel).*

N.B. Ne pas confondre avec le latin *homo* (homme). Ainsi, le mot *homosexualité* ne signifie pas étymologiquement «amour entre deux hommes», mais bien «amour entre deux personnes de *même* sexe»; on dit *un homosexuel, une homosexuelle.*

HOMÉOPATHIE. *n. f.* (de *homéo-*, «le même» et *patho-*, «maladie»; voir ces racines). Littéralement, le mot *homéopathie* signifie qu'on soigne une maladie par la même maladie. Effectivement, cette méthode consiste, pour traiter un malade, à lui administrer des doses infinitésimales (très petites) de substances qui, données en quantités plus fortes, provoqueraient chez un homme sain la maladie qu'on soigne. À partir de là, au sens *figuré*, l'adjectif **homéopathique** désigne assez souvent des mesures très faibles (trop), des remèdes infimes (insuffisants). *Des doses homéopathiques. Pour résoudre la question du chômage, un* *traitement homéopathique ne suffit pas.* Antonyme : **Allopathie**.

HOMÉRIQUE. *adj.* Qui se rapporte au poète grec Homère, auteur de *L'Iliade* et de *L'Odyssée*. Qui est digne du style de cette épopée, c'est-à-dire grandiose, héroïque, épique (voir le mot **Épopée**). *Un rire homérique :* énorme. *Un combat, un match homériques :* épiques, fabuleux.

HOMOLOGUE. *adj.* et *n.* (du grec *homo-*, « semblable » et *logos*, « discours, étude »). Qui est semblable à, qui correspond à, qui a des structures similaires à. Cet adjectif s'emploie aussi bien au sens courant que dans un sens scientifique précis. Comme **substantif**, le terme désigne un personnage qui a les mêmes fonctions ou la même situation que celui avec lequel il est mis en rapport. *Le ministre allemand des affaires étrangères s'est entretenu avec son homologue belge.*

Noter le verbe **Homologuer**, qui veut dire ratifier, enregistrer comme recevable (une décision, une norme, une performance sportive). Le lien avec l'étymologie se retrouve : on « homologue » ce qui *correspond* à des critères de validité identiques.

HOMONYME. *adj.* et *n. m.* (du grec *homo-*, « même » et *onoma*, « nom »). Se dit des mots de prononciation ou de graphie identiques, mais qui ont des sens différents. On donne classiquement les exemples suivants : *seau, sot, sceau, saut, Sceaux*, ou *saint, sein, ceint*. Voir aussi les deux sens du mot **Affectation**, et bien d'autres exemples, souvent liés aux variations des formes verbales (*couvant*, participe présent et *couvent*, monastère). Ne pas confondre avec les **Paronymes**, mots dont les formes sont seulement voisines mais non similaires, et la prononciation différente.

N.B. Le mot **homonyme** se dit aussi d'une personne qui porte le même nom qu'une autre. *Dupont est l'homonyme de Dupond.*

HONNÊTE HOMME. Expression qui désigne, au XVIIe siècle, une personne cultivée, modérée en toute chose, ayant un sens aigu des convenances sociales et le goût de la vie mondaine de l'époque. L'honnête homme se caractérise par la noblesse de ses sentiments (il s'oppose au « vulgaire »), par sa réserve, par le refus d'être pédant et d'imposer son savoir, et bien sûr aussi, par son honnêteté intellectuelle et morale.

Mais il faut noter que l'adjectif **honnête** signifiait d'abord à cette époque «convenable, modéré»; ce n'est qu'à la fin du XVIIe siècle qu'il s'est restreint au sens actuel (*financièrement* honnête; *moralement* vertueux). Ainsi, l'**honnête homme** était sans doute un *homme honnête* (au sens actuel), mais bien plus que cela.

HONORAIRES. *n. m. pl.* Argent versé, pour rétribuer leurs services, aux personnes qui exercent une profession libérale (médecin, avocat, expert-comptable, etc.).

N.B. Du point de vue des connotations, il est intéressant de comparer les différents mots qui désignent l'argent que l'on gagne en exerçant un métier : *salaire, traitement, revenus, droits d'auteur, commission, honoraires, émoluments,* et encore *appointements, solde* (pour les militaires), *cachet* (pour les artistes), *gages* (pour Sganarelle)…!

HORDE. *n. f.* Tribu errante, troupe nomade, chez les Mongols ou peuples d'Asie centrale. **Sens actuel :** groupe d'individus indisciplinés qui commettent des violences et des déprédations. *Une horde d'anarchistes qui sèment la terreur.* Le terme peut aussi s'employer, dans un sens affaibli, pour désigner un groupe de personnes agitées. *Une horde de lycéens sortait du bahut.*

HOSTILITÉ. *n. f.* Au *singulier* : tendance hostile, haine ou inimitié qui peut se traduire en actes. Au *pluriel* : actes de guerre entre des ennemis. *Qui a ouvert les hostilités ?*

HUMANISME. *n. m.* 1° **Sens historique.** Vaste mouvement intellectuel et littéraire du XVIe siècle, qui se caractérise par une vive admiration pour les cultures grecque et latine et par la volonté de contribuer à l'épanouissement de l'homme dans toutes ses dimensions (aussi bien culturelle que politique). L'humanisme est un moment essentiel du développement de la culture européenne. Il a pris naissance dans l'Italie du XVe siècle et, comme mouvement d'idées, fait partie intégrante de la Renaissance. Les **humanistes** étaient animés d'une soif extrême de savoir et, en particulier, passionnés par l'étude des langues anciennes. Après le Moyen Age, qui leur paraissait une époque d'obscurité et de sclérose intellectuelle, ils pensaient fonder la «renaissance» de la pensée sur un retour aux œuvres de l'Antiquité, sur l'étude de leurs textes originaux, et sur les valeurs humaines développées par la civilisation gréco-latine (qu'ils jugeaient compatibles avec celles du christianisme authentique).

Cette jonction entre l'étude des textes anciens et le souci de développer la conscience humaine grâce à elle explique que le terme **humanités** (au pluriel) puisse signifier *l'étude de la langue et de la littérature grecques et latines* (on dit en ce sens *Faire ses humanités*). Érasme, Thomas More, Rabelais, Montaigne ont été parmi les plus grands humanistes.

2° **Sens philosophique.** Doctrine philosophique qui a pour but l'épanouissement de la personne humaine. Attitude d'esprit qui fait de l'être humain la valeur suprême, dans la vie personnelle aussi bien que collective.

Dans ce sens, le mot «humanisme» est très large : toute pensée, tout discours centrés sur l'homme peuvent être jugés *humanistes*. D'autre part, la référence à l'humanisme est si fréquente ou si vague que le terme s'est usé. Des penseurs ont notamment reproché à «l'idéologie bourgeoise» de faire de l'humanisme, ou du recours abstrait à la notion d'Homme, le moyen de masquer des intérêts économiques ou des systèmes sociaux inégalitaires. Pour bien préciser le sens dans lequel ce mot a pu être employé, on distinguera donc sommairement :

— l'**humanisme philosophique** en tant que tel, par principe agnostique, qui met l'homme au-dessus de toute chose. Cet humanisme est illustré par l'existentialisme de Sartre (« *L'existentialisme est un humanisme* ») ou par la position de Camus (l'homme se révolte contre l'absurde, donne lui-même sens à son existence, tente de se construire un avenir collectif).

— l'**humanisme chrétien**, qui se refuse à opposer, comme l'humanisme athée, la volonté de Dieu à la liberté de l'homme. Pour les chrétiens modernes, Jésus-Christ se faisant Homme pour sauver et magnifier l'Humanité, la foi en Dieu est inséparable du devoir de «développer tout l'Homme et tous les hommes» (voir **Christianisme**). Le personnalisme de Mounier illustre cette attitude.

— l'**humanisme marxiste**, qui prend la notion d'homme dans un sens essentiellement collectif. L'homme n'est pas un concept abstrait et idéaliste : l'homme, ce sont les hommes concrets tels qu'ils se trouvent historiquement situés. Il s'agit pour eux de se libérer de l'**aliénation** (voir ce mot) et de construire ensemble, en dépassant la **lutte des classes**, une société future fraternelle. Pour les marxistes, la valeur suprême est donc l'homme-Humanité ; l'objectif est de faire progresser l'Histoire pour hâter la venue de la **société sans classes**.

HUMANISTE. *adj.* et *n.* 1° Qui se rapporte à l'humanisme comme mouvement du XVIe siècle. *Les ouvrages humanistes. Un humaniste de renom.*

2° Qui a une grande connaissance des littératures grecque et latine, ayant « fait ses humanités ». *Un humaniste distingué* (au sens n° 1 de « **Humanisme** »).

3° Qui est partisan de l'humanisme au sens philosophique. *L'œuvre de Romain Rolland est celle d'un humaniste. La philosophie humaniste d'Alain.*

4° Qui manifeste de l'humanisme dans ses attitudes, qui recherche toujours le plus grand bien des hommes. *Ses choix politiques sont ceux d'un humaniste. Martin Luther King était profondément humaniste.* En ce sens, on dit aussi « humain ». Voir **Humanisme**.

HUMANITARISME. *n. m.* Attitude de recherche du mieux-être de l'humanité, de l'amélioration concrète de la condition des hommes. L'humanitarisme inspire l'ensemble des conduites **humanitaires**, celles qui viennent directement en aide aux êtres humains (notamment les plus démunis, les victimes des diverses catastrophes). L'humanitarisme est aussi une conception globale d'**amour de l'humanité**, parfois considérée comme utopique.

N.B. On distinguera donc les mots **Humanisme** et **Humanitarisme** (ce dernier est nécessairement une forme d'humanisme, mais il a un sens beaucoup plus restreint), et les mots **Humaniste** et **Humanitaire** *(un ouvrage humaniste ; une organisation humanitaire)*, même si dans certains contextes ces adjectifs peuvent être interchangeables (des sentiments *humains, humanistes* ou *humanitaires*).

HUMANITÉ. *n. f.* 1° Caractère de ce qui est humain. *Le chien m'a regardé avec un air d'humanité indéfinissable.* On oppose parfois **humanité** à **divinité**.

2° Bonté envers les hommes, compassion envers ceux qui souffrent, qualité humaine de compréhension. *Un examinateur plein d'humanité à l'égard des candidats.*

3° Ensemble des hommes ; genre humain pris dans son ensemble, dans son histoire, dans son évolution. *L'humanisme révère l'Humanité.* Dans *Dom Juan* de Molière, au cours de la célèbre « scène du Pauvre », le séducteur finit par donner un louis d'or au mendiant, en lui disant : *« Je te le donne pour l'amour de l'humanité »*, et l'on ne sait s'il prend ce mot au sens n° 2 ou n° 3.

4° *Au pluriel*, les **humanités** : l'étude de la langue et de la littérature grecques et latines (voir le sens n° 1 du mot **humanisme**).

HUMOUR. *n. m.* Forme d'esprit qui consiste souvent, sur le ton le plus sérieux, à faire ressortir l'absurdité, l'aspect plaisant ou insolite de certaines situations (qui peuvent être douloureuses). L'humoriste prend distance, garde son sang-froid, met en valeur des contradictions, ironise parfois sur lui-même. Par rapport à l'ironie, l'humour se caractérise par une moindre agressivité, une plus grande bienveillance à l'égard de cela même dont il prend distance. L'ironie, elle, attaque volontiers les personnes. Quand l'humour prend distance de la souffrance et de la mort, — il s'agit de l'**humour noir** — il apparaît comme une revanche, par le rire, de l'homme sur son malheur.

HYACINTHE. *n. f.* Pierre précieuse de couleur brun-orangé à rouge. Étoffe de cette couleur. *« Sa robe était d'hyacinthe soufrée »* (Nerval).

HYBRIDE. *adj.* Qui est composé d'éléments d'origines différentes, de matériaux disparates. Qui est de nature composite. Cet adjectif peut s'appliquer à des réalités très concrètes *(le mulet est un animal hybride, produit d'un âne et d'une jument)*, artistiques *(une architecture hybride, composée de styles différents)* ou plus abstraites *(Le Neveu de Rameau est une œuvre d'un genre hybride, mêlant le théâtre et le roman)*. Le plus souvent le terme s'applique à quelque chose qui joint anormalement *deux* éléments de genres différents.

HYBRIS (ou HUBRIS). *n. m.* Terme grec qui signifie **démesure**. Ce mot est employé à propos de la tragédie, pour désigner l'attitude des héros qui dépassent les limites, qui outrepassent les interdits des dieux. En dépassant la mesure, ils dérangent l'ordre naturel des choses et sont châtiés par le Destin. En dehors de la tragédie, le mot s'emploie parfois pour désigner les attitudes folles, la pulsion négative portant des hommes ou des foules à des actes insensés qui engendrent des catastrophes.

HYDRO-. Racine issue du grec *hûdor*, « eau ». Les composés sont nombreux : **Hydrate, Hydratant, Hydratation,**

Hydraulique, Hydrocéphale, Hydrocution, Hydrogène, Hydrophile («qui aime l'eau» au point de l'absorber : *coton hydrophile*), **Hydropisie, Hydrothérapie**.

Ne pas confondre avec l'autre racine grecque **Hygro-**, qui signifie «humide» (cf. **Hygrométrie**, mesure de l'humidité).

HYMEN. *n. m.* Dans la langue classique, mariage. On trouve aussi **Hyménée** (toujours masculin), comme dans ce vers de *Bérénice* (Racine) :

Pour elle et pour Titus il n'est plus d'hyménée

HYMNE. *n. m.* 1° Dans l'Antiquité, poème ou chant à la gloire des dieux ou des héros. On trouve de tels poèmes dans *L'Iliade* et *L'Odyssée*.

2° En général, poème lyrique célébrant un personnage, une idée ou une réalité morale *(Hymne à la joie, Hymne à la mort)*, un grand sentiment *(Hymne à l'amour)*, une patrie (*un hymne national*, comme **La Marseillaise**), etc.

N.B. Le mot *hymne*, dans la liturgie catholique, est un cantique en latin qui célèbre Dieu. Dans ce sens, on peut le rencontrer *au féminin*.

HYPALLAGE. *n. f.* Figure de style qui consiste à attribuer à un mot d'une phrase ce qu'il conviendrait normalement d'attribuer à un autre mot de celle-ci. Il y a transfert de qualificatifs. Par exemple, lorsque Baudelaire évoque «une île paresseuse» (dans «Parfum exotique»), il nous suggère que les *habitants* de cette île peuvent vivre paresseusement : il transfère donc sur le mot «île» un qualificatif qui normalement devrait s'appliquer aux habitants de celle-ci. On voit par cet exemple que le transfert n'est pas seulement un transfert de terme (car le mot auquel devrait être accolé l'adjectif peut être absent de la phrase), mais un déplacement des *caractères* d'une réalité donnée sur une *autre réalité évoquée* dans la phrase. Lorsque le même Baudelaire définit les yeux des aveugles en disant *«leurs globes ténébreux»*, le transfert consiste à attribuer au globe oculaire (qui est blanchâtre) une apparence ténébreuse qui concerne en réalité ce que «voient» les aveugles eux-mêmes (leur nuit).

L'hypallage est une figure de style qui appartient à la catégorie générale de la **Métonymie** (voir ce mot).

HYPER-. Racine issue du grec *huper*, «au-dessus, au-delà», qui exprime une forte exagération, l'excès, le degré suprême. Elle correspond à la racine latine «super», et s'oppose au préfixe *hypo-* (voir plus loin). Le préfixe **Hyper-**

est très vivant et sert à composer de nombreux mots (*hypermarché, hypernerveux, hypertrophie*, etc.)

HYPERBOLE. *n. f.* (du grec *huper*, «au-dessus», et *bolê*, «action de lancer»). Au sens littéraire, l'hyperbole est une figure de style qui consiste à exagérer fortement l'expression de sa pensée. C'est la figure type de l'excès, très fréquente dans la langue courante *(«j'étais mort de peur», «voir ça, ça me tue»)*, et aussi dans la littérature, par exemple lorsque Cyrano dit de son nez :

> *C'est un roc, c'est un pic, c'est un cap !*
> *Que dis-je, c'est un cap ?... C'est une péninsule !*

L'hyperbole, comme l'emphase, est employée chaque fois qu'un auteur veut grossir les faits, pousser à l'extrême une situation, grandir démesurément les qualités d'un personnage. Elle triomphe en particulier dans le style épique.

N.B. Le mot désigne aussi une conique, en géométrie. L'étymologie se retrouve dans ce sens aussi, puisque l'hyperbole est une courbe géométrique qui tend vers l'infini.

HYPERTROPHIE. *n. f.* (voir la racine *hyper-*). Au *sens propre* comme au *sens figuré*, grossissement démesuré. *L'hypertrophie d'un muscle. L'hypertrophie du «moi» dans la poésie romantique. Un effectif hypertrophique.* Antonyme : **Atrophie**.

HYPNOTISER. *v. tr.* (du grec *hupnos*, «sommeil»).

(sens propre) Endormir artificiellement (par hypnose, par suggestion, par magnétisme).

(sens figuré) Fasciner quelqu'un, l'éblouir ou l'obséder. *Ce brillant professeur hypnotise son auditoire en expliquant du Malherbe ! Des foules littéralement hypnotisées par un extrémiste.* Cet emploi du mot est souvent péjoratif, ou ironique : il est rarement positif de déposséder les gens de leur esprit critique...

HYPO-. Racine issue du grec *hupo*, «sous, au-dessous de», qui exprime l'insuffisance, l'infériorité, la diminution, bref ce qui est en dessous ou en deçà. Cette racine a pour antonyme **Hyper-**, et se rencontre dans bon nombre de mots, notamment dans le domaine scientifique *(hypocalorique, hypoderme, hypoglycémie, hypophyse, hypotension*, etc.). Ne pas confondre avec *hippo-*.

HYPOCONDRIAQUE. *adj.* Mélancolique, neurasthénique. L'**hypocondrie** est un état d'anxiété qui porte notamment à se préoccuper excessivement de sa santé. *« Le raisonnement que vous avez fait est si docte et si beau qu'il est impossible qu'il ne soit pas fou et mélancolique hypocondriaque »* (Molière).

HYPOTHÉQUER. *v. tr.* Hypothéquer un bien, pour un emprunteur, c'est garantir au créancier le droit de faire vendre ce bien pour se rembourser, au cas où l'emprunteur serait incapable de payer sa dette au moment voulu. On peut *hypothéquer une maison* (un appartement, une terre) pour effectuer un emprunt ; dans ce cas, on n'a plus la libre disposition de ce bien : il est dit *grevé (chargé) d'une hypothèque*. D'où le **sens figuré** du terme, en dehors du domaine juridique : engager gravement un bien moral, faire peser des risques sur l'accomplissement de quelque chose. *Hypothéquer l'avenir, hypothéquer son avenir. Hypothéquer la réussite à un examen* (en ne travaillant pas). Inversement, l'expression **lever une hypothèque** signifie généralement : supprimer un handicap, un obstacle qui entravait telle ou telle entreprise.

HYPOTHÈSE. *n. f.* (du grec *hupo*, « en dessous » et *thesis*, « action de poser ». Littéralement : proposition que l'on pose en dessous, à la base).

1° **En mathématiques**, proposition que l'on pose au départ, à partir de laquelle on établira une démonstration, d'où l'on déduira un théorème. Cette définition est fort proche de l'étymologie. L'hypothèse est ici une sorte de **postulat**, une donnée initiale : ce sens est assez éloigné du sens n° 3 (qui met l'accent sur l'incertitude liée à la supposition que l'on fait).

2° **En sciences fondées sur l'expérimentation,** l'hypothèse est une *possibilité d'explication* d'un phénomène donné. On la formule précisément pour la vérifier, au cours d'une expérience. Elle est souvent imaginée par **induction** (voir ce mot), avant de donner lieu à une loi si elle se vérifie. Tant que cette loi n'est pas établie, elle demeure *hypothétique*.

3° **Au sens courant,** l'hypothèse est une supposition, une possibilité d'explication entachée d'incertitude. Voir les mots voisins **Conjecture, Présomption**. *Faisons une hypothèse. Ton hypothèse est purement gratuite. Tout cela est douteux, incertain, hypothétique.* **Hypothèse d'école :**

supposition purement théorique, qui ne risque pas de se produire dans la réalité.

HYSTÉRIE. *n. f.* (du grec *hustera*, « uterus »; pour Hippocrate, l'hystérie était la maladie spécifique des femmes privées de vie sexuelle).

1° **Sens psychanalytique :** maladie psychique dont la manifestation donne lieu à des symptômes corporels ou comportementaux exacerbés (crise émotionnelle, théâtralisme, paralysies, phobies diverses). Il y a plusieurs sortes d'hystéries, dont certaines n'ont pas nécessairement des formes agitées. L'idée centrale est que l'hystérie provient de conflits psychiques dont les effets *se déplacent* dans des symptômes qu'il faut déchiffrer. Par des voies indirectes, la névrose *se convertit* en hystérie. Il faut l'interpréter pour la soigner.

2° **Sens courant :** comportement excité, délirant, dramatique, parfois violent. *La guerre éclate, ils applaudissent : c'est de l'hystérie ! Une foule frappée d'hystérie collective. Un grand rire sardonique et hystérique. Un homme s'agitait hystériquement. Un dictateur hystérique.*

IBID. Abréviation de l'adverbe latin *ibidem,* « au même endroit, dans le même passage ». S'utilise quand on fait plusieurs citations d'un même ouvrage ou plusieurs renvois à un même passage. Ne pas confondre avec *idem.*

ICÔNE. *n. f.* (du grec *eikôn,* « image, portrait »).

1° **Dans l'Église orientale,** peinture sur bois du Christ, de la Vierge ou de divers saints. L'icône est révérée, mais ne doit pas en tant que telle faire l'objet d'un culte : elle est une *représentation,* elle renvoie à l'être qu'elle représente. On oppose parfois à l'*icône* cette autre représentation qu'est l'*idole,* qui, elle, est adorée comme si elle était la divinité elle-même qu'elle représente (d'où le mot *« idolâtrie »*). Cette distinction est intéressante en ce qu'elle illustre deux attitudes différentes du croyant vis-à-vis des signes religieux : prendre le signe pour la réalité même, ou le considérer comme un élément intermédiaire qui renvoie à la réalité.

2° **En linguistique ou sémiologie,** on appelle parfois *icône* un signe qui se veut un reflet naturel (voire un équivalent) de la réalité qu'il traduit : c'est le cas par exemple de l'onomatopée. On parle aussi, plus généralement, de *tendance iconique* (dans la langue, dans le dessin). Par exemple, si dans une bande dessinée, le mot « serpent » est reproduit selon une graphie qui ondule (pour évoquer l'animal, comme si le signe était semblable à la chose signifiée), on parlera de tendance iconique de cette reproduction.

N.B. 1° Dans ce second sens, la distinction précédente entre **icône** et **idole** est annulée : le signe semble par nature identique à la chose signifiée. 2° Les dérivés du mot *icône* ne prennent pas d'accent circonflexe.

3° En informatique, l'icône est un simple symbole graphique.

ICONOCLASTE. *adj.* et *n. m.* (étymologiquement : *briseur d'icône*).

1° Se dit, **historiquement,** des chrétiens byzantins qui s'opposaient au culte des icônes, des images saintes. *Certains empereurs byzantins étaient iconoclastes.* Cette attitude se justifiait dans la mesure où, précisément, les *icônes* devenaient pour certains des *idoles* (voir cette distinction au mot **Icône,** sens n° 1).

2° Au **sens courant,** personne qui s'oppose aux traditions, aux images du passé, au culte des idées admises ou des valeurs consacrées. *Dans son pamphlet contre la République, il s'attaque aux idées de liberté et d'égalité avec une rage iconoclaste.*

ICONOGRAPHIE. *n. f.* (du grec *eikôn*, «image» et «*graphein*», «écrire»).

1° Ensemble des images ou des illustrations d'un livre, d'une époque donnée (sur un thème donné). Cet ensemble de représentations était souvent dans le passé un ensemble de peintures ou de figures *religieuses,* conformément au sens premier du mot **Icône.** Mais l'iconographie désigne maintenant n'importe quel ensemble de représentations figurées. Chez un éditeur, par exemple, une personne peut être spécialisée dans l'iconographie d'un livre.

2° Étude descriptive d'un ensemble d'images (au sens précédent).

IDÉAL. 1° Comme *adjectif :* se dit couramment de tout ce qui est parfait, accompli, dont on rêve ou qu'on voudrait atteindre. *Un type de beauté idéale. La solution idéale.* Plus largement, s'applique à ce qui n'existe pas dans la réalité et qu'on ne peut concevoir que par la pensée. *Une cité idéale, telle que les utopies en imaginent. Les figures idéales sur lesquelles raisonnent les mathématiciens.*

2° Comme *nom masculin :* modèle parfait vers lequel on tend, qu'il s'agisse d'un idéal moral, d'un idéal esthétique, d'un idéal politique, d'un idéal d'existence. *Avoir un idéal. Baudelaire oppose l'Idéal auquel il aspire à la plate réalité qui le plonge dans le Spleen.* Plus généralement, l'idéal représente un ensemble de valeurs (esthétiques et morales) inaccessibles, opposées aux contingences et aux contraintes de la vie réelle, ou à la recherche de satisfactions «matérialistes». *Le poète vit dans l'idéal.* L'**idéaliste,** dans ce sens, s'oppose diamétralement au **réaliste,** soit qu'il veuille «réaliser» un idéal généreux, soit qu'il idéalise la réalité au lieu de la voir telle qu'elle est.

N.B. Au pluriel : *un idéal, des idéaux.*

IDÉALISME. *n. m.* (lire d'abord les définitions du mot **Idéal**).

1° **Sens courant :** attitude des personnes qui se donnent un idéal dans la vie, qu'il s'agisse d'un idéal moral personnel, d'un idéal humain en général, d'un idéal social ou politique. L'idéalisme s'oppose au « matérialisme », au réalisme, à l'utilitarisme. Le mot est parfois employé péjorativement pour désigner l'attitude de ceux qui, rêvant d'un idéal utopique, ne parviennent pas à s'adapter au réel, et passent alternativement de l'idéalisation à la déception. *L'idéalisme ne suffit pas ; mais sans idéalisme, l'homme pourrait-il progresser ?*

2° **Sens philosophique :** l'idéalisme est la tendance fondamentale d'un certain nombre de philosophies qui affirment la primauté des *idées* sur les choses, de l'*esprit* sur la matière, de la *pensée* sur la réalité. Pour certaines, l'idéalisme consiste seulement à affirmer l'autonomie des idées et leur suprématie sur les données extérieures du monde. D'autres vont beaucoup plus loin et postulent, comme **l'idéalisme de Platon,** que les **Idées** sont les seules réalités (les choses matérielles, la conscience que nous en avons ne sont que des reflets des **Idées** — voir ce mot). Pour Marx, qui adopte un point de vue critique, l'idéalisme consiste à s'imaginer que l'esprit est le moteur de l'histoire (alors que, pour lui, c'est la « matière », les conflits d'intérêts économiques, les rapports entre les classes qui engendrent l'évolution des sociétés et l'idéologie qui les caractérise ; voir **Matérialisme**). Les croyances religieuses, qui supposent un Esprit (Dieu) à l'origine du monde, sont en ce sens des idéalismes. Voir **Spiritualisme.**

3° **Sens esthétique :** en art, l'idéalisme est une conception selon laquelle le but de l'art n'est pas de reproduire la réalité telle qu'elle est *(réalisme),* mais d'*incarner la beauté* dans des œuvres. Il peut s'agir d'une tendance platonicienne (le Beau existe à l'état d'idée ; la tâche de l'artiste est de le représenter le plus purement possible). Plus généralement, l'artiste idéaliste cherche à décrypter la part de beauté qui existe dans la nature, pour la recueillir et la styliser dans des œuvres. Au point de vue artistique, le terme idéalisme cumule en quelque sorte les acceptions n° 1 et n° 2 que nous avons définies : l'artiste est mû par un idéal de beauté; et cet idéal semble lui-même issu d'une vision spiritualiste du monde. Voir **Idéal, Idée, Matérialisme, Réalisme, Spiritualisme.**

IDÉE. *n. f.* 1° **Sens courant :** représentation de l'esprit, concept, abstraction. Pensée élaborée, conception ou interprétation relative aux choses, aux êtres, à ce qui existe ou qui n'existe pas. Inspiration littéraire ou artistique. Aperçu plus ou moins réaliste; vue de l'esprit plus ou moins juste (cf. *« Tu te fais des idées »*). Au pluriel, ensemble d'opinions, thèses, doctrines (*les idées de Flaubert, l'histoire des idées,* etc.).

2° **Sens philosophique :** essence pure, dont la réalité n'est que la réalisation ou le reflet. Chez Platon, en particulier, le **monde des Idées** existe en soi : il s'agit de réalités éternelles dont les choses sensibles ne sont que des imitations, des reflets. Non seulement les bonnes actions ou les belles apparences ne sont que des reflets de l'**Idée de Bien** ou de l'**Idée de Beau ;** mais encore, un objet triangulaire, un arbre réel, ne sont que des imitations imparfaites des modèles essentiels que sont l'**Idée de triangle,** l'**Idée d'arbre,** etc. Sans aller jusque là, de nombreuses attitudes philosophiques donnent aux idées une sorte de valeur en soi, une autonomie par rapport aux choses réelles dont elles ont été «extraites», ou plus précisément, *abstraites.* Voir **Abstraction, Concept, Essence, Idéalisme** (au sens n° 2).

IDEM. Adverbe latin, qui signifie «de même». On l'emploie pour éviter la répétition d'un nom, d'un acte, d'un mot. *« Age, 19 ans ; taille, 1m70; cheveux, blonds ; sourcils, idem »* (Balzac). On l'abrège souvent en *id.* Ne pas confondre avec *Ibidem* (abrégé en *ibid.*) qui veut dire «au même endroit».

IDENTIFICATION ROMANESQUE.
1° **Au sens général, l'identification c'est :**
— le fait de *reconnaître* une chose, de la considérer comme identique à une idée ou à une connaissance préétablie, qui correspond au verbe **identifier :** *j'identifie une personne* (c'est bien là ce qui correspond à son identité), *j'identifie un arbre,* etc.
— le fait de *se reconnaître,* dans une réalité ou dans une personne, d'y trouver ou d'y chercher une part de sa propre identité : cet acte correspond au verbe **s'identifier.**

Cette identification est un phénomène complexe, qui suppose un mouvement double : d'une part on se projette dans une autre réalité ou une autre personne, on veut se reconnaître en elle, vivre ce qu'elle vit ; d'autre part, on intériorise cet aspect d'autrui que l'on est « devenu » par identification. On se projette en l'autre pour, en retour, s'enrichir de l'autre, et constituer peu à peu sa personnalité.

2° **En ce qui concerne l'identification dans la littérature,** on peut différencier le cas des auteurs, des romanciers, et le cas des lecteurs (ou spectateurs) :
• L'écrivain peut se projeter dans son personnage : il s'identifie à ses rêves, à l'existence qu'il lui prête ; il vit à travers ces projections ; il en tire un plaisir et un enrichissement de sa personnalité (plus ou moins fictif, mais qui a tout de même la réalité du texte mis en forme). Mais il peut aussi se projeter dans un paysage, un lieu idéalisé dont il se souvient et qu'il décrit de telle sorte qu'il y retrouve (ou y invente) une image de lui-même. C'est en cela qu'on a pu dire : *« Le paysage est un état d'âme »* ; le poète constitue son *identité* au moyen de cette *identification.*
• Le lecteur ou le spectateur, lui aussi, va pouvoir se projeter, sentir sa personnalité se « révéler » en s'attachant aux personnages qui le fascinent. Le même aller-retour de projection et d'intériorisation (partielle) s'opère du lecteur au héros. Mais il faut noter que cette identification est aussi favorisée par le code romanesque, dont la **focalisation** va servir à centrer l'intérêt du lecteur (qu'il le veuille ou non) sur tel personnage, plutôt que sur tel autre. L'emploi du « je » (récit de type autobiographique) fait vivre le récit *de l'intérieur* du héros : le lecteur est forcé de s'identifier à lui (jusqu'à un certain point). L'identification romanesque n'est donc pas simplement un phénomène de reconnaissance spontanée, mais une loi du genre. Il en est de même au théâtre ou au cinéma. Ce qui fait pendant à cette identification, ce sont les phénomènes de **distanciation**.

IDENTITÉ (PRINCIPE D'). Le principe d'identité est un principe fondamental de la logique. Il consiste à dire qu'une chose est ce qu'elle est, et non pas autre chose que ce qu'elle est. **A est A.** Ce principe s'oppose à toutes les dérives, les approximations de l'analogie : ce qui est *semblable* n'est pas forcément *identique*. Il se complète du **principe de non-contradiction,** qui stipule que deux choses contraires ne peuvent pas être toutes deux vraies en même temps. La rigueur logique, notamment en sciences, s'appuie sur ces deux principes. En revanche, le rêve, les fantasmes, la psychologie profonde, la littérature onirique ne cessent de violer ces deux principes.

IDÉOGRAMME. *n. m.* Signe graphique qui, par son dessin propre, représente ce qu'il signifie. On le trouve dans certaines langues comme le chinois, le japonais ou l'égyptien. Notre alphabet renvoie à des sons, et le groupement des lettres qui forme un mot, pas plus que le son, ne signifie rien en tant que tel. Dans le cas des idéogrammes, au contraire, le **Signifiant** semble lui-même figurer le **Signifié** (voir ces mots).

Cette association entre *signifiant* et *signifié,* qui semble faire de l'idéogramme un équivalent naturel de la chose qu'il représente, s'oppose à la loi de l'**arbitraire du signe** selon Saussure. Elle appartient à ce que les linguistes nomment la **tendance iconique**. Voir **Icône, Signe**.

IDÉOLOGIE. *n. f.* (étymologiquement : « science des idées ». Mais cette étymologie ne correspond pas au sens actuel de ce mot).

1° **Au sens marxiste :** ensemble des idées, des valeurs dominantes, des croyances (plus ou moins illusoires), des façons de percevoir la réalité, qu'une société ou qu'une classe sociale impose à tous ceux qui en font partie. L'idéologie aristocratique de l'Ancien régime a ainsi été supplantée par l'idéologie bourgeoise. Barthes, dans les *Mythologies,* dénonce l'idéologie petite-bourgeoise. Dans le sens marxiste, l'idéologie est l'un des moyens de domination d'une classe sur l'autre : elle favorise l'**aliénation** des dominés (voir ce mot, sens n° 3). Le terme est donc la plupart du temps péjoratif : l'**idéologie dominante** (expression-clé) est critiquable, à la fois comme falsification de la réalité et comme instrument d'oppression, souvent cyniquement mise en œuvre par des manipulateurs.

2° **Au sens sociologique** (qui découle du précédent) : système d'idées et de valeurs, grille d'interprétation du monde qu'élabore une société ou un groupe social. Le mot est ici neutre. Il intègre les mœurs, les conduites, les productions culturelles ou artistiques. L'idéologie fait partie en quelque sorte de la culture au sens n° 2.

3° **Au sens général,** une idéologie est un système d'idées, une philosophie, une vision du monde bien déterminée. Il peut s'agir de la vision d'un auteur : on étudiera l'idéologie de Balzac dans *La Comédie humaine.* Il peut s'agir d'une grande idéologie historique : le libéralisme, le marxisme sont des idéologies. Il peut s'agir des positions d'un leader politique (ses préjugés, les présupposés de sa philosophie l'empêchent de voir le monde tel qu'il est : on le traitera volontiers d'**idéologue**). Il peut s'agir de l'idéologie ambiante que, plus ou moins consciemment, les médias diffusent (ou une certaine presse). L'emploi du mot est souvent critique : ceux qui en usent cherchent surtout à dénoncer (ou à révéler) la nocivité d'une idéologie *sous-jacente,* dont les propagateurs n'ont pas toujours conscience. Voir **Aliénation, Culture, Démythifier, Idéalisme.**

N.B. Ne surtout pas confondre les mots **Idéal** et **Idéologie.**

IDIOME. *n. m.* (du grec *idios,* « particulier, spécial ») Langue caractéristique d'une communauté. Le mot « idiome » est en fait synonyme de *langue,* mais on peut l'appliquer aussi à un *dialecte* (variété d'une langue dans une région donnée) ou même à un *patois* (langue limitée à un groupe restreint, en général rurale et surtout orale).

En pratique, on emploie le mot idiome chaque fois qu'on veut mettre en valeur l'aspect très particulier, original, propre à une langue. D'où l'adjectif **Idiomatique** (qui insiste sur le caractère spécifique d'une tournure) et le nom **Idiotisme** (qui désigne une locution si particulière à une langue qu'elle est intraduisible *littéralement,* par exemple « il y a »).

IDIOSYNCRASIE. *n. f.* (à partir du grec *idios,* « particulier, spécial »). Tempérament propre à un individu, qui le conduit à avoir des réactions spécifiques, particulières à sa personne.

IDOLÂTRER. *v. tr.* (du grec *eidôlon,* « image »). Vouer un culte à quelqu'un, comme s'il s'agissait d'une idole. D'où, en général : aimer passionnément quelqu'un ou quelque chose, de façon excessive, un peu folle. *Idolâtrer une femme. Idolâtrer une vedette de la chanson* (qui est précisément une « idole »). *Idolâtrer un pays, un peuple.* Noter que le verbe a un sens uniquement figuré, contrairement au nom **Idolâtrie,** qui peut désigner l'adoration effective des idoles (images de la divinité).

IDYLLE. *n. f.* **Sens ancien :** petit poème grec qui évoque le plus souvent, dans un cadre bucolique et pastoral, des scènes amoureuses. On dit aussi *églogue.* **Sens courant :** aventure amoureuse, tendre et naïve, en général heureuse et brève. *Nouer une idylle, rêver d'une idylle, raconter une idylle.* Par extension, on parle parfois d'idylle à propos d'une relation harmonieuse entre des groupes, ou entre un individu et un groupe *(L'idylle entre le premier ministre et sa majorité ne dura guère).*

L'adjectif **idyllique** englobe ces significations. Il s'applique soit à une histoire merveilleuse, soit à un amour tendre, soit au climat parfait ou idéal d'une situation *(un tableau idyllique, une relation idyllique).*

IGNARE. *adj.* Parfaitement ignorant, sans aucune instruction. S'emploie en général péjorativement. *Mais vous êtes ignare, mon pauvre ami !*

IGNOBLE. *adj.* Qui est totalement abject, moralement indigne. *Un comportement ignoble, un ignoble personnage.* Sans connotation morale : qui est d'une laideur repoussante, d'un aspect hideux. *Un taudis ignoble* (immonde).

IGNOMINIEUX. *adj.* Qui engendre l'ignominie, qui outrage profondément. Déshonorant, honteux, infamant. *Une condamnation ignominieuse. Se couvrir d'ignominie. Des ignominies :* des actions ou des paroles infâmes.

ILLICITE. *adj.* Qui n'est pas licite, c'est-à-dire pas permis, pas autorisé. Condamné par la morale ou interdit par la loi. *Une pratique illicite. Des gains illicites.* Antonyme : **licite.** Mot de sens voisin (mais sans connotation morale) : *illégal.*

ILLICO. Mot latin qui signifie : « immédiatement, sur-le-champ ». On entend dire parfois *illico presto* (tout de suite, très vite), mais cette expression est déconseillée, le mot « presto » étant, lui, d'origine italienne.

ILLUMINISME. *n. m.* Doctrine de certains religieux ou philosophes mystiques selon laquelle on ne peut connaître Dieu ou le monde spirituel que par une « illumination », une intuition profonde et intérieure de ce qui se trouve au-delà des apparences, une révélation divine. La réalité est épaisse et obscure : seule une lumière spirituelle peut nous révéler le monde de la vérité ou de l'idéal. Cette philosophie, héritée du suédois Swedenborg (XVIIIe siècle), a influencé de nombreux écrivains, parmi lesquels Balzac, Baudelaire et Nerval.

N.B. Le nom **illuminé** a un sens plus large. Il peut désigner le mystique qui a une vision, le philosophe qui croit à l'illuminisme, mais aussi le plus souvent, de façon péjorative, un esprit hanté par des « vérités » auxquelles il croit follement, dans une sorte de fanatisme aveugle et agité.

IMAGINAIRE. *adj.* et *n.* 1° *(adjectif)* Se dit de ce qui n'existe que dans l'esprit, dans l'imagination. Irréel, fictif, fantasmatique. *Des peurs imaginaires.* (non fondées). *Un malade imaginaire* (qui s'invente son propre mal). *Un pays imaginaire.* Dans ce sens, le mot image est perçu surtout négativement, comme *défaut* de réalité.

2° *(substantif)* Ensemble de représentations ou d'images qui sous-tendent l'univers d'un artiste, la mentalité d'un groupe, ou simplement le psychisme d'un individu. *L'imaginaire de l'œuvre de Racine. L'imaginaire collectif de la société médiévale. La représentation des parents dans l'imaginaire d'un enfant.* Dans ce sens, les images apparaissent comme des productions plutôt positives de l'esprit. L'imaginaire est un ensemble *qui a sa réalité autonome*, et qui contribue à la conscience de soi d'un individu ou d'un groupe.

IMBROGLIO. *n. m.* Situation très embrouillée, dans laquelle il est très difficile de se retrouver. Le terme s'emploie aussi bien à propos du théâtre, pour désigner une intrigue particulièrement complexe *(l'imbroglio d'une pièce de Feydeau)* que dans la vie courante, pour une situation très confuse, inextricable.

N.B. Prononcer **imbrolio**.

IMBU. *adj.* Imprégné, pénétré ; littéralement : imbibé. Mais le mot ne s'emploie que pour des réalités psychologiques. *Être imbu de préjugés. Être imbu de soi-même* (être infatué de soi-même, vaniteux à l'extrême). *Être imbu de sa supériorité.*

IMMACULÉ. *adj.* Qui n'est pas maculé, qui est sans tache, qui est d'une blancheur parfaite. Le mot s'emploie au propre *(une neige immaculée)* comme au figuré *(une âme immaculée,* sans souillure morale). En particulier, dans la religion catholique, l'**Immaculée conception** : privilège, pour la Vierge Marie, d'être née sans la tache du péché originel (« conçue sans péché »). Il s'agit d'un dogme qui a été très discuté. *La Vierge immaculée.*

IMMANENT. *adj.* (du latin *in-*, « dans », et *manere*, « rester, demeurer ». Littéralement « qui réside à l'intérieur de »). Se dit de ce qui est contenu dans la nature d'une chose ou d'un être, de ce qui trouve en soi-même son origine. Cet adjectif propre à la langue philosophique s'oppose au mot **transcendant** (qui est supérieur à, qui est extérieur à). Ainsi, dans les croyances religieuses, on peut opposer les doctrines qui considèrent Dieu comme *immanent au monde* (il en fait partie, il est dans toute réalité existante) à celles qui postulent un *Dieu transcendant* (un créateur extérieur à l'univers qu'il a engendré). De même, on oppose traditionnellement la notion de **justice immanente** (selon laquelle la nature même des événements de ce monde finit toujours par punir les coupables et récompenser les justes) et l'idée d'une **justice transcendante** (entité extérieure au monde et à la vie des hommes, qui viendrait par exemple punir et sanctionner les méchants dans un autre monde, après cette vie ; la notion de justice divine suppose un Dieu transcendant). À cette opposition correspond l'opposition **Immanence/Transcendance.**

N.B. Ne pas confondre *immanent*, *imminent* et *éminent*.

IMMATURE. *adj.* Se dit des personnes qui ne sont pas psychologiquement mûres, qui n'ont pas atteint leur maturité intellectuelle ou affective.

N.B. Le mot « mature », comme antonyme d'immature, est un anglicisme assez récent (il ne s'applique, en principe, qu'à un poisson prêt à frayer) : certains le discutent.

IMMÉMORIAL. *adj.* (littéralement : qui dépasse les limites de la mémoire). Qui est si ancien qu'on n'en sait plus la date d'origine. *Un usage immémorial.* Qui remonte à la plus haute antiquité. *Les temps immémoriaux.*

IMMINENT. *adj.* Qui est sur le point de se produire, avec une nuance de menace. *Le départ du train est imminent. Une guerre imminente.* Ne pas confondre avec **Immanent.**

IMMISCER (S'). *v. pron.* S'introduire dans les affaires d'autrui, intervenir dans une entreprise où l'on n'a rien à faire. *Il s'est immiscé dans ma vie privée.* Le substantif correspondant est le mot **Immixtion.**

IMMOLER. *v. tr.* Sacrifier une personne ou un animal en offrande aux dieux. Par extension : faire périr, massacrer des gens (au nom d'une cause qu'on croit juste). **Sens figuré** : sacrifier quelque chose, dans un esprit d'abnégation. *Immoler ses intérêts pour le bien de la patrie.* En particulier, **s'immoler :** se sacrifier (physiquement ou moralement). Ce verbe est d'usage littéraire et plutôt ancien. Cependant, on le trouve parfois dans le langage actuel, au sens figuré : tel responsable politique, qui retire sa candidature, *s'est immolé sur l'autel de l'unité.*

IMMUABLE. *adj.* (littéralement : qui ne peut pas muer). Qui demeure identique à soi-même, qui n'est pas sujet au changement. *Dieu éternel, dont les décrets sont immuables.* Qui est invariable, inaltérable ; qui dure longtemps. *La nature immuable de l'être humain. Un emploi du temps immuable.*

IMMUNITÉ. *n. f.* **En biologie :** capacité de défense de l'organisme contre divers agents pathogènes (microbes, virus, produits toxiques). Le **système immunitaire** est naturel. Dans certains cas, les *défenses immunitaires* naturelles ne sont plus assurées, comme dans la maladie du Sida. **Immuniser** signifie *protéger.*
En matière politique et juridique : ensemble de prérogatives qui rendent certaines catégories de personnes inattaquables devant la loi. *L'immunité parlementaire, l'immunité diplomatique.* L'immunité ne dispense de certaines obligations que dans l'exercice d'une fonction ou dans un statut particulier. Elle peut être levée, c'est-à-dire retirée à son bénéficiaire.

IMPARTI. (participe passé du verbe **impartir**) Accordé, attribué (officiellement). *Le candidat doit faire son devoir dans le temps qui lui est imparti. Une somme d'argent impartie à la réalisation d'un projet.*

IMPÉNITENT. *adj.* Se dit d'un pécheur qui refuse d'avouer ses fautes et de corriger sa conduite (par opposition au **pénitent,** qui se repent et s'amende). *Don Juan est un pécheur impénitent.* Par extension, qui est incorrigible, qui persiste dans sa conduite. *Un spéculateur impénitent. Un bavard impénitent.* Voir **Invétéré.**

IMPÉRATIF CATÉGORIQUE. Voir au mot **Catégorique**.

IMPÉRIALISME. *n. m.* (de *impérial ;* au départ, attitude favorable à l'Empire de Napoléon Ier).
Sens politique : doctrine ou attitude d'un État qui veut mettre d'autres États sous sa dépendance (par exemple, l'expansionnisme de l'Angleterre au XIXe siècle, sa politique de conquête coloniale). *Au cours de la guerre froide, l'impérialisme américain et l'impérialisme russe s'opposaient en de nombreux points du globe.*

Sens économique : suprématie financière et économique que des nations ou de grandes entreprises multinationales veulent s'assurer dans une zone donnée (voire sur toute la planète). L'**impérialisme économique** ne se soucie pas de conquérir des États, il lui suffit de conquérir des marchés ou de contrôler le capital des grandes firmes : là est le réel pouvoir.

Sens culturel : l'impérialisme, à ce niveau, est une politique de conquête des esprits par tous les moyens de la propagande, par l'expansion de la production artistique et intellectuelle. Il n'y a pas nécessairement une politique consciente et volontaire décidée par des hommes de pouvoir : l'*impérialisme culturel* s'inscrit souvent dans le sillage de l'impérialisme économique. La culture des États-Unis, par exemple, se répand à travers le monde comme effet et comme moyen de son impérialisme économique.

Sens général : par extension, on qualifie d'**impérialiste** toute volonté de prise de pouvoir, toute influence prépondérante d'un individu, d'une communauté, d'une institution. *L'impérialisme des mathématiques dans l'enseignement français. Une philosophie doctrinaire et impérialiste.*

IMPÉRIEUX. *adj.* (du latin *imperium*, « empire ») Qui commande de façon autoritaire, impérative, sans qu'on puisse s'opposer. *Un homme impérieux. Un ton impérieux.* Qui est irrésistible, pressant. *Une nécessité impérieuse.*

N.B. L'adjectif *impératif* ne s'applique pas aux personnes. *Une règle impérative, un ton impératif.*

IMPÉRITIE. *n. f.* (du latin *in-* privatif, et de *peritus*, expérimenté). Incapacité, incompétence. *L'impéritie d'un gouvernant.*

N.B. Méfions-nous des étymologies hâtives : ce mot n'a rien à voir avec la famille du mot « empire », contrairement aux deux précédents !

IMPIE. *adj. et n.* 1° Qui méprise la religion, par ses actions ou par ses paroles. Qui commet des impiétés (la piété est au contraire une attitude fervente, pleine de dévotion). *Un libertin parfaitement impie. Une attitude impie.*

2° Incroyant, athée, et donc, indifférent à la religion. *Il vit en impie.*

N.B. Ces deux sens sont souvent confondus. Il existe toutefois une nuance : un personnage qui croit en Dieu peut commettre des actes impies ; inversement, un incroyant peut considérer sans mépris les choses religieuses. *Don Juan est-il simplement impie, ou athée ? Sans doute les deux. Molière, lui, était sans doute incroyant, ou du moins déiste, mais non pas impie.*

IMPLICATION. *n. f.* (voir les deux sens du mot *impliquer*) **Au sens général :** ce qui est impliqué par quelque chose, ce que cela entraîne. La notion d'implication suppose une conséquence (non évidente) que l'on va pouvoir déduire. En logique pure, la relation d'implication peut être énoncée sous la forme *« S'il est vrai que... alors on a » :* s'il est vrai que *X* entraîne *Y* et que *Y* entraîne *Z,* alors (cela implique que) *X* entraîne *Z.* Au **pluriel,** le mot *implications* équivaut à *conséquences.*

IMPLICITE. *adj.* et *n. m.* Qui n'est pas formellement exprimé dans un énoncé, qui n'est pas «dit», qui est sous-entendu ; mais qu'on peut néanmoins supposer, ou déduire. *Un aveu implicite. Une condition implicite, qui ressort du texte d'un contrat. Une entente implicite* (qui n'a pas besoin d'être verbalement mise au point). Tacite (que l'on tait).

La **notion d'implicite** se comprend par son opposition à ce qui est *explicite* (voir ce mot). On peut distinguer ici le niveau de la langue proprement dite et celui plus général du discours :

• **Au niveau de la langue,** ce qui n'est pas explicitement dit, ce que l'on juge «implicite» doit tout de même *avoir quelque trace dans l'énoncé* pour qu'on puisse le déduire. Par exemple, la simple phrase *« Hier, je suis allé au lycée »* semble tout à fait claire en première lecture. Si on la relit, on peut remarquer que l'auteur de cette parole, en disant «hier», parle *aujourd'hui ;* cette information était bien dans l'énoncé, mais il a fallu l'expliciter : elle était donc bien implicite. Si l'on interroge encore cette phrase, on s'apercevra qu'elle laisse dans l'ombre bien des informations (qu'un interlocuteur peut connaître) : qui parle ? à qui ? de quel lycée ? Ceci aussi mériterait d'être «explicité» ; mais l'énoncé tel quel ne le permet pas. Il ne s'agit alors plus d'implicite *au sens restreint* du terme ; mais on peut le juger comme tel *au sens large* de «réalité non formulée». On dira dans ce sens : «le bébé comprend implicitement que», pour signifier : sans recours à l'expression orale.

• **Au niveau du discours,** on constate souvent que les textes reposent sur des idées sous-jacentes, des présupposés, des conceptions idéologiques dont l'auteur peut n'avoir pas conscience lui-même. L'analyse de ces textes, la comparaison avec d'autres textes, la confrontation avec la situation d'énonciation vont alors permettre de dégager ces notions souterraines, cet **implicite** du discours. Elles étaient bien là, dans les replis du texte : il a fallu par l'analyse les tirer au clair, les expliciter. L'*implicite* devient alors une notion essentielle.

Voir **Discours, Énonciation, Explicite, Idéologie, Présupposé.**

IMPLIQUER. *v. tr.* 1° Mettre quelqu'un en cause, compromettre autrui. *Le comptable, impliqué dans une affaire de détournements de fonds, a voulu, par ses déclarations, impliquer le PDG lui-même.* Dans ce sens, le verbe est le plus souvent employé à la forme passive : *on est impliqué dans une affaire.* Noter la forme pronominale, **s'impliquer :** s'engager à fond, se donner à quelque chose.

2° Avoir comme conséquence logique, entraîner telle ou telle conclusion. *L'attitude des Serbes implique, contrairement à leur discours, un refus de la paix. Vouloir réussir ce concours implique que tu travailles douze heures chaque jour.* Ce sens du verbe rejoint le terme **implication** et fait mieux comprendre ce qu'est l'**implicite** (ce qui est *impliqué* par un énoncé).

IMPLOSION. *n. f. (sens propre)* Par opposition à explosion, phénomène physique par lequel un corps creux s'écrase violemment sur lui-même, par suite de la pression externe. *L'implosion d'un téléviseur.*

(sens figuré) Désagrégation d'un système miné de l'intérieur, qui s'effondre sur lui-même. *L'implosion de l'URSS. Soumis à de terribles tensions internes, le parti a implosé.*

IMPONDÉRABLE. *adj.* (de *in-* privatif et du latin *ponderare*, « peser »). Ce qu'on ne peut pas peser, qui n'est pas mesurable. *Des facteurs impondérables. Les éléments impondérables d'une décision.* Le mot s'emploie le plus souvent au *sens figuré* pour désigner des réalités insaisissables, trop fines pour être évaluées ou prévisibles. Comme *substantif,* souvent *au pluriel,* **les impondérables :** des réalités souvent décisives mais qui échappent à l'analyse. *Les impondérables d'un choix politique.* Pour l'étymologie, voir aussi **Pondérer.**

IMPORTUN. *adj.* et *n.* Qui dérange, qui gêne en intervenant au mauvais moment. *Un événement importun. Une proposition importune.* Personne qui a l'art d'ennuyer, d'incommoder autrui : *un importun* (au XVIIe siècle, on disait *un fâcheux*).

N.B. Ne pas confondre avec l'antonyme **Opportun** (qui se produit au bon moment). *Opportun* s'emploie uniquement comme adjectif, pour les choses (et s'oppose lui-même à l'adjectif *inopportun*).

IMPOSTURE. *n. f.* Tromperie qui consiste à se faire passer pour ce que l'on n'est pas. L'**imposteur** se sert du mensonge, du déguisement, de tous les procédés de simulation, pour se donner une identité, un titre ou une qualité qu'il n'a pas. *Tartuffe, ou l'Imposteur* (Molière). Par extension, on emploie le terme d'imposture pour une supercherie quelle qu'elle soit, ou pour des discours mensongers. *Prétendre que... mais c'est une imposture !*

IMPOTENT. *adj.* et *n.* Qui ne peut se mouvoir physiquement, en raison d'un handicap. *Un vieillard impotent. Une jambe impotente. Un impotent.*

N.B. Ce mot a un sens beaucoup plus restreint et spécialisé que le mot *impuissant* (qui s'applique à une incapacité morale aussi bien que physique).

IMPRÉCATION. *n. f.* Discours de malédiction à l'encontre de quelqu'un (ou d'un groupe). L'**imprécateur** prédit ou appelle le malheur, contre ceux qu'il fustige de ses propos. *Lancer des imprécations. Un sermon imprécatoire. Les imprécations de Camille contre Rome dans « Horace »* (Corneille).

IMPRESCRIPTIBLE. *adj.* Voir **prescription**, sens n° 2.

IMPRESSIF. *adj.* Qui est de l'ordre de l'impression, qui fait impression sur. En **linguistique,** cet adjectif s'emploie pour désigner la fonction du langage centrée sur celui à qui l'on parle (pour le faire agir ou réagir) : *la fonction impressive.* Voir le mot **Communication**.

IMPRESSIONNISME. *n. m.* 1° **En peinture.** École française de la fin du XIXe siècle, qui se manifesta à travers plusieurs expositions publiques (1874-1886), et marqua une nette rupture avec l'art académique traditionnel. Le nom de ce mouvement vient d'une toile de Monet intitulée *Impression, soleil levant.* Un critique s'en servit pour ironiser sur l'art

moderne, en le dénommant «impressionnisme». L'**impressionnisme** se fonde grosso modo sur deux recherches :
— d'une part, il s'agit de faire *prédominer la perception* de la nature sur ce qui serait *sa reproduction objective :* le peintre ne veut pas rendre l'objet en soi (ni ce qu'il en sait), mais seulement (aussi précisément que possible) les impressions lumineuses que cet objet fait sur lui, la «vision» subjective qu'il en a.
— d'autre part, les effets de la lumière font du monde réel un spectacle toujours changeant : d'où une prédilection des impressionnistes pour saisir les atmosphères fugaces, pour fixer des paysages subtils à des instants privilégiés, pour transfigurer le quotidien par le jeu des touches et la fête des couleurs. Le même sujet pourra ainsi être peint plusieurs fois à des moments différents. Les principaux peintres impressionnistes ont été Monet, Sisley, Pissarro, Seurat, Degas, Renoir, Cézanne. Voir **Expressionnisme.**

2° **En littérature et en musique.** Par analogie, l'**impressionnisme** désigne un style recherchant les notations fugitives, l'évocation de phénomènes subtils et mobiles, les effets d'atmosphère (par opposition aux descriptions réalistes, qui prétendent rendre intégralement le monde tel qu'il est). On parle parfois aussi d'*impressionnisme* à propos de la critique littéraire qui se veut délibérément subjective.

IMPROMPTU. 1° *(n. m.)* Petit poème ou petite pièce de théâtre improvisés par l'auteur. *L'Impromptu de Versailles* de Molière. Naturellement, ce type de texte est parfois écrit d'avance, mais en conservant un caractère bref et improvisé. L'impromptu désigne aussi, en musique, des pièces courtes de nature assez libre : les *Impromptus* de Schubert.

2° *(adj.)* Qui est préparé sur-le-champ, rapidement. *Un repas impromptu, avec un ami rencontré à l'improviste.*

3° *(adv.)* Immédiatement, sans préparation, de manière improvisée, au pied levé. *Je suis parti impromptu* (à l'improviste).

IMPRIMATUR. *n. m. inv.* (en latin :«qu'il soit imprimé»). Autorisation d'imprimer donné par les autorités ecclésiastiques, à l'époque où l'Église exerçait une censure. Le livre comprenait les deux mentions «*Nihil obstat*» (rien n'empêche, dans son contenu, la publication) et «*Imprimatur*» (qu'il soit imprimé). *Demander l'imprimatur.* Peut s'employer plaisamment pour approuver quelqu'un : *je te donne mon imprimatur.*

IMPUDENCE. *n. f.* Attitude effrontée et choquante, insolente et indigne. *Après ce qui s'est passé, il a eu l'impudence de vous réclamer de l'argent ?* Parole cynique et injurieuse : *que d'impudences !*

Ne pas confondre avec **Imprudence** ou **Impudeur.**

IMPULSER. *v. tr.* (anglicisme) Animer une opération, lui donner une impulsion. *Impulser un mouvement, une entreprise.*

N.B. Proche du mot **impulsion,** cet anglicisme n'est pas vraiment un barbarisme. On peut néanmoins lui préférer des mots plus courants : *lancer, mettre en œuvre, animer, favoriser, pousser.*

IMPUNITÉ. *n. f.* Fait de n'être pas sanctionné, de ne pas risquer d'être puni. S'emploie en général à propos d'une conduite moralement répréhensible, mais socialement inattaquable. *La protection de ses amis politiques lui assure l'impunité. Ils jouent en Bourse au détriment de l'intérêt public, en toute impunité. Trop de notables agissent impunément.*

IMPUTER. *v. tr.* **Sens économique :** porter quelque chose — de l'argent, des frais, des dépenses — au compte de. *Imputer une somme au crédit d'un compte.* **Sens moral :** attribuer à quelqu'un la responsabilité de quelque chose (une faute, un crime, un échec, une erreur). Incriminer. *C'est par erreur qu'on a imputé au gouvernement la détérioration soudaine du commerce extérieur.*

IN-. Préfixe privatif issu du latin *in*. Il inverse le sens du mot auquel il est accolé. Il peut prendre la forme *in-* (inconnu, inimitié, inversion), *il-* (illicite), *ig-* (ignoble), *im-* devant *b, m* et *p* (imbattable, immature, impotent), ou *ir-* (irréfutable, irréversible).

N.B. Ne pas le confondre avec le préfixe suivant *in-,* qui signifie « dans » ou « vers ». Voir aussi le *a* privatif.

IN-. Préfixe d'origine latine qui peut signifier « dans » ou « vers ». Comme le précédent préfixe, il peut se trouver sous la forme *il-, im-* ou *ir-,* d'où un risque de confusion (illuminé, immigration, irradier). On le trouve aussi parfois sous la forme *en-* (*enflammer* correspond à *inflammable*). Ses antonymes peuvent être *e-* ou *ex-, de-* ou *dis-*. Mais le plus net est *ex-* (on a ainsi les oppositions *impression / expression ; inspirer / expirer ; inclusion / exclusion*).

N.B. Voir le préfixe précédent, pour éviter toute confusion.

INADVERTANCE. *n. f.* (du préfixe privatif *in-* et du verbe latin *advertere*, «faire attention»). Inattention ; bévue qui en résulte. Ne s'emploie pratiquement que dans la locution **Par inadvertance :** par mégarde. *Si je vous ai oubliée dans mes invitations, c'est vraiment par inadvertance.*

INANITÉ. *n. f.* Caractère de ce qui est vide, futile, vain. *L'inanité d'une conversation mondaine. L'inanité de ses recherches.*

N.B. Ne pas confondre avec **Inanition :** privation de nourriture (c'est l'estomac qui est vide, dans ce cas) ; et donc grande faiblesse. *Il est midi, je meurs d'inanition.*

INCANTATION. *n. f.* (du latin *incantare*, «enchanter» au sens *magique* du verbe). Emploi de formules magiques, récitées ou chantées, pour opérer un charme surnaturel, un sortilège. On parle d'*incantation* en poésie, tantôt à cause de sa forme répétitive et musicale *(le rythme incantatoire d'une strophe)*, tantôt à cause de son effet «magique» (elle «transporte» l'auditeur, le fait rêver), tantôt à cause de son ambition spirituelle (atteindre un autre monde, capter le surnaturel, comme Baudelaire espère y parvenir par la pratique d'une *« sorcellerie évocatoire »*).

INCARNATION. *n. f.* 1° **Sens religieux :** action par laquelle une divinité prend la forme de la nature humaine ou d'un animal, revêt un «corps charnel», «s'incarne ».

Dans la religion chrétienne, le **mystère de l'Incarnation** est un point essentiel de la doctrine : Dieu se fait homme en la personne de Jésus-Christ ; il revêt la nature humaine pour sauver l'homme (voir **Christianisme**). Le thème de l'incarnation alimente largement la philosophie chrétienne : le corps, malgré les déviations des morales puritaines, n'est pas en soi méprisable ; il doit être uni à l'esprit, comme l'esprit doit s'incarner dans le corps. Toute vie spirituelle doit donc s'incarner dans des actes de la vie concrète. L'espérance chrétienne a d'ailleurs foi dans la **résurrection du corps** après la mort : un corps cette fois «glorieux», c'est-à-dire devenu parfaite incarnation, parfaite transfiguration de l'âme.

2° **Sens courant :** représentation concrète d'une réalité abstraite sous la forme d'une personne (image, allégorie). *De Gaulle se sentait l'incarnation du pays. Il incarnait la nation, la légitimité nationale. Dans l'œuvre de Balzac, Vautrin est parfois l'incarnation du Mal.* Voir **Chair, Corps, Désincarné.**

INCIDENCE. *n. f.* (à partir du latin *incidere*, «survenir, tomber sur»). Influence, répercussion, effet plus ou moins direct sur quelque chose. *L'augmentation des salaires risque d'avoir une incidence sur l'inflation, en accroissant brutalement le pouvoir d'achat.* L'incidence est une conséquence, mais en général une conséquence *annexe* (indirecte) : elle agit *incidemment*. Ne pas confondre avec **Incident** (événement inattendu, limité en soi, mais dont les conséquences peuvent être finalement graves, par opposition à *accident,* toujours grave). *Ce n'est qu'un incident de parcours.*

Noter aussi le mot **Incidente,** proposition incluse dans une phrase, pour y glisser une notation accessoire (voir **Incise**).

INCIPIT. *n. m. inv.* Premiers mots d'un livre. L'incipit sert parfois à désigner ou à répertorier un texte isolé, ou un poème sans titre. On identifie ainsi par son incipit le sonnet de Ronsard «*Quand vous serez bien vieille...*» (*au soir, à la chandelle*).

INCISE. *n. f.* Proposition insérée à l'intérieur d'une phrase, généralement courte, pour ajouter une précision annexe. «La Suisse, *nous le savons*, est un pays envié». Ou encore : «Si j'ai agi ainsi, *du moins je le crois,* c'est par timidité». L'*incise* (ou proposition incise) a souvent le même sens que l'*incidente* (proposition incidente), mais elle sert plus particulièrement à indiquer qu'on rapporte les paroles de quelqu'un : «Cet état, *selon lui,* n'était pas grave; on pouvait s'attendre — *il l'affirmait* — à une rapide amélioration». Au point de vue typographique, on met les incises entre virgules, ou entre tirets.

INCISIF. *adj.* Aigu, mordant, acerbe, tranchant. *Un discours incisif. Des railleries, une ironie incisives.*

INCLINATION. *n. f. (sens propre)* Action de se pencher (ou de pencher la tête) en signe de salut ou d'approbation. *Une légère inclination du buste. (sens figuré)* Dans les textes classiques : amour, vive affection. *Un mariage d'inclination.* De nos jours : tendance naturelle, disposition, goût, penchant. Fait d'être enclin à. *Avoir de l'inclination pour les mathématiques, pour la vie aventureuse. L'inclination au bien, à la justice, à la paresse.*

N.B. Ne pas confondre avec **Inclinaison** (fait d'être *physiquement* penché, incliné).

INCOERCIBLE. *adj.* Qu'on ne peut maîtriser ; irrépressible. Voir **Coercition.**

INCOGNITO. (mot italien). *Comme adverbe :* sans être connu, secrètement. *Voyager incognito. Comme nom :* état de quelqu'un qui cache son identité. *Garder l'incognito.*

INCOMBER. *v. tr. ind.* (du latin *incumbere*, «peser sur». Ne s'emploie qu'à la troisième personne). Être à la charge de quelqu'un (en parlant d'une obligation, d'une tâche). *Les responsabilités qui vous incombent.* Ce verbe s'emploie souvent à la forme impersonnelle. *Il incombe au Premier ministre de mettre en œuvre une politique efficace.*

INCOMMENSURABLE. *adj.* Qu'on ne peut pas mesurer, faute de «commune mesure». Par extension, qui est très vaste : démesuré, immense, voire même infini. *Des espaces incommensurables. L'incommensurable stupidité de la foule en délire.*

INCOMPLÉTUDE. *n. f.* En psychologie, sentiment d'inachèvement, d'insatisfaction de soi, d'irréalisation de son existence. Le sentiment d'incomplétude est fréquent chez les neurasthéniques. Ce mot peut s'employer d'une façon plus générale et philosophique pour désigner les manques, les limites, la *finitude* de l'existence humaine. *L'incomplétude de toute destinée.*

INCOMPRESSIBLE. *adj.* Qu'on ne peut comprimer, qu'on ne peut réduire. S'emploie dans le domaine économique ou financier. *Des charges, des dépenses incompressibles.*

INCONDITIONNEL. *adj.* et *n.* Qui ne souffre aucune condition, aucune restriction ; donc, impératif, absolu. *Une capitulation inconditionnelle. Une admiration inconditionnelle envers un grand homme.* D'où le sens du *nom* **inconditionnel :** partisan convaincu, sans réserve, de quelqu'un ou de quelque chose. *Les inconditionnels du Général de Gaulle s'opposaient aux inconditionnels du Marché commun.*

INCONGRU. *adj.* Inconvenant, contraire aux usages ; parfaitement déplacé. *Un langage incongru. Aller aux obsèques en tenue de sport, quelle incongruité !*

INCONSCIENT. n. m. Ensemble des phénomènes de la vie psychique qui échappent à la conscience du sujet, tout en ayant une influence profonde sur son comportement. L'**inconscient** se constitue de tout ce que la **conscience** a refoulé dans une zone obscure de notre être et que, normalement, nous ne pouvons pas saisir par nous-même. La notion d'inconscient, base même de la **psychanalyse**, repose sur quelques données qu'on pourrait retracer sommairement en trois points :

1° **L'inconscient existe, il fait partie de la vie psychique globale :** la preuve en est qu'il se manifeste, chaque fois que notre conscience se relâche. Les principales manifestations sont les **lapsus**, les **actes manqués**, les **rêves**, les **symptômes névrotiques.** Dans chacun de ces exemples, le sujet est étonné par les erreurs qui lui échappent, par les représentations étranges qui le traversent, ou par des conduites qui n'obéissent pas à sa volonté consciente. Tout se passe comme si, en lui, une force habituellement contrôlée réussissait à prendre les commandes.

2° **Si l'inconscient se manifeste épisodiquement, c'est qu'il a une sorte de vouloir qui lui est propre** (et que la conscience ne peut pas ou ne veut pas voir). Qu'y a-t-il donc dans l'inconscient ? Des pulsions et des désirs d'abord (il s'agit du **Ça,** voir ce mot). Mais ces pulsions, ces désirs qui se sont manifestés dès l'enfance n'ont jamais été « satisfaits » totalement : les contraintes de la réalité et de l'éducation ont créé dans le psychisme des frustrations et des interdits, des angoisses plus ou moins bien vécues. L'inconscient se constitue donc, en plus de ses pulsions « spontanées », de tous les souvenirs du vécu infantile : il intègre notamment le système de contraintes qui l'oblige à refouler ses tendances profondes, le **Surmoi** (voir ce mot). Cet ensemble n'est pas statique : les images enregistrées, les désirs rejetés dans l'oubli, le jeu des pulsions et des interdits continuent d'être en mouvement, de susciter des fantasmes, de vouloir se satisfaire, de construire des représentations qui font pression pour parvenir à la conscience et « s'exprimer ».

3° **Il y a opposition et interaction perpétuelle entre l'inconscient et la conscience.** D'un côté, le moi conscient (en fonction des impératifs de la morale et de la raison, par désir aussi de préserver son unité) *repousse* les «informations» venues de l'inconscient (y compris à l'intérieur des rêves eux-mêmes). Il refoule au fond de lui la part insupportable des désirs ou des angoisses. C'est la **Censure** qui opère ce travail (voir ce mot). Ce **refoulement** fait lui-même partie de l'inconscient, il est automatique (si on *savait* ce qu'on refoule, ce ne serait justement plus inconscient!).

De l'autre côté, l'inconscient pousse, cherche à contourner la censure et le refoulement, à satisfaire ses désirs par des voies détournées : car à l'état brut, l'inconscient se moque des lois de la réalité (il ignore le temps, il ignore la raison, il veut en même temps des choses contradictoires). Le résultat de ce conflit pourra être des manifestations névrotiques, mais aussi donner lieu à des conduites normales, axées sur la **sublimation,** et parvenant à l'équilibre entre le **Ça,** le **Moi** et le **Surmoi.**

Naturellement, l'existence de cet inconscient pose le problème de la liberté. Certains psychanalystes la nient totalement, estimant que la conscience n'est qu'une illusion couvrant ou justifiant des conduites déterminées par les seules forces des pulsions internes et des contraintes externes. D'autres, au contraire, font du **Moi** qui s'élabore peu à peu une instance qui prend de plus en plus d'importance et qui, en arbitrant entre le **Ça** et le **Surmoi,** permet à la personne de faire des choix librement.

N.B. Le mot **inconscience** ne doit surtout pas être confondu avec le mot «inconscient» : *l'inconscience* désigne un état de perte de connaissance de soi, ou une sorte d'incapacité mentale à mesurer la portée de ses actes *(ils ont agi en pleine inconscience).*

De même, l'adjectif **inconscient** doit être compris en fonction du contexte où il est employé. S'il s'agit d'un contexte psychanalytique, il correspond à «l'inconscient» que nous avons tenté de définir. S'il s'agit d'autres contextes, il se rapporte aux sens du mot «inconscience». Voir **Ça, Censure, Conscience, Libido, Moi, Refoulement, Surmoi, Sublimation.**

INCONSCIENT COLLECTIF. 1° *Au sens psychanalytique,* il s'agit de la théorie de Jung selon laquelle il n'y a pas seulement, en chacun, un inconscient personnel, mais plus profondément encore, un **inconscient commun à tous les hommes,** qui est porteur de toute l'expérience de l'humanité, de ses mythes profonds, de sa «sagesse» acquise au cours des millénaires (et intégrée à notre cerveau). Cet inconscient collectif se constitue en particulier des archétypes fondamentaux de l'humanité, que l'on retrouve dans les arts et les religions (voir par exemple la distinction **Animus/Anima**, à la base de tout psychisme humain, selon Jung). Freud a vivement critiqué cette théorie de son «disciple» Jung.

2° *Dans un sens sociologique plus courant,* on emploie l'expression «inconscient collectif» pour désigner, dans une société donnée, des représentations communes de base (culturelles, psychologiques, mythologiques) qui meuvent l'histoire de ces sociétés **sans que les individus aient une conscience claire** de ce qui les fait participer à ce mouvement collectif. On parlera par exemple de «l'inconscient collectif» de l'homme du Moyen Age ou de la France de 1914. Ce sens rejoint un peu celui du mot **Culture** (au sens n° 2, mais limité à tout ce que la culture peut véhiculer *sans que l'individu moyen en ait conscience*), et se rapproche aussi de la notion d'*Épistémé* selon Michel Foucault (voir le mot **Épistémologie**).

INCONTINENCE. *n. f. (sens médical)* Absence de retenue des sphincters (anal ou vésical).

(sens courant) Absence de retenue au niveau de la parole. *L'incontinence verbale.*

N.B. Le sens ancien du mot *incontinence,* comme antonyme du mot **continence** (abstention des plaisirs charnels), ne se trouve que dans des textes littéraires. L'adjectif *incontinent* peut renvoyer aux trois sens du mot.

INCRIMINER. *v. tr.* (littéralement : accuser d'un crime). Rendre quelqu'un responsable d'une faute, d'un acte blâmable. Mettre en cause globalement. *Plusieurs notables ont été incriminés dans l'affaire X : on leur reproche des malversations.*

INCUBATION. *n. f.* Au *sens figuré,* temps que met un événement à se préparer dans l'ombre, avant d'éclater au grand jour (par analogie avec la couvaison qui précède l'éclosion d'un œuf, ou avec le temps que met une maladie à se manifester après la contagion). *La période d'incubation d'une révolte. La longue incubation d'un ouvrage littéraire.*

INCULPER. *v. tr.* (voir la racine **culpa**) Imputer un délit à un individu, et lancer contre lui une procédure d'instruction.

Inculper de meurtre. Innocenter définitivement un inculpé. Ne pas confondre avec **Inculquer** (qui suit).

INCULQUER. *v. tr.* Faire entrer durablement des notions morales ou intellectuelles dans l'esprit de quelqu'un. *Inculquer de bons principes aux enfants. Les connaissances inculquées à des esprits indociles.*

INCULTE. *adj. (sens propre)* Qui n'est pas cultivé. *Une terre inculte* (en friche). *(sens figuré)* Qui est sans culture (intellectuelle). *Des hommes, des esprits incultes.* Noter que le substantif *inculture* ne s'emploie qu'au sens figuré.

INCURIE. *n. f.* (du privatif latin *in-* «sans», et de *cura,* «soin»). Manque de soin, négligence, dans l'exercice d'une responsabilité. Manque de conscience professionnelle. *L'incurie d'un gouvernement. L'incurie d'un médecin.*
 N.B. Sur la même racine latine, voir les mots *cure, curer, curatif, incurable, curieux, pédicure, procurer,* etc.

INCURSION. *n. f.* (du latin *incursio,* «course à l'intérieur de»).
 (sens propre) Invasion rapide et limitée d'une troupe en territoire ennemi. Par extension, entrée brusque et déplacée dans un lieu, une réunion. *(sens figuré)* Pénétration momentanée dans un domaine (culturel, artistique) qui n'est pas le sien. *Après plusieurs essais philosophiques, il s'est permis une petite incursion dans le genre romanesque.*
 N.B. On peut comparer ce mot, étymologiquement, à **excursion** (promenade touristique). Mais *excursion* est rarement pris au sens figuré.

INDÉFECTIBLE. *adj.* (du latin *in-* privatif et *defectus,* «qui fait défaut»). Qui ne fait pas défaut, qui demeure tel quel; parfaitement fiable. *Une amitié indéfectible. Une mémoire indéfectible.*

INDÉNIABLE. *adj.* (de *in-* privatif et de *dénier,* «refuser de reconnaître, nier»). Qu'on ne peut nier; qu'on ne peut dénier, réfuter ou discuter. *Des preuves indéniables. Des vérités indéniables. Il est indéniable que.*

INDEX. *n. m.* (en latin, «qui indique»). **Sens littéraire :** liste alphabétique, en fin d'ouvrage, des sujets traités ou des noms cités, avec les références correspondantes. **Sens religieux :** l'**Index** fut, de 1559 à 1948, la liste des ouvrages dont la lecture était interdite par l'Église catholique aux croyants. D'où l'expression **mettre à l'index**, « condamner, exclure, interdire ».

INDIGENCE. *n. f. (sens propre)* État de manque, de nécessité extrême, de misère. *L'indigence des pauvres du quart monde. Il faut aider les indigents.*
(sens figuré) Grande pauvreté intellectuelle ou morale. *L'indigence des philosophes modernes, malgré leurs beaux discours. L'indigence d'une imagination. Un exposé indigent.*

INDIGÈNE. *adj. et n.* Voir **Autochtone.**

INDIGO. *n. m.* Couleur d'un bleu foncé, avec quelques reflets violacés. Le mot s'emploie souvent comme adjectif (invariable). *Un ciel indigo, juste avant l'orage.*
N.B. Voir la différence avec l'adjectif **livide.**

INDIVIDUALISME. *n. m.* Attitude d'affirmation et de préférence de soi. Caractère d'une société où se manifeste la prééminence de l'individu sur la communauté. Doctrine philosophique ou politique qui prône la primauté de l'individu dans les divers aspects de la vie humaine (sociale, morale, économique).

Ces divers sens du mot *individualisme* sont évidemment liés. Leurs nuances pourtant ne sont pas minces. Schématiquement, on peut isoler trois séries de significations distinctes dans l'emploi du terme :

1° **Au sens moral** (sens courant, souvent *péjoratif*). L'individualisme est l'attitude de celui qui se préfère aux autres, qui choisit délibérément son cas personnel, son intérêt personnel, au détriment du bien commun, de l'intérêt collectif. Il s'agit d'une conduite sociale (ou politique) quasi synonyme d'égocentrisme, qui ignore le civisme ou le respect d'autrui. Cette attitude est souvent décriée par les moralistes ou penseurs pour deux raisons :
— son égoïsme d'abord, qui peut être aussi nocif au réel épanouissement de l'individu que néfaste à la vie civique dans une démocratie ;
— son caractère illusoire souvent : l'**individualiste** se croit une personnalité originale, il revendique une indépendance qui cache souvent des conduites *mimétiques ;* il est l'homme-masse qui proclame « moi je » et qui fait comme les autres en suivant la mode, en adoptant les idées dominantes ; comme l'a montré Tocqueville (1805-1859), l'individualisme peut très bien s'unir au **grégarisme.** (Voir le mot **Grégaire**).

2° **Au sens sociologique** (qui se veut objectif, neutre). L'individualisme est le caractère d'une société dans laquelle l'individu est reconnu, doté d'un statut prioritaire, préférentiel. L'organisation sociale est au service de l'homme individuel, et non l'inverse. Dans ce sens, l'individualisme est l'opposé du **holisme,** système social dans lequel la communauté prime l'individu : non seulement l'individu doit alors « se sacrifier » aux intérêts du groupe, mais il ne peut même pas se considérer comme existant hors du groupe qui lui confère son identité. L'individualisme caractérise les sociétés occidentales ; le holisme se rencontre surtout dans certaines sociétés primitives (ou, par exemple, dans le système de castes traditionnel de la société indienne).

3° **Au sens philosophique ou politique** (sens en principe positif). L'individualisme est une doctrine (une morale, une idéologie) qui fait de l'individu la valeur suprême, le noyau de base qu'il *faut* favoriser dans l'organisation économique ou sociale. Par exemple, au point de vue économique, l'individualisme consistera à développer l'initiative individuelle, la responsabilité des acteurs de la vie économique et politique, par opposition à l'**étatisme** ou au **collectivisme** (voir ces mots). Au point de vue politique ou moral, l'individualisme revendique les droits de la personne contre l'arbitraire des pouvoirs ou l'anonymat des systèmes. Il peut même aller jusqu'à exalter l'individu au détriment de toute organisation (dans les philosophies anarchistes ou libertaires), risquant alors de rejoindre les défauts de l'individualisme au sens n° 1.

Il faut distinguer ces différents sens du mot, selon les contextes. Si l'on entend parler de « l'individualisme » de la *Déclaration des Droits de l'Homme,* on devra comprendre qu'il s'agit du sens n° 3 et non du sens n° 1. Car les Droits de l'Homme fondent une morale dans laquelle le respect de l'individu, supposant des devoirs *réciproques* entre les hommes, implique des valeurs de solidarité et de fraternité. Un philosophe français, Emmanuel Mounier (1905-1950), a proposé une philosophie qui équilibre les droits de la personne (individualisme) et les devoirs envers la communauté : il s'agit du **personnalisme,** qui s'oppose à l'individualisme au sens n° 1 (et aussi aux excès du sens n° 3). Ce terme a l'avantage d'éviter les ambiguïtés soulignées plus haut, puisqu'il met l'accent sur la valeur sacrée de la personne humaine, tout en condamnant les dérives égocentriques de la notion d'individualisme.

INDUCTION. *n. f.* En logique, opération de l'esprit par laquelle on énonce une proposition générale, ou une loi, à partir d'un certain nombre de faits particuliers ou de données expérimentales. Le **raisonnement par induction** part d'exemples singuliers pour établir une hypothèse générale qui a une certaine vraisemblance, mais n'est pas absolument prouvée : il reste à *vérifier* par d'autres cas, par d'autres expériences, la loi *induite* par ce raisonnement. L'**induction** fait pendant à la **déduction** (voir ce mot).

INDÛMENT. *adv.* De façon indue, c'est-à-dire à tort, illégitimement. *Réclamer indûment un congé supplémentaire. À partir d'un exemple isolé, établir indûment une loi générale.*

INEFFABLE. *adj.* Qui ne peut être traduit par des mots tellement c'est profond, puissant, mystérieux. Indicible, inexprimable. Cet adjectif ne s'emploie qu'à propos de réalités fortement agréables. *Des émotions, un bonheur, un sentiment ineffables. La joie ineffable du premier élan amoureux.*

N.B. Pour une réalité comique, on dira *inénarrable* (qui ne peut être raconté). Pour quelque chose d'abominable, on dira *innommable* (qui ne peut être nommé).

INÉLUCTABLE. *adj.* Qu'on ne peut éluder, qu'on ne peut éviter. *Un destin inéluctable. Une conséquence inéluctable.* Inévitable, irrésistible, irrémédiable. Peut être employé comme nom : **l'inéluctable** est ce qui se produit envers et contre tout. *Le sophisme de l'inéluctable :* argument politique qui présente à tort une décision contestable comme ayant été inévitable.

INEPTIE. *n. f.* Caractère inepte (sot, absurde) d'un comportement ou d'un propos. Parole idiote, sottise. Ouvrage inepte, dépourvu de sens. *L'ineptie d'une conduite :* sa stupidité. *Dire des inepties* (dans une copie). *Ce roman est une ineptie.*

INERTIE. *n. f.* Manque total d'activité, de vie, d'énergie, au sens propre *(l'inertie de la matière)* comme au sens figuré *(l'inertie d'un caractère, l'inertie des mentalités, l'inertie d'un régime politique).* Stagnation, apathie.

Force d'inertie : résistance qu'oppose la matière au mouvement (sens physique) ou, au *sens figuré,* résistance passive de ceux qui refusent de se soumettre.

INEXORABLE. *adj. (personnes).* Qu'on ne peut ni fléchir ni apitoyer, implacable. *Un juge inexorable. Une sentence inexorable.*

(choses). Qu'on ne peut ni empêcher, ni atténuer. *L'inexorable déclin de l'empir.*

IN EXTENSO. Locution d'origine latine qui signifie « intégralement, dans toute son étendue ». *Publier un texte in extenso.* Ne se dit que pour des discours, des écrits, etc.

INEXTINGUIBLE. *adj.* (littéralement, « qu'on ne peut éteindre »). Se dit, au *sens figuré,* d'une passion ou d'un besoin qu'on ne peut calmer, apaiser, arrêter. *Une haine inextinguible. Une soif inextinguible.* Expression classique : *un rire inextinguible* (un grand rire, énorme, qu'on ne peut arrêter, comme celui d'un héros épique).

IN EXTREMIS. Locution d'origine latine qui signifie « au tout dernier moment ». *Sauver quelqu'un in extremis. J'ai réussi mon oral in extremis, en obtenant un 16 à l'ultime épreuve.*

INFAILLIBILITÉ. *n. f.* 1° Caractère d'une réalité qui ne peut faillir, qui ne peut pas ne pas réussir. *L'infaillibilité d'un procédé, d'une tactique.*

2° Qualité d'une personne qui ne peut pas se tromper. *L'infaillibilité d'un savant, d'un héros.* Par extension, *l'infaillibilité d'un esprit, d'un jugement.* En particulier, **l'infaillibilité pontificale :** dogme selon lequel, dans l'Église catholique, le Pape est infaillible lorsqu'il se prononce sur certains points de la doctrine.

INFAMIE. *n. f.* Caractère de ce qui est ignoble, honteux, infâme, déshonorant. *L'infamie d'un personnage qui trahit. L'infamie d'un crime, d'un procédé abject.* Parole ou action infâme, déshonorante, calomnieuse. Voir **Diffamation** (et la racine latine *fama,* « renommée »).

N.B. Seul le mot *infâme* porte un accent circonflexe.

INFANTILE. *adj.* 1° Qui se rapporte à la toute première enfance. *Des maladies infantiles.* 2° (plus péjoratif que « *puéril* » ou « *enfantin* ») Qui, chez un adulte, relève du niveau intellectuel ou affectif d'un enfant ; qui manifeste une grande immaturité psychologique. *Des réactions infantiles. Une émission qui infantilise le public.*

INFÉODÉ. *adj.* (de *féodal,* « qui est relatif au fief »). Qui est soumis à quelqu'un comme un vassal à son seigneur. Qui s'est placé dans une dépendance aveugle à l'égard d'un chef, d'un parti. *Inféodé à son parti. Inféodé à un leader charismatique. Il s'est inféodé à cette secte jusqu'à en devenir fanatique.* Voir **Fief**.

INFÉRER. *v. tr.* Conclure, tirer une conséquence de quelque chose. *De ce que deux quantités sont égales à une même troisième, on peut inférer qu'elles sont égales entre elles. Conclure, déduire, induire, sont des* **inférences**.

INFIRMER. *v. tr.* 1° **Sens juridique.** Annuler ou modifier substantiellement une décision de justice antérieure. *Le jugement a été infirmé.*

2° **Sens courant.** Démentir (des propos), discréditer (une théorie), ruiner ou détruire (la teneur d'un témoignage). *Infirmer la thèse jusqu'à présent admise ; infirmer les premières conclusions de l'enquête.* Antonymes : **confirmer, corroborer**.

INFLATION. *n. f.* (du latin *inflatio,* « enflure »).

1° **Sens économique :** phénomène général de hausse des prix (parfois faible ou « rampante », parfois très forte ou « galopante »), en principe dû à un *gonflement* de la masse monétaire. Mais elle peut aussi être due à l'augmentation du prix de revient des biens produits (par exemple, si le coût du pétrole s'accroît, cela va se répercuter sur tous les produits qui en dérivent). Elle peut également provenir de l'augmentation du pouvoir d'achat des consommateurs (par exemple, si les salaires augmentent, la demande de biens va s'accroître ; si l'offre industrielle ne suit pas, les prix vont s'élever en raison de la loi de l'offre et de la demande). Elle peut enfin être due à l'excès des dépenses publiques (si l'État dépense trop et « règle » ses factures en faisant fonctionner « la planche à billets », la monnaie qu'il injecte dans l'économie est en quelque sorte dévaluée : les commerçants ou industriels augmenteront leurs prix pour compenser). La plupart du temps, ces divers facteurs se conjuguent, chacun réagissant sur les autres (on parle en particulier de la spirale prix-salaires qui s'auto-entretient lorsque le pouvoir d'achat des salariés est garanti). Voir **Échelle mobile.**

2° **Sens général :** accroissement, extension excessive d'un phénomène. *Inflation verbale* (enflure du style, abondance et emphase d'un discours). *Une inflation de livres médiocres.* La notion d'inflation comporte toujours, au sens figuré comme au sens propre, à la fois l'idée d'augmentation et de dévalorisation. La quantité dévalue la qualité.

INFRA-. Racine d'origine latine qui signifie « au-dessous de, inférieur » et qu'on trouve notamment dans des termes scientifiques. **Infra** (adverbe signifiant « ci-dessous, ci-après » dans un texte), **Infrarouge** (s'applique au rayonnement invisible qui est en deçà du rouge), **Infrastructure** (voir mot suivant). Les racines contraires sont **supra-** (ou *super*, « au-dessus de ») et **ultra-** (« au-delà de »).

INFRASTRUCTURE. *n. f.* 1° **Sens propre :** soubassement d'un édifice ; installations de base rendant opérationnelle une réalité technique *(infrastructure routière ; infrastructures militaires) ;* base de toute structure (concrète ou abstraite).

2° **Sens idéologique :** dans le vocabulaire marxiste, l'infrastructure désigne l'ensemble des rapports de production et l'organisation économique d'une société ; elle est censée *déterminer* les relations entre les classes sociales et l'idéologie dominante du système (lesquelles forment la **superstructure**). Voir **Idéologie, Marxisme, Superstructure.**

INFUS. *adj.* Qui se trouve par nature à l'intérieur de. Ne s'emploie plus que dans l'expression **avoir la science infuse :** posséder la connaissance sans avoir eu à étudier. *Quel élève ne rêve d'avoir la science infuse !*
N.B. Étymologiquement, l'idée de fusion ou d'expansion se retrouve dans de nombreux termes comme **Diffus, Diffusion, Infuser, Infusion, Profus, Profusion, Transfusion, Confus, Confusion,** et d'autres mots de la même famille.

INGÉNU. *adj.* et *n.* Qui est totalement innocent, candide, sincère, prêt à tout croire. *« L'Ingénu » est le titre d'un conte de Voltaire. Une jeune fille ingénue. L'ingénuité des enfants.* Au théâtre, l'**ingénue** est un rôle traditionnel (jeune fille simple et naïve, qui ne manquera pas de découvrir l'amour). L'adjectif s'emploie bien sûr fréquemment au sens ironique. *L'Ingénue libertine* (roman de Colette).

INGÉRENCE. *n. f.* Fait d'intervenir dans une affaire, de s'immiscer dans le domaine d'autrui ou de se mêler d'un problème qui n'est pas le sien. *L'ingérence dans la politique intérieure d'un pays voisin. L'ingérence dans la vie privée d'une vedette.* Le **devoir d'ingérence :** l'obligation morale d'intervenir dans un pays étranger, en dépit de ses dirigeants, pour des raisons humanitaires (aider les victimes d'une guerre civile par exemple).

INGÉRER (S'). *v. tr.* S'introduire indûment dans les affaires d'autrui. S'immiscer (voir ce mot). Le terme a pris fréquemment une connotation politique (voir la notion d'**ingérence**).

INHÉRENT. *adj.* Qui fait partie de quelque chose de façon essentielle, nécessaire. *Le risque mortel inhérent à la Formule I. Les responsabilités inhérentes à la fonction de Président de la République.* Voir les mots **Immanent, Intrinsèque.**

INHIBITION. *n. f.* Blocage, empêchement, frein (interne) qui neutralise ou ralentit la manifestation d'un phénomène. Le terme a un sens physique ou nerveux, mais aussi une signification psychologique : il désigne alors l'état de paralysie (interne ou externe) dans lequel se trouve un sujet en proie à des contradictions, à des «complexes», à des affects qui le perturbent. *L'inhibition d'un candidat timide à l'oral. Entre fuir la situation et l'affronter, je n'arrivais pas à choisir, j'étais complètement inhibé. Un mécanisme inhibiteur.*

INIMITIÉ. *n. f.* Sentiment hostile à l'égard de quelqu'un : hostilité entre deux personnes. Aversion. *S'attirer des inimitiés.* Bien que ce terme s'emploie souvent par euphémisme pour désigner la haine, il a cependant un sens moins fort. Antonyme : *amitié.*

INIQUITÉ. *n. f.* Grave injustice : manque flagrant d'équité. *Un jugement d'une évidente iniquité. Un magistrat inique. Une décision inique.*

N.B. Au sens ancien, le mot désignait l'état de péché, la conduite corrompue, c'est-à-dire injuste *à l'égard de la loi morale.*

INITIATIQUE. *adj.* Relatif à l'initiation ; qui «initie» quelqu'un à une connaissance, une pratique ou une fonction particulière. *Un rite initiatique, une cérémonie initiatique ; des épreuves initiatiques.*

Dans les religions anciennes, l'**initiation** était l'admission officielle aux «mystères» de tel ou tel culte, à leur connaissance ou à leur pratique. Elle se faisait au cours de cérémonies particulières. Par extension, l'initiation désigne l'introduction à des connaissances secrètes, difficiles, réservées aux «initiés» qui s'y sont préparés. Plus largement encore, on parlera d'initiation à propos de tous les rites de passage d'un statut à un autre, d'accession à un groupe donné. Le permis de conduire (qui vous fait adulte à part entière dans la société mécanisée), le baccalauréat (qui permet d'entamer des études supérieures) sont dans une certaine mesure des épreuves initiatiques. Il en était de même autrefois du service militaire, qui faisait de l'adolescent un «vrai» citoyen, un «homme».

INJONCTION. *n. f.* Ordre formel d'obéir sur-le-champ. Impératif auquel on ne peut surseoir, sous peine de sanction. *Dire « je vous somme d'exécuter cette mission » est une injonction.* L'adjectif **injonctif** désigne plus largement les discours ou les textes qui ordonnent d'obéir, ou poussent simplement à agir. Ne pas confondre avec *injection*.

INNÉ. *adj.* Que l'on possède dès la naissance ; qui fait partie de la nature originelle d'un être vivant. Les instincts fondamentaux de l'animal et de l'homme (instinct de conservation, instinct de reproduction) sont innés.

En biologie, on oppose traditionnellement l'**inné** et l'**acquis**. L'inné est programmé dès avant la naissance, il provient du patrimoine génétique de l'individu. L'acquis (voir ce mot) se constitue des traits, des caractères que l'individu (animal ou homme) se forge au cours de son existence, pour mieux s'adapter au milieu. Il n'y a pas de «transmission des caractères acquis» par l'individu à sa descendance. L'évolution des espèces se fait par d'autres voies (sélection, mutation, etc.). Voir **Évolutionnisme**.

En philosophie, certains penseurs posent le principe de l'**innéité** des idées : l'être humain naîtrait avec, dans l'esprit, certains principes ou certaines idées innées. Cette doctrine s'appelle l'**innéisme**. Sa discussion suppose qu'on établisse une différence entre ce qui serait des idées préprogrammées et ce qu'on pourrait appeler des structures mentales permettant *potentiellement* à l'être humain d'élaborer ces principes. Voir à ce propos les mots **Essence** et **Essentialisme**.

En général, l'opposition entre l'inné et l'acquis pose la question de la nature humaine. L'homme est-il essentiellement une nature, ou est-il entièrement façonné par la culture (voir le mot **Culture** au sens n° 2) ? Le débat concerne non seulement l'espèce humaine, mais aussi chaque personne :

le «caractère» d'un individu est-il une donnée génétique (innée), ou le produit de son éducation, de son histoire et de sa liberté? La question se pose dès que l'on veut non seulement juger, mais simplement connaître une personne, fût-ce soi-même... Voir **Déterminisme**.

INNOCENCE. *n. f.* (mot d'origine latine composé du *in-* privatif et du verbe *nocere*, «nuire». Littéralement : ce qui ne nuit pas, ne fait pas le mal). Caractère d'un être qui ne connaît pas le mal, qui ne peut le commettre, qui est naturellement bon. *Peut-on parler d'une innocence de l'enfant?* Par extension, état de quelqu'un qui n'est pas coupable. *L'innocence de l'accusé.* Le mot peut aussi s'appliquer à une chose, surtout de nature morale. *L'innocence d'un discours, l'innocence d'une doctrine. Ce texte n'est pas tout à fait innocent :* sous une apparence honorable, il peut avoir des effets pervers.

N.B. Le mot peut être pris ironiquement et désigner un excès de candeur, d'ingénuité : *pauvre innocent !*

INNOCUITÉ. *n. f.* (même racine que le mot *innocence :* «qui n'est pas nocif»). Caractère d'une chose qui n'est pas nuisible. *L'innocuité d'un médicament. L'innocuité d'une substance, d'un produit.*

N.B. Il faut bien distinguer **Innocuité** et **Innocence**. L'innocuité s'emploie à propos des choses, l'innocence à propos des êtres humains (et de leurs œuvres).

INOPINÉ. *adj.* Qui se produit soudain, fortuitement, sans qu'on y ait pensé. Subit. Inattendu. *Une rencontre inopinée. Une nouvelle inopinée.*

INQUISITION. *n. f.* (du latin *inquisitio,* de *inquirere,* «chercher à découvrir, faire une enquête», cf. le verbe **s'enquérir**).

1° Enquête arbitraire, décidée autoritairement, qui mène ses investigations jusque dans les domaines les plus privés de la vie d'un citoyen (mot voisin, dans ce sens : *perquisition*).

2° **L'Inquisition :** tribunal ecclésiastique institué par la papauté pour réprimer, dans la chrétienté, les diverses formes d'hérésie, les faits de sorcellerie, toutes les déviations possibles par rapport à la doctrine officielle du catholicisme. L'Inquisition procédait par *enquête* (comme le nom l'indique), mais une enquête très spéciale qui s'appuyait sur la délation, l'interrogatoire et la torture pour traquer et châtier les hérétiques. La torture, pratiquée légalement pour obtenir des aveux, s'appelait la **Question.** Ce Tribunal fut dans l'Église comme une sorte d'État dans l'État, du XIIIe au XVIIIe siècle. Les inquisiteurs étaient particulièrement craints. On parle parfois de **procédures inquisitoriales** pour dénoncer les formes d'enquêtes vexatoires et arbitraires qui rappellent les horreurs de l'Inquisition.

N.B. Le même verbe latin **quaerere** (chercher ; chercher à savoir) et son dérivé **inquirere** (rechercher) ont donné de nombreux mots parmi lesquels : *quérir, s'enquérir, question, quête, enquête, requérir, requête, réquisition, perquisition,* sans parler de *conquérir, acquérir* et leurs composés.

INSATIABLE. *adj.* (à partir du latin *satiare*, «rassasier»). Qui ne peut être rassasié, satisfait. *Une faim insatiable. Une curiosité insatiable. Un individu insatiable* (avide de plaisirs, de connaissances, etc.) Le *sens figuré* est le plus fréquent. Voir **Satiété.**

INSIDIEUX. *adj.* Qui cherche à tromper (sans en avoir l'air). *Piéger un candidat par des questions insidieuses.* Qui s'insinue sournoisement pour mieux nuire, pour induire en erreur. *Une maladie insidieuse. Un discours insidieux.*

INSIGNE. *adj.* Qui est manifeste, éclatant, digne d'être signalé. *Des mérites insignes. Une faveur insigne.* Peut être employé ironiquement : *une insigne banalité.*

N.B. Le nom masculin **insigne** (emblème, marque distinctive) a naturellement un sens proche : ce qui signale, ce qui manifeste, met en valeur.

INSINUATION. *n. f.* Au **sens littéraire,** manière subtile de faire deviner quelque chose qu'on ne dit pas ouvertement, qu'on «insinue» dans ses propos. Allusion, sous-entendu. *Procéder par insinuation. Les perfides insinuations d'Arsinoë à l'adresse de Célimène dans* Le Misanthrope. *Qu'insinuez-vous par là ?*

INSIPIDE. *adj.* Qui est sans saveur, sans goût. *Sens figuré* : ennuyeux, plat, sans agrément, sans charme, sans esprit. *Un ouvrage insipide. Un personnage insipide.*

INSOLITE. *adj.* Qui étonne, qui surprend par son caractère inaccoutumé, bizarre, étrange. *Des propos insolites. Un événement insolite. Un art centré sur l'insolite et l'anormal.*

INSOLVABLE. *adj.* Qui ne peut pas payer ses dettes. *Un débiteur insolvable. Une société en état d'insolvabilité.*

Ne pas confondre avec *insoluble* (qui ne peut pas être dissous, ou, au *sens figuré*, qu'on ne peut pas résoudre).

INSPIRATION. *n. f.* Au sens **littéraire et artistique**, souffle créateur qui anime. On l'oppose traditionnellement au métier, à la technique, à la réflexion esthétique, qui forment l'autre partie de la création d'une œuvre. Le mot « inspiration » a beaucoup perdu de sa force originelle. Pour les Anciens, il s'agissait d'un souffle surnaturel : les dieux inspiraient les prêtres et les prophètes ; les Muses inspiraient les poètes. Cette notion s'est réaffirmée chez les romantiques et les symbolistes, pour qui l'inspiration pouvait venir du cœur (Musset), de l'Esprit (Vigny) ou de forces mystérieuses (l'Idéal, le Surréel). De nos jours, le terme se réduit au « premier élan » (la « source d'inspiration », les thèmes ou les lieux qui « inspirent ») qui pousse un écrivain à écrire, un artiste à imaginer : l'œuvre s'est désacralisée.

INSTANCE. *n. f.* **Sens courant :** prière, sollicitation pressante. *Demander avec instance* (avec insistance). Souvent au pluriel : *céder aux instances de ; consentir à quelque chose sur les instances de quelqu'un.*

Sens juridique : ensemble d'une procédure. *Introduire une instance* (une requête). Ce sens rejoint le précédent dans la mesure où une procédure juridique répond à une demande expresse. *Tribunal d'instance.* D'où l'expression **en instance (de) :** qui est en cours d'instruction, qui est sur le point de se produire *(en instance de divorce)* ; en attente.

Sens dérivé : par extension du sens juridique, une instance peut désigner une autorité susceptible de prendre une décision. *Les instances supérieures du parti. Les instances politiques d'un pays.*

Sens psychanalytique (par analogie avec les deux significations précédentes) : structure intérieure de l'appareil psychique, susceptible d'agir sur le fonctionnement global. *Le Ça, le Moi, le Surmoi, la Censure, sont des instances psychiques.*

INSTAR. (À l'instar de). Locution qui signifie : à la manière de, à l'exemple de. Se dit en général à propos de personnes. *À l'instar de son frère, il a voulu faire de la musique. À l'instar de De Gaulle, il a écrit ses Mémoires.*

INSTAURER. *v. tr.* Établir pour la première fois, fonder. Se dit en général de réalités institutionnelles. *Instaurer un gouvernement républicain. Instaurer la coutume du changement de l'heure d'été.*

INSTIGATEUR. *n. m. ou f.* Personne qui incite, qui pousse à faire quelque chose. *Inspirateur* d'un mouvement, *meneur* d'une révolte, *fauteur* de troubles, *fomentateur* de complot : tous ces noms peuvent avoir pour synonyme **Instigateur.**

INSTINCT. *n. m.* 1° **Tendance profonde, innée,** qui porte un être vivant à accomplir un certain nombre d'actes liés à sa nature même. *L'instinct de nidification chez les oiseaux.* Dans ce sens, l'instinct est programmé, héréditairement, chez tous les individus d'une même espèce.

2° **Plus largement, tendance irraisonnée,** impulsive, qui oriente certains comportements ou détermine certains actes. *Instinct sexuel. Instinct maternel.* Dans ce sens, la programmation de l'individu par son instinct est moins radicale que dans l'exemple précédent. Il y a pulsion naturelle, mais celle-ci peut être contredite par la volonté ou la raison, ou encore par l'éducation, par les «modèles culturels».

3° **Intuition :** aptitude naturelle à sentir les choses, à réagir par des impulsions adaptées (sans l'aide du raisonnement). *L'instinct des affaires. Se guider selon son instinct. Il juge d'instinct, avec son flair coutumier.*

INSTITUTION. *n. f.* **Sens ancien** (chez Montaigne, par exemple) : formation de l'esprit, éducation ou instruction. *De l'institution des enfants* (Montaigne). Ce sens n'est pas sans rapport avec le verbe *instituer :* il s'agit bien d'établir les bases d'un caractère, les structures d'un esprit, ce qui fut la fonction éminente des *instituteurs.* Dans le sillage de ce sens, une *institution* désigne aussi un établissement ou un organisme chargé d'enseigner.

Sens moderne : ensemble de règles juridiques, ou encore organisme légal, ou encore structure politique ou sociale ayant un caractère officiel (ou suffisamment établi pour paraître tel). Le Droit, l'État, le Parlement sont des institutions qui caractérisent notre République. Mais l'Éducation nationale et l'Armée le sont également. Lorsque des formes, des pratiques ou des organisations sociales prennent de l'importance au point de ne plus pouvoir être contestées, on dit qu'elles *s'institutionnalisent.* Par exemple, on dira : *le week-end est devenu une institution.* Cela peut donner lieu à des formules plaisantes du style : *la fraude fiscale est chez nous une institution !* Voir **Institutionnaliser.**

INSTITUTIONNALISER. *v. tr.* Conférer à une réalité (sociale) le caractère d'une institution officielle, reconnue, durable. *Il faudrait institutionnaliser un droit de réponse des citoyens aux mensonges de la publicité. L'avortement, autrefois illégal, s'est institutionnalisé. Le phénomène de l'institutionnalisation peut être perçu négativement. La télévision a institutionnalisé le droit et le devoir de se vendre.*

INSU. (À l'insu de) Sans que la chose soit sue. *À l'insu d'un ami* : sans qu'il le sache. *À ton insu, à son insu.* Cette ignorance peut être involontaire *(j'ai causé tel préjudice à mon insu :* sans en avoir conscience). Le plus souvent, quand il s'agit d'autrui, elle est sciemment entretenue *(il est sorti à l'insu de ses parents).*

INSULAIRE. *adj.* et *n.* Qui habite une île. Qui est relatif à une île. *En Corse, les insulaires n'apprécient pas toujours les touristes. La mentalité insulaire des Anglais a longtemps freiné la réalisation d'un tunnel sous la Manche.*

INSURGER (S'). *v. pron.* Se soulever ; se révolter contre le pouvoir, contre l'autorité, contre un régime. Ce verbe s'emploie assez souvent au sens figuré : *s'insurger contre la désinformation, contre une morale, contre des coutumes répandues.* Le nom correspondant, **Insurrection,** n'a que rarement ce sens figuré.

INTANGIBLE. *adj.* (du latin *in-* privatif et *tangere*, « toucher »). À quoi l'on ne peut toucher ; qu'on n'a pas le droit de modifier. Se dit le plus souvent de réalités abstraites : *des principes intangibles* (sacrés). L'adjectif **tangible** n'est donc pas l'antonyme exact de ce mot.

INTÉGRAL. *adj.* (du latin *integer*, « entier »). Qui est complet, entier ; à qui il ne manque rien. *Une œuvre intégrale (*on dit aussi directement **l'intégrale,** en particulier pour l'œuvre d'un musicien). *Un remboursement intégral.*

N.B. Malgré la racine commune, ne pas confondre **Intégralité** et **Intégrité.**

INTÈGRE. *adj.* (du latin *integer*, « entier », pris au sens figuré : qui n'est pas *moralement* corrompu : qui est resté intact, pur). Qui est d'une probité totale, qui est incorruptible. *Un juge intègre. Une conduite intègre.* Voir **Intégrité**.

INTÉGRER. *v. tr.* Faire entrer quelque chose dans un ensemble, qui en devient dès lors une **partie intégrante**. *Intégrer des exemples dans un devoir. Intégrer une personne dans un groupe.* **S'intégrer :** s'assimiler à une communauté.

INTÉGRISME. *n. m.* (même racine que les mots précédents). Attitude religieuse qui exige un strict respect des dogmes et des textes sacrés, dans leur intégrité. L'intégrisme prêche le maintien de la doctrine fondamentale ou le retour aux vérités de base que l'évolution d'une religion (ou d'une doctrine politique) peut avoir oubliées.

On peut comprendre le désir de respecter la tradition et l'**orthodoxie**. Mais il se trouve que les « intégristes » sont le plus souvent en opposition brutale avec la modernité : ils veulent conserver la tradition contre *toute* évolution. Ce fut le cas notamment, dans la religion catholique, au début des années 60 : les « intégristes », conservateurs, s'opposaient aux « progressistes », partisans de l'**aggiornamento**. Depuis, le terme « intégrisme » a pris une nuance péjorative qui l'associe, dans l'esprit de ceux qui l'emploient, aux mots **dogmatisme** et **fanatisme**.

Le mot *intégrisme* s'est aussi diffusé au dehors de la sphère catholique. Il s'emploie dans le domaine politique *(le Parti communiste a ses intégristes)*. Il s'applique aussi au monde musulman *(les intégristes du Front Islamique du Salut)*. Dans le cas de l'islam cependant, c'est le mot **fondamentalisme** qui est le plus fréquemment employé.

INTÉGRITÉ. *n. f.* (du latin *integer,* « entier, pur, intact »). État d'une chose demeurée telle qu'en elle-même, dans sa plénitude et sa pureté originelles. *L'intégrité d'une œuvre, d'une doctrine, d'un organisme.* Qualité d'une personne **intègre** (voir ce mot) : probité morale et intellectuelle, honnêteté. *L'intégrité d'un arbitre, d'un ministre, d'un homme de loi.*

N.B. Ne pas confondre avec **Intégralité,** qui caractérise ce qui est complet *au niveau quantitatif*. En revanche, **Intégrité** a toujours une connotation qualitative.

INTELLECT. *n. m.* (du latin *intellegere,* « comprendre, discerner »). Faculté de connaître et de raisonner, de saisir des concepts ou de les élaborer. Le mot est très proche d'**intel-**

ligence, mais au sens *fonctionnel* de celle-ci (organe qui permet de penser, par opposition au sentiment, à la sensation, à la vie affective de l'individu). *Dans l'ordre de l'intellect, il est insurpassable ; dans la vie quotidienne, il ne fait pas toujours preuve d'intelligence.*

INTELLECTUALISME. *n. m.* **Sens philosophique :** doctrine qui affirme la prééminence de l'intellect sur le sentiment et la volonté, dans la conduite de la vie humaine. **Sens courant :** tendance à sacrifier la vie concrète et affective pour n'exister qu'au niveau des idées ou de l'intelligence. *Il se coupe de la réalité par excès d'intellectualisme.* Par extension, caractère d'une œuvre ou d'un art de nature trop intellectuelle. *Il n'y a pas assez de scènes, d'émotion, de chair dans ce roman intellectualiste.*

INTELLECTUEL. *adj.* et *n.* 1° Qui se rapporte à l'intellect, au travail de l'esprit. *La vie intellectuelle. Un mouvement intellectuel. Métiers manuels contre métiers intellectuels, est-ce que cela a un sens ?*

2° Qui aime les choses de l'esprit, l'activité de l'intelligence pure. *Il est très intellectuel, si intellectuel même que je me demande s'il a gardé du bon sens. C'est un intellectuel, un vrai : rigoureux, précis, convaincant.* Ce sens comporte souvent une nuance péjorative : on accuse l'intellectuel d'**intellectualisme** (sens n° 2).

3° **Les intellectuels.** Comme nom, le mot *intellectuel* est apparu à l'époque de l'affaire Dreyfus pour désigner les écrivains qui s'engageaient aux côtés de Zola, pour condamner l'erreur judiciaire commise. À partir de là, on appelle « intellectuels » des hommes qui mettent à profit le renom qu'ils ont acquis dans le domaine de la culture pour s'engager dans la lutte politique et sociale (voir **Intelligentsia**). *Notre pays va mal, et tout le monde se tait : où sont passés les intellectuels d'hier ?*

INTELLIGENCE. *n. f.* (voir le mot *intellect*) 1° **Faculté de comprendre,** de saisir par la pensée, soit dans l'ordre des connaissances abstraites (intellectuelles), soit dans le large domaine de la vie (saisir les choses, percevoir plus ou moins intuitivement leurs mécanismes, juger et discerner).

2° **Faculté de s'adapter,** de se conduire habilement en fonction des circonstances, de mettre en œuvre des solutions, des stratégies, des ruses.

3° **Communication entre personnes** qui se comprennent et s'entendent plus ou moins secrètement. *Être d'intelligence avec quelqu'un* (agir de connivence avec). *Vivre en bonne intelligence.* Au pluriel : *avoir des intelligences avec l'ennemi* (entretenir des relations secrètes).

INTELLIGENTSIA. *n. f.* 1° Classe des intellectuels (sens n° 3) sous le régime tsariste en Russie. 2° Ensemble des intellectuels actifs (ou activistes) dans un pays quelconque. Il ne s'agit pas des intellectuels qui se livrent à leurs chères études, mais des intellectuels qui s'engagent dans la vie politique et sociale. D'où le sens souvent péjoratif du mot.

INTELLIGIBLE. *adj.* 1° Qui est facile à comprendre, clair. *Parler à voix haute et intelligible. Votre style est inintelligible.* Synonyme : *compréhensible.* 2° Qui ne peut être saisi, perçu, que par l'intellect (voir ce mot). En philosophie, on oppose ainsi l'**intelligible** (ce qui n'est accessible qu'à l'entendement ; les idées) au **sensible** (ce qui s'éprouve directement par les sens). Certains récusent cette opposition et estiment que l'intelligible se tire progressivement de l'expérience sensible, par **abstraction** (voir ce mot).

INTEMPÉRANCE. *n. f.* Voir **Tempérance**.

INTEMPESTIF. *adj.* Qui se produit hors de propos, à contretemps. *Une démarche intempestive, déplacée, inopportune. Des réactions intempestives.*

INTEMPOREL. *adj.* Qui existe indépendamment du temps et de ses variations. Immuable, invariant. *Une vérité intemporelle.* Ce qui n'est pas temporel, n'appartient pas à ce monde matériel, est d'un autre ordre. *L'âme est intemporelle. Les Idées, selon Platon, sont intemporelles.* Voir **Temporel**.

INTER-. Racine d'origine latine qui signifie « entre » (entre deux) ou bien « au-dedans, au fond » (voir **Intra-**). Dans le premier sens, on trouve l'idée d'espacement *(interligne, interposer, interlude, intermède)*, de réciprocité *(interaction, interdépendant, interlocuteur)* ou de liaison *(interministériel)*. Dans le deuxième sens, on trouve l'idée d'intériorité *(intérieur, intérioriser, interne, intime, intrinsèque)*.

INTERACTION. *n. f.* Action réciproque de deux phénomènes ou de deux personnes. *Dans le phénomène de l'inflation, il y a souvent interaction entre la hausse des* *salaires et la hausse des prix. Les particules élémentaires de la matière interagissent.*

INTERCÉDER. *v. intr.* Intervenir en faveur de quelqu'un, en usant de son influence personnelle. L'**intercesseur** se place «entre» la personne qu'il défend et celle qui a le pouvoir de décider, de juger. La notion d'**intercession** (entre les hommes et Dieu) est importante en religion (c'est la fonction des Saints, du Christ lui-même).

INTERDIT. 1° **Adjectif.** *a)* Qui n'est pas autorisé, qui fait l'objet d'une interdiction. *Un acte interdit.* Peut s'appliquer aux personnes : *un prêtre interdit* (qui n'a plus le droit d'exercer); *un étranger interdit de séjour. b)* Qui est incapable de réagir (comme par une sorte de blocage, d'interdit intérieur) : *demeurer interdit* (décontenancé, déconcerté, ébahi, stupide).

2° **Substantif.** Sentence morale ou religieuse qui prohibe certains actes ou comportements. Tabou, interdiction. Les interdits peuvent être explicites (ne pas manger tel ou tel type d'aliment) ou tacites, plus ou moins inconscients (fruits d'un **Surmoi** collectif ou personnel). *Des interdits culturels. Transgresser un interdit immémorial* (le tabou de l'inceste).

INTÉRIM. (adverbe latin qui signifie «pendant ce temps»). Intervalle de temps pendant lequel une fonction vacante est occupée par un remplaçant. *Assurer l'intérim du Président, pendant son voyage.* D'où l'adjectif *intérimaire* (remplaçant). **Par intérim :** provisoirement, à la place du titulaire *(occuper une fonction par intérim).* Ne pas confondre avec **Par procuration.**

INTÉRIORISER. *v. tr.* Faire entrer dans sa vie psychique, dans sa vie intérieure ou affective, des éléments de nature extérieure (des modèles, des opinions, des règles de vie, des schémas relationnels, etc.). La vie intérieure, l'intériorité d'une personne ne se constitue pas toute seule. Elle dépend bien sûr des désirs, des émotions, des aspirations personnelles. Mais elle s'alimente aussi (ne serait-ce que par l'acquisition de la langue) d'impératifs, d'exemples, de situations, de modèles qui viennent d'ailleurs (voir la structure de la personnalité selon Freud, fondée sur les interactions entre le **Ça**, le **Moi** et le **Surmoi**). L'intériorisation peut être consciente (j'intègre des valeurs morales en connaissance de cause, je m'identifie sciemment à des modèles de vie), mais aussi inconsciente (l'enfant va intérioriser les conflits entre ses parents, ce qui peut avoir pour effet de l'inhiber, plus tard, dans sa vie adulte). Beaucoup de modèles ou d'interdits culturels sont *inconsciemment* intériorisés, selon les sociologues.

INTERLUDE. *n. m.* (du latin *inter-*, « entre » et *ludus,* « jeu »). Petit divertissement (théâtral, musical, cinématographique) entre des actes ou des parties essentielles d'un spectacle. Courte pièce musicale. Voir **Intermède.**

INTERMÈDE. *n. m.* Court divertissement entre les actes d'une pièce de théâtre ou les parties principales d'un spectacle. Petite pièce donnée en lever de rideau, avant la pièce principale. Voir **Interlude.**

Au **sens figuré :** intervalle entre deux événements ; récit pendant lequel les acteurs (d'une aventure réelle) peuvent souffler.

N.B. Souvent, les mots du théâtre en viennent à désigner les choses de la vie.

INTERMITTENT. *adj.* Qui se produit par intervalles, irrégulièrement. Discontinu. *Une pluie intermittente. Des efforts intermittents. Une fièvre intermittente. Des accès de colère intermittents.* **Par intermittence** (par accès imprévisibles). *« Les intermittences du cœur »* (Proust) : l'instabilité des sentiments.

INTERTEXTUALITÉ. *n. f.* **Au sens strict :** conception selon laquelle tout texte est traversé (influencé, constitué) par un certain nombre d'autres textes, que cela soit conscient ou non chez l'auteur. L'explication du texte ne pourra donc pas se limiter à l'étude de ce qu'il est par lui-même (sa « textualité »), mais devra faire intervenir la connaissance de ses sources, de ses emprunts (conscients ou non), tels qu'on peut les déduire du contexte culturel auquel il appartient.

Au sens large : conception selon laquelle un texte ne s'explique pas seulement par ses emprunts objectifs (conscients ou non), mais par l'ensemble des savoirs extratextuels qu'on peut faire jouer sur lui. La lecture intertextuelle, dans ce cas, pourra faire intervenir la psychanalyse, la sociologie, la connaissance des grands archétypes de l'humanité, bref tout ce qui peut ajouter à un texte donné une cohérence, une logique nouvelle.

N.B. La **lecture intertextuelle,** pour un étudiant, peut être risquée. Il faut bien hiérarchiser les niveaux d'interprétation dans l'approche d'un texte, en distinguant par exemple : 1° Ce que le texte dit «en lui-même»; 2° Ce que le contexte immédiat (œuvre, auteur) permet d'y retrouver; 3° Ce que le contexte socioculturel global apporte comme éclairage (mouvement esthétique, époque historique); 4° Ce que la civilisation autorise à y lire (influence consciente ou non des œuvres antiques et des traditions millénaires); 5° Ce que les sciences humaines conduisent à y analyser, etc.

INTIMER. *v. tr.* Signifier impérativement. *Intimer l'ordre de.*

INTIMISTE. *adj.* Se dit d'une œuvre littéraire qui exprime les sentiments les plus délicats et les plus profonds de la vie intérieure. L'**intimisme** nous fait entrer dans l'intimité de l'auteur, dans ses émotions les plus subtiles. Il adopte un ton de confidence secrète. La poésie, le roman peuvent être intimistes, mais aussi des scènes de théâtre ou des séquences cinématographiques. Se dit aussi de la peinture qui représente des scènes d'intérieur.

INTRA-, INTRO-. Racines d'origine latine, qui signifient «à l'intérieur de», «au dedans, vers le dedans». On trouve par exemple *intramusculaire, intraveineux, introduire, introspection* (voir ci-dessous), *introversion* (voir ci-dessus). Noter l'expression **intra muros** (à l'intérieur de la ville) qui s'oppose à **extra muros** (voir **Extra**).

INTRANSIGEANT. *adj.* Qui refuse tout compromis, en particulier sur des questions d'honneur ou de morale. Voir le verbe **Transiger.**

INTRANSITIF. *adj.* et *n.* Se dit d'un verbe qui n'a pas de complément d'objet (direct ou indirect), et donc se suffit à lui-même pour exprimer ce qu'il signifie. Par exemple : *je dîne, je dors, je voyage.* A l'inverse, un verbe **transitif** est un verbe dont l'action a besoin, pour être comprise, d'être «complétée» par l'énoncé de «l'objet» sur lequel elle s'exerce : il est *transitif* parce qu'il y a *passage* (transit) du verbe à son complément pour que le sens soit complet. Certains verbes sont par nature transitifs (le complément est nécessaire), d'autres par nature intransitifs *(paraître),* d'autres enfin peuvent être employés transitivement *(«il boit du lait»)* ou intransitivement *(«il boit»).* Voir, ci-dessous, l'exemple du verbe **intriguer.**

INTRIGANT. *adj.* et *n.* Qui recourt à des intrigues, à des manœuvres diverses, pour parvenir à ses fins. *Scapin est un intrigant. Une audacieuse intrigante.*

INTRIGUE. *n. f.* 1° **Sens littéraire :** ensemble des faits et des actions qui s'enchaînent pour former la trame d'une pièce de théâtre, le récit d'un roman, le scénario d'un film. Une intrigue peut être plus ou moins complexe ; elle doit maintenir le spectateur en état de curiosité jusqu'au dénouement de l'histoire (d'où les expressions *nouer l'intrigue, comédie d'intrigue, dénouement d'une intrigue*). Mais l'intérêt d'une œuvre dépasse en général son intrigue, son «action» proprement dite.

2° **Sens courant :** machination plus ou moins secrète, ensemble de manœuvres destinées à réussir une affaire ou à nuire à quelqu'un. *Des intrigues politico-commerciales. Un homme intègre victime de la calomnie et de l'intrigue.*

N.B. Noter le sens ancien d'**aventure amoureuse :** *les intrigues de Julien Sorel.*

INTRIGUER. *v. tr.* Rendre perplexe *(cette affaire m'intrigue)*. Susciter l'intérêt ou la curiosité. *Un film bien mené doit sans cesse «intriguer» le spectateur.*

v. intr. Manœuvrer, recourir à des intrigues (au sens n° 2). À ce sens correspond le mot **Intrigant** (voir plus haut).

N.B. Ce verbe est un bon exemple de verbe qui peut s'employer transitivement ou intransitivement, selon le sens.

INTRINSÈQUE. *adj.* Qui appartient en propre à un objet (indépendamment des facteurs externes) ; qui caractérise son essence. *Les qualités intrinsèques d'un tableau n'ont rien à voir avec sa valeur marchande.* Qui est inhérent, essentiel à une personne. *La valeur intrinsèque d'un homme est sans rapport avec sa condition sociale.* Antonyme : **Extrinsèque.**

INTROSPECTION. *n. f.* (du latin *intro-*, «au-dedans» et *specere*, «regarder»). Observation méthodique, par le sujet lui-même, de ce qui se trouve à l'intérieur de sa conscience (ses sentiments, ses traits constants, ses mobiles plus ou moins apparents, la variation de ses humeurs). Le problème de l'introspection est que le fait même de s'observer modifie celui qui s'observe. *La pratique chrétienne de l'examen* *de conscience a largement développé l'introspection. Le roman psychologique est à base d'introspection.*

INTROVERSION. *n. f.* (du latin *intro-*, «au-dedans» et *vertere*, «être tourné vers»). Tendance de l'individu à se tourner vers son moi, à être attentif à ses émotions et à ses états d'âme, en négligeant le monde extérieur. L'*introverti* est fortement tenté par l'introspection (voir ci-dessus). Ce qu'il gagne en approfondissement de sa vie intérieure, il risque de le perdre en difficulté d'adaptation au milieu ambiant. Voir **Extraversion.**

INTRUS. *n. m.* Personne qui s'introduit dans un groupe, ou en un lieu, sans y avoir droit, sans y être désirée. Se dit aussi d'éléments hétérogènes qui se glissent dans une série (cf. les jeux où il s'agit de *chasser l'intrus*).

INTUITION. *n. f.* Aptitude à saisir immédiatement une vérité, une réalité imperceptible ou imprévisible (par le raisonnement). Pressentiment. *Avoir de l'intuition. Connaître les gens intuitivement. Un esprit intuitif, qui sent les choses.* En *philosophie,* l'**intuition** (directe, immédiate) s'oppose au **raisonnement** (lent, qui «prouve» par une démarche logique). Elle peut être une connaissance directe (une évidence de l'esprit), un sentiment spirituel (l'expérience intérieure de la présence divine) ou une sorte de sympathie supérieure (qui permet de saisir les autres êtres comme de l'intérieur, en coïncidant mentalement avec leur réalité). Le philosophe Bergson (1859-1941), notamment, a développé toute une théorie de l'intuition comme connaissance par «sympathie» avec l'objet que l'on connaît.

INVARIANT. *n. m.* Réalité constante, qui ne varie pas. *Un invariant économique, un invariant biologique, un invariant culturel.* Voir le mot **Inné.**

INVECTIVE. *n. f.* Insulte, injure, attaque verbale. *Proférer des invectives contre quelqu'un. Se répandre en invectives contre la société moderne.*

INVENTORIER. *v. tr.* Faire l'inventaire de quelque chose. Mais il ne s'agit pas nécessairement d'un dénombrement de réalités matérielles. On peut inventorier des archives, des titres, des mots, etc. Ne pas confondre avec *inventer.*

INVERSION. *n. f.* En **stylistique,** procédé consistant à renverser ou à modifier l'ordre habituel des éléments d'une phrase. L'inversion peut être normale, codée, comme dans l'interrogation directe *(« Quel temps fait-il ? // Il fait beau temps »)*. Elle peut être volontaire, pour produire un effet expressif. *« O triste, triste était mon âme »* (Verlaine).

INVESTIGATION. *n. f.* Recherche méthodique, systématique, suivie, sur une réalité concrète ou abstraite. Enquête approfondie. *Les investigations d'un détective. Les investigations d'un savant.* Ne pas confondre **Investigateur** et **Instigateur**.

INVESTIR. *v. tr.* (du latin *investire*, « revêtir, garnir »).
1° Conférer une charge ou un pouvoir officiellement à quelqu'un (d'où le mot **investiture**).
2° Au *sens militaire,* encercler une place, assiéger : *investir une citadelle.*
3° Au *sens économique :* placer des capitaux, procéder à des « investissements ».
4° Au *sens psychologique,* donner de son énergie à quelque chose, soit inconsciemment, soit consciemment (on **s'investit**). Voir **Investissement**.

INVESTISSEMENT. *n. m.* Au **sens psychanalytique,** l'investissement représente l'énergie psychique que le sujet attache à un objet, à une activité, à une représentation. Il s'agit là d'un sens figuré du sens militaire (voir *investir*), mais le terme est aussi proche (analogiquement) du sens économique : lorsqu'un entrepreneur ou un financier investit des fonds, c'est qu'il en attend un rendement, des bénéfices, un profit ; de même, lorsqu'un individu « investit » son énergie dans une activité ou un objet, il en attend une gratification, une satisfaction de son désir. Si l'objet ne répond pas à ce qu'il en attend, il *déplace* son attente et son énergie sur d'autres objets. Il faut noter que l'investissement est le plus souvent *inconscient :* mû par ses pulsions, le sujet investit sa « libido » dans des objets et des représentations peu avouables ; c'est seulement par l'analyse, par l'étude de ses rêves ou l'explicitation de ses symptômes, que le sujet peut prendre conscience de ces investissements divers, inattendus.

En **psychologie courante,** chacun connaît ses « investissements » (même s'il ignore pour quelles motivations profondes il s'investit à ce point dans tel ou tel domaine). On *« s'investit à fond »* pour réussir ; mais la réalité ne répond pas toujours à ce qu'on attendait de cet investissement.

INVÉTÉRÉ. adj. (du latin *vetus, veteris*, «vieux»). Fortifié, enraciné par le temps. *Des abus invétérés.* Qui a laissé s'endurcir en lui-même un défaut indéracinable. *Un menteur invétéré. Une alcoolique invétérée.* Sur la même racine est formé *vétéran.*

IN VITRO. Locution latine («dans le verre»). Se dit de toute expérience biologique qui se fait en laboratoire (dans des tubes), par opposition à celles qui se font dans l'organisme, c'est-à-dire **in vivo.** Le fameux «bébé-éprouvette» a été fabriqué à la fois *in vitro* (pour la conception) et *in vivo* (pour la gestation).

INVOCATION. n. f. (du latin *invocare*, «invoquer, appeler à l'aide, prendre à témoin»).

1° **Sens religieux.** Appel à l'aide, par la prière, d'une puissance divine ou surnaturelle. Par extension, appel à une réalité qui n'est pas nécessairement religieuse (mais le plus souvent sacralisée) : la nature par exemple, ou certains de ses aspects *(« Ô Saisons ! »).* D'où le sens suivant.

2° **Sens poétique.** Appel plus ou moins solennel, semblable à une prière, à une réalité que l'on prend à témoin. Cet appel se fait souvent au moyen du «ô» vocatif. La réalité interpellée peut être absente ou présente. Hugo s'exclame par exemple, prenant à témoin les vents et les flots :

Ô vents ! Ô flots ! Ne suis-je aussi qu'un souffle, hélas !

Mais souvent, la réalité invoquée est absente. L'invocation sert justement à la *faire exister* dans le for intérieur de celui qui appelle ; ou encore, dans un texte, à donner le sentiment (fictif) de sa présence. Dans son poème intitulé *Barbara,* par exemple, Prévert invoque longuement la jeune fille (absente) : pour faire revivre son souvenir, il feint de s'adresser à elle, *« Rappelle-toi Barbara ».*

IOTA. Neuvième lettre de l'alphabet grec, la plus petite de toutes (elle correspond à notre *i*). D'où le sens figuré : très petite chose, la plus infime. *Ne changez pas un iota à votre poème :* n'y modifiez pas la moindre chose.

IPSO FACTO. Locution latine signifiant «par le fait même». S'emploie en français pour dire : par une conséquence immédiate, automatiquement. *En critiquant le gouvernement, vous vous placez ipso facto dans le camp de l'opposition.*

IRASCIBLE. *adj.* Qui se met très vite en colère, s'emporte pour un rien. *Être d'un caractère irascible.* Le mot ancien **Ire** signifie *colère ;* il est bien connu des cruciverbistes. Le verbe *irriter* a la même origine.

IRONIE. *n. f.* (du grec *eironeia*, « interrogation »).

1° **Sens philosophique :** l'**ironie socratique** consiste à poser diverses questions, en feignant d'ignorer la réponse, pour conduire l'interlocuteur à des conclusions contradictoires, et l'obliger ainsi à approfondir le problème. Cette méthode n'est pas sans rapport avec l'ironie au sens actuel du terme, puisque Socrate feint la naïveté en sachant très bien à quoi il veut en venir (il y a opposition entre son discours apparent et son intention réelle).

2° **Sens littéraire :** figure de style, fondée le plus souvent sur l'**antiphrase,** qui consiste à dire le contraire de ce qu'on pense pour mieux faire comprendre qu'en réalité, on pense le contraire de ce qu'on dit. L'interlocuteur est d'abord interloqué, puis il *saisit* (grâce au ton, grâce aux contradictions internes qu'on glisse dans la phrase). Le fameux texte de Montesquieu sur l'**esclavage des Nègres** est souvent donné comme l'exemple même de l'ironie, puisque l'auteur *feint de défendre* (avec des arguments caricaturaux) la thèse qu'*il combat.*

3° **Sens large :** attitude railleuse ; moquerie qui se manifeste souvent par l'emploi de l'ironie au sens précédent. *Une attitude, un air ironique.* Ce sens donne lieu à des expressions figurées comme *l'ironie du sort :* événement qui semble se moquer d'une personne, souvent par le biais d'un contraste. Henri Barbusse, par exemple, décrit un soldat mort dans les tranchées, tenant encore entre les mains la lettre de sa fiancée qui commence ainsi : *« Mon cher Henri, comme il fait beau pour le jour de ta fête »...* Voir la notion d'**ironie tragique**, à la rubrique **Tragédie.**

IRRATIONNEL. *adj.* 1° Qui n'est pas du domaine de la raison. Dans un *sens positif,* cela peut désigner *ce qui dépasse la raison,* ce qui n'est pas de sa nature (les sentiments, le « cœur », les certitudes religieuses). Dans un *sens négatif,* ce mot peut qualifier des conduites *déraisonnables,* plus ou moins folles, anormales. Le mot peut être employé comme substantif. *Les voies de l'irrationnel.*

2° Qui n'obéit pas à une démarche strictement logique, qui ne répond pas aux critères de la rationalité pure, scientifique. *Une médecine irrationnelle.*

IRRÉFUTABLE. *adj.* Qui ne peut pas être réfuté, c'est-à-dire dont on ne peut absolument pas démontrer la fausseté. Indiscutable, incontestable. *Des arguments irréfutables, des preuves irréfutables :* qu'on ne peut contredire.

N.B. On trouve aussi dans le langage littéraire, le synonyme **irréfragable** (*une autorité irréfragable,* irrécusable).

IRRÉMÉDIABLE. *adj.* À quoi l'on ne peut porter remède. Irréparable ; irréversiblement compromis. *Un mal, un malheur irrémédiables, à jamais.*

IRRÉPRESSIBLE. *adj.* Qu'on ne peut réprimer, qu'on ne peut contenir. *Un désespoir irrépressible. Une révolte irrépressible. Un fou rire irrépressible.*

IRRÉVERSIBILITÉ. *n. f.* Caractère de ce qui est irréversible, c'est-à-dire qui ne peut se produire que dans un seul sens, qu'on ne peut inverser. *L'irréversibilité du temps. Un mouvement social irréversible. Le processus de dégradation s'est engagé irréversiblement* (irrémédiablement, inexorablement). Voir **Réversible**.

IRRÉVÉRENCIEUX. *adj.* Qui ne révère pas ce qu'on doit respecter. Impertinent, insolent, impoli, irrespectueux. *Une conduite irrévérencieuse. Un élève irrévérencieux. Un discours irrévérencieux.*

ISLAM. (voir **islamisme**). *n. m.* (de l'arabe *islâm,* «soumission à Dieu, abandon entre les mains de Dieu»). Religion musulmane fondée au VIIe siècle par Mahomet (571-632 ; *Muhammad* en arabe). L'islam est répandu en Asie, en Afrique et en Europe, et compte plus de 800 millions de fidèles. On emploie aussi le mot **Islam** pour désigner l'ensemble du monde musulman et la civilisation globale qui le caractérise (dans ce cas, le mot prend une majuscule).

• **Au point de vue doctrinal,** l'islam se fonde sur le Coran et sur la Tradition. Le Coran est directement révélé à Mahomet, en langue arabe, par l'ange Gabriel : à travers celui-ci, c'est le dieu des juifs et des chrétiens, Juge du Dernier Jour, qui s'exprime. Le Dieu des musulmans est donc originellement le Dieu d'Abraham. Il est nommé **Allâh,** c'est-à-dire «Le Dieu», car il est unique. Il a envoyé aux hommes trois grands prophètes : Moïse, Jésus, et Mahomet (le plus important, et le dernier). La Bible et l'Évangile précèdent donc le Coran, qui clôt la révélation.

À côté du Coran, dont les 114 chapitres (ou *sourates*) comprennent plus de 6 000 versets, la religion musulmane se fonde sur la Tradition, c'est-à-dire sur l'ensemble des faits et des «propos» de Mahomet, recueillis et commentés par les théologiens. Tous les éléments de la doctrine, les prescriptions morales, la loi islamique (religieuse et politique) sont contenus dans le Coran et la Tradition (ou *Sunna* en arabe).

• **Au point de vue institutionnel,** la religion musulmane n'a ni sacrements ni «prêtres». Elle a seulement des guides religieux (qui interprètent la loi islamique et veillent à son interprétation). Dans la tendance **sunnite** (largement majoritaire), ces docteurs religieux s'appellent *Oulémas* (ou ulémas). Dans la tendance **chiite** (en Iran notamment), ils sont appelés *Imams* ou *mollahs ;* ceux d'entre eux qui ont la plus grande autorité religieuse et politique sont les *ayatollahs*.

• **En ce qui concerne la pratique religieuse,** l'islam repose sur cinq devoirs fondamentaux, dits les «Cinq piliers» de la loi canonique, qui sont :
1° La profession de foi, qui affirme : *« Il n'y a pas d'autre Dieu qu'Allâh, et Mahomet est le prophète d'Allâh »*.
2° Les cinq prières quotidiennes (de l'aube à la nuit), précédées d'ablutions et faites en direction de La Mecque.
3° L'aumône rituelle (don annuel en faveur de la Communauté, de ses pauvres ou de ses œuvres, sorte d'impôt de Dieu sur le revenu).
4° Le jeûne annuel du mois du Ramadân, du matin au soir.
5° Le pèlerinage une fois dans sa vie à La Mecque, pour tout croyant, s'il le peut.
Notons que la fameuse **Djihad**, «guerre sainte» que le musulman devait accomplir pour étendre le domaine de l'islam ou du moins le défendre, est souvent interprétée dans un sens personnel et moral : le mot *jihâd* signifiant «effort», beaucoup de musulmans insistent sur l'effort suprême que doit faire chaque fidèle contre ses propres passions, pour être un homme juste devant Allâh, et mériter, après la mort, d'aller au Paradis, cette oasis éternellement verdoyante...

ISLAMISME. *n. m. (sens ancien)* Synonyme d'islam.

(sens actuel) Mouvement extrémiste, politico-religieux, qui préconise dans divers pays islamiques une «islamisation» complète, obligatoire et radicale, de la vie *politique et sociale* (bien au-delà, donc, du seul domaine religieux) : il s'oppose notamment à toute émancipation de la femme, veut faire taire les intellectuels et les journalistes, et menace de prison ou de mort, au nom d'Allâh, les récalcitrants. Il faut noter que cette radicalisation n'est pas conforme à la religion musulmane originelle (le Coran ne prescrit pas le port d'un «foulard islamique»); bien au contraire, elle la défigure. Comme le dit B. Guetta dans un éditorial : *« Il n'y a pas les musulmans, et les autres ; il y a parmi les musulmans, ceux qui sont fidèles à un islam pacifique, et ceux qui prétendent imposer aux autres leur fanatisme, leur désir de pouvoir masqué en commandement de Dieu »* (France-Inter, 28/9/94).

ISO-. Racine d'origine grecque qui signifie «égal, même». On a par exemple **Isobare** (de même pression atmosphérique), **Isocèle** (qui a deux côtés égaux), **Isomère** (composés chimiques formés de mêmes éléments), **Isomorphe** (de forme identique), **Isotherme** (de température égale), **Isotope** (corps simple dont le noyau a un nombre identique de protons).

ITEM. *adv.* Mot d'origine latine qui signifie «de même; en plus; en outre» (en particulier dans une énumération).

n. m. Petite unité minimale d'un ensemble (lexique; batterie de tests, etc.) Pluriel : *des items.*

ITÉRATIF. *adj.* Fait, répété, recommencé plusieurs fois. *Un système itératif.* (cf. le verbe **réitérer :** répéter avec insistance). *Une narration itérative. L'imparfait itératif* (qui évoque des faits qui se reproduisaient régulièrement).

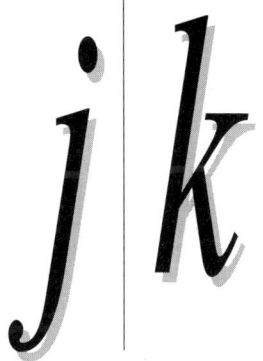

JACOBINISME. *n. m.* 1° **Doctrine des Jacobins,** sous la Révolution française. D'abord modéré, le club des Jacobins (dont fit partie Robespierre) préconisa l'instauration d'une démocratie pure et dure, fondée sur l'autorité centralisatrice de l'État, hostile au fédéralisme.

2° **Attitude républicaine radicale** qui préconise, dans une démocratie, le centralisme d'État (ou «centralisme démocratique»). Dans ce sens élargi, le mot «jacobin» ne prend pas de majuscule.

JADIS. *adv.* Autrefois, il y a bien longtemps. Cet adverbe s'oppose à *maintenant*, mais surtout à *naguère* (il y a peu, il n'y a guère de temps).

N.B. Ne pas employer le mot *naguère* dans le sens d'*anciennement*, faute fréquente. Bien opposer **Jadis** et **Naguère**.

JALONNER. *v. tr.* Déterminer une direction, un alignement, en disposant des repères, des marques, des jalons (c'est-à-dire des piquets). *Jalonner un sentier dans une forêt.* Le sujet de ce verbe peut être une personne (exemple précédent) ou une chose : *des poteaux fléchés jalonnaient le parcours.* Cette distinction se retrouve au sens figuré. *Jalonner les étapes d'un travail* (poser des jalons, établir des paliers). *Les épreuves qui jalonnent une vie* (qui la marquent et en font un destin).

JANSÉNISME. *n. m.* Doctrine de Jansénius, nom latin de l'évêque d'Ypres, exposée dans son ouvrage sur saint Augustin, l'*Augustinus*, paru en 1640. Mouvement religieux inspiré de cette doctrine, qui suscita une vive querelle morale et politique en France, dans la seconde moitié du XVIIe siècle.

Au point de vue théologique, le jansénisme met l'accent

sur la toute puissance de Dieu et de sa **grâce** (voir ce mot). Il en résulte que seule la grâce peut sauver l'homme pécheur, mais aussi que Dieu n'est pas «obligé» de sauver automatiquement tout homme qui le désirerait. D'où un glissement vers la thèse de la **prédestination** (la grâce serait accordée aux uns et refusée aux autres *dès la naissance*), ce qui suscita une polémique entre **jansénistes** du couvent de Port-Royal et **jésuites**.

Au point de vue moral, le jansénisme est extrêmement exigeant. Dieu n'étant pas tenu d'accorder sa grâce à tout pécheur, il faut tout faire pour la mériter. La pratique de la vertu, l'austérité de la vie sont nécessaires au salut. À l'inverse, une morale relâchée ou trop commode (celle que les jésuites répandent en pratiquant leur **casuistique**, voir ce mot) est le plus sûr moyen de s'éloigner de Dieu et de courir à la **damnation**.

Au point de vue politique, l'attitude janséniste s'explique par une résistance au «monde» (c'est-à-dire le monde du pouvoir — les Grands, l'ordre royal, aussi bien que les lieux de la vie mondaine), monde marqué par le péché et la superficialité de l'existence. D'où une sorte d'intransigeance à l'égard des autorités (dans la querelle de Port-Royal) et une radicale opposition aux jésuites, qui désiraient faciliter la pratique de la morale chrétienne en l'adaptant quelque peu à la «modernité» de l'époque. Voir **Gallicanisme**.

Indépendamment de la querelle de Port-Royal, le jansénisme a marqué de son influence religieuse et morale tout un courant de pensée littéraire et artistique. Il a donné lieu à l'éclosion d'un chef-d'œuvre de littérature polémique, *Les Provinciales* de Pascal. Aujourd'hui, on traite volontiers de «janséniste» toute personne qui paraît excessivement rigoureuse dans sa morale ou ses idées, austère, puritaine ou simplement sobre. Voir **Casuistique, Grâce, Jésuites**.

JARGON. *n. m.* Langage propre à une profession ou à un groupe socio-professionnel donné : le jargon est une sorte d'*argot de métier. Le jargon médical, le jargon des linguistes.* Péjorativement, langue compliquée, peu compréhensible en dehors du clan qui la pratique, lequel semble faire exprès de s'exprimer ainsi pour n'être pas compris des non-initiés. Plus largement : langage incorrect, inintelligible ; charabia. *Qu'est-ce que ce jargon ? !*

JARNAC (coup de Jarnac). Coup surprenant, très efficace. Jarnac battit en duel son adversaire par un coup d'épée au jarret, imprévu mais loyal. L'expression *coup de Jarnac* est employée parfois un peu péjorativement (avec une nuance de malignité).

JAUGER. *v. tr. (sens propre)* Mesurer avec une jauge, estimer la quantité, la capacité ou le volume de quelque chose.
(sens figuré) Apprécier la valeur de quelqu'un ou de quelque chose ; juger. *Jauger les qualités d'un candidat.* Il semble y avoir, dans l'emploi de ce verbe, une nuance avec le verbe *juger*. **Jauger** exprime plutôt l'action de mesurer, alors que **juger** en exprime le résultat.

JÉRÉMIADES. *n. f. plur.* Plaintes sempiternelles, qui agacent. *Je suis lassé de tes jérémiades.* Jérémie était un prophète juif dont les «Lamentations» annonçaient les malheurs qui devaient fondre sur Jérusalem : d'où le sens dérivé du mot.

JÉSUITES. *n. m.* («soldats de Jésus»). Membres de la Compagnie de Jésus, fondée en 1534 par Ignace de Loyola et qui, approuvée par le Pape, se mit au service de la Contre-Réforme (lutte de l'Église catholique contre la «Réforme protestante» et pour la restauration de son influence en Europe). Voir **Protestantisme**.

• L'action de cet ordre religieux fut double. D'une part, les jésuites furent très actifs dans l'évangélisation des nouveaux continents (Chine, Amérique). D'autre part, et surtout, ils se spécialisèrent dans l'enseignement (créant de nombreux «collèges») et s'efforcèrent de mettre à la portée des élites sociales (dont ils éduquaient les enfants) la doctrine catholique et la morale chrétienne officielle, en liaison directe avec la papauté.

• En théologie et en morale, contre l'austérité protestante ou la rigueur janséniste, les jésuites insistent sur la liberté humaine (tout croyant, doté de libre arbitre, peut user ou non de la grâce, et faire par lui-même son salut). Désireux de rendre la pratique des vertus accessible à tous, sous l'inspiration du jésuite Molina, les jésuites inventent la **casuistique** (étude des cas de conscience, voir ce mot), dont les excès seront sévèrement condamnés par Port-Royal et par Pascal dans *Les Provinciales* (voir **Jansénisme**).

• L'attitude morale et la «stratégie» politique des jésuites (volonté d'influer sur les élites sociales pour mieux christianiser la société) susciteront de nombreuses critiques. Le mot **jésuitisme** désigne à la fois les astuces hypocrites de la casuistique et les attitudes ambiguës des jésuites trop soucieux de plaire aux puissants de ce monde. L'adjectif **jésuitique** (ou simplement «jésuite») est synonyme d'hypocrite, de manœuvrier, d'habilement trompeur.

- Signalons enfin que le **style jésuite** (ou art jésuite) se dit d'une forme d'architecture baroque adoptée par les jésuites à l'époque de la Contre-Réforme (toujours en opposition à l'austérité protestante).

JEUX (*au pluriel*). Dans l'Antiquité, grandes manifestations sportives et artistiques offertes en spectacle au public : les Jeux olympiques chez les Grecs, les Jeux du cirque chez les Romains. A l'origine, les jeux étaient liés aux fêtes religieuses : l'homme y honorait les dieux par son courage sportif. Chez les Romains, ils dégénèrent en purs spectacles, souvent cruels, offerts par un pouvoir soucieux de subjuguer le peuple en flattant ses passions. Voir **Panem et Circenses**.

JOUG. *n. m.* (*sens propre*) Pièce de bois unique qui servait à atteler une paire de bœufs (en «liant» leurs deux cous).

(*sens figuré*) Réalité pesante que subit quelqu'un (morale ou matérielle), qui entrave sa liberté. *Le joug de la pauvreté, le joug d'un pouvoir tyrannique.*

N.B. Sur la même racine latine *jugum*, on trouve *conjuguer, conjugal, et subjuguer*. Voir **Juguler**.

JOUVENCE. *n. f.* Jeunesse. Ne se trouve que dans les expressions *Bain de jouvence, Fontaine de jouvence, Eau de jouvence*, pour désigner ce qui confère, comme miraculeusement, une nouvelle jeunesse. En *langue classique*, un *jouvenceau* est un jeune homme, une *jouvencelle* une jeune fille.

JUBILER. *v. intr.* Exprimer une joie très vive, exubérante. *Je suis reçu : je jubile.* La jubilation peut aussi rester intérieure. *Untel a échoué, je n'ose le dire, mais je jubile ! Une lecture jubilatoire.*

N.B. Le substantif **Jubilé** a un sens plus précis. Il y est question bien entendu de fête, mais il s'agit d'abord de la *célébration d'un anniversaire* important (originellement : cinquantenaire d'un mariage, d'une fonction, d'un début de règne).

JUDAÏSME. *n. m.* Le **judaïsme** désigne principalement la **religion**, mais aussi la **dimension nationale et culturelle**, du peuple juif.

• Le judaïsme remonte à Abraham (1800 av. J.-C.). Dieu le distingue, selon la Bible, pour *« ordonner à ses fils et à sa maison après lui d'observer la voie de l'Éternel, en pratiquant la vertu et la justice »* (Genèse, 18 :19). La transmission se fait auprès d'Isaac, son fils, et de Jacob, son petit-fils (nommé également Israël) : ceux-ci constituent avec Abraham les Patriarches. Leurs descendants, appelés enfants d'Israël ou Hébreux, quittent le pays de Canaan (approximativement, l'État d'Israël actuel) pour l'Égypte, où ils deviennent esclaves. Ils en sortent sous la conduite de Moïse et retournent vers le pays de Canaan (la « Terre promise »). En chemin, dans le désert du Sinaï (1200 av. J.-C.), ils reçoivent de Dieu (*Yahvé*, « celui qui est ») la révélation des dix commandements (le Décalogue) et d'un ensemble qui constituera l'essentiel de la doctrine, la **Tora**. Le peuple s'installe en Canaan qu'il nomme Israël, où il construit notamment le Temple de Jérusalem. Là, il ne vivra que de courtes périodes de paix, devant subir au cours des siècles les assauts des Assyriens, des Babyloniens, des Grecs puis des Romains (qui donneront au pays le nom de Palestine). Progressivement, le peuple juif sera dispersé (le mot « Juif » signifie « originaire de Judée », région de Jérusalem : ce mot a été forgé par et pour les Hébreux exilés). Cette dispersion s'appelle la **Diaspora**, qui durera plusieurs siècles. Sous le régime de Hitler et de ses alliés, le peuple juif subit la plus grande persécution morale et physique de l'histoire de l'humanité (6 millions de morts, sur un total de 19 millions en 1939-1945, assassinés au seul motif qu'ils étaient Juifs ; voir **Holocauste**). Il est rétabli dans sa terre d'origine, Israël, en mai 1948, par décision de l'ONU, et utilise sa langue traditionnelle, l'hébreu.

• L'écrit fondamental du judaïsme religieux est la **Bible** pour sa partie *Ancien testament* (« testament » signifie « témoignage ») appelée *tanakh* ; elle a été écrite à l'origine en hébreu et comprend 24 livres dont les 5 premiers, le Pentateuque (tora « écrite »), contiennent les fondements de la doctrine. Il s'y ajoute essentiellement le **Talmud**, constitué de la *michna* (tora « orale ») et de commentaires.

• Le judaïsme religieux est **monothéiste**. Dieu unique a créé le monde et l'homme ; celui-ci a mission de se perfectionner et de faire en sorte que le monde, resté inachevé, progresse et réussisse. Le Juif, ne ressentant pas le handicap du péché originel, pense avoir les moyens de sa mission. Le judaïsme englobe tous les aspects de la vie : relation avec Dieu, relation avec le prochain, organisation de la société. Les principes et les obligations sont nombreux et contraignants mais la priorité est donnée à la vie : selon une parole juive traditionnelle, le *chabbat* (jour de repos) est fait pour l'homme et non l'homme pour le chabbat. On doit aimer son prochain, juif ou non, comme soi-même (Lévitique 19 :18, 34) ; cet amour ne doit pas rester pure parole ou sentiment ; il doit nécessairement se traduire par l'action, favoriser et préserver la vie, établir une justice durable. Justice et charité sont désignés par le même mot *(tsedaka)* : les déshérités ont un droit au secours qu'on leur porte et ne doivent pas en ressentir un sentiment d'infériorité.

• L'attente d'un Messie fait partie de l'histoire du peuple juif. Voir **Messianisme**. Cependant, le judaïsme ne développe qu'occasionnellement les discours généraux sur Dieu, le messianisme ou les fins dernières de l'homme et de l'univers *(l'eschatologie)* ; il est essentiellement tourné vers une action créatrice dans le monde, dont la priorité devance celle de rendre un culte à Dieu. Au jour solennel de *kippour* (jour du pardon), il n'est question que des fautes commises vis-à-vis de Dieu et non vis-à-vis des hommes, auprès desquels les torts doivent être réparés directement avant de s'adresser à Dieu.

• Les éléments fondateurs du judaïsme sont : la sortie d'Égypte, le don de la Tora dans le Sinaï et la promesse de la terre d'Israël. Les fêtes religieuses essentielles sont : *pessah* (pâque), célébration de la sortie d'Égypte ; *chavouot* (pentecôte), célébration du don de la tora dans le désert ; *roch hachana* (nouvel an) ; *yom kippour, souccot* (fête des tentes) et le *chabbat* (samedi), célébration de la création du monde.

• Le judaïsme, qui ne pratique pas le prosélytisme, ne récuse pas l'existence et l'importance des autres religions. Le contraire n'a malheureusement pas toujours été vrai : l'histoire du judaïsme est inséparable de controverses et aussi de persécutions liées à sa négation. Les signes d'un changement radical se sont récemment multipliés, au sein notamment de l'Église catholique, comme la fin de l'appel à la conversion et la reconnaissance de l'État d'Israël.

JUGEMENT. *n. m.* 1° Action de juger, au cours d'un procès, devant un tribunal. Résultat de ce procès, sentence prononcée par les juges. À ce premier sens correspond l'adjectif **judiciaire** (qui est relatif à la justice établie).
Voir aussi **Juridique**.

2° Avis, appréciation ou opinion que l'on émet sur quelqu'un ou sur quelque chose. Aperçu, point de vue, pensée, sentiment. Le jugement en question peut être purement logique (opération de l'esprit qui pose telle vérité, telle relation entre des concepts). Il peut être une simple considération objective, ou au contraire comporter une appréciation morale : on oppose ainsi **jugement de fait** (Don Juan délaisse ses épouses) à **jugement de valeur** (Don Juan est une crapule infâme).

3° Aptitude à juger et à bien juger (au sens n° 2). Le jugement, dans ce sens, est tantôt considéré comme la faculté de raisonner avec justesse (de façon rationnelle, intelligemment), tantôt assimilé à une sorte d'intuition globale spontanée (bon sens, perspicacité). *Former son jugement. Manquer de jugement. Un homme de jugement.* Dans ce sens, l'adjectif correspondant est **judicieux**. *Un homme de grand jugement a toujours des avis judicieux.*

4° Au *sens religieux*, le **Jugement dernier** : celui que Dieu prononcera à la fin du monde, réglant pour l'éternité le sort de tous les êtres humains, vivants ou morts (ressuscités). Cette scène, annoncée dans la religion chrétienne, a fait l'objet de nombreuses œuvres d'art qui portent ce titre.

JUGULER. *v. tr.* (du latin *jugulare*, « égorger » ; *jugulum* signifie « gorge » ; les veines *jugulaires* sont les veines latérales du cou).
Sens ancien : égorger, étrangler. *Sens actuel* (figuré) : étouffer à sa naissance, arrêter dans son développement, maîtriser en stoppant. *Juguler l'inflation. Juguler une révolte. Juguler une passion.*

JURER. *v. intr.* (*sens ancien*) Blasphémer (en prononçant des « jurons » offensant Dieu) ; renier sa foi. Le Don Juan de

Molière promet par exemple à un Pauvre de lui donner un louis d'or à condition «*qu'il jure*».

v. tr. Prononcer un serment solennellement (*je jure de dire la vérité, toute la vérité*). Affirmer avec vigueur la vérité ou la réalité d'une chose (*je jure que je l'ai vu*). S'engager avec force, ouvertement (*il jura qu'on ne l'y prendrait plus*).

JURIDIQUE. *adj.* (du latin *jus, juris*, «le droit, la justice»). Qui se rapporte à la justice, à l'organisation judiciaire, aux tribunaux ou juridictions. *Une action juridique*. Qui relève du droit, ou des lois en général. *Les études juridiques. Le sens juridique du mot « droit ». Dans ce conflit, vous avez moralement raison, mais vous êtes juridiquement en tort.* Un **juriste** est un spécialiste des questions de droit, qui connaît bien le dédale inextricable des lois. Un **juré** est l'un des membres du jury, dans une Cour d'Assises.

JURISPRUDENCE. *n. f.* (du latin *jus. juris*, «droit, justice» et *prudentia*, «savoir, sagacité»). Ensemble des décisions prises par les tribunaux en telle ou telle matière, qui servent ensuite de référence dans l'interprétation des lois. *Faire jurisprudence* : faire autorité.

Lorsqu'un tribunal doit rendre un jugement, il prend sa décision en puisant ses arguments à trois sources classiques :
— la **loi** (le Code civil, le Code pénal, les décrets, etc.);
— la **coutume** (ensemble des usages collectifs, traditionnels, qui s'appliquent dans des situations non codifiées par la loi);
— la **jurisprudence** (ensemble des décisions jusqu'alors prises par les tribunaux, et qui font autorité dans l'interprétation de la loi ou de la coutume).

Ce sont les **trois grandes sources du droit**, sur lesquelles les grands juristes fondent leurs commentaires, et développent ce qu'on appelle, en droit, la «doctrine».

JUSTICE. *n. f.* 1° Principe moral qui exige que soit rendu à chacun ce qui lui est dû, qui impose le respect du droit et de l'équité entre les hommes.

2° Caractère de ce qui est juste, conforme à l'équité, exactement réparti, impartial. *Il y a toujours une idée de «justesse» dans la «justice»*.

3° Vertu qui consiste à pratiquer la justice, à «rendre» justice, à être équitable, à respecter autrui.

4° Pouvoir judiciaire, c'est-à-dire organisation des diverses juridictions chargées d'administrer la «justice» telle qu'elle est codifiée par la loi. Bien entendu, la «justice» comme pouvoir judiciaire n'est «juste» moralement que si la loi elle-même est équitable et que si les gens chargés de la faire respecter sont eux-mêmes moralement intègres. C'est pourquoi on rencontre fréquemment en littérature l'opposition entre la **Justice** (en soi) et le **Droit** (la loi imparfaite) : ce qui est considéré comme «juste» *légalement* (sens n° 4) ne l'est pas forcément aux sens 1°, 2°, 3°.

JUXTA-. Racine d'origine latine qui signifie «à côté, à proximité de». **Juxtalinéaire** (qui suit le texte ligne à ligne), **Juxtaposer** (poser plusieurs choses côte à côte, sans les relier), **Juxtaposition**. **Jouxter**, «être à côté de, avoisiner» : *la mairie jouxtait l'école.*

KAFKAÏEN. *adj.* Se dit d'une situation ou d'une atmosphère qui rappelle, par son caractère absurde, oppressant, cauchemardesque, l'univers des romans de Kafka (ce qui est une simplification abusive de la nature desdits romans). *Être accusé, sans savoir de quoi, ni devant quel tribunal, et errer dans une ville labyrinthique à la recherche de juges et d'avocats inconnus, est une situation kafkaïenne. Une administration kafkaïenne.*

KILO-. Racine d'origine grecque qui signifie «mille» : il est dès lors aisé de comprendre ce que veulent dire **Kilocalorie, Kilogramme, Kilomètre, Kilowatt**, et autres composés à partir du même préfixe.

KINÉSI-. Racine d'origine grecque qui signifie «mouvement, action de se mouvoir». On la retrouve dans **Kinescope, Kinésithérapie, Kinesthésie**. Noter que le même radical grec a donné **cinéma** (*kinêma* signifie également «mouvement») et **cinématique** (étude du mouvement).

KITSCH ou KITCH. *n. m.* et *adj. inv.* Se dit d'un style artistique combinant des éléments hétéroclites pour produire des œuvres outrancières, tarabiscotées, heurtant volontairement le goût établi. *Des objets kitsch. Un décor kitsch.* Par extension, s'applique à toutes sortes d'œuvres d'art d'un goût baroque, destinées à la consommation de masse.

KYRIELLE. *n. f.* Longue suite de paroles (à l'image des litanies du *kyrie*, prière de la Messe). Par analogie, série interminable. *Une kyrielle de récriminations. Une kyrielle de chômeurs sortait de l'Agence pour l'emploi.*

LABEL. *n. m.* Marque apposée sur un produit pour en certifier l'origine et la qualité. Le label est le signe concret (étiquette, estampille, poinçon, timbre) apposé sur le produit, tandis que le mot «marque» désigne plus généralement le nom de l'entreprise qui le fabrique ou l'école (la marque peut être déposée et juridiquement protégée). Le mot *label* peut néanmoins être employé au sens figuré, comme synonyme de garantie ou «d'image de marque» : *avoir passé tel concours est considéré comme un label d'efficacité; appartenir à tel mouvement assure à cet homme politique une sorte de label de ferveur écologique.*

LACONIQUE. *adj.* Extrêmement bref, concis, avec une connotation de sécheresse. *Une réponse laconique. Un personnage hautain et laconique.* Lapidaire (mais l'adjectif *lapidaire* ne s'applique qu'aux expressions, alors que *laconique* se dit aussi des personnes très brèves dans leurs propos).

LACUNAIRE. *adj.* Qui présente des lacunes (des vides, des manques, des oublis). *Un manuscrit lacunaire. Une culture lacunaire. Une mémoire lacunaire.*

LAÏCITÉ. *n. f.* 1° Caractère de ce qui est laïque, c'est-à-dire qui n'appartient pas au clergé. Par extension, qui ne relève d'*aucune* confession religieuse.

2° Principe fondamental de l'État républicain, qui se veut absolument neutre vis-à-vis des choses de la religion, et donc sépare les Églises et l'État. L'Église n'a pas à exercer de pouvoir politique, l'État n'exerce pas d'action religieuse. La laïcité, en particulier, exclut tout prosélytisme religieux à l'intérieur des écoles publiques, où seules sont enseignées les valeurs républicaines.

N.B. Le substantif *laïc* au masculin, s'écrit *laïque* au féminin (un laïc, une laïque). En revanche, l'adjectif correspondant s'écrit toujours *laïque* (l'enseignement laïque, l'école laïque).

LANCINANT. *adj.* Se dit, au *propre* comme au *figuré*, d'une douleur ou d'un état d'âme qui fait souffrir, qui obsède, par des élancements répétés. *Un mal lancinant. Un souvenir lancinant.*

LANGAGE. *n. m.* 1° *(sens large)* **Système de signes** qui permet aux hommes de s'exprimer et de communiquer entre eux.
- **Le langage peut être verbal,** constitué de signes vocaux (paroles) ou graphiques (écrits). Il s'agit alors de la *langue*. Mais le mot langage est plus large, car la langue se rapporte à une communauté humaine précise (on dit *la langue anglaise*, et non pas «le langage anglais»).
- **Le langage peut être non verbal :** la langue des signes (langage gestuel), le langage des fleurs, et plus généralement, tous les codes élaborés par les hommes pour transmettre des messages peuvent être désignés par le mot *langage*. Toutefois, on prend soin de distinguer les codes extrêmement rigides, limités à des communications précises et informationnelles (le «Code de la Route» par exemple), des véritables langages qui permettent une expression et une invention riche et nuancée (le langage par signes des sourds, le langage musical). Le *langage-machine* par lequel on commande à l'ordinateur devrait être appelé «code» plutôt que «langage». On peut de même contester l'emploi du mot «langage» à propos des échanges entre animaux : les abeilles communiquent à travers un code précis mais préétabli, elles n'ont pas la capacité d'adaptation et de création caractéristique d'un langage authentique. Mais il est vrai que ces questions sont discutées.

2° *(sens précis)* Toute **forme d'expression,** constituant une sorte de code second, prise par un langage ou par une langue. Le *langage de la peinture* à l'intérieur du langage de l'image, par exemple ; le *langage littéraire* à l'intérieur d'une langue (de même : le *langage populaire*, le *langage administratif*, le *langage des médias*).

Dans ce sens, le mot langage peut s'appliquer au contenu même de ce qu'exprime l'acte de communication : *tenir le langage du cœur, le langage de la raison, le langage de la flatterie*. Voir le mot **Discours**.

Ces usages précis du mot langage sont dans une certaine mesure en contradiction avec le sens large (n° 1). Ainsi, la langue d'un peuple est un aspect du langage en général ; celui-ci l'englobe. À l'inverse, le langage littéraire, le langage de Rousseau, le langage que le maître tient à son élève, ne sont que des aspects de la langue : celle-ci les englobe à son tour. Dans plusieurs emplois, les mots peuvent se confondre *(langage administratif / langue administrative)*. Il faudra donc bien cerner la nature du mot langage dans ses divers emplois. Voir **Code, Communication, Discours, Langue, Lexique, Parole**.

LANGUE. *n. f. Sens linguistique.* Langage verbal (oral et écrit), constitué de mots, de sons structurés en système, qui permet la communication à l'intérieur d'une communauté donnée (communauté linguistique ; ethnie). Voir au mot **Langage** la distinction *Langue/Langage*.

• À partir de ce sens général, le mot *langue* peut prendre un certain nombre de sens précis : *langue nationale, langue officielle, langue vivante, langue maternelle, langue populaire, langue scientifique, langue pittoresque, langue de tel écrivain*. On appelle en particulier **langue verte** l'argot (riche en termes concrets et imagés), et **langue de bois** le langage lourd et stéréotypé de certains discours politiques (voir **Logomachie, Phraséologie**).

• La linguistique oppose classiquement **Langue** à **Parole** : la *langue* est le système linguistique commun à tous les locuteurs d'une même communauté : la *parole* est l'usage effectif, particulier à telle ou telle situation, que le locuteur fait de sa langue lorsqu'il formule un énoncé. On dit que **la parole actualise la langue**. D'une part, la langue n'existerait pas si la parole ne réalisait pas son « potentiel » ; d'autre part, la parole n'existerait pas si la langue, système organisé de signes, ne permettait son expression.

LANGUIR. *v. intr.* Être atteint de langueur, soit au sens physique de ce mot (abattement, fatigue, manque d'énergie, absence de dynamisme), soit au sens moral (mélancolie, tristesse rêveuse, impatience du désir insatisfait). Au sens physique correspond plutôt l'adjectif *languissant (une activité languissante, une conversation qui languit)* ; au sens moral correspond plutôt l'adjectif *langoureux (je languis d'ennui ; « Valse mélancolique et langoureux vertige »* Baudelaire).

Noter que les mots *languir, langueur et langoureux* s'emploient souvent dans la littérature amoureuse, pour exprimer à la fois le désir, l'attente, l'impatience, la souffrance, l'insatisfaction et la faiblesse de l'être qui soupire d'amour. Manifester de la langueur peut d'ailleurs être un moyen de séduire *(adresser à l'aimé un regard langoureux)*…

LAPALISSADE. *n. f.* Vérité évidente, truisme. Le terme vient du personnage de La Palice, dont une chanson dit précisément : *« Un quart d'heure avant sa mort, il vivait encore »*.

LAPIDAIRE. *adj.* (du latin *lapis, lapidis*, « pierre »). Se dit, au *sens figuré*, de formules brèves et concises comme les inscriptions latines gravées sur la pierre. *Un style lapidaire. Un aphorisme doit être lapidaire.* Le verbe *lapider* signifiant « tuer à coups de pierre », l'adjectif *lapidaire* a en outre une connotation de violence : la phrase « lapidaire » est *frappante* (comme un jet de pierre). Voir **Concis, Laconique**.

LAPSUS. *n. m.* (du latin *lapsus linguae*, « faux pas de la langue »). Erreur consistant à déformer un mot ou à employer un mot pour un autre, en parlant *(lapsus linguae)* ou en écrivant *(lapsus calami)*. Contrairement au jeu de mots, qui est intentionnel, le lapsus est involontaire. Selon Freud, les lapsus traduisent une pensée inconsciente (peur, désir, obsession latente). Aussi parle-t-on souvent de *lapsus révélateur*. Avec les **actes manqués**, les lapsus sont même des signes irréfutables de l'existence de l'**inconscient** (voir ces mots). Exemples : lorsqu'un député désire renforcer un projet de loi contre la pornographie, et qu'il dit aux auteurs du projet : *« Messieurs, il faudrait durcir votre sexe* (au lieu de *texte*) *»*, il manifeste peut-être bien quelque tendance subconsciente. Lorsqu'un jeune marié écrit à sa belle-mère : *« Vous êtes évitée à mon anniversaire* (pour *invitée*) *»*, on peut subodorer là quelque désir inavouable.

LASCIF. *adj.* Très sensuel. Qui incline à la luxure, aux plaisirs amoureux. *Un tempérament lascif. Une danse lascive.*

LATENT. *adj.* Qui demeure caché, secret, en attente, mais bien réel. Ce qui est latent est interne, sous-jacent, apparemment inexistant, mais n'en peut pas moins se manifester à tout moment. *Une maladie latente. Un désir latent.* En **psychanalyse**, l'opposition entre ce qui est latent et ce qui est manifeste est une notion-clé. Est *latent* le contenu inconscient mais actif du psychisme. Est *manifeste* ce qui parvient à la conscience ou qui se traduit dans le comportement (mais pas toujours très clairement). En particulier, dans l'analyse des rêves, on oppose le **contenu latent** (ce qu'ils signifient réellement) au **contenu manifeste** (le scénario rêvé). L'analyse consiste à extraire la signification *profonde* d'un rêve, à partir de ce qu'il manifeste *apparemment*.

LATÉRAL. *adj.* Qui se trouve sur le côté. Qui a rapport au côté. *Porte latérale ; perception latérale.* Sur la racine latine de ce mot ont été formés **Bilatéral, Équilatéral, Multilatéral, Quadrilatère, Unilatéral.** Voir **Bilatéral**.

LATITUDE. *n. f.* (du latin *latitudo*, «largeur»). Au *sens figuré* : faculté d'agir librement, facilité. S'emploie surtout dans l'expression *avoir toute latitude de* (faire quelque chose). Noter la proximité de signification avec le sens *figuré* du mot **largeur** (*largeur d'idées* d'un esprit libre).

LAUDATEUR, TRICE. *n.* Personne qui adresse des louanges, qui fait l'éloge de quelqu'un ou de quelque chose. *Puisse mon livre avoir de nombreux laudateurs !* Antonymes : **Critique, Détracteur.** Synonymes : **Thuriféraire, Encenseur.** Adjectif correspondant, *laudatif. Une critique laudative* (ou élogieuse, ou louangeuse).

LAXISME. *n. m.* 1° En **religion**, doctrine qui autorise à suivre des opinions morales peu strictes, larges, relâchées. 2° Au **sens courant** : tolérance excessive ; absence d'interdits ; relâchement des mœurs en particulier. *Le laxisme d'une éducation trop permissive. Avec le laxisme qui règne actuellement, le sida ne manquera pas de progresser.*

LÉGENDE. *n. f.* (du latin *legenda*, « ce qui doit être lu »).
 1° Récit de la vie d'un saint ; recueil de récits de ce type. *La légende de Saint Nicolas.* Les vies de saints étaient souvent embellies par l'imagination populaire, ce qui explique l'extension du mot (sens suivant).
 2° Récit de caractère merveilleux dans lequel les faits historiques sont transformés par l'imagination collective ou par l'invention poétique. *Les contes et légendes.* Les légendes, les contes, les fables constituent souvent le folklore populaire, la mythologie d'un peuple ou d'une région. La légende s'oppose à l'histoire (laquelle se veut objective). *La légende transforme l'histoire en mythe.*
 3° Explication, inscription jointe à une image, une photo-

graphie, un dessin, un plan, pour en préciser le sens ou y ajouter des informations indispensables.

LÉGION. *n. f.* Corps d'armée de base, chez les Romains, regroupant plusieurs milliers d'hommes (fantassins et cavaliers).
(*sens figuré*) Grand nombre d'individus, avec une nuance d'excès. *Une légion de vacanciers déferlent sur la côte. Être légion :* être une multitude. *Les donateurs pour le tiers monde ne sont pas légion.*

LEGS. *n. m.* (ne pas prononcer le *s*) 1° **Sens juridique :** donation d'un bien ou d'un ensemble de biens par testament. Lorsque la totalité des biens d'un héritage est *léguée à quelqu'un*, on parle de *legs universel*. Le bénéficiaire d'un legs s'appelle *légataire*.
2° **Sens figuré :** héritage artistique ou culturel qu'une génération transmet à la génération suivante. *Le legs du passé est un patrimoine précieux. Nos ancêtres nous lèguent des œuvres, des mythes, des philosophies, toute une mémoire.*

LEITMOTIV. *n. m.* (terme allemand qui signifie «motif conducteur»; au pluriel, *des leitmotive*).
1° *Sens musical :* bref thème mélodique qui, associé à un personnage, à un objet, à une situation, à une émotion, réapparaît tout au long de l'œuvre pour rappeler ce personnage (cet objet, cette situation, ce sentiment) qu'il caractérise. Le motif n'est plus de la simple musique, il devient alors **signe**. Les opéras de Wagner sont à l'origine du leitmotiv.
2° *Par extension,* toute image dominante ou tout thème qui se répète dans une œuvre littéraire, dans des discours politiques, dans le déroulement d'un film (dans ce cas, le leitmotiv peut être à la fois musical et narratif : les séquences les plus fortes du film sont marquées par l'association entre le refrain musical et la nature des images, comme c'est le cas dans *Jeux interdits* ou *Le Troisième homme*).

LÉNIFIANT. *adj.* Qui calme, qui apaise, qui adoucit — jusqu'à en devenir ennuyeux. *Un climat lénifiant. Des discours lénifiants.* Antonyme : *irritant, excitant.*

LÉONIN. 1° Qui est relatif au lion, ressemble au lion. 2° Par extension, à partir de l'image du lion dans les Fables, se dit de toutes sortes de partages ou de contrats dans lesquels l'une des parties s'adjuge des avantages abusifs aux dépens des autres. *Un contrat léonin ; un marché léonin ; une clause léonine.* 3° *(rare)* Se dit de rimes très riches ou de vers dont les hémistiches riment ensemble.

LÈSE-MAJESTÉ (crime de). Expression qui désigne toute atteinte directe ou indirecte à la majesté d'un souverain. Il peut s'agir d'un attentat à sa personne, mais aussi d'une mise en cause de son pouvoir, de son autorité, ou de «l'intérêt de l'État» auquel il s'identifie. Par analogie, certains auteurs ont forgé les expressions de «lèse-société» ou de «lèse-humanité».

LÉSER. *v. tr.* Frustrer quelqu'un de ses droits ; lui causer du tort dans ses intérêts. *Un héritage équitable ne doit léser aucun enfant.* Blesser moralement, désavantager. *C'est injuste, je me sens profondément lésé.*
  N.B. Au sens médical, le verbe peut avoir le sens concret de «causer une lésion».

LÉSINER. *v. in. tr.* Économiser avec avarice (le mot **lésine** désignait anciennement la ladrerie, l'épargne la plus sordide). *Il lésine sur tout.* Ce verbe s'emploie souvent dans la tournure **ne pas lésiner sur** : ne pas hésiter à employer les moyens nécessaires, à dépenser autant qu'il faut.

LÉTHARGIE. *n. f. (sens propre)* État de sommeil profond et durable ; torpeur continuelle plus ou moins pathologique. *Un malade tombé dans une profonde léthargie. (sens figuré)* Apathie, nonchalance invincible. *Je suis dans une léthargie, ce matin ! Je n'arrive pas à émerger.*

LEURRER. *v. tr.* Tromper intentionnellement par des artifices séduisants ; attirer par des apparences flatteuses. Abuser, mystifier. *Leurrer par des promesses. Se laisser leurrer par de vains espoirs.* Un **leurre** est un appât artificiel, un moyen d'attirer pour tromper. **Se leurrer :** s'illusionner soi-même.

LEXIQUE. *n. m.* 1° *(sens courant)* Dictionnaire restreint, consacré au vocabulaire particulier d'une science ou d'une technique. Ou encore, dictionnaire bilingue abrégé. Les synonymes fréquents sont **glossaire, vocabulaire.** *Le lexique de la philosophie. Lexique des termes musicaux. Petit lexique franco-anglais.*
  2° *(sens linguistique)* Ensemble des mots

qui constituent la langue d'une communauté. L'étude de ces mots, leur classement et leur recensement (pour constituer un dictionnaire par exemple) s'appelle la **lexicographie**. L'étude plus précise de la structure de ces mots et de leurs significations est la **lexicologie** (voir le mot **Sémantique**).

Le second sens du mot « lexique » peut parfois être employé de façon restreinte, pour désigner le vocabulaire d'un groupe d'individus ou l'ensemble des mots utilisés par un auteur *(le lexique de Racine).*

LIBELLE. *n. m.* Petit écrit satirique attaquant plus ou moins violemment une personne ou une institution. Le libelle est souvent diffamatoire (voir **Diffamation**). On emploie plus couramment aujourd'hui le mot *pamphlet.* Voir **Diatribe, Factum.**

LIBELLÉ. *n. m.* Formulation précise d'un texte, d'un acte officiel. *Le libellé du jugement stipule que vous êtes condamné à payer les frais. À l'examen, il faut étudier attentivement le libellé du sujet pour en déjouer les pièges.*

LIBÉRALISME. *n. m.* Doctrine favorable à la plus grande liberté des individus. Mais cette notion comporte des sens différents selon les domaines ou les contextes dans lesquels on l'emploie.

1° **En général,** on appelle libéralisme l'attitude des personnes libérales, qui respectent les idées d'autrui, qui sont tolérantes à l'égard des diverses opinions et conduites.

2° **En politique,** le libéralisme est une doctrine qui préconise la liberté la plus grande du citoyen. Contre l'autoritarisme de l'État, il faut donner le plus de garanties possible aux individus. Le libéralisme s'oppose au totalitarisme, à l'arbitraire du pouvoir, à l'absolutisme. Il revendique la liberté de pensée, la liberté d'agir, la liberté de s'associer. Il suppose un régime fondé sur la pluralité des partis et une multiplicité de mouvements. Cela n'exclut pas des conflits entre les droits de l'individu et l'existence de pouvoirs organisés.

3° **En économie,** le libéralisme se fonde sur la liberté d'entreprendre. Tout individu a le droit de fonder une entreprise, d'acheter, de vendre, d'embaucher, de produire. La propriété privée des moyens de production, base du capitalisme, est aussi la règle du libéralisme. Dès lors, c'est la loi de l'offre et de la demande, le dynamisme de la libre concurrence, le jeu du marché qui sont le moteur de l'économie. L'État doit laisser faire : le dirigisme, l'étatisme, l'interventionnisme des pouvoirs publics sont proscrits comme menaçant de perturber l'équilibre naturel auquel est censé aboutir la libération des agents économiques et de leurs initiatives spontanées.

Cette doctrine, poussée à l'extrême, conduit à ce qu'on appelle « la loi de la jungle ». Les acteurs de la vie économique étant de puissance inégale (notamment au plan financier), le libéralisme radical aboutit à « la liberté pour le pot de fer d'écraser le pot de terre ». D'où, dans la plupart des pays industrialisés, le maintien d'un rôle important de l'État et des lois qui réglementent la vie économique, au nom, précisément, de la liberté du citoyen. Le « libéralisme » n'est donc pas synonyme de « liberté » : le succès, dans les années 1990, du mot *déréglementation*, n'a pas manqué d'alarmer plus d'un penseur politique. Voir **Capitalisme, Étatisme, Libre-Échange, Socialisme**.

LIBERTAIRE. *adj.* et *n.* Qui n'admet aucune limitation de la liberté de l'individu en matière politique et sociale. Le terme est en pratique synonyme d'« anarchiste ». Voir **Anarchie**.

LIBERTÉ. *n. f.* 1° **Liberté externe :** pouvoir d'agir, de n'être pas prisonnier ou entravé par des contraintes. Indépendance au sens large.

2° **Liberté politique ou civique :** ensemble des droits dont jouit un citoyen ; ce qu'il a légalement le droit de faire ; ce qui n'est pas interdit (liberté de pensée, liberté d'association, liberté de réunion, liberté d'entreprendre, bref tout ce qu'on appelle *les libertés* de l'individu).

3° **Liberté psychologique ou morale :** capacité d'agir consciemment, en échappant aux déterminismes par la connaissance et la volonté ; capacité de choisir entre diverses possibilités, d'exercer son **libre arbitre** (voir ce mot). Ce troisième sens du mot liberté pose de nombreux problèmes sur lesquels les hommes, penseurs professionnels ou non, n'ont cessé de philosopher : qu'est-ce qu'être vraiment libre ? Ne confond-on pas l'illusion d'être libre avec la liberté effective (en étant inconscients de certains déterminismes) ? La vraie liberté est-elle de suivre ses désirs, ses volontés spontanées, ou de leur résister au nom d'une morale supérieure, d'un idéal du moi ? La liberté est-elle une donnée de la condition humaine, ou un état que la conscience doit *conquérir* pour se choisir un sens, en luttant contre les déterminations naturelles ou socio-idéologiques qui conditionnent l'être humain ? *« La liberté n'est pas un droit, mais un devoir »* écrit précisément le philosophe Berdiaev (1874-1948). Cela donne à penser. Voir **Déterminisme**.

LIBERTIN. *adj.* et *n.* 1° Au **sens intellectuel** : se dit au XVIIe siècle des esprits libres ou « esprits forts » qui refusaient de se soumettre aux croyances et aux règles de la religion établie (l'Église catholique). Les libertins, forts de leur raison critique, étaient incrédules ou impies, ou du moins sceptiques à l'égard de l'institution religieuse et de ses dogmes. Cela ne signifiait nullement qu'ils menaient une vie dissolue (voir sens suivant).

2° Au **sens moral** : se dit de personnes qui mènent une vie déréglée, s'adonnant aux plaisirs sans respecter la morale. Débauché. À ce sens correspond le mot **libertinage** (liberté de mœurs). C'est le sens actuel du mot.

N.B. Il y a bien entendu un lien entre le rejet des croyances religieuses, d'une part, et le refus de la morale chrétienne, d'autre part. Mais il faut se garder de confondre les **libertins de pensée** (sens n° 1) et les **libertins de mœurs** (sens n° 2) : les autorités religieuses ont souvent voulu discréditer les arguments des premiers en les accusant de mener la vie des seconds.

LIBIDO. *n. f.* (en latin, « désir » ; mais la libido peut être le désir des plaisirs sensuels aussi bien que le désir de jouir du pouvoir).

1° **Selon Freud** (qui a introduit ce mot) : énergie psychique qui est à la base des pulsions de vie et, fondamentalement, à l'origine des pulsions sexuelles. La *libido* ne se manifeste pas systématiquement sous la forme d'une recherche érotique (comme tendrait à le faire croire le sens vulgarisé de ce terme) : l'énergie en question peut s'investir dans des objets divers, de façon indirecte, et parfois sublimée. Voir **Sublimation**.

2° **Selon Jung** : énergie psychique générale, qui n'est pas nécessairement à base sexuelle, qui peut investir toutes les dimensions de la vie.

N.B. On distinguera l'adjectif **libidineux** (qui recherche sans pudeur le plaisir sexuel) et l'adjectif **libidinal** (qui se rapporte à la libido et à ses investissements).

LIBRE ARBITRE. Faculté de se déterminer ou de choisir par sa seule volonté. La notion de libre arbitre (voir le mot **liberté** au sens n° 3) s'oppose aux philosophies déterministes ou fatalistes : pour celles-ci, l'idée d'une volonté libre, d'une totale liberté intérieure, ne serait qu'une illusion par laquelle la conscience se cacherait ses déterminations idéologiques ou psychiques.

Mais la notion de libre arbitre, *historiquement*, a surtout été opposée à la toute puissance de Dieu. Les calvinistes et les jansénistes qui tendaient à croire à la prédestination, s'appuyant sur le dogme du péché originel, disaient en substance : ou Dieu laisse l'homme corrompu livré à lui-même, et il ne peut que sombrer dans le mal (puisque sa nature est corrompue) ; ou bien Dieu sauve l'homme en lui envoyant sa grâce, et dans ce cas, c'est Dieu qui libère l'homme, et non celui-ci qui se libère lui-même. L'orthodoxie catholique s'oppose à ce dilemme : s'il est vrai que l'homme est porté au mal, il est non moins vrai qu'il a la liberté d'appeler la grâce de Dieu pour être sauvé. Il y a donc un libre arbitre pour les chrétiens, une faculté de choisir entre l'abandon au mal et la volonté du bien. Voir **Jansénisme**.

LIBRE-ÉCHANGE. *n. m.* Système économique dans lequel les barrières douanières entre les États sont supprimées, de façon à totalement libérer les échanges commerciaux. La doctrine du libre-échange étend les principes du libéralisme économique au niveau international (cf. la formule *« Laissez faire, laissez passer »* de certains économistes du XVIIIe siècle). Les libre-échangistes s'opposent absolument au **Protectionnisme** (c'est-à-dire au renforcement des frontières et des taxes douanières, pour protéger une économie de la concurrence étrangère).

LIBRE EXAMEN. Principe en vertu duquel chacun peut examiner librement, en faisant usage de son esprit critique, les diverses questions philosophiques ou religieuses sur lesquelles il veut se prononcer. Le libre examen s'oppose directement au **principe d'autorité** (voir **Autorité**), qui régnait à l'époque classique aussi bien en matière de religion qu'en matière « scientifique » (en médecine par exemple). Au XVIIIe siècle, siècle des Lumières, le principe de libre examen va triompher. L'individu se met à interpréter les textes religieux par lui-même, refusant d'admettre a priori ce qu'en disent les autorités religieuses. Plus largement, l'esprit d'examen n'accepte comme véritable que ce qu'admet la raison, ou ce que prouve l'expérience. Voir **Lumières**.

LIBRE PENSÉE. Attitude d'esprit qui consiste, en matière de religion, à ne se fier qu'à la raison et à refuser toute «vérité» dogmatique. Par extension, refus de toute croyance religieuse. Le libre-penseur est un «esprit fort», un «libertin» au sens n° 1.

LICENCE. *n. f.* Au **sens moral** *(ancien)* : liberté excessive qui aboutit à une conduite immorale. *La licence des mœurs* (libertinage, débauche). À ce sens correspond l'adjectif *licencieux* : qui est indécent, leste, libertin. *Un écrivain licencieux, des chansons licencieuses.* N.B. Ne pas confondre **Licencieux** et **Licencié** (titulaire d'une licence; ou bien, privé de son emploi, «rendu à la liberté»!).

LICITE. *adj.* Qui est permis, admis par la loi (civile), — sans nécessairement être très moral. *Prêter à 15 % me semble abusif; c'est pourtant licite.* Voir **illicite**.

LIESSE. *n. f.* Joie débordante, le plus souvent collective. *Une foule en liesse.*

LIEU COMMUN. Idée toute faite; propos banal qu'on répète faute de réflexion ou d'imagination. C'est par exemple un *lieu commun* que de dire : *Après la pluie, le beau temps.* On dit encore **Cliché, Poncif, Stéréotype, Truisme**.
N.B. Dans la rhétorique ancienne, les lieux communs n'avaient pas ce sens péjoratif : ils représentaient les idées de base, les arguments fondamentaux dont on pouvait se servir pour nourrir un discours et rallier le **sens commun** (ce sur quoi tout le monde est d'accord). L'emploi du lieu commun répond sans doute à un besoin d'établir une communication facile, immédiate, avec autrui (c'est la **fonction phatique** du langage). Voir **Doxa**.

LIMOGER. *v. tr.* (de Limoges, où avaient été relégués une centaine d'officiers incompétents, en 1914). Priver un officier de son commandement. Par extension : destituer un personnage haut placé, lui ôter (plus ou moins brutalement) son pouvoir et ses responsabilités, le révoquer. *À peine formé, le nouveau gouvernement s'empressa de limoger les principaux hauts fonctionnaires du régime antérieur. On assista à un limogeage sans précédent.*

LINGUISTIQUE. *n. f.* Étude scientifique de la langue, fondée par Ferdinand de Saussure (1857-1913). La linguistique ne se contente pas de décrire les évolutions ou les transformations des langues, elle tente d'étudier le langage comme un système et de dégager les lois de son fonctionnement. La linguistique ne se propose pas non plus, comme la grammaire traditionnelle, d'édifier les règles du bon usage de la langue : elle n'est pas normative, elle explique ce qui est et non ce qui devrait être. Les différents domaines que recouvre la linguistique sont la phonétique, la morphologie, la sémantique et la syntaxe. Les études linguistiques, les schémas et les modèles élaborés par cette approche nouvelle de la langue, ont profondément influencé d'autres sciences humaines comme la psychanalyse ou l'anthropologie, dans le cadre de ce qu'on a appelé le **structuralisme**.

LITANIE. *n. f.* (*sens propre*, au pluriel) Prière formée d'une succession d'invocations brèves auxquelles les fidèles répondent par une formule rituelle (récitée ou chantée). Les **litanies des saints** consistent à énumérer les noms des saints, les fidèles répondant à chaque fois « *Priez pour nous !* »

(*sens figuré*, pluriel ou singulier) Longue énumération monotone de plaintes ou de demandes. *Une litanie de réclamations. Une litanie de reproches.*

LITHO-. Racine d'origine grecque qui signifie « pierre ». **Lithographie** (reproduction obtenue par gravure sur pierre), **Aérolithe** (« pierre surgie de l'air » : météorite), **Mégalithe** (monument préhistorique constitué d'énormes pierres : dolmen, menhir), **Paléolithique** (âge de pierre le plus ancien), **Néolithique** (« le nouvel âge de pierre » : la période la plus récente ou âge de la pierre polie). Noter l'adjectif **monolithique** qui, au sens *figuré*, désigne ce qui est sans nuance, *d'un seul bloc*, rigide. *Un parti monolithique.*

LITIGE. *n. m.* Contestation précise donnant lieu à un procès, à une procédure d'arbitrage. *Quels sont les points en litige ?* Par extension, toute espèce de désaccord, de contestation (dispute, querelle, controverse). *Une question litigieuse a opposé deux philosophes.*

LITOTE. *n. f.* Figure de style qui consiste à dire le moins pour, en réalité, faire entendre le plus. On semble atténuer l'expression de sa pensée, mais par cette retenue même, on la fait ressortir. Le plus souvent, la litote procède par la négation du contraire : au lieu de dire « je suis au plus mal », le malade dira « ce n'est pas la grande forme ». L'exemple le plus classique est celui de Chimène déclarant à Rodrigue *« Va, je ne te hais point »* pour lui signifier « je t'aime ardemment » (Corneille, *Le Cid*). La litote est très répandue, y compris dans le vocabulaire courant, où l'on dit « pas génial » pour « franchement nul », « pas mauvais » pour « très bon », etc. La litote est à l'opposé de l'**hyperbole** qui, elle, *exagère* l'expression de la pensée pour le plaisir d'exagérer.

N.B. Il faut également distinguer la litote de l'**euphémisme** qui, lui, atténue l'expression pour *adoucir* ce qui est exprimé (voir ce mot). La litote n'atténue l'énoncé que pour renforcer l'idée.

LITTÉRAIRE. *adj.* 1° Qui concerne la littérature ; qui est caractéristique de la littérature en général. *Une œuvre littéraire* (et non pas scientifique ou technique). *L'histoire littéraire, la critique littéraire* (qui ont pour objet la littérature en tant que telle). *Des études littéraires.*

2° Ce qui, dans la littérature, est spécifiquement de la « littérature » (on parle parfois de « littérarité ») : ce caractère formel, ce travail sur les mots et sur les procédés du langage, cette mobilisation de thèmes ou de procédés indissociables de l'écriture qui les exalte, qui font dire plus ou moins intuitivement au lecteur « c'est de la littérature ». Dans ce sens, l'adjectif **littéraire** peut aussi bien être employé laudativement (c'est vraiment de la littérature, c'est un texte qui en illustre l'essence) que péjorativement (ce n'est que de la littérature, des mots sans rapport avec la vie, de l'artifice verbal).

N.B. Noter l'emploi substantivé du mot : **un, une littéraire**, une personne qui a du goût et des aptitudes pour les lettres. D'autre part, ne pas confondre avec l'adjectif **littéral** (à la lettre ; au sens propre).

LITURGIE. *n. f.* Ensemble des cérémonies, des rites, des prières qui règlent la pratique du culte, dans une religion donnée. La liturgie a toujours une certaine solennité : elle est ordonnée pour conférer aux actes, aux gestes et aux paroles un caractère sacré. Le mot liturgie peut s'employer dans un sens global *(la liturgie catholique)* ou dans un sens particulier (tel aspect de telle cérémonie : la liturgie de la parole, à la messe).

Par extension, le mot liturgie peut s'appliquer à tout événement ou à tout acte de la vie sociale que l'on célèbre avec une certaine solennité : commémoration d'un anniversaire, remise d'un trophée à la suite d'une compétition, investiture d'un responsable. Le mot liturgie devient synonyme de *cérémonial*, quelle que soit la réalité, religieuse ou profane, que l'on fête ou sacralise.

LIVIDE. *adj.* 1° *(emploi littéraire)* Qui est plombé, bleuâtre. *« Ciel livide où germe l'ouragan »* (Baudelaire).

2° *(sens courant)* Qui est extrêmement pâle, blême, décomposé (en parlant du visage). *Un teint livide, exsangue.*

N.B. Remarquons l'ambiguïté de ce mot qui peut signifier, selon les contextes, le sombre ou le pâle, le plombé ou le décoloré. Voir **Indigo**.

LIVRET. *n. m.* 1° Carnet, petite brochure où sont enregistrés des renseignements ou des indications de nature officielle. *Livret de famille. Livret militaire. Livret scolaire.*

2° **En musique,** texte qui sert de support à un opéra. Le livret comporte les paroles dites ou chantées par les personnages, au fil des actes et des scènes. Le livret peut être écrit par le compositeur lui-même (Wagner) ou par un spécialiste du genre qu'on nomme *librettiste* (ce fut le cas de Da Ponte, librettiste de Mozart, qui fit le texte de *Don Giovanni* et des *Noces de Figaro*). Les livrets sont souvent des adaptations d'œuvres théâtrales antérieures, dont il faut alléger le texte pour l'accorder à sa fonction de support musical.

LOCUTEUR. *n.* (du latin *locutor*, « celui qui parle »). En **linguistique,** sujet qui emploie le langage, produit un énoncé, par opposition à l'auditeur (l'interlocuteur, le récepteur) qui reçoit et décode cet énoncé. On dit aussi plus généralement **Destinateur** (celui qui émet le message, qu'on nommera selon les cas **Émetteur, Énonciateur, Narrateur, Scripteur**). Voir le mot **Communication**.

-LOGIE, -LOGIQUE. Voir Logo-.

LOGIQUE. *n. f.* 1° **Au sens philosophique :** science du raisonnement et de sa validité. Traditionnellement, la philosophie comportait une partie appelée « Logique », qui tentait d'analyser et de classer les divers modes de raisonnement (le **syllogisme** par exemple). On appelle aujourd'hui *logique formelle* l'étude générale des concepts, des raisonnements, des processus cognitifs qui permettent d'établir des connaissances, de développer des propositions avec rigueur, indépendamment même des contenus sur lesquels portent ces opérations intellectuelles. Voir **Déduction, Épistémologie, Induction, Syllogisme.**

2° **Au sens général :** manière de raisonner cohérente, rigoureuse, juste. Suite ordonnée et pertinente de pensées, de propos, ou même de comportements. *Sa façon de voir ne manque pas de logique. La logique de son discours est saisissante. Une suite d'actes incohérents, dépourvus de toute logique.* Par extension, on pourra parler de logique à propos d'un type de cohérence qui n'est pas évidente, qui échappe à des critères rationnels. *La logique des passions. Les peuples primitifs, dans le cadre de la pensée magique, ont leur forme de logique.*

3° **Au sens figuré** (appliqué aux choses, aux événements) : suite apparemment «logique», cohérente, de faits qui ont des relations entre eux. *La logique de la situation veut que, la logique économique veut que.* Cet emploi du mot logique attribue aux choses ou aux phénomènes une sorte de visée rationnelle, ordonnée. *La logique du vivant.* Notons que, dans ce sens, le mot logique peut s'appliquer à des séries de phénomènes tout à fait déraisonnables. *La logique du nazisme fut non seulement meurtrière, mais suicidaire.*

LOGISTIQUE. *n. f.* Ensemble des moyens et des méthodes qui permettent d'organiser le déplacement, le logement et l'approvisionnement d'une armée qui combat. Art de combiner ces moyens pour soutenir efficacement les opérations militaires. *La logistique fut un élément essentiel des victoires napoléoniennes.* Par analogie, le mot logistique s'emploie dans le domaine industriel et commercial. *La conquête d'un marché ne s'improvise pas : l'entreprise doit mettre en œuvre une logistique adaptée à sa stratégie. Que les commandes soient livrées au lieu et au moment prévus, c'est l'objectif n° 1 de notre logistique.*

N.B. Le mot logistique s'emploie aussi comme adjectif : *le soutien logistique.*

LOGO-, -LOGIE, -LOGIQUE, -LOGUE. Racines issues du grec *logos*, qui désigne à la fois la connaissance *(la raison, l'étude, la science)* et son expression *(le mot, la parole, le discours).* Ces deux séries de sens se retrouvent dans de nombreux mots. Du côté de la science, on a par exemple **Anthropologie, Anthropologue, Ethnologie, Ethnologue,**

Géologie, Géologue, Psychologie, Psychologue, Sociologie, Technologie, etc. (voir aussi les adjectifs en -*logique*). Du côté du discours, les mots ne sont guère moins nombreux, avec par exemple **Logomachie, Logorrhée, Anthologie, Monologue, Dialogue, Prologue, Néologisme, Syllogisme, Nécrologie, Philologie, Trilogie**, et leurs composés. Voir **Logos**. Certaines professions sont désignées par le suffixe -*logiste* : **Biologiste, Radiologiste**.

LOGOMACHIE. *n. f.* (du grec *logos*, « parole » et *makhê*, « combat » : littéralement, « combat de mots »). Au **sens actuel**, assemblage de mots creux dans un discours souvent vide de sens. Verbalisme, usage d'une langue stéréotypée (qu'on appelle aussi « langue de bois »). *La logomachie des politiciens qui n'ont rien à dire.*

LOGORRHÉE. *n. f.* Flot de paroles, besoin pathologique de parler pour parler ; diarrhée verbale.

LOGOS. *n. m.* (du grec *logos*, « raison, parole, discours »).
  1° **Dans la philosophie grecque,** incarnation de la raison suprême, censée gouverner le monde. Le **Logos** a un caractère si universel dans sa présence au monde que les Grecs lui prêtent une sorte de divinité. Il est le principe de l'harmonie (rationnelle) du **Cosmos**.
  2° **Dans la philosophie chrétienne,** le **Logos** est le « Verbe de Dieu », c'est-à-dire la Parole créatrice par laquelle Dieu engendre le monde. Mais ce verbe éternel, à la fois esprit et action, est lui-même une Personne, le Fils de Dieu. Cette personne divine s'incarne en Jésus-Christ pour sauver les Hommes, d'où la formule essentielle de l'Évangile : *« Le Verbe s'est fait chair »* (voir le mot **Incarnation**).

LOI. *n. f.* Principe, règle qui s'impose nécessairement. Mais cette définition générale prend des sens différents selon l'origine de cette règle. On peut distinguer grosso modo la *loi civile* (ou positive), la *loi morale* (parfois dite divine) et la *loi naturelle* (scientifique).
  1° **Loi civile :** règle impérative, promulguée par l'autorité compétente d'une société donnée, dont le respect s'impose à tous les citoyens. *Nul n'est censé ignorer la loi.* L'ensemble des lois constitue le Code. À ce sens du mot loi correspond l'adjectif **légal** : la loi nous dicte nos *obligations légales*. Signalons à ce sujet le proverbe latin *Dura lex, sed lex* : « la loi est dure mais c'est la loi. » Cette maxime a

d'ailleurs un sens qui dépasse le cadre juridique et s'étend au second sens (— moral —) du mot loi.

2° **Loi morale :** règle impérative qui s'impose à la conscience humaine et lui dicte ses devoirs. La loi morale, par exemple, interdit l'homicide (« Tu ne tueras point »), le vol, la violence, et recommande l'amour d'autrui, le respect des droits de l'homme, etc. La question centrale de la loi morale est celle de son **fondement**. Selon les doctrines, il peut s'agir de la loi divine (les commandements directement donnés par Dieu aux hommes) ; il peut s'agir de la Nature : soit une nature extérieure à l'être humain et imposant à tous les êtres des conduites favorables à la vie, à l'harmonie, soit la nature même de l'être humain, porteuse d'impératifs naturels (l'*impératif catégorique* de Kant, par exemple ; la *« conscience, instinct divin »* de Rousseau) ; il peut s'agir encore d'une philosophie humaniste par laquelle l'homme édifie sa propre loi morale : la déclaration universelle des **droits** de l'homme, par exemple, se trouve être en même temps une déclaration universelle des **devoirs** de l'homme. La *loi morale* peut se trouver en conflit avec la *loi civile*, lorsque l'une interdit ce que l'autre impose : c'est ainsi que les objecteurs de conscience, par exemple, refusent l'obligation légale du service militaire en vertu de l'impératif fondamental « Tu ne tueras point ». À ce sens moral du mot loi correspond le plus souvent l'adjectif **légitime**.

3° **Loi naturelle ou scientifique :** proposition qui énonce l'existence de rapports nécessaires et constants entre des phénomènes naturels, qu'ils soient matériels, socio-économiques ou psychologiques. Dans ce sens la loi n'est plus une prescription, mais une constatation. La loi ne dit pas ce qu'il faut faire, mais elle décrit, observe, mesure ce qui est. Notons toutefois que la loi, au sens scientifique, n'est pas sans rapport avec les sens précédents du mot, dans la mesure où elle énonce des réalités auxquelles on aurait tort de prétendre échapper. Si l'on veut faire voler un avion, il faut respecter les lois de la pesanteur ; si l'on veut agir sur une société, il faut comprendre et tenir compte des lois de la sociologie, etc. C'est dans cette perspective que Montesquieu étudie ce qu'il appelle *« l'esprit des Lois »* : il désire *comprendre* les lois du fonctionnement des régimes politiques, assimilées aux lois du monde physique (sens n° 3), pour mieux élaborer et *ordonner* entre elles les lois civiles susceptibles de régir la vie sociale (sens n° 1).

LOISIBLE. *adj.* Qui est permis. Ne s'emploie que dans l'expression *Il est loisible de :* il est possible de. *Il m'est loisible de partir en retraite dès cinquante-huit ans.*

N.B. Ce mot est à rapprocher du mot *loisir* (le temps où l'on fait ce qu'on veut), qui a la même origine (le verbe latin *licere*, « être permis, être licite »).

LOQUACE. *adj.* Qui parle beaucoup, ou volontiers. *Il a des ennuis, il n'est pas très loquace ce matin.* Ce terme n'a pas, en général, le sens péjoratif que peuvent avoir les mots *bavard, volubile* ou *verbeux*. Antonyme : *taciturne*.

LOUER. *v. tr.* (du latin *laudare*, « approuver ; faire l'éloge de »). Faire l'éloge de ; vanter, flatter, glorifier, encenser.
Se louer : se féliciter. *Je ne puis que me louer d'avoir mis mes enfants dans ce lycée. De louables efforts.*

N.B. Ne pas confondre avec l'homonyme, qui suit.

LOUER. *v. tr.* (du latin *locare*, « placer ; donner à loyer ») 1° Donner à loyer, en location, à quelqu'un. 2° Prendre en location, être le locataire.

N.B. Ce verbe est un bon exemple de ce qu'on appelle l'*amphibologie* (double sens d'une expression). *J'ai loué un appartement*, par exemple, peut signifier aussi bien *j'ai pris en location* que *j'ai cédé en location*. Seul le contexte permet de préciser si l'on est le **locataire** ou le **loueur** du bien en question.

LOUVOYER. *v. intr. (sens propre)* Naviguer en zigzag, en se présentant au vent tantôt à gauche tantôt à droite.
(sens figuré) Ruser, aller au but de façon sinueuse. Biaiser, tergiverser. *Il diffère les décisions à prendre, il louvoie adroitement entre les diverses positions des membres du conseil d'administration.*

LUBRIQUE. *adj.* Qui a un vif penchant pour les plaisirs charnels, qui aime le stupre (la débauche honteuse) et la luxure. *Un œil lubrique.* Cet adjectif peut être employé ironiquement. Il a surtout connu son heure de gloire dans la bouche de certains dirigeants communistes traitant leurs opposants (les capitalistes) de *vipères lubriques*. Substantif : **lubricité**.

LUCRATIF. *adj.* Qui rapporte de l'argent. Qui est fructueux en termes financiers. *Une activité lucrative. Une société à but non lucratif.*

N.B. Le substantif **lucre** s'emploie surtout dans l'expression **l'esprit de lucre** (avidité pour les profits plus ou moins honnêtes).

LUDIQUE. *adj.* (de *ludus*, «jeu») Qui se rapporte au jeu. *Des activités ludiques.* Cet adjectif s'emploie souvent pour évoquer, non pas les jeux au sens superficiel du terme, mais la *dimension de jeu* en ce qu'elle est fondamentale du comportement humain. Ainsi, on peut parler du *caractère ludique* aussi bien de la spéculation en Bourse que de la création poétique.

LUMIÈRE NATURELLE. Expression qui désigne, chez les philosophes croyants, la raison humaine. La lumière *naturelle* éclaire l'esprit humain ; mais elle ne suffit pas : seule la lumière *révélée* (la révélation chrétienne) permet de connaître, selon les théologiens, le vrai Dieu.

LUMIÈRES (philosophie des). Les **Lumières** (*Aufklärung* en allemand) désignent un mouvement intellectuel européen qui a dominé le XVIIIe siècle, se développant sous l'impulsion des «philosophes» aussi bien en France qu'en Allemagne ou en Angleterre. On parle couramment de «siècle des Lumières». Ses principaux représentants ont été en France Montesquieu, Voltaire, Diderot, les Encyclopédistes et, à sa façon, Rousseau (il ne partageait pas toutes les idées du mouvement).

Les «Lumières» sont à la fois les facultés de l'esprit humain (raison, intelligence) et les idées, les savoirs qui «éclairent» l'humanité (lui permettant de sortir de l'obscurantisme des siècles précédents). La *philosophie des Lumières* se caractérise par :

• **La suprématie de la raison.** *«La raison est à l'égard du philosophe,* dit Diderot, *ce que la grâce est à l'égard du chrétien».* Cette raison n'est pas la simple raison «raisonnable» des moralistes classiques. Elle est la raison *critique*, la raison *scientifique, rationnelle*, qui s'appuie sur les faits pour en tirer des lois objectives.

• **La foi dans le progrès.** Les progrès scientifiques (fruits de la raison et de l'expérimentation) convainquent le philosophe que le progrès peut s'étendre à toutes les dimensions de la vie humaine : artistique, culturelle, morale, sociale et politique. Cette foi dans le progrès, qui est une foi dans l'avenir, s'accompagne d'une critique systématique de l'**autorité** et de la **tradition**. Chacun est libre d'appliquer sa raison critique aux « vérités » établies par l'autorité des Anciens : le principe de **libre examen** joue en particulier dans le domaine religieux, où il s'oppose au dogmatisme, au fanatisme, et en particulier, au pouvoir de l'Église. La critique de la tradition, de l'ordre politique légué par la tradition, est consubstantielle de la notion de progrès. L'idée que l'on peut progresser aussi dans le domaine des institutions politiques prépare et légitime les aspirations révolutionnaires.

• **Un nouvel humanisme.** L'homme n'est plus seulement une nature individuelle. L'épanouissement humain n'est plus une affaire de salut personnel. Pour le philosophe du XVIIIe siècle, l'homme, ce sont les hommes. C'est-à-dire d'une part la société à laquelle il participe, qu'il cherche à aimer et à servir pour en faire un lieu de justice, de tolérance, et de fraternité : *« La société civile est pour ainsi dire une divinité pour lui sur la terre »* (Diderot) ; mais aussi le monde planétaire auquel il appartient : le philosophe se sait membre de l'Humanité en marche. Il adhère le plus souvent au **cosmopolitisme**. Il connaît la relativité des mœurs et des lois sur la terre, et donc est convaincu que les mœurs et les lois peuvent être partout améliorées. Les valeurs humaines fondamentales (celles des Droits de l'Homme), dégagées de l'héritage chrétien, fondent un humanisme nouveau, laïque, centré sur les réalités terrestres, visant la libération de l'Humanité et la construction de l'Homme.

N.B. Ces remarques générales sur la philosophie des Lumières sont à nuancer dès que l'on s'intéresse à un philosophe en particulier. Les différences sont en effet importantes de l'un à l'autre. Rousseau par exemple, qui ne croyait guère au progrès de la civilisation, a sans doute les positions les plus radicales dans le domaine politique. Les attitudes sont de même très diverses sur le plan religieux : alors que Montesquieu demeure chrétien, Voltaire et Rousseau adhèrent au déisme, tandis que Diderot milite pour l'athéisme.

LUTH. *n. m.* Instrument de musique à cordes pincées, très répandu en Europe aux XVIe et XVIIe siècles, qui servait notamment à accompagner le chant ou la poésie. Aussi symbolise-t-il la poésie lyrique : *« Poète, prends ton luth »* (Musset).

LUTHÉRIEN. *adj.* Qui se rapporte à Luther, moine réformateur religieux (1483-1546). Qui est relatif à la doctrine de Luther (le **luthéranisme**, fondement du protestantisme). Qui concerne les Églises luthériennes (inspirées de la doctrine de Luther). Voir **Protestantisme**.

LUTTE DES CLASSES. Voir **Classes** (sens n° 2) et **Marxisme**.

LUTTE POUR LA VIE. (d'après l'anglais *Struggle for life*). Combat que mène chaque individu pour assurer sa survie. Ce concept a un sens particulier dans la théorie de Darwin (évolutionnisme) : dans la concurrence générale des espèces qui luttent, chacune, pour sa survie, ce sont les plus aptes qui parviennent à s'adapter au milieu et à assurer leur survivance. D'où une **sélection naturelle** des espèces les mieux armées au détriment des autres ; ou encore, dans une espèce donnée, de la sous-catégorie qui bénéficie des qualités les mieux adaptées. L'adaptation au milieu exige le développement de certains caractères de l'espèce, qui deviennent primordiaux et qui, transmis génétiquement, entraînent de proche en proche l'évolution ou la mutation (sur de très longues périodes) des espèces.

N.B. L'expression « lutte pour la vie » est parfois détournée de son sens biologique originel, pour justifier des conduites violentes de défense ou d'affirmation de soi (ou du groupe social auquel on appartient). Elle ne se différencie plus alors de l'expression figurée « loi de la jungle » (loi du plus fort). C'est une grossière erreur de vouloir transposer la théorie de Darwin aux réalités de la vie humaine. Voir **Darwinisme, Évolutionnisme**.

LUXURE. *n. f.* Recherche immodérée des plaisirs sensuels. Pratique du « péché de la chair ». Concupiscence. Débauche. *La tentation de la luxure.*

N.B. Ne pas confondre l'adjectif **Luxurieux** (qui pratique la luxure ou recherche la luxure) et l'adjectif **Luxuriant** (qui pousse, qui se développe avec abondance).

LYRISME. *n. m.* **1° Sens littéraire.** Expression intense de sentiments personnels, dans un style imagé et rythmé propre à rendre l'émotion communicative.

• À l'origine, dans l'Antiquité, la lyre était un instrument de musique destiné à accompagner la poésie chantée (les odes en particulier). Et ce qu'on *chantait*, naturellement, c'étaient les sentiments, les grandes émotions des hommes, personnelles ou collectives. Cette forme d'expression demeure présente dans le domaine musical : ce qu'on appelle **l'art lyrique** concerne précisément l'ensemble des textes, des poèmes ou des drames mis en musique et destinés à être chantés (opéra, oratorio, opérette, cantate, lied, etc.).

• Aujourd'hui, en littérature, et plus précisément en poésie, le lyrisme se caractérise le plus souvent par deux traits complémentaires :
— **un mode d'expression personnel** dans lequel l'émotion demeure toujours plus ou moins chantée, c'est-à-dire traduite par les moyens d'une expressivité orale, sonore, vocale (même si le texte est écrit) ;
— **la présence de thèmes dits «lyriques»**, c'est-à-dire dont la nature suscite de profonds retentissements chez tout individu : l'amour, l'enfance, la mort, la souffrance, la joie, le pays natal, la Nature, les maux collectifs (la guerre, l'injustice) ou les valeurs sublimes (l'idéal, la liberté, Dieu), avec les divers états d'âme qui leur sont liés (exaltation, plainte, invocation, nostalgie).

• Le lyrisme est fréquent dans les textes poétiques où triomphe l'exaltation du «moi», dans la littérature romantique en particulier. Il ne faudrait pas pour autant en conclure que le lyrisme est fatalement égocentrique : au cœur de tout lyrisme, il y a un désir intense de *faire partager* l'émotion au-delà des phrases. Et l'homme bouleversé, qui cherche l'écho de l'autre, exprime souvent, en raison de la profondeur de son émotion, les sentiments communs à tous. *« Ah ! Insensé qui crois que je ne suis pas toi ! »* s'exclame ainsi Hugo dans la préface des *Contemplations*.

2° **Sens courant.** Par extension du sens littéraire, le lyrisme désigne souvent une manière d'être intense, passionnée, inspirée (dans le sens de l'exaltation ou de la complainte). *Le lyrisme d'un film, d'une musique. Le lyrisme d'un jeune militant idéaliste. Une vie ardente, lyrique, emportée.*

-LYSE. Racine issue du grec *lusis*, «action de délier, de dissoudre». Elle se retrouve notamment dans les mots **Analyse, Électrolyse, Catalyse, Psychanalyse**, et leurs composés.

MACABRE. *adj.* Qui se rapporte aux cadavres, aux squelettes, aux images de la mort. *Un lieu macabre. Une cérémonie macabre. Des visions macabres.* En particulier, au Moyen Age, *danse macabre* : représentation allégorique dans laquelle la Mort, entourée de cadavres décharnés, entraîne dans une ronde funèbre des personnages de toutes conditions sociales et de tous âges. La *Danse macabre* est aussi une œuvre symphonique connue du compositeur français Saint-Saëns (1835-1921).

MACHIAVÉLISME. *n. m.* 1° Doctrine de Machiavel (1469-1527), homme politique et philosophe italien, auteur de l'essai célèbre intitulé *Le Prince*. Dans cet ouvrage, l'auteur développe l'idée que l'homme d'État doit conserver le pouvoir en employant « la ruse du renard » et « la force du lion ». Ce réalisme politique est en principe tourné vers le bien de la société. Mais, pour séduire le peuple, pour maintenir l'ordre, le Prince peut être conduit à employer des procédés considérés comme immoraux. Il illustre ainsi le proverbe *La fin justifie les moyens*. Pour Machiavel, on ne fait pas de bonne politique avec de bons sentiments : l'homme d'État doit être capable de « ne pas être bon » quand une nécessité supérieure l'y oblige, ce qui ne veut pas dire évidemment qu'il doive systématiquement enfreindre la morale ; celle-ci peut aussi être politiquement utile. Cette doctrine est aux antipodes de l'idéal social et politique des humanistes contemporains de Machiavel, comme Érasme ou Thomas More.

2° Caractère d'une conduite cynique, tortueuse, froidement calculatrice. *Le machiavélisme de Talleyrand.* Attitude perfide, sans scrupule, de quelqu'un qui cherche à parvenir à ses fins par tous les moyens. *Un individu machiavélique*

sait toujours trahir au bon moment. Une ruse machiavélique.
   N.B. La doctrine de Machiavel est plus riche et plus nuancée que le laisse croire le second sens du mot, caricature du premier. Notons que l'adjectif qu'on emploie à propos de la *doctrine* de Machiavel est le mot *machiavélien*, tandis que l'adjectif correspondant au sens courant (toujours péjoratif) du machiavélisme est *machiavélique*.

MACHISME. *n. m.* Idéologie selon laquelle le mâle, l'homme, doit socialement dominer la femme. Comportement correspondant, qui consiste à mépriser les femmes et à vouloir être servi par elles, à jouer au « macho » (au mâle). Synonyme : *phallocratie*.

MACRO-. Racine issue du grec *makros*, « grand, long ». On la trouve dans un certain nombre de mots comme **Macrocéphale** (qui a une grosse tête), **Macroéconomie** (étude des phénomènes économiques globaux), **Macromolécule** (longue molécule formée de multiples éléments moléculaires). Cette racine prend toute sa valeur de son opposition à la racine **Micro-** (« petit »), beaucoup plus répandue. On a ainsi les couples **Macrocosme** (l'univers entier, par opposition à l'être humain, considéré comme un monde en raccourci, un microcosme) et **Microcosme** (voir ce mot). De même s'opposent les mots **Macroscopique** (ce qu'on peut voir à l'œil nu) et **Microscopique** (invisible à l'œil).

MADRIGAL. *n. m.* **En littérature,** petit poème galant exprimant de tendres sentiments de façon ingénieuse. *Les madrigaux de Pétrarque, les madrigaux de Voiture.* Par extension, compliment galant. Le mot peut être employé péjorativement pour qualifier un style trop affecté.
   En musique, composition vocale raffinée dont le langage musical cherche à rendre les moindres inflexions des poèmes chantés. *Les madrigaux de Palestrina, de Monteverdi.*

MAESTRIA. *n. f.* (mot italien signifiant « maîtrise », de *maestro*). Grande maîtrise, perfection dans l'exécution d'une œuvre d'art, qu'il s'agisse d'architecture ou de peinture, de musique ou de littérature. *Avec quelle maestria Victor Hugo manie le verbe ! Le champion d'escrime a triomphé de ses rivaux avec maestria.* Synonyme : *brio*.
   N.B. « Maestro » — maître — ne s'emploie que pour un musicien.

MAGIQUE. *adj.* 1° Qui a trait à la magie, c'est-à-dire aux diverses pratiques occultes destinées à produire des effets inexplicables, qu'ils soient bénéfiques ou maléfiques. *Des formules magiques.*

2° Qui est irrationnel, qui échappe aux processus de la logique, ou les ignore. La **pensée magique** en particulier, selon certains ethnologues, caractériserait la *mentalité « prélogique »* de certaines peuplades primitives. Les traits de la pensée magique se retrouvent dans l'imaginaire enfantin, dans certaines formes poétiques et aussi dans le langage de l'Inconscient (au cours des rêves notamment). Voir **Anthropomorphisme**.

3° Qui est merveilleux, extraordinaire. Qui transporte le spectateur. *Les effets magiques de l'art cinématographique. Baudelaire rêve de pratiquer une sorte de « sorcellerie évocatoire » : il croit au pouvoir magique du langage.*

MAGISTRAL. *adj.* (du latin *magister*, « maître ») 1° **Sens didactique :** qui est fait par un maître, qui tient du maître. *Un cours magistral. Un ton magistral, imposant, doctoral.* Voir **Ex cathedra**.

2° **Sens figuré** (courant) : qui porte la marque de la maîtrise, de l'excellence. *Une démonstration magistrale.* Qui est exécuté de main de maître, de façon souveraine. *Une œuvre magistrale ; une interprétation magistrale.*

MAGISTRAT. *n. m.* (*sens restreint, courant*) Membre de l'appareil judiciaire, ayant pour fonction de rendre la justice et chargé officiellement de faire appliquer la loi : juge, membre de telle ou telle juridiction, avocat général (procureur de la République), etc.

(*sens général, classique*) Toute personne investie légalement d'une part de l'autorité publique, que celle-ci soit juridictionnelle (cas précédent), administrative ou politique. Dans de nombreux textes du XVIIe et du XVIIIe siècle, par exemple, le mot « magistrat » désigne directement les gouvernants, les responsables du pouvoir politique. De nos jours, le Préfet, le Maire sont officiellement des magistrats ; le Président de la République exerce la « magistrature suprême ».

MAGNANIME. *adj.* (du latin *magnus*, « grand » et *animus*, « esprit »).

(*sens ancien*) Qui manifeste de la grandeur d'âme, de la

noblesse dans ses pensées et ses sentiments. *Un prince magnanime.*
(sens courant) Qui est généreux, clément ; qui pardonne les injures, se montre bienveillant. *Un vainqueur se grandit encore en se montrant magnanime à l'égard de ses ennemis.*

MAGNIFIER. *v. tr.* Glorifier, célébrer la grandeur d'un héros, d'un exploit. Grandir, idéaliser quelqu'un ou quelque chose. *Un amour magnifié par le chant du poète.* Ne pas confondre avec **majorer**, qui signifie augmenter ou élever au niveau purement *quantitatif* (on majore un prix, une facture). **Magnificence** garde un sens concret (richesse, luxe éclatant), à distinguer de **munificence** (générosité somptueuse).

MAÏEUTIQUE. *n. f.* (du grec *maieutiké*, « art de faire accoucher »). Méthode employée par Socrate pour conduire ses disciples, par une série de questions habiles (voir le mot **Ironie**), à « accoucher » eux-mêmes les vérités enfouies (à leur insu) dans leur esprit. À l'image de sa mère, qui était sage-femme, Socrate se flattait d'être ainsi un « accoucheur » de pensées. À partir de cet exemple, on nomme « maïeutique » la méthode pédagogique qui consiste à faire penser l'étudiant par lui-même au lieu de lui imposer des idées toutes préparées.

MAL DU SIÈCLE. Ensemble d'états d'âme où se mêlent l'inquiétude, l'exaltation et la mélancolie, caractéristiques de la jeunesse romantique, dans les toutes premières décennies du XIXe siècle.
Les bouleversements européens liés à la fin de l'Ancien régime en France, le passage d'un siècle à l'autre, l'épopée napoléonienne avec ses enthousiasmes, ses soubresauts et son échec final, laissent la société française dans un état d'incertitude et de crise. Il s'ensuit un réel désarroi au sein de la jeunesse, qu'expriment les poètes et les écrivains. Ce mal leur semble précisément lié à la période, au « siècle » dans lequel le destin les a fait naître. Le « mal du siècle » se caractérise en particulier par :
— Une sensibilité extrême, quasi maladive, avide de grandes passions, avec le sentiment que le monde est désenchanté et ne peut satisfaire les espérances qui agitent le cœur des poètes *(« on habite avec un cœur plein un monde vide »,* écrit Chateaubriand en analysant le « vague des passions »).
— Une profonde inquiétude métaphysique portant à la fois

sur le sens du monde et le sens de l'existence personnelle; l'incapacité à décider de sa vie; la conscience très vive de l'incomplétude de la destinée humaine.

— La mélancolie et le culte des états d'âme mélancoliques, la complaisance dans des rêveries parfois suicidaires, le désir d'épancher sa douleur au sein de la nature. Le culte du «moi», chez l'écrivain romantique, va de pair avec cette complaisance à cultiver en lui-même son propre «mal du siècle», à le contempler avec narcissisme.

Le «mal du siècle», bien qu'il soit lié à une période historique déterminée, a très vite pris un sens général. On a parlé par exemple d'un «nouveau mal du siècle» à propos de Baudelaire et des poètes qui, à son exemple, ont exprimé leur désespoir (le «spleen»). L'expression «mal du siècle» finit par désigner l'inquiétude propre à n'importe quelle jeunesse vivant dans une société en crise.

MALÉDICTION. *n. f.* 1° Action de maudire; originellement, paroles par lesquelles on appelle la colère de Dieu pour qu'il frappe de malheur quelqu'un d'indigne. Voir **Anathème, Imprécation**. *Lancer des malédictions. Couvrir quelqu'un de malédictions.*

2° Malheur qui semble voulu par le destin ou par la puissance divine. *La malédiction est sur moi. La vie de cette famille semble poursuivie par la malédiction.*

MALÉFIQUE. *adj.* Qui produit le mal, qui exerce mystérieusement une action néfaste. *Une influence maléfique. Des circonstances maléfiques. Un personnage maléfique.* Antonyme : **bénéfique**.

MALIGNITÉ. *n. f.* Méchanceté, malveillance d'une personne. *Il est poursuivi par la malignité de ses ennemis.* Nocivité, caractère maléfique d'une chose. *La malignité d'une tumeur cancéreuse.* Exceptionnellement, la malignité peut désigner le caractère malicieux, «malin», d'une personne rusée. Antonymes : **bénignité, bienveillance**.

N. B. L'adjectif *malin*, à la différence du substantif *malignité*, s'est éloigné de l'origine commune aux deux mots (tendance à faire le «mal»), sauf dans son emploi médical *(tumeur maligne, fièvre maligne)*, et religieuse *(l'esprit malin,* ou *le Malin,* est le démon).

MALTHUSIANISME. *n. m.* 1° Doctrine de Malthus (1766-1834). Celui-ci estimait notamment que, la croissance de la population étant géométrique (2/4/8/16/32, etc.) alors que la progression de la production alimentaire est seulement arithmétique (2/3/4/5/6/, etc.), il fallait absolument restreindre le nombre des naissances, et donc le droit au mariage, pour permettre à la population de subsister.

2° Politique de limitation des naissances (par des moyens anticonceptionnels). *Certains économistes préconisent le malthusianisme comme solution des problèmes du tiers monde.* Par extension, **malthusianisme économique** : politique de restriction de la production (agricole ou industrielle) pour maintenir le niveau des prix. L'emploi de ce mot est souvent péjoratif.

MALVERSATION. *n. f.* (du latin *male versari*, « se mal conduire »). Dans l'exercice d'une charge (souvent publique), opération financière malhonnête, détournement de fonds. *Un fonctionnaire corrompu, coupable de malversations.* Vendre de faux papiers, puiser dans la caisse de l'État, se livrer à un trafic d'influence, sont des malversations. Ce mot s'emploie généralement au pluriel. Synonymes : *prévarication, concussion*.

MANDATAIRE. *n. m.* Au sens *juridique*, personne qui a reçu un *mandat* (écrit, signé) lui donnant le pouvoir d'agir pour le compte d'une autre. Un *mandataire* peut représenter son *mandant*, voter à sa place, signer des actes d'achat ou de vente.

De façon plus large, un mandataire peut être chargé d'une mission générale, par exemple politique : le mandataire d'une autorité politique peut être délégué pour signer un traité, rechercher les bases d'un compromis. *Les élus sont les mandataires de leurs électeurs, pour la durée de leur mandat.*

En un sens plus général encore, quelqu'un peut se sentir le mandataire d'une mission *morale*, éprouver le besoin de représenter des valeurs comme la liberté, le droit, la justice — sans pour autant avoir été « mandaté » pour ce faire. Le mot devient alors synonyme de *représentant*.

-MANE. -MANIE. Suffixe issu du grec *mainesthai*, qui signifie « être obsédé par, être fou de ». On retrouve ce sens dans la signification originelle du mot **manie** (folie, trouble obsessionnel ; goût excessif) et dans de nombreux mots composés comme **kleptomanie, mégalomanie, mythomanie, nymphomanie, pyromane, toxicomanie**. Ce suffixe se trouve aussi dans des mots qui ne désignent pas un goût pathologique, mais seulement un amour raisonnable de certaines choses, comme **anglomanie**, ou **mélomane** (qui aime la musique).

MANICHÉEN. *adj.* 1° Qui est relatif au *manichéisme* (voir mot suivant), s'en inspire.

2° Qui conçoit les choses selon des oppositions tranchées, binaires ; elles sont totalement bonnes ou totalement mauvaises. *Avoir une vision manichéenne de la politique, où les adversaires sont des salauds et les amis des saints. Des jugements manichéens.*

MANICHÉISME. *n. m.* 1° Religion du philosophe persan Mani (ou Manès, IIIe siècle), selon laquelle le Monde est le lieu d'un combat éternel entre deux principes cosmiques égaux et antagonistes, le Bien et le Mal. L'histoire est le fruit de ce conflit.

2° Toute conception dualiste qui oppose, de manière simpliste, le domaine du Bien (et ceux qui y participent) et le domaine du Mal (et ceux qu'on y rejette). Souvent, le manichéisme, dans ce sens, n'est qu'une tendance. On dira par exemple que, dans l'esprit de certains marxistes, la vision du prolétariat et de la bourgeoisie n'est pas exempte de manichéisme. Voir **Dualisme** et **Manichéen**.

MANIÉRISME. *n. m.* Style excessivement apprêté, manquant de naturel ; affectation, préciosité. On peut employer le mot *maniérisme* à propos de toute production artistique d'un raffinement exagéré (par exemple, le *maniérisme* de Marivaux) ; mais le terme s'applique plus précisément à un style pictural et architectural sophistiqué qui s'est répandu au milieu du XVIe siècle en Italie, dans le sillage de la Renaissance.

MANIFESTE. *adj.* Dont la réalité ou la nature est totalement évidente, indiscutable. Visible, flagrant, patent, notoire. *Une erreur manifeste. Il est manifeste qu'elle l'aime. Le candidat avait manifestement triché.*

N.B. En **psychanalyse**, on oppose en général ce qui est **latent** (le contenu réel, difficile à déchiffrer, de l'inconscient) et ce qui est **manifeste** (le sens apparent, « évident », visible, des conduites ou des rêves). Dans ce cas, *ce qui est manifeste peut être trompeur*, et doit être décrypté. Voir **Latent**.

MANSUÉTUDE. *n. f.* Bonté, indulgence ; disposition à pardonner avec générosité. *Le prêtre qui comprend la vie fait preuve de mansuétude à l'égard des pécheurs qui se repentent. Un juge sévère, dénué de toute mansuétude.*

MANU MILITARI. (en latin «de main militaire»). Par la force (force publique ou force armée). *Ils ont été chassés manu militari.*

MAQUILLER. *v. tr.* Au **sens figuré**, falsifier les choses pour leur donner une apparence trompeuse. *Maquiller les chiffres, maquiller les faits, maquiller la vérité.*

MARASME. *n. m.* Sens *physique* (ancien) : affaiblissement très grave, apathie, avec maigreur extrême. Sens *économique* : stagnation de l'activité industrielle et commerciale. *Rien ne va plus, nous sommes en plein marasme!* Sens *moral* : désarroi, découragement, dépression. *Ses échecs l'ont plongé dans un marasme profond.*

MARGINALITÉ. *n. f.* 1° Caractère de ce qui est marginal.
2° État de *celui* qui est marginal (sens apparu dans les années 1960).
Le double sens de ce mot vient du double sens du mot **marginal** :
— comme **adjectif**, *marginal* signifie «qui est à la marge», qui se trouve à la limite, sur le bord. Donc, qui est accessoire, secondaire. *Un travail marginal, une préoccupation marginale.* Le terme a aussi un sens économique, par exemple dans des expressions comme *coût marginal* : (coût-limite de production d'une unité supplémentaire) ;
— comme **adjectif** et **nom**, le mot *marginal* désigne celui qui est *en marge de la société*, soit parce qu'il s'y trouve mal intégré, soit parce qu'il refuse les normes dominantes du groupe social. *Les hippies étaient des marginaux. L'accroissement du chômage conduit de plus en plus de jeunes à la marginalité.*

MARIVAUDAGE. *n. m.* 1° Style précieux propre au théâtre de Marivaux. Le marivaudage désigne en particulier le langage nuancé, raffiné et complexe par lequel les personnages jouent avec leurs subtils sentiments amoureux, les cachent ou se les cachent, en raison des convenances sociales.
2° Dans le langage courant, le marivaudage s'applique au badinage amoureux, aux manèges raffinés de l'amour et de

la galanterie, au jeu verbal qui en découle. *Le marivaudage reste avant tout de l'ordre du langage.*

MARTIAL. *adj.* (de Mars, dieu de la guerre chez les Romains). Qui est relatif à la guerre. Qui a une allure belliqueuse, guerrière, militaire. Qui se montre disposé à combattre, à lutter pour vaincre. *Un discours martial ; une allure martiale ; un air martial.* **Les arts martiaux :** sports de combats traditionnels d'Extrême-Orient. **Loi martiale :** loi d'exception qui permet de recourir à l'armée pour maintenir l'ordre.

MARTYR. *n.* et *adj.* (du grec *marturos*, « témoin (de Dieu) »). Personne qui souffre la torture et la mort au nom de sa foi en Dieu (notamment chrétienne). Par extension, toute personne qui accepte la souffrance et la mort pour une cause donnée (politique par exemple). *Les martyrs. Une vierge sainte et martyre. Un peuple martyr.* Par extension encore, toute victime de grandes douleurs (physiques ou morales).
Orthographe : le supplice lui-même est appelé « *martyre* », nom masculin qui s'écrit toujours avec un *-e* final. *J'ai souffert le martyre* : j'ai enduré une terrible souffrance (morale ou physique).

MARXISME. *n. m.* Doctrine philosophique, économique et politique élaborée par Karl Marx (1818-1883) et Friedrich Engels (1820-1895). Le marxisme, encore appelé « matérialisme historique » (par Engels), repose sur trois composantes.

• **Au point de vue philosophique,** le marxisme est un *matérialisme.* Il pose que la réalité première du monde est la *matière*, et non pas un Dieu, ou l'esprit, ou l'intelligence. C'est donc la vie matérielle et économique des hommes (les rapports de production, les conflits d'intérêt) qui engendre les structures sociales et politiques ; puis, à partir de celles-ci, les idées des individus ou des groupes. La culture d'une société, les idéologies de ses classes ou de ses membres sont ainsi qualifiées de **superstructure**. Celle-ci est *produite* par la base réelle, l'infrastructure économique. La foi religieuse, l'idéalisme philosophique ne sont que des illusions de la conscience, qui ne veut pas ou ne peut pas voir les conditionnements qui la déterminent.

• **Au point de vue économique,** le marxisme se propose comme une analyse scientifique des modes de production dans les diverses sociétés (antiques, féodales, capitalistes) et des rapports que ces modes de production font naître entre les hommes (entre le maître et l'esclave, entre le prolétaire et le possédant). Il élabore en particulier la *théorie critique de la valeur*, dans le monde de production capitaliste : la valeur d'une marchandise vient de la quantité de travail investie en elle ; or, il y a une différence entre le salaire minime payé à l'ouvrier et le travail fourni qui fait le prix de la marchandise ; cette différence est d'autant plus grande que le profit patronal est élevé ; tout le système capitaliste, son expansion même, repose sur cette *« plus-value »* dérobée aux prolétaires exploités. On comprend dès lors que l'intérêt de la classe ouvrière est de lutter contre cette exploitation. De son côté, la classe possédante a intérêt à en dissimuler la réalité par l'idéologie qu'elle répand. Ainsi naît, **économiquement**, la *lutte des classes*, qui jouera aussi au plan social, culturel et politique (voir les mots **Idéologie** et **Aliénation**).

• **Au point de vue politique,** dans le sillage du socialisme qui l'a précédé, le marxisme se veut une théorie et une pratique de la libération de l'homme, à partir précisément de la lutte des classes observée dans l'histoire. En accélérant le processus de cette lutte, le prolétariat doit venir à bout de la bourgeoisie qui l'exploite et du capitalisme qui l'asservit. Dès le départ, l'objectif du marxisme est révolutionnaire : *« Les philosophes n'ont fait qu'interpréter le monde de diverses manières : il importe maintenant de le transformer »*. Le but du marxisme sera donc d'instaurer le communisme. Cela suppose une phase intermédiaire, la *« dictature du prolétariat »*, destinée à éradiquer toutes les forces contre-révolutionnaires de la bourgeoisie, ainsi que les restes de son idéologie. Après quoi pourra s'ouvrir l'ère de la « société sans classes » où l'État même ne sera plus nécessaire, tous les êtres humains étant réellement devenus les « camarades » les uns des autres.

La radicalité de ses analyses, la lucidité réaliste de ses critiques et surtout la force de ses espérances, qui se voulaient *scientifiquement* fondées, ont expliqué le succès du marxisme au XXe siècle, tant auprès des masses exploitées qu'auprès des intellectuels désireux de participer à leur « libération ». Voir **Aliénation, Capitalisme, Classes, Communisme, Idéologie, Idéalisme, Matérialisme, Socialisme, Stalinien, Totalitaire.**

MASCARADE. *n. f.* (de l'italien *mascarata*, « divertissement masqué »).

1° Divertissement à grand spectacle dans lequel des personnages masqués ou déguisés défilaient dans les rues, ou sur une scène, accompagnés de chanteurs, d'instrumentistes, etc. Il pouvait s'agir d'un carnaval, d'un ballet où des danseurs travestis récitaient des vers galants, ou encore de spectacles allégoriques.

2° Au *sens figuré*, mise en scène trompeuse, manifestation hypocrite ou ridicule. *Qu'est-ce que c'est que cette mascarade ? Vous appelez cela un débat démocratique !* Les procès de dissidents, dans les pays de l'Est, ont souvent été qualifiés de « mascarades » (les accusés étaient condamnés d'avance par le pouvoir).

MASOCHISME. *n. m.* (de Sacher-Masoch, romancier autrichien, 1836-1895).

1° **Sens courant :** comportement d'une personne qui éprouve du plaisir à souffrir, et qui recherche la douleur, les situations humiliantes, les difficultés ou échecs propres à satisfaire cette tendance. Le terme s'est vulgarisé. On accuse facilement de « masochisme » quelqu'un qui se livre à des efforts rigoureux ou entreprend des actions difficiles, ce qui se reconnaît à l'emploi abrégé de l'adjectif *masochiste* : *« Il est maso. »* En réalité, le masochisme est souvent un trait profond, jamais totalement conscient, mais fort répandu.

2° **Sens psychanalytique :** perversion sexuelle dans laquelle le sujet n'éprouve de jouissance qu'en se faisant infliger des sévices divers, qui l'amènent à l'orgasme. Ce sens dérive du roman *La Vénus à la fourrure* (1870), de Sacher-Masoch, dans lequel le héros éprouve le besoin de devenir l'esclave humilié de sa maîtresse. À noter que, dans son sens psychanalytique, le masochisme ne se réduit pas à sa définition de perversion sexuelle. Freud parle de masochisme *moral* (besoin de punition, en raison d'un fort sentiment de culpabilité ; recherche inconsciente de situations d'échec), ce qui rejoint le sens courant du mot. Voir **Sadisme**.

MASSIFICATION. *n. f.* Action de massifier les individus d'un groupe, c'est-à-dire de les réduire à une masse anonyme et impersonnelle, au niveau des besoins économiques, de la consommation culturelle, du mode de vie en général. On oppose souvent la *massification* (qui dépersonnalise les consciences) à la réelle *démocratisation*, qui permettrait à chaque citoyen, dans tous les domaines de la vie, d'exprimer librement sa différence. Des sociologues notent, à l'inverse, que c'est justement l'accès du plus grand nombre à la consommation et la culture qui, dans les démocraties modernes, entraîne la massification. Le mot *massification* est aussi utilisé pour désigner l'uniformisation des produits et des objets de consommation culturelle. Le même mot désigne ainsi le *moyen* qui dépersonnalise les individus (la standardisation de tous les aspects de la vie) et le *résultat* qui en découle (la transformation des sociétés en masses anonymes).

MASS MEDIA. *n. m. plur.* (expression anglaise formée sur le latin *media*, pluriel de *medium*, qui signifie « moyen, intermédiaire »). Ensemble des moyens de communication de masse : presse, radio, télévision, cinéma, affiches publicitaires. Ce qui caractérise ces moyens modernes, c'est d'une part leur ampleur : ils sont massifs, ils s'adressent à la masse des gens ; et, d'autre part, leur unilatéralité : ils diffusent l'information dans le sens émetteur-récepteur sans qu'il y ait de réponse réelle des individus ou des groupes récepteurs. Ils sont donc avant tout des moyens de *diffusion* massive des informations, de la culture ou des idéologies dominantes. En ce sens, ils peuvent contribuer à la massification de la société (voir terme précédent), bien que cette thèse soit discutée.

Notons qu'aux moyens classiques énumérés ci-dessus s'ajoutent maintenant l'édition à gros tirage, la bande dessinée, les disques et cassettes, et tout ce qui, massivement, contribue à diffuser des messages. L'expression *mass media*, d'ailleurs, en une quinzaine d'années, est devenue presque désuète. On dit directement de nos jours *les médias*. Le terme, ainsi francisé, prend un accent sur le *é*, alors que, dans l'expression *mass media* (« media » étant déjà un pluriel latin), il était plus correct de ne pas accentuer. Voir **Média**, **Multimédia**.

MASTODONTE. *n. m.* Mammifère du quaternaire, voisin de l'éléphant. Ce terme est souvent pris au *sens figuré* pour désigner une réalité gigantesque : une personne très corpulente, un homme de pouvoir, une machine énorme, un élément hors pair *(Ce livre est le mastodonte de la collection)*. Cet emploi au sens figuré rappelle celui du mot *dinosaure*.

MATÉRIALISME. *n. m.* 1° **Sens philosophique :** doctrine selon laquelle la matière est la réalité essentielle de l'univers. La pensée, l'esprit, ne sont que des productions de la matière soumises au *déterminisme*. Le matérialisme s'oppose donc d'abord à l'**idéalisme** (voir ce mot), pour qui c'est l'idée, l'esprit, qui sont à l'origine de tout. Il s'oppose aussi au **dualisme**, qui fait de l'univers le produit à la *fois* de la matière et de l'esprit, et considère l'être humain comme constitué à la fois de corps et d'âme, sous l'impulsion d'un Dieu créateur. On notera le sens particulier du **matérialisme dialectique** de K. Marx : selon lui, la matière est sans doute à l'origine de tout, mais la pensée, la conscience qu'elle produit en l'homme (en société) viennent interagir, *dialectiquement*, avec les processus matériels. Ainsi, chez les marxistes, l'évolution de l'histoire et des sociétés se produit à partir du couple esprit/matière : les nécessités de l'existence matérielle et les modes de production économiques engendrent les classes sociales ainsi que leurs idéologies : l'être *social* de l'homme détermine sa conscience *individuelle*, laquelle pourra réagir à sa situation économique, et ainsi de suite.

2° **Sens courant :** attitude ou état d'esprit qui consiste à rechercher avant tout dans la vie les plaisirs et les biens matériels. On parlera par exemple du matérialisme de la société de consommation, ce qui est sans rapport avec le sens précédent du mot.

N.B. Aux deux sens du mot *matérialisme* correspondent les deux sens de l'adjectif *matérialiste* : 1° qui se rapporte aux doctrines fondées sur le matérialisme ; 2° qui est conduit par un désir exclusif de biens matériels. Attention aux confusions : c'est le contexte (discours philosophique ou conversation courante) qui permettra de faire la différence. Il serait ridicule, par exemple, de qualifier K. Marx de « matérialiste » au sens second du terme !

MAUSSADE. *adj. (pour les personnes)* Qui est d'humeur chagrine, désagréable, renfrognée. *Un personnage éternellement maussade, mal content, pessimiste.*
(pour les choses) Qui inspire de l'ennui, de la tristesse. *Un temps maussade. Des jours maussades.*

MAXIME. *n. f.* (du latin *« sententia maxima »*, « sentence la plus générale »).
1° **Principe général de conduite ;** précepte moral. *Il est*

essentiel de se donner de bonnes maximes, et de les suivre. Ce sens est classique, et il est synonyme de précepte, principe, règle morale, axiome, devise, sentence. Notons que, sans nécessairement édicter un impératif moral, une maxime peut être une pensée générale sur les hommes, sur leurs conduites et sur leurs mœurs.

2° **Formule brève et frappante** énonçant une réflexion morale, une maxime au sens n° 1. Le sens du mot maxime est ainsi passé de la *nature* de l'énoncé à la *forme* qui l'énonce. En tant que telle, la maxime devient un genre littéraire au XVIIe siècle, dont l'exemple le plus célèbre est celui des *Maximes* de La Rochefoucauld, qui écrit par exemple : « *Quelque bien qu'on nous dise de nous, on ne nous apprend rien de nouveau* ». L'art de la maxime est dans la concision et dans le maniement efficace de figures de style comme la métaphore, l'antithèse, le chiasme. Voir **Aphorisme**.

MÉCANISTE. *adj.* Se dit d'une philosophie qui, réduisant tous les phénomènes à des lois de cause à effet, explique toute chose par le mouvement de la matière. C'est le cas de la théorie des « animaux-machines » de Descartes, qui réduit toutes les activités de l'animal à des automatismes mécaniques (l'homme seul étant doué d'une âme). Il existe de même un **matérialisme mécaniste**, qui réduit l'affectivité et la pensée humaine à un simple jeu mécanique de phénomènes matériels, et auquel s'opposera le **matérialisme dialectique** de K. Marx, plus complexe, qui fait intervenir un mouvement dialectique entre l'ordre matériel et économique du monde, et l'élaboration de la conscience humaine.

MÉCÈNE. *n. m.* (nom d'un chevalier romain qui favorisa les arts et les lettres sous l'empire Auguste, protégeant notamment les poètes Virgile et Horace). Personne généreuse, qui protège les artistes et les écrivains en les aidant financièrement. *Il a été mon mécène. Elle s'est conduite en mécène d'un groupe de poètes.* Une personne morale (société, institution, groupe financier) peut jouer le rôle de mécène de certains artistes, souvent dans un but publicitaire. On déconseille, dans ce cas, l'emploi du mot « sponsor » : mieux vaut dire *commanditaire*. Il est préférable également d'employer *mécénat* ou *parrainage* plutôt que l'anglicisme « sponsoring ».

MÉCOMPTE. *n. m.* (*sens propre*, ancien) Mauvais compte, erreur de calcul. (*sens figuré*, actuel, le plus souvent au pluriel) Espoir déçu, en raison de prévisions erronées. Désillusion. *Ce projet auquel je croyais ne m'a apporté que des mécomptes.*

MÉCRÉANT. *adj.* et *n.* (étymologiquement, « qui croit mal »). *(sens ancien)* Personne qui ne professe pas la bonne croyance ; infidèle. Par extension *(sens actuel)*, qui n'a pas de religion ; incroyant. Le mot est souvent d'un emploi ironique ou familier.

MÉDIA(S). Voir **Mass media**. Le mot *média* s'emploie le plus souvent seul et au pluriel. Il couvre en particulier des moyens de communication de masse qui n'existaient pas à l'époque où s'est répandu l'expression *mass media*, comme les satellites de télécommunication ou d'autres technologies de diffusion d'information récentes. Il renvoie fréquemment, de façon globale, au monde du journalisme et de l'information, de la propagande politique ou de la publicité. Voir **Médiatique**.

MÉDIATION. *n. f.* En ce qui concerne les **personnes** : fait de s'entremettre, de servir d'intermédiaire pour faciliter un accord. *Proposer sa médiation pour réconcilier des personnes, pour préparer un traité de paix entre des groupes ennemis.* Entremise, arbitrage.

En ce qui concerne les **choses** : processus qui facilite le passage d'une notion à une autre, d'une réalité à une autre ; ce qui sert d'intermédiaire. *L'homme apprivoise le monde par la médiation des mots.*

MÉDIATIQUE. *adj.* Qui concerne les médias ; qui est relatif aux médias. *Le pouvoir médiatique. Une opération purement médiatique* (qui n'a pas de réalité propre en dehors de la publicité que lui font les médias). *Une personnalité médiatique :* une personne rendue populaire par les médias, ou qui utilise efficacement les médias.

MÉDIÉVAL. *adj.* Relatif à la *période* historique appelée Moyen Âge. *Art médiéval. Des études médiévales. Des costumes médiévaux.*

N.B. L'adjectif *moyenâgeux*, qui évoque plutôt l'*atmosphère* du Moyen Âge, s'emploie souvent de façon péjorative, comme synonyme de suranné, vétuste *(des idées moyenâgeuses).* Un spécialiste de l'histoire du Moyen Âge s'appelle un **médiéviste**.

MÉDISANCE. *n. f.* Action de médire de quelqu'un, dénigrement. Propos de celui qui dit du mal : *des médisances perfides.*

N.B. On oppose généralement les médisances aux calomnies. Les médisances portent en principe sur des faits réels concernant la personne qu'on incrimine, alors que les calomnies sont de pures inventions, des méchancetés mensongères, des actes de diffamation. Mais tout le monde ne fait pas cette différence, qu'il faudrait pourtant conserver.

MÉDITATION. *n. f.* Action de méditer. Le mot a diverses nuances, selon le contexte où on l'emploie. On peut distinguer :
- **Le sens psychologique :** activité de réflexion sur un sujet, sur une décision, sur un projet qu'on prépare. L'esprit s'absorbe dans la méditation et donne précisément à la personne *un air méditatif.*
- **Le sens intellectuel :** travail approfondi sur une question, un sujet de livre, une notion philosophique. Le mot *méditation* désigne à la fois l'acte de penser sur le problème et, par métonymie, les résultats de la réflexion menée. D'où des titres d'ouvrages comme *Méditations métaphysiques* (Descartes) ou *Méditations poétiques* (Lamartine).
- **Le sens religieux :** contemplation centrée sur une pensée religieuse ; recueillement intérieur ; prière approfondie. *Le moine consacre plusieurs heures par jour à la méditation.* Voir le verbe **Contempler** et le mot **Recueillement**.

MÉDUSER. *v. tr.* (du grec *Medousa*, monstre mythologique à la chevelure hérissée de serpents, qui changeait en pierre ceux qui le regardaient). Frapper de stupeur ; pétrifier. *Son cynisme médusa sa victime. Je ne m'attendais pas à une telle insolence : j'en suis encore tout médusé.*

MÉGA-, MÉGALO-. Racine d'origine grecque qui signifie « très grand ». Elle entre par exemple dans la composition de **Mégalithe** (grand monument de pierre brute) ; **Mégalomane** (personne atteinte de la « manie » ou folie des grandeurs ; homme excessivement ambitieux, hanté par un désir de gloire effréné) ; **Mégalopole** (agglomération urbaine très vaste) ; **Mégaphone** (porte-voix qui amplifie les sons). En outre, comme préfixe d'unités de mesures, *méga-* signifie « un million de » : *mégahertz, mégajoule, mégatonne.*

MÉLANCOLIE. *n. f.* **Sens ancien :** bile noire, censée engendrer une forte tristesse. **Sens courant :** état d'abattement, de « vague à l'âme », d'inquiétude et de tristesse rêveuse, mis à l'honneur par les poètes romantiques (voir **Mal du siècle**). Nerval parle ainsi du *« soleil noir de la mélancolie »* ; mais La Fontaine chantait déjà le *« sombre plaisir d'un cœur mélancolique »*.

Sens psychiatrique : état de dépression pathologique, marqué par une profonde tristesse, un pessimisme systématique. Neurasthénie.

N.B. Par extension, le mot mélancolie peut être attribué à ce qui inspire de la mélancolie. *La mélancolie d'un soleil couchant. Une musique mélancolique.*

MÉLIORATIF. *adj.* et *n.* Se dit d'un terme, ou de l'emploi d'un mot qui présente une idée ou une chose sous son aspect le plus favorable. S'oppose très précisément à **péjoratif**.

N.B. Certains mots sont mélioratifs par eux-mêmes. Pour d'autres, seul le contexte peut en décider. Par exemple, le mot « innocent », en principe très positif, peut parfois prendre un sens péjoratif équivalent de « niais, crédule ».

MÉLODIE. *n. f.* (à partir du grec *melos*, qui signifie « chant, musique »). Succession de sons ordonnés de telle sorte qu'ils présentent une forme bien identifiable, un « air » musical ayant un caractère propre, agréable, susceptible d'être mémorisé et reproduit. La science de la composition musicale oppose en général la mélodie (la ligne musicale, son inflexion, son « chant » continu) à l'harmonie (l'art de combiner les sons pour en faire des accords qui soulignent, accompagnent, dramatisent la mélodie). Sur une partition, la mélodie se déroule et se lit horizontalement, alors que l'harmonie occupe la dimension verticale (ce qui n'exclut pas, au contraire, qu'il y ait une cohérence musicale dans la *succession* des harmonies et le rythme qui les ordonne).

Le mot mélodie désigne aussi, en musique, une pièce vocale (chantée) composée sur le texte d'un poème, avec accompagnement (en allemand : *lied*). Par extension, on parlera de mélodie à propos de toute suite de sons produisant un effet expressif : *la mélodie d'un vers ; la mélodie d'une phrase ; l'inflexion mélodique d'une intonation.*

N.B. On distinguera l'adjectif *mélodieux* (qui est agréable, doux à l'oreille) et l'adjectif *mélodique* (qui se rapporte à la mélodie, qui a le caractère d'une mélodie).

MÉLODRAME. *n. m.* (à partir du grec *melos*, qui signifie « chant, musique »). Anciennement : spectacle dramatique entrecoupé de chant et de musique. Au XIXe siècle : drame populaire dont, au début, les moments pathétiques étaient soulignés par un accompagnement musical. Le mélodrame se caractérise par l'invraisemblable complexité de l'intrigue, la simplification des caractères (les bons / les traîtres) et des émotions (violence, amour, mort, reconnaissances, bons sentiments). Le public y recherchait la pitié, l'horreur, le rire truculent, les pleurs à bon marché. Par extension, le mot s'applique parfois à des situations de la vie réelle caricaturalement pathétiques. *Nous sommes en plein mélodrame ! C'est du « mélo » !*

MÉLOPÉE. *n. f.* Dans l'Antiquité, déclamation poétique chantée, avec accompagnement musical. Au XVIIIe siècle, la mélopée devient une sorte de **récitatif** (voir ce mot). De nos jours, la mélopée désigne un chant monotone et lent, souvent plaintif et triste. *Le chant désolé d'une mélopée s'éleva et se poursuivit longuement dans la nuit.*

MÉMENTO. *n. m.* (en latin : « souviens-toi »). Agenda où l'on note ce dont on doit se souvenir. Plus particulièrement : petit livre où est résumé l'essentiel d'une question (lorsque ce texte est résumé par l'étudiant lui-même, celui-ci l'appelle *aide-mémoire*).

Le **Mémento** est aussi une prière de la messe appelant à se souvenir de personnes mortes ou vivantes. Pluriel : *des mémentos.*

MÉMOIRE. *(comme nom masculin)* 1° **Au singulier** (mais susceptible d'être employé au pluriel) : écrit récapitulatif qui fait le point sur une question juridique, financière ou scientifique. Il peut s'agir d'un relevé de faits, d'une synthèse destinée à une communication ou à un exposé, d'un inventaire financier, d'un relevé d'arguments juridiques.

2° **Au pluriel** (avec une majuscule, toujours au masculin), on nomme **Mémoires** le récit d'événements historiques dont l'auteur a été témoin ou auxquels il a participé. Le chroniqueur français Commynes, par exemple, a écrit des *Mémoires* sur les règnes de Louis XI et de Charles VIII. Souvent, ce type d'ouvrage comporte la relation d'épisodes concernant l'auteur lui-même, celui-ci ayant la conviction que son époque et son existence (ou ses réactions aux événements de son temps) s'éclairent mutuellement. Ainsi, dans ses *Mémoires d'Outre-Tombe*, Chateaubriand fait l'histoire de son destin personnel en ce qu'il lui semble révélateur de l'évolution sociale et politique de son temps. Lorsque l'auteur n'a que la prétention de se raconter lui-même, sans éclairer l'histoire, il écrit une **autobiographie** ou des **confessions**.

L'auteur de **Mémoires** s'appelle **mémorialiste**.

MENTAL. *adj.* (du latin *mens, mentis*, « esprit ») 1° Qui a rapport à l'esprit au sens intellectuel du mot (sens n° 2); qui se fait uniquement dans l'esprit. *Calcul mental. Restriction mentale. Opération mentale.*

2° Qui se rapporte au psychisme en général : *âge mental ; processus mentaux ; aliénation mentale.*

N.B. Cette signification large se retrouve dans l'emploi médiatique du mot mental *comme nom*. Le mental désigne la disposition psychique au sens large, indépendamment des capacités intellectuelles. Lorsqu'on parle de la *solidité du mental* d'un sportif, par exemple, on songe à une forme d'impassibilité, de résistance à l'émotion, ce qui suppose une relative mise en veilleuse de l'intelligence...

MENTALITÉ. *n. f.* 1° Ensemble des façons de penser et de vivre d'un individu. État d'esprit ; conception morale. S'emploie souvent péjorativement pour désigner par exemple l'étroitesse d'esprit des uns, ou la permissivité excessive des autres : *quelle mentalité !*

2° Au **sens sociologique** (sans jugement de valeur, et souvent au pluriel) : ensemble des croyances, des coutumes, des façons de voir dominantes d'un groupe humain. *Les mentalités sont souvent tributaires de la catégorie sociale. Il est difficile de comprendre de l'intérieur la mentalité des peuplades primitives.* Voir **Culture** (sens n° 2).

MENTOR. *n. m.* (nom d'un héros de *L'Odyssée*, particulièrement sage et avisé). Homme sage et expérimenté dont les conseils guident celui qui manque d'expérience. *Il a été mon mentor. Télémaque est instruit par Mentor.*

MÉPRISE. *n. f.* Erreur sur une personne ou sur une chose. Équivoque, malentendu, quiproquo. *Une cruelle méprise.*

N.B. Ne pas confondre **la méprise** (qui vient du verbe *se méprendre*) avec **le mépris** (qui vient du verbe *mépriser*).

MERCANTILE. *adj. (sens actuel)* Animé par l'appât du gain, la recherche du profit ; qui ne songe qu'à faire du commerce de toute chose. *Un esprit mercantile. Une conception mercantile des rapports humains.*

N.B. Ne pas confondre avec *mercantiliste*, qui se rapporte au **mercantilisme** (voir mot suivant).

MERCANTILISME. *n. m.* 1° Doctrine économique élaborée à la suite de la découverte de l'Amérique et de ses fabuleuses mines d'or et d'argent. Le mercantilisme place l'essentiel de la richesse d'un État dans l'accumulation de métaux précieux, ce qui permet d'accroître les quantités de monnaie en métal. Cette accumulation peut se faire par exploitation directe des mines (cas de l'Espagne au XVIe siècle) ou par une balance commerciale bénéficiaire (qui suppose des mesures protectionnistes, comme ce fut le cas du mercantilisme de Colbert). Le mercantilisme fut combattu en France au XVIIIe siècle par les Physiocrates, qui plaçaient la richesse essentielle dans l'agriculture.

2° Dans un sens littéraire, le mercantilisme désigne, péjorativement, un *état d'esprit mercantile* (voir ce mot) et les comportements qui en découlent. *La publicité du Loto engendre, dans l'esprit des gens, un véritable mercantilisme de l'imaginaire.*

MERCI (SANS). Au sens ancien, le mot merci signifie « faveur, grâce ». D'où les expressions : *Dieu merci* (grâce à Dieu). *Être à la merci de :* dépendre de la grâce de quelqu'un ou des effets d'une chose. *Crier merci :* demander grâce. *Sans merci :* sans « grâce », sans pitié. *Un combat sans merci :* un combat sans pitié, acharné.

MERVEILLEUX. *(comme nom masculin)* Le merveilleux caractérise un type d'œuvre dans lequel interviennent des réalités surnaturelles, des éléments féeriques, des opérations magiques, des événements miraculeux propres à enchanter le lecteur. L'exemple même de merveilleux nous est donné par les contes de fées. On oppose en général le merveilleux au *fantastique* ou à la *science-fiction*. Ces deux genres ont en effet à *justifier* l'irruption de l'irrationnel dans le récit (par l'invention scientifique à venir, par la réalité de causes inconnues qui seront dévoilées). Au contraire, dans le cas du merveilleux, les données du monde surnaturel sont acceptées comme allant de soi par le lecteur ou le spectateur. Pour les Anciens, par exemple, l'intervention des dieux (dans l'épopée surtout) était acceptée comme telle *(merveilleux païen)* ; pour les chrétiens, ce seront les anges ou les démons, les saints et leurs dons miraculeux *(merveilleux chrétien)*.

Il est possible de prendre le mot *merveilleux* dans un sens plus large, moins limité esthétiquement : dans ce cas, le merveilleux sera ce qui produit un effet d'émerveillement sur le lecteur. On pourra donc le retrouver dans certains aspects du « fantastique » ou des œuvres de « science-fiction » (*La Nuit des temps* de Barjavel, par exemple), ou même dans des événements réels (l'aspect extraordinaire d'une histoire).

MESSIANISME. *n. m.* 1° Croyance religieuse selon laquelle un envoyé de Dieu, le Messie *(« l'oint du Seigneur »)*, viendra libérer les hommes du Mal et établir le royaume de Dieu sur terre. Cette espérance est d'abord celle des juifs : le Messie, descendant de David, est annoncé par les prophètes. Le théologien juif Maimonide (1135-1204) fait de l'attente du Messie l'un des articles de foi du judaïsme. Toutefois, le messianisme juif a pu varier selon les époques et selon les tendances. C'est le christianisme qui, dans les faits, s'est saisi de la notion de messianisme, et l'a développée.

Pour les chrétiens en effet, le Messie annoncé par les prophètes n'est autre que Jésus-Christ. Il est venu comme libérateur spirituel, comme Sauveur. Il faut maintenant parachever son œuvre, en attendant son retour glorieux à la fin des temps (la parousie). Voir **Judaïsme** et **Christianisme**.

2° Au *sens figuré*, par extension, on appelle « messianisme » toute croyance en la venue d'un libérateur qui mettra fin aux injustices et aux désordres du monde présent, et instaurera un nouvel ordre social faisant le bonheur des hommes. Ce messianisme peut avoir un « messie » précis (Staline, « le père des peuples », a pu jouer ce rôle !), ou simplement reposer sur la foi en une doctrine politique. On parlera ainsi de *messianisme révolutionnaire*, fondé en général sur les idées de Marx et de ses continuateurs. *Le marxisme a été un messianisme.*

MESSE. *n. f.* 1° Cérémonie centrale de la religion catholique qui, selon des liturgies diverses, reproduit fondamentalement le sacrifice du corps et du sang de Jésus-Christ. Voir **Eucharistie**.

La **messe** peut être ordinaire, solennelle (chantée), célébrée à voix basse *(messe basse)* ou en grande pompe *(grand-messe)*. L'emploi figuré du mot n'est pas rare pour désigner des cérémonies profanes particulièrement solennelles : *la finale de la Coupe du Monde est véritablement la grand-messe du football.* La parodie sacrilège de la messe s'appelle *« messe noire ».*

2° Musique composée sur les principaux textes liturgiques de la messe. *Une messe de Jean-Sébastien Bach.* Les principaux chants de la messe, sur lesquels portent des compositions musicales, sont : le **Kyrie** (*Kyrie eleison*, « Seigneur, aie pitié »), le **Gloria** (*Gloria in excelsis Deo*, « Gloire à Dieu dans les cieux »), le **Credo** (*Credo in unum Deum*, « Je crois en un seul Dieu »), le **Sanctus** (*Sanctus, sanctus, sanctus Dominus*, « Saint, saint, saint est le Seigneur »), et l'**Agnus dei** (« Agneau de Dieu » — expression désignant Jésus-Christ, la victime sans tache). Notons qu'on appelle **Requiem** la musique consacrée à la *Messe des Morts* (*Requiem aeternam dona eis Domine*, « Donne aux morts, Seigneur, le repos éternel »). Le *Requiem* de Mozart est célèbre.

MÉTA-. Racine d'origine grecque qui signifie « après, à la suite de, au-delà de ». D'où l'idée de *succession*, de *dépassement*, de *changement*, au sens *propre* ou au sens *figuré*. Le **Métalangage**, par exemple, est un langage sur le langage (la grammaire, l'analyse linguistique, qui sont un langage parlant de la langue, constituent un métalangage : ils relèvent de la « fonction métalinguistique » de la communication). La **Métamorphose** (*morph-* désignant la forme) est textuellement un *passage à une autre forme* (à la suite, ou au-delà de la précédente). La **Métempsycose** désigne de même, textuellement, le passage d'une âme (*psycho*) d'un état dans un autre (d'un corps dans un autre) : il s'agit de la théorie de la transmigration des âmes. Voir aussi **Métaphore, Métaphysique** et **Métonymie**.

MÉTAPHORE. *n. f.* (du grec *meta*, voir ci-dessus, et *phoros*, « qui porte ». Littéralement, « qui transporte en changeant »). Figure de rhétorique (ou de style) qui consiste à désigner une réalité par un terme qui convient à une autre, en raison d'une analogie entre elles qui autorise cette substitution. Par exemple, j'emploierai le mot *racine* à la place du mot *cause (les racines de la rébellion)*, les deux termes ayant l'*idée d'origine* comme point de ressemblance.

La métaphore établit ainsi un rapport d'analogie entre diverses réalités, entre les différents domaines de la vie, du monde. Mais, contrairement à la comparaison (qui *développe* cette relation de ressemblance), la métaphore n'explicite pas l'analogie qu'elle opère : elle *substitue* directement un terme à un autre. Au lieu de dire «tes yeux sont bleus comme l'azur», la métaphore remplace le terme comparé (le bleu) par le terme comparant (l'azur), ce qui donne : «l'azur de tes yeux». La métaphore est donc une comparaison *implicite*, directe, frappante.

Les métaphores ne sont pas seulement à la base de la poésie (les écrivains peuvent tisser de multiples correspondances entre les choses en jouant sur les mots qui les désignent). Elles sont à la base même du langage : l'être humain, chaque fois qu'il doit désigner des réalités nouvelles, a tendance à les rapprocher de réalités déjà connues. Cette recherche d'analogies aboutit à de nombreuses métaphores entre les réalités matérielles et les réalités spirituelles *(les lumières de l'esprit)*, entre les diverses sensations, entre phénomènes humains et phénomènes naturels, entre le concret et le figuré. Quand une métaphore devient habituelle dans la langue, on dit qu'elle se *lexicalise*. Voir **Analogie, Anthropomorphisme, Correspondance, Figuré**.

On appelle **métaphore filée** une métaphore qui se développe longuement (sur une ou plusieurs phrases) en poursuivant l'analogie sur laquelle elle se fonde, selon une sorte de logique interne à l'image. Par exemple, dans son sonnet «L'Ennemi», Baudelaire ayant identifié sa jeunesse à un *«ténébreux orage»*, se met à «filer» la métaphore du paysage qui symbolise ses états d'âme : il parle de *«jardin»*, de *«fruits vermeils»* maltraités par la pluie, de *«pelle»*, de *«râteaux»*, de *«terres inondées»*, de *«sol lavé»* et de *«fleurs nouvelles»*, tous ces termes renvoyant à l'histoire de sa vie intérieure (et non à un tableau objectif!).

Avec la *métonymie*, la métaphore est l'un des grands procédés verbaux qui constituent le langage. Voir **Métonymie**.

MÉTAPHYSIQUE. *n. f.* (du grec *meta-*, «après, au-delà de» et *physica*, «les choses de la nature». Dans les œuvres d'Aristote, il s'agit d'une partie qui suit les questions de pure physique, et dans laquelle il s'interroge notamment sur les réalités divines).

Partie de la philosophie qui étudie les problèmes fondamentaux de l'être en tant qu'être, de la connaissance et de la nature du réel, du sens de notre univers, de l'existence ou non de Dieu, etc. Alors que la physique étudie le monde *tel qu'il est* et le *comment* de son évolution, la métaphysique va au-delà et se pose la question du *pourquoi*. Pourquoi le monde ? Pourquoi l'homme ? Pourquoi le Mal ? Pourquoi la conscience ? L'âme est-elle immortelle ? Y a-t-il une autre vie ?

Ces questions étant sans réponses apparentes, le mot prend sous la plume de certains écrivains une connotation négative. Voltaire considère que les questions de métaphysique sont d'inutiles spéculations, tout juste propres à séparer les hommes. Marx condamne la métaphysique comme inutile et creuse, marquée des illusions propres à toute philosophie idéaliste (il s'agit pour lui non d'interpréter le monde mais de le transformer).

Ces réserves n'enlèvent pas à la métaphysique son prestige. Elle demeure la partie suprême de la philosophie comme elle reste au cœur des interrogations de tout homme.

On appelle aussi « métaphysique » l'ensemble des conceptions métaphysiques d'un auteur. On dira par exemple *la métaphysique de Bergson*.

MÉTONYMIE. *n. f.* (du grec *met(a)-*, « ce qui est au-delà, ce qui succède » et *onoma*, « nom ». Littéralement : transformation, changement de nom). Figure de rhétorique (ou de style) qui consiste à désigner une réalité par un terme qui convient à une autre, en vertu d'une *relation étroite* existant entre ces deux réalités. Par exemple, au lieu de dire *« les habitants de Paris s'endorment »*, on dira *« Paris s'endort »* : ce n'est pas la ville matérielle qui s'endort, mais ses habitants ; cependant, il y a une association étroite entre le *contenu* (les habitants) et le *contenant* (Paris) qui permet la substitution des termes.

• Il est essentiel de distinguer ici la métonymie de la métaphore. Alors que la métaphore repose sur une relation de ressemblance entre les choses assimilées (elles n'ont pas de lien *objectif* entre elles), la métonymie repose sur une relation d'association (il y a un lien nécessaire, objectif, *dans la réalité*, entre les choses dont l'une sert à désigner l'autre).

• La nature de l'association qui, dans la métonymie, permet de nommer une chose par un terme désignant une réalité qui lui est liée, est assez variée. Il peut s'agir d'une relation :
— **de cause à effet :** « boire la mort » pour « boire le poison » (qui doit entraîner cette mort) ;

— **de matière à objet :** « la toile » pour la peinture représentée sur la toile du tableau, ou « le fer » pour l'épée *(ils ont croisé le fer)* ;
— **de lieu d'origine à une chose :** « fumer un havane » (un cigare originaire de La Havane) ;
— **de contenu à contenant :** « boire un verre » (boire le contenu du verre) ; « une décision de l'Élysée » (de l'occupant de l'Élysée, c'est-à-dire le Président) ;
— **de la partie au tout** (ou l'inverse) : Saint-Étienne pour l'équipe de football de cette ville ; le premier violon de l'orchestre (pour le premier violoniste) ; le trône pour la royauté, l'autel pour l'Église, etc. C'est la plus fréquente des métonymies, qu'on nomme plus précisément **synecdoque** (voir ce mot).

• Cette liste n'est pas limitative. Il faut surtout comprendre que la métonymie repose sur un processus fondamental de la nomination qui, au lieu de désigner directement une réalité, l'évoque indirectement par association à une réalité contiguë. Selon le linguiste Jakobson, l'essor du vocabulaire ne peut se faire qu'à partir de l'analogie ou de l'association, c'est-à-dire par la voie métaphorique ou la voie métonymique. L'écriture et l'invention verbale des écrivains pourraient même permettre de distinguer ceux qui appartiennent au *pôle métaphorique* de ceux qui relèvent du *pôle métonymique*…

MÉTRO-, -MÈTRE, -MÉTRIE. Racines issues du grec *metron*, « mesure ». Entre dans la composition de nombreux mots où se retrouve l'idée de mesure : **Mètre, Métrique** (étude de la versification et de la « mesure » dans les vers), **Métronome** (instrument qui marque le rythme musical), et aussi *altimètre, baromètre, chronomètre, diamètre, géomètre, paramètre, symétrie, thermomètre, trigonométrie*, etc.

N.B. Ne pas confondre avec l'autre préfixe grec venu de *mêter, mêtros*, « mère », moins répandu, et qu'on retrouve en particulier dans les mots **Métropole** (ville-mère, capitale) et **Métropolitain** (qui se rapporte à la métropole, comme *le chemin de fer métropolitain*, familièrement nommé « métro »).

MEZZA-VOCE. (locution venue de l'italien *mezzo*, « moyen »). À mi-voix. *S'entretenir mezza-voce, dans l'intimité.*

MIASME. *n. m.* (souvent au pluriel). Émanation nauséabonde de matières putrides et infectieuses. Baudelaire déclare à son esprit : *« Envole-toi bien loin de ces miasmes morbides »*.

MICRO-. Racine issue du grec *mikros*, « petit », qui s'oppose au préfixe *macro-*, « grand » (voir ce mot). Dans la langue française, *micro-* exprime une idée d'extrême petitesse, comme l'indiquent la plupart des mots suivants : *micron* (un millionième de mètre), *microbe, microfilm, microscope, microseconde*, etc. Voir ci-dessous **Microcosme**. Ce préfixe reste par ailleurs très actif dans la formation de mots (cf. *microéconomie, microclimat*).

MICROCOSME. *n. m.* (du grec *mikros*, « petit » et *kosmos*, « ordre du monde, univers »).

1° **Sens ancien :** le corps humain, l'homme, considéré dans certaines philosophies comme un *univers en petit*, une image réduite du grand monde ou **macrocosme** (voir ce mot). Cette conception impliquait des interactions fondamentales entre le Tout et la Partie qui le résume, entre l'Univers et l'Homme.

2° Réalité structurée qui apparaît comme une **image abrégée d'un plus grand ensemble.** Par exemple, on pourra dire qu'un bon roman est toujours un microcosme reflétant la société qu'il évoque. L'idée reste toujours celle d'une partie liée à un tout, dont elle est la reproduction en miniature, d'où sa cohérence.

3° **Petit monde fermé sur lui-même.** Milieu social considérant son petit univers particulier comme le monde même. Ce sens (péjoratif) a notamment été employé à propos des politiciens professionnels français, vers 1980 : le « microcosme » désignait directement la classe politique dans toute sa petitesse et ses limites.

MIÈVRE. *adj.* Qui est d'une grâce affectée et fade, d'un charme doucereux (sans vigueur, sans grande originalité). *Des paroles, des poésies, des peintures mièvres. Des sentiments mièvres.* La notion de **mièvrerie** s'emploie surtout à propos des œuvres d'art. Synonymes : *mignard* et *mignardise*.

MIGRATOIRE. *adj.* Qui est relatif aux migrations. *Les flux migratoires.* Cet adjectif s'applique en principe aux populations qui émigrent ou se déplacent (provisoirement ou non).

Il faut surtout le distinguer de l'adjectif **Migrateur, trice,** qui s'emploie à propos des animaux *(les oiseaux migrateurs)*.

MILLÉSIME. *n. m.* Date caractéristique de la production d'un vin, de l'émission d'une monnaie, d'une médaille, d'un timbre-poste. *Un Bordeaux 1969 a pour millésime « 1969 ».* Ce mot est surtout à ne pas confondre avec *millénaire* ou *millième*.

MIMÉSIS. *n. f.* («imitation» en grec). La théorie de la mimésis a été élaborée par Aristote. Pour lui, la tragédie et l'art en général sont avant tout une représentation du monde réel. La qualité d'une œuvre ne vaut que par son degré d'imitation de la nature. Cette théorie classique est controversée par ceux qui pensent que l'art a une autonomie propre, une logique interne, une dimension irréductible à toute reproduction réaliste des choses.

Le mot *mimésis* demeure, quoi qu'il en soit, un mot-clef, à relier aux termes de la même famille : *mime, mimétisme, mimétique* (voir ci-dessous).

MIMÉTISME. (du grec *mimeisthai*, «imiter»). 1° Capacité qu'ont certaines espèces animales de se confondre avec le milieu environnant, en en imitant les formes ou la couleur. *Le mimétisme du caméléon.*

2° Tendance humaine à reproduire machinalement (ou sciemment) les gestes, les comportements, le langage d'autrui. Le mimétisme conduit en particulier à imiter le groupe, à rejoindre le troupeau, à suivre les modes, à adopter les idées dominantes, à reproduire ce qui se dit ou ce qui se fait de façon irréfléchie, simplement parce que ça se dit et ça se fait. Cette tendance s'oppose au désir de se singulariser, de se distinguer d'autrui, d'être «soi-même». On peut noter que les publicités flattent souvent la tendance mimétique pour créer des comportements d'achat collectifs, non sans procurer aux acheteurs potentiels l'illusion de la distinction en leur promettant des produits «personnalisés». Voir **Grégaire**.

Sur le *plan philosophique*, on peut renvoyer à la thèse de l'essayiste contemporain René Girard sur la «rivalité mimétique». Celui-ci fait de la tendance mimétique une composante essentielle du désir humain : on désire toujours ce que désire autrui. Par exemple, dans le conflit œdipien, R. Girard met en question l'analyse freudienne : ce n'est parce que le père et le fils désirent le même objet (la femme) qu'ils deviennent rivaux, c'est parce que le fils tend à imiter le père (à entrer en rivalité mimétique) qu'il se prend à désirer le même objet (la mère). Sur la pensée complexe de R. Girard, on peut renvoyer à son ouvrage majeur *La Violence et le Sacré*.

MINUS HABENS. *n. inv.* En latin : « qui a moins ». Se dit familièrement d'un individu très peu doté en matière d'intelligence... *C'est un minus habens.* Ou plus simplement : *c'est un minus. On nous traite en minus !*

MIROIR AUX ALOUETTES. *(sens propre)* Piège qui consiste à faire miroiter des morceaux de verre au soleil pour attirer les alouettes.

(sens figuré, très répandu) Réalité fascinante et trompeuse ; espoir illusoire par lequel on se laisse berner, par lequel on se fait « piéger ».

MISANTHROPE. *n. m.* et *adj.* (du grec *misein,* « haïr » et *anthrôpos,* « homme »). Personne qui déteste le genre humain. Par extension, qui fuit la société, recherche la solitude, évite le contact avec autrui. Antonyme : **Philanthrope** (qui aime l'humanité).

N.B. Le mot *misanthrope* est en général mis en parallèle avec le mot *misogyne* (qui déteste les femmes). En réalité, ces termes ne sont pas symétriques, le mot *misanthrope* renvoyant à l'*ensemble* des êtres humains (hommes et femmes). Le terme (rare) qui correspond à *misogyne* est le mot **misandre** (qui déteste la partie *masculine* du genre humain). Voir mots suivants.

MISÉRABILISME. *n. m.* Tendance littéraire (ou artistique) à représenter dans les œuvres les aspects les plus miséreux de la condition humaine. *Une séquence misérabiliste.*

MISÉRICORDE. *n. f.* (du latin *misere,* « misère » et *cor, cordis,* « cœur »)

1° *(sens ancien)* Attitude de compassion en vers ceux qui sont dans la misère (pauvreté matérielle, misère morale ou physique).

2° *(sens littéraire ou religieux)* Attitude de pitié et d'indulgence envers ceux qui sont coupables d'une faute (qui sont dans la misère *spirituelle*). *Le condamné en appelle à la miséricorde du Roi. Dieu, dans sa miséricorde infinie, peut pardonner aux pécheurs les plus endurcis.*

A noter que la notion de **miséricorde** s'oppose, d'une

certaine manière, à la notion de **justice**. La justice applique la loi, rend à chacun son dû ; la miséricorde va plus loin, elle dépasse la pure justice : le pardon est un don.

MIS(O)-. Préfixe issu du grec *misein*, « haïr ». Il entre dans la composition de **misandre** (qui méprise le sexe masculin), **misanthrope** (qui déteste les êtres humains), **misogyne** (qui déteste ou méprise les femmes), **misonéisme** (haine de tout ce qui est nouveau).

MISOGYNE. *adj.* et *n.* (du grec *misein*, « haïr » et *gûnê*, « femme »). Personne qui méprise les femmes, qui est hostile au sexe féminin dans son ensemble. *Un, une misogyne.* Ce mot est à rapprocher du mot *phallocrate* (homme qui, se prétendant supérieur aux femmes, les méprise et prétend avoir le droit de les dominer) : un phallocrate est misogyne. Mais la réciproque n'est pas vraie : tout misogyne n'est pas phallocrate. Au fond de la misogynie masculine, il y a souvent une peur des femmes qui n'exclut pas l'attirance envers la femme. D'autre part, seuls des hommes sont susceptibles d'être « phallocrates » (en principe...).

MISSIVE. *n. f.* Lettre expédiée à quelqu'un. Ce mot est une abréviation de l'expression **lettre missive**, qui a gardé un sens juridique (écrit envoyé à quelqu'un par la poste ou par l'intermédiaire d'un particulier). L'emploi de ce mot, de préférence à « lettre », a souvent une connotation d'officialité (ou de plaisanterie).

MITHRIDATISER. *v. tr.* Rendre insensible à un poison, à l'instar de Mithridate : celui-ci s'était si bien immunisé contre tout poison qu'il dut, pour se suicider, faire appel à un soldat qui l'acheva à l'épée. D'où, au *sens figuré* : rendre quelqu'un insensible à un mal, ou inconscient de sa nocivité. *Des spectateurs totalement mithridatisés par les images de violence à l'écran.*

MITIGÉ. *adj. (sens originel)* Adouci, atténué. Rendu moins strict. *Un zèle mitigé. (sens courant)* Incertain, mêlé, partagé. *Des sentiments mitigés* (nuancés ; mi-favorables, mi-défavorables). *Un accueil mitigé* (peu enthousiaste, mêlé de critiques). Ce deuxième sens, dû à l'influence de la première syllabe (*mi-*, perçue comme signifiant *moitié*) a été critiqué au départ, mais semble passé dans la langue.

MNÉMO-, -MNÈSE, -MNÉSIE. Racines issues du grec *mnêmê*, « mémoire » ou *mnêsis*, « souvenir ». Se trouvent dans **Mnémotechnique** (qui aide à retenir), **Amnésie** (perte de mémoire), **Amnistie** (pardon, «oubli» des infractions), **Anamnèse** (évocation volontaire du passé), **Hypermnésie** (exaltation pathologique, incontrôlée, de faits qu'on pense avoir vécus), **Paramnésie** (impression illusoire d'avoir déjà vu ; localisation erronée de souvenirs).

MOBILE. *n. m.* **Sens psychologique et juridique :** ce qui pousse à agir, ce qui détermine un acte. *Le mobile des actions humaines, pour La Rochefoucauld, est essentiellement l'amour-propre. Un bon détective doit toujours trouver le mobile du crime.* Le mobile se distingue du motif dans la mesure où il désigne *ce qui meut psychologiquement* une personne (— il est souvent une «motivation» cachée). Au contraire, le motif renvoie à une explication rationnelle, à une justification recevable. Bien entendu, nous trouvons souvent de «bons motifs» pour couvrir des actes dont les causes réelles sont, en réalité, des mobiles beaucoup plus troubles... Voir **Motif**.

MODALISATION. *n. f.* Ensemble de procédés stylistiques par lesquels un énonciateur traduit sa plus ou moins grande adhésion au contenu de son énoncé. La modalisation permet d'atténuer, de fortifier ou de nuancer ce que l'on dit, comme le montre par exemple la comparaison entre ces deux phrases : «*Cet élève n'a pas fait les efforts nécessaires*» / «*Il me semble que cet élève n'a pas fait les efforts qui auraient été nécessaires*».

• Au **sens strict**, la modalisation se traduit par l'emploi de certains adverbes (*bien sûr, peut-être, probablement, toujours, jamais*, etc.) et de certains verbes (*pouvoir, croire, devoir*) ou modes verbaux (conditionnel, subjonctif). Dans chaque cas, le choix fait par le locuteur manifeste un *jugement* qu'il porte sur ce dont il parle : «*Sans doute peut-on affirmer que*» (et non «j'affirme que»); «*j'ai cru devoir faire*» (et non «j'ai dû» ou «j'ai voulu»); «*les sondages pronostiqueraient la victoire d'Untel*» (et non pas «pronostiquent»).

• Au **sens large**, la modalisation regroupe tous les moyens plus ou moins explicites par lesquels le locuteur fait sentir sa position personnelle (exclamations, tonalité ironique, emploi de termes appréciatifs ou dépréciatifs) à travers son énoncé ; ou encore, réciproquement, sa volonté d'objectivité. Voir **Énonciation, Implicite, Présupposé**.

MODE. n. m. (du latin *modus*, « manière, mesure »). Manière générale dont se produit un phénomène, dont se déroule un processus, dont se présente un fait. Méthode selon laquelle se produit une action habituellement. *Mode de vie. Mode de production. Mode d'expression : le mode lyrique, le mode narratif.*

Le mot mode, *au masculin*, prend un sens particulier en musique (type de gammes et de distribution des tons) et en grammaire (manière dont le verbe exprime l'état ou l'action, et dont le sujet se situe par rapport au verbe). Dans l'un et l'autre cas, le mot renvoie à un système organisé, à un processus fonctionnel.

Cette remarque permet sans doute de préciser **la différence entre les deux mots « mode », le masculin et le féminin**, issus également du terme latin *modus*. Au *féminin*, *la* mode désigne essentiellement de nos jours des manières de vivre (de sentir, de parler, de « penser ») *passagères*, variables, dont l'exemple-type est donné par la mode vestimentaire (appelée directement « la mode ») ou encore par la consommation audiovisuelle (les films, les chansons « à la mode »). Au *masculin*, le mot *mode* désigne des formes plus structurées, des dispositifs plus constants, envisagés sous un angle souvent scientifique, ou du moins méthodique. Étudier *le* mode d'existence d'une catégorie sociale, par exemple, c'est chercher à cerner des processus qui vont bien au-delà des effets de *la* mode. On peut même, comme l'a fait Roland Barthes dans son essai *Système de la mode* tenter d'analyser *le* mode de fonctionnement de *la* mode.

MODÈLE CULTUREL. Manière d'être, de vivre, de penser qui apparaît comme dominante et « normale », comme significative, dans une société ou une civilisation donnée. La monogamie, par exemple, en Occident, est un modèle culturel. La valorisation du travail et du travailleur est un modèle culturel au sein de la classe ouvrière. De nouveaux comportements sociaux (le désir de consommer pour consommer, ou la tendance à vivre des loisirs actifs, créatifs) pourront être considérés par les sociologues comme des modèles culturels. Tout **système de valeurs** (voir ce mot) est une forme de modèle culturel. Deux remarques peuvent être faites à propos de ce concept :
— d'une part, le mot culture est ici pris au sens large (sens n° 2), qui intègre les mœurs, les modes de vie, les croyances ou les idéologies dominantes ;

— d'autre part, le mot modèle a dans cette expression un sens *beaucoup plus descriptif que normatif* : il s'agit d'un schéma de comportement, d'un système de vie ou de pensée dont l'observateur s'abstient de dire s'il est recommandable ou non. Notons cependant que la position de l'observateur et celle du citoyen ne sont pas les mêmes à ce sujet. Les « modèles culturels » valent ce qu'ils valent ; mais il faut reconnaître qu'aux yeux de l'individu, ils se présentent comme devant être suivis puisqu'ils sont l'expression de « ce qui se fait », de la « norme » sociale (voir le double sens du mot **norme**). Ainsi, les « modèles culturels », sans être « modèles » (moralement), ont un rôle socialement *normalisateur*, incitant au conformisme.

MODERNE. *adj.* Qui appartient à l'époque récente. Qui caractérise le temps présent. *La littérature moderne. La vie moderne. La ville moderne.* Qui, dans l'époque actuelle, semble spécifiquement contemporain, issu du progrès. *Un style moderne. Un appareil ultramoderne. Des idées modernes.*

• Les ambiguïtés du mot moderne viennent de ce qu'on l'emploie souvent en mêlant le jugement *de fait* (la délimitation dans le temps) et le jugement *de valeur* (la relation au progrès, la modernité comme supériorité). Les deux usages du mot, en outre, l'usage objectif (le moderne *comme fait*) et l'usage subjectif (le moderne *comme valeur*) posent chacun des problèmes :

— **Le moderne comme fait :** où s'arrête ce qu'on appelle l'époque ? À partir de quand faire débuter les temps modernes ? Cette question est épineuse dans la mesure où chaque époque se sent moderne par rapport aux temps qui l'ont précédée. Le mot *moderne* va ainsi s'opposer à l'*ancien*, au *classique*, voire même à l'*antique* (sans jugement de valeur), selon les contextes. *Un mobilier moderne* peut dater de quelques années (par opposition à un style ancien) ; l'*histoire moderne* est censée aller de la fin du Moyen Âge à la Révolution française (après quoi commence l'histoire *contemporaine* !) ; les *lettres modernes* désignent la littérature qui suit la culture gréco-latine... À vrai dire, quand on cherche à caractériser ce qui est moderne (le plus objectivement possible), on ne tarde pas à s'apercevoir que des époques passées répondent aux mêmes critères. En littérature, en peinture, en musique, on reconnaît vite des créateurs classiques qui sont *« criants de modernité »* ou «*étonnamment modernes*»; on pourra faire remonter les premières formes de sensibilité «moderne» à 1789, à 1820, à 1857, etc. À l'inverse, on peut enfermer la modernité dans des laps de temps si étroits (1950-1975) qu'on se sentira obligé de parler d'époque *post-moderne* pour les décennies qui suivent!...

— **Le moderne comme valeur.** Si la délimitation de ce qui est moderne et de ce qui ne l'est pas (ou plus) est objectivement si difficile, c'est que l'on associe souvent l'idée de **modernité** à l'idée de nouveauté et de progrès : tout le problème est de savoir si les critères retenus correspondent effectivement à des réalités nouvelles et à des progrès effectifs. Le **modernisme** est cette attitude qui consiste à toujours valoriser ce qui est moderne et à ne juger du passé qu'en fonction de son caractère «moderne», c'est-à-dire à penser que l'essentiel de ce qui est passé est dépassé.

• Les adversaires du modernisme fustigent au contraire le mot moderne en tentant de montrer que ce qu'on croyait un progrès se révèle une catastrophe. Globalement, le mot moderne a une connotation majoritairement positive (opposée à *archaïque*), en raison de l'assimilation que l'on fait entre les progrès techniques (que l'on constate) et le progrès humain (auquel on veut croire). La valorisation du mot moderne fait ainsi partie de l'idéologie courante des sociétés post-industrielles. Il faut y prendre garde.

MODIQUE. *adj.* De faible valeur, de faible importance. *Une somme modique. Vos notes modiques correspondent à la modicité de vos efforts.*

MODULER. *v. tr.* 1° **En musique :** reproduire une mélodie, des sons variés, en effectuant des «modulations», c'est-à-dire des changements de tons, ou d'intensité. Employé intransitivement, *moduler* signifie changer de tonalité au cours de l'exécution d'un morceau. Plus généralement, c'est l'idée de variation dans l'exécution qui caractérise le fait de moduler.

2° *Par extension,* le verbe *moduler* s'emploie dans divers domaines artistiques ou scientifiques. Un écrivain peut moduler un thème, un peintre peut moduler des couleurs : il s'agit à chaque fois de jouer d'inflexions variées. De même, en radioélectricité, on peut moduler la ou les fréquences d'un courant ou d'une onde : il s'agit toujours de faire varier.

3° *Moduler* signifie aussi adapter (quelque chose), avec souplesse, à différentes circonstances, à divers cas particuliers. Ce sens dérive logiquement du sens précédent : si l'on fait varier quelque chose, c'est pour obtenir divers effets, en fonction de différents objectifs. Moduler, c'est jouer de différents modes, distribuer divers moyens, adapter des méthodes à des objectifs. *Moduler les coefficients des épreuves à un examen. Moduler la répartition des subventions en fonction des besoins. Moduler les éléments d'un ensemble architectural.*

MODUS VIVENDI. Expression latine invariable qui signifie « manière de vivre ». La plupart du temps, il s'agit d'une sorte d'accommodement à une situation à laquelle on s'adapte tant bien que mal : *trouver un modus vivendi* (un compromis, une solution passable). En particulier, dans le cas d'un litige entre deux personnes, un *modus vivendi* représente un accord provisoire avant de régler les problèmes de fond.

MŒURS. *n. f. plur.* 1° **Coutumes, habitudes de vie, usages collectifs** (d'une société, d'un peuple, d'une catégorie sociale). Ce premier sens est neutre : il renvoie aux pratiques dominantes, aux modèles culturels, aux manières de vivre quotidiennes, ou aux façons de régler les grands moments de l'existence (le mariage, les relations entre les gens, la mort, l'organisation politique, etc.). Les mœurs, en ce sens, rejoignent le sens n° 2 du mot culture. Il s'agit pour ainsi dire de la civilisation même.

2° **Pratiques de vie morale d'une société.** Il s'agit ici d'envisager les mœurs (au sens précédent) du point de vue de leur *valeur*. On parlera de *bonnes* ou de *mauvaises mœurs* (notamment sur le plan de la conduite sexuelle). On hiérarchisera les mœurs barbares, les mœurs sauvages, les mœurs féodales, les mœurs policées, les mœurs austères, les mœurs relâchées, les mœurs simples, les mœurs raffinées, etc. Les mœurs impliquent souvent des conceptions *morales*; même lorsqu'on en parle de façon descriptive (au sens premier), il est rare qu'on ne laisse pas transparaître son étonnement, son approbation ou sa désapprobation. Aussi faut-il bien discerner, dans les textes, les glissements d'emploi du mot *mœurs*, du sens n° 1 au sens n° 2, et les connotations liées au contexte.

3° **Genre de vie particulier à un individu :** ses comportements habituels, ses coutumes préférées. Il est rare que l'on parle des mœurs d'un individu sans jugement moral positif ou, le plus souvent, négatif.

MOI. (*pron. personnel et nom masculin invariable :* nous nous limitons au nom masculin, le «moi»).

1° **Au sens courant,** le moi est ce qui constitue la personnalité originale, l'individualité d'un sujet, ce qui fait qu'il se distingue des autres (du «toi», du «nous», du «il») à ses propres yeux (même si, parfois, c'est là une illusion individualiste). Ce sens est le sens habituel, celui qui couvre la plupart des emplois de notre langage courant, chaque fois que nous disons «moi», «je», «moi, ceci, moi cela».

2° **Au sens moral,** fréquent dans la littérature, le «moi» représente la personne en tant qu'elle s'affirme par *opposition* aux autres, se préfère, s'aime, se considère, se centre sur elle-même. Les moralistes condamnent en général cette part du moi qui n'aime que soi : La Rochefoucauld analyse et dénonce l'amour-propre, Pascal déclare *«Le moi est haïssable»* et la littérature classique recommande à l'honnête homme de ne pas parler de soi. Au contraire, le romantisme rétablit l'importance, la préoccupation et même le culte du «moi». L'écrivain s'intéresse au sujet essentiel que représente sa propre personne, chante ses sentiments, cultive sa «différence», s'exhibe dans son œuvre, et fait de l'écriture le moyen d'édifier son moi en l'exprimant. Le roman est souvent autobiographique.

3° **En philosophie,** le «moi» désigne le sujet pensant, l'âme en tant que conscience, unique et distincte de tout ce qui est autre. Dire «je pense» suffit à s'affirmer à la fois comme être pensant et comme sujet. Selon les philosophes, cependant, la notion de moi peut être assez variée. On dit aussi l'*ego*. Voir **En soi**.

4° **En psychanalyse,** le **Moi** représente une des trois instances psychiques fondamentales, avec le **Ça** et le **Surmoi**. Il est d'abord une résultante du Ça et du Surmoi : les pulsions diverses du Ça d'un part, les impératifs venus de l'éducation (et qui forment le Sur-moi) d'autre part, entrent en conflit dès le plus jeune âge dans la conscience naissante du sujet. Le Moi se constitue ainsi peu à peu, à partir du Ça, en *intégrant* les influences de la réalité extérieure (les interdits, les modèles positifs, les structures socioculturelles qui le conditionnent) : *Là où « ça » est*, dit Freud, *le «moi» doit advenir*. Mais en même temps qu'il se constitue *avec* le

Ça et le Surmoi, le Moi se constitue *contre*. La conscience, noyau du moi, prend en principe de plus en plus d'autonomie par rapport aux poussées inconscientes (auxquelles le Moi apprend à résister, selon des mécanismes parfois eux-mêmes inconscients), aux divers déterminismes, aux impératifs moraux ou sociaux : le Moi joue le rôle de médiateur entre les autres instances ; il filtre les influences, il *choisit* entre elles ; il se donne à lui-même peu à peu son propre modèle, l'**Idéal du Moi**, en intériorisant certains modèles, en en refusant d'autres, même si ce processus n'est pas totalement conscient. Ainsi, le Moi reste toujours en interaction avec le Ça et le Surmoi ; il s'en nourrit comme il s'en défend, plus ou moins consciemment ; dans le meilleur des cas, il prend de plus en plus d'autonomie, de maîtrise consciente, de capacité à se construire originalement (— à se vouloir, à se juger et à se penser, ce qui nous ramène aux sens 2 et 3 du mot). Peut-être faut-il conclure que le moi n'est jamais une simple donnée, mais une conquête de la personne. Voir **Liberté**.

MOLESTER. *v. tr.* Maltraiter, physiquement, faire subir des violences, malmener. *Les voyageurs ont été molestés par une bande de voyous.*

MONARCHIE. *n. f.* (du grec *monos*, « un seul » et *arkhê*, « pouvoir »). Régime politique dans lequel un seul individu détient le pouvoir (qu'il peut exercer, naturellement, par le biais de délégués). Cette définition, conforme à l'étymologie, est cependant trop large dans la mesure où elle convient aussi pour la dictature ou la tyrannie ; aussi faut-il préciser qu'une monarchie est le plus souvent gouvernée par un roi héréditaire et que, même dans le cas d'une monarchie absolue, divers éléments institutionnels viennent tempérer le pouvoir du roi. Il peut s'agir d'une Constitution originelle qui limite l'autorité du prince, d'un Parlement devant lequel le monarque doit répondre de ses décisions (monarchie parlementaire), ou encore de corps intermédiaires qui, dans le royaume, peuvent faire contrepoids au pouvoir royal. Selon Montesquieu, par exemple, la classe des nobles (animés par le sens de l'honneur et le souci objectif du bien du royaume) est le corps essentiel qui peut faire fonctionner utilement une monarchie en tempérant l'autorité du monarque.

MONDE. *n. m.* Au **sens religieux, classique**, ensemble de la vie terrestre profane, avec ses attachements matériels ou sociaux, ses passions, ses modes, etc. *Se détacher du monde pour se consacrer à Dieu. Le chrétien doit vivre « dans » le monde sans être « du » monde.* Voir **Siècle**.

Ce « monde » dont doit se détacher l'homme religieux est en particulier au XVIIe siècle le monde du pouvoir politique, de la Cour, des Salons : bref, de la société brillante et luxueuse que formaient les classes privilégiées. D'où le sens plus précis de « *beau monde* », où vivent « *les grands de ce monde* ». Ces deux sens du mot « monde » se retrouvent dans l'adjectif *mondain* à l'époque classique.

MON(O)-. Racine issue du grec *monos-*, « seul, unique » et qui sert de préfixe dans de nombreux mots : **Monarchie** (voir ci-dessus), **Monogamie** (mariage où chacun a un seul conjoint, par opposition à la **polygamie**), **Monologue** (voir ci-dessous), **Monographie** (étude détaillée écrite sur un seul sujet précis), **Monomanie** (obsession, idée fixe), **Monopole** (voir ci-dessous), **Monothéisme** (voir ci-dessous), **Monotone** (qui est sur le même ton — cf. *monocorde* — et donc, qui ennuie par son uniformité). La racine *Mono-* demeure un préfixe très vivant, comme l'attestent les mots récents *monobloc, monochrome, monocoque, monoculture, monocyte, monoparental, monoprix*. L'antonyme, très répandu aussi, est **Poly-** (« plusieurs »).

MONOLOGUE. *n. m.* (du grec *monos*, « seul » et *logos*, « parole »).

1° **Au théâtre,** dans un moment crucial, scène au cours de laquelle le personnage, seul, exprime à voix haute ce qu'il pense et ressent. Le personnage parle comme s'il était seul face à lui-même, mais c'est bien sûr une convention qui permet à l'auteur de faire connaître aux spectateurs les états d'âme, les conflits intérieurs ou les intentions secrètes qui animent le protagoniste. On peut citer comme exemple la méditation de Hamlet, « *To be or not to be, that is the question* », ou bien, dans le genre comique, le discours fou d'Harpagon dépossédé de sa cassette. Le monologue se distingue de la **tirade** (long discours ininterrompu, mais adressé à des interlocuteurs) et de l'**aparté** (courte réplique que le personnage s'adresse à lui-même sans être entendu de ses partenaires, mais perçu par le public). La plupart des monologues sont particulièrement soignés par les auteurs, constituant ce qu'on appelle des *« morceaux de bravoure »* dans lesquels les comédiens exercent pleinement leur talent.

2° **Dans la vie courante,** on appelle souvent monologue un long discours d'une personne qui ne laisse pas parler ses interlocuteurs (et a tendance à s'écouter parler). Mais le mot s'emploie aussi, de façon conforme à l'étymologie, pour évoquer le comportement de quelqu'un qui se parle à soi-même, qui pense à voix haute (dans la solitude, ou en déambulant sur le trottoir). Voir **Monologue intérieur** et **Soliloque**.

MONOLOGUE INTÉRIEUR. 1° Longue suite de pensées incessantes qui se déroulent comme un monologue, un soliloque intérieur, dans la conscience d'une personne.

2° **Dans la littérature romanesque,** technique par laquelle le romancier, au lieu d'analyser les états successifs de la conscience de son personnage en parlant de lui à la troisième personne (en gardant sa distance de narrateur), nous fait entrer directement dans le flux d'impressions et de pensées qui se déroulent dans la conscience du personnage, avec leur spontanéité et leur désordre apparent de paroles inachevées, dites à la première personne du singulier.

Le fait de faire monologuer le personnage, au cours d'un récit, est ancien. Stendhal y recourt lorsqu'il écrit par exemple : *« Le comte était amoureux. Si la duchesse part, je la suis, se disait-il ; mais voudra-t-elle de moi à sa suite ? Voilà la question ».* Mais la technique du monologue intérieur va plus loin : elle ne fait pas la distinction entre le cours du récit et la subite plongée dans le for intérieur du personnage ; et, d'autre part, elle ne fait pas parler celui-ci en phrases bien léchées et en quelque sorte «écrites» : on a droit au contraire à un flux verbal, au fil des associations d'idées du héros. C'est James Joyce qui a véritablement mis au point ce procédé (*Ulysse*, 1922).

MONOPOLE. *n. m.* (du grec *monos*, «seul» et *pôlein*, «vendre»).

Sens propre : régime de droit ou de fait qui permet à un individu, à une entreprise ou à un organisme public d'être le seul à pouvoir fabriquer et vendre certains biens, ou exploiter certains services. *Avoir le monopole mondial du commerce du diamant. La SNCF a le monopole du voyage par train en France. Le rêve du capitaliste, c'est d'avoir le monopole d'un produit et de devenir maître du marché.*

Sens figuré : privilège exclusif, que l'on a ou que l'on se donne, en général sur des biens moraux. *Le Parti communiste s'attribue le monopole de la défense des travailleurs.* *« Vous n'avez pas le monopole du cœur, Monsieur Mitterrand ! »* (V.G. d'Estaing, 1974). Le verbe **monopoliser** correspond aux deux sens, concret ou figuré, du mot *monopole*. Il signifie « accaparer ; s'octroyer (quelque chose) sans souffrir de partage ».

MONOTHÉISME. *n. m.* (du grec *monos*, « unique » et *theos*, « Dieu »). Croyance en un Dieu unique. L'Islam, le Judaïsme, le Christianisme sont des monothéismes. Antonyme : **Polythéisme**.

MORALE. *n. f.* 1° **Sens philosophique** : science du bien et du mal. Étude des actions humaines du point de vue de ce qui est bien et de ce qui est mal. Recherche de règles de conduite universellement vraies (ne pas tuer, ne pas mentir, respecter autrui, être juste). Doctrine (morale) qui en résulte : la morale de Platon, la morale stoïcienne, la morale chrétienne. Dans tous ces sens, le mot *morale* est synonyme du mot **Éthique**.

2° **Sens général** : ensemble des règles de conduite et des systèmes de valeurs que respectent un groupe humain, un individu. La morale, dans ce sens, peut découler de conceptions approfondies par les penseurs ou les philosophes (la morale chrétienne est édictée, par exemple, à partir des réflexions des théologiens ou des prêtres) ; mais elle peut aussi regrouper un ensemble de préceptes ou de normes sociales qui s'imposent aux individus d'une société donnée, indépendamment de leur réflexion propre. Tels actes se font ou ne doivent pas se faire, sous peine de réprobation sociale. Les morales, les systèmes d'interdits et d'obligations, peuvent être de nature très différente d'une société à une autre, d'une catégorie sociale à une autre. Voir **Déontologie**.

3° **Sens didactique** : leçon que l'on tire d'une histoire, d'une fable, d'une réflexion sur un événement. La morale, dans ce sens, est une leçon de morale pratique, visant à l'édification de l'individu à qui l'on « fait la morale ». Voir **Moralité** (sens n° 2).

MORALISTE. *n.* Penseur ou écrivain qui étudie les mœurs, réfléchit sur les conduites ou sur la psychologie des hommes, s'interroge sur la nature humaine. Montaigne,

Pascal, La Bruyère ou Vauvenargues sont d'importants moralistes. On notera la différence entre les mots **moraliste** et **moralisateur**. Le moralisateur fait la morale, veut édifier ou condamner. Le moraliste, lui, réfléchit en profondeur sur les conduites humaines et sur leurs règles apparentes ou cachées. Cela dit, les moralistes ne se contentent pas d'écrire pour le simple plaisir de frapper des formules : ils ont pour la plupart le désir de conduire leurs lecteurs à une certaine sagesse, à une méditation sur soi-même, à un regard critique sur les «folies» humaines.

MORALITÉ. *n. f.* 1° Caractère moral d'une action, d'une attitude, d'une personne. En particulier, conformité d'une existence aux préceptes de la morale (honnêteté, conscience professionnelle, correction des mœurs). *Un homme d'une moralité au-dessus de tout soupçon. Une conduite d'une moralité suspecte.*

2° Leçon morale que l'on peut tirer d'un récit ou d'un événement. *La moralité d'une fable. Moralité : ne brûlez pas les feux rouges.*

3° Au Moyen Âge, on appelle «moralité» une courte pièce de théâtre destinée à l'édification morale des spectateurs (elle peut s'achever par une moralité au sens n° 2).

MORATOIRE. *n. m.* Délai légal qui est accordé en surplus à un débiteur, pour qu'il puisse s'acquitter plus tard de sa dette. Par extension, délai que l'on se donne (ou que l'on reçoit) avant de poursuivre une activité. *Le moratoire que la France s'accorde avant d'entreprendre une nouvelle campagne de tirs nucléaires.*

MORBIDE. *adj.* 1° Relatif à la maladie, pathologique. *Un état morbide.*

2° Qui dénote des tendances malsaines, ou un certain déséquilibre psychique. *Des goûts, des tendances morbides. La fascination de cet écrivain pour les scènes sadomasochistes a quelque chose de morbide.*

N.B. Bien que la morbidité puisse s'accompagner de fantasmes funèbres, ce mot n'a rien à voir avec le mot «mort».

MORGUE. *n. f.* Au **sens psychologique** : attitude hautaine et méprisante, prétentieuse et arrogante. *Voltaire a souvent ironisé sur la morgue des aristocrates, les grands et les petits.*

MORIBOND. *adj.* et *n.* Qui est près de mourir. Agonisant, mourant. *Le râle d'un moribond. Elle était moribonde.* Le terme peut s'employer métaphoriquement : *« le soleil moribond »* (Baudelaire).

MORIGÉNER. *v. tr.* Réprimander de façon sentencieuse, sermonner. *Morigéner un jeune homme insouciant.*

MORPH(O)-, -MORPHE, -MORPHISME. Racines issues du grec *morphê*, « forme », qui entrent comme préfixe ou suffixe dans la composition de nombreux mots : **Amorphe** (littéralement : « qui n'a pas de forme »), **Anthropomorphisme** (projection de formes humaines, voir ce mot), **Isomorphe** (qui a la même structure), **Métamorphose** (changement de forme), **Morphème** (unité formelle minimale de signification dans la langue), **Morphologie** (voir ci-dessous), **Polymorphe** (qui présente plusieurs formes — au concret comme au figuré), **Zoomorphique** (qui présente la forme d'un animal).

MORPHOLOGIE. *n. f.* (du grec *morphê*, « forme » et *logos*, « discours, étude »).

1° Étude des formes et de la structure externe des êtres vivants. Configuration apparente d'un organisme. *La morphologie animale. La morphologie particulière d'un organe.*

2° Apparence générale du corps humain. *La morphologie d'un athlète.*

3° En **linguistique**, étude de la forme des mots, des « morphèmes » qui les constituent, des variations de leurs désinences (déclinaisons, conjugaisons, etc.). La morphologie se distingue de la syntaxe.

N.B. La **géomorphologie** étudie plus précisément la surface de la terre et les évolutions de son relief. La **morphopsychologie** étudie la relation entre les caractères morphologiques d'un individu et sa psychologie ; l'étude des traits du visage y est prépondérante.

MOTIF. *n. m.* 1° Raison que l'on a d'agir, d'entreprendre quelque chose. Le motif se présente en général comme une explication de nature intellectuelle (cause explicite, intention précise, justification morale). En cela, il se distingue du **mobile**, qui renvoie à la réalité psychologique (passions, impulsions, affections) et semble souvent plus trouble (voir ce mot). Il se distingue aussi du mot **motivation**, qui inclut les tendances inconscientes dans l'explication de nos actes (voir ce mot).

2° **Sens juridique** (souvent au pluriel) : ensemble de raisons par lesquelles on justifie une décision. Par extension, les motifs peuvent être les raisons successives sur lesquelles on s'appuie pour établir un raisonnement philosophique, un jugement moral, une décision politique, etc.

3° **Sens esthétique :** sujet ou thème sur lequel porte une œuvre d'art. En peinture, sujet d'un tableau (le type de paysage qu'il reproduit, par exemple). En architecture, ornement particulier, souvent répété pour des raisons décoratives. En musique, élément mélodique ou rythmique, phrase musicale caractéristique qui sera plusieurs fois reprise (voir **Leitmotiv**). Comme synonyme de *thème*, le mot *motif* peut être employé métaphoriquement dans divers autres domaines (roman, film, ouvrage dramatique : le motif pourra être un élément narratif, un type de séquence, une situation obsédante).

MOTIVATION. *n. f.* Ce qui explique une conduite, un acte, une attitude. Selon les emplois de ce mot, l'explication peut être plus ou moins profonde (voir les mots **Mobile** et **Motif** qui, l'un et l'autre, peuvent entrer dans le cadre de ce qu'on appelle **Motivation**). Ainsi, la motivation peut être le motif que l'on donne pour expliquer ou justifier une action. *Quelle est votre motivation ? Pour postuler à ce poste, on me demande une lettre de motivation.*

Mais la motivation peut être aussi le facteur plus profond, impulsif, qui conduit à un acte. Par exemple, dans les «études de motivation», on procède à une analyse de la psychologie du consommateur qui révèle la complexité des raisons qui motivent l'acte d'achat : le client peut croire acheter un produit pour son utilité (tel est le «motif» qu'il se donne), alors qu'il désire l'acquérir pour s'identifier à une image de marque, se donner une «personnalité» valorisée par la publicité (c'est là son «mobile» semi-conscient).

Plus profondément encore, la motivation peut être une force *totalement inconsciente* qui détermine le sujet à agir sans qu'il sache pourquoi. Par exemple, un sentiment de culpabilité inconscient conduit un individu à se placer en situation d'échec; il protestera officiellement contre le mauvais sort qui le poursuit ; mais en réalité, il a cherché ce qui lui arrive par «besoin de punition». La motivation devient, dans ce sens, la détermination qui fait agir les gens à leur insu (voir **Déterminisme**).

MULTI-. Racine d'origine latine qui signifie «abondant, nombreux». Elle entre dans la composition de termes... multiples : **Multicolore**, **Multidimensionnel** (qui a plusieurs dimensions, au concret comme au figuré), **Multilatéral** (voir le mot **Bilatéral**), **Multinational** (se dit des grandes firmes dont l'activité économique s'étend sur de nombreux pays), **Multiracial** (relatif à plusieurs races). *Multi-* est en concurrence avec *Pluri-* et *Poly-*.

MULTIMÉDIA. *n. m.* Regroupement des grands supports de la communication moderne : l'écrit, l'audiovisuel, l'ordinateur, les réseaux de télécommunication. *Nous sommes à l'ère du multimédia.*

Les progrès de la technologie permettent, de nos jours, de traduire toutes les données de l'information en langage numérique. Il suffit donc de relier un ordinateur (personnel ou non), capable de décrypter ou de produire ce langage, aux multiples moyens de télétransmission modernes (câblés ou non), pour mettre en communication immédiate des êtres humains disséminés sur le globe, ou les connecter à toutes sortes d'organismes susceptibles d'échanger des données. Le *multimédia* désigne à la fois cet ensemble de possibilités et l'appareillage technologique qui permet leur réalisation.

MUSES. *n. f.* 1° *Dans la mythologie grecque,* chacune des neuf déesses, filles de **Zeus** (dieu suprême) et de **Mnémosyne** (déesse de la Mémoire) qui avaient pour tâche de présider aux arts. Les neuf Muses sont **Clio** (l'histoire), **Calliope** (l'éloquence), **Melpomène** (la tragédie), **Thalie** (la comédie), **Euterpe** (la musique), **Terpsichore** (la danse), **Érato** (l'élégie), **Polymnie** (le lyrisme) et **Uranie** (l'astronomie). **Apollon** (dieu de la Beauté, de la Lumière, de la Sérénité) les aidait dans cette tâche.

2° *Par extension,* les Muses ou la Muse représentent l'inspiration poétique. Le poète en appelle aux Muses, il les invoque pour être inspiré. On appelle parfois muse (avec un «m» minuscule) une femme qui inspire particulièrement un poète : *Elsa fut la muse d'Aragon.* Voir **Égérie**. Dans *Les Nuits*, Musset présente ses méditations sur lui-même comme un dialogue entre la Muse et le Poète. C'est elle qui lui déclare *«Poète, prends ton luth, et me donne un baiser»*, et le pousse à transformer sa douleur en poésie : *«Les plus désespérés sont les chants les plus beaux».*

MUTATIS MUTANDIS. Expression latine qui signifie «*en changeant ce qui doit être changé*». S'applique à des textes ou à des projets dont le principe ou le contenu est satisfaisant, et dont il y a simplement à modifier des éléments partiels ou des modalités. *Voici la première rédaction du contrat, qui devrait convenir, mutatis mutandis.* Expression synonyme : «*l'un dans l'autre*».

MUTISME. *n. m.* (du latin *mutus*, «muet»). *(sens médical)* Refus ou incapacité pathologique de parler, par suite de troubles psychiques. *Le mutisme d'un enfant autiste.* L'aphasie, elle, vient plutôt de lésions organiques.
(sens courant) Attitude de quelqu'un qui ne veut pas s'exprimer et garde le silence. *Il s'enferme dans son mutisme. Un mutisme éloquent.*

MYRIADE. *n. f.* (du grec *murias*, «dix mille»). Quantité innombrable, qui comporte des dizaines et des dizaines de mille, indéfiniment. *Des myriades de poissons, d'oiseaux, d'étoiles.*

MYSTÈRE. *n. m.* (à partir du grec *mustêrion*, de *mustês*, «initié»).

1° **Sens religieux :** dans l'*Antiquité,* culte religieux réservé à des initiés, et donc secret, tenu caché au reste des mortels. Les rites *initiatiques* (voir ce mot) permettaient de connaître les «mystères». Dans la *religion chrétienne*, le mot mystère prend un sens théologique : il s'agit des dogmes révélés, indémontrables par la raison, sur lesquels repose la foi chrétienne. Le mystère garde son sens de réalité secrète, cachée, «mystérieuse» aux yeux des hommes, dans la mesure où sa nature est incompréhensible. Il est incompréhensible par exemple, d'un point de vue logique, que la Trinité soit «un seul Dieu en trois Personnes», que Dieu puisse revêtir la nature humaine tout en gardant sa nature divine (mystère de l'Incarnation) ou qu'il ait fallu le sacrifice d'un Fils de Dieu pour sauver les hommes (mystère de la Rédemption). Pour Pascal, les mystères sont incompréhensibles en eux-mêmes mais permettent de comprendre la condition humaine ; ils aveuglent l'esprit qui les regarde en face, mais rendent lumineuses les réalités qu'ils sont chargés d'éclairer.

2° **Sens courant :** ce qui est caché, secret, difficile à comprendre ou à jamais incompréhensible, obscur, énigmatique. On retrouve toute cette gamme de sens dans l'adjectif **mystérieux**.

3° **Sens littéraire :** au Moyen Âge, le mystère est une représentation dramatique d'inspiration religieuse. Les acteurs y jouaient divers épisodes de la vie du Christ, la Nativité (la naissance), la Passion, la Résurrection, ou encore des scènes tirées de la vie des saints. Ces spectacles mêlaient à l'évocation de thèmes surnaturels ou mystiques des scènes très réalistes ou même comiques, qui plaisaient au public populaire (lequel participait souvent au déroulement de la cérémonie).

N.B. Ce sens du mot mystère n'a pas de point commun avec le sens théologique.

MYSTICISME. *n. m.* (du latin *mysticus*, issu du grec *mustikos*, « relatif au mystère »).

1° Croyance religieuse ou philosophique en la possibilité d'une union intime et directe de l'être humain avec la divinité. Recherche de cette union par la prière, par la méditation ou la souffrance, par l'extase où l'âme fusionne avec Dieu (le mot *extase*, en grec, signifie « être hors de soi »). *Le mysticisme chrétien. Le mysticisme bouddhiste, à la recherche du nirvâna.*

Sans qu'il y ait nécessairement recherche d'extase, on peut parler de mysticisme à propos des croyants dont la foi est intense, intuitive, exigeante, et qui recherchent l'exaltation intérieure. D'où parfois l'emploi péjoratif du mot (synonyme de foi aveugle, irrationnelle, illuminée).

2° Attitude générale, en matière de croyance ou de doctrine philosophique (ou politique), qui se fonde sur une adhésion intuitive, sur le sentiment plutôt que sur la raison. Cette attitude sacralise ce en quoi elle croit, même s'il s'agit d'une aspiration athée. Par exemple, le *mysticisme révolutionnaire* consiste à croire avec exaltation que la révolution assurera immédiatement le bonheur des hommes enfin libérés. On a pu parler, de même, de mysticisme scientifique à propos du scientisme. Voir **Mystique**.

MYSTIFIER. *v. tr.* Tromper quelqu'un, abuser de sa crédulité (en général pour s'amuser à ses dépens). La **mystification** peut concerner des personnes individuelles ou des groupes humains. Le **mystificateur** peut user de différents leurres, stratagèmes, mensonges. Mais la mystification peut être aussi une illusion de nature générale, abstraite, proche du mythe ou de la mythologie. Les verbes *mystifier* et *démystifier* s'emploient également dans ce cas à propos des *personnes* mystifiées. Mais attention de ne pas confondre ici le verbe *mystifier* (qui concerne les personnes abusées) et le verbe *mythifier* (qui concerne les réalités, les valeurs ou les êtres auxquels est conféré le statut de mythes). Voir **Démystifier/Démythifier**.

MYSTIQUE. *adj.* et *n.* (du latin *mysticus*, issu du grec *musticos*, « relatif aux mystères »).

1° *Comme adjectif.* **Qui est relatif aux mystères** (au sens n° 1) : caché, supposant une initiation, ayant un sens secret, allégorique, religieux. *Les sacrements ont un sens mystique. L'Église est le corps mystique du Christ* (elle le symbolise, elle en est l'incarnation spirituelle). Dans ce sens, l'adjectif *mystique* peut s'employer hors de la religion, dans le domaine poétique par exemple, pour évoquer des réalités qui ont un sens symbolique, un sens spirituel caché (emploi fréquent chez Baudelaire). **Qui est relatif au mysticisme** (au sens n° 1). *Les pratiques mystiques. L'intensité mystique de leurs croyances. Des personnes mystiques, ferventes, qui ont l'esprit tourné vers le divin.*

2° *Comme nom.* Personne qui s'adonne au mysticisme, qui est préoccupée par les questions religieuses, qui cherche la présence du divin. *Un mystique, une mystique. Un véritable mystique regarde et interprète les choses de ce monde avec les yeux de la foi. Les saints sont en général des mystiques ; la réciproque n'est pas vraie.* Le mystique est parfois accusé de vivre hors du réel.

3° *Comme nom féminin.* La mystique est l'ensemble des croyances et des pratiques intensément vécues par les mystiques. Par extension, **une mystique** représente une foi intense et absolue dans une réalité ou une idée à laquelle on croit (en dehors du domaine religieux). *La mystique du peuple. La mystique de la fraternité universelle.* Dans ce sens, l'emploi du mot est souvent péjoratif ; il incrimine une attitude de foi aveugle, dogmatique, irrationnelle, refusant toute critique. *La mystique gaulliste en a aveuglé plus d'un.*

MYTHE. *n. m.* (du grec *muthos*, « récit, fable »).

1° Récit imaginaire, d'origine populaire ou littéraire, qui met en scène des personnages extraordinaires, surhumains ou divins, dont les événements fabuleux ou légendaires tantôt retracent « l'histoire » d'une communauté, tantôt symbolisent des aspects de la condition humaine, tantôt traduisent les croyances, les aspirations ou les angoisses de la collectivité pour laquelle ce mythe a un sens. L'ensemble des mythes d'une civilisation forme une mythologie, la *mythologie grecque* par exemple.

Le récit légendaire qu'est un mythe peut venir d'auteurs inconnus, faire partie d'une tradition orale, ou être forgé ou développé par des auteurs précis, dans des œuvres littéraires (poétiques ou théâtrales). Mais dans l'un et l'autre cas, le mythe représente une vision du monde, une interrogation, une nostalgie de *dimension collective*. Le mythe de Prométhée dérobant le feu, le mythe d'Œdipe tuant aveuglément son père et épousant sa mère, le mythe de Faust vendant son âme au diable, sont des histoires symboliques dans lesquelles des sociétés reconnaissent des vérités profondes de leur histoire, de leur philosophie, ou de l'humanité même. L'étude des mythes constitue une branche importante de l'**anthropologie**.

2° **Au sens philosophique,** le mythe est un *récit poétique*, une sorte d'allégorie qu'emploie un auteur pour traduire sa pensée de façon expressive. C'est le cas du mythe de la caverne, élaboré par Platon pour expliquer que notre monde «réel» n'est qu'un reflet du monde des Idées.

3° On peut intégrer à ce sens **le mythe comme rêverie utopique**, comme représentation idéalisée que se font certains écrivains des différents âges de l'Humanité. C'est le cas du mythe de l'*Âge d'or* ou du mythe du *Paradis perdu*, qui ne sont pas donnés comme des récits d'une histoire authentique, mais comme des Images idéales d'un monde qu'il faudrait reconstruire ou retrouver.

4° **Au sens actuel,** le mythe désigne une représentation simplifiée et amplifiée de la réalité, qu'il s'agisse de la réalité d'un personnage historique *(le mythe napoléonien)*, d'un événement dont on grossit l'importance *(le mythe de la Résistance française)*, d'un phénomène technique ou social *(le mythe du progrès)*. Le mythe, faisant partie des croyances et de l'idéologie d'une société, peut alors agir sur le comportement des individus. Un homme politique voudra par exemple fonder une campagne électorale sur le mythe de l'Homme providentiel qu'il est censé incarner pour sauver le pays.

Dans son ouvrage, *Mythologies*, Roland Barthes a montré que les mythes ne sont pas des produits du hasard, issus de la nature des choses. Ils représentent souvent *un moyen de mystifier l'imaginaire collectif,* en présentant comme naturelles des conceptions ou des visions du monde qui sont le produit de l'histoire. Le moindre discours social est empreint d'une mythologie qui n'est souvent que de l'idéologie, et qu'il faut «démythifier».

5° Le mot mythe s'emploie enfin, péjorativement, pour évoquer une pure construction de l'esprit, une idée totalement irréelle, par laquelle on a pu être provisoirement séduit. *Ce n'est qu'un mythe !* Voir **Utopie**.

MYTHOLOGIE. *n. f.* 1° Ensemble des mythes d'une civilisation donnée, des légendes propres à un peuple. Voir le mot **Mythe** (au sens n° 1).

2° Ensemble mythique caractérisant un objet, une notion, une réalité, un personnage, tels qu'ils peuvent être perçus ou présentés. *La mythologie du steak-frites en France. La mythologie du sport. La mythologie du battant.* Ce sens correspond assez bien à ce qu'a voulu analyser Roland Barthes dans l'ouvrage cité ci-dessus (sens n° 4 du mot *Mythe*).

3° Étude critique des mythes, science des mythologies (au sens n° 1).

MYTHOMANE. *adj.* et *n.* Personnage qui ne cesse de fabuler, de raconter des histoires où se mêlent le vrai et le faux, qui se crée ainsi un mythe constant de sa propre vie, en en persuadant les autres. La **mythomanie** est en principe pathologique.

NAGUÈRE. *adv.* (littéralement : « il n'y a guère »). Il y a peu de temps ; il y a quelque temps. Cet adverbe s'oppose à **autrefois** ou à **jadis** (comme l'indique le titre d'un recueil de Verlaine, *Jadis et naguère*). C'est donc à tort qu'on le trouve parfois employé pour faire état d'un passé ancien, comme s'il fallait, au siècle de la vitesse, que le moindre temps passé soit immédiatement ressenti comme définitivement révolu…

NAÏF. *adj.* (du latin *nativus*, « donné par la naissance, naturel »).

1° *(sens général)* Se dit de ce qui représente les choses telles qu'en leur commencement, c'est-à-dire naturelles, spontanées, sans artifice. Montaigne, par exemple, dans l'avant-propos de ses *Essais*, déclare vouloir se montrer dans sa *« forme naïve »* (sa manière d'être naturelle). Le **style naïf,** genre cultivé par Marot et La Fontaine, cherche à imiter une sorte d'état naissant de la langue, spontané et sans artifice, dans lequel les archaïsmes se veulent des fidélités aux formes originelles du langage. L'**art naïf,** en peinture, au début du XXe siècle, cherche à retrouver la vision naturelle de l'enfance, aux antipodes de l'art savant (qu'il soit académique ou d'avant-garde). Le Douanier Rousseau, autodidacte, est le représentant le plus connu de cet art (1844-1910).

2° *(sens courant,* appliqué aux personnes). Qui est simple, confiant, sincère, crédule, faute d'expérience. Candide, ingénu (voir ces mots). Dans ce sens, le mot peut être employé comme substantif : *un naïf, un grand naïf.*

N.B. Le terme est souvent employé péjorativement, pour marquer une innocence ou une ingénuité excessives. *Dans un siècle sans idéal et sans scrupule, il n'est pas bon d'être naïf.*

NANTI. *adj.* et *n.* Qui est bien pourvu, qui ne manque de rien. Le mot désigne souvent les riches, les bourgeois, par opposition aux prolétaires, aux pauvres. Il a été souvent employé, en particulier, pour opposer les pays riches, ou nantis, aux pays en voie de développement.

NARCISSISME. *n. m.* (de Narcisse, personnage de la mythologie grecque : jeune homme de grande beauté, il tomba amoureux de sa propre image, reflétée dans l'eau d'une fontaine. Ne pouvant satisfaire sa passion, il mourut de désespoir, figé dans sa propre contemplation, et fut transformé, sur place, en la fleur qui porte son nom).

Tendance plus ou moins prononcée à la contemplation de soi ; besoin de s'admirer dans les images de soi qu'on donne aux autres. Le narcissisme est souvent physique (on se plaît à se regarder dans les glaces ou dans divers reflets de soi ; on est préoccupé sans cesse de son image) ; mais il est souvent aussi moral (souci de sa réputation ; désir d'éblouir par ses œuvres — littéraires ou non ; amour de soi qui s'infiltre dans la pratique même de la vertu). Voir *L'Erreur de Narcisse* (Lavelle).

La psychanalyse insiste sur le narcissisme comme nécessaire à la constitution naturelle du «moi» (c'est son abus, son excès, qui serait pathologique). Il y aurait deux stades narcissiques. Le narcissisme de l'enfant (narcissisme primaire) consiste en ce qu'il se prend lui-même pour objet d'amour, se connaît ainsi comme être global et unique, ce qui favorise la constitution du «moi» (à travers l'expérience que Lacan appelle «le stade du miroir»). Le narcissisme adulte (ou narcissisme secondaire), serait une structure psychique permanente (mais réactivée par certains événements) équilibrant l'amour des autres. En vulgarisant cette conception, on peut dire qu'il faut s'aimer pour aimer les autres : tout est affaire de balance, de degré. Voir le mot **Moi**.

NARQUOIS. *adj.* Moqueur, malicieux, ironique, avec quelque chose de provocateur. *Un sourire narquois. Un air narquois. Une lueur narquoise au coin de l'œil. Un personnage perpétuellement narquois.*

NARRATEUR. *n. m.* Celui qui prend en charge la narration d'un roman ; celui qui est censé rapporter ce qui est raconté. Il importe ici de distinguer l'*auteur* (du livre) et le *narrateur* (du récit). Trois possibilités :

1° L'auteur et le narrateur peuvent être totalement confondus : c'est le cas des récits autobiographiques dans lesquels l'auteur déclare expressément qu'il raconte *sa* vie, à la première personne du singulier. Il y a même fusion ici entre le personnage principal, l'auteur et le narrateur.

2° L'auteur et le narrateur peuvent à la limite être confondus lorsque le récit est conduit en focalisation externe, et même en focalisation «zéro» (narrateur omniscient : voir le mot **Focalisation**). C'est effectivement l'auteur (Balzac, Stendhal, Zola, Hemingway) qui raconte tout ce qui se passe, prend en charge tous les aspects du récit (y compris lorsqu'il fait parler ou penser ses personnages). Mais, ce faisant, il *joue* à tout savoir ; il *fait comme s'il était un témoin* reconstituant les choses : la fonction de narrateur est un *rôle* que se donne l'auteur *au moment où il écrit,* et qui est distincte de ce que cet auteur se trouve être dans la vie (ou même, dans les autres aspects de ses écrits : Hugo narrateur et Hugo poète sont deux rôles différents de Hugo auteur). Parfois, l'auteur se met en scène explicitement comme narrateur : il *fait semblant* d'avoir été présent à telle époque ou à tel endroit, d'avoir rencontré tel témoin de cette histoire (qu'il invente). Il organise *sciemment* la confusion auteur-narrateur. Il faut donc opérer la distinction, et prendre soin à ce que l'on dit, chaque fois qu'on utilise les mots *auteur* et *narrateur*.

3° L'auteur et le narrateur sont à distinguer *absolument* lorsque le récit, sans être une autobiographie officielle de l'auteur, se trouve mené à la première personne du singulier. L'auteur, dans ce cas, a choisi de faire raconter l'histoire par un personnage qui y participe (comme acteur ou témoin). C'est le cas d'*Adolphe* (Benjamin Constant), de *L'Enfant* (J. Vallès) ou de *L'Étranger* (Camus). L'auteur s'efface ainsi devant la fonction de narrateur (même s'il reste le maître d'œuvre) ; il ne faut donc pas rapporter à la *personne* de l'auteur les éléments du récit qui concernent le *personnage* du narrateur : chose tentante lorsque le personnage en question, par certains de ses traits, peut nous rappeler ce que nous savons de l'auteur. Méfions-nous donc des romans à *caractère* biographique, dans lesquels l'auteur prête *quelques* aspects de sa personne au personnage du narrateur (cas notamment de Proust, dont le Narrateur raconte même l'histoire de sa vocation artistique dans *A la recherche du temps perdu*).

NARRATOLOGIE. *n. f.* Étude de l'art du récit. Science de la narration, qui comporte sa terminologie spécifique, dont on trouvera quelques éléments aux mots **Actant, Adjuvant, Focalisation, Narrateur, Opposant, Récit.**

NATIONALISME. *n. m.* 1° Vif attachement à la nation à laquelle on se sent appartenir, dont l'exaltation peut conduire à la xénophobie.

2° Doctrine, fondée sur ce sentiment, visant à l'affirmation de la nation, de l'identité nationale, et pouvant déboucher sur une volonté de puissance à l'extérieur : le nazisme, par exemple, s'est défini comme un « national-socialisme ».

Les méfaits historiques du nationalisme font de ce mot un terme souvent péjoratif de nos jours. Il ne faut pourtant pas oublier qu'au départ, le nationalisme a eu un rôle progressiste, voire révolutionnaire : les peuples se sentaient participer librement à une communauté dont le destin était entre leurs mains, et non plus les jouets de pouvoirs monarchiques qui se livraient à des guerres, ou à des partages de territoire, sans souci des habitants. L'idée de nation souveraine a fondé ainsi le patriotisme révolutionnaire.

C'est vers la fin du XIXe siècle que l'idée de nation a été traitée comme une fin en soi, une essence liée au thème de la race ancestrale, à laquelle doit être soumis l'individu, et qui doit manifester sa grandeur collective ou sa supériorité sur les autres peuples. Dès lors, le nationalisme devenait *impérialisme,* s'enfermant dans un système doctrinal offensif/défensif qui devait mener aux deux grandes guerres mondiales.

Le nationalisme est parfois positif comme libérateur ; il est absolument négatif comme oppresseur. Le problème est que la limite est parfois difficile à établir, les mouvements partisans (conservateurs) ayant l'art de le faire basculer du premier aspect dans le second (cf. les événements de l'ex-Yougoslavie).

NATURALISME. *n. m.* 1° **Au sens philosophique :** doctrine selon laquelle tout est dans la nature et la nature est tout. Il n'y a donc pas de réalité surnaturelle. La nature est sa propre fin ; son ordre harmonieux dérive de ses propres lois. La sagesse consiste à suivre cette nature, à suivre les instincts qui concourent à l'ordre naturel, à vivre une sorte de morale naturelle fondée sur la santé, la vie. Morale inscrite au cœur de l'homme, par opposition aux morales contraignantes qui obligent à s'imposer des devoirs artificiels.

2° **Au sens littéraire :** école littéraire de la fin du XIXe siècle, principalement animée et illustrée par Zola ; dépassant le réalisme, elle charge le roman de rendre compte de la vie naturelle et sociale de façon scientifique et exhaustive. Le naturalisme se caractérise notamment par :

— **La volonté de réalisme total.** Rien ne doit être tu par le romancier, qui doit peindre les aspects les plus sordides ou grossiers de l'existence humaine. Le respect des bienséances et de la morale bourgeoise ne doit pas retenir l'écrivain naturaliste, qui décrit par exemple la sexualité humaine dans toute son animalité, comme doit le faire un spécialiste des sciences naturelles.

— **La volonté d'étudier en particulier les milieux sociaux, la misère du peuple,** la prolétarisation progressive de la classe ouvrière, sacrifiée à la révolution industrielle. L'écrivain naturaliste peint la fresque des malheurs humains de son époque.

— **La volonté d'analyser et d'observer la réalité humaine et sociale d'un point de vue scientifique.** Lorsque Zola écrit le cycle des « Rougon-Macquart », il la présente comme une *« Histoire naturelle et sociale d'une famille sous le Second Empire »*. À l'instar de Claude Bernard étudiant la biologie, Zola considère le roman comme une sorte de modèle expérimental : le romancier conduit ses personnages selon les lois du milieu dans lequel il les plonge, il en fait varier les composantes (physiques, sociales, économiques), il en illustre les « lois ».

La limite de ce type de littérature est moins dans son refus de la morale que dans son *parti pris déterministe*. Sa qualité, en fait, vient souvent de ce qui dépasse le cadre purement « naturaliste » : la poésie des évocations, le lyrisme du malheur, la lutte épique des hommes contre leur condition miséreuse, bref la *vision* qui permet de dépasser « l'observation ».

NATURE. *n. f.* 1° **Ensemble des êtres et des choses qui constituent l'univers** (la création, pour les croyants). Le mot nature, dans ce sens, présuppose toujours que cet ensemble est plus ou moins organisé. D'autre part, c'est plus que le simple monde physique, puisqu'il comprend des êtres doués d'une réalité *psychique*.

Comme synonyme d'univers total, le mot nature peut intégrer le phénomène humain : « *L'homme n'est qu'un roseau, le plus faible de la nature...* » (Pascal). Mais on peut l'employer aussi par *opposition* à la vie de l'être humain : la nature est alors l'environnement qui entoure l'homme, le monde physique qui obéit à des lois indépendantes de la volonté humaine. Tantôt, celui-ci peut paraître indifférent à l'homme dans sa réalité matérielle; tantôt il peut lui sembler complice et proche (et faire naître en lui le «sentiment» de la nature).

2° **Ensemble des caractères propres, des propriétés fondamentales qui définissent une réalité (concrète ou abstraite) ou un être.** Ce sens renvoie à celui du mot «essence» : ce qui fait qu'une chose est ce qu'elle est. On parlera aussi bien de la nature du feu, du roman, de l'amour, de la démocratie, du lion, de Dieu ou de l'homme.

L'emploi du mot nature suppose, là encore, qu'on envisage l'être ou la chose dont on parle comme une réalité cohérente, organisée, dotée de caractères constants (sinon immuables), qui permettent de l'identifier comme telle.

Le mot s'applique en particulier aux êtres humains. Soit dans un sens général : la nature humaine (morale ou physique), comme entité fondamentale (d'où la question, au-delà des données biologiques : qu'est-ce que l'homme?). Soit dans un sens singulier : la nature de tel ou tel individu (les traits constitutifs de sa personnalité physique et morale), qui peuvent entraîner des jugements définitifs *(« il a une nature foncièrement perverse »)* ou des recherches personnelles *(« au fond, ma nature, c'est de ... »)*. Voir le mot **Inné**.

3° **Principe général, force mystérieuse qui ordonne et anime le monde,** aussi bien dans sa réalité externe (l'univers) que dans sa dimension intérieure (psychique). Dans ce sens la nature est souvent personnifiée, et dotée d'un *N* majuscule. Ce sens global est fréquent dans la littérature classique, qui postule que le monde et l'homme sont créés par Dieu, ou qui nomme «Dieu» cette Nature qui régit l'univers physique et moral où vivent les créatures.

Ce sens ne s'oppose pas aux deux précédents. Mais, d'une part, il les regroupe : c'est la même «nature» qui se manifeste dans les lois de la matière, qui produit les merveilles de la vie, qui ajuste les instincts des animaux, qui dote l'homme de désirs et de capacités propres à l'épanouissement de son humanité. D'autre part, cette Nature semble avoir tout organisé en vertu d'une finalité positive des choses, d'une harmonie programmée dès le départ. Il faut donc respecter la « nature », il faut suivre ses lois, il faut s'émerveiller de ses réalisations *(« La nature a bien fait les choses »)*. Le mot *nature* ne définit donc plus seulement ce qui est, mais ce qui doit être : il n'est plus seulement descriptif mais moral, ce qui conduit à des jugements négatifs sur ce qui est « contre nature » ou « dénaturé ».

Ces trois sens du mot « nature » n'épuisent pas la totalité des nuances que le terme implique. Pour compléter l'approche de ce qu'on appelle nature, on peut commenter quelques oppositions classiques :
• **Nature** et **Artifice.** Au sens superficiel, on oppose ce qui est naturel, spontané, à ce qui est artificiel, factice, affecté (ce qui présuppose une *positivité en soi* de la nature). Mais dans un sens plus profond, l'artifice représente tout ce que l'homme fabrique, crée, obtient par transformation de la nature. De ce point de vue, l'essentiel de ce que produisent et vivent les hommes est « artificiel », ce qui relativise la notion de respect sacro-saint de la « nature ».
• **Nature** et **Art.** L'opposition précédente se manifeste notamment dans le domaine esthétique. L'art classique recommande souvent d'imiter la nature. Or, l'art, par définition, est création, fabrication, invention de formes. D'où des débats et des tendances contradictoires (l'idée d'un art qui doit reproduire la nature ; l'idée d'un art qui doit compenser ou nier la nature ; l'idée d'un art qui doit, au-delà des apparences réalistes, *révéler* la nature profonde et idéale des choses ou de l'homme).
• **Nature** et **Culture.** Ce débat intègre et dépasse les deux oppositions précédentes. L'homme se définissant par ce qu'il est et ce qu'il fait (individuellement et socialement), est-il le produit de la nature ou de la culture (au sens n° 2 du mot) ? Se définit-il par ce que la nature a fait de lui, ou par ce qu'il fait de sa nature ? Nous avons donné un aperçu de cette question au mot **Culture**. Retenons simplement ici la grande prudence dont on doit faire preuve chaque fois qu'on emploie le mot « nature » : on croit souvent désigner une réalité naturelle alors qu'il s'agit d'une réalité culturelle ou historique. Le seul paysage de la campagne, qu'on

appelle «nature», est en fait le produit du travail et de la culture (au sens propre) des hommes.

- **État de nature/État de civilisation.** Cette opposition est chère à Rousseau, dans le *Discours sur l'origine et les fondements de l'inégalité parmi les hommes* (1755). Par *état de nature,* Rousseau imagine un état théorique, qui n'a pas existé, qui serait l'état de l'homme naissant, directement issu de la nature et vivant au sein de la nature. Cette représentation fictive permet à Rousseau d'établir que l'inégalité sociale est en réalité beaucoup moins «naturelle» que «culturelle». Voir **Art, Civilisation, Culture.**

NATURE MORTE. Expression qui désigne un tableau représentant des êtres inanimés ou des objets : fruits, fleurs, nourritures, gibier, ustensiles divers. *La Raie,* par exemple, nature morte de Chardin (fin XVIIIe siècle).

NATURISME. *n. m. (sens ancien)* Cultes religieux qui adorent les forces de la nature ; doctrine selon laquelle les religions actuelles proviennent de ces cultes. *(sens actuel)* Attitude prônant des médications naturelles, un mode de vie se rapprochant le plus possible (par l'hygiène, par le régime alimentaire) d'une existence naturelle. En particulier, par la pratique du nudisme. Ne pas confondre avec **Naturalisme.**

NÉANTISATION. *n. f.* Dans le vocabulaire de Sartre, capacité qu'a la conscience humaine de «réduire au néant», à l'inexistence, ce qu'elle refuse de considérer comme objet de son attention. N'existe que ce à quoi ma conscience donne sens et présence. Si je cherche vainement ma fiancée dans une Gare, ce lieu n'est plus à mes yeux que *néant* puisqu'elle ne s'y trouve pas ; je «néantise» de même la foule qui ne contient pas celle que je cherche.

NÉBULEUX. *adj.* Au **sens figuré** : confus, vague, flou, obscur comme un ciel encombré de nuages. *Des pensées nébuleuses. Un projet nébuleux.*

NÉCESSITÉ. *n. f. (sens ancien).* Dénuement, état de besoin (des biens nécessaires), pauvreté. «Hélas, Monsieur, je suis dans la plus grande nécessité du monde !» *(Dom Juan).*

(sens courant) Ce qui est nécessaire, ce dont on a besoin, ce qu'on est obligé de faire. *Je mange par nécessité.*

(sens philosophique) Caractère de ce qui ne peut pas ne pas être, ou ne peut pas ne pas être autre-

ment qu'il n'est. Dans ce sens, le mot s'oppose au mot **Contingence** (il est *contingent* que je décide de voyager ; mais si je prends cette décision, il est *nécessaire* que je me déplace). Enchaînement rigoureux de causes et d'effets ; logique interne d'un processus auquel on ne peut échapper (cf. le livre de J. Monod : *Le Hasard et la Nécessité*).

NEC PLUS ULTRA. Locution latine qui signifie « ce qu'il y a de mieux ». *Le film* Tous en scène *est le nec plus ultra de la comédie musicale.*

NÉCRO-. Racine d'origine grecque *(nekros)* qui signifie « mort ». **Nécrologie** (liste de personnes décédées — rubrique nécrologique — ; notice biographique d'un défunt récent), **Nécromancie** (évocation des morts par occultisme), **Nécrophage** (qui se nourrit de cadavres), **Nécropole** (vaste cimetière antique), **Nécrose** (mort de cellules d'un corps vivant ; gangrène).

NÉFASTE. *adj.* Qui est marqué par le malheur : *un jour néfaste.* Qui entraîne des conséquences plus ou moins désastreuses : *une décision néfaste, une idéologie néfaste.* Qui a une influence nuisible, funeste : *un individu néfaste.* Antonyme : *faste.*

NÉGATION. *n. f.* **Sens courant :** acte de nier une réalité, une idée, une valeur. Acte de s'opposer à quelque chose. Procédé verbal qui sert à *exprimer* cette négation (contraire de l'affirmation).

Sens philosophique : chez Hegel, phase du processus dialectique (voir ce mot). La négation est le moment où une réalité s'oppose à ce qu'elle a été pour devenir quelque chose d'autre. Puis, dans une seconde étape, elle s'opposera à ce qu'elle était déjà devenue par cette négation (négation de la négation). Ainsi se déroule le processus thèse/antithèse/synthèse. En d'autres termes, la négation est toujours une phase positive par laquelle une réalité donnée (naturelle ou sociale) *se pose en s'opposant,* au cours d'un processus qui n'a pas nécessairement de fin.

NÉGRITUDE. *n. f.* 1° Ensemble des caractères, des façons de penser, de vivre, de voir le monde, qui sont propres aux Noirs. Le terme a été forgé par le poète martiniquais Aimé Césaire, pour résister à la négation des cultures nègres (par le regard occidental), et revendiquer les valeurs propres, la spécificité et la dignité du peuple noir.

2° Par extension, mouvement littéraire (intellectuel et poétique) qui, de 1930 à 1945 environ, a regroupé des écrivains noirs francophones, en particulier Césaire et Senghor.

NÉO-. Racine issue du grec *neos*, «nouveau». Cette racine est très utilisée puisque, suivie d'un trait d'union, elle permet de construire de nombreux... *néologismes* (voir ce mot), comme *néo-capitalisme, néo-classicisme, néo-colonialisme, néo-platonisme, néo-positivisme, néo-réalisme,* etc.

NÉOLOGISME. *n. m.* (voir les racines *néo-* et *logo-*). Mot nouveau. Ou sens nouveau attribué à un mot déjà existant. Le mot *quart-monde* est un néologisme (formé à partir de «tiers-monde», lui-même néologisme inventé par Alfred Sauvy). Le progrès technique engendre de nombreux néologismes : *téléviseur, vidéocassette, vidéodisque* sont des néologismes. Peu à peu, ces mots s'intègrent au vocabulaire et font oublier qu'ils ont été des néologismes. Les puristes opposent parfois des résistances justifiées : par exemple, faut-il accepter le sens abusif souvent donné au mot «alternative» comme désignant l'une seule de deux solutions possibles, alors que l'alternative est l'*ensemble* d'une situation comportant *deux* possibilités ?

NÉOPHYTE. *n. m.* (du grec *néos*, «nouveau» et *phuton*, «plante» : littéralement, «nouvellement planté»). *Sens propre :* nouveau converti, dans la religion chrétienne primitive. *Par extension :* nouvel adepte d'une doctrine, d'un système, d'un parti, d'une association. *Le zèle des néophytes ne va pas en général sans un certain aveuglement.* Mots de sens voisin : *novice, prosélyte.*

N.B. «Néophyte» peut être employé comme adjectif : *une ferveur néophyte.*

NÉPOTISME. *n. m.* (de latin *nepos*, «neveu»). Abus qu'un homme en place fait de son influence pour avantager des membres de sa famille, des amis, etc. *Il a obtenu cette situation par népotisme. Dans cette administration règnent le népotisme et le favoritisme.*

NEUR(O)-, NÉVR(O)-. Racines issues du grec *neuron*, «nerf, fibre». Nous les retrouvons dans les mots **Neurasthénie** (dépression physique et nerveuse ; état d'abattement et de tristesse) ; **Neuroleptique** (médicament qui calme le système nerveux) ; **Neurologie** (branche de la médecine spécialisée dans le système nerveux); **Neurone** (unité cellulaire fondamentale du système nerveux); **Névralgie** (douleur nerveuse, notamment cérébrale); **Névropathe** (qui souffre des nerfs; névrosé); **Névrose** (voir ci-dessous).

NÉVRALGIQUE. *adj. (sens propre)* Qui se rapporte à une névralgie (douleur nerveuse). *(sens figuré)* Particulièrement sensible. Se trouve en particulier dans l'expression **point névralgique** (ou centre névralgique) : point sensible; lieu où se joue l'intérêt d'un pays; centre d'un conflit; cœur d'un problème (individuel ou collectif).

NÉVROSE. *n. f.* (voir la racine *névr(o)* : au XIXe siècle, on parlait de «maladie des nerfs»). Affection psychologique qui se traduit par divers troubles émotionnels et affectifs (angoisses, phobies, obsessions, asthénie). Même lorsqu'elle se traduit par des maux physiques, la névrose a en principe pour origine des causes psychiques. Selon les psychanalystes, elle vient de l'enfance et de conflits internes demeurés inconscients (contradiction entre désirs et mécanismes de défense). Les grands types de névrose sont l'*hystérie* (voir ce mot), la *névrose obsessionnelle* (caractérisée par des idées fixes, des fantasmes récurrents) et la *névrose phobique* (peur et angoisse insurmontable devant certaines situations). L'adjectif correspondant est *névrotique (un comportement névrotique).*

Dans le cas des **névroses,** le sujet est conscient de son trouble et des difficultés qu'il lui crée; il conserve ses facultés intellectuelles. D'où la différence essentielle avec les **psychoses,** dans lesquelles le malade mental est enfermé dans son délire et perd le contact avec la réalité (schizophrénie, paranoïa). Le **névrosé** conserve sa personnalité propre. Le **psychotique,** lui, est dément. Donc, ne pas employer les mots *névrose* et *psychose* l'un pour l'autre.

NIHILISME. *n. m.* (du latin *nihil*, «rien»).

1° **Sens philosophique :** doctrine qui, partant du principe qu'il n'existe rien d'absolu, que rien n'a de sens en soi, se donne pour unique objectif la négation de toute valeur — en particulier les valeurs morales sur lesquelles se fonde la société. Le nihilisme est lié, dans l'histoire intellectuelle du XIXe siècle, au progrès de l'athéisme : avec la mort de Dieu, toutes les valeurs s'écroulent. *« Si Dieu n'existe pas, tout est permis »* déclare en substance Ivan Karamazov, dont la pensée est résumée par Camus. Ce dernier tentera au contraire, dans *L'Homme révolté,* de redonner un sens positif à l'existence individuelle et collective de l'homme sans Dieu : *« Il n'y a pas de pensée absolument nihiliste, sinon, peut-être, dans le suicide. »*

2° **Sens politique :** à la suite des nihilistes russes de la fin du XIXe siècle, qui veulent détruire radicalement les bases de la société traditionnelle (l'autorité politique autant que l'institution religieuse), le nihilisme désigne non seulement le refus de toute valeur établie, mais aussi le refus de tout État, de toute autorité. Il sert de justification à l'anarchisme, dans sa version extrémiste et terroriste.

NIMBER. *v. tr.* Au *propre* comme au *figuré,* auréoler. *Un visage nimbé de lumière* (le nimbe est le cercle lumineux qui auréole les portraits de saints).

NIRVÂNA. *n. m.* (en sanscrit, « extinction »). *(sens propre)* Dans le bouddhisme, état suprême où l'être humain parvient à se libérer de la douleur en se libérant du désir ; il atteint ainsi la sérénité suprême, vécue comme un anéantissement de soi dans l'âme collective.
(sens courant) Bonheur parfait et permanent, sérénité de l'âme. *J'ai atteint le nirvâna !* (L'emploi est souvent humoristique).

N.B. Peut s'écrire sans accent circonflexe.

NOBILIAIRE. *adj.* Propre à la noblesse. *Un titre nobiliaire. Des préjugés nobiliaires.*

NOCIF. *adj.* (du latin *nocere,* « nuire ») Qui est susceptible de nuire, aussi bien au sens propre qu'au sens figuré. *Un gaz nocif :* nuisible. *Une littérature nocive :* moralement pernicieuse. À la **nocivité** s'oppose l'**innocuité.**

NŒUD GORDIEN (trancher le nœud gordien). À Gordium, en Asie Mineure, dans le temple de Zeus, se trouvait un nœud extrêmement compliqué, dont un oracle avait prédit que celui qui le dénouerait étendrait son empire sur l'Asie. Alexandre le Grand vint et le trancha d'un coup d'épée. Depuis, l'expression **trancher le nœud gordien** signifie *résoudre par un coup d'éclat décisif (et violent) une situation quasi insoluble.*

NOISE. *n. f.* En vieux français : querelle. Se trouve encore dans l'expression **Chercher noise,** chercher querelle (familièrement : vouloir la bagarre).

NOMADISME. *n. m.* Vie des nomades. Besoin de se déplacer sans cesse : *le nomadisme vidéotique* (besoin de changer d'images, de « zapper » d'une chaîne à l'autre, de passer de l'écran des jeux électroniques à celui de l'ordinateur).

NOMBRE D'OR. Proportion esthétique idéale qui, selon certains artistes ou théoriciens, contribuerait fondamentalement à l'harmonie d'œuvres picturales ou architecturales. Dans un ensemble donné qu'on divise en deux parties, la règle du « nombre d'or » veut que le rapport entre la plus grande et la plus petite parties soit égal au rapport entre le tout et la plus grande partie ; par exemple, si l'on divise un segment de droite AC en deux parties AB et BC (AB étant la plus grande), le nombre d'or N sera obtenu si l'on respecte l'égalité suivante : $\frac{AB}{BC} = \frac{AC}{AB} = N$.

Le calcul montre que cette proportion est d'environ 1,618. Le respect de ce nombre d'or, du plus petit détail aux éléments majeurs d'une composition, serait à la base de sa beauté.

-NOME, -NOMIE, -NOMIQUE. Racines issues du grec *nemein,* « diriger, administrer, régler ». Figure notamment dans **Agronomie** (textuellement « administration de l'agriculture », en fait : étude scientifique de celle-ci) ; **Anomalie** (irrégularité dans une organisation) ; **Anomie** (absence d'organisation) ; **Astronomie** (étude de la régulation des astres) ; **Autonomie** (administration de soi par soi) ; **Économie** (gestion de l'habitation, voir **Eco-**) ; **Métronome** (instrument qui dirige la mesure) ; **Téléonomie** (étude des lois de la finalité *-téléo-*). Voir aussi **Antinomie** (opposition radicale).

NOMENCLATURE. *n. m.* (à partir du latin « *nomen,* « nom »).
1° Classement de l'ensemble des termes utilisés dans une science ou un domaine donné. Liste méthodique des éléments d'une série (catalogue d'objets, par exemple).

2° Ensemble des entrées d'un dictionnaire, d'un lexique. Par exemple, la nomenclature de ce dictionnaire comprend des mots latins, des racines gréco-latines, des mots usuels, des termes philosophiques.

N.B. On appelle **« nomenklatura »,** en russe, la liste des postes officiels et des personnalités qui les occupent, celles-ci bénéficiant d'avantages abusifs et de prérogatives.

Le mot désigne maintenant une classe de responsables particulièrement privilégiés.

NON-LIEU. Expression juridique qui désigne le fait qu'*il n'y a pas lieu* de poursuivre un inculpé en justice. Faute de preuves, celui-ci est considéré comme innocent. *Il bénéficie d'un non-lieu.*

NONOBSTANT. *adv.* Malgré (dans la langue ancienne ou juridique).

NON-VIOLENCE. *n. f.* Forme d'action politique qui refuse d'utiliser la violence dans le juste combat qu'elle mène. Préconisée et pratiquée avec succès par Gandhi (1869-1948), la non-violence est à la fois un idéal moral (refus de la brutalité sanglante) et une stratégie politique. Elle repose sur l'idée que la justice et la vérité sont si fortes par elles-mêmes qu'elles finiront à la longue par convaincre l'ennemi lorsqu'il apercevra, en face de lui, des combattants si sûrs de leur cause qu'ils refusent de recourir à la force matérielle ou physique. C'est dire que la « non-violence » (expression à laquelle certains préfèrent « force de la vérité ») est une attitude souvent plus courageuse que la lutte armée.

NORME. *n. f.* (du latin *norma,* « équerre, règle »).
1° **Sens descriptif.** État conforme à la majorité ou à la moyenne des cas. Dans ce sens, la norme, c'est ce qui est « normal », ce que l'on fait habituellement. *Au niveau technique,* la norme représente ce qui est standard, ce qui se fait couramment (on met les objets à la norme pour des raisons de compatibilité technique ; voir **Standardisation**).
Au niveau social, c'est ce qui correspond aux usages conformes, majoritaires, normaux. Mais déjà l'expression **normes sociales** présente une double acception : ce qui se fait ; ce qui doit se faire (les convenances, les habitudes ou pratiques dont on ne saurait s'écarter). Il n'est pas conforme à la norme sociale, par exemple, que l'homme porte une jupe ou qu'il suive un enterrement en tenue de sport. De même, *dans le domaine linguistique,* l'idée de norme présente une double acception : ce qui est conforme à l'usage le plus fréquent ; ce que l'on doit respecter si l'on suit le bon usage.
2° **Sens prescriptif.** La norme, dans ce cas, prend une valeur impérative. *Au niveau technique,* des normes de fabrication ou d'installation s'imposent, pour des raisons de sécurité par exemple ; il faut « normaliser » la production.

Au niveau moral, la norme représente la règle qui s'impose : le *modèle,* le principe, l'idéal. L'adjectif qui correspond à norme n'est plus *normal*, mais **normatif** : ce qu'il faut faire et respecter. Il en est de même des normes juridiques (la loi) ou même esthétiques (les canons de la beauté, les règles impératives d'un genre littéraire). Le terme *norme* s'applique enfin aux *réalités sociales et politiques ;* il recouvre les impératifs de la conduite en société, voire même l'orthodoxie des opinions politiques dans les régimes totalitaires. Le mot *normalisation* a pu désigner ainsi le processus par lequel les bureaucrates de certains pays communistes imposaient des normes de pensée (athéisme, marxisme ; culte de la personnalité des dirigeants) à la population et en particulier aux intellectuels.

La normalisation des conduites et des esprits n'est pas nécessairement le fait d'un régime dictatorial. En fait, toute société a tendance à imposer à ses membres ce qui se fait majoritairement : d'où le glissement perpétuel du sens descriptif au sens «normatif» (prescriptif) du mot norme. Jouant sur le mimétisme collectif, les discours de propagande ou de publicité essaient souvent de faire passer pour «normales» des opinions ou des conduites qui ne sont justement pas majoritaires, de manière à leur conférer une valeur «normative». Si l'on rencontre dans un texte l'expression «la normalisation publicitaire», il faut comprendre qu'elle ne renvoie pas à la façon dont la profession publicitaire est réglementée, mais bien à la façon dont les publicités tendent, pour mieux discipliner les consommateurs, à inscrire dans leurs esprits des normes de vie et de pensée qui poussent à la surconsommation.

NOTA BENE. Expression latine qui signifie «Notez bien» et qu'on abrège en N.B.

NOTIFIER. *v. tr.* Faire connaître officiellement (ou juridiquement) une information ou une décision. La notification se fait souvent sous forme de «note» : lettre recommandée, avis officiel, note de service. *Notifier son licenciement à quelqu'un. Notifier un arrêt du tribunal, une décision de justice.* Synonymes : **Intimer, Signifier.**

NOTOIRE. *adj.* Connu d'un très grand nombre de personnes, qu'il s'agisse d'un fait ou d'une personne. Manifeste, flagrant, patent, reconnu. *Une inconduite notoire.* Il *est notoire que les Américains subventionnent indirectement leur agriculture.* Célèbre, considéré comme tel, reconnu de tous. *Un criminel notoire. Un romancier notoirement raciste.*

N.B. Pour les personnes, cet adjectif est souvent employé péjorativement.

NOTORIÉTÉ. *n. f.* 1° Fait d'être notoire. *La notoriété d'un fait, d'une information. Il est de notoriété publique que...*

2° Fait, pour une personne, d'être connue favorablement. Réputation, renommée, célébrité. *Un artiste d'une grande notoriété.*

N.B. Ces deux sens correspondent aux deux acceptions de l'adjectif « notoire ». Cependant, en ce qui concerne les personnes, les connotations des deux termes divergent : *notoire* est plutôt péjoratif ; *notoriété* est toujours mélioratif.

NOUVEAU ROMAN. Mouvement littéraire des années 1950/1960 qui remet en question les conventions et les techniques traditionnelles du genre romanesque, en particulier le réalisme (social ou psychologique), la volonté de signification (le « message ») et la cohérence d'intrigues trop rassurantes. Comme beaucoup de mouvements littéraires, le *Nouveau roman* est moins une « école » qu'un rassemblement d'écrivains soucieux de renouveler la pratique de leur art, parmi lesquels Michel Butor, Alain Robbe-Grillet, Robert Pinget, Nathalie Sarraute, Claude Simon (Prix Nobel 1985). Voir **Antiroman**.

NOUVELLE. *n. f.* Au **sens littéraire,** court récit en prose, généralement centré sur un seul événement, avec des personnages peu nombreux. A la différence du roman, la nouvelle est *courte* (d'une ou deux pages à quelques dizaines), d'une narration ramassée. A la différence du conte, la nouvelle met en scène des personnages vraisemblables (et non pas irréels ou merveilleux comme les ogres ou les fées). Sa forme brève illustre en général un thème précis, ce qui n'exclut pas des messages de portée symbolique. La fin de la nouvelle, souvent tragique, est particulièrement soignée pour surprendre le lecteur et lui donner à penser, à méditer. Mérimée, Maupassant, Edgar Poe, Borges, Buzzati, Marcel Aymé, Stefan Zweig sont des auteurs de nouvelles remarquables, même si leurs récits ne portent pas toujours ce nom, et font parfois intervenir le fantastique. Un auteur de nouvelle s'appelle un **nouvelliste.**

NOUVELLE CRITIQUE. Ensemble d'œuvres qui, dans les années 1960, ont renouvelé l'analyse littéraire en s'inspirant des données ou des méthodes des sciences humaines (psychanalyse, linguistique, sociologie). Elles déclenchèrent, ce faisant, les foudres de la critique universitaire traditionnelle. Roland Barthes fut l'une des figures représentatives de la nouvelle critique (1915-1980).

NOUVELLE HISTOIRE. Mouvement intellectuel, né en 1929 avec la fondation par deux historiens de la revue *Les Annales*, qui a totalement renouvelé l'étude de l'Histoire, dans ses méthodes comme dans ses contenus. La «nouvelle histoire» refuse en particulier la prépondérance de l'histoire «événementielle» (qui réduit l'histoire à des événements précis et à des hommes illustres), pour s'attacher à l'étude des civilisations et de leur lent devenir, pour mettre en lumière tout ce qui, traditionnellement, restait dans l'ombre : l'économie et la démographie, l'histoire des sciences et des techniques, l'évolution des mentalités, la vie concrète des diverses catégories sociales (paysans, ouvriers, artisans) dans leurs milieux.

NOVICE. *n.* et *adj. Comme nom,* le mot «novice» désigne d'abord une personne qui vient de prendre l'habit religieux et demeure pendant un certain temps dans cette situation (le *noviciat*), avant de prononcer des vœux définitifs. Par extension, un novice est un débutant, quelqu'un qui aborde une chose, s'initie à un métier, et donc, manque d'expérience.

Comme adjectif, le mot «novice» se dit, de façon toujours un peu péjorative ou légèrement ironique, de celui qui manque d'expérience, est un peu naïf, maladroit ou malhabile dans une matière nouvelle pour lui. *Un conducteur novice. Il est encore novice en peinture.*

NUMERUS CLAUSUS. («Nombre fermé»). Expression latine qui désigne une limitation officielle du nombre de personnes admises à certaines fonctions, à certains grades, à certains examens. *La Faculté a instauré un numerus clausus des étudiants en sociologie.*

NUMISMATIQUE. *n. f.* et *adj.* Science des médailles et des monnaies. *Un antiquaire féru de numismatique. Des recherches numismatiques.*

NUPTIAL. *adj.* Relatif aux noces, à la célébration du mariage.

Cérémonie nuptiale ; lit nuptial. Qui a le caractère religieux, spirituel, grandiose d'une cérémonie de mariage. Hugo écrit, par exemple :

> *L'ombre était nuptiale, auguste et solennelle.*

NYMPHE. *n. f.* Dans la mythologie antique, jeune déesse de second rang qui hantait les montagnes, les bois, les eaux. Par extension : jeune fille au corps particulièrement gracieux. Une **nymphette** est une toute jeune fille au physique ravissant et aux manières aguicheuses.

NYMPHOMANE. *adj.* et *n. f.* Femme (ou femelle) atteinte de nymphomanie, c'est-à-dire d'une exacerbation maladive de ses désirs sexuels. *Toutes les nymphes, par bonheur, ne sont pas nymphomanes !*

OBÉDIENCE. *n. f.* Dépendance, soumission. Cet ancien terme religieux ne s'emploie de nos jours que pour exprimer une sorte de dépendance, de subordination intellectuelle ou politique entre une autorité dominante et les individus ou groupes humains qui lui sont liés. *Les pays d'obédience communiste. Les écrivains qui se situent dans l'obédience surréaliste.* L'**obédience franc-maçonne** (un regroupement de loges autour d'une autorité qu'elles se donnent). Voir **Franc-maçonnerie**.

OBJECTER. *v. tr.* (du latin *objectare*, « placer devant, opposer »). Formuler une objection (c'est-à-dire un argument, une raison qui s'oppose, un motif de contestation) pour réfuter une opinion ou contrecarrer un projet. *À la philosophie optimiste de Pangloss, Voltaire objecte que tout va mal sur la terre. Pour le dissuader de partir, on lui objecta sa jeunesse et sa pauvreté. L'objecteur de conscience oppose des motifs moraux aux « obligations militaires ».*

OBJECTIF. *adj.* (du latin *objectus*, « qui est placé devant » ; voir aussi le mot « objectif » *comme nom*, ci-après).

1° **Qui a rapport à un objet donné, qui est relatif à l'objet.** Dans ce sens, cet adjectif s'applique à toutes les réalités qui existent par elles-mêmes, hors de l'esprit humain, indépendantes de notre pensée, de nos intérêts, de nos préjugés. *Objectif* s'oppose en cela à *subjectif* (ce qui dépend du *sujet* humain, de sa vision propre). Par exemple, notre point de vue subjectif nous fait voir, chaque jour, le soleil « tourner » autour de la terre (du lever au couchant) ; mais la réalité objective, c'est que la terre tourne sur elle-même, et nous avec elle.

2° **Qui a le caractère de l'objectivité,** c'est-à-dire qui respecte la « réalité objective » des choses, ou tente de

l'atteindre de la façon la plus rigoureuse possible. Le mot objectif, dans ce sens, peut ainsi s'appliquer :
— *Aux diverses méthodes de connaissance* ou de reproduction de la réalité que l'homme met en œuvre. Une *description littéraire* peut être *objective* (tendre vers le réalisme le plus exact). Les *lois* que la science élabore, dûment vérifiées, sont *objectives* (elles correspondent à la réalité, à la dynamique autonome des choses). Un *jugement* est *objectif* quand il respecte la réalité des faits, *subjectif* s'il fait intervenir les conceptions personnelles de celui qui l'émet (voir la différence **Jugement de fait/Jugement de valeur**).
— *Aux personnes* qui s'efforcent de prendre un point de vue impartial, objectif, sur la réalité. Une *personne objective* met de côté ses réactions personnelles, ses tendances affectives, sa «subjectivité» en un mot. L'*esprit objectif* écarte toute interprétation individuelle. *Il est difficile d'être objectif quand on parle de soi.*

Comme le montrent les mots suivants, ce sont les couples **Objectif/Subjectif, Objet/Sujet, Objectivité/Subjectivité** qui sont porteurs de signification. Dans de nombreux discours, ces termes sont employés de façon polémique, en général pour mettre en cause la subjectivité (l'illusion d'objectivité) des adversaires. *Vous êtes un allié objectif du pouvoir !* («Vous vous croyez neutre, ou dans l'opposition, mais objectivement, votre politique sert les intérêts du pouvoir en place»).

OBJECTIF. *nom.* (substantivation de l'adjectif qui précède).
1° L'objectif, c'est d'abord, en optique, le système qui permet de voir l'objet tel qu'il est, «objectivement». *« L'œil objectif »* de l'appareil de photo ou de la caméra est ainsi devenu l'**objectif** tout court.
2° L'objectif, c'est ensuite l'objet placé devant soi, que l'on vise. *Au sens concret,* c'est l'objectif militaire, et plus généralement, les buts visés par toute stratégie (commerciale notamment). *Au sens figuré,* c'est ce que l'on veut atteindre en général : le but d'une action, d'une existence, d'une morale, d'une pensée. Voir **Finalité.**

OBJET. *n. m.* (du latin *objectum*, «ce qui est placé devant»).
1° **Sens concret** *(usuel).* Chose, réalité perceptible à l'extérieur, qu'il s'agisse de choses inertes ou animées. C'est en ce sens que Lamartine déclare aux éléments de la nature qui l'environnent :

« Objets inanimés, avez-vous donc une âme ? »
Plus couramment : chose solide, usuelle, fabriquée par l'homme et destinée à un certain usage. Ustensile, outil, instrument, toute réalité matérielle ayant une unité et servant à quelque chose. Les objets de consommation, les objets d'art. Dans *le Système des objets,* le sociologue Jean Baudrillard étudie la façon dont l'homme moderne existe à travers ses collections d'objets, se « signifie » socialement par leur possession. Les expressions « femme-objet » ou « homme-objet » désignent la réduction de la femme ou de l'homme à l'état d'objet ou d'instrument (sexuel par exemple), aussi bien dans des situations de la vie courante que dans le spectacle publicitaire. Dans ce sens, le mot **objet** (matériel, instrumental) s'oppose au mot **sujet** (pensant, libre, autonome).

2° **Sens abstrait** *(courant).* Ce qui se présente à l'esprit humain comme distinct de lui (cf. l'étymologie) ; ce qui s'offre aux désirs, à l'action, à la volonté humaine. *L'objet de la pensée ; l'objet du désir* (qui n'est pas forcément un objet usuel concret) ; *l'objet d'une démarche* (ce que l'on cherche ou recherche ; voir les mots « objectif, but, finalité ») ; *l'objet d'un litige* (ce sur quoi porte une discussion juridique) ; *l'objet d'un discours* (le thème, le « sujet » auquel il s'attache ; ce qu'il veut démontrer). *Être ou faire l'objet de :* être visé par ; être ce à quoi s'attache la volonté ou l'effort d'autrui ; subir une action. Dans toutes ces expressions, nous retrouvons la distinction entre l'être humain comme *sujet* (de pensée, de désir, d'action) et la *réalité* (abstraite, morale, générale) qui lui est extérieure.

3° **Sens littéraire** *(classique).* La personne aimée. Cela ne veut pas dire qu'elle est considérée comme un objet au sens n° 1 (la femme-objet par exemple), mais comme l'objet d'un désir amoureux au sens n° 2. Le mot garde là son sens étymologique : dans le domaine amoureux, « l'objet » est cet être *extérieur* auquel le sujet aimant s'intéresse... Quand Phèdre dit de Thésée *« Volage adorateur de mille objets divers »,* ces « mille objets » représentent toutes les femmes que Thésée a aimées !

4° **Sens psychanalytique.** Objet *libidinal.* L'objet est l'être, la partie de l'être, le fantasme associé à cet être, ou encore un élément matériel auquel se relie ce fantasme, en lesquels le sujet investit son désir. Lorsque le « moi » s'aime lui-même, il s'agit d'un désir « narcissique » ; lorsque le « moi » investit son amour *au dehors* de lui-même, il s'agit d'un amour «objectal». Le mot objet reprend ici son sens étymologique (sens n° 2), mais sans se limiter à une personne (sens n° 3). Lorsque le psychologue s'interroge sur la «relation d'objet» de son patient, il va se demander non pas qui il aime, mais ce que celui-ci aime dans l'être aimé — quelle partie de son corps, quel fantasme amoureux, quelle image inconsciente, quel type de situation rêvée. Ce sera cela, «l'objet», pris au sens large, psychanalytiquement.

OBJURGATION. *n. f.* Souvent au pluriel : supplication ou remontrance par lesquelles on veut dissuader quelqu'un d'agir dans un certain sens. *Il a enfin cédé à mes objurgations.* Par extension : prière pressante, adjuration (voir **Adjurer**).

OBLATIF. *adj.* Qui offre ; qui s'offre ; qui se soucie des autres avant de s'occuper de soi. Le terme est lié au mot *oblation,* qui désigne une offrande à Dieu. *Une dame de charité, oblative dans tous ses actes. Un amour oblatif* (par opposition à *captatif*). Voir **Abnégation.**

OBLIGÉ. *adj.* et *n.* Être l'obligé de quelqu'un, c'est être lié à cette personne par une obligation de réciprocité, à la suite d'un service rendu. L'adjectif obligé signifie «redevable de» : *je vous suis obligé de votre aide si précieuse.* D'où : *je suis votre obligé.* **Obligeamment :** avec l'intention de faire plaisir.

OBLITÉRER. *v. tr.* (*sens ancien,* littéraire). Effacer progressivement. *Le temps peu à peu oblitère nos souvenirs.*
(*sens actuel,* courant) Annuler un timbre par l'apposition d'un tampon.

OBNUBILÉ. *adj.* (du latin *obnubilare,* «couvrir de nuages»). Obsédé ; hanté par une idée ou une préoccupation (comme si l'on avait l'esprit obscurci). *Il est obnubilé par sa réussite : il fait tout pour « arriver », il ne pense qu'à ça.*

OBOLE. *n. f.* Ancienne pièce de monnaie grecque, de faible valeur. S'emploie de nos jours pour désigner une modeste offrande. *Au dernier téléthon, j'ai versé mon obole. Il ne m'a pas donné la moindre obole !*

OBSCURANTISME. *n. m.* Attitude, volontaire ou non, d'opposition aux «Lumières» (voir ce mot). Ensemble des préjugés, des superstitions, des attitudes fanatiques ou passéistes qui s'opposent à la raison, à l'instruction, au progrès des idées. *C'est à tort qu'on fait parfois du Moyen Âge une longue période d'obscurantisme. L'occultisme, l'astrologie, les sophismes publicitaires : tout concourt à propager l'obscurantisme dans une certaine presse à grand tirage.*

OBSÉQUIEUX. *adj.* Qui exagère les signes extérieurs de la politesse, par hypocrisie ou par servilité. Dont l'empressement excessif finit par ennuyer la personne qui en est l'objet. *Un serviteur obséquieux. Une attitude bassement obséquieuse. Son obséquiosité m'enrageait.*

OBSIDIONAL. *adj.* Qui est relatif aux villes assiégées. *La fièvre obsidionale* : panique pathologique propre aux populations assiégées. *Délire obsidional* : folie de celui qui se croit enfermé, cerné par des forces hostiles, persécuté.

OBSOLÈTE. *adj.* Qui n'est plus en usage, qui est tombé en désuétude. *Une loi, un usage obsolète.* Qui est frappé d'obsolescence, c'est-à-dire périmé. *Un matériel rendu obsolète par l'invention d'une technique ultra-perfectionnée.*

OBTEMPÉRER. *v. tr. ind.* Obéir (sur-le-champ) à un ordre, se soumettre à une injonction officielle. On dit *obtempérer à*, mais le verbe peut s'employer seul. *L'ennemi eut à peine le temps d'obtempérer à la sommation de se rendre. Vous êtes prié de circuler : obtempérez !*

OBTUS. *adj. (sens propre)* Émoussé, élargi ; en particulier en mathématique, *angle obtus* (plus large qu'un angle droit). *(sens figuré)* Qui manque de pénétration d'esprit, de finesse. *Un personnage obtus, une intelligence obtuse.*

OCCIDENT. *n. m.* (du latin *occidens*, «tombant»). 1° Côté de l'horizon où le soleil se couche (cet emploi est surtout poétique). 2° (*avec une majuscule*) Région ouest du continent européen (*L'empire romain d'Occident*), et plus généralement, ensemble des pays de l'Ouest européen et de l'Amérique du Nord. Dans ce sens, le mot Occident ne désigne pas seulement l'ensemble objectif de ces nations, mais il renvoie aussi à la civilisation et à l'économie des pays dits développés ou encore «nantis», comme d'ailleurs l'adjectif «occidental». *La défense de l'Occident. L'Occident exploite le Tiers monde. La culture occidentale prône les droits de l'homme, mais les démocraties occidentales n'en donnent pas toujours l'exemple.* Voir **Orient**.

OCCULTE. *adj.* Qui est caché, mystérieux ; qui agit secrètement. Soit dans le monde de la nature : *des puissances occultes agissent sur nos âmes.* Soit dans le monde humain : *l'activité occulte d'un certain nombre de spéculateurs a mis à mal les monnaies européennes.* **Sciences occultes :** doctrines centrées sur ce qui est « caché » dans la nature ; pratiques secrètes tendant à cerner et à utiliser les forces inconnues qui échappent à la raison et à la science (alchimie, chiromancie, magie, radiesthésie). Voir **Occultisme.**

OCCULTER. *v. tr.* Au **sens courant :** cacher, dissimuler, passer sous silence. *Le Président a insisté sur nos succès économiques pour mieux occulter les problèmes sociaux. Les vraies raisons de son départ ont été occultées.* L'emploi du verbe « occulter », notamment dans le domaine politique ou idéologique, *signifie davantage que cacher :* l'idée est que, volontairement ou non, le locuteur montre certaines choses pour mieux en dissimuler d'autres. *La mythologie militaire occulte la réalité guerrière.*

OCCULTISME. *n. m.* Croyance dans des réalités « occultes », suprasensibles, qui agiraient dans le monde. Ensemble des « sciences » occultes et des pratiques qui s'y rattachent. Voir **Occulte, Ésotérisme, Illuminisme.**

OCCURRENCE. *n. f.* (du latin *occurrere*. Littéralement, « ce qui se rencontre, ce qui se produit »). 1° Cas, circonstance. *En l'occurrence :* dans ce cas précis. *En pareille occurrence :* dans une telle circonstance. 2° **Sens linguistique :** rencontre d'une unité linguistique ou d'un fait linguistique dans un discours. Par extension, peut s'appliquer à des procédés stylistiques. *La distribution du présent et de l'imparfait, dans ce récit, est la suivante : présent, vingt occurrences ; imparfait : deux occurrences.*

OCTA-, OCTO-. Racines issues du latin *octo*, « huit » (la prononciation du mot latin *octo* devenant *oyto, oyt(e), uit(e)*). On les retrouve dans quelques mots comme **Octave** (huitième jour après une fête religieuse ; en musique, intervalle de huit degrés dans la gamme, ou note située huit degrés plus haut), **Octet** (en informatique, base comportant huit caractère binaires), **Octobre** (huitième mois de l'année romaine, qui commence en mars), **Octogone** (polygone à huit côtés), **Octosyllabe** (vers comportant huit syllabes), **Octogénaire** (personne âgée de 80 ans ou plus).

OCTROYER. *v. tr.* Accorder quelque chose à titre de faveur ; donner avec une certaine condescendance. *Je vous octroie dix minutes de récréation supplémentaires. Le patronat nous octroie une prime ridicule !* L'octroi est une faveur, un don. Mais le fait d'accorder une faveur peut être une façon, pour une autorité, de manifester sa suprématie, de même que cela peut être, pour celui qui la reçoit, l'occasion d'une humiliation. D'où la connotation parfois péjorative du mot.

S'octroyer : se donner à soi-même (sans demander la permission) un avantage quelconque. *Il s'est octroyé une part supplémentaire.*

ODE. *n. f.* (du grec *ôdé*, «chant»). Dans la Grèce antique, poème lyrique destiné à être chanté ou dit avec un accompagnement musical. L'ode célèbre, au départ, des sujets héroïques (Pindare). Puis, chez les Latins, avec Horace, elle s'élargit à des sujets divers, plus légers (amour, plaisirs de la vie, thèmes philosophiques).

De la Pléiade à la poésie romantique (Ronsard, Malherbe, Hugo), l'ode conserve ces deux types d'inspiration. En principe, elle garde un style vigoureux en relation avec des sujets élevés ; mais elle peut aussi désigner des poésies lyriques d'un ton personnel. Nerval écrira des odelettes, qui sont des petites odes fuyant une excessive gravité. Mais au XXe siècle, l'ode demeurera marquée par un ton grandiose (*Cinq grandes Odes* de Claudel), philosophique ou religieux.

ODYSSÉE. *n. f. L'Odyssée* est le poème épique, attribué au poète grec Homère, qui raconte les aventures d'Ulysse tentant de rentrer dans sa patrie (à Ithaque), après la guerre de Troie (Ulysse se dit en grec *Odusseus*). Une *odyssée* est un récit de voyage rempli d'aventures diverses ; ou toute sorte de voyage mouvementé, riche en péripéties. *Notre traversée de l'Europe en 2 CV fut une véritable odyssée.*

N.B. L'**Iliade,** qui raconte la guerre de Troie, et l'**Odyssée,** sont des épopées célèbres.

ŒCUMÉNISME. *n. m.* Mouvement qui, au XXe siècle, préconise le rassemblement et la réunion des Églises chrétiennes. Ce mouvement, favorisé par des structures d'échange et de dialogue, a pris un nouvel essor à partir du Concile de Vatican II, en 1962.

Ce terme religieux est parfois employé hors de sa sphère propre. Deux hommes politiques aux idées différentes, par exemple, peuvent se rassembler sur le terrain humanitaire *« dans un esprit œcuménique »*.

ŒDIPE. *n. m.* 1° **Héros de la mythologie grecque** qui, selon les prédictions d'un oracle, est amené par le destin à tuer son père et à épouser sa mère. C'est sans le savoir qu'Œdipe est conduit à vivre cette aventure. Lorsqu'il connaîtra la nature de ses actes, Œdipe se crèvera les yeux (voir *Œdipe-Roi,* pièce de Sophocle).

2° **Complexe d'Œdipe,** notion clef de la psychanalyse : phase nécessaire de la petite enfance, qui structure la personnalité consciente et inconsciente de tout individu, selon Freud.

L'*Œdipe* ou *« complexe d'Œdipe »* consiste, pour un enfant d'environ trois ans, à tourner ses désirs amoureux vers le parent de sexe opposé et, corrélativement, à éprouver une vive hostilité pour le parent de même sexe, vécu comme un rival. Le petit garçon, par exemple, va désirer avoir sa mère toute à lui et éliminer le gêneur qu'est le père. Cela va s'accompagner d'angoisse et de sentiment de culpabilité, car l'objet désiré est interdit, et celui qui le possède, menaçant. Peu à peu, l'enfant comprendra qu'il doit renoncer à cet objet de désir, déplacer son «amour» sur d'autres «objets», prendre pour modèle le père qui était rival, s'identifier à lui, vouloir «devenir comme papa», et grandir dans cette perspective.

L'évolution est symétrique pour la petite fille, quoique les relations avec la mère soient plus compliquées (la mère a été un premier objet d'amour pour la petite fille). Dans l'un et l'autre cas, l'évolution «normale» de l'enfant suppose la «liquidation» du complexe d'Œdipe (même s'il en reste toujours des traces dans l'inconscient). Notons que, dans la réalité, le «complexe d'Œdipe» est encore plus complexe qu'il n'en a l'air. Chaque parent, selon Freud, est en effet l'objet de **sentiments ambivalents.** En même temps que le petit garçon désire éliminer le père, il l'aime et craint de perdre son amour. En même temps que le petit garçon aime sa mère, il la craint, il peut avoir peur de se perdre en sa toute puissance. Ainsi le schéma *amour de la mère/haine du père* se double du schéma inverse, en filigrane en quelque sorte. Il en est de même symétriquement, dans le cas de la petite fille. Plutôt que de parler de «complexe d'Œdipe», les spécialistes préfèrent parfois parler de *situation œdipienne,* et examiner comment l'enfant se situe dans le triangle *père/mère/enfant,* en tenant compte de l'ambivalence plus ou moins marquée des relations.

Enfin, il faut savoir que la psychanalyse donne une portée universelle à la structure triangulaire du complexe d'Œdipe, bien au-delà du modèle familial de la civilisation occidentale. Le désir du parent de sexe opposé, identifié au désir d'inceste, se heurte dans toute culture à un interdit ; le respect de l'interdit, l'intériorisation de la loi qui prohibe l'inceste et oblige l'individu à porter ailleurs son désir (étapes obligées de la « liquidation de l'œdipe »), se retrouveraient dans toute civilisation. Les œuvres d'art en témoigneraient (comme le montrent par ailleurs les fructueuses études du « complexe d'Œdipe » dans les œuvres littéraires, à commencer par celle qui a pour titre *Œdipe-roi*).

ŒUVRE. *n. f.* Voir au mot **Ouvrage,** pour la distinction entre les deux termes.

OFFICE. *n. m.* (du latin *officium,* « service, fonction »).

1° Fonction que l'on remplit (plus ou moins « officiellement ») ; charge qu'on occupe ; service qu'on accomplit (avec plus ou moins de serviabilité). D'où des expressions comme : *remplir son office* (bien jouer son rôle) ; *faire office de* (servir à) ; *les bons offices de* (les services proposés, notamment les démarches de conciliation dans le langage diplomatique). Traditionnellement, l'homme chargé d'un office public se nomme *officier* (mot qui s'est spécialisé dans la langue militaire).

2° Service administratif ou organisme chargé d'une mission spéciale. « *Office national* (de ceci ou de cela) ». Lieu où est établi le siège social de cet organisme (agence) : *Allez donc à l'Office national de l'Immigration.*

3° Dans la langue religieuse, « service » rendu à Dieu : toute sorte de cérémonie. *Office funèbre. Office dominical* (la messe). Ensemble des prières d'une cérémonie particulière. *L'office du jour.*

N.B. On oppose en général ce qui est **officiel** (qui émane des autorités établies, qui est publiquement attesté) et ce qui est **officieux** (qui n'est pas officiellement garanti, mais qu'on est autorisé à croire).

OFFUSQUER. *v. tr.* Choquer, déplaire fortement, scandaliser. S'emploie souvent à la tournure passive. *Je suis offusqué par la désinvolture des candidats à l'examen. Il m'a fait des propositions… j'en suis encore toute offusquée !*

S'offusquer : se froisser, se formaliser. *Les candidats sont désinvoltes, mais pas inconvenants : il n'y a pas de quoi s'offusquer.*

OISEUX. *adj.* Inutile, sans intérêt, superficiel. *Gardez pour vous ces remarques oiseuses. Une copie encombrée de développements oiseux.*

OISIF. *adj.* et *n.* Qui est sans activité : soit sans profession (désœuvré, inactif), soit sans occupation (qui se plaît à ne rien faire). *Une personne oisive, une vie oisive. Un oisif fortuné.* Comme le substantif correspondant, **oisiveté,** ce mot est employé tantôt de façon neutre (désœuvrement), tantôt de façon péjorative (paresse). *On peut déplorer l'oisiveté forcée des chômeurs. L'oisiveté est la mère de tous les vices.*
   N.B. Ne pas confondre avec l'adjectif **oiseux,** bien que l'étymologie soit la même (*otium,* en latin «loisir, repos», dont l'antonyme *negotium* signifie «négoce, affaires»!).

OLFACTIF. *adj.* Qui est relatif à l'odorat, parfois appelé *olfaction. Le nerf olfactif. Les sensations olfactives. Alors que les sensations visuelles et auditives permettent de saisir les réalités à distance, les perceptions tactiles et olfactives impliquent une proximité de l'objet perçu.*

OLIGO-. Racine issue du grec *oligos,* «petit, peu nombreux». Elle a donné les mots **Oligarchie** (régime politique où un petit nombre a le pouvoir ; ce groupe restreint lui-même ; peut s'employer hors du domaine politique : *une oligarchie financière ;* le mot a souvent une connotation péjorative : les personnes ou familles régnantes tentent évidemment de sauvegarder leurs privilèges) ; **Oligo-élément** (éléments chimiques absolument indispensables à l'organisme, bien que s'y trouvant en très petite quantité) ; **Oligopole** (marché dans lequel quelques vendeurs ou groupes se partagent le «monopole» de l'offre d'un produit ou d'une matière).

OLYMPIADE. *n. f.* Espace de quatre ans qui s'écoulait, dans la Grèce antique, entre deux célébrations successives des jeux Olympiques. Cet intervalle a été repris au XXe siècle lorsque les Jeux ont été restaurés à l'initiative de Pierre de Coubertin (1863-1937). De nos jours, au pluriel, le mot peut désigner les jeux Olympiques eux-mêmes. *Je me prépare pour les Olympiades de l'an 2000* (cet emploi est toutefois critiqué).

OMBRAGEUX. *adj.* Qui prend facilement ombrage, s'inquiète ou se froisse de peu de chose. Susceptible, méfiant. *Un caractère ombrageux. Il est devenu inquiet, difficile, ombrageux, irritable.* Ne pas confondre avec *ombragé.*

N.B. L'ombre suscitant l'inquiétude ou la défiance de certains animaux (mules, chevaux), *« prendre ombrage »* a d'abord signifié *avoir peur* pour les bêtes, puis s'est étendu aux hommes.

OMNI-. Racine tirée du latin *omnis*, « tout », qu'on retrouve comme préfixe dans de nombreux mots et qui permet d'en créer de nouveaux : **Omnivore** (qui mange de tout : animal ou végétal), **Omnisport** (qui pratique tous les sports ; où l'on pratique tous les sports) ; **Omnidirectionnel** (se dit de certaines antennes). Et surtout : **Omniprésent** (qui est présent partout : *l'omniprésence de Dieu, l'omniprésence d'un souvenir*) ; **Omnipotent** (qui a toute puissance, qui a un pouvoir absolu : *l'omnipotence d'un pouvoir tyrannique*) ; **Omniscient** (qui sait tout, qui a un savoir universel ; se dit en particulier, en narratologie, du romancier qui connaît tout de ses personnages, adopte une focalisation aussi bien externe qu'interne, joue dans son récit le rôle d'un Dieu omniprésent quoique invisible. On parle de *narrateur omniscient*).

ON. *pronom personnel indéfini* (du latin *Homo*, « l'homme » ; au Moyen Âge, *l'om* désignait l'homme en général : de là vient la forme « l'on »).

On peut désigner l'homme en général *(on juge un arbre à ses fruits)*, une personne indéterminée *(a-t-on téléphoné ?)* ou un groupe indistinct *(on nous critique tout le temps).* Ce pronom est toujours sujet, et il est à noter que, dans la langue courante, il peut se substituer à tous les autres sujets (à **je :** *« Tu vas bien ? – On le fait aller »* ; à **tu** ou à **vous** : *« Alors, jeunes gens, on sèche le cours ? »*) ; à **nous** : *« On a gagné ! »* ; à **il :** *« Faites ceci puisqu'on vous le demande »* (on = il = le professeur) ; et aussi à **ils,** les autres : *« Utopie, dira-t-on ! »*). Dans un texte argumentatif, *on* peut, à quelques lignes de distance, par exemple, désigner « nous, les nôtres », ou « les autres, nos adversaires » : il faut y prendre garde.

N.B. À la forme négative, ne pas oublier le *n'* qui s'impose lorsque **on** est suivi d'un mot commençant par une voyelle :

« on *n'*en peut plus ; on *n'*est pas sorti de l'auberge ; on *n'*oublie rien ».

ONANISME. *n. m.* Péché d'Onan, personnage biblique. En d'autres termes, masturbation (masculine).

ONÉREUX. *adj.* Qui coûte cher, qui occasionne des dépenses non négligeables. *Des objets particulièrement onéreux. Un train de vie onéreux.* En droit, **à titre onéreux :** en payant (et non pas gracieusement).
Ne pas confondre avec **Onirique.**

ONIRIQUE. *adj.* Qui est relatif au rêve. *Une image, une vision onirique* (issue d'un rêve). Dans le domaine artistique : qui a le caractère du rêve (nocturne), par son côté fantastique, surréaliste ou merveilleux. *Une atmosphère onirique, un tableau onirique. Le récit de Nerval,* « Aurélia », *étonne et enchante par son inspiration onirique.*

ONOM-, -ONYM. Racines issues du grec *onoma,* « nom, appellation ». Elles donnent notamment les mots suivants : **Onomastique** (science des noms propres, spécialement des noms de personne) ; **Onomatopée** (création d'un mot dont les sonorités sont censées reproduire le bruit qu'il désigne ou évoquer la chose qui produit ce bruit, comme « crac », « teufteuf », « susurrer ») ; **Anonyme** (qui n'a pas de nom), **Homonyme** (qui a le même nom), **Paronyme** (qui a un nom proche), **Patronyme** (nom du père, nom de famille), **Synonyme** (nom de sens voisin), **Toponyme** et **Toponymie** (étude des noms de lieu) ; **Pseudonyme** (nom prétendu — utilisé pour dissimuler son nom réel). Voir ces mots pour leur sens précis.

ONTOLOGIE. *n. f.* En **philosophie :** science de l'être en tant qu'être. L'ontologie est la partie centrale de la métaphysique (voir ce mot). Quelle est l'essence d'un être ? Que pouvons-nous dire de l'être ? En quoi consiste la pensée ? Qu'est-ce qu'un être qui pense ? Qu'est-ce qu'exister ? Quelle est la part de l'essence et de l'existence dans la nature d'un être ? *L'Être et le Néant* (Sartre) est un essai d'ontologie. Celle-ci se confond même avec la métaphysique puisqu'elle s'interroge sur l'être des choses et sur l'essence des êtres.

L'adjectif *ontologique* désigne ce qui se rapporte à l'ontologie (comme étude philosophique), mais aussi tout ce qui se rapporte à la problématique de l'être. *Il avait des préoccupations ontologiques.*

L'argument ontologique. L'une des «preuves» classiques de l'existence de Dieu. En substance : l'idée d'un être parfait suppose que celui-ci ait *toutes* les qualités dont l'une, essentielle, est l'existence. Or, nous avons l'idée d'un être parfait. Donc, l'être parfait existe, il correspond précisément à ce que nous nommons Dieu. À cet argument, qui naturellement a été beaucoup discuté, Descartes ajoute une raison supplémentaire : tout effet contient en lui-même ce qui l'a causé ; on ne pourrait donc pas avoir l'idée de perfection, d'infini, de Dieu, s'il n'existait pas une réalité antérieure susceptible de produire en nous cette idée.

O.P.A. *n. f.* Abréviation pour **Offre Publique d'Achat.** C'est l'opération par laquelle une société annonce publiquement son désir d'acheter un certain nombre d'actions d'une autre société. La société acquéreuse propose un prix intéressant pour inciter les porteurs d'actions à vendre. Il s'agit en général pour elle de prendre le contrôle économique de la firme visée par son O.P.A., ce qui peut faire trembler les milieux boursiers (de peur ou de joie). C'est pourquoi, au *sens figuré*, dans d'autres domaines que le secteur économique, l'expression O.P.A. est synonyme de tentative de prise de pouvoir. *C'est en vain qu'une faction minoritaire a lancé une O.P.A. sur l'ensemble du syndicat.*

OPÉRA. *n. m.* («œuvre» en italien). Œuvre dramatique mise en musique, chantée et accompagnée par l'orchestre du début jusqu'à la fin. Dans un opéra alternent les récitatifs (dialogue «récité» en chantant), les grands airs et les chœurs. L'**opérette** est un opéra léger. L'**opéra comique,** qui intègre des passages amusants et se termine «bien», contient souvent des scènes uniquement parlées. L'**opérabouffe** y ajoute des éléments satiriques ou caricaturaux.

L'**oratorio** est un opéra écrit sur des sujets religieux ; la partie orchestrale y est particulièrement développée et il n'y a pas de mise en scène théâtrale.

OPÉRATIONNEL/OPÉRATOIRE. *adj.* Ces deux termes qualifient ce qui est capable d'agir, d'opérer efficacement. Mais alors que le premier s'emploie à propos de choses, de méthodes ou de *personnes* en état d'agir avec efficacité, le second ne s'emploie qu'à propos de choses (concrètes ou abstraites). *Un engin opérationnel. Une méthode opération-*

nelle. Un personnel opérationnel. Un bloc opératoire. Un concept opératoire (qui permet de résoudre certains problèmes).

OPINER. *v. intr.* Émettre une opinion, exprimer un avis en général favorable. *Opiner sur la politique. Opiner à propos d'un programme électoral.* **Opiner à :** adhérer à, approuver. *Il opina volontiers à cette idée.* **Opiner du bonnet, opiner de la tête :** acquiescer par simple signe.

OPINIÂTRETÉ. *n. f.* Volonté tenace, persévérance dans l'effort, détermination acharnée (pour venir à bout de quelque chose). *Il travaille à son dictionnaire avec opiniâtreté. Il résiste avec opiniâtreté.*

N.B. L'adjectif *opiniâtre* a un sens un peu plus large, s'appliquant aux personnes *(un esprit opiniâtre, voire entêté)* aussi bien qu'aux choses *(une lutte opiniâtre ; une toux opiniâtre).*

OPINION. *n. f.* 1° Avis, appréciation sur une question ; jugement ou croyance *(j'ai mes opinions)* ; impression ou sentiment *(opinions toutes faites ; opinion subjective)* ; jugement de valeur porté sur quelqu'un *(avoir mauvaise opinion d'untel, bonne opinion de soi).*

2° Opinion publique, ou « opinion » : avis de la majorité du corps social sur des questions générales (politiques, morales, esthétiques). *Aller contre l'opinion. Faire des sondages d'opinon.* Attitude d'esprit dominante (ou supposé telle) dans une société ; ensemble des personnes qui partagent cette attitude. *L'opinion n'était pas prête à accepter l'idée d'une Europe fédérale.*

3° En **philosophie,** l'opinion est souvent opposée à la vraie connaissance, fondée sur le raisonnement discursif. L'opinion est intuitive, commune, reçue d'autrui ; elle peut être vraie comme fausse, puisqu'elle n'est pas démontrée. Elle a valeur de croyance subjective ; elle se rassure sur elle-même en étant commune ; mais elle est totalement étrangère à la démarche philosophique. *« Penser et avoir une opinion, est-ce la même chose ? »* (sujet classique de dissertation philosophique). Voir **Doxa, Paradoxe.**

OPPORTUN. *adj.* (du latin *opportunus*, « qui conduit au port »). Qui vient à propos. *Un courant opportun nous a conduits au port.* Qui est favorable, qui convient. *Une démarche opportune.*

N.B. Cet adjectif a deux antonymes : *inopportun* (qui a un

sens exactement inverse) et *importun* (qui a un sens plus large et peut s'appliquer aux personnes).

OPPORTUNISME. *n. m.* Attitude qui consiste à s'adapter aux circonstances, à en tirer parti au mieux de ses intérêts. *L'opportunisme d'un politicien qui profite de toutes les occasions pour soigner son image, de tous les thèmes d'actualité pour alimenter ses discours.* Le cas échéant, l'**opportuniste** n'hésite pas à sacrifier ses principes moraux pour exploiter pleinement la situation qui s'offre à lui. D'où la connotation fréquemment péjorative de ce mot. *C'est un opportuniste !*

OPPORTUNITÉ. *n. f.* Caractère de ce qui est opportun. *l'opportunité d'une idée, d'une décision, d'un fait nouveau, d'une attitude.* L'emploi du mot « opportunité » dans le sens de « circonstance favorable » est critiqué comme anglicisme (mais assez fréquent dans les médias) : mieux vaut l'éviter, et le remplacer par « occasion propice, possibilité avantageuse ».

OPPOSANT. *n. m.* Au sens **littéraire**, en narratologie, personnage ou réalité qui fait obstacle aux actions et aux projets du héros. Il peut s'agir d'un être réel (adversaire) ou fantastique (mauvaise fée), mais aussi d'un objet, d'un obstacle naturel (l'orage, le soleil) qui joue le rôle d'entité hostile (liée au destin).

OPPRESSER. *v. tr. (sens propre)* Gêner la respiration (de quelqu'un). Il s'agit d'une gêne physique, d'une suffocation. *L'asthmatique se sent oppressé. (sens figuré)* Étreindre, accabler (par analogie avec l'oppression physique). *L'angoisse m'oppresse à chaque veille d'examen.*

N.B. Ce verbe est à distinguer absolument du verbe **opprimer**, qui a un sens essentiellement politique : asservir un peuple, écraser ou tyranniser les consciences, étouffer l'opinion. Au passif, en particulier, on ne confondra pas :
— **être oppressé** : subir individuellement un malaise physique et moral.
— **être opprimé** : subir, en général collectivement, une domination politique ou sociale.

OPPRESSION. *n. f.* 1° **Sens politique** (correspondant au verbe *Opprimer*) : domination, asservissement, sujétion, violence imposée à un individu ou à un peuple. *L'éternelle*

oppression des faibles par les forts. Que les peuples opprimés luttent contre l'oppression !
    2° **Sens psychophysique** (correspondant au verbe *Oppresser*) : état de gêne respiratoire (sensation de poids sur la poitrine), ou malaise psychique (qui se traduit souvent par une impression d'étreinte ou de poids sur le cœur). *Elle ne l'aime plus, elle va le quitter, une oppression infinie lui écrase le cœur.*

OPPROBRE. *n. m.* Honte, déshonneur, qui mérite la réprobation publique. État d'avilissement. *Couvrir quelqu'un d'opprobre, jeter l'opprobre sur* (condamner publiquement). *Vivre dans l'opprobre. Être un sujet d'opprobre pour sa famille* (la déshonorer).

OPTER. *v. intr.* (du latin *optare*, « choisir ») Faire un choix, entre deux ou plusieurs possibilités. Prendre parti entre plusieurs options. *J'ai opté pour la vie à la campagne. Julien Sorel hésite entre opter pour le noir (la carrière ecclésiastique) ou pour le rouge (la carrière militaire).*

OPTIMISER. *v. tr.* Calculer le meilleur rendement possible d'une machine, d'une production, d'une entreprise. Obtenir le résultat optimum ou optimal. Par extension, tirer le meilleur parti possible d'une entreprise (concrète ou abstraite), d'une action. *Optimiser les gains d'un portefeuille boursier. Optimiser les performances d'un sportif de haut niveau.* Voir **Optimum**.

OPTIMISME. *n. m.* **Sens philosophique :** doctrine selon laquelle tout est pour le mieux dans le meilleur des mondes possibles. Cette philosophie a été sévèrement critiquée par Voltaire dans son roman *Candide*. **Sens courant :** attitude qui consiste à toujours voir le meilleur côté des choses (voir la vie en rose) ; garder toujours confiance en un avenir favorable (même dans une situation critique).

OPTIMUM. *n. m.* Mot latin, superlatif de « bonus », qui signifie : « le meilleur ». L'optimum est toujours l'état le meilleur qu'on puisse atteindre, la recherche des « conditions optimales », du résultat idéal. Noter la différence avec **Maximum :** la valeur *la plus grande,* qui n'est pas nécessairement la meilleure. Par exemple, la production la plus élevée d'une machine peut coûter si cher qu'il vaudrait mieux produire moins et de façon plus économique (le *maximum* ne correspond donc pas à l'*optimum*). Ou encore, la vitesse *maximale* d'un véhicule ne correspond pas à la consommation d'essence *optimale*. Voir **Optimiser**.

OPULENT. *adj.* 1° *(choses)* particulièrement riche, luxueux, abondant. *Une cité opulente. Une récolte opulente. Un train de vie opulent.* L'**opulence** désigne la grande abondance de biens, la fortune.

2° *(personnes)* Qui a des formes amples, larges. *Une femme à la poitrine opulente.*

OPUS. *n. m.* Mot latin qui signifie « œuvre ». S'emploie en abrégé, suivi d'un chiffre, pour désigner un morceau de musique dans l'ensemble de l'œuvre d'un compositeur. Exemple : *le Nocturne de Chopin, op. 9, n° 1* (il y a plusieurs nocturnes dans l'opus 9). On dit aussi *op. cit.* pour renvoyer à un ouvrage déjà cité.

OPUSCULE. *n. m.* (voir mot précédent). Petit livre. Petit texte qu'un auteur publie en le regroupant avec d'autres, en titrant par exemple *Pensées et opuscules.*

ORACLE. *n. m.* Dans l'Antiquité, *parole divine* qui répond aux interrogations des fidèles, dans un lieu sacré. L'oracle peut être aussi *la divinité même* qui fait cette réponse, ou encore *le sanctuaire* où elle est recueillie. Dans la Bible, il s'agit simplement d'une parole ou d'une prophétie de Dieu (« *Oracle du Seigneur Yahvé »*).

Par la suite, l'*oracle* a désigné, dans la langue littéraire, une opinion, un jugement jouissant d'une grande autorité ; puis, la personne même dont les avis ou conseils étaient très écoutés, reçus comme infaillibles. **Rendre des oracles :** parler avec une autorité indiscutée. On dit aussi « parler comme un oracle ».

ORAISON. *n. f.* (du latin *oratio*, « discours ») 1° Prière. Il peut s'agir d'une courte prière qui fait partie de la liturgie. Le plus souvent, le mot renvoie à une prière intérieure, longuement méditative. *Il entre en oraison.*

2° Discours, au sens ancien. Ne s'emploie plus que dans l'expression **Oraison funèbre :** sermon prononcé à l'occasion des funérailles d'une personne illustre. *Les* Oraisons funèbres *de Bossuet sont célèbres.*

ORATOIRE. *adj.* (à partir du latin *orare*, « parler, plaider, prier ».) Qui concerne l'art de parler en public, l'éloquence des orateurs. *Un style oratoire* (sonore, fait pour être déclamé en public). *L'art oratoire* (l'art du discours). *Une* *question oratoire :* une interrogation que l'orateur lance au public (ou à lui-même), sans attendre de réponse des auditeurs (il y répond lui-même). *Des précautions oratoires :* des circonlocutions, des façons de parler atténuées, indirectes, ayant pour but de ne froisser personne et de mieux séduire l'auditeur.

N.B. Ne pas confondre avec le *nom* **Oratoire,** qui désigne une pièce destinée à la prière, une petite chapelle.

ORATORIO. *n. m.* Drame lyrique sans mise en scène théâtrale, sur un sujet religieux, comportant des récitatifs, des airs, des chœurs et d'importantes parties orchestrales. *Un oratorio de Bach, de Haendel.*

ORDRE. *n. m.* (du latin *ordo, ordinis,* « rang, classe, succession, bon ordre »).

1° **Disposition d'ensemble présentant une structure,** un agencement naturel ou organisé, une cohérence dont l'esprit peut reconnaître ou rechercher le principe d'organisation ou de distribution. L'ordre peut être *spatial* (alignement, rangée, figure géométrique) ou *temporel* (succession dans le temps, ordre «chronologique»); *naturel* (l'ordre du cosmos, les lois de la physique) ou *social* (l'ordre public, les relations entre catégories de personnes, l'organisation en classes sociales); *concret* (le rangement d'une pièce, d'une maison; la distribution des espèces vivantes) ou *abstrait* (l'ordre alphabétique, l'ordre de la phrase, l'ordre d'un discours, l'ordre d'une pensée, la logique d'une science, la méthode d'une recherche); *descriptif* (constatation d'un ordre naturel des choses, dans les divers domaines de la réalité) ou *normatif* (prescription ou recherche d'une organisation idéale, d'un principe d'ordre, d'un *bon* ordre : *ordre social* — centré sur la sécurité, *ordre logique* — centré sur la raison, *ordre esthétique* — centré sur la beauté, *ordre moral* — centré sur le bien). Dans ce premier sens général du mot «ordre», on peut observer le partage entre le domaine de la *Nature* et celui de la *Culture* (voir ces mots) : l'ordre est à la fois ce que l'esprit humain observe dans l'organisation du monde et ce que l'esprit humain produit ou hiérarchise dans les divers aspects de la civilisation.

2° **Catégorie, classe, élément distingué dans la distribution d'ensemble** observée précédemment. Dans ce second sens, ce qu'on appelle l'ordre n'est plus l'ensemble organisé ou «ordonné», mais *l'une des parties* spécifique (liée aux autres) de cet ensemble. Par exemple, dans les distinctions mêmes que nous venons d'opérer dans le paragraphe précédent, nous avons utilisé des notions qui sont elles-mêmes des «ordres» dans ce second sens : l'*ordre spatial* (par opposition à l'*ordre temporel*), l'*ordre concret* (car ce qui est abstrait n'est pas «du même ordre»), l'*ordre esthétique* (par opposition à l'*ordre moral*). Précisons bien ici la distinction, car une expression comme l'*ordre esthétique* joue déjà sur les deux sens du mot ordre : c'est à la fois 1° la recherche du meilleur ordre dans le domaine esthétique 2° le domaine esthétique (l'ordre du beau) par opposition aux autres domaines.

Dans ce second sens du mot ordre (catégorie, classe), on trouvera par exemple les *ordres* de la société française sous l'Ancien régime : la noblesse, le clergé, le tiers état (l'*ordre social*, au sens n° 1, se compose ainsi de *trois ordres*, au sens n° 2) ; les diverses catégories professionnelles comme «l'ordre des avocats», «l'ordre des médecins» ; les différents styles architecturaux que sont «l'ordre ionique, l'ordre dorique et l'ordre corinthien» ; la plupart des «catégories» que l'esprit établit pour connaître ou analyser la réalité, en «ordonnant» le monde en différents domaines. C'est ainsi que Pascal, pour hiérarchiser les différentes dimensions de la vie dans lesquelles l'homme doit progresser, distingue trois ordres fondamentaux : l'**ordre de la chair** (qui regroupe les biens matériels, le luxe, le pouvoir, les apparences sensibles), l'**ordre de l'esprit** (qui est centré sur les réalités intelligibles, la recherche des lumières de la science) et l'**ordre de la charité** ou de l'amour (centré sur la sagesse, la dimension surnaturelle de la vie humaine, en relation avec Dieu).

3° **Impératif, injonction, commandement** (donné par une autorité). L'ordre qu'on donne, dans ce sens, est en particulier illustré par la vie militaire. *À vos ordres, mon capitaine !* Ne nous en étonnons pas : l'ordre au sens d'organisation, l'ordre au sens de distinction entre classes (entre les niveaux hiérarchiques), semblent essentiels à la discipline militaire. Ceci nous fait comprendre le lien qui existe entre les divers sens du mot *ordre :* si l'on donne des «ordres», des «mots d'ordre», c'est pour maintenir l'ordre, c'est par amour de l'ordre. Double sens qu'on retrouve dans le verbe **ordonner** (1° mettre en ordre ; 2° commander).

ORES. *adv.* La locution **«d'ores et déjà»** signifie *dès maintenant.*

ORGIAQUE. *adj.* Qui est relatif à l'orgie, qui évoque l'ambiance d'une orgie (soit dans le sens antique : culte du dieu Dionysos, soit dans le sens moderne : débauche, ripailles, excès en tous genres).

ORIENT. *n. m.* (du latin *oriens*, «qui se lève») 1° Côté de l'horizon où le soleil se lève ; levant (emploi surtout poétique, pour évoquer l'est).
2° (*avec une majuscule*) Ensemble de pays situés à l'est de l'Europe occidentale : Asie, nord de l'Égypte, pays d'Europe centrale. Comme le mot *Occident*, le mot *Orient* est chargé de toute une valeur historique et symbolique (origine de grandes religions, richesse et splendeurs des civilisations antiques, mythe de cultures mystérieuses hantant l'imagination des poètes et des voyageurs, etc.).

ORIGINEL. *adj.* Qui remonte à l'origine, qui vient de l'origine. *Les causes originelles du conflit. La nature originelle de l'homme. Le péché originel* (voir ce mot).

N.B. Ne pas confondre avec l'adjectif **originaire** (qui se rapporte plutôt au *pays* d'origine) : «originel» a une connotation plus temporelle et même causale. Ne pas confondre non plus avec **original** (même si l'étymologie est la même), dans les différents sens de ce mot : qui provient de l'auteur *(manuscrit original),* qui est absolument nouveau, personnel *(des idées, une personne originale),* au point d'en être bizarre *(un mode de vie, un individu original ; un original).*

ORIPEAUX. *n. m.* (*sens littéraire,* au pluriel) Vieux vêtements usés, qui ont gardé des traces de splendeur (lesquelles font ressortir l'usure). (*sens figuré*) Faux éclat, clinquant. *Les oripeaux d'un style artificiel.*

ORNIÈRE. *n. f.* (*sens propre*) Trace creusée par la roue d'un véhicule dans un chemin terreux. (*sens figuré*) Sillon tout tracé dont on ne sort pas, routine. *Il faudrait changer tes habitudes et sortir de l'ornière.* On trouve aussi l'expression **sortir de l'ornière** dans le sens «se tirer d'une situation pénible».

ORTHO-. Préfixe issu du grec *orthos*, «droit ; correct, juste». Exprime l'idée de conformité, de correction, de respect de la règle : **Orthodoxie** (conformité à la doctrine ; ensemble des propositions ou principes considérés comme fidèles à la vérité, au dogme, ou aux normes d'un domaine déterminé). **Orthogonal** (qui forme un angle «droit»).

Orthographe (manière correcte d'écrire un mot; bonne ou mauvaise orthographe; **dysorthographie :** trouble dans l'acquisition de l'orthographe). **Orthophonie** (traitement visant à rectifier les défauts d'élocution). Ce préfixe vivant permet de composer de nombreux mots savants.

ORTHODOXE. *adj.* (du grec *orthos*, « droit ; correct » et *doxa*, « opinion »).

1° Qui est conforme aux dogmes, à la doctrine d'une religion. *Des interprétations, des textes orthodoxes. Un théologien orthodoxe.* L'adjectif *orthodoxe* s'oppose à l'adjectif *hérétique ;* les deux mots peuvent être employés comme substantifs : *la guerre de religion oppose les hérétiques et les orthodoxes.*

N.B. Le mot **orthodoxe** désigne aussi (sans nuance péjorative ni positive) les Églises chrétiennes d'Orient, séparées de l'Église romaine au XIe siècle. *Église orthodoxe russe, clergé orthodoxe, rite orthodoxe.* Voir les mots **Hérésie, Schisme, Dogme.**

2° Qui est conforme à une doctrine quelconque, à la politique ou aux usages d'un parti; qui respecte les règles (morales ou sociales). *Un membre parfaitement orthodoxe du parti communiste. Sa conduite, dans cette affaire, ne fut pas très orthodoxe. Des opinions orthodoxes* (tout à fait dans la ligne de ce qu'il faut penser).

N.B. Ce mot, formé sur la racine *doxa,* a pour antonyme exact **hétérodoxe.** Il est par ailleurs à rapprocher du mot **paradoxe** (proposition qui heurte l'opinion commune). Voir **Doxa.**

OSMOSE. *n. f. (sens propre)* En chimie, phénomène de transfert, de diffusion d'un solvant d'une substance dans une autre à travers une membrane séparant deux solutions. *(sens figuré)* Échange réciproque, interpénétration; fusion progressive de deux réalités. *L'osmose entre la civilisation romaine et la civilisation grecque. L'école favorise l'osmose entre les diverses catégories d'enfants. L'idéologie des médias pénètre les esprits par osmose, par lente imprégnation.*

OSTENSIBLE. *adj.* (à partir du verbe latin *ostendere*, « montrer »). Qui est fait de façon voyante, manifeste, intentionnellement affichée. *Une conduite ostensible, une allure ostensible. Un souci des autres un peu trop ostensible. Elle a ostensiblement refusé de me saluer.* Voir **Ostentation.**

OSTENSOIR. *n. m.* (même étymologie que le mot précédent). Pièce d'orfèvrerie au centre de laquelle on expose l'hostie consacrée, dans la liturgie catholique. Cet objet en or ciselé a des rayons en métal, qui figurent les rayons du soleil. D'où cette comparaison de Baudelaire, où la femme divinisée «rayonne» :

Ton souvenir en moi luit comme un ostensoir.

OSTENTATION. *n. f.* (du latin *ostentatio*, «action de montrer»). Mise en valeur excessive, exhibition; étalage d'une qualité que l'on a, d'un avantage qu'on veut affirmer. *Il a gravi les marches avec ostentation. Elle montrait son collier de perles avec ostentation. On peut manifester de l'ostentation dans l'exercice même des vertus les plus humbles.*

L'adjectif correspondant est **ostentatoire**. *Un luxe ostentatoire* (tapageur). *Un deuil éploré, théâtral, ostentatoire. Des dépenses ostentatoires* (destinées à épater le public).

OSTRACISME. *n. m.* 1° **Chez les Grecs,** procédure par laquelle l'assemblée du peuple bannissait (excluait) pour dix ans un homme politique indésirable (souvent par crainte de son ambition).

2° **Sens actuel :** action d'exclure du groupe (ou de tenir à l'écart) l'un des membres de ce groupe. *Être frappé d'ostracisme par la majorité de ses camarades, de ses concitoyens.* Par extension : hostilité générale d'une collectivité à l'égard d'un individu, ou parfois d'un petit groupe.

N.B. Ce terme n'a rien à voir avec le mot *racisme*. Il vient du grec *ostrakon*, qui désigne un morceau de poterie où chaque citoyen inscrivait son vote relatif à la décision d'ostracisme, au sens n° 1.

OUKASE. *n. m.* Décret, en Russie, promulgué par le tsar, ou par les autorités soviétiques. Par extension : décision arbitraire, impérative. *Ce patron prétend nous terroriser avec ses oukases !*

OURDIR. *v. tr.* Au **sens figuré** (littéraire) : combiner, nouer une intrigue (au théâtre ou dans la vie). *Ourdir une conspiration, ourdir la trahison.* Tramer, machiner. *Des complots s'ourdissent dans l'ombre.*

OUTRAGE. *n. m.* Grave offense : affront, injure faite à quelqu'un ou à son honneur. Chez les nobles, le soufflet était un outrage qui conduisait au duel (dans *Le Cid,* le Comte provoque ainsi Don Diègue). Par extension, les atteintes, les dommages subis par quelqu'un *(les outrages du temps),* ou encore, commis contre des règles *(outrages aux bonnes mœurs, à la pudeur, à la logique élémentaire).*

OUTRANCIER. *adj.* Qui est expressif, outré. Qui passe la mesure. *Des propos outranciers. Un tempérament outrancier dans toutes ses manifestations. L'outrance d'une conduite, d'un langage* (l'excès, la démesure). L'adverbe *outrageusement* correspond à ce sens.

OUTRE. Mot issu du latin *ultra* (au-delà, en plus de). « Outre » son sens propre (au-delà), il entre dans la composition de plusieurs mots pour signifier l'exagération, le dépassement ou l'éloignement : **outrer** (« exagérer », ou « pousser quelqu'un à bout »), **outrage,** *outrager, outrance,* **outrancier, outrecuidance,** *outremer, outrepasser* (dépasser les bornes). Voir certains de ces mots.

OUTRECUIDANCE. *n. f.* (de *outre* et de l'ancien français *cuider,* « avoir confiance »; littéralement : fait de trop croire en soi). Attitude orgueilleuse, présomptueuse, qui conduit souvent à l'insolence ou à l'effronterie à l'égard d'autrui. *L'outrecuidance d'un journaliste qui croit inventer la communication. L'outrecuidance d'un valet qui se prend pour un maître.*

OUVRAGE. *n. m.* (dérivé de *œuvre*). Action de travailler ; quantité de travail ou produit de ce travail *(se mettre à l'ouvrage ; il y a de l'ouvrage ; bel ouvrage).* **Au sens intellectuel :** texte scientifique, philosophique ou littéraire. *Écrire, publier, diffuser un ouvrage.* Noter la distinction avec le mot **œuvre,** qui a une connotation beaucoup plus artistique, et s'applique aux peintres, aux musiciens, à tous les créateurs ou fondateurs aussi bien qu'aux écrivains. *Un roman est une œuvre ; l'étude de ce roman n'est qu'un ouvrage.* « Ouvrage » a aussi un sens moins vaste ; l'*œuvre* d'un auteur regroupe l'ensemble de ses *ouvrages.*

N.B. Un jour *ouvrable* est un jour où l'on *travaille,* où l'on *œuvre* (et non pas un jour où l'on ouvre !), par opposition aux jours fériés.

OXYMORE (ou **OXYMORON**). *n. m.* (du grec *oxus,* « pointu » et *môros,* « émoussé ». Ce mot, qui relie deux termes contraires, est lui-même un oxymore). Alliance de deux mots de significations opposées. On dit aussi «alliance de mots» (antithétiques). Cette figure de style produit un effet saisissant auprès du lecteur (ou de l'auditeur), une sorte de dissonance sémantique, puisqu'elle unit des éléments apparemment incompatibles. Une *paix armée*, une *sublime horreur*, le *soleil noir* sont des expressions frappantes qui alertent l'intelligence. Bien entendu, cette contradiction apparente a du sens. Quand Nerval parle du «*soleil noir* de la mélancolie», il y a contraste au niveau visuel, mais renforcement au niveau de l'idée : la mélancolie règne avec une énergie quasi solaire sur l'âme du poète. Une *sublime horreur* oppose l'excès de la laideur à l'extrême beauté ; mais l'expression signifie que, dans son genre, cette horreur va au-delà de toute limite. On pourrait faire des analyses identiques des oxymores *une tendre guerre, un illustre inconnu, l'ironie tragique, une implacable charité.* etc. De nombreux titres attirent l'attention en jouant de cette figure de style (*La Messe de l'athée, La Neige en deuil, L'Ingénue libertine,* etc.).

PACTOLE. n. m. (d'une rivière de Lydie, en Asie mineure, qui roulait des pépites d'or). Trésor, immense source de richesse. *Il a touché le pactole. Ces gisements d'uranium sont un vrai pactole.*

PAGANISME. n. m. Nom que donnaient les chrétiens du IVe siècle à l'ensemble des religions polythéistes de l'époque. Par extension, terme générique appliqué à l'antiquité gréco-romaine (dont les cultes étaient «païens»). Voir **Païen**.

PAÏEN. adj. et n. (du latin *paganus*, «paysan». En effet, les paysans de l'empire romain, fidèles à leurs cultes polythéistes, résistèrent longtemps à la christianisation. Cette étymologie a été discutée).

1° Par opposition aux chrétiens, adepte des religions polythéistes, durant l'antiquité gréco-romaine. *Les païens croyaient aux dieux Jupiter, Neptune, aux déesses Vénus, Minerve, etc.* Qui se rapporte au paganisme : *les cultes païens, les rites païens, les populations païennes.* Qui est relatif à l'antiquité païenne. *La culture païenne.*

2° Qui est sans religion, qui mène une vie impie. Péjoratif dans le langage des chrétiens, le terme peut être revendiqué dans le discours des athées. *Je suis un païen, un vrai.* Un livre autobiographique a pour titre *La Foi d'un païen* (J.C. Barreau). Voir **Paganisme**.

N.B. Dans la Bible, les Païens sont appelés les *Gentils* (du latin *gentiles*, «étrangers»).

PAIR. (comme *nom masculin*) Ce qui est égal, ce qui est pareil. *Aller de pair :* être sur le même rang, aller ensemble. *Un collaborateur hors pair :* qui n'a pas son égal. Le mot s'emploie le plus souvent à propos des personnes. Un pair est quelqu'un d'égal dans la société, par la fonction ou par le titre. *Il a été jugé par ses pairs. Les Pairs de Charlemagne. Travail au pair :* travail dans lequel l'échange — les termes égaux — sont le travail d'une part, la nourriture et le logement d'autre part.

PALABRE. *n. f.* (de l'espagnol *palabra*, «parole»). Discussion sans fin ; parole inutile. S'emploie en général au pluriel : *des palabres oiseuses.* **Palabrer :** converser interminablement, inutilement.

N.B. En Afrique francophone, *palabre* et *palabrer* n'ont pas de sens péjoratif : ces mots se rapportent à des débats juridiques (droit coutumier) entre hommes d'une même communauté villageoise. *Les palabres sont longues car les villageois veulent ne prendre de décision qu'à l'unanimité.*

PALÉ(O)-. Racine issue du grec *palaios*, «ancien». Entre surtout dans la composition de termes savants relatifs à l'Antiquité ou à la Préhistoire : **Paléographie** (science des écritures anciennes), **Paléolithique** (âge de la pierre taillée ; ce qui s'y rapporte), **Paléontologie** (science des êtres vivants de la Préhistoire, fondée sur l'étude des fossiles). Antonyme : *Néo-*.

PALIMPSESTE. *n. m.* Manuscrit sur parchemin dont le premier texte a été gratté pour permettre d'en écrire un nouveau. D'où cette image de Baudelaire : *« L'immense et compliqué palimpseste de la mémoire ».*

PALINDROME. *n. m.* (du grec *palin*, «de nouveau» et *dromos*, «course»). Mot ou série de mots dont les lettres, disposées de façon symétrique, permettent de lire la même chose de gauche à droite ou de droite à gauche. Exemples : *Élu par cette crapule ; Noyon ; Laval ; Ésope reste ici et se repose.* Ou encore, ce dialogue en anglais : *« -Madam, I'm Adam. -Sir, I'm Iris ».* Ou ce pronostic discutable : *« La mariée ira mal ».*

PALINODIE. *n. f.* (du grec *palin*, «nouveau» et *odê*, «chant»). Dans l'Antiquité, la palinodie était un poème dans lequel l'auteur rétractait ce qu'il avait écrit auparavant). **Sens actuel,** *au pluriel :* changement brusque d'opinion ou d'engagement. *Les palinodies d'un politicien.* Revirement, retournement, volte-face. De celui qui se livre à une «palinodie», on dit familièrement qu'il a *retourné sa veste.*

PALLIER. *v. tr.* (du latin *palliare*, «couvrir d'un manteau ; cacher»). **Sens actuel :** apporter une solution provisoire à un problème, un remède incomplet à un mal, un moyen momentané de parer à des insuffisances. *Pallier le déficit du budget par un emprunt à long terme. Pallier les insuffisances d'une politique.*

N.B. Ce verbe pose deux problèmes :

1° Son sens est souvent sommairement compris : on croit qu'il s'agit d'apporter une vraie solution au problème en question, et non pas un remède provisoire. Rappelons ici que *pallier*, c'est user d'un **palliatif** (on distingue les *soins préventifs* — qui évitent une maladie; les *soins curatifs* — qui la soignent; et les *soins palliatifs* — qui ne font qu'en atténuer les symptômes). Le terme n'équivaut donc *en aucun cas* à «résoudre» ni à «remédier définitivement».

2° Par analogie avec les verbes proches (remédier à, parer à), le verbe est souvent employé avec la construction indirecte *pallier à*. Cet usage est critiqué, quoique très répandu; il est sans doute moins fautif que l'erreur sur la signification du mot, mais ce n'est pas une raison pour l'entériner.

PAMPHLET. *n. m.* (mot d'origine anglaise, «brochure»). Écrit satirique en général court et violent, qui peut attaquer une personne connue, une institution, le gouvernement lui-même, une religion, un mouvement intellectuel, etc. *Les grands polémistes sont experts dans l'art de rédiger et de lancer des pamphlets. Voltaire s'est montré un pamphlétaire remarquable, notamment contre les jésuites.* Voir **Diatribe, Libelle, Satire.**

PAN-, PANT(O)-. Racines issues du grec *pan, pantos,* «tout». Nous les retrouvons en particulier dans **Panacée** (remède universel, au *propre* comme au *figuré*; éviter le pléonasme «panacée universelle»); **Panafricain** (relatif à l'unité de tous les peuples d'Afrique); **Panaméricain** (qui concerne les nations du continent américain dans son ensemble); **Panarabe** (qui vise à l'union de tous les peuples de civilisation arabe); **Pandémie** (vaste épidémie); **Pandémonium** (capitale où se retrouvent tous les démons et, par extension, lieu infernal où règnent le désordre, le bruit, la corruption); **Panorama** (vaste ensemble que l'on peut contempler, au *propre* comme au *figuré*), **Panoplie** (ensemble d'armes, ou plus généralement, de moyens susceptibles d'être utilisés), **Panthéisme** (voir ci-dessous). Voir aussi le mot **Panégyrique.**

PANACHE. *n. m. (sens propre)* Faisceau de plumes qui sert à orner la coiffure. *(sens figuré)* Éclat ; bravoure spectaculaire destinée à impressionner la foule. *Le panache de Cyrano de Bergerac. Même dans la douleur, le vrai héros garde son panache.*

PANDORE. (ouvrir la boîte de Pandore). Dans la mythologie grecque, Pandore, première femme de l'humanité et épouse d'Épiméthée, avait reçu de Zeus une boîte dont elle ignorait le contenu. Trop curieuse, elle l'ouvrit, et laissa ainsi s'échapper tous les maux et toutes les misères sur la Terre. D'où l'expression **ouvrir la boîte de Pandore** : déclencher par imprudence une série de catastrophes ou d'événements imprévisibles qu'on sera incapable de maîtriser. Les adversaires politiques s'accusent souvent mutuellement d'*ouvrir la boîte de Pandore.*

PANÉGYRIQUE. *n. m.* (du grec *panêguris*, « assemblée de tout un peuple »). Discours public célébrant les louanges d'une personne illustre (un chef militaire, un saint). *Le panégyrique d'un monarque.* Éloge de quelqu'un ou de quelque chose *(panégyrique d'une nation, panégyrique d'une vertu).* Apologie excessive, discours dithyrambique à la gloire de quelqu'un, d'où un emploi qui peut être péjoratif ou ironique. *Comment cet homme politique peut-il prendre au sérieux ce panégyrique inspiré par la flatterie ?* Voir **Dithyrambe.**

PANEM ET CIRCENSES. En latin, « du pain et des jeux de cirque », expression par laquelle Juvénal fustige le peuple romain qui n'a plus que des préoccupations bassement matérielles. Cette expression est reprise par ceux qui adressent le même reproche aux contemporains (par exemple : *« Consommation-télévision, c'est tout ce qui les intéresse ! »*).

PANORAMIQUE. *n. m.* Au *sens cinématographique*, mouvement de caméra qui consiste à effectuer une rotation autour d'un axe (horizontalement ou verticalement). Effet visuel produit dans la séquence d'un film par ce mouvement. *Un lent panoramique sur les visages des condamnés.*

PANTAGRUÉLIQUE. *adj.* Qui évoque le personnage de Rabelais, Pantagruel. *Un repas pantagruélique.* On dit aussi *gargantuesque* (le personnage de Gargantua a également un énorme appétit).

PANTALONNADE. *n. f.* (de *Pantalon*, personnage ridicule de la comédie italienne). 1° Farce burlesque, dont les situations douteuses ou les grosses plaisanteries amusent le public populaire. 2° Aventure grotesque dont les acteurs se montrent ridicules. 3° Démonstration hypocrite de sentiments d'amitié, de loyauté.

PANTHÉISME. *n. m.* (du grec *pan*, «tout» et *theos*, «Dieu»; littéralement : «tout est Dieu»).

1° Doctrine religieuse ou philosophique qui identifie le monde à Dieu (soit dans un *sens idéaliste* : Dieu est la seule réalité, et le monde n'est que l'ensemble de ses manifestations ; soit dans un *sens matérialiste* : Dieu est la somme de tout ce qui existe dans l'univers).

2° Au *sens courant*, le panthéisme est une attitude de divinisation de la nature, sorte de grand être vivant auquel on adresse un culte. *Le panthéisme de l'écrivain Colette se manifeste dans ses évocations exaltées de la nature vivante.*

PANTOMIME. *n. f.* 1° **Jeu du mime :** recours à tous les moyens d'expression gestuels, aux jeux du visage, à l'exclusion de tout recours à la parole. Par extension, emploi de mimiques ou de gestes lorsqu'on lit un texte ou prononce des paroles. 2° **Pièce mimée,** ou forme de théâtre dans lequel la pantomime joue un rôle prépondérant. 3° Au *sens figuré*, péjorativement : comportement excessif, attitude outrée ; manège théâtral auquel quelqu'un se livre. *À quoi voulez-vous en venir avec toutes ces pantomimes ?*

PARA-. Racine issue du grec *para*, qui signifie «à côté de ; contrairement à». Outre les mots expliqués ci-dessous *(Parabole, Paradoxe, Parallèle, Paramètre, Paranoïa, Paraphrase, Parodie, Paronyme, Paroxysme)*, on a par exemple : *Paralysie, Paraplégie, Parasite*. D'autre part, cette racine demeure un préfixe vivant pour désigner des notions ou des réalités qui se situent *sur la marge* (autour ou à l'encontre) de réalités données : **Paramédical** (qui est autour de la médecine), **Paramilitaire** (qui est organisé sur le modèle d'une armée), **Paranormal** (qui se trouve en marge des phénomènes normaux), **Parapsychologie** (étude des phénomènes psychiques paranormaux), **Parascolaire** (qui gravite autour du monde scolaire), **Paralittérature**.

N.B. Ne pas confondre avec le préfixe français *«para-»* qui vient du verbe *parer* (protéger contre), et qu'on trouve notamment dans *parachute, parapluie, parasol, paraton-*

nerre, paravent, ou sous la forme directe *pare- (pare-balles, pare-brise, pare-chocs, pare-feu).*

PARABOLE. *n. f.* (du grec *para-* , « à côté de » et *bolê*, « action de lancer », qui signifie « comparaison ». *Parabola*, en latin, deviendra *parole*). **Sens littéraire** (ou **religieux**) : petit récit allégorique qui propose un enseignement moral ou un message religieux. Jésus-Christ par exemple, suivant en cela un mode d'expression répandu à son époque, use souvent de la parabole, dont l'aspect imagé et symbolique frappe l'esprit de son auditoire. **Au premier degré,** la parabole se présente comme une histoire ordinaire : un fils réclame son héritage et part vivre sa vie (parabole de l'enfant prodigue) ; un maître de maison, appelé à voyager, confie son argent à quelques-uns de ses serviteurs (parabole des talents). Mais le fils ou le serviteur représentent l'homme ; le maître de maison ou le père symbolisent Dieu. La suite de l'histoire est donc à comprendre **au second degré** : le fils prodigue qui se repent met en valeur l'incroyable pouvoir de pardon de Dieu le père ; les serviteurs qui exploitent leurs « talents » (pièces de monnaie) illustrent le devoir qu'a tout homme de faire fructifier les dons de Dieu (les talents, au sens d'aptitudes). Voir **Apologie, Fable.**

PARADIGME. *n. m.* 1° **Sens linguistique :** mot-modèle, mot-type qui sert d'exemple. Le verbe *finir* est ainsi le paradigme de la conjugaison des verbes en *-ir* : il en est l'exemple le plus représentatif.

Par extension, le mot paradigme en vient à désigner, non plus le terme représentatif, mais l'*ensemble* représenté par ce terme. Ainsi, le paradigme de la haine contiendra l'éventail des mots susceptibles d'exprimer ce sentiment, substituables les uns aux autres, et entre lesquels devra choisir le locuteur qui s'exprime : *antipathie, aversion, détestation, exécration, hostilité, inimitié, répulsion* (notons que le locuteur peut remplacer ces mots par des verbes, utiliser des formes négatives : ne pas aimer, ne pas adorer, etc.).

Ainsi, dans l'acte d'écrire ou de parler, celui qui s'exprime dispose d'une série paradigmatique (ou *axe paradigmatique*) de mots qui peuvent être *substitués* les uns aux autres et entre lesquels le locuteur devra, à chaque fois, faire un choix exclusif. À cet **axe paradigmatique** (série *« verticale »* en quelque sorte des choix possibles) fait pendant l'**axe syntagmatique**, celui de la *combinaison* syntaxique des mots choisis (axe *« horizontal »* de composition et d'agencement des termes d'une phrase).

2° **Sens général :** ensemble d'éléments susceptibles d'être recensés (ou éclairés) à partir d'une référence-type. Il s'agit ici d'une transposition dans le domaine des sciences humaines du sens linguistique, lequel peut osciller de l'acception stricte de « notion de référence » à l'acception large d'« ensemble-clef se rapportant à cette notion ». Un paradigme peut ainsi désigner un ensemble de problématiques qu'un même concept opératoire permet d'interpréter (le mot paradigme recouvrant *à la fois* le concept de base *et* l'éventail des problèmes ou situations dont ce concept détermine la parenté, par exemple, *« le paradigme de la complexité »* selon Edgar Morin). Le terme pouvant viser un simple ensemble de possibilités ou de réalités déclinables d'un certain point de vue, un regroupement de données ou d'éléments que seul l'emploi du mot « paradigme » rend « cohérent », il est trop souvent utilisé par ceux qui désirent conférer à leur discours un semblant de scientificité. *Série-type, concept opératoire, ensemble-clef, éventail, classe* sont souvent des synonymes préférables.

PARADOXE. *n. m.* (du grec *para*, « contrairement à » et *doxa*, « opinion commune »).

1° **Opinion (vraie ou fausse) qui va délibérément à l'encontre de l'opinion courante.** En général, celle-ci fait ressortir une part de vérité que l'opinion commune occulte. Le paradoxe est souvent l'arme du philosophe ou de l'écrivain qui veut faire réagir ses interlocuteurs, les conduire à dépasser leurs préjugés, en en prenant le contrepied. Si l'on déclare par exemple *« Il avait le don de paresse et donc d'organisation »*, on peut heurter le bon sens et la morale admise qui ne voient dans la paresse qu'un défaut ; cependant, il est vrai que certains paresseux, pour éviter un surcroît d'efforts, sont conduits à simplifier leur travail en l'organisant mieux : c'est là une vérité *paradoxale*.

2° **Opinion artificielle,** bizarre ou fausse, émise par quelqu'un qui veut systématiquement étonner le public. Le paradoxe peut en effet devenir un genre (littéraire ou non) dans lequel le locuteur *inverse* toutes les propositions admises par simple désir de briller, ou parce qu'il croit qu'il suffit de contredire pour penser.

3° **Réalité surprenante,** qui heurte le bon sens, mais se

trouve être totalement avérée. *Depuis que le gouvernement a limité la hausse des loyers, on ne trouve plus à se loger : c'est un paradoxe.* Il faut comprendre : le blocage des loyers a dissuadé les gens fortunés d'investir dans l'immobilier ; la construction s'est donc ralentie ; les appartements à louer se sont alors raréfiés. Cet exemple montre que le paradoxe est souvent moins dans la réalité elle-même que dans la formulation contradictoire, antinomique, de l'énoncé qui la traduit. L'emploi de l'adverbe **paradoxalement** sert souvent à mettre en valeur une contradiction apparente qui, dans les faits, s'explique très logiquement.

4° **Proposition contradictoire,** apparemment sans issue (voir **Aporie**). L'exemple classique est celui du paradoxe du menteur qui déclare : *«Je mens»* ou *«Je mens toujours»* (s'il ment en disant cela, c'est donc faux ; mais alors, pourquoi dit-il « je mens », si ce n'est pour nous tromper, donc il est menteur ; mais, etc.).

PARALLÈLE. *comme nom masculin* (du grec *parallêlos*, formé sur *para*, «à côté» et *allos*, «autre» : «chose que l'on met à côté d'une autre»). **Sens littéraire :** développement systématique d'une comparaison entre deux réalités, deux notions, deux individus, pour mettre en valeur à la fois ce qui les rapproche et (surtout) ce qui les distingue.

Exemple : le parallèle qu'établit La Bruyère entre *Giton* et *Phédon*, le riche et le pauvre ; ou encore, du même auteur, le célèbre parallèle entre Corneille et Racine.

PARALLÉLISME. *n. m.* (même étymologie que *parallèle*). **Sens littéraire :** procédé stylistique qui consiste à mettre en parallèle (voir ce mot) deux phrases ou deux membres de phrase, pour faire ressortir la similitude de leur sens, ou bien leur opposition, ou bien encore leur complémentarité. Le parallélisme est fréquent dans la littérature orientale ancienne. Mais on le trouve partout, pour souligner des comparaisons ou des antithèses. Par exemple, dans cette poésie de Bruno Hongre :

> *Une source dans l'herbe*
> *Ruisselle vers le jour ;*
> *Tes yeux sont une gerbe*
> *De fleurs disant l'amour.*

PARALOGISME. *n. m.* Raisonnement qui semble approximativement logique, mais qui en réalité est faux. Voici un exemple de paralogisme : « La France compte environ cinquante millions d'habitants. Il suffirait que chacun donne un franc pour offrir à un Français cinquante millions. Si l'on renouvelle l'opération cinquante millions de fois, tous les Français pourront être riches de cinquante millions. »

Le paralogisme est en général fait *de bonne foi* par son auteur. Il se distingue en cela du sophisme, qui suppose une volonté délibérée de tromper l'auditoire. Voir **Sophisme**.

PARAMÈTRE. *n. m.* (du grec *para*, « à côté » et *metron*, « mesure »). *En mathématiques,* nombre ou élément qu'on établit arbitrairement (un coefficient par exemple) pour résoudre un problème (une équation notamment). On peut faire varier ce nombre pour obtenir divers résultats. Il peut y avoir divers paramètres. En jouant sur ceux-ci, on pourra étudier la variation des résultats obtenus.

Par extension, dans d'autres domaines ou dans la vie courante, on nomme « paramètre » tout élément, tout facteur, toute variable dont dépend un phénomène. *L'évolution de la natalité dépend de plusieurs paramètres. L'expérience des adultes est-elle utile aux jeunes? Cette question ne peut être étudiée qu'en faisant intervenir de nombreux paramètres.*

PARANGON. *n. m.* Modèle, type idéal. Ce mot ne se rencontre plus guère, au *sens littéraire*, que dans l'expression *un parangon de vertu*, et dans des phrases négatives : *Il, elle n'était pas un parangon, de vertu, de sagesse, de tempérance, de subtilité.*

PARANOÏA. *n. f.* (du grec *para*, « à côté, à l'encontre de » et *noos*, « pensée, esprit ». Littéralement : esprit délirant, déraison, folie). Psychose caractéristique qui se traduit généralement par un orgueil démesuré, l'extrême méfiance vis-à-vis des autres (perçus comme rivaux, menaçants), une sorte de délire plus ou moins intense qui rend le sujet agressif par sentiment d'être persécuté. Le **paranoïaque** ne perd pas ses capacités mentales ; mais son délire d'interprétation ou de persécution lui fait porter des jugements erronés, et engendre de sa part des comportements sociaux inadaptés. Les chefs d'État autoritaires (tyrans, dictateurs, et quelques autres), que le désir du pouvoir conduit à craindre la perte de ce pouvoir, ont souvent des comportements paranoïaques. Dans la vie courante, toute position de domination ou d'autorité peut engendrer de tels comportements (on dit familièrement : c'est un *parano*). Selon Freud, la paranoïa, avant de se déclarer dans des formes aiguës (en certaines situations), peut être une tendance constitutive de la personnalité, plus ou moins répandue : qui ne s'est jamais senti *persécuté* par les choses, par les êtres, par l'adversité ?

PARAPHRASE. *n. f.* (du grec *para*, « à côté » : littéralement, « phrase à côté » d'un texte).

1° *(sens positif)* Développement qui reproduit les idées d'un texte en les explicitant. Il peut s'agir d'une traduction plus ou moins libre d'un passage d'un texte ancien. Celui qui paraphrase ne veut pas simplement traduire : il veut expliquer, amplifier, donner un équivalent du texte, par souci pédagogique.

2° *(sens péjoratif)* Développement qui répète maladroitement les idées ou les thèmes d'un texte, sans parvenir à l'expliquer vraiment. Délayage. C'est notamment le cas des mauvaises « explications de texte », dans l'enseignement littéraire, lorsqu'une copie se contente de répéter sans fin *« l'auteur dit que »*, au lieu d'analyser la manière dont l'auteur a su rendre son texte efficace.

N.B. Le mot paraphrase est utilisé parfois en musique pour qualifier des variations sur un thème, sur un air donné. *Liszt aime paraphraser les opéras de Wagner.* Ce sens n'a rien de péjoratif.

PARASITER. *v. tr. (sens propre)* Vivre en parasite, vivre au détriment de quelqu'un. *(sens figuré)* Perturber, encombrer. *Parasiter la société. Avoir l'esprit parasité par des idées chagrines.* Ce mot a repris une certaine vigueur métaphorique par référence à ce que représentent les « parasites » dans le domaine technique (perturbations radioélectriques, pollutions diverses).

PARCIMONIE. *n. f. (sens propre)* Tendance à épargner beaucoup et à distribuer peu. L'individu parcimonieux économise sur la moindre chose, vit chichement, mesure ce qu'il donne avec mesquinerie. *Des vivres distribués avec parcimonie. Un spectacle calculé au moindre coût, avec parcimonie.*

(sens figuré) **Avec parcimonie :** en mesurant, en réduisant au strict minimum ce qu'on accorde.

Il distribue les compliments, les gentillesses, les paroles même, avec parcimonie. Antonymes : prodigalité, profusion, générosité.

PARIA. *n. m. (sens propre)* Aux Indes, individu situé au plus bas de l'échelle sociale, dont le contact est considéré comme une souillure; il est *intouchable*.
(sens figuré) Personne repoussée et méprisée par le groupe, et donc réduite à une vie misérable. *Vivre en paria. Être traité en paria.*

PARITÉ. *n. f.* Caractère de ce qui est égal, de ce qui est pareil; égalité parfaite, conformité, par opposition à *disparité* (voir le mot **Pair**). Il faut noter que la parité ne se réduit pas à l'égalité de *deux* choses : la similitude, la conformité peuvent porter sur *plusieurs* réalités. *Une parité d'idées, entre plusieurs philosophes, est une chose quasi inconcevable. La parité des salaires entre hommes et femmes est une réalité dans la profession enseignante.* En **économie**, on nomme «parité de change» ou simplement *parité* l'égalité du taux de change de deux monnaies, dans les deux pays respectifs. **Commission paritaire :** assemblée dans laquelle les représentants respectifs de deux parties (professions, organismes syndicaux) sont en nombre égal.

PARJURE. *n.* et *adj.* 1° Violation d'un serment. *Commettre un parjure. En trahissant ses promesses de fidélité, il a commis un parjure; il s'est parjuré.*
2° Personne qui a violé un serment. **Traître** (en politique). **Renégat** (en religion). *Il a renié son roi et sa foi : c'est un parjure !*

PARNASSIEN. *adj.* et *n. m.* Poète qui appartient au mouvement littéraire du Parnasse, ou dont l'esthétique s'apparente à l'idéal de ce mouvement; partisan de «l'Art pour l'Art». Par exemple, Leconte de Lisle (1818-1894).

Le Parnasse est une montagne grecque qui, consacrée à Apollon et aux Muses, symbolisa la poésie. De 1866 à 1876, plusieurs poètes publièrent leurs œuvres dans une revue qu'ils intitulèrent *Le Parnasse contemporain*. Leur but, en réaction contre la poésie romantique et les excès de son sentimentalisme, était de produire un art d'une pure beauté formelle, plastique et sonore, fondée sur l'impersonnalité de l'inspiration et l'objectivité du travail poétique. Le **mouvement symboliste**, qui en découle, se retournera à son tour contre la poésie parnassienne et son culte de l'art pour l'art.

PARODIE. *n. f.* (du grec *para*, «à côté» et *odê*, «chant». Littéralement, «chant à côté»). Imitation caricaturale, burlesque, d'une œuvre connue (sérieuse). La parodie a pour objet d'amuser les lecteurs ou spectateurs aux dépens d'une œuvre *trop* célèbre, *trop* unanimement reconnue pour qu'elle ne mérite pas qu'on en dévoile les quelques faiblesses, les tics stylistiques, ou les ridicules. Aussi la parodie est-elle souvent une consécration indirecte de l'œuvre dont elle fait la caricature.

On peut parodier une œuvre précise (le *Virgile travesti* de Scarron parodie l'*Énéide* de Virgile), un genre (*Don Quichotte* est une parodie de l'épopée médiévale et de l'idéal chevaleresque), un texte précis ou même une phrase connue. Par exemple, le célèbre vers de Lamartine,

Un seul être vous manque, et tout est dépeuplé

peut donner lieu à la parodie suivante :

Un seul être vous manque, et tout est repeuplé

À la différence de la parodie, le **pastiche** tente d'imiter une œuvre en s'en approchant *le plus possible*, au point de tromper sur l'origine.

Notons l'extension du mot à la vie en général pour désigner une caricature, une contrefaçon grotesque. *Une parodie de réconciliation. Une parodie d'élection démocratique.*

PAROLE. *n. f.* **Sens linguistique :** manifestation particulière, concrète, individuelle, par laquelle un locuteur formule un énoncé précis. **La parole,** qui est un acte personnel (oral ou écrit), *s'oppose à* **la langue,** système d'ensemble produit par le groupe social, vaste réseau d'énoncés potentiels dans lequel puise le locuteur pour s'exprimer. On dit que *la parole actualise la langue* (la langue n'existe qu'à travers les *actes* de parole, comme la parole n'existe que grâce au système de la langue). Voir **Discours, Énonciation, Langage, Langue**.

PARONYME. *n. m.* (du grec *para*, «à côté» et *onoma*, «nom»). Mot très proche d'un autre par la sonorité, d'où le risque de confusion (surtout quand les significations ne sont pas très éloignées (*anoblir/ennoblir*, par exemple). On doit ainsi distinguer *abjurer/adjurer, collision/collusion, conjoncture/conjecture, éminent/imminent, perpétrer/perpétuer, sujétion/suggestion*, etc. Le paronyme se distingue de l'**homonyme** (mot de sonorité ou de graphie semblable), du

synonyme (mot de sens très proche, mais de forme différente) et de l'**antonyme** (mot de sens opposé). La **paronomase** est une figure de style qui consiste à rapprocher deux paronymes (« *A bon chat bon rat* », « *Qui se ressemble s'assemble* »).

PAROXYSME. *n. m.* (du grec *para*, « à côté » et *oxus*, « aigu, pointu »). Point culminant d'un phénomène, au sens propre *(le paroxysme d'une maladie)* comme au sens figuré : *être au paroxysme de la joie. Le paroxysme des combats. Le paroxysme d'une éruption volcanique* (son plus haut degré). L'adjectif correspondant est **paroxystique**. *Rouge de honte, cramoisi de colère, il atteignait un état paroxystique.* Mots de sens voisin : exacerbation ; phase suraiguë.

PARRICIDE. *adj.* et *n.* (du latin *pater, patris*, « père » et *caedere*, « tuer »).
1° Meurtre du père ou de la mère. Anciennement, meurtre du roi (régicide). Par extension, meurtre d'un ascendant. *L'intrigue des* Frères Karamazov *repose sur un parricide.*
2° Personne qui a commis ce meurtre. *Un fils parricide. Le parricide, condamné à mort, a été exécuté.*

PARTERRE. *n. m.* **Sens littéraire :** à l'époque classique, au théâtre, le parterre était le rez-de-chaussée de la salle, où le public se tenait debout. Les places y étaient les moins chères : c'est là que se tenait le public populaire, celui qu'il fallait faire rire ou émouvoir. D'où l'emploi du mot « parterre » pour désigner, par métonymie, ce public lui-même : *Molière plaisait avant tout au parterre.* De nos jours, le parterre est occupé différemment : c'est là que sont les fauteuils, et les places y sont très chères.
Par extension, le mot parterre peut s'appliquer à un auditoire, un public qu'on se donne : *plaire à un parterre de qualité.*

PARTIAL. *adj.* Qui prend parti pour ou contre quelqu'un ou quelque chose sans souci d'équité, en fonction d'intérêts, de préjugés, de passions partisanes. *Un juge partial. Un public partial.* Antonyme : **impartial**.
N.B. Ne pas confondre avec **partiel** (qui ne concerne qu'une partie : *une éclipse partielle*).

PARTICULARISME. *n. m.* Attitude d'une population (locale, régionale) qui veut garder ses caractères propres, ses libertés, ses particularités culturelles ou linguistiques, dans le cadre d'un État ou d'une fédération. *Il faut respecter les particularismes, sous peine d'engendrer des mouvements séparatistes. L'exacerbation des particularismes peut conduire certaines ethnies d'une même nation à la guerre civile.*

PARTISAN. *adj.* et *n.* 1° Personne qui prend parti pour une doctrine, pour un mouvement, pour une opinion. Adepte de ; favorable à. *Je suis partisan du libéralisme. C'est un fidèle partisan du Président. Les partisans et les détracteurs de l'heure d'été.*

2° (*adjectif* seulement) Qui manifeste du parti-pris. *Un esprit partisan, des attitudes partisanes.* Qui montre de la partialité, de l'intolérance.

N.B. Historiquement, les « partisans » ont souvent été des combattants n'appartenant pas à une armée régulière (par exemple, les résistants, durant la Seconde Guerre mondiale).

PARTITA. *n. f.* Pièce musicale pour clavecin ou piano, composée d'une suite de danses et de variations. *Les partitas de Bach.*

PARTITION. *n. f.* 1° En **musique**, ensemble des parties où se trouve transcrite une composition musicale. Par extension, composition musicale. *Il faut être capable de jouer sans partition.*

2° Division, partage. Se dit en particulier du partage d'un territoire. *La partition de l'ex-Yougoslavie.* Cet emploi, repris de l'anglais, n'a pas à être critiqué dans la mesure où il reprend le sens du mot latin *partitio*.

N.B. Ne pas confondre avec le mot « parturition », qui veut dire accouchement, enfantement, et qui est parfois employé au sens figuré *(la parturition d'un ouvrage).*

PASSÉISME. *n. m.* Attachement excessif au passé, aux œuvres du passé (par opposition au *modernisme*), aux rites et aux formes traditionnelles du passé (dans la liturgie religieuse). L'emploi du mot passéisme (considéré comme un excès) est en principe péjoratif. Cela n'empêche pas certains d'accuser de *passéisme* le simple intérêt pour le passé et la sauvegarde du patrimoine culturel, et d'autres de s'affirmer comme passéistes pour mieux défendre tout ce qui vient du passé.

PASSION. *n. f.* (du latin *passio*, « action de supporter ; souffrance physique ou morale »).

1° **Sens ancien :** souffrance. C'est dans ce sens que l'on parle de la Passion du Christ (on dit absolument **La Passion**), rapportée par les Évangiles : il s'agit là de la souffrance assumée par le Christ pour sauver les hommes, et non pas du sentiment d'amour qui l'animait envers eux. Plus généralement, les passions représentent ce que l'âme subit (malgré elle), ce qui est considéré comme négatif parce que *passif*. Descartes écrit ainsi un *Traité des Passions de l'âme*.

2° **À partir du XVIe siècle** (souvent au pluriel) : ensemble d'états affectifs puissants qui bouleversent ou dominent la vie intérieure de l'individu. Les passions vont englober les désirs, les émotions, les sentiments. Le sens du mot est encore passif : on subit malgré soi les impulsions soudaines qui ébranlent l'âme (la passion amoureuse, dans le théâtre de Racine, a souvent quelque chose de fatal). Mais l'accent se déplace : la passion fait agir, même si c'est dans la violence et le désordre ; elle meut les hommes. La grande opposition que mettent en valeur les moralistes est celle de la passion et de la raison : la première est injuste, aveugle ; l'autre, sereine.

3° **L'amour-passion :** la passion manifeste surtout les contradictions précédentes lorsque l'amour s'empare de toute la vie psychique d'un être (passivité/activité ; force aveugle / raison impuissante ; caractère obsessionnel que le sujet ne peut maîtriser). Dans ce sens, le mot passion peut désigner l'objet aimé lui-même : *elle a été la grande passion de sa vie.*

4° **À partir du XIXe siècle :** puissance intérieure qui anime, qui fait réaliser de grandes œuvres (artistiques, politiques, sociales). Le fait d'être passionné par quelque chose prend un sens positif. L'œuvre d'art est chargée de traduire l'émotion, la passion, la sensibilité de l'être humain. Le métier qu'on exerce n'est vraiment bien accompli que si l'on a la passion de ce qu'on fait.

5° **De nos jours,** selon les contextes, le mot passion conserve les sens 2, 3 et 4. Il est généralement péjoratif au pluriel (contre les « passions politiques », il faut « dépassionner le débat »), et plutôt positif au singulier (c'est ma « passion » qui donne un sens à mon existence).

PASTICHE. *n. m.* Texte dans lequel on s'efforce d'imiter le style d'un auteur connu. Il s'agit d'écrire « à la manière de ».

L'objet du pastiche peut être de tromper les lecteurs, de parodier une œuvre, ou simplement de se livrer à un exercice de style. La **parodie**, à l'inverse, ne vise que la caricature. Proust a écrit délibérément des *Pastiches et Mélanges*. Verlaine s'est amusé à se pasticher lui-même. Voir la distinction avec le mot **Plagiat**.

PASTORAL. *adj.* 1° Qui se rapporte aux pasteurs, aux pâtres, aux bergers. *La vie pastorale*. Par extension, qui a un caractère de simplicité campagnarde ; qui évoque les mœurs villageoises, la vie champêtre (voir **Bucolique**) : *un roman pastoral ; la Symphonie pastorale* (symphonie dans laquelle Beethoven chante la vie aux champs).

2° En **religion** : qui se rapporte aux pasteurs ou aux prêtres dans l'exercice de leur mission. *Une instruction pastorale, l'activité pastorale* (par distinction avec l'activité doctrinale). Ce sens dérive de la grande métaphore chrétienne selon laquelle les âmes des fidèles forment un vaste «troupeau» que doit conduire leur «berger» (le prêtre, le pasteur, le Seigneur).

PASTORALE. *n. f.* 1° Œuvre ou genre littéraire mettant en scène des bergers (ou pseudo-bergers) qui expriment des sentiments raffinés, non sans préciosité (voir l'adjectif *pastoral*, au sens n° 1).

2° En **religion**, organisation de la pratique religieuse, ensemble d'actions destinées à fortifier les communautés dans leur foi, à rendre présent le christianisme dans un monde non chrétien (voir pastoral, sens n° 2).

PATENT. *adj.* Qui est absolument évident, manifeste, notoire, reconnu. *C'est un fait patent que les chambres à gaz ont existé. La rivalité entre les deux ministres était patente.*

PATERNALISME. *n. m.* (du latin *pater*, «père»). Conception qui consiste, pour les patrons, à se considérer comme ayant une autorité paternelle sur leurs salariés. Cette attitude, à une certaine époque, a pu être jugée comme un progrès : la bonté du chef d'entreprise, son souci d'octroyer certains avantages sociaux à ses ouvriers, contrastaient en effet avec la manière pure et dure de patrons tyranniques. Mais du même coup, la doctrine paternaliste fondait le progrès social sur le bon vouloir du patron, et non sur les exigences de la justice sociale ou le droit de participation des salariés.

Elle devenait ainsi une façon douce de maintenir l'autorité patronale, de lui garantir le droit de décider.

Par extension, le paternalisme désigne toute manière de commander avec une bienveillance autoritaire et condescendante, de conserver le pouvoir sous couvert de protection. *Le paternalisme d'un dirigeant politique, d'un professeur, d'un chef de service.*

PATHÉTIQUE. *adj.* et *n.* (du grec *pathos*, « souffrance, passion »). Qui émeut profondément et douloureusement. *Une scène pathétique. Un discours pathétique. Une actrice pathétique.* Selon les emplois, l'adjectif pathétique peut viser ce qui est simplement touchant, émouvant, ou bien ce qui inspire vraiment terreur, bouleversement, pitié, horreur

En littérature, on distingue parfois ce qui est **dramatique** (qui a rapport à l'action, notamment au théâtre) et ce qui est **pathétique** (ce qui se rapporte aux sentiments, aux émotions exprimées, en principe communicatives). **Le pathétique** : le caractère pathétique d'une œuvre, d'une situation. L'art avec lequel une œuvre produit des effets pathétiques.

On oppose en général **le pathétique** et **le pathos** : le pathos est du pathétique facile, mélodramatique, exagéré. *Le dernier acte de Cyrano, est-ce du pathos, ou bien du grand pathétique ?*

PATHO-. Racine issue du grec *pathos*, « souffrance, maladie, passion ». Nous la trouvons dans **Pathétique, Pathos** (voir mot précédent), dans **Pathologie** (étude des causes et des symptômes des maladies), **Pathologique** (qui se rapporte à la pathologie ; qui est maladif, morbide, anormal), **Pathogène** (qui engendre des troubles physiques ou mentaux), **Névropathe** (qui souffre de maladie nerveuse), **Psychopathe** (malade mental), **Psychopathologie** (littéralement : étude des troubles de la vie mentale), et encore dans les mots **Antipathie** (sentiment *contre* quelqu'un, aversion), **Apathie** (absence de sentiment, d'émotion), **Sympathie** (fait d'éprouver les mêmes émotions, les mêmes souffrances ; d'où amitié commune), **Télépathie** (littéralement : transmission d'émotions à distance), **Allopathie** et **Homéopathie** (voir ces mots). Voir aussi les dérivés de ces mots, en *-pathique* et *-pathiquement*.

PATIENT. *adj.* et *n.* (du latin *patiens*, « qui supporte, qui sait endurer » ; voir *pâtir*).

1° *(sens classique)* Qui sait supporter les désagréments

de la vie, de l'effort, sans se lasser. Constant, courageux, persévérant. *Un caractère patient. Un esprit patient. Le patient triomphe de tout.*

2° *(sens fréquent)* Qui sait supporter en particulier l'attente, la lenteur des choses à venir. *Être patient, voilà le secret de la réussite.*

À ces deux sens s'oppose le mot **impatient** (qui ne supporte pas les contraintes; qui ne supporte pas d'attendre).

3° Au *sens médical*, le **patient** est celui qui souffre et qui subit un traitement. On retrouve là le sens étymologique. *Les patients d'un médecin doivent prendre leur mal « en patience »* (sens n° 1).

PÂTIR. *v. intr.* (du latin *patior*, « souffrir », endurer; être victime de »). Souffrir de quelque chose. Subir différents dommages. On dit « pâtir de ». *Pâtir de la misère. Ce ne sont pas les mêmes, hélas, qui font le mal et qui en pâtissent. Ce sont les « patients » qui pâtissent des erreurs médicales.* (voir le mot précédent).

PATR(I)-. Racine issue du latin *pater, patris,* « père ». Elle apparaît dans de nombreux mots, dont plusieurs étaient déjà vivants en latin. **Patrie** (littéralement : « pays du père » — bien que l'on dise *la mère-patrie*), **Patriarcal** (voir mot suivant), **Patriarcat** (littéralement : pouvoir du père), **Patriotisme** (amour de la patrie), **Patrimoine** (voir ce mot), **Patron** (*patronus*, en latin, « protecteur ; ancien maître d'un esclave »), **Patronyme** (littéralement : nom qui vient du père, nom de famille).

PATRIARCAL. *adj.* (de *patriarche*, formé des racines *patri-*, « du père » et *arkhê*, « pouvoir »).

1° Qui est relatif aux patriarches de la Bible. Par extension, qui évoque les mœurs simples, paisibles des anciennes tribus juives, à l'époque de ces patriarches. *Des mœurs patriarcales.* L'adjectif *patriarcal* s'applique aussi à ces autres patriarches qui sont les dignitaires des églises chrétiennes d'Orient *(trône patriarcal).*

Dans le langage courant, le mot **patriarche** évoque un sage vieillard qui exerce un pouvoir tempéré, entouré d'une nombreuse descendance. *Une sagesse patriarcale.*

2° Qui est relatif au *patriarcat,* système social fondé sur la puissance de l'autorité paternelle, dans la famille comme dans la société. *Le pouvoir patriarcal.* Antonyme : **matriar-**

cal (relatif au *matriarcat*, organisation sociale où la mère a un pouvoir prépondérant).

PATRICIEN. *n.* et *adj.* (du latin *patricius*, «de père noble»). Chez les Romains, citoyen appartenant par sa naissance à la classe aristocratique. Les patriciens jouissaient de nombreux privilèges et se trouvaient souvent en conflit avec les plébéiens, qui formaient la classe populaire. Mais ils pouvaient aussi étendre leur protection sur un groupe d'entre eux, qui constituaient leur «clientèle», en échange de certains services.

Par extension, le mot peut désigner les nobles en général. *Il vit en patricien. Une famille patricienne.*

PATRIMOINE. *n. m.* (du latin *patrimonium*, «héritage du père»).

1° Ensemble des biens de famille qu'on hérite de ses ascendants. Héritage paternel, propriété, fortune familiale.

2° Par extension, ensemble des biens économiques, culturels, artistiques d'une communauté. *Le patrimoine national. Le patrimoine architectural. Les grandes œuvres qui forment le patrimoine de l'humanité.*

3° En **biologie**, patrimoine génétique : ensemble des caractères héréditaires d'un individu. On dit aussi *génotype*.

N.B. L'adjectif correspondant est **patrimonial**.

PATRONYME. *n. m.* (de *patri-*, voir ci-dessus ; et du grec *onoma*, «nom»). Nom qui vient du père ; nom de famille que l'on porte. L'adjectif correspondant est «patronymique». Nom patronymique. Ne pas confondre avec *paronyme*.

PAUPÉRISATION. *n. f.* (du latin *pauper*, «pauvre»). Appauvrissement continu d'une classe sociale dont le niveau de vie ou le pouvoir d'achat ne cesse de baisser. *C'est une grande question de savoir si le capitalisme libéral entraîne nécessairement la paupérisation des masses.* On parle parfois de paupérisation à propos de la *qualité* de la vie.

PAVLOVIEN. *adj.* (de Pavlov, auteur d'expériences connues sur les réflexes conditionnés). Qui est relatif aux théories de Pavlov. Qui évoque un type de conditionnement animal similaire à ceux que Pavlov a su mettre en valeur. *Des réflexes pavloviens.*

L'expérience de Pavlov consiste à faire tinter une cloche chaque fois qu'on donne de la nourriture à un chien. Au bout d'un certain nombre de fois, on fait tinter la cloche sans donner la nourriture, et l'on s'aperçoit que des sécrétions gastriques se produisent dans son estomac. Il a été *conditionné*. Il n'est pas difficile de constater que de semblables processus sont présents dans les réflexes physiques et psychiques de l'être humain. Ce qu'on appelle le «conditionnement publicitaire» est à base de réflexes pavloviens : il y a plus d'une image ou d'une sonorité qui nous font «saliver» alors même que l'objet de notre désir est absent.

PEAU DE CHAGRIN (se réduire comme une). Le « chagrin » est ici une sorte de cuir grenu d'origine orientale. Dans le roman de Balzac, *La Peau de chagrin,* cette pièce de cuir que porte le héros Raphaël a des pouvoirs magiques : elle satisfait immédiatement le moindre souhait de son possesseur mais, symbolisant la durée de vie de celui-ci, elle *rétrécit* chaque fois qu'elle réalise l'un de ses désirs... D'où l'expression **se réduire comme une peau de chagrin,** qui s'applique à toute sorte de bien matériel ou moral dont on se trouve rapidement dépossédé. *Avec la crise, les subventions aux associations culturelles se sont réduites comme une peau de chagrin.*

PÉCHÉ. *n. m.* (du latin *peccatum*, «faute, crime»). **Dans la religion chrétienne,** faute commise contre Dieu, contre autrui ou contre soi-même. Le péché est un acte conscient qui s'oppose à la volonté divine et aboutit au «mal» (mal en soi ; mal dans lequel on se plonge en refusant le Bien ; mal que l'on cause à autrui).

• Au fond de la notion de péché, il y a refus d'amour, manquement à l'amour (qui est central dans le christianisme). Le péché contre les autres leur fait tort, leur cause souffrance ; le péché contre soi (égoïsme, orgueil) rend incapable d'aimer ; le péché contre Dieu coupe l'homme de la source d'amour (l'*état de péché* est antinomique de l'**état de grâce**). Cette idée centrale fait dire à un théologien : *« Aime, et fais ce que tu veux »*, car tel est le fond de la morale chrétienne.

• La tradition a codifié les formes de péché. Il y a le *péché véniel* (de faible gravité) et le *péché mortel* (gravissime : il entraîne la damnation du pécheur qui ne s'est pas repenti). Il y a les **sept péchés capitaux** (avarice, colère, envie, gourmandise, luxure, orgueil, paresse). Ces péchés individuels n'excluent pas les péchés collectifs, sur lesquels insiste la morale actuelle : participation à l'exploitation de l'homme, à l'injustice sociale, etc.

• La notion de péché va très loin, puisque l'on peut pécher *par action* (faire le mal), et *par omission* (ne pas faire le bien : idée que reprend la notion de «non assistance à personne en danger»). On peut aussi pécher *en parole* (injures, calomnies) et *en pensée* (désirer le mal qu'on ne peut pas directement commettre). **Tout chrétien se sait donc et se sent fondamentalement pécheur.** En même temps, la notion de péché est indissociable de la notion de pardon. Le pécheur peut se repentir. S'il est sincère, Dieu pardonne infiniment. Le catholicisme a sans doute trop minimisé cet aspect à certaines périodes de son histoire, culpabilisant les fidèles à outrance.

• Le **Péché originel** est une notion centrale du christianisme. Les divers péchés dont nous avons parlé ci-dessus ne prennent leur sens que par leur relation au Péché *originel*. Celui-ci selon la théologie, est une faute gravissime ayant entraîné l'Humanité entière dans la chute (on dit aussi **Chute originelle**). L'Homme s'est préféré lui-même, il s'est séparé du Dieu-Amour (voir **Christianisme**). Il s'agit là d'un *mystère* : pour les uns, c'est un événement historique rapporté au début de la Bible sous une forme symbolique (le péché d'Adam) ; pour les autres, le péché originel est le «Péché du Monde», préexistant à la naissance de chacun, auquel chaque homme prend part dès qu'il commet le moindre péché individuel. Le *dogme du Péché originel* est inséparable du *mystère de la Rédemption* : l'envoi, par Dieu, de son Fils unique pour sauver les hommes. Tout pécheur peut ainsi être pardonné, puisque le péché originel est en quelque sorte effacé par le sacrifice de Jésus-Christ. L'Amour est plus fort que le Péché.

N.B. Le mot péché au sens de faute morale, erreur volontaire, s'emploie aussi bien sûr dans le vocabulaire profane.

PÉCUNIAIRE. *adj.* Qui a rapport à l'argent. *Situation pécuniaire* (financière). Qui consiste en argent. *Aide, soutien pécuniaire.*

Attention : «pécunier» n'existe pas. C'est un barbarisme ! On dit bien *un problème pécuniaire.*

PÉD-. Racine issue du grec *pais, paidos*, «enfant», ou encore du grec *paideuein*, «instruire, enseigner». Nous la retrouvons dans **Pédagogie** (littéralement : fait de conduire les enfants, éducation ; voir la racine *-agogie*), dans **Pédérastie** (formé de *ped-* et *eros* : amour pour un jeune garçon et, plus largement, homosexualité masculine), dans **Pédophilie** (attraction sexuelle pour les jeunes enfants), **Pédant** (voir ce mot), **Pédiatre** (qui soigne les enfants), **Encyclopédie** (large ensemble de connaissances).

PÉDANT. *n.* et *adj.* (du grec *paideuein*, «instruire, éduquer»). Personne qui fait lourdement étalage de ses connaissances, qui prétend toujours instruire tout le monde. *Molière met en scène deux pédants célèbres, Vadius et Trissotin, plus prétentieux et plus vaniteux l'un que l'autre. L'honnête homme, au XVIIe siècle, se garde de tout pédantisme. Vaut-il mieux être pédant qu'ignare ? Un savoir pédantesque.*

PÉJORATIF. *adj.* (du latin *pejor*, «pire»). Qui a un sens défavorable, dépréciatif. Certains termes sont défavorables par eux-mêmes, en particulier des mots terminés par des suffixes péjoratifs comme *-âtre (bellâtre)* ou *-esque (livresque)*. D'autres sont employés tantôt de façon positive, tantôt de façon péjorative, selon le contexte ou l'intention du locuteur, comme *intellectuel* ou *utopie*. Voir l'antonyme **Mélioratif**.

PÉNATES. *n. m. plur.* Dieux domestiques chez les Romains ; statuettes les représentant. D'où, objets-fétiches du foyer et, par extension, la demeure elle-même. *Regagner ses pénates* (sa maison, son pays).

PÉNITENCE. *n. f.* (du latin *poenitere*, «avoir du regret, se repentir»).
1° **Profond regret d'un acte,** désir de réparer la faute qu'on a commise. Ce mot a tout son sens dans la pratique traditionnelle de la religion chrétienne. *Faire pénitence :* se repentir, demander pardon de ses péchés. *Sacrement de pénitence :* confession ; rite par lequel le pécheur avoue son péché pour se faire absoudre par le prêtre au nom de Dieu.
2° **Peine imposée par le confesseur** au «pénitent», pour que celui-ci mérite l'absolution. Plus généralement, toute punition, toute pratique pénible infligée à celui qui veut expier ses péchés (y compris des châtiments qu'il s'inflige à lui-même). *«Pour votre pénitence, vous apprendrez par cœur la tirade de Cyrano — Mais ce n'est pas une pénitence, c'est un plaisir !»*

Le **pénitent** est celui qui confesse ses fautes et subit, pour les expier, le châtiment mérité. Dans *La Chute*, Camus imagine le curieux métier de *juge-pénitent* : il s'agit d'un personnage qui fait un tel tableau de ses fautes que l'interlocuteur est forcé d'y voir une image des siennes, et se sent aussitôt jugé par le discours pénitent qu'on lui adresse.

Pénitentiaire se dit du régime des détenus : la prison est en effet le lieu où les criminels expient leurs délits, effectuent leur « pénitence ». Certaines prisons s'appellent d'ailleurs des **pénitenciers**.

PENSÉE. *n. f.* (du latin *pendere*, « peser ; réfléchir »).

1° **Activité de l'esprit humain dans son sens large.** La pensée comprend tous les phénomènes de la vie psychique consciente.

2° **Activité de l'esprit tournée volontairement vers la réflexion,** vers la connaissance, vers l'étude ou l'intelligence des choses. Dans ce sens, la pensée s'oppose à la fois à l'action (l'esprit est centré sur l'objet de sa réflexion) et à l'affectivité (l'activité cérébrale met de côté les mouvements du cœur ou de l'instinct ; elle élimine le sentiment, la passion, pour ne faire place qu'à la raison pure).

3° **Contenu, système d'idées, concepts généraux** élaborés par l'activité de pensée (au sens précédent). Ce contenu peut rester intérieur (l'être pensant aboutit à telle conception qui sera sa pensée), être communiqué oralement, ou faire l'objet d'ouvrages publiés. *La pensée de Rousseau, dans l'ensemble de son œuvre, c'est que... Les grands courants de la pensée moderne. « La pensée d'un homme est avant tout sa nostalgie »* (Camus). Synonymes : *conception, philosophie, doctrine.*

4° **Formule brève,** particulièrement soignée, qui exprime une idée, un point de vue, une réflexion d'un auteur. *Une pensée de Vauvenargues, une pensée de Nietzsche.* Voir **Aphorisme, Adage, Maxime.** Les *Pensées* de Pascal (ce titre n'est pas de Pascal, l'œuvre étant restée inachevée) comprennent à la fois des développements de plusieurs pages, des extraits plus courts et des formules ramassées. Ce titre renvoie ainsi aux sens n° 3 et n° 4 (réflexion d'ensemble ; aphorisme précis). Même si certaines *« pensées »* sont célèbres, la pensée de Pascal va toujours plus loin que les « pensées » qu'on extrait de son ouvrage.

PENSUM. *n. m.* Tâche lourde et ennuyeuse. *Cette dissertation, quel pensum !*

PENTA-. Racine issue du grec *pente*, «cinq». **Pentagone** (polygone de cinq angles et cinq côtés; le *Pentagone* est aussi le nom officiel du bâtiment qui abrite l'état-major de l'armée américaine), **Pentamètre** (vers de cinq pieds dans la poésie grecque ou latine), **Pentathlon** (épreuve sportive comportant cinq exercices différents).

PÉNURIE. *n. f.* Manque grave de ce qui est nécessaire dans le domaine économique. *Pénurie de blé, d'énergie, de main-d'œuvre.* Le terme peut s'employer au sens figuré, dans d'autres domaines *(il y a pénurie de talents)*; mais il vaut mieux lui garder son sens économique, d'autres mots convenant très bien ailleurs pour exprimer l'idée d'insuffisance *(carence, défaut, manque, absence, défaillance).* Antonymes: **surabondance, pléthore**.

PER-. Préfixe d'origine latine qui signifie «à travers, pendant», et souligne aussi parfois une idée d'achèvement (de *par*achèvement). Se trouve dans de nombreux mots, soit d'origine latine, soit de formation française. Par exemple: *perdurer, perméable, percevoir, perspective* (ce que l'on voit à travers), *péréquation, pérégrination, pérennité* (voir ci-dessous), *perfection, perforer, permanence, perpétuer, perquisition, persécuter, persévérer, persister,* etc.

PERCLUS. *adj.* Partiellement ou totalement incapable de se mouvoir, sous l'effet de divers maux physiques. *Être perclus de rhumatismes.* Au *sens figuré*: accablé de difficultés paralysantes. *Être perclus de douleurs, de timidité.* Au féminin: *percluse.*

PÉRÉGRINATION. *n. f. (sens ancien)* Lointain voyage. (*sens actuel*, le plus souvent au pluriel) Déplacements incessants, voyages en de nombreux endroits. *J'ai dû en faire des pérégrinations, avant de trouver le pays idéal.*
   N.B. Bien écrire *pérégrination*, et non «péri-».

PÉREMPTOIRE. *adj.* Se dit d'un argument, d'un ton décisif, à quoi on ne peut répliquer. Catégorique. *Des raisons péremptoires. Il était toujours cassant, catégorique, péremptoire dans le moindre de ses propos. Un jugement péremptoire, à l'emporte-pièce.*

PÉRENNISER. *v. tr.* Faire durer à travers les ans, rendre permanent. *Pérenniser une institution. Pérenniser quelqu'un dans sa fonction.* Le mot **pérennité** s'applique à ce qui dure très longtemps, sinon toujours. *La pérennité* *d'une tradition, la pérennité d'une coutume — la poignée de main par exemple.*

PERFIDE. *adj.* (du latin *perfidus*, « sans foi ; qui ne respecte pas sa parole ; trompeur »). **Sens classique :** qui trahit celui ou celle qui lui faisait confiance. Infidèle, déloyal, trompeur, en particulier dans les relations amoureuses. *Perfide Manon ! Traître, ta perfidie recevra son juste châtiment.* (La perfidie peut être en particulier une parole perfide). Ce sens classique du mot s'est élargi aux choses ou aux discours dont l'apparence est trompeuse et la réalité nuisible. *Une insinuation perfide. Une proposition perfide. Une manœuvre perfide. Des remous perfides.*

PÉRI-. Racine issue du grec *peri*, « autour », dont on retrouve facilement le sens dans de nombreux mots : *périmètre, périnatal, période, périphérie, périphrase, périscolaire, périscope, péritoine.* Voir quelques-uns de ces mots ci-après. Ne pas confondre avec la racine **Per-**.

PÉRICLITER. *v. intr.* (du latin *periculum*, « péril »). Dépérir, décliner peu à peu, aller à sa ruine. *Une affaire qui périclite. Son commerce, en quelques mois, périclita.* Se dit en général d'une réalité humaine *(ses forces périclitèrent).* Pour les objets, les choses, on préférera *se détériorer, se dégrader.*

PÉRIODE. *n. f.* (du grec *periodos*, « circuit, chemin autour »). Au **sens littéraire**, longue phrase complexe, souvent oratoire, dont les propositions sont ordonnées selon un certain rythme, pour produire un effet d'ensemble grandiose et harmonieux. La période se constitue souvent de figures de style classiques comme la comparaison filée, l'antithèse, le parallèle et surtout l'anaphore. L'éloquence religieuse ou politique fait souvent usage d'un **style périodique**.

Voici l'exemple d'une phrase dans laquelle Mirabeau fustige ceux qui laisseraient la banqueroute s'installer dans le pays, provoquant une catastrophe sociale : « *Contemplateurs stoïques des maux incalculables que cette catastrophe vomira sur la France, impassibles égoïstes qui pensez que ces convulsions du désespoir et de la misère passeront comme tant d'autres, et d'autant plus rapidement qu'elles seront plus violentes, êtes-vous bien sûrs que tant d'hommes sans pain vous laisseront tranquillement savourer les mets dont vous n'aurez voulu diminuer ni le nombre, ni la délicatesse ?* » (*Sur la banqueroute*, 1789).

PÉRIPÉTIE. *n. f.* **Sens littéraire :** au théâtre, événement imprévu qui produit un brusque changement de la situation. Par exemple, dans *Phèdre* (Racine), on apprend la mort de Thésée ; Phèdre, son épouse, déclare alors son amour à son beau-fils, Hippolyte ; mais la mort de Thésée était une fausse nouvelle et voici qu'il revient. Ce « coup de théâtre » est la péripétie centrale de la tragédie : tout se précipite. Il peut y avoir d'autres « péripéties » mineures dans la tragédie classique, mais la règle de l'unité d'action veut qu'elles soient toutes subordonnées à la péripétie centrale.

Par extension, on appelle « péripétie », dans une œuvre de fiction (roman, théâtre, film), tout événement qui vient modifier le cours de l'action.

Sens courant : événement quelconque d'une aventure (réelle ou non). Épisode particulier, incident imprévu et qui, souvent, ne change pas le cours fondamental des choses. *Ce n'est qu'une péripétie !*

N.B. On voit donc que le mot « péripétie », s'il garde le sens d'événement imprévu, change totalement d'importance et de nuance en passant du vocabulaire littéraire au vocabulaire courant : nœud essentiel de l'action dans la tragédie, il n'est plus qu'épisode secondaire dans la réalité d'une aventure.

PÉRIPHRASE. *n. f.* (de *péri*, « autour ». Littéralement, « phrase qui fait le tour de la chose évoquée », au lieu de la nommer directement). Figure de style qui consiste à remplacer un terme usuel par un groupe de mots qui possède un sens équivalent. Dire *« la capitale du royaume »* pour *« Paris »* est une périphrase. À leur façon, les définitions du dictionnaire (qui font le tour de la chose ou de la notion évoquée) sont des périphrases. Voir **Circonlocution**.

Mais la périphrase, comme figure de style, ne se limite pas à cette fonction informative. Elle vise à présenter la notion ou la réalité désignée sous un *autre* aspect, soit pour des raisons poétiques (dire *« la messagère du printemps »* pour *l'hirondelle*), soit par euphémisme (dire *« une maladie de longue durée »* pour *cancer*), soit au contraire pour valoriser une réalité (dire *« la Venise du Nord »* au lieu de *Bruges*), soit par ironie (dire *« bascule à raccourcir »* pour *guillotine*). L'adjectif correspondant est **périphrastique**.

PÉRIPLE. *n. m.* (du grec *peri*, « autour »).
(sens propre) Voyage d'exploration maritime autour du globe, d'un continent, etc. *Le périple de Magellan.*

(sens courant) Voyage, tournée, boucle, randonnée importante par voie maritime, terrestre, par quelque moyen que ce soit. Cet emploi est critiqué. Cependant, il ne trahit pas l'étymologie qui implique qu'on fasse une grande boucle pour revenir, à la fin, à son point de départ. *Cet été, nous avons fait un périple en Australie.*

PERNICIEUX. *adj.* Qui fait du mal, physiquement ou moralement. Ce sens fut d'abord *concret* : il s'agit de la nocivité pratique, de la malfaisance physique (sens conservé dans le vocabulaire médical à propos de graves maladies dites «pernicieuses»). Le sens courant est *abstrait* : il s'agit de ce qui est nuisible *moralement*, pour l'esprit, pour l'âme, pour la santé psychique. *Une erreur pernicieuse. Une littérature pernicieuse, qui rend pervers et débauché. L'influence pernicieuse de la violence à la télévision. C'était un être perfide, pervers et pernicieux.*

PÉRORAISON. *n. f.* En **rhétorique**, conclusion d'un sermon ou d'un discours. La péroraison résume l'essentiel du discours et s'efforce d'en appeler à la conscience de l'auditeur. Elle est symétrique de l'**Exorde** (début, solennel lui aussi, du discours).

N.B. Tel quel, le mot *péroraison* est neutre : il n'a pas par lui-même les connotations péjoratives du verbe *« pérorer »* (discourir sans fin, prétentieusement).

PERPÉTRER. *v. tr.* Commettre (un crime, un acte criminel). Ne s'emploie guère pour autre chose que l'accomplissement d'un forfait, sauf ironiquement *(Untel a récemment perpétré un sonnet).*

N.B. Ne pas confondre avec le paronyme *perpétuer.*

PERPÉTUER. *v. tr.* Faire durer très longtemps, ou toujours. *Perpétuer le souvenir de la guerre.* Maintenir vivante une réalité. *Perpétuer une tradition* (la rendre perpétuelle).
À perpétuité : pour toujours (familièrement : *à perpète*).
Se perpétuer : se conserver, se continuer. *Une espèce qui se perpétue, c'est bien l'espèce humaine, mais jusqu'à quand ?*

N.B. Ne pas confondre avec le paronyme *Perpétrer.*

PERSIFLER. *v. tr.* (de *siffler*; mais noter l'orthographe de *persifler*) Ridiculiser quelqu'un par des propos ironiques, lancer des plaisanteries moqueuses; railler. *Persifler une personne. Un ton persifleur.* L'emploi intransitif est fréquent.

Tu persifles ? Tu ne peux décidément pas t'adresser aux autres sans persifler !

PERSONNAGE. *n. m.* (du latin *persona*, «masque de théâtre; rôle; personnalité»).

1° **Sens littéraire.** Être de fiction dans une œuvre théâtrale, épique, romanesque, et bien sûr, de nos jours, dans les films. Au théâtre, il importe de distinguer l'**acteur** (la personne qui joue le rôle) du **personnage** (le héros, le rôle joué). Le personnage de théâtre tend souvent à devenir un type, un caractère social marqué, qui le rend à la fois représentatif d'une catégorie d'hommes, et irréductible à tout individu particulier.

Dans le roman réaliste, le personnage tend à ressembler le plus possible à un individu existant : l'intention de Balzac est de *« faire concurrence à l'état civil »*. Mais il garde tout de même un statut de héros (voir ce mot, au sens n° 3), avec ses caractères propres. Il ne peut donc être confondu avec une personne réelle, malgré l'objectif central de l'écrivain, qui est d'en donner l'illusion.

2° **Sens courant.** Être humain considéré du point de vue de sa position sociale ou de son comportement dans la vie collective :

— Il peut s'agir, classiquement, d'un personnage important. Une personnalité en vue, un notable, un dignitaire, une «figure» historique pouvait être appelé simplement *personnage* à l'époque classique. On dit encore de certains : *Ça, c'est un personnage.*

— Il peut s'agir, plus couramment, du rôle que chacun joue en société, par analogie avec les rôles joués au théâtre. Ce rôle est parfois spontané *(Quel curieux personnage !)* : l'individu ne connaît guère la différence entre son caractère profond et la réalité de ce qu'il est socialement. Mais ce rôle est le plus souvent conscient, qu'on s'y donne *(« on soigne son personnage »)* ou qu'on le déplore (on sent que la personne que l'on est vaut mieux que l'image que l'on donne de soi).

Ce qu'il faut retenir ici, c'est la connotation sociale, extérieure, liée au «théâtre de la vie», que conserve le mot *personnage* par opposition au mot *personne*.

PERSONNALISME. *n. m.* Philosophie ou courant philosophique du XXe siècle qui fait de la personne humaine la valeur suprême. Le personnalisme est une doctrine à la fois *spiritualiste* (la valeur de la personne est dans sa dimension intérieure, sa conscience, sa liberté, sa maîtrise d'elle-même) et *existentialiste* (la personne est singulière, irréductible à l'anonymat, dotée d'une existence unique à travers laquelle elle se crée elle-même librement).

Le personnalisme, illustré par Renouvier, par E. Mounier, sous ses diverses variantes, s'oppose aux deux excès que sont :
— l'**individualisme**, qui coupe la personne d'autrui et la replie sur un « moi » narcissique et vain, lequel n'exclut pas le conformisme social (voir **Individualisme** au sens n° 1) ;
— le **collectivisme**, qui asservit la personne aux intérêts du groupe, à l'idéologie dominante, aux mimétismes sociaux, aux doctrines totalitaires.

Contre ces deux déviations, Mounier prône *« une révolution personnaliste et communautaire »*.

PERSONNIFICATION. *n. f.* Procédé stylistique qui consiste à présenter comme un être animé une notion, une abstraction, une chose, ou toute forme de réalité inanimée. Pour qu'il y ait personnification, il faut que l'auteur prête une âme, une réalité de personnage à ce qu'il « personnifie ». C'est le cas de l'*allégorie* (sens n° 1) et des diverses images fortement imprégnées d'*anthropomorphisme* (voir ces mots, et les exemples qui y sont donnés).

N.B. Il ne suffit pas, pour qu'il y ait personnification, que les choses mises en scène soient simplement animées (ou légèrement animalisées). Lorsque J. Brel dit du *Plat pays* « écoutez-le chanter », cela ne suffit pas à en faire un personnage (les oiseaux chantent aussi, d'ailleurs) : il n'y a pas vraiment personnification. En revanche, lorsque Baudelaire écrit *« Sois sage, ô ma Douleur, et tiens-toi plus tranquille »*, il fait vraiment de son émotion une sorte de compagne d'existence. Il est vrai que la limite est parfois difficile à fixer (on parlera s'il le faut de « légère » personnification).

N.B. Ne pas confondre avec **personnalisation** (donner un caractère personnel ; adapter à une personne divers produits industriels ou commerciaux).

PERSPICACE. *adj.* (du latin *per*, « à travers », et *specere*, « regarder ». *Perspicere* signifie « regarder au travers »).

Qui est particulièrement clairvoyant, qui a un esprit pénétrant, capable de *percevoir* ce que les autres ne voient pas. Il s'agit bien sûr ici d'une qualité *intellectuelle* (non pas visuelle). *Un esprit, une personne perspicace. Il n'y a pas de sagesse sans perspicacité. Ce détail n'a pas échappé à votre perspicacité.*

PERTINENT. *adj.* **Sens courant :** qui convient tout à fait, qui est adapté ou approprié à son objectif. *Un discours pertinent. Une interprétation pertinente.* Qui manifeste un esprit judicieux, compétent. *Une personne pertinente, des conseils pertinents.* Noter que l'adjectif **impertinent** (insolent, effronté *à l'égard des personnes*) n'est pas un antonyme «pertinent» du mot *pertinent*; on devra dire «non pertinent».

Sens linguistique : se dit d'un élément caractéristique, d'un trait propre à rendre compte du rôle distinctif d'une structure langagière. *Un trait pertinent doit isoler une fonction précise. Par exemple, la nasalité est le caractère pertinent qui permet de distinguer le «b» du «m» : en cas de rhume, ne pouvant plus nasaliser, on dit «je suis enrhubé».* L'adjectif «pertinent» s'emploie aussi dans les sciences humaines pour désigner une méthode, un concept, un terme qui sont bien adaptés à l'objectif scientifique poursuivi.

PERVERSION. *n. f.* (du latin *pervertere*, littéralement : «faire tourner de travers ; renverser»).

1° **Sens fonctionnel** *(moderne)* : altération ; dénaturation d'une réalité, d'une relation, d'un système politique ou social. *La consommation excessive de télévision conduit l'enfant à voir le monde comme un simple reflet du petit écran : c'est là une perversion de son rapport à la réalité. L'excès des consultations électorales pervertit l'action des gouvernants, qui n'agissent plus qu'en fonction de leur cote dans l'opinion.*

2° **Sens psychologique :** déviation, développement anormal d'une tendance, d'un instinct, en raison de troubles psychiques. Perversions sexuelles en particulier : exhibitionnisme, fétichisme, sadisme, masochisme. À noter que selon Freud, ces tendances perverses existent à l'état latent («*L'enfant est un pervers polymorphe*», car ses pulsions ne sont pas fixées). Leur manifestation devient perversion lorsqu'elles ne sont pas disciplinées par le sujet (voir *Surmoi*), ce qui est supposé être la normalité.

3° **Sens moral** *(classique)* : conduite immorale, dépravation, corruption. *La perversion des mœurs dans la Rome décadente.* Action de pervertir, par désir de faire le mal ; ou d'être perverti, corrompu. *Ce livre qui fait l'éloge de la per-*

version est susceptible de pervertir la jeunesse actuelle. La perversion, dans ce sens, est le résultat de la *perversité* (goût de faire le mal, malignité, perfidie).

PÉTULANT. *adj.* Impétueux, exubérant, plein de vitalité, débordant d'ardeur. *Un jeune homme pétulant et désordonné. La verve pétulante de Cyrano. Une foule joyeuse et pétulante.*

PHAG(O)-. Racine issue du grec *phagein*, « manger ». **Phagocyte** (cellule qui détruit des corps étrangers en les digérant), **Phagocyter** (*au sens figuré* : absorber et détruire, en parasitant un organisme), **Anthropophage** (qui mange de l'homme), **Sarcophage** (cercueil de pierre ; littéralement, « qui mange, détruit les chairs », rôle de la pierre selon certaines croyances antiques), **Xylophage** (qui ronge le bois).

PHALLOCRATE. *n. m.* (de *phallus*, « membre viril en érection » et *-cratie*, « pouvoir »). Partisan de la domination du sexe masculin sur les femmes ; individu dont les paroles ou le comportement traduisent cette attitude. Voir **Macho, Misogyne**.

PHATIQUE. *adj.* (de *phase*). Se dit de la fonction linguistique qui, dans une communication, opère ou maintient le contact entre deux interlocuteurs. Dire *Allô !* au téléphone, prononcer des phrases passe-partout dans lesquelles on ne cherche pas vraiment à échanger des informations *(« Quel temps, hein ! »)*, tousser ou racler le fond de sa gorge pour inciter les auditeurs à faire silence et à écouter, toutes ces manifestations visant simplement à *créer le contact* sont caractéristiques de la fonction phatique. Voir **Communication**.

PHÉNOMÈNE. *n. m.* (à partir du grec *phainein*, « briller, apparaître »).

Sens courant : toute réalité qui se manifeste, qu'il s'agisse de faits extérieurs ou de faits internes que la conscience peut observer. *Phénomènes naturels, phénomènes sociaux, phénomènes psychologiques.* Selon le contexte, le phénomène peut être quelque chose d'ampleur notable (d'où l'adjectif *phénoménal* : qui est surprenant, extraordinaire), ou au contraire se réduire à quelque chose d'accessoire ou d'annexe (voir **Épiphénomène**). Dans le vocabulaire scientifique, le mot prend le sens précis de réalité observable, analysable (par opposition à des faits bruts et globaux) : on tente par exemple d'*isoler un phénomène* pour mieux l'étudier. Dans le vocabulaire courant, le mot peut désigner une personne ou une chose qui sort de l'ordinaire, qui est hors norme. *Ce Raymond Devos, quel phénomène ! Un phénomène supranormal.* Le terme peut alors devenir péjoratif, désigner un individu excentrique, bizarre.

Sens philosophique : manifestation *apparente*, sensible, par opposition à la réalité profonde, la substance essentielle d'une réalité. Kant, notamment, oppose les *phénomènes* (que perçoivent nos sens ou notre conscience) aux *noumènes* (choses en soi, concepts qui échappent à notre expérience et ne pourraient être saisis que par une intuition de l'intelligence pure). On appelle **phénoménologie** une école philosophique qui se propose de n'atteindre l'essence des choses qu'à travers l'étude de leurs manifestations concrètes, telles qu'elles se trouvent saisies par la conscience humaine. La « phénoménologie » d'une réalité quelconque sera donc l'étude des perceptions et des réactions de la conscience faisant l'expérience de cette réalité (par opposition à une étude théorique et « objective »). La phénoménologie finit ainsi par avoir pour objet essentiel *la façon dont la conscience se saisit du monde* (elle tente une approche objective de la subjectivité).

PHIL-, PHILO-, -PHILE. Racines issues du grec *philein*, « aimer » ou *philos*, « ami ». Présentes dans de nombreux mots parmi lesquels : **Anglophile, Bibliophile** (qui aime les livres), **Francophile, Cinéphile, Hydrophile** (littéralement, « qui aime l'eau » : se dit des matières qui absorbent l'eau), **Pédophile** (qui « aime » les enfants sexuellement), **Philanthrope** (ami du genre humain), **Philologie** (littéralement : « amour des lettres » ; étude de la langue à partir de l'examen critique des textes), **Philosophie** (littéralement : « amour de la sagesse » ; voir ci-dessous). La racine de sens contraire est **Phobe**, de *phobos*, « peur, haine ». Voir aussi **Miso-**.

PHILANTHROPE. (du grec *philos*, « ami » et *anthrôpos*, « homme, genre humain »). Personne qui aime l'humanité. La **philanthropie** s'oppose à la **misanthropie**. *Ce fut un bienfaiteur de l'humanité, un véritable philanthrope.* Par extension, toute personne qui s'efforce d'améliorer le sort des hommes, par des dons, des fondations d'œuvres « philanthropiques ». Le mot s'emploie aussi, couramment, pour qualifier une personne dont la conduite est généreuse et désintéressée. *Les spéculateurs boursiers ne sont pas des philanthropes.*

PHILIPPIQUE. *n. f.* (du nom de Philippe de Macédoine, contre lequel Démosthène prononça trois discours politiques vigoureux intitulés *Philippiques*). Diatribe violente qui s'attaque à une personne ou à une institution. *Le temps n'est plus aux philippiques : l'Opposition est molle et sans projet.*

PHILISTIN. *n. m.* (du nom des Philistins, combattus par Samson, dans la Bible). Personnage à l'esprit vulgaire, fermé aux arts et aux lettres.

PHILOSOPHE. *n. m.* (du grec *philosophos*, «ami de la sagesse»).

1° Personne qui s'adonne à la philosophie, qui prend la philosophie comme objet d'étude ; qui élabore un système philosophique, donne un enseignement philosophique, ou publie des ouvrages philosophiques. *Socrate est le parfait philosophe. C'est une grande question que de savoir si les professeurs de philosophie sont des philosophes.*

2° *(sens courant)* Homme sage, qui médite et vit selon ses principes. *Vivre en philosophe.* Comme adjectif, le mot philosophe désigne en particulier celui qui, en raison de sa sagesse, supporte avec courage les épreuves qu'il subit. *Il ne se plaint pas, il est philosophe.*

3° Les **Philosophes** (avec un P majuscule) : groupe de penseurs et d'écrivains partisans des **Lumières** au XVIIIe siècle (voir ce mot). Les principaux *Philosophes* étaient Montesquieu, Voltaire, Diderot et Rousseau. Les philosophes de profession (au sens n° 1) contestent parfois l'idée que ces divers écrivains aient tous été d'authentiques «philosophes». On parle également à leur propos d'*esprit philosophique.*

PHILOSOPHIE. *n. f.* (du grec *philos*, «qui aime» et *sophia*, «sagesse». Littéralement, l'ami de la sagesse ; l'amour du savoir et de la sagesse).

1° **Ensemble des recherches de l'esprit humain centrées sur les questions fondamentales du monde et de l'homme.** À la question *Qu'est-ce que la philosophie ?*, certains philosophes répondent que *La philosophie consiste à dire « qu'est-ce que ».* Pourquoi le monde ? En quoi consiste la nature des choses ? Pourquoi l'homme ? Quelle est sa relation avec le monde ? Quel sens a l'univers ? Qu'est-ce que la conscience ? Comment la connaissance est-elle possible ? Qu'est-ce que l'être ? Dieu existe-t-il ? L'histoire des hommes a-t-elle un sens ? Qu'est-ce que le Bien, le Mal, la Sagesse, la bonne organisation de la Cité ? Toutes ces questions, et d'autres encore, forment le cœur même de la recherche philosophique. Voir les mots **Épistémologie, Éthique, Logique, Métaphysique, Ontologie**. Historiquement, la philosophie couvrait tous les domaines de la connaissance humaine ; les sciences physiques et les sciences humaines s'en sont détachées ; mais les questions fondamentales demeurent.

2° **Système philosophique élaboré par un penseur :** *la philosophie de Platon, la philosophie de Sartre.* Ensemble cohérent de principes ou d'idées sous-jacentes à un domaine de connaissance *(la philosophie du droit)*, à un mouvement intellectuel ou religieux *(la philosophie du christianisme)*, à une activité humaine *(la philosophie capitaliste)*. Dans ce sens, le mot philosophie désigne le *contenu* auquel a abouti une recherche philosophique, ou même l'idéologie plus ou moins consciente d'un groupe humain, d'une entreprise humaine. Elle devient synonyme de « vision du monde », de conception générale de la vie.

3° Attitude d'élévation d'âme, de sagesse. *Envisager les choses avec philosophie.*

-PHOB(E). Racine issue du grec *phobos*, « peur », et qui signifie « avoir peur de, détester ». **Phobie** (crainte pathologique de certains objets ou situations ; au *sens courant* : peur ou aversion instinctive), **Agoraphobie** (peur des endroits publics, des espaces libres), **Claustrophobie** (peur des endroits fermés), **Xénophobie** (peur des étrangers, hostilité qui s'ensuit). Cette racine a servi à construire des mots récents comme **Anglophobie, Francophobie, Publiphobie**, etc. Voir la racine contraire *Phil(e)*.

PHON(O)-. Racine issue du grec *phônê*, « voix, son », qui est extrêmement répandue, par exemple dans **Phonème** (unité sonore minimale entrant dans la composition d'un mot : les mots comportent un ou plusieurs phonèmes, qui permettent de les différencier les uns des autres, sauf dans le cas des *homonymes*), **Phonétique** (étude des phonèmes d'une langue : leur nature, leur évolution, leurs combinaisons), et aussi *Aphone, Cacophonie, Euphonie, Polyphonie, Symphonie* (voir ces mots), *Électrophone, Francophone, Téléphone, Vidéophone.*

-PHOR-. Racine issue du grec *phoros*, qui signifie « porter » et se présente parfois sous la forme *-pher-*. On la trouve notamment dans **Amphore, Anaphore, Euphorie, Métaphore** (voir ces mots), et aussi **Phosphore** (littéralement, « qui porte la lumière »), **Sémaphore** (littéralement : « qui porte signe » — poste qui, depuis le littoral, guide les navires par signaux), **Téléphérique** (littéralement, « qui porte au loin »).

PHOT(O)-. Racine issue du grec *phôs, photos*, « lumière », que nous retrouvons dans tous les mots de la famille de *photographie* ou de son abréviation en *photo*. Le **photon**, en particulier, est l'unité énergétique de base dont se constitue la lumière et dont le flux constitue le rayonnement électromagnétique.

PHRASÉ. *n. m.* En **musique**, art ou manière d'interpréter un morceau ou un extrait en faisant ressortir expressivement l'inflexion de la courbe musicale, les séquences successives de la ligne mélodique. L'art de **phraser**, pour un chanteur comme pour un instrumentiste, suppose qu'on sache faire « respirer » un texte musical, en jouant des accents et des pauses. Par extension, on peut parler du *phrasé* d'un acteur. Le mot **phraseur** (faiseur de phrases) est, lui, péjoratif (voir ci-dessous **phraséologie**).

PHRASÉOLOGIE. *n. f.* Emploi de grandes phrases creuses, de mots vides de sens, de formules grandiloquentes et passe-partout, caractéristiques des orateurs politiques qui n'ont rien à dire. Mais on peut trouver de la phraséologie dans toutes sortes de textes. *Un essai encombré de phraséologie. Un débat purement phraséologique.* Voir **Logomachie**.

PHYLACTÈRE. *n. m.* Au *Moyen Age*, petite banderole à extrémités enroulées sur laquelle les artistes inscrivaient les paroles prononcées par les personnages d'un vitrail, d'un tableau, etc.
Actuellement, bulle où sont inscrits les propos ou les pensées des personnages de bande dessinée.

PHYSIO-. Racine issue du grec *phusis*, « nature », que l'on retrouve dans **Physiologie, Physionomie, Physiognomonie** (« science » qui cherche à connaître le caractère d'une personne d'après sa physionomie ; voir **Morphopsychologie**).
N.B. La racine *phusis* se retrouve aussi dans le mot grec

phusikos (qui a donné *physique*) et *phuton* (plante) qu'on retrouve dans les mots composés du radical *phyto* (**phytothérapie :** soin des maladies par les plantes ; **néophyte**, « nouvelle plante », voir ce mot).

PHYSIOCRATIE. *n. f.* (du grec *phusis*, « nature » et *kratos*, « pouvoir »). Doctrine économique de la fin du XVIIIe siècle qui considérait la terre et l'agriculture comme les sources essentielles de la richesse d'un pays. Les Physiocrates, animés par Quesnay, défendaient la propriété foncière et la libre circulation des biens ; ils s'opposaient au **mercantilisme** (voir ce mot).

PHYSIONOMIE. *n. f.* (du grec *physis*, « nature » et *gnômôn*, « qui connaît »).
1° *(sens propre)* Ensemble des traits du visage, perçus en général dans leur dynamique, dans leur expression. *Une physionomie avenante, sévère, lumineuse, sympathique*, etc.
2° *(sens figuré)* Aspect propre à une chose, caractère qui lui donne sa singularité. *La physionomie d'un quartier. La physionomie d'une élection.*
Être physionomiste : être capable de reconnaître immédiatement un visage déjà rencontré.

PIANO. *adv.* Signifie « doucement », et pas seulement en musique !

PIÉTÉ. *n. f.* Au **sens religieux** : dévotion, attachement sincère aux pratiques religieuses ; amour de Dieu, goût de la prière. La personne qui est animée par la piété est dite **pieuse** *(un homme pieux, fervent, religieux)*. La personne qui méprise la religion, ou brave Dieu, est dite **impie** (voir ce mot, à distinguer du mot **athée**).
Par extension, la piété désigne une attitude de respect et d'affection fervente envers des personnes chères *(la piété filiale)*. Ne pas confondre **piété** et **pitié**, malgré l'origine commune *(pietas*, en latin, a les deux sens).

PIÈTRE. *adj.* Médiocre, sans valeur, dérisoire, minable. Cet adjectif s'emploie pour les choses comme pour les personnes, et se place devant le nom qu'il qualifie. *Une piètre allure. De bien piètres méditations. Un piètre candidat. Quel piètre président !*

PIEUX, PIEUSE. *adj.* Voir **Piété** et **Impie**.

PIGISTE. *n. m.* Journaliste payé à la « pige », c'est-à-dire au nombre de lignes que comporte son article. Le pigiste vit de ses articles, qu'il peut proposer à divers journaux : il n'a pas la sécurité d'emploi du journaliste salarié.

PIÉTISME. *n. m.* À la fin du XVIIe siècle, mouvement religieux d'inspiration protestante qui mettait l'accent sur le caractère personnel de la vie religieuse, et sur l'intensité, la ferveur de la foi *intérieure* (par opposition à l'aspect doctrinal de la religion).

PILON. *n. m.* **Sens littéraire :** destruction de livres invendus. Mettre un livre au pilon consiste à le broyer pour en refaire de la pâte à papier. L'expérience du pilon est l'une des plus douloureuses souffrances d'un écrivain. De grands auteurs l'ont connue.

PILORI (clouer au pilori). Sous l'Ancien régime, le pilori était un poteau auquel on attachait un condamné pour le soumettre au regard méprisant de la foule. Au *figuré,* l'expression **clouer au pilori** signifie *désigner quelqu'un au mépris de tous, à l'indignation publique.*

PINACLE (porter au pinacle). Le pinacle étant la partie la plus élevée d'un édifice, l'expression **porter au pinacle** signifie, au *sens figuré* : célébrer, couvrir d'honneurs, porter aux nues.

PITTORESQUE. *adj.* et *n. m.* (de l'italien *pittore*, « peintre »).
1° Qui mérite d'être peint, qui frappe la vue. *Un paysage pittoresque. Un personnage pittoresque.*
2° *(hors du domaine pictural)* Qui est riche en images, en couleur, en style vigoureux. Qui est écrit dans une langue originale, pleine de relief, savoureuse. *Des expressions pittoresques. Un tableau pittoresque.* Comme qualité stylistique, **le pittoresque** ne se réduit pas à l'aspect visuel de l'expression : il concerne les cinq sens, l'abondance des traits concrets. *Le pittoresque d'un patois.*

PLACEBO. *n. m.* Médicament sans effet chimique réel. Il s'agit d'une substance neutre qu'on demande à certains patients d'absorber en la faisant passer pour un médicament effectif. Parallèlement, on fait absorber le vrai médicament à d'autres patients. On constate alors les différences. Il se trouve que souvent le placebo a un effet *subjectif,* dû à la conviction qu'a le malade d'avoir absorbé une substance active. On l'appelle **« effet placebo »**. L'expérimentation scientifique doit en tenir compte. *Pour moi, l'homéopathie* *n'a qu'un effet placebo !* Naturellement, le mot *placebo* peut être utilisé au sens figuré.

PLACIDE. *adj.* Particulièrement calme, paisible, flegmatique. *Un naturel placide. Un homme placide, que rien jamais ne bouleversait.*

PLAGIAT. *n. m.* En **littérature**, action qui consiste à copier une œuvre (ou une partie d'un ouvrage) en la présentant comme sienne. C'est en fait une forme de vol, qu'il s'agisse d'un « emprunt » direct ou d'une traduction dont on feint d'être le créateur. Le plagiat se distingue de l'imitation (avouée comme telle, voir le mot **Pastiche**) et de la réminiscence (souvenir inconscient d'une phrase, d'un élément quelconque dont on croit sincèrement être l'auteur). L'écrivain qui plagie autrui est appelé **plagiaire**. Il peut être traduit en justice par l'auteur victime de ce plagiat. Voir **Parodie**.

PLAIDOYER. *n. m.* **Sens juridique :** discours prononcé au cours d'un procès pour défendre un accusé. On dit aussi *plaidoirie*. Le plaidoyer est prononcé par un *avocat*. Le discours contraire, qui accuse l'inculpé, est prononcé par un *procureur*, qu'on nomme aussi « avocat général » (il est censé défendre la Loi, et donc, tente de faire condamner l'accusé). **Sens large :** un plaidoyer est une défense passionnée (orale ou écrite) d'une personne ou d'une cause, d'une idée ou d'un mouvement. *Plaidoyer en faveur du gouvernement. Plaidoyer pour la défense des animaux. Plaidoyer pour l'enseignement du latin.*
Plaidoyer « pro domo » : « en faveur de sa propre maison », c'est-à-dire de ses propres intérêts.

PLAIN-PIED (DE). Locution adverbiale qui signifie littéralement « au même niveau, au même plan ». *Deux pièces de plain-pied.* Au sens figuré, **être, se sentir de plain-pied avec quelqu'un :** être sur un pied d'égalité, se sentir à l'aise en compagnie de.

Noter l'orthographe *plain*, issue du latin *planus* (« plat, uni »), qui a aussi donné les mots *plaine, plan, plane*.

PLAISIR (PRINCIPE DE). En **psychanalyse**, loi qui régit l'ensemble des comportements du petit enfant, lequel n'imagine pas que la réalité extérieure puisse contrarier ses pulsions, ses désirs. Bien entendu, l'expérience l'obligera à des compromis. Voir **Principe de réalité**.

PLATITUDE. *n. f.* **Sens littéraire :** banalité ; parole sans relief, idée toute faite, stéréotype, poncif. *Un discours tissé de platitudes. Un roman d'une rare platitude.* Au *sens ancien*, la « platitude » désigne aussi l'absence de dignité, la bassesse morale.

PLATONIQUE. *adj.* 1° Qui se rapporte aux idées de Platon (voir **Platonisme**). Dans ce sens, on dit plutôt *platonicien*.

2° **Amour platonique :** amour qui demeure chaste ; qui reste idéal, sans concrétisation charnelle. Pour Platon, en effet, le véritable amour est l'amour du Beau, qui élève l'âme ; cet amour se tourne naturellement, à son époque, vers les jeunes garçons, fleurs de beauté ; mais cet amour consistant par-dessus tout à aimer la Beauté à travers ceux-ci, les relations sexuelles freineraient l'élévation de l'âme. Ainsi, c'est dans le cadre de l'homosexualité philosophique que Platon recommande aux amants de rester « platoniques ».

3° Par extension du sens précédent, est dit platonique tout ce qui reste idéal, virtuel, sans efficacité réelle. *Des vœux, des luttes purement platoniques.*

PLATONISME. *n. m.* Philosophie de Platon (428-347, av. J.-C.) et de ses disciples. Platon, disciple de Socrate, a écrit un certain nombre de livres ; il s'agit de dialogues dans lesquels il met en scène Socrate faisant « accoucher » de la vérité ses disciples (voir **Maïeutique**). De la pensée de Platon, on peut retenir les quelques points suivants :

• **L'idéalisme platonicien.** Le monde des Idées existe. Pour que nous puissions avoir simplement l'idée de l'Homme (s'appliquant à Pierre, Paul ou Jacques), il faut déjà qu'il existe dans un monde suprasensible des modèles immuables, des essences qui nous permettent d'en reconnaître le reflet ou l'apparence dans le monde réel. Ce sont les Idées pures, exemplaires. C'est sur elles que les réalités se modèlent, mais sans parvenir à être autre chose que des ombres. Ce serait un tort de vouloir saisir les apparences, les ombres : la tâche du philosophe est de s'élever à la contemplation des Idées elles-mêmes (voir **Idéalisme, Idée, Mythe**).

• **Les voies de la sagesse.** Les idées que nous avons en nous ne peuvent pas venir des réalités, qui ne sont que des reflets. Elles viennent d'une vie *antérieure*, où notre âme a pu contempler directement les Idées ; elles sont des « réminiscences » de ce temps antérieur, dont nous gardons la nostalgie. L'âme est donc immortelle ; c'est sans doute à la suite d'une sanction mystérieuse qu'elle s'est trouvée unie à un corps. Notre esprit est appelé à opérer une nouvelle progression, l'amenant à la connaissance des Idées. Une ascension dialectique doit le mener de l'opinion primaire (connaissance des seules apparences) à la véritable intelligence (connaissance du monde intelligible). En s'élevant à cette connaissance, l'âme s'affranchit peu à peu de la prison du corps. Elle se met à aimer le Beau en soi, le Vrai en soi, la Justice en soi, le Bien en soi (ou Dieu). La sagesse consistera à faire régner la « justice » à l'intérieur de la nature humaine (justice au niveau des sens, ou *tempérance* ; justice au niveau du cœur, ou *courage* ; justice au niveau de l'esprit, ou *sagesse*).

• **L'organisation de la Cité.** Aux trois parties de la nature humaine correspondent trois classes sociales : les **artisans** (le peuple), dont il faut tempérer les passions ; les **soldats**, qui doivent vivre la vertu de courage ; les **magistrats** (responsables politiques), qui doivent pratiquer la justice, la prudence, la sagesse. La Cité a pour objet de conduire les citoyens à la vertu : il est donc nécessaire que ce soient des *philosophes* (voir ce mot), « amis de la sagesse », qui occupent la classe des magistrats. La hiérarchie sociale se justifie comme seul moyen de faire régner la justice, c'est-à-dire l'*harmonie* de la Cité, laquelle a pour modèle l'âme du sage. Ajoutons à cela que la Cité idéale organisera la mise en commun des enfants, des femmes et des biens, de manière à neutraliser les passions individuelles. Elle exclut aussi les poètes, susceptibles de mettre en cause l'ordre moral et d'exciter les passions de l'âme dans un sens défavorable à la Justice.

La philosophie de Platon a influencé toute la pensée occidentale.

PLAUSIBLE. *adj.* Possible, susceptible d'être admis, vraisemblable ; mais pas sûr pour autant. *Une hypothèse plausible. Le caractère plausible d'un fait. Cette information n'est pas confirmée, mais très plausible.*

PLÉBÉIEN, IENNE. *adj.* et *n.* 1° Qui, dans la Rome antique, appartenait à la *plèbe* (par opposition aux *patriciens*). *Une famille plébéienne. Les patriciens et les plébéiens.*
2° Homme ou femme du

peuple. Qui manifeste une origine populaire dans son aspect, sa pensée, ses manières. *Des goûts plébéiens. Une méfiance toute plébéienne à l'égard des puissants de ce monde.*

N.B. Comme le mot **plèbe** (bas peuple, au sens moderne), l'adjectif *plébéien* est souvent employé péjorativement. Voir **Patricien**.

PLÉBISCITER. *v. tr.* (de *plébiscite*, qui signifie étymologiquement « décision du *peuple* », voir mot précédent).

1° Voter sous la forme d'un plébiscite l'approbation d'une décision ou la désignation d'un homme à la tête de l'État. Le plébiscite est un vote direct du corps électoral tout entier. Dans le sens actuel, le plébiscite est une procédure de légitimation par lequel un homme qui a pris le pouvoir veut se faire massivement approuver par le peuple. Cette procédure qui personnalise le pouvoir est souvent accusée de démagogie.

2° Par extension, plébisciter, c'est élire quelqu'un ou approuver quelque chose à une majorité écrasante (y compris dans des domaines autres que la vie politique). *Les jeunes ont plébiscité ce film.*

N.B. Voir la différence avec le **référendum** qui, lui, ne porte que sur une *question* soumise au peuple (et non sur une personne).

PLÉIADE. *n. f.* 1° En Astronomie, groupe d'étoiles (sept selon les Anciens) situées dans la constellation du Taureau.

2° Nom que se sont donnés, groupés autour de Ronsard et de Du Bellay, sept poètes de la Renaissance française (en souvenir d'un groupe de poètes qui s'était donné ce nom dans l'Antiquité). Cette « constellation » d'écrivains, à la fois admirateurs de la poésie grecque et latine et illustres défenseurs de la langue française, se fit une très haute conception de la mission du Poète.

3° Par extension, on appelle **pléiade** (avec un *p* minuscule) un groupe de personnes importantes (des artistes de talent). *Une pléiade de jeunes cinéastes. Toute une pléiade de journalistes.*

N.B. Pas de tréma sur le « i ».

PLÉONASME. *n. m.* Expression qui consiste à redoubler inutilement la même information. *Monter en haut, sortir dehors, descendre en bas, un ongle incarné dans la chair, prévoir d'avance,* sont des pléonasmes. Cette redondance de la signification est en principe fautive, sauf si elle obéit à une volonté précise (renforcer l'expression, produire un effet humoristique, comme dans *je l'ai vu, de mes yeux vu*, ou bien *applaudir des deux mains* ou encore *écouter de toutes ses oreilles*).Voir **Redondance, Tautologie**. L'adjectif correspondant est *pléonastique*.

PLÉTHORE (PLÉTHORIQUE). *n. f.* Surabondance, excès, profusion. *Une pléthore de biens sur le marché. Une récolte de blé pléthorique.* Ces termes s'emploient couramment dans le domaine économique (parfois aussi dans la langue médicale pour désigner l'obésité). L'emploi au sens figuré n'est pas rare : *une pléthore de candidats à un concours ; des effectifs pléthoriques dans une administration.*

Antonymes : *pénurie, rareté, insuffisance, déficit, manque.*

PLEUTRE. *adj.* et *n. m.* Sans courage, poltron, lâche. *Un individu particulièrement pleutre. Sganarelle s'enfuit quand Don Juan est attaqué : c'est un pleutre.*

PLONGÉE. *n. f.* En **langage cinématographique**, fait de filmer de haut en bas, avec une « vue plongeante ». L'effet produit. La plongée donne au spectateur l'impression de dominer le sujet filmé ; elle montre celui-ci en position de faiblesse, de petitesse, par opposition à la **contre-plongée**, qui magnifie au contraire ce qu'elle filme.

PLOUTOCRATIE. *n. f.* (du grec *ploutos*, « richesse » et *kratos*, « pouvoir »). Système politique (et économique) dans lequel le pouvoir appartient aux plus fortunés, aux riches en général. Il ne s'agit pas nécessairement d'un gouvernement officiellement détenu par les plus riches. Un régime, un pays peuvent être *formellement* considérés comme monarchie ou démocratie, et être *réellement* dirigés par les financiers ou les puissances d'argent. Sont des ploutocraties *de fait* les nations où le pouvoir économique décide de tout.

POÉSIE. *n. f.* (du grec *poièsis*, « création »). Art d'exprimer par le travail du langage (son rythme, son harmonie, ses images, ses figures) les émotions, les sentiments, les rêves, les pensées, les visions du monde, — tout ce qui « inspire » l'homme en général. *Poésie lyrique, poésie dramatique, poésie épique, poésie satirique.* La poésie repose sur deux éléments fondamentaux :

• **La nature de l'inspiration,** les thèmes « poétiques » qui ont toujours plus ou moins ému ou bouleversé les hommes en général, et les poètes en particulier. La bonne poésie plonge toujours dans une sorte d'**état poétique** : le poète, qui le ressent le premier, est chargé de le communiquer. *« Le poète est celui qui inspire bien plus que celui qui est inspiré »* dit P. Éluard. Par extension, on appellera « poétique » tout ce qui peut éveiller les états d'âme caractéristiques qu'exprime la poésie : il y a une *poésie des ruines*, on trouvera *poétique tel paysage* ; on se sentira *poète* simplement en éprouvant des humeurs rêveuses ou mélancoliques. *« L'art ne fait que des vers, le cœur seul est poète »* (A. Chénier).

- **Le travail sur le langage,** l'art d'exprimer et de combiner, de suggérer par l'agencement des mots, le choix des figures, les jeux du rythme et des sonorités. Ce second aspect est également essentiel à la poésie, à la qualité propre d'un poète. Dans ce sens, le mot « poésie » recouvre tous les aspects formels, codés, historiquement mis au point et transmis par la tradition, que respectent et que mettent en pratique les poètes quand ils *font* de la poésie. La poésie est, de ce point de vue, une création d'objets verbaux, un langage dans le langage (on parle parfois à ce sujet de *« poésie pure »*), avec ses règles bien précises (la versification), ses écoles diverses, ses genres spécifiques, les styles reconnaissables de tels ou tels poètes. En **linguistique**, on définit précisément la « fonction poétique » du langage comme un travail sur le langage par lequel le locuteur confère la plus grande valeur formelle possible à son message (voir **Communication**).

N.B. Le mot **poème** désigne une poésie *particulière* (le sens du mot poésie est donc beaucoup plus large).

Le mot **poétique**, *comme nom féminin*, peut désigner :
— soit l'ensemble des choix stylistiques et de l'univers personnel d'un poète déterminé *(la poétique de Baudelaire)* ;
— soit l'étude générale des lois de fonctionnement de l'écriture poétique, dans le cadre d'une théorie du discours littéraire.

POINDRE. *v. intr. (sens ancien)* Piquer, blesser (cf. *une douleur poignante*). *(sens actuel)* Commencer à paraître (se dit d'une jeune pousse, des premières lueurs du jour, mais aussi de phénomènes moraux ou sociaux). Ce verbe s'emploie surtout à l'infinitif. *Voir poindre des signes prometteurs.*

POINT DE VUE. *(sens littéraire)* Voir **Focalisation**.

POINTE. *n. f.* Au **sens littéraire**, trait d'esprit particulièrement «piquant», ironique, blessant. La pointe sert souvent à clore un discours polémique ou un texte poétique (une épigramme, un sonnet par exemple). Voir **Chute**.

POINTILLEUX. *adj.* Qui se montre d'une minutie extrême dans ses exigences *(un examinateur pointilleux)*. Qui se montre d'une susceptibilité constante dans les relations avec autrui. *L'individu pointilleux ne supporte pas le moindre écart par rapport à la règle.* Ne pas confondre avec **ponctuel** ou **pointilliste** (voir mot suivant).

POINTILLISME. *n. m.* Procédé qui consiste à peindre par petites touches colorées que le pinceau juxtapose pour produire un effet d'ensemble. Le pointillisme a été mis à l'honneur par certains peintres néo-impressionnistes (Seurat, Signac). Par extension, le mot s'emploie pour caractériser des ouvrages (littéraires) ou des analyses qui procèdent par touches ponctuelles, sans parvenir à présenter une vision synthétique du sujet abordé. *Une explication de texte trop pointilliste.*

POLÉMIQUE. *adj.* et *n.* (du grec *polemikos*, «relatif à la guerre»). Violent débat politique ou intellectuel. Combat d'idées; controverse publique sur une question d'intérêt général, esthétique, sociale, politique, philosophique. La polémique peut être verbale (discussions, interventions à la radio ou à la télévision) ou, le plus souvent, écrite (articles, pamphlets, livres). *Ce livre, ce film, cette prise de position a déclenché une véritable polémique. Le débat, d'abord serein, a tourné à la polémique. Un argument polémique, un ton polémique, un style polémique.* L'écrivain ou le journaliste qui aime **polémiquer**, produire des textes polémiques, est un **polémiste** (voir **Pamphlet**). On appelle **polémologie** l'étude scientifique du phénomène de la guerre.

POL(I), -POLE, POLIT-. Racines issues du grec *polis*, «ville, cité», qui a donné aussi *politikos*, «ce qui se rapporte à l'organisation de la cité, aux affaires publiques». Voir les mots **Cosmopolitisme**, **Métropole**, **Nécropole**, **Policé**, **Politique**.
Ne pas confondre avec la racine **Poly-** (plusieurs).

POLICÉ. *adj.* Civilisé; dont les mœurs sont adoucies par la civilisation. *Une société policée, des mœurs policées, un peuple policé.*

N.B. Comme le mot **police** (au premier sens : organisation de la cité) et le verbe **policer** (adoucir les mœurs), cet adjectif est à relier au mot grec *polis*, « ville ». La « cité » (*civitas* en latin) a toujours été le lieu de la « civilisation ».

POLITIQUE. *adj.* et *n.* (du grec *politikos*, « qui concerne la cité »).

1° *(nom féminin)* Ensemble de l'organisation de la cité, du gouvernement des affaires publiques, du système législatif qui régit cette organisation et de la répartition des pouvoirs qui font fonctionner cet ordre. La politique est, en ce sens, la chose la plus nécessaire à toute société, qu'elle en organise la vie interne (les relations entre les citoyens) ou qu'elle lui permette d'exister en face des autres collectivités humaines (politique extérieure).

À partir de cette définition d'ensemble, les significations du mot « politique » sont nombreuses : réflexion sur l'art d'organiser la nation ; stratégie élaborée pour mener à bien les affaires publiques, façon de gouverner ; champ des forces nationales et des hommes qui s'affrontent pour la conquête du pouvoir.

Cette diversité de sens est souvent cachée par la réalité, au jour le jour, de la « politique politicienne ». Les significations péjoratives de l'emploi du mot *politique* (qu'il faut absolument dépasser pour en comprendre le sens profond) ont conduit à opposer *la* et *le* politique, d'où le succès du mot **politique** comme *nom masculin*.

2° *(nom masculin) Le* politique, au sens propre, c'est ce qui est politique, ce qui a profondément rapport à l'organisation de la cité. Cette définition se confond donc avec la signification d'ensemble de *la* politique, mais sans les sens dérivés, *sans les connotations péjoratives* qui lui sont parfois associées. On parlera *du* politique par opposition au *social* ou au *juridique*. On parlera *du* politique chaque fois qu'on voudra insister sur les enjeux profonds de l'organisation des affaires publiques, par opposition à l'aspect passionnel ou superficiel des débats dits « politiques ». Un citoyen conscient doit justement percevoir l'importance *du* politique sous les péripéties événementielles de *la* politique. Voir, à ce propos, les deux sens possibles du verbe **Dépolitiser**.

3° *(adjectif)* Le mot politique, comme adjectif, peut se rapporter aussi bien à *la* politique (au sens événementiel) qu'*au* politique (le domaine politique au sens originel du mot). *Pensée politique, ordre politique, passion politique, magouille politique, économie politique, opinion politique, régime politique*, etc. Voir le mot **Apolitique**.

4° Par extension, on peut appeler :
— **Un politique :** un homme qui sait s'occuper de politique, a l'art de mener les hommes. *C'est un fin politique.*
— **Une politique :** toute stratégie, toute tactique concertée en vue d'objectifs déterminés, dans des domaines autres que celui de la vie politique. *Quelle est votre politique commerciale ?*
— **Politique :** qui est habile, qui calcule, qui est intéressé. *Il agit pour des raisons politiques. C'était une manœuvre très politique. Une invitation purement politique.*
— **Un politologue** est un spécialiste des faits politiques (trop souvent centré, il est vrai, sur la « politique politicienne »).

POLY-. Racine issue du grec *polus*, « nombreux ». Indique la multiplicité, la pluralité (par opposition à *mono-*). **Polychrome, Polyclinique, Polycopie, Polygame** (qui a plusieurs conjoints), **Polymorphe** (qui se présente sous plusieurs formes), **Polyglotte** (qui parle plusieurs langues), **Polyvalent** (qui a plusieurs fonctions ou activités), etc. Voir aussi les mots suivants. Synonymes : **Multi-**, **Pluri-**.

POLYPHONIE. *n. f.* (du grec *poly*, « plusieurs », et *phonos*, « son, voix »). Combinaison de plusieurs voix, dans une composition musicale. L'art du contrepoint est à la base de la polyphonie (voir les mots **Fugue** et **Contrepoint**). Par « voix », il faut entendre les voix chantées, mais aussi les divers niveaux de sonorité où se développent les thèmes mélodiques.

POLYSÉMIE. *n. f.* (du grec *poly*, « plusieurs » et *sêma*, « signe, marque, sens »). Propriété d'un terme qui a plusieurs sens (diverses acceptions) selon les contextes. Le verbe *affecter*, par exemple, est polysémique. Le mot *nature* également, et bien d'autres mots dont ce dictionnaire tente de distinguer les significations.

POLYTHÉISME. *n. m.* (du grec *poly*, « plusieurs » et *theos*, « dieu »). Fait de croire en plusieurs dieux (par opposition à **monothéisme**). *Les religions antiques étaient en général polythéistes. Le polythéisme égyptien.*

POMPE. *n. f.* Cérémonie, apparat, déploiement de faste, magnificence. **En grande pompe :** en grande cérémonie, avec beaucoup d'éclat. *Les pompes funèbres :* cérémonie propre aux funérailles ; et, par extension, entreprises qui les organisent.

Le mot *pompes*, surtout au pluriel, a souvent eu une connotation péjorative (vanités du monde ; apparat factice : *renoncer à Satan et à ses pompes*). D'où l'adjectif *pompeux* (d'une solennité ridicule) et, dans le domaine artistique, *pompier* : emphatique, prétentieux *(un style pompier ; un peintre pompier)* — à ne pas confondre avec les « sapeurs-pompiers »...

PONCIF. *n. m.* Banalité ; forme d'expression usée ; thème stéréotypé. Parler de la *tristesse d'un soleil couchant* est un poncif. *Dans Madame Bovary, Flaubert ironise sur les poncifs de la sensibilité romantique.* Voir **Cliché, Lieu commun.**

PONCTUEL. *adj.* *(sens temporel,* uniquement pour les personnes) Qui arrive à l'heure dite, et plus largement, qui est exact, fiable dans ce qu'il fait.
(sens spatial) Qui concerne un point précis *(une lumière ponctuelle),* une action limitée *(une opération ponctuelle).*

PONDÉRER. *v. tr.* (latin *ponderare,* de *pondus, ponderis,* « poids », aussi bien physique que moral). 1° Équilibrer quelque chose par autre chose qui l'atténue, qui fait « contre-poids ». En particulier, en matière politique : équilibrer un pouvoir par un autre. *Pondérer le pouvoir exécutif par le pouvoir législatif.* 2° Amener quelqu'un à une certaine pondération (mesure, équilibre). *Un esprit pondéré, un personnage pondéré* (calme, mesuré, équilibré).

En *économie,* le verbe **pondérer** s'emploie à propos de valeurs, de variables que l'on affecte d'un certain coefficient pour leur donner une juste place, une importance proportionnée à leur influence, dans un calcul global. *Pondérer une variable, un indice, une valeur.*

N.B. Noter les deux mots de la même origine : **impondérable** (qui ne peut être pesé, mesuré) et **pondéreux** (qui est très lourd *matériellement*), à ne pas confondre avec **pondéré** (mesuré *moralement*). Voir aussi **Prépondérant.**

POPULISME. *n. m.* Mouvement littéraire du début du XXe siècle qui se propose de peindre les milieux populaires avec réalisme (mais aussi, avec une sympathie de principe qui peut aboutir à une certaine idéalisation de la vie des gens du peuple). E. Dabit et L. Guilloux en sont les représentants les plus marquants. Par extension, le mot peut s'appliquer au cinéma. *Un roman, un film populistes.*

N.B. Plus généralement, en dehors de la sphère littéraire, le populisme peut désigner une attitude ou une idéologie politique réclamant la libération du peuple, ou encore une satisfaction immédiate des revendications populaires. *Un dirigeant populiste est fréquemment démagogue.*

POSITIVISME. *n. m.* (du mot *positif*, dans son sens ancien et philosophique : « qui s'appuie sur les faits, qui est donné par l'expérience »).

1° **Philosophie d'Auguste Comte** (1798-1857). Celui-ci distingue trois étapes dans la progression de l'esprit humain : *l'état théologique* (l'homme explique le monde par des « agents surnaturels » qui interviennent arbitrairement, par des dieux ou par un Dieu), *l'état métaphysique* (l'homme explique le monde par des entités, des idées, des notions abstraites : il interprète au lieu d'observer) et *l'état positif* (renonçant à l'ontologie et à la métaphysique, l'esprit humain étudie uniquement les phénomènes objectifs et en tire des lois scientifiques). Cette dernière étape conduit en particulier à étudier les phénomènes humains, les sociétés, en s'appuyant uniquement sur les faits et sur leur examen par les méthodes de la science. Aussi le positivisme d'Auguste Comte est-il à l'origine de la sociologie moderne.

2° **Toute attitude qui récuse les a priori métaphysiques** et fonde la connaissance sur l'observation des « faits positifs », sur l'expérimentation, sur la science. Cette attitude prévaut en particulier dans les domaines qui, traditionnellement, échappent à la science. Le positivisme débouchera sur le **scientisme**, qui prétend tout expliquer par la science et conduire par elle seule l'humanité au bonheur.

POST-. Préfixe d'origine latine qui signifie « après » (dans le temps : *postdater* ; ou dans l'espace : *postposer*, « placer au-delà »). Noter que ces deux nuances se retrouvent dans un mot comme *postérieur* (1° Qui arrive ensuite ; 2° Qui est placé derrière). Ce préfixe se trouve dans de nombreux mots et sert encore à en composer d'autres, le plus souvent par opposition avec son antonyme *ante-* (voir les doublets *Antéposer/Postposer, Antérieur/Postérieur, Antidater/Postdater*) ou avec l'antonyme *pré-* (*Préromantisme/Postromantisme ; Prénatal/ Postnatal*, etc.).

Post Scriptum signifie « écrit après » : il s'agit de ce qu'on ajoute en bas d'une lettre (en « P.S. »). Voir ci-dessous les mots **Postérité, Posthume.** Voir aussi **A posteriori.**

POSTÉRITÉ. *n. f.* (voir le préfixe *post-*). 1° Succession, descendance d'une personne, ou d'une souche familiale. *La postérité d'Abraham.* **Au figuré,** le mot s'élargit : la postérité désigne une lignée spirituelle, un mouvement social ou politique à laquelle une personnalité a donné naissance. *La postérité d'un artiste* (son influence, ses imitateurs, la fécondité de son œuvre).

2° Ensemble des générations futures. *Il travaille pour la postérité. L'espoir de tout écrivain est de passer à la postérité* (demeurer vivant dans la mémoire des hommes).

POSTHUME. *adj.* (du latin *postumus*, « le dernier ». Voir *post-*). Qui naît après la mort du père : *un enfant posthume.* Qui se produit après la mort de son auteur : *une gloire posthume.* En particulier, qui est publié après la mort de quelqu'un : *un ouvrage, des œuvres posthumes.* Qui est attribué à quelqu'un après sa mort : *une décoration posthume,* ou encore, *conférée à titre posthume.*

N.B. Le *« h »* de *posthume* est dû à une confusion étymologique avec *humus* (« terre », en latin).

POSTICHE. *adj.* (voir préfixe *post-*, « après ») Qui est ajouté après coup : *un épisode postiche.* Qui remplace artificiellement un objet naturel : *une moustache postiche.* D'où le **sens figuré** : qui est faux, inauthentique, artificiel. *Des qualités postiches. Un gouvernement postiche* (voir le mot **fantoche**).

POST-MODERNE. *adj.* Se dit de ce qui, dans la culture contemporaine, est radicalement différent de ce qui constituait la « modernité » des années 1950-1975, aux niveaux idéologique ou esthétique. En particulier, l'attitude post-moderne entend dépasser l'opposition entre l'archaïque et le tout moderne, intégrer valeurs de la tradition et valeurs de la modernité, dans un éclectisme qui n'exclut pas une certaine distance ironique.

POSTULAT. *n. m.* En **mathématiques**, principe de base indémontrable et indémontré qui sert de fondement à une démonstration, à un ensemble de démonstrations. *Le postulat d'Euclide* (« Par un point extérieur à une droite, on ne peut faire passer qu'une seule parallèle à cette droite »).

Le postulat est admis, d'un commun accord avec l'auditeur. À partir de cet accord sur la proposition première, il faut *démontrer*. Ce *point de départ* qu'est un postulat explique les deux nuances opposées que peut prendre le sens du mot dans le langage courant :
— Un postulat est discutable : *ce n'est qu'un postulat !*
— Un postulat est incontestable, quoique indémontrable : *c'est un postulat, ça ne se discute pas*. En ce sens, voir la différence avec **Axiome**.

POSTULER. *v. tr.* 1° Demander, solliciter un poste, un emploi. Dans ce sens, le verbe peut être employé intransitivement. *Le poste, la fonction pour laquelle j'ai postulé*. Être candidat à. *Postuler à un emploi*.

2° Poser une proposition fondamentale, émettre un postulat (voir ce mot). *Je postule que la matière est un concentré d'énergie : dès lors, je peux en déduire que*, etc.

POSTURE. *n. f. (sens propre)* Position particulière que l'on prend, s'agissant du corps. *Curieuse posture, tenez-vous un peu mieux !*
(sens figuré) Position générale dans laquelle on se trouve, notamment dans l'expression **Être en bonne ou mauvaise posture** (en situation favorable ou défavorable). Le terme peut aussi s'employer dans un sens moral. *La posture narcissique* de Chateaubriand dans *les Mémoires d'Outre Tombe*.

POTENTAT. *n. m.* (du latin *potens*, « puissant »). Souverain absolu d'un État puissant. *Les Tsars, empereurs de Russie, étaient des potentats*. Par extension (et souvent péjorativement) : homme qui use d'un pouvoir tyrannique, despote. *Les petits potentats locaux ne doivent pas nous impressionner. Ce patron se comporte en potentat !*

POTENTIEL. *adj.* et *n. m.* (à partir du latin *potens*, « puissant »).

1° Qui existe en puissance, à l'état de possibilité, virtuellement, — par opposition à ce qui existe actuellement, déjà réalisé. *Une réalité potentielle* (qui peut se produire, sans que cela soit sûr). *L'enfant est un adulte potentiel* (en puissance). *L'énergie potentielle* (celle par exemple d'un objet sur un sommet, qui se transformera en force réelle si l'objet est jeté dans le lac en contrebas). *Un marché potentiel* (l'ensemble des acheteurs susceptibles d'acheter le produit, avant que celui-ci soit lancé commercialement).

2° *Le* potentiel : l'ensemble des forces, des capacités,

des ressources susceptibles d'être utilisées, dans quelque domaine que ce soit. *Le potentiel militaire d'un pays. Le potentiel d'une personne* (ses dons, ses aptitudes : on dit aussi les **potentialités** d'un individu).

POUPE. *n. f.* Arrière d'un navire. D'où l'expression **Avoir le vent en poupe :** être poussé, porté par une situation favorable. L'opposé de la *poupe* est la *proue* (avant d'un navire). D'où l'expression **Figure de proue,** personnalité qui est à la tête d'un mouvement, d'une école (à l'image des bustes qui ornaient la proue des navires).

POURFENDRE. *v. tr.* Combattre et détruire. *Le Cid pourfend les Mores. Sens figuré* (le plus fréquent) : attaquer vigoureusement (les mœurs, des personnes, des institutions). *Pourfendre le cinéma moderne et ses admirateurs béats.* Le *pourfendeur* est souvent une figure un peu ridicule, à l'image de Don Quichotte combattant les moulins à vent.

POURVOYEUR, EUSE. *n.* Personne qui approvisionne, qui fournit. *Un pourvoyeur de vivres, de fonds.*

N.B. Le verbe « pourvoyer » n'existe pas. On dit *pourvoir* (pourvoir quelqu'un de quelque chose ; pourvoir aux besoins de).

POUVOIR. *n. m.* 1° Ce qu'on a la capacité de faire physiquement (force, énergie physique) ou moralement (volonté, potentiel). *J'ai le pouvoir de courir, chanter, m'attabler au travail, dominer mes émotions.*

2° Ce qu'on a le *droit* de faire, légalement, socialement, moralement. J'ai le « pouvoir » (au sens n° 1) d'assassiner mon voisin, de ne pas assister au cours, de mentir à mon ami, mais je ne *peux* pas le faire et je ne le ferai pas en raison de contraintes extérieures (la peur du gendarme ; la sanction de l'école) ou intérieures (mon éthique personnelle).

3° L'autorité, l'influence ou la domination que quelqu'un exerce sur autrui, que ce pouvoir soit naturel, légitime ou injuste. *Le pouvoir du parent sur l'enfant, du maître sur l'esclave, du chef sur ses soldats, de l'orateur sur la foule, du pasteur sur les fidèles.* Pouvoir de commander, de sanctionner, de récompenser. Pouvoir bénéfique, maléfique. Pouvoir physique, spirituel.

4° **Le pouvoir politique** (ou plus généralement, institutionnel) : pouvoir obtenu par le droit ou par la force; pouvoir reconnu; pouvoir d'autorités constituées comme telles dans le cadre de l'organisation sociale, économique ou politique d'une nation. *Lutte pour le pouvoir. Le pouvoir :* le gouvernement en place, qui a en face de lui l'Opposition. *Pouvoir absolu. Pouvoir souverain. Pouvoir du peuple. Abus de pouvoir. Pouvoir et contrepouvoir. Théorie du pouvoir. Légitimation des pouvoirs.* Voir les termes qui définissent les différents régimes politiques, issus des racines grecques *-kratos* (puissance) ou *arkhê* (pouvoir) : **anarchie, monarchie, oligarchie, dyarchie, démocratie, aristocratie, ploutocratie**.

La séparation des pouvoirs. Théorie classique, illustrée par Montesquieu. Il existe dans un régime politique trois pouvoirs : le pouvoir *législatif* (qui fait les lois), le pouvoir *exécutif* (qui fait exécuter les lois, administre la cité) et le pouvoir *judiciaire* (qui veille à la conformité aux lois des décisions politiques, et règle les rapports des citoyens entre eux). La liberté du citoyen est menacée lorsque ces pouvoirs sont confondus (soit deux à deux, soit les trois à la fois); il faut que ces pouvoirs se contrebalancent et s'équilibrent pour que le citoyen se sente légalement protégé et respecté. À ces trois pouvoirs, on ajoute parfois le pouvoir technocratique (la puissance que les experts exercent par leurs compétences sur les gouvernants ou les législateurs). On a aussi parlé de « quatrième pouvoir » à propos de l'influence politique déterminante de la presse et des médias.

PRAGMATISME. *n. m.* (du grec *pragma*, « action ». Voir aussi *praxis*). *(sens courant)* Attitude qui consiste à régler les problèmes directement, par l'action et l'adaptation aux situations concrètes, au lieu de partir d'idées préconçues ou d'analyses théoriques. *L'individu pragmatique* met la pratique au-dessus de tout; il cherche ce qui résout immédiatement le problème, en tâtonnant éventuellement, en s'aidant du bon sens. *L'attitude pragmatique* cherche ce qui est opérationnel, utilitaire, efficace, sans se soucier de principes préétablis. Voir **Empirique**.

N.B. Le pragmatisme est aussi une *doctrine philosophique*, élaborée par W. James (1842-1910), selon laquelle la valeur d'une idée, sa « vérité », dépend uniquement de son efficacité pratique, de son utilité lorsqu'on l'expérimente. N'est vrai que ce qui réussit; n'est valable que ce qui est socialement utile. On voit le rapport avec le sens courant. Mais si l'attitude pragmatique se justifie dans certains cas, le pragmatisme *comme théorie* paraît bien éloigné de toute raison philosophique.

PRAXIS. Terme grec qui signifie «action». Est utilisé parfois comme synonyme d'action, d'engagement pratique, d'activité effective, par opposition aux démarches centrées sur la connaissance, ou inspirées d'une philosophie préétablie. Chez Marx, la *praxis* se constitue globalement de l'activité sociale (individuelle ou collective); elle est à la fois *déterminée* (par l'infrastructure) et *déterminante* (notre «praxis», dans une situation historique précise, engendre notre façon de penser et de croire).

PRÉ-. Préfixe d'origine latine qui signifie «avant, antérieurement, devant». Son sens, à la fois temporel, spatial, moral (il indique parfois la prééminence), s'oppose à celui du préfixe *post-*. On le retrouve dans d'innombrables termes, parmi lesquels une vingtaine de mots ci-dessous.

PRÉAMBULE. *n. m.* (du latin *praeambulare*, textuellement «marcher devant»). **Sens littéraire** (ou juridique) : petit texte introductif, courte préface en avant-propos d'un livre ou d'un discours (ou d'une dissertation). Le préambule indique les intentions préalables, le point de départ du texte, sa raison d'être. Il est souvent la partie préliminaire d'une introduction plus longue.

Sens large : démarches, paroles, actions ou événements qui annoncent quelque chose d'essentiel, mais n'en sont que l'entrée en matière, une sorte de prélude. *La baisse de la Bourse était le préambule d'une grave crise économique.*

PRÉBENDE. *n. f.* 1° (*sens ancien*) Revenu fixe accordé à des ecclésiastiques titulaires de certaines fonctions (en particulier aux chanoines).
2° (*sens général*) Profit tiré d'une situation lucrative. L'emploi du mot est souvent péjoratif. *Des politiciens attachés à leurs prébendes plus qu'à la défense de leurs électeurs.*

PRÉCARITÉ. *n. f.* Caractère de ce qui est fragile, incertain, instable, éphémère ou passager. *La précarité de l'emploi* (son instabilité). *La précarité d'un cessez-le-feu* (il ne dure pas longtemps). *Une santé précaire* (fragile). *Un bonheur précaire.*

PRÉ CARRÉ (défendre son pré carré). Défendre son domaine ; empêcher autrui de s'ingérer dans la zone (de pouvoir) que l'on s'est réservée. On dit aussi *faire son pré carré* : agrandir ou fortifier son domaine d'action.

PRÉCEPTE. *n. m.* Formule qui prescrit un devoir, exprime une leçon, recommande un principe (artistique, moral, scientifique, etc.). *Les préceptes de la morale fondamentale.* Voir les mots **Adage, Devise, Maxime, Prescription**.

PRÉCEPTEUR, TRICE. *n.* Personne chargée de l'éducation d'un enfant à domicile. Éducateur privé. Les précepteurs étaient, autrefois, les professeurs particuliers des enfants de familles nobles ou aisées.

N.B. Malgré une origine étymologique commune (donner un enseignement), un « précepteur » n'est pas quelqu'un qui a pour profession de formuler des « préceptes ».

PRÊCHER. *v. tr.* (du latin *praedicare*, « annoncer, publier »).
Sens religieux : enseigner la parole de Dieu, annoncer les vérités de la foi (chrétienne). *Prêcher l'Évangile.* Exhorter à des actions louables, vertueuses. *Prêcher le pardon des injures.*
Sens général (hors de la religion) : recommander avec insistance ; préconiser, prôner ; tenter de convaincre, faire la morale. *Prêcher quelque chose* (prêcher l'amitié entre les peuples). *Prêcher quelqu'un.* En particulier, **prêcher un converti** : s'évertuer à convaincre quelqu'un qui est déjà convaincu.

N.B. *Prêcher* peut être employé intransitivement, au sens de « faire un sermon, un prêche ; tenir un discours moralisateur ». *Tu prêches, tu prêches, c'est tout ce que tu sais faire ! Prêcher dans le désert* (sans aucun succès).

PRÉCIEUX. *adj.* **Sens littéraire :** qui est relatif au *courant précieux* du XVIIe siècle (voir **Préciosité**). *Style précieux, salon précieux.* Par extension, qui est affecté, recherché ; parfois avec excès.

PRÉCIOSITÉ. *n. f.* Mouvement littéraire et intellectuel du XVIIe siècle qui se traduit par l'extrême raffinement du langage et des goûts artistiques, par l'importance accordée à la vie mondaine, aux manières recherchées, aux subtilités du bel esprit et aux délicatesses du cœur. La préciosité fut surtout développée dans les salons, cultivée par des femmes de la haute société, tournée vers une conception raffinée de l'amour, s'opposant à toute forme de trivialité.

Les *précieuses*, femmes qui animèrent ou illustrèrent ce mouvement, n'étaient pas toutes aussi ridicules que le laisse croire Molière dans *Les Précieuses ridicules* ou *Les Femmes savantes*. Leur «féminisme» en particulier était fort estimable.

Par extension, souvent de manière péjorative, on appelle préciosité toute forme d'artifice stylistique, de raffinement excessif ou d'affectation dans l'expression, même si l'auteur dont on parle n'appartient pas au XVIIe siècle. *La préciosité de la littérature courtoise. Certaines scènes de Marivaux sont écrites dans une langue très précieuse.*

PRÉCONISER. *v. tr.* Recommander vivement. *Préconiser un remède, un changement de politique, un accord de paix.* Voir **Prôner.**

PRÉDATEUR. *n. m.* (du latin *praeda*, «proie»). Se dit d'un animal qui se nourrit des proies qu'il chasse et dévore. Le terme peut s'étendre à des espèces végétales, ou à l'être humain préhistorique.

N.B. L'emploi *figuré* du mot n'est pas rare pour qualifier certains personnages dévastateurs du monde politique ou de la «jungle» des affaires.

PRÉDESTINATION. *n. f.* 1° **Sens religieux :** décision divine qui, d'avance et de toute éternité, voue un individu à être damné ou à être sauvé, c'est-à-dire le destine à l'enfer ou au paradis. Cette doctrine développée par le **calvinisme** et, dans une moindre mesure par le **jansénisme** (voir ce mot), a été vivement combattue par l'Église, en ce qu'elle niait la part de la liberté humaine et la valeur des mérites personnels de tout croyant.

2° **Sens général :** détermination préalable des événements, comme s'ils étaient fixés d'avance par une fatalité surnaturelle. La prédestination concerne en particulier les événements d'une vie, la «destinée» d'une personne. Dans ce sens, elle peut avoir encore une connotation religieuse : l'être prédestiné n'est pas forcément destiné à l'enfer ou au paradis après la mort, mais voué à tel destin particulier (misérable ou exceptionnel) au cours de sa vie. *Le héros romantique se croit prédestiné à une vie de souffrance. Sa réussite semblait prédestinée* (fixée d'avance).

PRÉDILECTION. *n. f.* (du latin *dilectio*, «amour». Le préfixe *pré-* marque ici la prééminence). Préférence marquée pour quelqu'un ou pour quelque chose. *La prédilection d'un père pour son fils aîné. Mes auteurs de prédilection* (mes auteurs favoris).

PRÉJUDICE. *n. m.* (du latin *praejudicium*, littéralement «jugement a priori», voir *préjugé*). Dommage, acte nuisible aux intérêts de quelqu'un; tort injustement causé. *Porter préjudice, causer un préjudice à quelqu'un :* causer du tort. *Subir un préjudice moral, matériel.* Se dit aussi de ce qui est nuisible à *quelque chose. Un grave préjudice porté à la cause de la paix.* Ce qui porte préjudice est dit *préjudiciable. Un aliment préjudiciable à la santé.*

PRÉJUGÉ. *n. m.* (littéralement : jugement d'avance, opinion préconçue).
  Sens ancien : jugement que l'on se fait a priori, provisoirement. *C'est là un préjugé en votre faveur. Je ne voudrais pas préjuger de cette question.*
  Sens courant : idée admise comme allant de soi, venue de l'éducation, du milieu social, de l'époque ou de la tradition. Parti pris. *Des préjugés racistes. Des préjugés petits-bourgeois. Des préjugés tenaces.* Au préjugé s'oppose le **paradoxe**, qui heurte l'opinion commune.

PRÉLUDE. *n. m.* (du latin *praeludere*, «se préparer à jouer». Littéralement, ce qui annonce le jeu).
  Sens musical : suite de notes chantées ou jouées, en début de concert, pour se mettre dans le ton. D'où : pièce courte qui sert d'introduction à une œuvre importante. Cette pièce devenant un genre par elle-même, le prélude est devenu un morceau de musique autonome. Les *Préludes et fugues de Bach.* Les *Préludes de Chopin.*
  Sens figuré (à partir du sens musical) : ce qui annonce ou constitue le début d'une œuvre, d'un ensemble d'événements. *Ces escarmouches furent le prélude aux hostilités.* Annonce, préliminaire, prologue. *Son sourire fut le prélude d'une tendre soirée.*
  Préluder à : se produire dans l'attente de ce qui va suivre. *Quelques coups de canon préludèrent à un véritable déluge de feu.*

PRÉMÉDITATION. *n. f.* Projet conçu d'avance; intention réfléchie d'accomplir un acte en général condamnable. La préméditation aggrave le délit commis, puisque l'auteur agit de façon responsable, consciente, délibérée. *Meurtre avec préméditation.*

PRÉMICES. *n. f. plur.* Dans l'Antiquité : premiers fruits de la terre, qu'on offrait aux dieux. *Les prémices de la récolte.*

Sens actuel (littéraire) : premiers commencements ; débuts prometteurs. *Les prémices d'une amitié. Les prémices de son génie.*

N.B. Ne pas confondre avec **Prémisses** (voir ci-dessous).

PRÉMISSE. *n. f.*, souvent au *pluriel* (du latin *praemissa*, « qui est mise en avant »).

Sens logique : l'une des deux premières propositions d'un raisonnement. Par exemple, dans le syllogisme classique. *1° Tous les hommes sont mortels. 2° Or, Socrate, est un homme. 3° Donc Socrate est mortel,* les propositions 1 et 2 sont les prémisses. Voir **Syllogisme**.

Sens courant : fait initial, affirmation de départ (ou de principe), d'où découle une conséquence. *L'élévation subite du prix du pétrole et sa raréfaction sur le marché ont été les prémisses d'une grave crise en Occident.* Ne pas confondre avec **Prémices** (voir ci-dessus).

PRÉMONITOIRE. *adj.* (de *pré-*, « avant » et du latin *monere*, « avertir »). Qui avertit de ce qui va se passer ; qui annonce l'avenir ou une suite d'événements. *Un songe prémonitoire, une visite prémonitoire.* Un **signe prémonitoire** : un signe avant-coureur (d'une maladie, d'un symptôme, d'un événement). Le mot « prémonitoire » garde souvent une connotation de mystère, d'étrangeté, d'avertissement surnaturel.

PRÉMUNIR. *v. tr.* Protéger quelqu'un, le garantir contre quelque chose. *Prémunir les jeunes gens contre les risques du sida.*

Se prémunir : se protéger, s'armer, s'assurer contre quelque chose.

PRÉPONDÉRANT. *adj.* (du latin *praeponderare*, « avoir plus de poids, plus d'importance ». Voir le mot *pondérer*). Qui a un rôle majeur ; qui est dominant, capital, primordial. Qui l'emporte en influence. *Un rôle prépondérant, un action prépondérante. La prépondérance d'une nation, d'une autorité morale*, etc.

PRÉROGATIVE. *n. f.* (du latin *praerogativus*, « qui vote en premier »). Avantage (officiel) lié à certaines fonctions, ou à un certain statut social. *Les prérogatives de la noblesse sous l'Ancien régime. Les prérogatives du corps diplomatique.* Par extension, privilège attaché à des personnes particulières (officieusement), et que celles-ci peuvent revendiquer (à tort ou à raison). *Comme artiste, il estime devoir jouir de certaines prérogatives : vivre sans travailler, par exemple !*

PRÉROMANTIQUE. *adj.* Qui précède la période romantique, est relatif au préromantisme. Le **préromantisme** est le nom que l'on donne, après coup, aux courants littéraires qui, à la fin du XVIIIe siècle, annoncent la sensibilité et les thèmes romantiques. La poésie des ruines (chez Diderot), la rêverie solitaire au sein de la nature (chez Rousseau), l'exaltation de la sensibilité et de la passion (chez Bernardin de Saint Pierre) sont des thèmes préromantiques, et même déjà romantiques.

PRESCRIPTION. *n. f.* (de *prescrire*, «ordonner; préconiser»).

1° **Sens général :** recommandation ou ordre précis qui est formulé avec toutes les indications utiles. *Prescriptions relatives à une pratique religieuse. Les prescriptions médicales figurent en général sur l'ordonnance.*

2° **Sens juridique :** délai officiel à la fin duquel certaines obligations cessent d'être en vigueur ; la loi prescrit cette cessation. En particulier, il y a *prescription* pour certains délits lorsque la loi interdit (ou ne permet plus) de les condamner après un certain laps de temps. Dans le cas inverse, on parle de *crimes imprescriptibles* (ineffaçables, les crimes contre l'humanité par exemple). De même, les **Droits de l'homme** (voir ce mot) sont dit *imprescriptibles* car l'obligation de les respecter s'impose en tout lieu et en tout temps (aucune loi ne peut en prescrire la cessation ou la limitation).

On peut remarquer que, dans ce sens juridique, le terme « imprescriptible » paraît contredire le sens global du mot « prescription » – puisqu'il s'applique en quelque sorte à un devoir *toujours* « prescrit » : cela vient de ce qu'en matière juridique, le mot prescription s'est *spécialisé* dans le sens restrictif d'une *limitation par la loi de sa propre application.*

N.B. Ne pas confondre **Prescription** (ordre, recommandation) et **Proscription** (mesure d'exil; interdiction), pas plus que les verbes de sens opposés **Prescrire** (ordonner) et **Proscrire** (interdire).

PRÉSOMPTION. *n. f.* (du verbe *présumer*, «supposer, penser à priori»).

1° Opinion que l'on se fait d'avance, à partir de certains

indices. Supposition, probabilité, jugement a priori. Le mot s'emploie en particulier dans le langage juridique, au sens d'hypothèse très probable. *De graves présomptions pèsent sur vous. Je présume que vous êtes pour quelque chose dans cette affaire, mais ce n'est là qu'une présomption. Un inculpé est présumé innocent.*

2° Bonne opinion que l'on a de soi-même, prétention, suffisance. *Quelle présomption il manifeste, dans tous les domaines!* Ce sens correspond à l'adjectif *présomptueux* (suffisant, prétentieux) et au verbe *présumer de* (présumer de ses forces, présumer de soi).

PRESSENTIMENT. *n. m.* Sentiment qu'on a (d'avance) de ce qui va se produire. *De vagues pressentiments. Je pressentais son absence* (j'en avais l'intuition). Synonyme : **prémonition** (voir le mot *prémonitoire*). Mais la prémonition est plus précise, plus circonstanciée, alors que le pressentiment est une prescience intuitive beaucoup plus vague. On n'a souvent conscience de ses pressentiments qu'après coup.

PRÉSUMER. *v. tr.* 1° Supposer d'avance, croire a priori d'après certains indices (voir **présomption**). 2° Compter excessivement sur, avoir une trop bonne opinion de. Dans ce sens, le verbe se construit indirectement : *présumer de soi, présumer des qualités de telle personne.*

N.B. Noter l'emploi juridique fréquent du verbe au sens n° 1. *Tout homme qui n'est pas jugé coupable est présumé innocent.*

PRÉSUPPOSÉ. *n. m.* Ce qui est supposé au préalable, ce qui est tenu pour vrai d'avance; en particulier, ce qu'on laisse entendre sans le formuler expressément (voir le mot **implicite**).

• **Le présupposé peut être relatif à un fait,** à une action. Dire *« Charlemagne conduisit son armée aux frontières de son empire »* suppose que Charlemagne existe, qu'il a un empire (on est donc après l'année 800, où il fut sacré empereur), qu'il a une armée et qu'il en est le chef.

• **Le présupposé peut concerner une démonstration.** Il est la base de départ, plus ou moins explicitée, sur laquelle se fonde celui qui raisonne. Toute la géométrie d'Euclide se fonde sur le « postulat d'Euclide ». On le sait au début. Mais lorsqu'on se trouve dans les dernières propositions, on l'a un peu oublié. Le présupposé est devenu implicite. *Un présupposé est donc souvent un postulat implicite* (ou un élé-

ment acquis d'une précédente démonstration, qu'on suppose connu et accepté par le lecteur ou l'auditeur).
- **Le présupposé peut enfin concerner l'énoncé d'opinions, de jugements de valeur, de conceptions préétablies.** Consciemment ou non, le locuteur peut conduire son interlocuteur à admettre ces présupposés d'autant plus facilement qu'ils restent implicites. Si je dis par exemple *« Avec 8 000 F par mois, elle gagne bien sa vie, pour une femme »*, je présuppose qu'il est normal que les femmes gagnent moins de 8 000 F, ou en tous cas moins que les hommes ; ainsi, je tends subrepticement à faire partager cette conception. Si je déclare *« Le bonheur ne peut être atteint en ce bas monde »*, mon présupposé est qu'il y a un autre monde, en haut, où le bonheur peut être atteint. Souvent l'énoncé explicite *cache* le présupposé implicite : l'art de l'explication de texte est d'élucider ces sous-entendus dont le locuteur lui-même n'est pas toujours conscient. Voir **Énonciation**.

PRÉTÉRITION. *n. f.* Figure de rhétorique par laquelle on dit qu'on ne va pas dire ce que l'on dit pour mieux le faire savoir. Exemples : *je ne dirai rien du talent exceptionnel que cet auteur manifeste ; un certain personnage de l'opposition que je ne nommerai pas, mais dont tout le monde a le nom à l'esprit ; je n'ai pas besoin de vous dire que je suis scandalisé par votre attitude ; il est inutile de rappeler ici l'acte odieux que tout le monde a en mémoire,* etc.

On voit que la prétérition consiste en trois points : 1° déclarer qu'on ne va pas dire ; 2° attirer de ce fait l'attention de l'auditeur ; 3° dire quand même ce qu'on prétend taire (ce qui en amplifie la portée). C'est assez pervers, évidemment !

PRÉVALOIR. *v. intr.* Avoir valeur supérieure, l'emporter, prédominer. *Ses arguments ont prévalu. Rien ne peut prévaloir contre sa volonté. Dans la casuistique, les actes comptent peu : les intentions prévalent.* **Se prévaloir de** (quelque chose) : en tirer avantage ou vanité. *Ils se sont prévalus de leurs succès.*

PRÉVENIR. *v. tr.* 1° Avertir, informer quelqu'un par avance. 2° Empêcher quelque chose de se produire en prenant d'avance des mesures, des précautions. *Prévenir un mal, prévenir un malheur. Mieux vaut prévenir que guérir.* À ce sens correspondent le substantif **préven-**

tion et l'adjectif **préventif** (voir l'antonyme **curatif**). De façon plus positive, le verbe *prévenir* peut signifier «aller au devant des désirs de quelqu'un», d'où le substantif **prévenance**.

3° *(sens classique)* **Prévenir contre quelqu'un ou en faveur de quelqu'un :** disposer défavorablement ou favorablement à l'égard de. D'où le mot *préventions* (au pluriel), «hostilité a priori».

PRIMAUTÉ. *n. f.* Caractère de ce qui est premier, de ce qui se tient à la première place, de ce qui mérite la prééminence, ou dispose de la supériorité. Il peut s'agir de hiérarchie sociale ou religieuse : *la primauté du Pape sur les Évêques en matière de foi ; la primauté du Président sur le Gouvernement, en matière de politique extérieure.* Il peut s'agir de hiérarchie entre des notions, des idées, des valeurs. *Dans la jungle, la force prime le droit ; dans une société policée, il y a primauté du droit sur la force. La philosophie personnaliste insiste sur la primauté du spirituel.* En ce qui concerne les notions philosophiques, on emploie aussi le mot primat : *le primat de la raison.*

N.B. Bien distinguer la notion de **Primauté** et la notion de **Priorité**. Cette dernière est centrée sur *le temps* : ce qui est prioritaire est à faire en premier (d'où l'importance *temporelle*), mais n'est pas nécessairement ce qui a le plus de valeur. *La priorité de la survie physique ne doit pas effacer la primauté de l'existence spirituelle.*

PRIMITIVISME. *n. m.* **Sens littéraire :** tendance à valoriser ou à mythifier les mœurs primitives. En littérature, au XVIIIe siècle surtout, le primitivisme donnera notamment naissance au «mythe du bon sauvage», valorisera la vie simple et naturellement morale que l'on prête alors aux primitifs (les indiens d'Amérique).

Sens esthétique : le primitivisme est une tendance consistant à imiter l'art primitif (précédant la Renaissance) ou, plus généralement, à produire un art simple, naïf.

PRIMUM VIVERE. Expression latine qu'on emploie pour rappeler qu'il faut d'abord subsister, assurer le minimum vital, avant de discuter ou de philosopher. La phrase complète est en effet : *primum vivere, deinde philosophari* («d'abord vivre, ensuite philosopher»). A noter que ce précepte peut être interprété en sens inverse : une fois obtenus les moyens de vivre, empressons-nous de philosopher sur le sens de cette vie!

PRINCIPE. *n. m.* (du latin *principium*, « origine, début »).

1° **Cause première; origine profonde; nature essentielle.** Ce sens ancien, mais encore actuel, provient de l'idée que ce qui est premier (au sens *temporel*) constitue à la fois la nature centrale d'une réalité et la source de ce qu'elle devient (sens *causal*). *Le principe des choses. Le principe constitutif de la matière. Le principe de l'univers. Le principe du moteur à explosion.*

2° **Proposition de base** qui peut être le postulat d'une science, la vérité première d'une philosophie, la loi fondamentale d'une réalité *(le principe d'Archimède)*. Dans ce sens, le principe peut être *au départ* de la démarche intellectuelle, ou être *l'aboutissement* auquel le raisonnement parvient. Du principe premier *« Cogito ergo sum »* (je pense donc je suis), Descartes tirera un certain nombre de « principes » qui seront autant de vérités secondes. Une fois élaboré, un principe moral ou intellectuel acquiert la force d'une règle dont on ne s'écarte pas, d'où le troisième sens.

3° **Règle de vie,** d'action morale, de pensée sur laquelle les hommes fondent leur conduite. *Principes moraux, principes esthétiques. Avoir de bons ou de mauvais principes. Une éducation à principes.* Comparons : *le déterminisme est un des principes fondamentaux des sciences de la nature* (sens n° 2) et *un scientifique ne doit pas faillir au principe d'objectivité* (sens n° 3).

PRIORITÉS. *n. f.* (au pluriel) Objectifs que l'on place en premier. *Quelles sont vos priorités ?* Voir **Primauté.**

PRIVAUTÉ. *n. f.* Grande familiarité. *Se permettre des privautés.* Ce mot s'emploie le plus souvent au pluriel et désigne fréquemment les faveurs accordées par une femme : *Frédéric bénéficiait des privautés de Rosanette.*

PROBANT. *adj.* Qui prouve de façon effective. *Un argument probant.* Qui emporte donc la conviction. *Des résultats peu probants. Une observation probante.* Ne pas confondre avec *probatoire.*

PROBATOIRE. *adj.* Qui permet de vérifier qu'une personne a les qualités ou les connaissances requises. *Un examen probatoire. Une période probatoire.* Ne pas confondre avec *probant.*

PROBITÉ. *n. f.* Honnêteté scrupuleuse, au plan intellectuel, moral, social, professionnel. *Exercer son métier de professeur avec rigueur et probité. Le sens civique, le souci de la justice sociale étaient, avec l'honnêteté intellectuelle, les éléments les plus marquants de sa probité. Un ministre probe, intègre.*

PROBLÉMATIQUE. *n. f.* 1° Mise en forme d'un problème donné ; art de poser les problèmes. *Dans le sujet « Pouvoir et Langage », la copie ne doit pas traiter les deux termes séparément, elle doit les relier, les opposer, bref, dégager une problématique.* 2° Ensemble des problèmes que pose une question philosophique, un sujet particulier, une réalité scientifique, etc. *La problématique actuelle du chômage.*

N.B. Ne pas confondre avec l'*adjectif* « problématique » (incertain, douteux : *un succès problématique*).

PROCÉDURE. *n. f.* Ensemble de règles ou de formalités (juridiques, administratives), qu'il faut suivre pour parvenir à un certain résultat. *Une procédure de divorce. Pour être titularisé dans cette fonction, vous n'avez pas suivi la bonne procédure.* Par extension (néologisme récent) : ensemble des procédés à mettre en œuvre, des méthodes à suivre pour parvenir à un résultat. *Cette expérimentation a été conduite selon une procédure rigoureuse.*

N.B. Ce deuxième sens est un *anglicisme* ; mais il s'inscrit tout à fait dans l'étymologie latine du mot (*procedere*, « aller en avant »), qui est aussi celle de *processus* (voir, à ce mot, la différence avec **procédure**).

PROCESSUS. *n. m.* (mot latin signifiant « progression »). Enchaînement de phénomènes aboutissant à un résultat donné. Évolution naturelle ou ordonnée d'une action, d'un mécanisme, d'une réalité sociale ou humaine. *Processus biologique. Processus de développement. Processus d'acquisition du raisonnement logique. Processus de paix.*

N.B. Ne pas confondre avec **procédure**, même si ce mot, au sens actuel, se rapproche de **processus**. Les deux termes ont en commun l'idée de déroulement par étapes. Mais alors que le processus apparaît comme *descriptif* et naturel (même s'il suit une loi), la procédure a quelque chose d'*impératif*, de normatif, et ne s'emploie pas à propos des phénomènes naturels.

PROCRASTINATION. *n. f.* Tendance à tout remettre au lendemain. Baudelaire se plaignait de cette forme d'irrésolution qui pesait sur sa vie.

PROCURATION. *n. f.* Mandat; pouvoir que l'on donne à quelqu'un d'agir à sa place; écrit qui confère officiellement ce pouvoir. *Il m'a donné sa procuration pour que je vote en son nom.*

Au *sens figuré*, **par procuration :** en s'en remettant à autrui pour agir à notre place. *Les fanatiques de la télévision ne vivent plus par eux-mêmes, ils existent à travers feuilletons ou champions de jeux télévisés : ils vivent par procuration.* Ne pas confondre avec **par intérim** (voir ce mot).

PRODIGUE. *adj. (sens propre)* Qui dépense sans mesure, qui dilapide ses biens, son argent (en se livrant précisément à des **prodigalités**). *(sens figuré)* Qui distribue généreusement. *Être prodigue de bonnes paroles, de conseils utiles.* On notera que le sens propre est péjoratif, contrairement au second. Les deux acceptions se retrouvent dans le verbe **Prodiguer**. Ne pas confondre avec le paronyme *prodige*.

PRO DOMO. Voir **Plaidoyer**.

PRODROME. *n. m.* Symptôme annonciateur d'une maladie. *les prodromes de la fièvre typhoïde.* Signe précurseur d'un événement. *La rupture des relations diplomatiques, prodrome de la guerre qui allait suivre.*

PROFANE. *adj.* et *n.* (du latin *profanus*, « qui est hors du temple »).

1° Qui est étranger à la religion ; qui ne fait pas partie des choses religieuses. *Le monde profane, les fêtes profanes, une musique profane. Un auteur profane. Le mot « dogme » a un sens religieux ; mais, en se désacralisant, il a pris un sens profane.* Par extension, qui n'est pas sacré.

On oppose généralement **le profane** et **le sacré**. Il faut cependant nuancer : le profane est d'abord ce qui est étranger au monde religieux. Ainsi, les institutions politiques, le monde laïque, les valeurs républicaines appartiennent au monde profane. Cependant, la République, sa Justice, ses Lois et ses représentants peuvent être considérés comme sacrés. Ainsi, le monde profane au sens large n'est pas exempt de sacralisations ; le mot « sacré » est lui-même passé du domaine religieux au domaine profane, d'où une distinction seconde entre ce qui est « sacralisé » et ce qui ne l'est pas.

Le verbe **Profaner** s'applique, en revanche, à tout ce qui est « sacré », dans le monde religieux comme dans le monde profane. *Profaner*, c'est violer le caractère sacré d'une religion, de ses rites, de ses objets, aussi bien que dégrader et salir tout ce que l'homme respecte en société.

2° Qui n'est pas initié à un culte, à un art, à une science, à une activité ou à une association. *Je suis profane en musique. En peinture, c'est un profane. Il faut distinguer les connaisseurs des gens du profane.* Ce sens est une extension du précédent : le profane, en religion, est celui qui n'a pas été initié. Tout ce qui peut devenir sacré pour l'être humain (notamment l'art, la science) implique donc que les « non initiés » soient profanes.

Voir **Initiatique, Sacraliser, Sacré**.

PROFÉRER. *v. tr.* (du latin *proferre*, littéralement : « porter en avant »). Prononcer à voix haute. Mais l'usage de ce verbe s'est cantonné dans des paroles injurieuses ou menaçantes. *« Et vous croyez que cela va se passer ainsi ? ! » proféra-t-il, au comble de la fureur. Proférer des malédictions, des sentences vengeresses.*

PROFESSER. *v. tr.* Déclarer avec force, affirmer publiquement. *Professer une opinion. Une profession de foi.*

PROGRESSISME. *n. m.* 1° Doctrine politique qui croit au progrès social, économique et politique, et préconise des réformes hardies pour faire aboutir son idéal de justice et de liberté. Le progressisme s'oppose aux partis conservateurs ou « réactionnaires ». Il est en principe « à gauche ». *Des idées progressistes. Un progressiste dangereux.*

2° Attitude d'adaptation et de rénovation de l'Église catholique dans les années 1960. *Le progressisme chrétien.* Dans ce sens, les « progressistes » s'opposaient aux « intégristes ». Par extension, attitude d'ouverture religieuse et sociale, par opposition aux intégrismes ou aux fondamentalismes.

PROHIBER. *v. tr.* Interdire légalement. Condamner l'usage, la pratique, la consommation de quelque chose. *Prohiber l'alcool dans les stades et le tabac dans les trains. La fameuse prohibition de l'alcool, aux États-Unis, a fait prospérer les gangs. Les essais nucléaires seront-ils prohibés ?*

L'adjectif *prohibitif* se dit souvent d'un prix si élevé qu'il décourage l'acheteur éventuel.

PROJET. *n. m.* **Sens philosophique** (chez les existentialistes) : ce que l'homme veut faire de lui-même dans le monde, en dépit des résistances de l'**en soi** (voir ce mot). L'étymologie est ici centrale : l'homme se *jette en avant* de lui-même pour se réaliser. Tous nos projets, au sens courant, sont plus que des « intentions » : ils sont le jet en avant de notre liberté. L'homme est projet ; c'est en cela qu'il construit son « essence ». Voir **Existentialisme**.

PROLEPSE. *n. f.* Figure de rhétorique qui consiste à réfuter d'avance, dans un texte argumentatif, l'objection que pourrait faire un interlocuteur. « *Certes, objectera-t-on, ce n'est là qu'un indice ; à quoi je répondrai que* » ; « *Utopie, dira-t-on ? Mais y a-t-il un autre moyen ?* ». Cette figure peut disqualifier ironiquement la thèse adverse : « *Certains prétendent que l'accumulation de têtes nucléaires est l'unique façon d'empêcher la guerre atomique...* »

PROLÉTAIRE. *n.* Personne qui ne vit qu'en vendant sa force de travail, contre un salaire peu élevé. Dans la terminologie marxiste, le prolétaire s'oppose au capitaliste qui l'exploite. Le prolétariat s'oppose globalement à la bourgeoisie, et ne sera libéré de sa condition aliénée que par la révolution (voir **Lutte des classes**). L'emploi de ce mot a donc le plus souvent une connotation politique.

PROLIFÉRER. *v. intr.* Se multiplier, se reproduire, foisonner (*au propre* comme *au figuré*). *Un terrain vague où proliféraient les mauvaises herbes et les idées délinquantes.* Ne pas confondre avec **Proférer** (ci-dessus).

PROLIFIQUE. *adj.* Qui est très fécond (au *sens propre* comme au *sens figuré*) *La souris est un animal prolifique* (elle se multiplie vite). *Un auteur prolifique* (qui produit beaucoup d'œuvres).

PROLIXE. *adj.* Qui délaye ses discours ou ses écrits ; qui est diffus, verbeux. *Un écrivain prolixe.* Qui est abondant en paroles, en phrases. *Un style prolixe. À la prolixité s'oppose la concision.* Ne pas confondre **prolixe** (qui ne concerne qu'une abondance *de mots*) avec **prolifique** (voir ci-dessus).

PROLOGUE. *n. m.* (du grec *pro-* et *logos*, littéralement : ce qui précède le discours).

1° *(dans l'Antiquité)* Partie d'un spectacle théâtral qui précède la pièce proprement dite, dans laquelle, souvent, un personnage vient présenter le sujet avant l'entrée du chœur. Certaines pièces modernes ont repris ce procédé (*Antigone*, d'Anouilh).

2° *(dans les ouvrages modernes)* Texte introductif, préface. En particulier, dans les œuvres narratives (roman, film), première partie assez courte qui relate des événements antérieurs à l'action proprement dite de l'œuvre. Dans ce sens, l'antonyme est **Épilogue**.

3° *(sens figuré)* Période préliminaire, prélude à des événements historiques. *Le mouvement du 22 mars fut une sorte de prologue aux événements de mai 68.*

N.B. Ce sens figuré montre, une fois de plus, combien les mots du vocabulaire théâtral peuvent illustrer, métaphoriquement, les réalités de la vie sociale (cf. *drame, dénouement, protagoniste*, etc.).

PROMÉTHÉEN. *adj.* 1° Relatif à Prométhée et à son histoire légendaire. Héros de la mythologie grecque, Prométhée dérobe le feu et le transmet aux hommes. Pour le punir, Zeus l'enchaîne dans le Caucase, où un aigle lui ronge le foie, qui repousse sans cesse... Le mythe de Prométhée symbolise l'effort de l'homme qui veut s'élever au-dessus de sa condition, et bâtir sa propre Histoire en se délivrant de l'assujettissement aux dieux.

2° Qui traduit ou manifeste une foi en l'homme et en ses capacités d'action digne du mythe de Prométhée. *L'esprit prométhéen de la civilisation occidentale.*

PROMISCUITÉ. *n. f.* Assemblage d'individus de tous genres et de tous modes de vie, dans la proximité desquels on se trouve obligé de vivre (avec les désagréments ou les influences néfastes que cela entraîne). *Vivre dans la promiscuité. Les intolérables promiscuités du métro.*

PROMPTITUDE. *n. f.* Caractère de ce qui est prompt ou de celui qui est prompt. Rapidité, célérité, instantanéité. *La promptitude d'un changement. La promptitude de l'éclair. La promptitude d'un esprit. la promptitude d'un serviteur.*

PROMULGUER. *v. tr.* Publier une loi, un texte de loi, un décret, pour en rendre l'application obligatoire et officielle.

Le chef de l'État a promulgué la loi votée par le Parlement. Par extension : publier une vérité, une sentence, un dogme avec une autorité (verbale) qui leur donne moralement force de loi. *Il aimait à promulguer dans ses discours des vérités prophétiques.*

PRÔNER. *v. tr.* (de *prône*, ensemble de proclamations impératives faites au cours de la messe, au moment du sermon). Vanter quelque chose ; en recommander l'usage, la pratique, l'adoption en en faisant l'éloge. Préconiser avec insistance. *Prôner l'effort. Prôner la vie saine et l'alimentation naturelle. Prôner le civisme.*

PROPAGANDE. *n. f.* (de *propager*, qui a aussi donné « propagation »).

1° **Sens religieux** (originel) : institution et ensemble d'actions destinées à la propagation de la foi chrétienne. La propagande, historiquement, est d'abord une volonté et une méthode au service du prosélytisme (désir de convertir). *Propagande catholique, protestante.*

2° **Sens courant :** ensemble des actions militantes exercées sur l'opinion publique pour faire pénétrer en elle des idées politiques ou sociales, pour obtenir le soutien ou l'engagement du plus grand nombre de personnes possibles au service d'une cause, d'une idée, d'un homme. *La propagande caractérise les régimes totalitaires. La publicité est l'une des formes de la propagande.*

La littérature d'idées, les ouvrages littéraires, les essais divers peuvent être considérés comme de la propagande au sens large (ils veulent influer sur les conceptions, les convictions ou les conduites des lecteurs). Voir le mot **Engagement**. Mais la propagande concerne surtout les journaux et revues, l'ensemble des campagnes de presse, l'action par médias interposés et la publicité. Le mot est péjoratif pour deux raisons : 1° D'une part, la propagande est souvent massive, intolérable en ce qu'elle veut *forcer* la liberté ou l'esprit critique des gens (aspect quantitatif) ; 2° D'autre part, la propagande *pervertit souvent la communication* : elle fait du texte ou de l'expression le moyen d'agir sur les autres, et non pas de servir la vérité ou la justice (aspect qualitatif). Il faudrait pouvoir distinguer le *discours qui propose* (des idées, des engagements) du *discours qui force* la liberté ou mystifie l'esprit (dans un but intéressé, partisan). La limite n'est pas toujours évidente.

PROPENSION. *n. f.* Tendance, disposition naturelle à faire quelque chose, à éprouver certains sentiments, à rechercher certains états. *Propension à mentir* (ou *au mensonge*). *Propension à la bienveillance. Propension au rêve. Propension à acheter.* Noter la construction *propension à* (et non pas «envers; pour»).

PROPHÉTIQUE. *adj.* (de *prophète*, qui signifie : 1° Homme inspiré de Dieu, chargé de délivrer un message religieux; 2° Personne qui annonce des événements futurs. Les prophètes, au sens n° 1, annonçaient souvent les malheurs qui arriveraient au peuple d'Israël si celui-ci n'écoutait pas les appels de Dieu, — d'où le sens n° 2).

1° Qui se rapporte aux prophètes et à leurs discours moraux. *Un ton prophétique, un appel prophétique.*

2° Qui annonce l'avenir, qui comporte des prophéties. *Une vision prophétique. Un signe prophétique.*

N.B. Dans le vocabulaire intellectuel, le mot peut prendre un sens plus large qui renvoie à l'ardeur de la vie spirituelle et morale. C'est ainsi qu'E. Mounier distingue, dans l'action, le pôle *politique* (centré sur l'efficacité des engagements) et le pôle *prophétique* (centré sur l'*impératif de dire* ou de faire certaines choses, par exigence purement morale, quel qu'en soit le résultat effectif).

PROPITIATOIRE. *adj.* Qui a pour but de rendre «propice», de s'attirer la faveur de. *Un sacrifice propitiatoire* (qui veut rendre les dieux favorables). *Une victime propitiatoire. Un rite propitiatoire.* Ce mot du vocabulaire religieux s'emploie parfois dans le domaine profane.

PROPOSITION. *n. f.* **Au sens philosophique :** énoncé verbal d'un jugement, qui peut être vrai ou faux. La proposition posée, il reste à la discuter. Plus généralement, une proposition peut être l'énoncé d'une propriété, d'un postulat, d'un axiome.

Il faut distinguer cette signification intellectuelle (qui porte sur le *contenu* de l'énoncé) du sens *grammatical* (qui porte sur la *forme* littéraire, le découpage syntaxique de la phrase).

PROROGER. *v. tr.* Prolonger la durée de validité légale d'une loi, d'une disposition réglementaire, d'une fonction officielle. *Proroger une loi, un délai officiel, une assemblée.* Voir le verbe **Abroger**.

PROSAÏQUE. *adj.* Qui manque de poésie, qui est banal, plat, commun. Le mot peut s'appliquer d'abord à des textes. *Un vers prosaïque, des propos prosaïques.* Mais il est surtout utilisé au sens *figuré* : *une existence prosaïque* (terre-à-terre, vulgaire), *un esprit prosaïque* (sans idéal, sans noblesse), *un individu prosaïque* (qui n'a que des soucis pratiques, des ambitions matérielles).

N.B. Le mot, issu de *prose* (qui s'oppose à poésie), laisse supposer à tort qu'une prose ne peut pas être poétique ou lyrique... Les poèmes en prose ont montré le contraire !

PROSCRIPTION. *n. f.* (du verbe *proscrire*, «interdire, condamner»).

Sens propre (ancien) : condamnation politique qui met certaines personnes hors la loi ou les exile. *Les proscrits sont frappés d'ostracisme* (voir ce mot).

Sens figuré : interdiction d'une chose ; condamnation de son usage. *La proscription de certains anglicismes s'impose. La proscription des publicités de tabac ne suffit pas : c'est le tabac lui-même qu'il faudrait proscrire.*

N.B. Voir le mot **Prescription**, pour éviter la confusion.

PROSÉLYTISME. *n. m.* (de *prosélyte*, «nouveau converti» d'une religion, ou nouvel adepte d'une doctrine, d'un parti).

Action ardente, zèle déployé pour répandre la loi, pour convertir, pour faire des «prosélytes». *Le prosélytisme des premiers chrétiens, des missionnaires.* Par extension, toute action militante et intensive consacrée au recrutement de nouveaux adeptes d'un mouvement, d'une doctrine. *Le prosélytisme des jeunes étudiants communistes. Il n'est pas nécessaire de faire du prosélytisme pour inciter les travailleurs à prendre des congés.*

PROSODIE. *n. f.* Anciennement, règles concernant l'agencement des sons (en particulier les syllabes brèves et longues) dans la versification grecque et latine. Par extension, règles générales de la versification (en poésie française par exemple), de l'organisation rythmique et mélodique des sons. La prosodie, centrée sur la poésie, peut naturellement s'appliquer à l'étude de la prose (rythme, accents, coupes, effets sonores, intonation montante ou déclinante, etc.). La linguistique emploie le mot dans ce sens.

PROSOPOPÉE. *n. f.* Figure de rhétorique par laquelle un orateur ou un écrivain fait parler fictivement un individu mort ou absent, un animal ou une réalité personnifiée. Voir **Apos-**

trophe et **Personnification**. On peut citer la célèbre prosopopée de Fabricius, dans laquelle Rousseau imagine le discours fictif d'un citoyen romain, ou la prosopopée de la Nature, par laquelle Vigny (dans *La Maison du Berger*) fait déclarer à la Nature son indifférence aux hommes.

PROSPECTIVE. *n. f.* (littéralement, « regard vers l'avant », à opposer au mot *rétrospective*). Science du futur probable ou possible. Étude de l'ensemble des phénomènes techniques, économiques ou sociaux actuels, de leurs causes et de leurs évolutions, dans le but d'en déduire des éléments de prévision de l'avenir. *Faire de la prospective*. Voir **Futurologie**. C'est bien entendu le caractère méthodique et scientifique de la prospective (traitement informatique des données, élaboration de modèles) qui distingue ces études de la prédiction ou de la prophétie. Noter l'emploi parfois ironique du terme : *vous faites de la prospective !* (« c'est de la science-fiction »).

PROTAGONISTE. *n. m.* (du grec *prôtos*, « premier » et *agôn*, « combat » ; comparer au mot *antagoniste*).

Sens littéraire : acteur qui jouait le rôle principal dans la tragédie grecque. Par extension : personnage principal ou l'un des personnages principaux d'une œuvre de fiction (le mot s'est rapproché du mot « personnage »).

Sens courant : personne qui a un rôle essentiel dans une affaire, un événement, une action. *Les protagonistes du complot ont été emprisonnés*. Peut s'appliquer à une personne morale (une nation, un organisme).

N.B. Éviter le pléonasme « le principal protagoniste ».

PROTECTIONNISME. Voir au mot **Libre échange**.

PROTÉIFORME. *adj*. Qui se présente sous les formes les plus diverses (à l'image du dieu grec Protée, qui avait le don de changer de forme). *Un personnage protéiforme. Le visage protéiforme d'un rêve unique.*

PROTESTANTISME. *n. m.* Ensemble des doctrines religieuses et des Églises issues du mouvement de la Réforme, au XVIe siècle.

• Le mot « protestant » vient du verbe *protester*, qui signifie étymologiquement « déclarer hautement et publiquement ». Il fut donné aux partisans de la Réforme luthérienne, vers 1530, quand ceux-ci affirmèrent solennellement leur foi nouvelle, s'opposant ainsi à Charles Quint qui voulait les faire revenir au catholicisme.

- Au **point de vue historique**, les instigateurs de la Réforme ont été principalement Luther (1483-1546) et Calvin (1509-1564). Contre les dérives de l'Église romaine (notamment le trafic des indulgences) et l'autoritarisme du Pape, les réformateurs voulurent ramener la religion chrétienne aux sources de sa foi primitive. Leur mouvement s'étendit rapidement en Europe, et gagna plus tard l'Amérique du Nord avec les émigrés européens. Le luthéranisme, le calvinisme et l'anglicanisme ont été les grands piliers du protestantisme.

- Au **point de vue doctrinal**, trois traits définissent le protestantisme :
— *Prééminence de la « foi » sur les « œuvres ».* L'homme pécheur ne peut pas se sauver par le mérite de ses actions : *« C'est par la grâce que vous êtes sauvés, par le moyen de la foi, et cela ne vient pas de vous, c'est le don de Dieu »* (Saint Paul). Le croyant doit donc avant tout approfondir sa foi, intensifier sa relation à Dieu : les œuvres en découleront.
— *Prééminence des Écritures saintes sur la Tradition.* Les Écritures (la Bible, les Évangiles) contiennent la parole de Dieu ; la « Tradition » est ce que l'Église des premiers siècles a ajouté à la doctrine, en interprétant les Écritures. Les protestants refusent cet apport doctrinal ; ils refusent donc l'autorité de Rome. Il s'agit pour eux de revenir à la parole de Dieu directement, en méditant les Écritures à la lumière de l'Esprit Saint.
— *Prééminence de la conscience individuelle sur l'institution ecclésiale.* L'autorité du Pape, la hiérarchie religieuse, le pouvoir des prêtres sont récusés : les pasteurs seront élus par la communauté des fidèles. Le cérémonial pompeux de l'Église romaine est abandonné, les sacrements limités au nombre de deux (le Baptême et l'Eucharistie), l'idolâtrie des saints et le culte de la Vierge écartés au profit de la relation au Christ.

- Au **point de vue culturel**, le protestantisme a fortement marqué la civilisation anglo-saxonne, notamment par la rigueur de sa morale. Paradoxalement, selon Max Weber (1864-1920), l'essor même du capitalisme aurait été favorisé par certains traits de l'éthique protestante, à savoir : l'éloge du travail qui fait fructifier le monde, le mode de vie austère qui encourage l'épargne et l'investissement, l'idée aussi que la réussite en ce monde est une marque de la faveur divine qu'il faut mériter.

Voir **Catholicisme, Christianisme, Grâce, Jansénisme, Jésuites, Péché, Salut.**

PROT(O)-. Racine issue du grec *prôtos*, « premier ». Se retrouve dans **Protohistoire** (période située entre la préhistoire et l'histoire) **Proton** (particule élémentaire dans l'atome), **Prototype** (modèle premier d'une œuvre, d'un engin), **Protozoaire** (être vivant élémentaire, unicellulaire). Voir ci-dessus **Protagoniste.**

PROTOCOLE. *n. m.* 1° **Sens courant :** ensemble des règles qui sont à respecter dans des cérémonies ou des relations officielles. Étiquette, cérémonial. Par extension, respect des formes, règles de bienséance dans la vie en société. *Un respect minimum du protocole s'impose.*

2° **Dans les relations internationales :** registre contenant les décisions d'une assemblée, les points d'accord d'une négociation, le procès-verbal d'une réunion. *Les ministres ont signé le protocole d'accord de paix.* Document de base, précisément mis au point.

3° **En matière scientifique :** énoncé des règles et des conditions selon lesquelles sera conduite une opération, une expérience, le traitement d'un problème. *Un protocole opératoire* (en chirurgie).

PROUE. *n. f.* Voir **Poupe.**

PROUESSE. *n. f.* (de l'adjectif *preux*) Acte héroïque (les prouesses des preux chevaliers). Par extension, exploit remarquable, action d'éclat. *Une prouesse sportive.* L'emploi est souvent ironique. *Il a tenu une heure sans bavarder : quelle prouesse !*

PROVERBE. *n. m.* Énoncé court ou elliptique d'une vérité d'expérience ou d'un conseil de sagesse populaire, dont le contenu est supposé partagé par l'ensemble du groupe social. Un proverbe est très court *(Tout vient à point à qui sait attendre)*, souvent imagé *(Il n'y a pas de fumée sans feu)*, parfois en contradiction avec un autre (cf. *Qui ne risque rien n'a rien* et *La fortune vient en dormant*). On appelle aussi *proverbes*, par extension, des courtes pièces de théâtre illustrant un proverbe (par exemple : *Il ne faut* *jurer de rien*, de Musset). Voir **Adage, Aphorisme, Sentence, Maxime, Précepte.**

PROVIDENCE. *n. f.* (du latin *providere*, « prévoir, pourvoir »).

Sens religieux : sagesse suprême de Dieu, qui gouverne et organise tout ce qui se passe et, en particulier, pourvoit aux nécessités des hommes. Dans ce sens, la providence prend parfois un *P* majuscule. Pour le croyant, la Providence est toujours bénéfique, même si parfois elle le met à l'épreuve : c'est après coup qu'il se rend compte que cette épreuve, finalement, s'est transformée en bien. L'idée de Providence pose le problème de la liberté humaine : les situations vécues par le croyant sont pour lui l'effet de la Providence ; il reste néanmoins à sa liberté le soin d'y opérer les meilleurs choix.

Sens courant : événement ou personne qui arrive à point nommé (comme « tombant du ciel ») pour sauver une situation critique. *Il ne pensait qu'aux sports ; il s'est cassé la jambe ; cela l'a obligé à réviser ses examens et à les réussir : quelle providence ! Ce personnage a été ma providence. Un événement providentiel.*

PRUDE. *adj.* Vertueux, austère ; qui réprouve en particulier les mœurs relâchées, se scandalise des propos osés. *Une vieille demoiselle bienveillante mais fort prude.* Il y a souvent de l'excès dans la pruderie, d'où le sens péjoratif fréquent du mot : qui est d'une pudeur hypocrite, affectée, comme *la prude Arsinoë* dans *« Le Misanthrope »*. Au mot *prude* s'oppose, dans ce sens, le mélioratif *pudique*.

PSALMODIER. *v. intr.* Réciter ou chanter des psaumes sur un ton rituel et monotone, quoique musicalement codé. *Les moines psalmodient.* Par extension, parler ou réciter de façon monotone. *Il ne récite pas cette fable de La Fontaine, il la psalmodie.* (Dans cet emploi, le verbe peut être intransitif).

PSAUME. *n. m.* Chant liturgique de la religion juive, passé dans la tradition chrétienne. Les Psaumes, au nombre de cent cinquante, forment un livre de la Bible. Il s'agit de poèmes lyriques exprimant les lamentations, les actions de grâce, les prières, les louanges, les méditations du croyant. Ordonnés sous forme de versets, les psaumes ont souvent fait l'objet de traductions qui les paraphrasent (*psaumes* de Marot), ou de compositions musicales.

PSEUDO-. Racine issue du grec *pseudos*, « mensonge », et qui signifie « faux », « prétendu », « qui cherche à passer pour ce qu'il n'est pas ».

Il a notamment ce sens dans tous les mots composés où *pseudo* est suivi d'un trait d'union : *pseudo-chômeur, pseudo-étudiant, pseudo-science*. Lorsque le préfixe est intégré au mot, le sens peut être particulier comme dans **Pseudopode** (prolongement servant de membre chez certains protozoaires comme les amibes) ou **Pseudonyme** (voir ci-dessous).

PSEUDONYME. n. m. (do *pseudo-*, voir ci-dessus, et *onoma*, « nom ») Nom d'emprunt que se donne quelqu'un pour masquer son identité, notamment dans le domaine littéraire. Un auteur peut choisir un pseudonyme pour échapper à des poursuites ou à la censure, pour cacher une activité littéraire dont il a honte (écrire des romans licencieux) ou pour se donner une identité nouvelle correspondant à son « moi écrivain », qu'il distingue de sa personne globale. Molière, Voltaire, Stendhal, Céline sont des pseudonymes.

Prendre un pseudonyme est-il, comme l'étymologie pourrait le laisser penser, un acte mensonger ? D'une part en effet, le lecteur est induit en erreur (même s'il s'agit d'une pratique conventionnelle et admise). Mais, d'autre part, l'acte d'écrire est bien particulier : l'homme qui s'y livre entre dans un réseau de textes, un langage codé, une fonction étrange (voir, au mot **Narrateur**, la distinction avec le mot **Auteur**), dans laquelle il est parfois difficile de démêler la part du « moi » qui s'exprime et la part de la Littérature qui, selon sa logique propre, traverse ce « moi ». Donner un nom spécifique à ce « moi qui devient auteur », pour éviter la confusion avec l'homme global assumant sa vie, est peut-être un procédé fort conforme à la réalité des choses. Quand Jean-Baptiste Poquelin souffre, aime, se dispute ou meurt, il est Jean-Baptiste Poquelin ; quand il écrit ou joue, il est Molière. Ce dernier a bien entendu le droit de puiser les matériaux de son œuvre dans la personne du premier.

PSYCHANALYSE. n. f. 1° *(Comme discipline scientifique).* Théorie générale du psychisme humain élaborée par Freud et par ses disciples. L'interprétation psychanalytique ne se contente pas d'élucider un certain nombre de mécanismes psychologiques ou de dresser un tableau de leur pathologie. Elle se propose comme un discours d'ensemble sur la structuration de la personnalité et la dynamique profonde de ses manifestations. Les données primordiales de la petite enfance, le rôle de la **Libido**, l'existence d'un **Inconscient** sans cesse actif et de la **Censure** qui en refoule les pulsions, la place centrale du complexe d'**Œdipe**, les interactions entre les trois grandes instances psychiques que sont le **Ça**, le **Moi**, et le **Surmoi**, — telles sont quelques unes des notions clefs de la théorie psychanalytique. Voir aussi les mots **Interdit, Lapsus, Névrose, Pulsion, Refoulement, Rêve, Sublimation, Transfert**. Le discours psychanalytique ne se limite pas à l'étude de la pathologie individuelle. Il apporte son éclairage à tous les phénomènes humains. L'histoire, la civilisation, la religion, la vie politique, la création artistique ou littéraire, tous lieux où se manifeste le psychisme de l'homme, ont pu être abordés avec fécondité par le discours psychanalytique. En ce sens, la psychanalyse peut être considérée comme une branche de l'anthropologie.

2° *(Comme thérapie)*. Méthode thérapeutique mise au point par Freud pour interpréter et traiter un certain nombre de troubles psychiques, en mettant au jour leurs racines inconscientes, et donc, en «analysant» leurs causes profondes. On dit *entreprendre une psychanalyse*, ou simplement *une analyse*. La cure psychanalytique suppose la présence d'un patient, appelé «analysant», et du psychanalyste, ou «analyste» (qui guide l'interprétation). Le principe consiste en une investigation méthodique de l'**inconscient** du sujet, destinée à mettre en évidence les significations inconscientes des symptômes dont il souffre (angoisses, traumatismes venus de la petite enfance, pulsions refoulées, etc.). Dans ce travail d'investigation, le patient est loin d'être inactif : c'est lui qui opère, sous la conduite de l'analyste, sa propre analyse (raison pour laquelle on le nomme «analysant»). En se livrant à des associations libres d'images et d'idées, en cherchant le sens latent de ses rêves et de ses fantasmes, en faisant remonter dans le champ de sa conscience (non sans résistances) les éléments pulsionnels qui étaient inconsciemment à l'œuvre dans ses troubles psychiques, il décompose ses symptômes, il les dénoue, les élucide ; il s'en délivre en parvenant à en formuler les causes. Au cours de la cure psychanalytique, il n'est pas rare que l'analysant revive plus ou moins intensément les affects mal vécus au cours de sa petite enfance, et les projette sur l'analyste qui doit savoir les interpréter : c'est là une phase normale de la cure, appelée **Transfert** ; elle fait partie de cet immense travail de libération par la parole qu'est toute psychanalyse.

N.B. Comme méthode, la psychanalyse ne s'adresse en principe qu'à un individu vivant, qui coopère à sa propre analyse. Le terme, néanmoins, prend parfois le sens large d'*étude psychopathologique*. Il s'agit alors d'un essai fondé sur les concepts de la psychanalyse et pouvant porter sur un auteur classique, une œuvre littéraire, un genre *(« Psychanalyse du conte de fées »)*, un thème *(« Psychanalyse du feu »)*, une institution sociale, une réalité culturelle. On parle de *psychocritique* notamment, dans le domaine littéraire.

PSYCH(O)-. Racine issue du grec *psukhê*, « âme, esprit ». Nous la trouvons dans de nombreux mots comme *Psychanalyse, Psychiatrie, Psychisme, Psychodrame, Psychologie, Psychopathe, Psychose, Psychothérapie, Psychosomatique, Métempsycose*, et leurs composés.

PSYCHISME. *n. m.* (du grec *psukhê*, « âme, esprit »). Structure mentale d'ensemble d'un individu ; ensemble des états psychologiques, des phénomènes affectifs, des mouvements de conscience, des processus mentaux qui caractérisent la vie psychique.

Le terme « psychisme » peut être employé dans un sens plus ou moins large :
— **globalement,** on peut opposer la vie *psychique* à la vie *physique*. Le psychisme correspond alors à la vie de l'esprit au sens large (pensée, conscience, esprit ; tout ce qui n'est pas corporel), avec une idée de cohérence personnelle propre à chaque individu. Dans un sens voisin, on emploie parfois le mot **psyché** (ensemble psychologique et mental qui constitue le « moi », la conscience, l'unité personnelle de l'individu).
— **dans un sens plus restrictif,** le *psychisme* peut être opposé à la *pensée* d'un individu : une personne peut souffrir de troubles psychiques tout en conservant une vie intellectuelle intacte ; le psychisme se limite alors à la vie affective, aux états de conscience, aux mouvements du caractère.
— **dans un sens plus large,** le psychisme peut englober toute la vie consciente et *inconsciente* de l'individu ; les réflexes, les conditionnements involontaires, les pulsions (plus ou moins refoulées) font partie du psychisme. Ce psychisme est celui que prend pour objet la psychanalyse. Il se

distingue encore du corps mais, dans la mesure où il intègre les effets de pulsions *venues du corps*, le psychisme englobe alors des phénomènes d'ordre **psychosomatique** (voir ce mot).

PSYCHODRAME. *n. m.* Méthode thérapeutique qui consiste à faire jouer par les patients des scènes réelles ou imaginaires qui représentent des situations traumatisantes, des moments conflictuels (de leur passé ou de leur avenir). En jouant théâtralement des rôles où ils «(re)vivent» leurs désirs, leurs répulsions, leurs angoisses, les sujets se libèrent de leurs troubles ou de leurs inhibitions.

Par extension, on appelle psychodrame, *dans la vie courante*, des situations où les personnes expriment leurs conflits de façon spectaculaire, dramatique, excessive. *Avec ce patron parano, la vie de l'entreprise est devenue un psychodrame permanent.*

PSYCHOLOGIE. *n. f.* (du grec *psukhê*, «âme» et *logos*, «science, discours»: littéralement, «science de l'âme (humaine)»).

1° **Étude scientifique des phénomènes psychiques,** c'est-à-dire relatifs à l'affectivité, à la vie mentale, aux états de conscience. Traditionnellement, la psychologie était une branche de la philosophie. Elle s'en est détachée, devenant une science expérimentale, et s'élargissant aussi bien à l'aspect animal qu'à l'aspect social du comportement des êtres. Elle s'est enrichie des concepts psychanalytiques (devenant *psychologie des profondeurs*) et des approches structurales. Voir **Psychisme**.

2° **Connaissance plus ou moins intuitive d'autrui;** capacité à comprendre ou à prévoir les réactions humaines. *Avoir de la psychologie. Aptitude à analyser les sentiments, les comportements, la nature des êtres. La psychologie de l'amour, dans l'œuvre de Marivaux.*

3° **Ensemble des états d'âme, des caractères dominants,** des manières de penser, de sentir ou d'agir d'une personne ou d'un groupe. *La psychologie des Allemands. La psychologie d'un valet. Un personnage de roman à la psychologie rudimentaire.*

PSYCHOSE. *n. f.* **Sens propre.** Grave maladie mentale, qui perturbe en profondeur la personnalité du sujet, altère ses fonctions intellectuelles et lui fait perdre le contact avec la réalité. La psychose se caractérise le plus souvent par un *délire* ; à la différence du **névrosé**, le **psychotique** n'a pas conscience de son trouble ; il croit le monde semblable à la construction délirante qu'il s'en fait. Les deux formes de psychoses classiques sont la schizophrénie et la psychose maniaco-dépressive. Voir aussi **Paranoïa**.

Sens figuré. Obsession généralement collective, qui se traduit par une panique générale (peur d'un événement ; haine d'un individu ou d'un groupe). C'est l'aspect délirant, excessif, du sentiment vécu par la foule, qui permet d'employer le terme de psychose. *Une psychose de guerre.*

N.B. Ne pas confondre avec **Névrose** (voir ce mot).

PSYCHOSOMATIQUE. *adj.* (du grec *psukhê*, «âme» et *soma*, «corps») Se dit de troubles corporels dont la cause réelle est psychique. La *médecine psychosomatique* s'attache en particulier à un certain nombre d'affections organiques ou fonctionnelles dont l'origine physique n'est pas évidente sans que, par ailleurs, le sujet semble éprouver des symptômes de maladie mentale. Celui-ci, sans le vouloir, a donc traduit des problèmes et des conflits de nature *psychique* par des symptômes spécifiquement *physiques*, selon des voies qui restent à explorer : on dit qu'il a *«somatisé»*. Au-delà de l'aspect proprement médical du mot, l'approche psychosomatique offre l'intérêt de restituer à la nature humaine son unité globale psychocorporelle, de mieux la comprendre dans sa totalité vivante/pensante.

PUBLICISTE. *n. m.* Personne qui publie des articles dans les journaux, comme écrivain politique ou journaliste. *« Je suis Joseph Garcin, publiciste et homme de lettres ».* (Sartre, *Huis clos*).

N.B. C'est à tort qu'on emploie ce mot dans le sens d'agent de publicité. Il est préférable de dire alors *publicitaire*.

PUBLICITAIRE. *adj.* et *n.* 1° Qui est relatif à la publicité. *Un slogan publicitaire. Une campagne publicitaire. L'idéologie publicitaire.*

2° Qui s'occupe de publicité, qui a rapport à la profession publicitaire. *Une agence publicitaire. Un rédacteur publicitaire. Un publicitaire, une publicitaire :* une personne qui travaille dans la publicité.

N.B. Dans ce dernier sens, il est déconseillé de dire *publiciste*.

PUBLICITÉ. *n. f.* **Sens originel :** caractère de ce qui est public, ou de ce qui est rendu public. *La publicité des débats.* Ce premier sens est uniquement informatif, et n'a pas de connotation péjorative.
      Sens commercial (courant) : ensemble des moyens utilisés pour faire connaître une marque, pour faire acheter un produit, pour imprégner l'esprit des gens de certaines images les incitant à consommer. Dans ce sens, la publicité est parfois considérée comme l'*art* d'exercer une action psychologique de masse, en flattant subtilement chez le citoyen le désir d'être manipulé... Voir **Conditionnement, Propagande.**

PUDIBOND. *adj.* Qui est d'une pudeur exagérée, quasi ridicule. *Une demoiselle pudibonde.* Voir **Prude** et **Pudique.**

PUDIQUE. *adj.* Qui manifeste de la réserve, de la retenue, aussi bien dans ses manières que dans l'expression de ses sentiments. Par opposition à *prude* et à *pudibond*, l'adjectif *pudique* est positif : il qualifie la personne chaste, d'une pudeur naturelle et simple. Mais il s'emploie plus généralement, au sens figuré, pour désigner toute forme de discrétion : *un lyrisme pudique ; une allusion pudique ; un style pudique.* L'antonyme **impudique** s'est restreint au sens sexuel.

PUÉRIL. *adj.* (du latin *puer*, «enfant») Qui est relatif à l'enfance. *Des jeux puérils. Une grâce puérile.* Par extension (péjorativement) : qui a un caractère enfantin, peu sérieux, et même infantile. *Un comportement puéril. La puérilité secrète d'un magnat du pétrole.*

PUGILAT. *n. m.* Combat à coups de poings, bagarre. *Le débat houleux entre les députés s'est transformé en véritable pugilat.*

PUGNACITÉ. *n. f.* Combativité, goût de la lutte et de la polémique. Ce mot s'emploie en particulier dans le domaine moral, social, politique. *La pugnacité d'un chef d'État. La pugnacité d'un pamphlétaire.*

PUISSANCE. *n. f.* **Au sens philosophique,** notamment chez Aristote, la *puissance* s'oppose à l'*acte*. La puissance est la possibilité *virtuelle* d'être et d'agir. L'acte en est la réalisation. Celui qui a la connaissance est un savant *en acte*. Celui qui apprend est un savant *en puissance*. Cette opposition se retrouve à peu de choses près dans le couple *potentiel/actuel*.

PULLULER. *v. intr.* Se reproduire, se multiplier ou se manifester en très grand nombre (aussi bien au sens *propre* qu'au sens *figuré*). *Les moustiques pullulent par temps chaud et humide. Les gadgets pullulent et les bons produits se raréfient. Des quartiers où pullulent les trafiquants de drogue et les policiers qui les traquent.*

PULSION. *n. f.* 1° Impulsion (physique ou psychique). 2° **En psychanalyse,** force interne, tendance profonde (plus ou moins consciente) qui oriente l'individu vers certaines actions ou certains comportements. La pulsion, souvent d'origine corporelle (et liée en cela aux instincts fondamentaux) fait naître dans le sujet un état de tension qui ne sera réduit que lorsque l'objet du désir sera obtenu. Les pulsions sont diverses : **pulsions de vie** (libido), **pulsions de mort** (destruction et autodestruction). Elles peuvent donc être contradictoires. Les pulsions ne déterminent pas forcément l'être à agir : il peut les «refouler», il peut les «sublimer»; mais elles demeurent agissantes, au cœur même des interactions entre le **Moi**, le **Ça** et le **Surmoi**. Elles sont, en tout état de cause, des énergies fondamentales : c'est dans la pulsion même que le sujet trouve l'énergie de maîtriser la pulsion, en réagissant contre elle, en la transformant. Voir **Ça, Moi, Surmoi, Inconscient, Libido, Refoulement, Sublimation.**

PURGATION DES PASSIONS. Voir **Catharsis**.

PURGATOIRE. *n. m.* (du latin *purgare*, «purger») Dans la religion catholique, lieu où les âmes — après la mort, expient leurs péchés et se purifient, afin d'être dignes d'accéder au paradis. Par extension, au *sens figuré* : lieu ou période d'expiation par laquelle on doit passer avant d'atteindre le statut dont on rêve. *Les dures années de cet homme politique ont été son purgatoire. Le purgatoire d'un écrivain qui attend le retour du succès.*

PURIFICATION. *n. f.* Action de purifier. Ce mot a pris un sens particulièrement déplorable dans l'expression **purification ethnique** : il s'agit, pour un groupe dominant dans un certain pays (ou une simple région), d'éliminer tous les groupes ethniques différents qui vivent sur le même territoire. Ce «travail» se fait par le biais de massacres qui forcent les populations menacées à l'exode et à la fuite. La purification ethnique est un crime contre l'humanité. Synonymes : *épuration ethnique, nettoyage ethnique.*

PURISME. *n. m.* **Dans le domaine du langage,** attitude qui consiste à vouloir conserver à tout prix la pureté de la langue, à figer celle-ci dans les normes strictes qu'elle a prises à une époque donnée, ce qui peut avoir pour conséquence d'empêcher toute forme d'évolution et d'adaptation. Jusqu'à un certain point, le purisme est nécessaire pour garder à la langue sa rigueur, sa cohésion, son élégance. Au-delà, le purisme devient une attitude intolérante qui nuit à la vitalité de la littérature.

Par extension, dans les arts, dans toutes sortes de disciplines, attitude de respect des règles les plus strictes ; volonté de pureté, de conformité parfaite à l'idéal qu'on se fait de l'art ou de la discipline en question. *Toutes les pratiques sociales ont leurs puristes.* Mot de sens voisin : *perfectionnisme*. Antonyme : *laxisme*.

PURITAIN. *adj.* et *n.* 1° Membre d'une communauté de presbytériens très rigoristes, désireux de pratiquer un christianisme extrêmement pur. Persécutés, beaucoup de puritains émigrèrent en Amérique du Nord, au XVIIe siècle. *L'influence puritaine se fait encore sentir aux États-Unis. L'esprit puritain se manifeste en particulier dans l'ordre de la sexualité. L'éducation puritaine inhibe souvent l'individu.*

2° Personne qui manifeste une extrême rigueur morale et un respect sacro-saint des principes. *L'austérité des puritains est parfois pure hypocrisie. Une rigidité puritaine. Le puritanisme produit souvent des individus scrupuleux mais peu charitables.*

PUSILLANIME. *adj.* Qui manque singulièrement d'audace et de courage, qui fuit les responsabilités. *Un individu pusillanime ; un esprit pusillanime. La pusillanimité conduit à la lâcheté.*

PYRRHONISME. *n. m.* Scepticisme absolu, professé par le philosophe grec Pyrrhon. On ne peut rien savoir ; tout change ; tout peut être contredit ; le doute même n'est pas certain ; toute attitude dogmatique, prétendant affirmer une vérité, est une imposture, etc. Montaigne a repris certaines idées de Pyrrhon ; en particulier, comme il lui paraissait trop affirmatif de prendre comme maxime *« Je ne sais pas »*, il se donna comme devise « *Que sais-je ?* ». Pascal, pour sa part, renvoie dos à dos les *pyrrhoniens* et les *dogmatistes*, estimant que leurs arguments, contradictoires, s'annulent mutuellement. Voir **Scepticisme**.

PYRRHUS (victoire à la Pyrrhus). Victoire obtenue avec une telle perte de forces que le vainqueur, considérablement affaibli, peut être sûr de sa défaite prochaine. L'expression *victoire à la Pyrrhus* s'emploie assez souvent dans le compte-rendu de compétitions politiques (ou sportives) ; elle a pour origine deux victoires incontestables, mais sanglantes, du roi Pyrrhus sur les Romains (en 280 avant J.-C.).

q r

QUADR-. Racine issue du latin *quattuor,* «quatre». On la retrouve aussi sous la forme *quadra-, quadri-, quadru-.* **Quadragénaire** (qui a entre quarante et cinquante ans), **Quadrangulaire** (qui a quatre angles), **Quadrichromie** (procédé d'impression en quatre couleurs), **Quadrumane** (animal qui a quatre mains, comme le singe), etc.

QUADRATURE DU CERCLE. Problème géométrique qui consiste, avec la règle et le compas, à construire un carré ayant la même surface qu'un cercle donné. Ce problème étant impossible à résoudre dans ces conditions, l'expression en est venue à désigner au *sens figuré* un problème insoluble. *Mais c'est la quadrature du cercle !*

QUALITATIF, IVE. *adj.* Qui est relatif à la qualité ; qui est du domaine de la nature des choses ou des êtres, par opposition à ce qui est quantitatif (qui concerne le nombre d'unités ; qui est susceptible d'être mesuré). *Qualitativement :* d'un point de vue qualitatif.

• **L'opposition qualité/quantité, la distinction entre l'ordre qualitatif et l'ordre quantitatif, sont essentielles.** Elles constituent ce qu'on appelle une catégorie fondamentale de la pensée, du jugement. La qualité propre, la manière d'être, la nature originale d'une réalité (physique, morale) ou d'une personne échappent la plupart du temps à une mesure quantitative : on ne «mesure» pas le génie de Victor Hugo, la saveur indéfinissable d'une cerise, le degré de vertu d'un héros, l'intensité d'une souffrance, le charme d'un sentiment amoureux. À l'opposé de l'ordre qualitatif, *l'ordre quantitatif* répond à la question : *« combien ? » ;* il définit des unités, des façons de dénombrer, des rapports, des valeurs mesurables ; il donne ainsi l'impression d'atteindre à une connaissance exacte, scientifique,

« comptable », des réalités qu'il recense ou mesure ; il permet d'agir efficacement sur toutes les réalités matérielles du monde.

- Le problème se pose lorsque l'on veut *mesurer quantitativement ce qui est d'ordre qualitatif*. Le monde moderne, dans un souci tantôt d'objectivité, tantôt de rentabilité, essaie de tout *quantifier*. La psychologie par exemple, avec ses tests, tente de « mesurer » l'intelligence et d'établir le « quotient intellectuel » des gens, opération qui risque de *réduire* les multiples formes d'esprit à une norme rigide, qui uniformise l'activité de pensée. Le monde économique, dont le critère d'évaluation dominant est l'argent, tend logiquement à réduire au *montant* d'un salaire la *qualité* de travail des individus (leur créativité, leur valeur humaine, etc.). Les œuvres d'art tombent également sous la loi du marché : leur valeur propre, leur *qualité* intrinsèque risquent souvent de n'être évaluées que par le *nombre* des ventes, ou le *chiffre* de leur valeur marchande.

Pour éviter la confusion entre des estimations provisoires, qui mesurent faussement les choses, et les jugements de valeur, qui tentent d'en saisir la véritable nature, il importe donc de bien distinguer le qualitatif du quantitatif.

QUANT-À-SOI. *n. m. inv.* Attitude de réserve et de distance. *Il est resté sur son quant-à-soi.*

QUANTITATIF. *adj.* Voir ci-dessus **qualitatif**, pour l'opposition.

QUART MONDE. *n. m.* (forgé sur l'expression « tiers monde » ; le mot *quart* a ici son sens ancien de « quatrième »). Population constituée par les plus pauvres des pays riches. Le quart monde est en quelque sorte le « sous-prolétariat », l'ensemble des personnes qui, quoique vivant dans des pays nantis, sont dans une misère extrême.

Historiquement, dans les années 1950, s'opposaient le monde capitaliste et le monde communiste. Pour désigner le « troisième » monde que représentait l'ensemble des pays sous-développés, l'appellation de « tiers monde » fut alors créée et se répandit rapidement. Dans les années soixante, considérant qu'un grand nombre de personnes vivaient misérablement dans la plupart des pays riches, qui se disaient « développés », on s'est alors mis à parler d'un *quart monde* (quatrième monde) faisant, paradoxalement, partie du monde des pays riches.

N.B. L'expression «quart monde» est aussi employée parfois pour désigner, à l'intérieur du groupe des pays du «tiers monde», ceux qui sont les plus démunis (n'ayant ni source d'énergie, ni matières premières). Il vaut mieux, nous semble-t-il, éviter cet emploi.

QUASI. *adj.* (mot latin qui signifie «comme si, pour ainsi dire»). Ce mot s'emploie parfois isolément pour signifier «presque, pour ainsi dire», de même que *quasiment*. Mais on le rencontre le plus souvent devant un adjectif (sans trait d'union : *je suis quasi seul*) ou devant un substantif avec lequel il forme alors un nom composé (avec trait d'union). *Il est plongé dans une quasi-léthargie. Pour beaucoup d'enfants, la langue de l'école est une langue quasi étrangère. Dans son genre, c'est un quasi-héros.* L'emploi de *quasi* peut naturellement être péjoratif ou ironique.

QU'EN-DIRA-T-ON. *n. m. inv.* Opinion générale des autres ; ce que l'*on* dit de la conduite de quelqu'un. *Se soucier, se moquer du qu'en-dira-t-on.* Synonymes : un, des « on dit » (inv.).

QUESTION. *n. f.* (du latin *quaestio*, «recherche, enquête»). Au **sens ancien,** torture infligée aux accusés pour leur arracher des aveux. *« Mon petit cœur, n'avez-vous fait donner aujourd'hui la question à personne ? »* (Voltaire fait parler ici l'épouse d'un juge s'informant de l'activité de son mari). Voir **Inquisition.**

QUÊTE. *n. f.* (à partir du verbe latin *quaerere,* «chercher»). Action de chercher, de partir à la recherche de quelque chose ou de quelqu'un. Par extension, l'objet de cette recherche. *La quête du héros.* En **narratologie,** la quête représente l'ensemble des actions que le sujet (le héros) est amené à vivre pour parvenir à son but, atteindre son «objet».

QUIDAM. *n. m.* («un certain», en latin). Un individu, quelqu'un dont on ignore le nom. *Le quidam est monté dans le bus et a ouvert son journal.*

QUIÉTISME. *n. m.* (du latin *quies, quietis,* «repos, tranquillité»). Doctrine religieuse fondée par le théologien espagnol Molinos au XVIIe siècle, et défendue en France par Mme Guyon et par Fénelon. Cette doctrine vise avant tout la recherche de la paix spirituelle par l'union mystique de l'âme à Dieu. Elle met au second plan la pratique des rites religieux et des préceptes moraux. Cette doctrine fut condamnée par l'Église à la fin du XVIIe siècle, car elle conduisait le chrétien à une indifférence si bienheureuse qu'elle lui faisait oublier les devoirs de la vie concrète et les impératifs de la charité. Le quiétisme fit l'objet d'une querelle mémorable entre Bossuet et Fénelon.

QUIÉTUDE. *n. f.* (du latin *quies, quietis,* «repos, tranquillité»). Tranquillité de l'âme. Calme, repos. **En toute quiétude :** en toute tranquillité. Antonyme : *inquiétude.* Notons que l'adjectif correspondant *quiet, quiète* ne s'emploie plus, contrairement à *inquiet, ète.*

QUINQU-, QUINT-. Racines d'origine latine qui signifient «cinq, cinquième». On a ainsi **Quinquagénaire** (personne âgée de cinquante à soixante ans), **Quinquennal** (qui dure cinq ans, ou se produit tous les cinq ans), **Quinte** (série de cinq cartes ; en musique, intervalle de cinq notes), **Quintessence** (voir ce mot), **Quintette** (œuvre musicale composée pour cinq instruments ; groupe de cinq musiciens), **Quintil** (strophe de cinq vers), **Quintuple** (cinq fois plus grand), **Quintupler** (multiplier par cinq), **Quintuplés** (cinq enfants d'une même grossesse).

QUINTESSENCE. *n. f.* (du latin *quinta essentia,* «cinquième essence» : en philosophie ancienne, aux quatre éléments que sont l'Air, l'Eau, la Terre et le Feu, s'ajoutait une cinquième «essence» constitutive du ciel, l'Éther, — la plus subtile, la plus pure).

Sens ancien (notamment, au Moyen Âge, pour les alchimistes) : essence la plus pure, principe essentiel qu'on peut extraire d'une substance, par distillation.

Sens actuel *(figuré) :* ce qu'il y a de plus pur, d'essentiel, de meilleur dans quelque chose. *La quintessence de l'art. La quintessence d'une philosophie. Voltaire atteint peut-être dans* Candide *la quintessence de l'ironie.*

QUIPROQUO. *n. m.* Malentendu, erreur, méprise qui fait prendre quelqu'un pour quelqu'un d'autre, ou une chose pour une autre. Le quiproquo peut dépendre d'une situation inattendue (comme dans les pièces de Feydeau) ou de paroles à double sens. Il est souvent comique (pour les spectateurs), même s'il est tragique (pour les personnages qui en sont victimes).

QUITUS. *n. m.* Acte par lequel on reconnaît qu'un responsable a bien géré l'affaire qui lui était confiée. On le tient « quitte » de toute responsabilité; on le libère de toute obligation. *Il a obtenu son quitus.*

QUORUM. *n. m.* Nombre minimal exigé pour qu'une assemblée puisse délibérer et prendre des décisions. *Moins de la moitié des copropriétaires étaient présents : la décision n'a pu être prise, le quorum n'étant pas atteint.*

QUOTA. *n. m.* Pourcentage déterminé; contingent d'une marchandise; part fixée d'avance (à atteindre ou à ne pas dépasser). *Des quotas d'importation. Le quota de production laitière a été dépassé.*

QUOTE-PART. *n. f.* Part d'une somme que l'on doit payer, ou que l'on a le droit de recevoir. *Il faudrait songer à payer votre quote-part.* La **quotité** est plus précisément le *montant* de la quote-part.

RABELAISIEN. *adj.* Qui évoque l'œuvre de Rabelais; qui rappelle sa gaieté, sa liberté d'inspiration, sa verve pittoresque et truculente. *Un personnage rabelaisien. Une fantaisie rabelaisienne.* Voir les adjectifs *gargantuesque* et *pantagruélique*.

RACISME. *n. m.* Doctrine selon laquelle il existe des races supérieures à d'autres, au sein de l'espèce humaine. Attitude d'hostilité, de méfiance et de haine qui en découle à l'égard des populations de race différente, que l'on juge inférieures.

Le racisme se fonde sur une double erreur : d'une part, il est très difficile de cerner la notion de race, car ce concept d'ordre biologique (et strictement biologique) ne se réduit pas aux traits physiques apparents et la diversité des critères génétiques susceptibles d'être pris en compte est telle qu'il est quasi impossible d'établir *biologiquement* des classifications pertinentes (tout montre que l'espèce humaine ne forme, biologiquement, qu'une seule race) ; d'autre part, la plupart des idéologies racistes confondent les notions de race, d'ethnie, de peuple et de culture : elles attribuent à la « nature » de prétendues « races » des traits qui sont souvent des traits culturels, liés à des époques ou à des histoires particulières. Voir **Culture, Nature, Ethnocentrisme.** Enfin, l'attitude raciste trahit souvent de graves complexes de supériorité/infériorité : besoin de mépriser l'autre pour se sentir un pouvoir illusoire; besoin de projeter sur autrui une «essence» diabolique pour se donner l'illusion d'une identité pure et dure; projection sur autrui de ce qu'on déteste en soi-même, sans pouvoir se l'avouer. Voir **Catharsis** et **Bouc émissaire.**

RADICAL. *adj.* (du latin *radicalis,* de *radix,* «racine»).

1° Qui tient à l'essence même de quelque chose, à son principe fondamental (à son noyau, à sa «racine»). *Une impuissance radicale* (foncière). *Un changement radical* (essentiel, fondamental).

2° Qui vise à agir en profondeur, à saisir les choses dans leurs racines mêmes (pour les modifier, les attaquer, les combattre énergiquement). *Un remède radical. Une méthode radicale, une politique radicale. Il faut agir radicalement.*

3° Qui est partisan du «radicalisme» ou du «radical-socialisme», doctrine des républicains libéraux et laïques sous la IIIe République (qui pensaient faire de leur parti politique un mouvement «radical» au sens n° 2). Dans ce sens, le mot s'emploie souvent comme substantif. *Les radicaux de gauche.* Noter que sous la IVe et sous la Ve République, en France, les radicaux se situant plutôt au «centre» de l'échiquier politique, leur programme n'avait plus grand-chose de «radical».

RADICALISME. *n. m.* 1° Doctrine et mouvement des républicains libéraux et laïques sous la IIIe République; ensemble des positions du parti radical ou radical-socialiste en France. Voir le mot *radical* (sens n° 3).

2° Attitude d'esprit, doctrine politique de ceux qui veulent une rupture «radicale» avec le passé institutionnel. *Les réformistes refusent tout radicalisme.*

3° Attitude d'une intransigeance absolue, dans quelque domaine que ce soit. *Le radicalisme s'oppose à toute position modérée.* Le verbe correspondant est **radicaliser.** *Radicaliser une opinion. Le mouvement se radicalise.*

RAISON. *n. f.* (du latin *ratio, rationis,* «calcul; faculté de calculer, de raisonner»).

1° **Capacité propre à l'être humain de raisonner, de réfléchir selon les lois de la logique,** d'établir des rapports entre les choses, de comprendre les phénomènes de l'univers en usant d'analyse et de synthèse, en distinguant les enchaînements, les causes et les conséquences, en ordonnant les observations et en en déduisant des lois. Il s'agit de l'activité intellectuelle la plus rigoureuse de l'esprit, la faculté de penser et de connaître. Dans ce sens, on peut opposer la raison au sentiment, à l'intuition, à l'imagination. L'adjectif qui correspond à ce sens du mot raison est le mot *rationnel*. La connaissance rationnelle s'oppose aux autres formes de la connaissance — intuitive chez l'artiste, « révélée » chez le croyant —, jugées « irrationnelles ». Voir **Rationalisme**.

2° **Faculté de *bien* juger, de distinguer le bien du mal, le beau du laid, l'essentiel de l'accessoire,** etc., et de se conduire selon ce bon jugement. Ce sens du mot raison (appelé aussi *bon sens* ou *jugement* à l'époque classique) n'exclut pas les aptitudes au raisonnement définies précédemment, mais les intègre au service de la vie morale et de la vie sociale : la raison devient une *capacité globale de discernement et de maîtrise de soi*, dans laquelle l'intuition, la compréhension au sens large, le sens de l'ensemble et le souci de la mesure viennent compléter la pure rigueur logique du sens n° 1. L'adjectif correspondant à ce second sens du mot raison est le mot *raisonnable* (à prendre au sens fort). C'est de cette raison que parle Molière lorsqu'il fait dire à Philinte : *« La parfaite raison fuit toute extrémité / Et veut que l'on soit sage avec sobriété »* ; c'est elle qui s'oppose fondamentalement aux excès de la **passion.**

Ces deux sens du mot raison, la « raison rationnelle » et la « raison raisonnable », sont complémentaires. L'esprit scientifique se constitue évidemment davantage de la « raison rationnelle » ; mais l'homme de science sait que celle-ci ne suffit pas à la saisie totale de la vérité, et qu'il y a d'autres voies de la connaissance (ce qui fait écrire à Pascal : *« Le cœur a ses raisons que la raison ne connaît pas »*). L'esprit philosophique (y compris chez les philosophes cartésiens) associe les deux formes de raison. La « sagesse » vers laquelle il tend se fonde d'abord sur la rigueur rationnelle, mais sait la dépasser pour parvenir au discernement, à la connaissance supérieure, à l'art de se conduire avec justice. Voir **Lumières**.

3° **Le *contenu* auquel aboutit l'exercice de la raison.** Un argument que l'on formule *(la raison du plus fort)*, un principe d'explication que l'on donne *(la raison d'un phénomène)*, un but que l'on poursuit *(la raison qu'on a d'agir)* : tout ce qui justifie, légitime ou explique une réalité, une conduite, peut être appelé « raison ». Il y a naturellement de

« bonnes » raisons et de « mauvaises » raisons : la véritable **Raison** (aux sens 1 et 2) doit toujours rester en éveil...

RALLIER. *v. tr.* 1° Rassembler, regrouper (des individus épars ; des personnes centrées sur une cause commune). *Rallier des hommes. Rallier autour d'un objectif. Une idée qui rallie tous les suffrages.*
2° Rejoindre un groupe, un parti. En particulier, **Se rallier :** se regrouper *(« Ralliez-vous à mon panache blanc »)* ; au *sens figuré :* se rendre à l'avis de quelqu'un (après s'y être opposé) ; donner son adhésion. *Je me suis finalement rallié à la décision de la majorité.*

N.B. Ne pas confondre avec **Railler** (tourner en dérision quelqu'un).

RARÉFACTION. *n. f.* Fait de se raréfier, de devenir de plus en plus rare, de moins en moins fréquent. *On assiste à une raréfaction des offres d'emploi. Une raréfaction de leurs échanges épistolaires.*

RATIFIER. *v. tr.* Confirmer, approuver de façon officielle (par un vote, par un acte écrit, etc.). *Ratifier un projet, ratifier un accord.* Entériner, homologuer, valider. *Le Président de la République a ratifié le traité de paix.* Hors du domaine juridique ou politique, ce verbe est parfois employé au sens large de « confirmer publiquement ».

RATIOCINER. *v. intr.* Raisonner de façon excessivement subtile, en accumulant les arguments stériles, — souvent parce qu'on refuse d'admettre que l'on n'a pas raison. *Il ratiocine, il ergote sans fin, il coupe les cheveux en quatre.* « *Un demandeur d'emploi et quelqu'un qui cherche du travail, ce n'est pas du tout la même chose ! — Tu ratiocines, ou quoi ?* » La ratiocination est fréquente dans les débats politiques.

RATIONALISATION. *n. f.* 1° **Sens administratif et économique :** action qui consiste à rendre une organisation plus efficace, plus « rationnelle », en calculant scientifiquement les procédés les plus rentables, en mettant en œuvre les techniques et méthodes les plus fonctionnelles.
2° **Sens psychanalytique :** justification consciente et « rationnelle » d'une conduite qui est déterminée, en réalité, par des motifs inconscients. On effectue souvent des *« rationalisations a posteriori »* à propos d'actes dont on refuse de s'avouer les véritables

mobiles. Par exemple, on prétendra avoir acheté telle voiture parce qu'elle est économique et fiable, alors qu'on l'a choisie parce qu'elle évoquait des fantasmes sexuels sciemment suggérés par la campagne publicitaire. Les «rationalisations» viennent rassurer le «moi», qui se croit libre, alors qu'il obéit à des désirs inconscients.

RATIONALISME. *n. m.* **En philosophie :** doctrine selon laquelle tout ce qui existe dans l'univers est parfaitement intelligible, et donc accessible à la raison humaine (au sens n° 1 de ce mot). Si la raison a cette capacité de connaître, c'est qu'elle possède en elle-même des structures innées, des principes immuables, indépendants de l'expérience. D'où une autre version du rationalisme, qui pose que les idées sont innées : les connaissances viennent des principes contenus dans la raison, et donc, se passent de l'expérience. À ce **rationalisme** s'oppose l'**empirisme** (voir ce mot).

En théologie, doctrine selon laquelle on ne doit accepter, en matière religieuse, que ce qui est conforme à la raison. Cette attitude s'oppose au **fidéisme** et au **traditionalisme** (voir ces mots). Cette conception pose le problème de ce qu'est la foi, puisque la raison semble suffire pour adhérer aux vérités. En réalité, le rationalisme théologique sert surtout de garde-fou contre la superstition : les vérités de la foi ne peuvent pas heurter la raison, mais elles peuvent se situer au-delà de cette raison, sans la contredire. Une telle attitude se trouve d'ailleurs chez un mystique comme Pascal, qui estime que l'ultime démarche de la raison humaine consiste à comprendre qu'il y a des connaissances qui dépassent la raison.

En général, le rationalisme est l'attitude de ceux qui font confiance fondamentalement à la raison (aux deux sens du mot), qui n'acceptent de croire que ce qui est démontré. Cette foi dans la raison caractérise précisément le rationalisme des philosophes du XVIIIe siècle (voir le mot **Lumières**). Le rationalisme est positif chaque fois qu'il pourfend la superstition et l'obscurantisme. Il peut être jugé négatif lorsqu'il devient lui-même dogmatique et pose comme principe qu'il n'y a pas d'autre voie de connaissance que la raison pure (au sens n° 1).

RATIONNEL. *adj.* 1° Qui est conforme à la raison (sens n° 1) ; qui respecte les lois de la logique ; qui est le fruit de raisonnements rigoureux. *Une pensée rationnelle. Une attitude* *rationnelle* (logique). *Un esprit rationnel. Une science rationnelle* (c'est presque un pléonasme!). Dans ce sens, le mot s'oppose évidemment à *irrationnel*; il peut aussi être opposé à *empirique*; il se différencie du mot *raisonnable* (voir **Raison**).

2° Qui est judicieux, parfaitement sensé, mesuré, raisonnable. *Une conduite rationnelle* (mesurée), *et non passionnelle. Une méthode rationnelle* (et non *déraisonnable*).

RAVISER (SE). *v. intr.* Changer d'avis; revenir sur une décision prise antérieurement. *Il donna l'ordre d'exécuter les opposants puis, se ravisant, leur fit grâce.*

RÉACTIONNAIRE. *adj.* et *n.* Qui est favorable, en politique, à la «réaction», c'est-à-dire qui s'oppose au progrès social, à l'évolution des idées et des institutions. L'esprit réactionnaire est viscéralement conservateur. On oppose classiquement les réactionnaires et les révolutionnaires (ou progressistes). Le mot *réactionnaire* étant péjoratif, il sert souvent à qualifier des idées ou des attitudes qui ne sont pas forcément «conservatrices» ou étroitement passionnelles, pour les disqualifier. Abréviation fréquente : *réac. Il est réac. T'as des idées réac!.*

RÉALISME. *n. m.* (lire au préalable l'article **Réel**).
1° **Sens courant :** aptitude à voir la réalité telle qu'elle est, à en tenir le plus grand compte dans sa conduite. Dans ce sens, le mot s'oppose à l'*idéalisme* (comme *tendance à idéaliser le monde*) et peut parfois prendre une connotation péjorative (le *réalisme politique*, par exemple, confine au cynisme). Si l'on approfondit l'emploi de ce mot, au sens courant, on peut se demander à propos de quelles réalités certains individus sont dits «réalistes» par rapport à d'autres, ce qui renvoie à la question : qu'est-ce que le réel? C'est en effet souvent parce que nous privilégions *certains* aspects de la réalité que nous taxons les autres d'«irréalisme» (alors qu'ils se situent dans une *autre* dimension du réel, moins utilitaire).

2° **Sens philosophique :** doctrine qui attribue au monde intelligible, aux connaissances ou aux idées une réalité en soi, d'où il résulte que posséder la connaissance est saisir la réalité même. Ce qu'on appelle vulgairement la «réalité sensible» n'est qu'une apparence : la réalité est intelligible *par essence;* on ne saisit donc vraiment le réel que par la connaissance. Voir **Platonisme**.

3° **Sens esthétique** (art et littérature) : volonté de représenter le réel «tel qu'il est», *le plus exactement possible,* sans déformations dues à la subjectivité de l'auteur (aussi bien dans la dénonciation que dans l'idéalisation de la réalité). Le **réalisme** peut être **descriptif** (désir de peindre la nature en donnant une impression de réalité totale), **psychologique** (volonté d'analyser les mécanismes de l'âme humaine avec une précision d'anatomiste), **social** (représentation des conditions réelles d'existence du peuple; peinture de la bourgeoisie et de son «esprit»), et même **fantastique** (description des fantasmes et des peurs, des aspects mystérieux et effrayants du monde).

Historiquement, le réalisme a surtout été un courant littéraire, né au milieu du XIXe siècle, illustré notamment par l'œuvre de Balzac et celle de Flaubert, et poursuivi par le mouvement naturaliste. Le **réalisme balzacien** tend à reproduire avec vigueur la société de son temps. Le **réalisme flaubertien** est surtout marqué par la volonté de son auteur de ne pas intervenir (subjectivement) dans la conduite de son roman. Le **naturalisme** insistera sur la peinture de la misère humaine (voir ce mot).

Si la volonté de réalisme est indéniable, si la réalité est en partie retranscrite dans toutes ces œuvres, il faut pourtant observer que l'idéal réaliste est une vue de l'esprit. D'une part, parce que *toute* littérature reproduit, directement ou indirectement, de larges parts de la réalité. D'autre part, parce que le parti pris de réalisme aboutit le plus souvent à des choix eux-mêmes arbitraires (peinture du médiocre, de l'horrible, du misérable) dans lesquels le tempérament personnel de l'artiste se reconnaît aisément. Ainsi, le réalisme n'est qu'un modèle parmi d'autres, *aussi conventionnel que les autres,* de représentation du réel.

RÉALITÉ (PRINCIPE DE). En **psychanalyse,** l'un des deux principes qui régissent le fonctionnement psychique, l'autre étant le *principe de plaisir.* Le petit enfant vit sous le principe de plaisir, il veut satisfaire ses pulsions, il n'imagine pas que la «réalité» puisse s'opposer à son désir. L'expérience lui apprend qu'il n'en est pas ainsi. Pour satisfaire ses désirs, il va devoir différer ses attentes, respecter les contraintes du réel, chercher des détours et des voies indirectes pour obtenir le plaisir. Il apprend ainsi à tenir compte du «**principe de réalité**», à voir les choses telles qu'elles sont, et non telles qu'il les rêve. Ce n'est que dans les rêves — où l'on prend ses désirs pour des réalités — que le «principe de plaisir» reprend ses droits...

REBATTU. *adj.* Qui a été très souvent répété; archi-banal, éculé. *Un argument rebattu. Le mari surprend sa femme avec son amant : une situation rebattue du théâtre de boulevard.* **Avoir les oreilles rebattues** (de quelque chose) : lassées d'entendre toujours la même chose.

N.B. Il faut bien dire *rebattu* et non pas «rabattu».

REBOURS (À). Locution qui signifie «à rebrousse-poil, en sens inverse de, à l'envers», aussi bien *au propre* qu'*au figuré. Lire un livre à rebours. Aller à rebours. Faire les choses à rebours.* L'expression «compte à rebours», avant le départ d'un engin, s'explique par le fait qu'on compte les chiffres dans l'ordre décroissant (pour aboutir au *zéro* fatidique). *À rebours* est aussi le titre d'un roman important de Huysmans (1884).

RÉCALCITRANT. *adj.* et *n.* Qui résiste avec entêtement; qui est rebelle aux injonctions. *Un mulet récalcitrant. Un esprit récalcitrant. Les récalcitrants devront payer une amende.*

RÉCAPITULATIF. *adj.* et *n. m.* Se dit d'un chapitre, d'un tableau, d'un document qui résume, qui récapitule l'essentiel d'une question ou d'un ouvrage. *Faire un récapitulatif de la première partie d'une thèse, avant d'aborder la seconde. Un écrit récapitulatif* (un abrégé, un sommaire).

RECENSER. *v. tr.* Dénombrer; faire un compte détaillé d'un ensemble (d'une population; de mesures à prendre; d'une série de faits d'observation, etc.). Inventorier. *Recenser les volontaires d'un mouvement. Recenser les termes d'un champ lexical. Recenser les erreurs d'un dictionnaire.* Ne pas confondre les deux substantifs **recensement** (dénombrement) et **recension** (examen critique d'un texte).

RÉCESSION. *n. f.* En **économie générale,** fléchissement plus ou moins grave de l'activité (ralentissement des échanges; recul des investissements et de la production; accroissement du chômage).

Quand la récession devient sévère, on peut parler de *crise.* Voir **Crise, Marasme.**

RÉCIDIVER. *v. intr. (sens médical)* Réapparaître, se manifester

à nouveau (pour une maladie qu'on croyait guérie). *Son cancer a récidivé.*
(sens courant) Commettre à nouveau une infraction pour laquelle on a déjà été condamné; retomber dans les mêmes erreurs, les mêmes fautes. *À peine sorti de prison, le violeur a récidivé. Après une cure de désintoxication, comment empêcher les drogués de récidiver? Un dangereux récidiviste.*

RÉCIT. *n. m.* Relation orale ou écrite d'un ensemble d'événements réels ou imaginaires. Histoire, chronique, narration. *Écrire un récit. Faire le récit de. Un récit historique, fantastique.*

Ce sens général peut, dans le domaine littéraire, se spécialiser en fonction de diverses oppositions:
• **Récit et histoire.** L'histoire rapportée par un récit se constitue d'un ensemble d'événements, de faits majeurs ou mineurs. Par rapport à cette histoire, le récit peut résumer ou amplifier les épisodes, déplacer leurs relations, etc. Il peut donc y avoir intérêt à comparer le schéma de base (la chronologie «objective» des événements, l'histoire) à la narration globale qu'en effectue le récit.
• **Récit et chronique.** Une chronique relate en principe une série d'événements *historiques.* Le récit, par opposition à la chronique, se permet de romancer, d'inventer, d'amplifier, de combler les lacunes de l'Histoire. Certains récits, à l'inverse, tentent d'adopter le ton objectif de la chronique. Des romanciers vont même jusqu'à intituler «chronique» la narration purement fictive dont se constitue leur récit (voir **Chronique**).
• **Récit et roman.** Si tout roman comporte un «récit» (une relation de faits), le roman est en général une œuvre narrative beaucoup plus longue, étoffée par la peinture des caractères et des milieux sociaux, dans laquelle l'élément «fiction» (la part de l'imaginaire, de l'aventure «romanesque») tient une place centrale. *Par opposition au roman, le récit se veut moins «romanesque»,* plus près de la chronique objective des faits (même si ceux-ci sont imaginaires): c'est ainsi que Camus présente *La Peste* (histoire purement fictive) comme un «récit», alors qu'on peut très bien considérer ce livre comme un roman.
• **Récit et «discours».** La narration d'un roman ou d'un récit ne comporte pas seulement l'énoncé de faits ou de descriptions: elle fait souvent intervenir, directement ou

indirectement, des jugements du narrateur (il peut s'adresser au lecteur ouvertement; il peut suggérer ce qu'il faut penser : «*Hélas,* le Prince ne savait pas que...»; il peut prendre la parole et argumenter, dans le cas par exemple d'un récit autobiographique). L'analyse de l'**énonciation** permet de distinguer ainsi ce qui est pur récit de ce qui est «discours» (voir ce mot, au sens n° 4). Notons d'ailleurs qu'un récit particulier peut lui-même être au service d'un «discours» (un «message»), comme c'est le cas de certaines anecdotes, de l'apologue ou de la parabole : le mot discours étant employé ici, non pas au sens de « paroles rapportées », mais comme manifestation plus ou moins explicite des positions de l'énonciateur.

RÉCITATIF. *n. m.* Dans un **opéra** ou un **oratorio,** texte narratif ou dialogué qui est déclamé de façon chantante, avec un accompagnement musical. Les personnages «parlent» en adoptant la ligne mélodique d'une musique qui suit de près les inflexions du langage parlé. Les récitatifs font la transition entre les grands moments dramatiques où sont chantés les «airs». Voir **Aria, Mélopée, Opéra.**

RECLUS. *adj.* et *n.* Isolé, renfermé (volontairement ou non). *Déçu par Célimène, Alceste décide de mener une existence recluse. Les ermites, certains religieux décident, pour mieux prier, de vivre en reclus. Les personnes recluses — les condamnés par exemple, ne font pas toujours le choix de leur réclusion.*

RECOUVRER. *v. tr.* Récupérer; rentrer en possession d'un bien matériel ou moral dont on jouissait. *Recouvrer une créance, une somme due. Recouvrer la santé, recouvrer l'usage de sa jambe. Recouvrer la raison.*

N.B. Ne pas confondre avec le verbe *recouvrir*. En particulier, au participe passé, on dira «la liberté que j'ai *recouvrée*» (et non pas «recouverte»).

RÉCRIMINATION. *n. f.* Âpre reproche; plainte amère; protestation chagrine. Employé au pluriel le plus souvent, le terme doit être distingué du mot «réclamation». Les récriminations ont souvent quelque chose d'incessant, d'acrimonieux, d'inutilement plaintif, que n'ont pas les réclamations en bonne et due forme. *J'en ai assez de vos perpétuelles récriminations!*

RECRUDESCENCE. *n. f.* Reprise soudaine ou intensification violente d'un phénomène physique, moral ou social. *Recrudescence d'une épidémie. Recrudescence d'une activité volcanique. Recrudescence des combats. La recrudescence d'une colère.*

RECT-. Racine issue du latin *rectus*, « droit, régulier », qui exprime l'idée de droiture, de régularité aussi bien au *sens propre* qu'au *sens figuré*. On la trouve dans les mots **Recta** (ponctuellement, exactement); **Rectangle; Rectifier** (redresser); **Rectiligne; Rectitude; Recto** (endroit d'une feuille dont l'envers est le *verso*); **Rectum** (portion finale du gros intestin, qui se trouve être droite). Cette racine entre aussi dans les mots composés **Correct, Correction, Correcteur** (incorrect, incorrection), **Direct, Direction, Directeur, Érection, Érectile.**

RECTITUDE. *n. f.* (du latin *rectus,* « droit, régulier »). Droiture morale et intellectuelle; justesse, rigueur. *La rectitude d'un jugement. Un homme d'une rectitude exemplaire.*

N.B. Le mot s'emploie parfois dans un sens concret : *la rectitude d'un sillon, la rectitude d'une silhouette.*

RECUEILLEMENT. *n. m.* **Sens religieux :** action de se recueillir; état d'une personne qui se recueille, c'est-à-dire qui concentre sa pensée sur sa vie intérieure pour se rendre disponible à la prière, à la méditation, à la présence de Dieu. Contemplation.

Sens général (qui conserve une connotation religieuse) : attitude de concentration, de ressaisie intérieure, pour méditer sur soi-même, sur un grave sujet, sur une réalité sacrée. Silence respectueux propice à la contemplation. Le sonnet de Baudelaire intitulé « Recueillement » illustre bien cette attitude contemplative face à soi-même, au temps qui passe et au mystère du monde.

RÉCUPÉRATION. *n. f.* Au **sens politique,** action qui consiste à récupérer (à reprendre), en les détournant de leur sens originel, des idées, des forces sociales, des mouvements d'opinion, des personnes, des projets. Ce terme a souvent été employé dans le vocabulaire de la gauche (ou des gauchistes), pour dénoncer la façon dont le pouvoir, « l'ordre bourgeois », affectait de reprendre à son compte des thèmes ou des propositions venus de la contestation, pour mieux les canaliser ou les désamorcer. Mais le mot récupération et l'ensemble des menées qu'il suppose (le fait de récupérer, ou d'être récupéré) n'a pas tardé à concerner tous les domaines de la vie sociale et politique. *Nommer un écologiste célèbre au gouvernement, c'est une tentative flagrante de récupération de l'électorat écologiste ! Ce conservateur développe des discours féministes dans un pur esprit de récupération. Dans tout cela, qui récupère qui ? On se le demande !*

RÉCURRENCE. *n. f.* Retour fréquent, répétition d'un phénomène. *La récurrence d'une maladie. La récurrence des séismes dans telle région du globe. La récurrence des drames planétaires au journal télévisé.*

Un phénomène qui revient est dit *récurrent*. Dans l'étude des textes littéraires, on recherche les images récurrentes, les thèmes récurrents, les structures récurrentes. *La satire de la médecine est un thème récurrent des comédies de Molière.*

Un **raisonnement par récurrence** est une démonstration qui consiste à étendre à une série de termes ce qui est prouvé pour les deux premiers.

N.B. Ne pas confondre avec *Occurrence,* ni avec *Résurgence.*

RÉCUSER. *v. tr.* Refuser d'admettre ; rejeter comme non valable. On peut *récuser une personne* (la refuser dans une fonction officielle : *récuser un juge, récuser un témoin*). On peut *récuser quelque chose* (un témoignage, un argument dont on met en cause la validité).

N.B. Bien distinguer *réfuter* et *récuser*. Je peux *réfuter un argument* en démontrant, par l'analyse, qu'il s'agit d'un sophisme ; mais si je *récuse* un argument, cela veut dire que je l'écarte comme non pertinent, que je lui refuse la valeur d'argument (même discutable). Exemple : si un commerçant est accusé de vol, je puis *réfuter* les « preuves » avancées ; mais je *récuserai,* comme inadmissible, l'argument selon lequel il est voleur parce que juif. **Se récuser :** se déclarer incompétent dans une affaire ; refuser une mission (dont on ne se sent pas capable).

RÉDEMPTEUR, TRICE. *adj.* et *n.* Qui rachète, qui sauve. Voir *Rédemption.* **Le Rédempteur :** dans le vocabulaire religieux, le Christ, en tant qu'il a « racheté », sauvé le genre humain par son Sacrifice.

RÉDEMPTION. *n. f.* (du latin *redimere,* « racheter »). Dans la religion chrétienne, le **mystère de la Rédemption :** le rachat du genre humain par le Christ. Par le péché originel, l'homme se coupe de Dieu, porte préjudice à son Créateur. Le Christ, en mourant sur la Croix, vient par son sacrifice «racheter» la dette des hommes envers le Créateur. Il sauve et libère l'Humanité en la réconciliant avec Dieu le Père. Voir **Christianisme** et **Péché**.

Sens courant : action qui consiste à racheter quelqu'un sur le plan moral ou religieux ; fait de se racheter soi-même par une conduite ou une peine exemplaire. *Les malheurs de ce criminel ont été comme une rédemption de ses fautes.*

RÉDHIBITOIRE. *adj.* Qui annule (un contrat) ; qui constitue un obstacle, un empêchement radical (à la réalisation de quelque chose). *Un vice rédhibitoire dans un contrat de vente* (qui l'annule). *Une faiblesse rédhibitoire en mathématique* (qui empêche absolument le passage en classe scientifique). *C'est rédhibitoire !* (cela interdit radicalement ce qui était envisagé).

REDONDANCE. *n. f.* Fait de donner plusieurs fois la même information, de répéter sous diverses formes la même idée, dans un énoncé ou un discours. *Le pléonasme est une forme caricaturale de redondance.* Un texte est dit *redondant* quand il abonde en ornements, en développements superflus. *Un style redondant* (répétitif, débordant de verbes ou d'adjectifs qui répètent la même idée).

En **communication** (linguistique ou non), la redondance est le fait de réitérer sous différentes formes une même signification, *pour éviter toute confusion :* l'idée de redondance n'est alors plus péjorative, comme dans le domaine littéraire. Par exemple, la question *«Est-elle venue ?»* est comprise comme une question d'une part à cause de l'inversion syntaxique, d'autre part à cause de l'intonation interrogative : il y a redondance puisqu'il y a *deux* traits signifiants pour *une seule* signification. La communication audiovisuelle est souvent redondante en ce qu'elle signifie une même chose *à la fois* visuellement et auditivement.

RÉEL. *adj.* et *n.* 1° **Qui existe comme une chose :** qui se produit effectivement ; qui a une «réalité» objective (indépendamment de la perception qu'on en a ou de notre absence de perception). Le réel comprend notamment tous les phénomènes de la nature, tous les faits individuels ou toutes les manifestations collectives du monde humain. Dans ce sens, le réel s'oppose :
— *d'une part,* à ce qui est apparent ou simplement percep-

tible : la science montre aisément que la majorité des phénomènes échappent à notre perception (à nos cinq sens) et que, souvent, ce que nous croyons percevoir ne correspond pas à la réalité effective des choses (contrairement aux apparences, le soleil ne tourne pas autour de la terre);
— *d'autre part,* à ce qui est illusoire (un rêve que l'on caresse), fictif (une histoire qu'on invente) ou imaginaire (une œuvre d'art que l'on projette).
2° **Ce qui est présent à l'esprit humain** : qui peut être l'objet d'une réflexion précise, actuelle, mais n'existe pas en soi, de façon autonome, indépendamment de la représentation que s'en fait notre pensée. Ce second sens élargit le domaine du réel à tout ce que peut produire la subjectivité humaine, de façon rationnelle ou non. Une théorie émise par un homme de science est bien une réalité ; elle ne se confond pourtant pas avec *le* réel qu'elle interprète (sens n° 1). Elle est de nature intelligible, non sensible. Pourtant, une fois émise, elle fait partie du « réel » que les êtres humains vont pouvoir prendre en considération. Certains philosophes, à ce propos, essaient d'opérer une distinction entre ce qui est « réel » (qui existe en soi) et ce qui est « vrai » (qu'élabore l'esprit humain). Mais le problème se complique car certains estiment que les idées existent *par elles-mêmes* (voir **Platonisme** : l'idéalisme platonicien se veut un réalisme). Le réel, dans ce second sens (comme donnée actuelle présente à l'esprit), s'oppose à la fois à ce qui est possible et à ce qui est idéal (ce qui peut être, ce qui doit être).

Ces deux sens du mot n'épuisent pas la redoutable question de ce qu'on nomme « réel », et qui tient autant à l'ampleur de la réalité qu'à la complexité de l'esprit humain. En effet :
— d'une part, l'homme est un être de désir et d'imagination : ce qu'il croit sentir, ce dont il rêve, ce qu'il désire lui donne souvent une extraordinaire *impression de réalité,* impression qu'il peut *faire partager* par le langage (ainsi, toute la production *imaginaire* des œuvres d'art devient réalité, devient *objet réel,* existant en soi — songeons par exemple à l'invention mélodique en musique);
— d'autre part, nous ne connaissons souvent le réel qu'à travers les représentations *mentales,* abstraites que nous nous en donnons (par le langage notamment). La réalité de l'eau, est-ce la sensation que j'en éprouve, ou bien est-ce la

formule H_2O? Dans la mesure où le «réel» se réduit pour nous à des représentations, il n'a pas plus d'intensité pour nous que des représentations parfaitement formulées qui ne renverraient à aucune réalité; au niveau de la pure représentation, dans la conscience humaine, les illusions procurent souvent une plus grande impression de réalité que les figurations abstraites (mais justes) des choses telles qu'elles sont.

Dans l'emploi des mots «réel» et «réalité», il faudrait donc à chaque fois préciser de quelle nature sont les réalités dont nous parlons et quel est le «degré de réel» du réel auquel nous nous référons. De même pour l'emploi du mot *réalisme,* quelles que soient ses connotations (voir ce mot).

RÉFECTION. *n. f.* (du latin *reficere,* «refaire»). Action de refaire, de remettre à neuf; son résultat. *La réfection d'un château en ruines. Des travaux de réfection. Une impeccable réfection.*

N.B. Au *«réfectoire»,* on se restaure, on se refait physiquement!

RÉFÉRENDUM. *n. m.* Vote de l'ensemble des citoyens d'un pays sur une question précise posée par les pouvoirs publics, à laquelle il faut répondre par oui ou par non. On ne peut qu'approuver ou rejeter globalement la mesure proposée, sans pouvoir nuancer, discuter ou modifier le projet.

Par extension, consultation générale d'un groupe (par exemple, l'ensemble des automobilistes, les lecteurs d'un journal, etc.)

N.B. Ne pas confondre avec **Plébiscite** (voir ce mot), lequel porte sur une *personne.*

RÉFÉRENT. *n. m.* En linguistique, réalité concrète ou abstraite (un être, un objet, une chose réelle, une entité imaginaire) à laquelle *renvoie* un signe linguistique. Le référent ne fait pas partie du signe, il est *extralinguistique.* Par exemple, le mot *arbre* renvoie à la réalité, extérieure à la langue, qu'est un arbre (cet arbre que je désigne; cet arbre auquel je pense; le concept d'arbre que j'ai en tête). Il importe de distinguer le *signe* (l'ensemble *signifiant/signifié*) du *référent* (voir au mot **Signe**). En particulier, il est parfois difficile de faire la distinction entre le signifié et le référent. Si l'on reprend le mot arbre, par exemple, on dira : le mot «arbre» (écrit ou prononcé) est un signe; ce signe se compose d'un signifiant (le graphisme du mot, sa sonorité verbale) et d'un signifié (le sens du mot arbre dans le dictionnaire); le référent sera la *réalité particulière* à laquelle renvoie ce signifié dans un *acte de parole,* c'est-à-dire par exemple cet arbre que je désigne, un arbre auquel je pense ou rêve, ou encore l'arbre en soi dont je parle.

RÉFÉRER. *v. tr. ind.* Faire référence à, renvoyer à, se rapporter à. *Le mot « licorne » réfère à une réalité purement imaginaire.* Ce verbe s'emploie surtout sous les deux formes suivantes :

Se référer à : recourir à l'autorité d'une personne ou d'un texte ; prendre quelque chose comme référence. *Je me réfère souvent au Petit Robert mais le Larousse a aussi du bon.*

En référer à : en appeler à une autorité supérieure (un chef, un juge), dans une affaire donnée, pour lui laisser le soin de décider. *J'en référerai au Pape s'il le faut ! Je m'en réfère à votre avis.*

RÉFORME. *n. f.* Changement plus ou moins important qu'on apporte à une réalité morale (on peut réformer sa conduite) ou à une institution sociale (religieuse ou politique), en vue d'en améliorer le fonctionnement ou la nature.

• *Dans son premier sens, le mot « réforme » a un sens assez radical.* Il a désigné notamment le retour à une stricte observation de la règle primitive dans un ordre religieux. La **Réforme,** mouvement historique qui a donné naissance au protestantisme, au XVIe siècle, fut une entreprise suffisamment radicale pour provoquer un schisme au sein de l'Église, engendrer les guerres de Religion, et susciter une vaste **Contre-Réforme** de la part des autorités catholiques de Rome.

• *De nos jours, le mot s'est affaibli.* Il vise une amélioration de divers aspects de l'ordre social (la réforme de l'Éducation nationale, par exemple), mais par des changements *modérés,* progressifs. Dans le langage politique, *on oppose souvent la réforme à la révolution.* D'où le mot **réformisme,** qui désigne (souvent péjorativement) l'attitude de ceux qui veulent changer les choses si modérément qu'elles ne risquent guère d'évoluer de façon notable. Mais au sein des partis dogmatiques, le mot *réformisme* déclenche tout de même les foudres des dirigeants.

REFOULEMENT. *n. m.* **Sens psychologique courant :** action qui consiste à empêcher certains désirs de s'exprimer, de s'extérioriser et de se satisfaire, notamment au niveau sexuel. Dans ce sens, le refoulement est le plus souvent conscient. Le mot est fréquemment employé avec des connotations négatives; l'être qui refoule ses désirs est considéré comme pusillanime, déséquilibré ou hypocrite (*« Tu n'es qu'un refoulé ! »*), puritain et « coincé ».

Sens psychanalytique : processus fondamental par lequel le sujet rejette ou maintient *dans l'inconscient* des pulsions ou des représentations liées à ces pulsions (pensées, images, souvenirs, fantasmes). Le refoulement se produit parce que la pulsion ou sa représentation (qui en principe doit apporter du plaisir) apparaît si dangereuse que le fait même d'y penser doit être censuré : le refoulement est donc *un mécanisme de défense du Moi*. Le sujet pressent dans la pulsion refoulée un risque de désordre (de déstabilisation) insupportable, et dans sa réalisation éventuelle la perspective d'un châtiment (d'une culpabilité) qui l'angoisse. C'est le **Surmoi** qui, déclenchant le mécanisme de la *censure* (voir ce mot), suscite le refoulement des pensées, des désirs ou des pulsions répréhensibles. *Ce refoulement est le plus souvent inconscient :* le Moi (conscient) est « protégé » par la censure sans s'en rendre compte ; le Surmoi agit au sein même de l'inconscient, barrant la route aux tentatives du Ça. Ainsi, l'activité de refoulement *constitue* l'inconscient (ce vaste système de pulsions instantanément interdites) en même temps qu'il en protège le Moi conscient. Bien entendu, tous les aspects refoulés (désirs, représentations, etc.) demeurent actifs et tentent *par des voies indirectes* de venir à la conscience (lapsus, rêves, symptômes divers de la « psychopathologie quotidienne »). Il s'agit là de la notion de « retour du refoulé ».

Au sens psychanalytique, le refoulement n'est pas en soi une activité malsaine, en dépit de la mauvaise réputation du terme dans le vocabulaire courant. Le refoulement est un *processus naturel* qui aide le Moi à se constituer (à se choisir, à hiérarchiser ses désirs et pulsions) et l'être humain à devenir, par l'éducation, un être sociable : il suffit de songer aux atrocités de certaines guerres civiles pour comprendre que le refoulement est chose bien nécessaire. C'est l'excès, l'écrasement de l'être inhibé par de multiples refoulements, qui a des conséquences pathologiques.

Refoulement et sublimation : dans l'activité de refoulement, les pulsions sont maintenues à l'écart de la conscience, plus ou moins maîtrisées, mais non pas anéanties.

Une grande part de leur énergie, qui ne peut être employée directement, va se déplacer, s'*investir* dans des objets ou des projets moralement acceptables. La «libido», faisant l'objet d'un investissement à un niveau supérieur (activité sociale, réalisation artistique et culturelle, engagement désintéressé ou humanitaire) est alors dite *sublimée*. On oppose parfois *refoulement* et *sublimation* (le premier serait négatif, la seconde positive). En réalité, il s'agit sans doute de deux phases d'une même constitution de la personnalité : l'une repousse, trie, discipline les forces pulsionnelles ; l'autre les utilise pour agir, créer, aimer. Voir **Inconscient** et tous les termes qui s'y rapportent.

RÉFRACTAIRE. *adj.* Qui résiste, qui refuse de se soumettre, qui est rebelle (à la loi, à l'autorité, aux ordres, aux influences). *Le véritable artiste est toujours réfractaire aux pouvoirs établis.* Par extension : qui est insensible à. *Il est réfractaire à toute émotion musicale.* L'adjectif «réfractaire» a eu deux emplois historiques notables,
— d'une part, sous la Révolution française : les *prêtres réfractaires* refusèrent de prêter serment à la Constitution civile du clergé ;
— d'autre part, pendant l'occupation allemande : les *réfractaires* étaient les citoyens qui refusaient le travail en Allemagne.

Noter l'emploi *concret* du mot : des métaux ou des briques réfractaires sont des métaux qui résistent... à de très hautes températures.

REFRÉNER. *v. tr.* Mettre un frein à, brider, retenir, contenir. Contrairement au verbe *freiner,* ne s'emploie que dans un sens psychologique. *Refréner son envie, sa colère, son impatience.*

RÉFUTER. *v. tr.* Démontrer la fausseté d'un argument, d'une thèse, d'un raisonnement, d'une doctrine. *Réfuter une théorie. Je n'aurai pas de mal à réfuter votre objection.* Quand il s'agit de l'ensemble de la philosophie ou de l'œuvre d'un auteur, on peut dire directement *réfuter un auteur, réfuter tel penseur* (entreprendre la *réfutation* de ses thèses). Voir le mot **récuser** pour la différence entre les deux verbes, ainsi que l'adjectif **irréfutable**.

RÉGÉNÉRER. *v. tr.* Reconstituer, faire renaître quelqu'un ou quelque chose en lui faisant retrouver ses qualités premières. Ce verbe s'emploie dans un sens concret *(régénérer* *un catalyseur)* mais le plus souvent au niveau moral *(régénérer la société décadente ; régénérer les forces vives d'une personne ; régénérer un mouvement)*. **Se régénérer :** se reconstituer, retrouver une vigueur nouvelle. *Je me régénère à la campagne.* Voir **Dégénérer.**

RÉGIR. *v. tr.* (cf le latin *rex, regis*, « le roi », et aussi le mot « régent »). 1° Gouverner, commander. *Régir l'activité d'un groupe. Régir l'esprit de quelqu'un.* 2° Fixer l'organisation, le «régime» d'une réalité physique ou sociale, en parlant des lois. *Les règles juridiques qui régissent les relations entre citoyens. Les lois qui régissent l'univers. La morale qui régit notre conduite.*

REGISTRE DE LANGUE. Niveau de langage auquel choisit de s'exprimer un auteur, notamment en adoptant certaines tournures codées ou un type de vocabulaire spécifique. Toutes les nuances sont possibles dans un discours ou un récit, toutes les variations sont autorisées, mais, selon les situations de communication, selon la nature des effets que veut produire un auteur, on distingue classiquement trois registres de langue : le registre *soutenu* (vocabulaire recherché, références littéraires, soin des figures de style, hypercorrection de la langue) ; le registre *familier* (termes et images argotiques ou populaires, syntaxe du langage parlé, néologismes, abondance d'expressions imagées, d'hyperboles énormes) ; le registre *courant* (style correct, langue académique, expressions fonctionnelles : ce registre sert souvent à faire ressortir les deux autres, un bon écrivain utilisant souvent, y compris dans la même œuvre, divers registres).

RÉGRESSION. *n. f.* Recul, retour à un état antérieur ; diminution. Le mot peut être employé dans un sens concret, matériel *(la régression de la production économique ; la régression de la mortalité infantile)* ou dans un sens psychologique ou social *(régression mentale, régression affective ; la régression de la conscience politique au sein de l'opinion).* La première acception du mot est plutôt quantitative ; la seconde qualitative.

RÉGULIER. *adj.* et *n. m.* (du latin *regula*, «règle»). **Sens général :** qui est conforme à la règle ; et donc normal, ou légal, ou habituel ; ordonné, sans à-coups, uniforme, coutumier. Ce sens est connu.
Sens religieux : le *clergé régulier* désigne l'ensemble des

moines, religieux et religieuses qui, dans leurs monastères, vivent conformément à une Règle. Chaque ordre religieux a sa règle, son organisation propre, sa vie spirituelle spécifique. À ce clergé *régulier,* on oppose le clergé *séculier* (c'est-à-dire « qui vit dans le siècle », le *siècle* désignant le monde extérieur, la société humaine profane). Ces termes peuvent être substantivés : **le régulier** est le moine, le religieux ; **le séculier** est le prêtre qui effectue sa mission dans le monde (la paroisse, les mouvements divers, etc.).

RÉHABILITER. *v. tr.* **Sens juridique :** rétablir quelqu'un dans ses droits, dans un statut ou dans des privilèges qu'il avait perdus. En particulier, innocenter une personne qui avait été injustement condamnée. *Le capitaine Dreyfus fut réhabilité, non sans peine.*
Sens général : faire recouvrer à quelqu'un l'estime publique ; redonner à quelque chose une importance ou une valeur oubliées. *Réhabiliter la mémoire d'un écrivain trop peu connu.* **Se réhabiliter :** recouvrer (par une bonne conduite) l'estime d'autrui, se racheter.

N.B. Le verbe peut être employé dans un sens très concret, quasi technique, pour signifier « remettre en état ». *Réhabiliter un quartier vétuste. Réhabiliter des logements.*

RÉIFIER. *v. tr.* (à partir du latin *res, rei,* « chose »). En **langage philosophique :** transformer en chose ; donner un caractère statique et matériel à une réalité vivante ou humaine. Chosifier. Le concept de *réification* est en particulier employé dans le marxisme pour signifier que la société capitaliste transforme tout en « chose » : la marchandise, le travail (mesuré quantitativement comme une matière), les travailleurs eux-mêmes (réservoir de main-d'œuvre), etc. Plus généralement, on pourra parler de « réification » à propos de l'image de la femme dans la publicité (qu'elle soit objet sexuel ou instrument ménager), de la conception d'un héros-machine de science-fiction (Goldorak), des productions artistiques ou culturelles (réduites à une évaluation quantitative, conçues comme de purs produits commerciaux).

RÉINCARNATION. *n. f.* Dans certaines religions ou philosophies : incarnation dans un *nouveau corps* (humain ou animal) d'une âme qui avait été précédemment unie à un autre. Cette notion rejoint l'idée de la *métempsycose,* ou « transmigration des âmes » : au cours de vies successives, l'âme tente de se purifier; la qualité morale de ces vies détermine les réincarnations ultérieures; le but final est d'atteindre la sérénité suprême en se fondant dans l'âme collective (laquelle est indistincte de la divinité même), bonheur qui a pour nom (dans le bouddhisme) le *nirvâna* (voir ce mot).

Au *sens figuré,* le mot signifie « reproduction, réplique vivante de » : *ce formidable truand est comme une réincarnation de Vautrin.*

RÉITÉRER. *v. tr.* Recommencer plusieurs fois. Répéter, renouveler avec insistance. *Des protestations réitérées. Réitérer des demandes, des efforts, des ordres. Malgré sa promesse de ne plus fumer, il a réitéré.*

REJET. *n. m.* En versification, procédé qui consiste à « rejeter » dans le vers suivant la fin d'un membre de phrase absolument nécessaire à la compréhension de celle-ci. Se dit aussi, parfois, du membre de phrase qui a été ainsi rejeté. Pour les exemples de ce procédé, voir au mot **Enjambement** (qui a un sens un peu différent).

RELAPS. *n.* Hérétique qui, après avoir abjuré son hérésie, y retombe. *Rousseau fut relaps.* Voir **Abjurer, Renégat.**

RELATIVISME. *n. m.* **Sens philosophique :** doctrine qui pose la relativité de toute connaissance humaine. Ce qui est « relatif » s'oppose littéralement à ce qui est « absolu ». Or, nous ne connaissons pas les choses en soi, absolument : nous les connaissons d'une part à travers des phénomènes, des modalités « relatives » à l'expérience que nous en faisons, d'autre part à travers les limites de notre esprit, de notre aptitude à connaître (elle-même relative aux capacités propres à chacun). Rien ne peut donc être affirmé absolument.

Sens moral (relativisme culturel) : doctrine selon laquelle les principes moraux, les valeurs sociales, les cultures elles-mêmes étant susceptibles de varier infiniment selon les époques et les civilisations, il n'est pas possible d'établir de hiérarchie entre elles. Partant de l'idée que rien n'est absolu, le relativisme en infère que *tout se vaut* (— ce qui est une affirmation bien absolue !).

Contre de nombreux dogmatismes, le relativisme est une arme critique inappréciable. Il invite à ne pas prendre pour universels des modes de vie, des systèmes politiques et sociaux, des formes d'art, des modes de pensée, des idéologies, des systèmes de valeurs qui nous sont familiers et qui constituent *notre* culture, mais sont en réalité «relatifs» à notre histoire, à notre époque, à notre civilisation. Contre notre tendance à les imposer à autrui, le relativisme nous conduit à nous ouvrir aux autres cultures, à en reconnaître la dignité et la valeur, à pratiquer la tolérance (notamment religieuse). Le relativisme est un garde-fou contre toutes les déviations (impérialistes) de l'**ethnocentrisme.**

Cependant, le relativisme est lui-même dangereux s'il devient... absolu. Dire «tout est relatif» est un jugement risqué parce que lui-même absolu et dogmatique. Tout n'est pas relatif, tout n'est pas égal en matière de morale humaine et de culture. Prétendre que «tout se vaut» conduirait à admettre les sacrifices humains, l'infanticide ou l'excision, l'esclavage ou la torture. Le relativisme est un bon garde-fou, mais il ne dispense pas l'homme de se construire une éthique, de fonder sur un humanisme minimal le progrès possible de l'Humanité.

RELAXER. *v. tr. (sens juridique)* Relâcher, remettre en liberté un prisonnier (en détention provisoire). Cette remise en liberté d'un prévenu se nomme officiellement *relaxe* (de préférence à «relaxation»!).
(sens médical) Relâcher les muscles, mettre en état de décontraction. **Se relaxer:** se détendre, se décontracter (physiquement ou psychiquement). Le mot *relaxation* convient à ce sens.

RELIGION. *n. f.* (du latin *relegere*, «recueillir» ou *religare*, «relier»). Ensemble des croyances et des pratiques, le plus souvent collectives, par lesquelles les hommes manifestent leur relation à une puissance surnaturelle, à une réalité supérieure et sacrée qui peut être un Dieu créateur ou un ensemble de divinités, selon les cas.

• La *notion de religion* suppose davantage que la simple foi: elle répond chez l'être humain au besoin de croire *ensemble*, selon un rituel ou un culte ordonné qui, dans le même mouvement, relie les hommes à Dieu et les rassemble entre eux.

• Le *fait religieux* est une réalité universelle. Les sciences humaines se sont attachées à l'expliquer par les multiples besoins de la subjectivité humaine: peur de la mort, désir d'éternité, volonté de se concilier les puissances invisibles, nostalgie d'un paradis perdu (celui de l'enfance ou de l'époque prénatale), nécessité de conserver sa vie durant un père idéalisé, ou plus globalement, besoin de certitudes — besoin que l'existence de chacun ou la marche du monde aient un sens supérieur. Ces explications peuvent avoir un caractère réducteur (cf. la formule de Voltaire *« Si Dieu n'existait pas, il faudrait l'inventer »*) ; c'est pourquoi le croyant, qui ne peut nier la présence en lui de ces besoins fondamentaux, ajoute volontiers que si le phénomène religieux est universel, c'est peut-être bien parce que l'homme a toujours senti la réalité objective de l'existence de Dieu et la manifestation de sa présence, tant au sein de l'histoire du monde qu'auprès de chaque être humain pris personnellement.

• Le *débat sur la religion* est largement nourri d'arguments contradictoires. Les uns insistent sur la dimension spirituelle de la religion, fondement de l'éthique, instrument d'élévation de l'âme et de sublimation des pulsions, qui débouche sur la fraternité et sur la compassion, sans parler de son rôle de ciment culturel, à l'origine des œuvres littéraires, artistiques ou musicales les plus prodigieuses du génie humain. Les autres énumèrent toutes les déviations, tous les abus engendrés par l'intolérance, le fanatisme, le prosélytisme : les guerres (de religion), la négation de l'épanouissement humain (par des morales rigides), le refus des Lumières, etc. À chacun de trancher ce débat. Toute la question est de savoir s'il s'agit là de maux inhérents à la religion même (cela peut dépendre des religions) ou à la perversité des hommes toujours tentés de faire d'elle un instrument de pouvoir. Voir **Culte, Dogmatisme, Fanatisme, Révélation, Sacré,** et aussi **Athéisme, Christianisme, Déisme, Judaïsme, Islam.**

RELIGIOSITÉ. *n. f.* Attitude religieuse assez sentimentale ; attirance pour les aspects les plus sensibles, les plus suaves de la pratique. La religiosité peut concerner un croyant qui, sans adhérer à aucune religion précise, se sent l'âme portée vers la divinité et désire se complaire dans les émotions propres à la ferveur.

RELIQUAT. *n. m.* (du latin *reliqua*, « les choses qui restent »). Ce qui reste dû ; ce qui reste à payer, ou à percevoir. *Le reliquat d'une somme. Vous me devez le reliquat.*

RELIQUE. *n. f.* (du latin *reliquiae*, « restes »).
Sens propre : fragments du corps d'un saint, restes d'un martyr (ossements ; objets divers de sa vie conservés pour

en vénérer la mémoire). Dans ce sens, le mot est le plus souvent au pluriel. *Les reliques de sainte Thérèse de Lisieux.* On parle aussi de reliques pour des héros ou des personnalités considérées comme sacrées. *Les reliques des rois de France sont conservées dans la cathédrale de Saint-Denis.* Le coffret où l'on conserve des reliques est un *reliquaire.*

Sens figuré : objet que l'on conserve précieusement comme vestige d'un passé dont on vénère la mémoire. *Garder de vieux papiers comme une relique. Un grenier rempli de reliques d'inégale valeur.*

RÉMINISCENCE. *n. f.* (du latin *reminisci,* « se souvenir »).

1° **Souvenir dont on n'a pas conscience qu'il s'agit d'un souvenir.** *Un roman plein de réminiscences littéraires.* Contrairement au plagiat, la réminiscence, chez un créateur, est involontaire. Elle est parfois *à demi* consciente : l'auteur sent qu'il est influencé mais ne sait plus d'où provient la réminiscence.

2° **Souvenir imprécis, incertain.** *De vagues réminiscences du passé.* Dans ce sens, le cœur reconnaît une émotion dont la mémoire n'arrive pas très bien à fixer l'origine. Dans le célèbre épisode de « la madeleine », Proust fait une analyse précise des réminiscences qui remontent peu à peu jusqu'à sa pleine conscience.

3° **Dans la théorie platonicienne :** souvenir de ce que notre âme a vu dans une existence antérieure, qui nous permet d'élaborer des idées. Notre âme a contemplé autrefois les Idées. Lorsque nous observons le monde sensible et croyons en tirer des « idées », nous ne faisons que nous rappeler, sans le savoir, le souvenir des Idées contemplées dans le monde intelligible. Voir **Idées** et **Platonisme.**

RÉMISSION. *n. f.* (du latin *remissio,* « remise de peine, pardon »).

Sens religieux : pardon des péchés ; action de « remettre », d'effacer une peine. D'où l'expression **sans rémission :** sans indulgence, implacablement.

Sens médical : accalmie provisoire d'un mal. *Une période de rémission au cours d'une longue et douloureuse maladie.* Le mot s'emploie au *sens figuré,* pour désigner une période de calme, un apaisement momentané. *Une rémission de mes angoisses. Les hostilités n'ont connu qu'une courte rémission.*

RENAISSANCE. *n. f.* Action de renaître, de bénéficier d'une nouvelle naissance, soit physique (théorie de la réincarnation), soit morale (le baptême, dans la religion catholique, est une seconde naissance, spirituelle). *Au figuré :* renouveau, nouvel essor d'une réalité (sociale, institutionnelle, artistique, culturelle). En particulier, **La Renaissance :** vaste mouvement intellectuel et artistique qui commence à la fin du XVe siècle en Italie et s'étend au XVIe siècle à toute l'Europe. C'est à cette époque que seront construits en France les principaux châteaux de la Loire. La Renaissance est marquée par un retour de la vie intellectuelle à la culture gréco-latine. Voir **Humanisme, Pléiade.**

RENÉGAT. *n. m.* Personne qui renie sa religion, solennellement ou non (voir le verbe **Abjurer**). Par extension, personne qui trahit ses opinions, ses engagements, son parti, sa patrie, ses amis. Traître. Même si l'on peut être «renégat» par conviction, le mot a le plus souvent une connotation péjorative (traîtrise par intérêt).

RENTABLE. *adj.* Payant, fructueux, aussi bien au sens concret qu'au sens figuré. *Travailler son français, c'est rentable. Le taux de rentabilité d'un dictionnaire est difficile à prévoir à long terme.*

REPENTIR. *n. m.* Vif regret d'une faute commise, avec un sentiment de douleur et de honte. Le véritable repentir s'accompagne du désir de réparer sa faute et de dispositions prises pour ne pas la recommencer. Dans ce sens, le verbe *se repentir* implique une attitude plus large et plus profonde que le simple fait d'*avoir des remords.* Le remords reste un sentiment ; le repentir est déjà une action. Le remords peut conduire au repentir. *Un condamné qui veut vraiment être pardonné doit se repentir.* À noter la nuance de *menace de vengeance* dans l'avertissement : *« Tu t'en repentiras ».*

RÉPLIQUE. *n. f.* 1° Repartie assez vive (plus ou moins cinglante, ironique ou ingénieuse), que l'on adresse à un interlocuteur. La réplique adopte souvent un ton ou une formulation parallèle, similaire à la phrase à laquelle elle répond. Comme le mot réponse, le mot réplique peut désigner, par extension, une forme de riposte dans le domaine de l'action. *Le Blocus continental fut la réplique de Napoléon au blocus maritime organisé par l'Angleterre.*

2° *(sens théâtral)* Simple propos d'un personnage répondant à un autre. La réplique peut dans ce sens être une repartie, mais aussi bien une phrase naturelle, sans connotation agressive ; le dialogue se constitue d'un échange d'énoncés que l'on nomme à chaque fois « réplique ». *Reprenez la lecture à la troisième réplique de Dorante à Silvia.* **Donner la réplique :** aider un acteur à jouer son rôle en prononçant les répliques du personnage auquel il est supposé s'adresser.

3° *(sens artistique)* Une réplique est une reproduction à l'identique d'une œuvre d'art (un tableau, une sculpture par exemple). On retrouve ici l'idée de symétrie qui caractérise la réplique au sens n° 1.

RÉPRÉHENSIBLE. *adj.* (du bas latin *reprehendere,* « reprendre moralement, blâmer »). Se dit d'actes qui méritent d'être réprimandés, qui sont blâmables, coupables. *Tricher est répréhensible. Escroquer une veuve sans ressources est plus que répréhensible : c'est criminel.* L'adjectif *répréhensible* est moins fort que l'adjectif *condamnable*. Voir **Réprobation.**

REPRÉSENTATION. *n. f.* (du latin *repraesentare,* « rendre présent »). **Sens général :** • *Action de rendre présent,* de rendre sensible aux yeux ou à l'esprit de quelqu'un un objet absent, un concept, une réalité, au moyen d'une image, d'un signe, d'un symbole, etc. Écrire, peindre, parler, c'est représenter. Le fait de *se* représenter un souvenir, de se figurer une scène, de fantasmer, c'est produire une « représentation » pour soi-même. L'étymologie de ce mot (« rendre présent ») est la clef de sa signification.

• *Contenu de ce que l'on représente,* ou de ce que l'on *se* représente. En particulier, le mot représentation désigne, en psychologie, toutes les images, les idées figurées, les fantasmes, les rêves ou les pensées qui traversent le champ de conscience du sujet. On précise parfois représentation *mentale.*

• *Objet qui représente,* production artistique qui rend présents à nos yeux (ou à notre pensée) la réalité ou le phénomène représenté. En ce sens, la représentation peut être un simple signe, un symbole, un schéma, un tableau, une description littéraire, une œuvre (un roman qui se veut la représentation réaliste d'un milieu social, par exemple), et en particulier, un ouvrage dramatique joué sur scène. Si l'on parle de « représentation théâtrale », c'est précisément parce que le jeu dramatique *rend présentes* aux yeux du public les scènes, les émotions, les personnes qui constituent le contenu de la pièce. Notons qu'il y a là deux niveaux de «représentation» : 1° *Cette pièce elle-même* représente une certaine image du monde élaborée par l'auteur; 2° *Le fait de jouer cette pièce* (qui n'est qu'un texte) représente (au deuxième degré) son contenu sous le regard des spectateurs. C'est dans ce second sens, bien sûr, qu'on parle des diverses *représentations* d'un ouvrage dramatique.

Sens juridique et politique : fait de représenter quelqu'un qui est absent, d'agir à sa place. Ce sens est fidèle à l'étymologie : le représentant d'une personne *rend présentes* sa volonté, ses instructions. Le diplomate qui représente un gouvernement rend *effective* sa politique. Une assemblée qui représente une communauté agit en lieu et place de celle-ci, parce que la communauté entière ne pourrait pas siéger (être présente) pour délibérer : ainsi l'Assemblée nationale est-elle une «représentation» du peuple; si cette assemblée est véritablement «représentative», elle rend présente au niveau du pouvoir la volonté populaire. Voir **Allégorie, Signe, Symbole.**

RÉPRESSION. *n. f.* Action de réprimer, c'est-à-dire d'empêcher ou de punir les comportements délictueux. *La répression des crimes et de la violence. La répression de l'alcoolisme. La prévention est souvent préférable à la répression.* En particulier, fait d'étouffer violemment un mouvement collectif de révolte ou de protestation. *Dans les années 1968 et suivantes, l'image du pouvoir était liée à l'idée de répression.*

Par extension, on parle de *répression morale* (le fait d'interdire ou d'obliger). L'autorité peut être jugée «répressive» ou «permissive». Le terme *répression* est employé aussi en psychologie, pour désigner un rejet volontaire de certaines images ou de certains désirs hors du champ de la conscience (à la différence du *refoulement* qui, pour l'essentiel, est involontaire et largement inconscient). Voir **Irrépressible.**

RÉPROBATION. *n. f.* Jugement par lequel on désapprouve ou réprouve explicitement la conduite de quelqu'un. La réprobation est un blâme *sévère* de certaines conduites ou de certaines personnes. *Encourir la réprobation de son* *chef. Exprimer sa réprobation à l'égard de ce qui se passe dans certains milieux corrompus.* On peut *réprouver* une action, une attitude ou même une personne. Les **réprouvés** sont les *damnés* (au sens religieux), ou encore les personnes mises au ban de la société.

RÉPUBLIQUE. *n. f.* (du latin *res publica,* « chose publique »).

Au sens ancien : la cité, la réalité politique et sociale d'une communauté prise dans son ensemble. Comme l'indique l'étymologie, la république est vraiment l'affaire de tous les citoyens. Cependant, jusqu'au XVIIe siècle, le mot sera synonyme d'organisation politique, d'État, quel que soit le degré de participation des citoyens au pouvoir.

Au XVIIIe siècle (Montesquieu, Rousseau), le mot république désigne une forme de gouvernement dans lequel le pouvoir est détenu par le peuple *(Démocratie)* ou par une partie du peuple *(Aristocratie)*. Avec la Révolution française, la « République » devient inséparable de l'idée de démocratie : il n'y a que dans la démocratie que la république semble pouvoir être l'affaire de tous *(« Liberté, Égalité, Fraternité »).*

Aujourd'hui, le mot république peut désigner soit un État censé vivre sous un régime républicain (plus ou moins démocratique), soit le régime démocratique lui-même (fondé sur la souveraineté populaire, le pluripartisme et le suffrage universel).

Noter le *sens figuré* du terme : *« la république des lettres ».*

RÉPUDIER. *v. tr. (sens propre)* Renvoyer légalement son épouse en rompant le mariage, par décision unilatérale (du mari). Certaines civilisations antiques et le droit musulman autorisent la répudiation de la femme selon certaines dispositions. Il va sans dire que cette coutume est vigoureusement dénoncée par les féministes.

(sens figuré) Rejeter, repousser (des idées, des opinions, des engagements, des comportements). Renoncer à quelque chose. *Je répudie les sentiments xénophobes que j'avais dans ma jeunesse. Il a répudié le passé vertueux qui lui faisait honneur.*

REQUÊTE. *n. f.* (de *requérir,* « demander, exiger ; réclamer au nom de la loi »). *(sens juridique)* Demande expresse faite auprès d'une juridiction ou d'un magistrat pour obtenir une

décision (une autorisation; une annulation; la mise en œuvre d'une procédure).
(sens général) Prière écrite ou verbale, demande instante, supplique adressée à une autorité. *Présenter une requête. J'ai le plaisir de satisfaire à la requête que vous avez formulée.*

N.B. Ne pas confondre avec **Réquisition.** La *requête* est une *demande* adressée à une autorité (légale ou morale), alors que la *réquisition* est un *ordre,* une exigence formelle adressée par l'autorité.

REQUIEM. *n. m. invariable.* Prière de l'Église catholique pour les morts, dont le début est *Requiem aeternam dona eis* («Donne-leur le repos éternel»). Par extension, œuvre musicale composée sur ce texte. *Le Requiem de Fauré.* Voir **Messe.**

RÉQUISITION. *n. f.* Procédure juridique qui autorise une administration ou les pouvoirs publics à exiger d'un individu la prestation d'un service ou la cession d'un bien. *Les réquisitions militaires.* La réquisition est à la fois l'autorisation légale et l'acte (physique) qui permet de «réquisitionner».

Au *pluriel,* en droit pénal, on appelle aussi *réquisitions* les demandes que formule le ministère public (le procureur) au cours de son **réquisitoire.** N.B. Ne pas confondre avec **Requête.**

RÉQUISITOIRE. *n. m.* **Sens juridique :** discours oral par lequel le représentant du ministère public (de l'État), au cours d'un procès, réclame l'application de la loi en développant les chefs d'accusation qui pèsent sur le prévenu. Le réquisitoire est une plaidoirie *accusatrice* prononcée par un «procureur» ou «avocat général», par opposition au *plaidoyer* par lequel l'«avocat» *défend* l'accusé.

Sens général (par extension) : discours écrit ou oral, en principe véhément, par lequel on attaque une personne, une institution, une réalité sociale. *Prononcer un réquisitoire contre les dérives de la télévision. Dresser un réquisitoire contre le gouvernement.*

RÉSIGNATION. *n. f.* Fait de se résigner. Attitude de quelqu'un qui accepte sans résister les volontés d'un supérieur, les coups du sort. Le mot peut être employé dans un *sens favorable* (aptitude à renoncer courageusement à ce qu'on ne peut obtenir, ou à subir sans mot dire ce qu'on ne peut éviter), ou dans un *sens défavorable* (fatalisme, soumission passive).

N.B. Le sens ancien de ce mot (abandon volontaire d'un droit) ne doit pas entraîner de confusion avec le patronyme *résiliation* (annulation d'un contrat ; voir mot suivant).

RÉSILIER. *v. tr.* Dissoudre un contrat, par l'accord de l'une ou des deux parties qui l'ont signé. *Résilier un bail ; résilier un marché.* Mettre fin à un accord, à une convention, à un engagement.

RÉSONANCE. *n. f.* Au *sens figuré* : effet d'écho, retentissement produit dans le cœur ou dans l'esprit par une image, par un thème, par une expression poétique. *Deux vers de Verlaine suffisent à éveiller en moi des résonances sans fin.* Ce terme ne s'écrit qu'avec un seul *n*. (En revanche, pour le *participe présent* du verbe *résonner,* il faut deux *n*.)

RÉSORBER. *v. tr.* Faire disparaître progressivement, soit dans un sens médical *(résorber un épanchement de synovie),* soit dans un sens général *(résorber le chômage, résorber un déficit, résorber un excès).* Ce qu'il faut résorber est en général une réalité nuisible ou superflue. Noter le sens pronominal **Se résorber** : disparaître de soi-même, selon un processus naturel. Attention à l'orthographe du substantif **résorption** (comme *absorption*).

RESPECTABILITÉ. *n. f.* Qualité d'une personne respectable, qui mérite d'être publiquement respectée. *La respectabilité d'un notaire intègre. Vos calomnies nuisent à ma respectabilité.* Le terme est parfois employé péjorativement pour désigner l'*apparence* d'honorabilité que veulent se donner certaines personnes. *Un notable qui soigne sa respectabilité par ambition politique.*

RESPECTIF. *adj.* Qui concerne chaque personne ou chaque chose, par rapport (ou par différence) aux autres. *Ils ont comparé leurs salaires respectifs. Que chacun conserve sa place respective. Les candidats seront séparés en deux groupes, en fonction de leur première langue respective. Les deux frères, respectivement nommés Pierre et Paul.* Ne pas confondre avec *respectable* ou *respectueux.*

RESSENTIMENT. *n. m.* **Sens ancien :** fait de ressentir encore, ou intensément (le plus souvent négativement). **Sens moderne :** rancune ; souvenir très vif, mêlé de haine, des torts qu'on a subis ; rancœur. *Éprouver du ressentiment* *envers quelqu'un. Il cultivait en lui-même, pour mieux se venger, le ressentiment de l'injure qui lui avait été faite.*

RESSORTIR À. *v. tr. ind.* Relever de, être relatif à, être du ressort de. *L'étude des mythes ressortit autant à l'anthropologie qu'à la critique littéraire.*

N.B. Ne pas confondre avec l'homonyme **Ressortir** (verbe intransitif) qui signifie « sortir à nouveau ; apparaître clairement ; résulter » *(il ressort de sa maison ; les bas-reliefs ressortent bien ; il ressort de ce livre que).*

RESTRICTIF. *adj.* Qui restreint ; qui limite la portée de quelque chose. *Une clause restrictive* (qui limite la portée du contrat). *Une interprétation restrictive* (qui se limite au sens strict).
La négation restrictive : l'emploi de la négation *« ne... que » ;* celle-ci ne nie pas une réalité, mais elle en restreint le sens positif. Ainsi, la phrase *Il n'est pas venu* nie la venue, tandis que la phrase *Il n'est venu que pour dire adieu* restreint cette venue au seul but de « dire adieu ». Même enfermement sémantique dans les jugements du type *« tu n'es qu'un menteur », « la société n'est qu'hypocrisie »,* etc.

RÉSURRECTION. *n. f.* (du latin *resurgere,* « se relever ») Fait de revenir de la mort à la vie, de « ressusciter ». Au *sens figuré,* reprise de vigueur et d'activité ; réapparition (d'une idée, d'un sentiment).
Le **mystère de la Résurrection** : dogme chrétien établissant qu'à la suite du Christ, lui-même ressuscité d'entre les morts, tout homme ressuscitera à la fin des temps. Les corps retrouveront la vie. La Résurrection du Christ, la résurrection de la chair (terme canonique), ont suscité de nombreuses représentations dans l'art classique. Voir **Christianisme, Incarnation.**

RÉTICENT. *adj.* (du latin *reticere,* « taire »). Qui manifeste de la réticence, c'est-à-dire qui omet volontairement certaines choses qu'il devrait dire *;* et donc, qui adopte une attitude de réserve, d'hésitation, voire de résistance. *On le sentait réticent, il ne disait pas tout ce qu'il pensait. Il avait l'air si réticent que je n'ai pas renouvelé ma demande.*

RÉTIF. *adj.* (*sens propre,* pour un animal). Qui résiste, qui refuse d'avancer. *Une mule particulièrement rétive.*
    (*sens figuré,* pour les personnes). Qui ne se laisse pas faire ; difficile à entraîner, à persuader. Indocile.

Des élèves rétifs devant l'effort. D'abord réticent, pour ne pas dire rétif, il s'est ensuite montré enthousiaste pour mon projet.

RÉTORQUER. *v. tr.* Répliquer, en retournant contre son interlocuteur les raisons ou les arguments dont il s'est servi. Par extension, objecter, répondre, répliquer vivement. «*Hamlet*, dit la Reine, *vous avez gravement offensé votre père* — *Mère*, rétorque Hamlet, *vous avez gravement offensé mon père*». *Je lui ai rétorqué que c'était moi qui donnais des ordres.* Ne pas confondre avec **Extorquer.** Voir **Répliquo.**

RÉTORSION. *n. f.* Action de répliquer aux procédés préjudiciables de quelqu'un par des mesures coercitives de même nature. Représailles. *User de rétorsion. Prendre des mesures de rétorsion.* En particulier, des mesures de rétorsion sont souvent prises par un État à l'encontre d'un autre État qui a pris des décisions abusives. Si un pays étranger augmente brutalement les droits de douanes sur vos productions agricoles, vous pouvez répliquer, *par mesure de rétorsion,* en contingentant ses exportations de produits audiovisuels.

RÉTRACTATION. *n. f.* Fait de se rétracter, de désavouer (publiquement) ce qu'on a fait ou dit. Une rétractation peut être jugée favorable (on revient sur une erreur), mais elle a souvent aussi des connotations négatives (on se renie ; on est obligé par les autorités de se rétracter solennellement). *La rétractation à laquelle fut obligé Galilée a longtemps fait honte à l'Église.* Ne pas confondre avec **Rétraction** (fait de se contracter physiquement).

RÉTRO-. Racine latine qui signifie «en arrière». *Vade retro Satana :* «En arrière, Satan!». Cette racine entre dans la composition de nombreux mots comme **Rétroactif** (qui exerce ses effets sur le passé : *une loi rétroactive*), **Rétrocéder** (rendre à quelqu'un ce qu'on a reçu de lui), **Rétrograde** et son abréviation invariable **Rétro** (qui imite le passé, veut rétablir des institutions, des idées ou des modes antérieures), **Rétrospectif** et **Rétrospective** (voir ci-après).

RÉTROSPECTIF, VE. *adj.* (des racines latines *retro,* «en arrière» et *spect-,* «regarder, observer»). Qui regarde en arrière dans le temps, qui remonte vers le passé. *Une étude* *rétrospective.* Qui concerne le passé mais se manifeste après coup. *Une peur rétrospective* (c'est une peur *actuelle,* mais concernant un événement *passé,* dont on n'avait pas saisi la gravité).

RÉTROSPECTIVE. *n. f.* (des racines latines *retro,* « en arrière » et *spect-,* « regarder, observer »). Exposition qui présente un récapitulatif des œuvres d'un auteur ou d'une école (depuis ses débuts). Une rétrospective peut être aussi un documentaire (écrit, sonore ou visuel) qui fait le bilan chronologique d'une série de faits dans un domaine précis (politique, artistique ; individuel ou collectif, etc.).

RÊVE. *n. m.* 1° **Activité psychique qui a lieu durant le sommeil.** Le rêve se constitue de représentations plus ou moins imagées, plus ou moins incohérentes, dont on conserve une mémoire souvent très partielle au réveil.

2° **Représentation idéale que l'on élabore consciemment** (à l'état de veille), soit passagèrement, soit de façon organisée. Le rêve est une construction de l'esprit qui imagine une situation souvent irréelle, mais parfois réalisable ; il est une cristallisation de nos désirs ou de nos idéaux. Lorsqu'on se laisse aller consciemment à des rêves plus ou moins vagues, où les idées et les images (les fantasmes) s'associent librement, au gré des sensations ou de l'imagination, on parle alors de **rêverie** (ou rêvasserie).

En psychanalyse, le rêve nocturne est considéré comme l'une des manifestations les plus caractéristiques de l'**Inconscient.** Le relâchement de la conscience, des contraintes sociales et du contrôle moral (le **Surmoi**), conduit en effet les désirs inconscients à s'exprimer, à se révéler. Le rêve est pour Freud une réalisation de nos désirs habituellement refoulés. Mais attention : la **Censure,** au cours du rêve, veille encore sévèrement. Il ne faudrait pas que la libération soudaine de désirs interdits (et donc chargés de culpabilité et d'angoisse) vienne réveiller le sujet endormi, qui ne peut supporter de voir en face ses pulsions à l'état brut, le **« Ça »** qui le hante monstrueusement. Le rêve est également en effet le « gardien du sommeil ». Un compromis s'effectue donc entre les désirs et les exigences de la censure, sous les apparences incohérentes du scénario rêvé. D'une part, le désir s'exprime selon les lois de l'inconscient (qui se moque de la chronologie, qui se moque de la logique, qui accepte incohérences et contradictions) ; d'autre part, le désir se masque, prend l'aspect de fantasmes,

de représentations (mi-intellectuelles, mi-imagées), d'histoires dont le cours surprenant est cependant tolérable. Freud oppose ainsi le *contenu manifeste* du rêve (le scénario apparent, les images dont on se souvient) et son *contenu latent* (sa signification réelle, inconsciente). L'interprétation consiste à *extraire le sens réel* du contenu manifeste, sachant que l'élaboration du rêve obéit à trois grandes lois qui sont :
• Le **symbolisme** (les éléments du rêve ont souvent des significations sexuelles latentes : les objets allongés, les bâtons, les pics figureront le phallus ; les réceptacles, les vases, les objets creux figureront le corps féminin ; mais le code symbolique peut être particulier à chaque rêveur) ;
• La **condensation** (une scène rêvée, une simple image peut condenser en elle-même divers traits, diverses époques, diverses personnes, diverses significations que l'analyse doit démêler) ;
• Le **déplacement** (la «libido», l'expression du désir inconscient, peut très bien s'investir dans des aspects accessoires et apparemment insignifiants du rêve, alors que les éléments dramatiques dont le rêveur se souvient n'ont qu'une importance secondaire : l'inconscient *déplace* ses affects pour mieux tromper la censure).

Ces quelques traits du rêve s'appliquent aussi, selon Freud, aux mots d'esprit ainsi qu'à beaucoup de manifestations névrotiques, dont le sens profond est caché par l'expression apparente. Avec des précautions et des nuances, certains critiques ont tenté de les retrouver dans les productions artistiques (qui sont de grandes rêveries contrôlées). Il faut toutefois ne pas réduire à des symptômes les plus hautes créations de l'esprit humain.

Voir **Censure, Inconscient, Refoulement, Symbolisme.**

REVÊCHE. *adj.* Se dit d'une personne dont l'abord ou le caractère est peu accommodant, rude, hargneux, rébarbatif. *Une femme revêche. Une humeur revêche. Une attitude revêche.*
   Pour les choses dont le contact est rugueux, on dira *rêche* (terme qui peut s'employer au sens figuré).

RÉVÉLATION. *n. f.* (à partir du latin *revelare,* lui-même issu du mot *velum,* « voile », et qui signifie : « lever le voile, découvrir, révéler »). Au **sens religieux :** manifestation surnaturelle par laquelle Dieu fait connaître aux hommes des vérités jusqu'alors cachées. Cette révélation peut être directe (Dieu parle à l'homme, lui apparaît au cours d'une vision), ou indirecte (Dieu envoie des messagers comme les anges, des signes manifestes de sa volonté, ou encore la présence de son esprit dans un être inspiré). La révélation est aussi le *contenu* des vérités ainsi «révélées». La Bible pour les juifs, la Bible et les Évangiles pour les chrétiens, le Coran pour les musulmans, sont l'expression de la révélation divine. Aussi ces trois religions sont-elles appelées des «religions révélées».

Au XVIIIe siècle, la philosophie des **Lumières** s'est souvent opposée à l'idée même de révélation. Les philosophes déistes fondaient leur foi sur la raison et s'opposaient au **fidéisme.**

RÉVÉRER. *v. tr.* Honorer une personne, vénérer une réalité sacrée, avec un profond respect où la crainte se mêle à l'adoration. *Révérer Dieu; révérer un sage ou un saint; révérer un grand livre.* Ce verbe est quasi-synonyme de *vénérer.* Voir le mot **irrévérencieux.**

RÉVERSIBLE. *adj.* **Sens général :** se dit d'une réalité, d'un phénomène qui peut s'inverser, c'est-à-dire se produire dans un sens comme dans l'autre sens. *Un mouvement réversible.* L'antonyme parfait de cet adjectif, plus répandu, est évidemment *irréversible.*

Sens juridique : se dit d'un bien, d'un bénéfice, d'une rente qui peuvent être «reversés» sur une autre personne que le titulaire (notamment après la mort de celui-ci). *Une pension réversible.*

Ce sens se retrouve, **à un niveau spirituel,** dans le langage religieux : la **réversibilité des mérites** est une conception théologique selon laquelle les mérites moraux acquis par les justes (leurs prières, leurs souffrances, leurs bonnes actions) peuvent être transférés au profit des coupables, des pécheurs, et contribuer ainsi à leur salut. Il s'agit de la «communion des saints». Cette conception chrétienne donne à la vie morale du croyant une portée altruiste, communautaire : il a la conviction que, même dans la solitude, il peut aider spirituellement les autres. Baudelaire fait allusion à cette conviction dans son poème intitulé «Réversibilité».

RÉVISER. *v. tr.* 1° Revoir, examiner à nouveau quelque

chose pour corriger, pour améliorer ou réparer. *Réviser un manuscrit. Réviser un procès. Réviser ses conceptions.* 2° Repasser ses leçons, revoir ce que l'on a appris pour un contrôle, un examen. *Faire des révisions.*

N.B. Ces deux sens sont assez différents. Réviser pour mieux savoir implique une idée de répétition, alors que réviser pour améliorer suppose une idée de changement («une révision déchirante»). De ce second sens est d'ailleurs issu le terme **révisionnisme**.

RÉVISIONNISME. *n. m.* **Sens général :** position idéologique qui, dans le cadre d'une doctrine politique, préconise la révision (plus ou moins radicale) des dogmes fondateurs de celle-ci. **Sens particuliers :**
- position de certains courants marxistes qui sont pour une révision des thèses révolutionnaires du marxisme, en fonction de l'évolution politique, sociale ou économique (voir **Réformisme**).
- attitude de pseudo-historiens et de mouvements politiques d'extrême-droite qui nient le génocide des Juifs par les nazis, en remettant en cause l'existence des chambres à gaz dans les camps d'extermination.

REVIVISCENCE. *n. f.* Action de reprendre vie et vitalité. *La reviviscence de certains sentiments, de souvenirs anciens.* Ne pas confondre avec *réminiscence* (voir ce mot).

RÉVOLU. *adj.* (du latin *revolvere*, «rouler, dérouler»). Qui a accompli son cycle ; qui a achevé son temps, qui s'est écoulé. *Avoir cinquante ans révolus. Une époque révolue.* Qui a totalement disparu.

RÉVOLUTION. *n. f.* **Au sens politique, social et économique :** changement brusque, radical, et souvent violent, de l'ordre établi, des institutions existantes, du régime. Le mouvement qui s'y oppose se nomme *contre-révolution*. La révolution peut être totale *(la révolution russe)* ou partielle *(la révolution industrielle ; la révolution des mœurs)*. À partir de l'exemple politique, le mot révolution a été employé métaphoriquement dans presque tous les domaines de la vie humaine, notamment dans le domaine intellectuel, artistique ou moral. Dans cet emploi, le terme s'est parfois usé : il peut signifier un changement plus ou moins profond, sans qu'il y ait nécessairement coupure totale ou violente avec l'état précédent. Noter l'expression **Révolution culturelle**, qui a été d'abord lancée dans la Chine de Mao-Tsé-Toung (en 1965-1966) et qui désigne, au-delà des idées politiques, un bouleversement radical des valeurs fondamentales d'une société, aussi bien au niveau de la vie proprement culturelle que des mœurs ou des relations entre les personnes.

Au mot **Révolution** peuvent être opposés les mots **Tradition, Évolution** (ou **Réforme**), et enfin **Révolte** : la *révolte* — contre les injustices, contre l'absurdité du monde — est un mouvement de refus intense, passionné, souvent épisodique, tandis que la *révolution* se veut une action d'ensemble, politiquement organisée.

RÉVOQUER. *v. tr.* Destituer une personne d'une fonction, d'une charge qu'on lui avait confiée. *Le fonctionnaire incompétent a été révoqué.* Déclarer nul un contrat ou un acte juridique. *Révoquer un testament. La Révocation de l'Édit de Nantes (1685).*

RHAPSODIE. *n. f.* **Dans l'Antiquité,** suite de morceaux épiques que chantaient ou récitaient les *rhapsodes,* de ville en ville. **En musique,** composition d'inspiration libre où se juxtaposent, dans un mouvement unique, divers thèmes d'origine populaire. Les *Rhapsodies hongroises* de Liszt sont célèbres.

RHÉTORIQUE. *n. f.* Art de bien *dire* et de bien parler; et donc, ensemble des procédés oratoires employés pour produire un discours convaincant, au niveau de l'invention, de la composition et de l'**élocution** (voir ce mot, au sens n° 2). La rhétorique est au service de l'éloquence. Elle comprend notamment les **figures de rhétorique,** qui peuvent être de véritables procédés d'argumentation (la concession, par exemple) ou simplement les classiques figures de style. Traditionnellement, la rhétorique était enseignée, raison pour laquelle certaines classes sont appelées «classes de rhétorique».

Le mot «rhétorique» désigne aussi l'*art d'écrire* d'un auteur particulier : *la rhétorique de Rousseau, son habileté à manier l'anaphore, l'antithèse, le style périodique.* Voir **Figure de style**.

On emploie parfois le mot rhétorique au sens péjoratif de «rhétorique creuse», par opposition à la véritable éloquence, chaleureuse et sincère. On appelle *rhétoriqueurs* un groupe de poètes français de la fin du XVe siècle, remarquables par leur virtuosité formelle et leur habileté rythmique.

Certains leur ont reproché leur trop grand formalisme verbal.

N.B. Bien placer le *h* après le *r* (et non après le *t*).

RIGORISME. *n. m.* Attachement rigoureux, souvent excessif, aux règles morales ou religieuses. *Le rigorisme des puritains. Une attitude rigoriste en matière de discipline.* Antonyme : **laxisme**.

RIGUEUR. *n. f.* 1° Sévérité, dureté extrême des êtres ou des choses. *La rigueur d'une autorité, d'un chef. La rigueur d'une répression armée. Une politique économique de rigueur. La rigueur de la morale. La rigueur de l'hiver. Les rigueurs d'une époque difficile.*

2° Inflexibilité logique ; exigence intellectuelle de précision et d'exactitude. *La rigueur d'un raisonnement. Un calcul rigoureux. La rigueur d'une exécution* (œuvre picturale, interprétation musicale, etc.). *Travailler, agir, écrire avec rigueur, sans à peu près.*

Le point commun entre les deux acceptions du mot *rigueur* est sans doute l'idée de contrainte. La rigueur est toujours le fruit d'une réalité contraignante, qu'elle soit naturelle ou humaine, qu'elle soit imposée ou qu'on se l'impose à soi-même. La logique a ses lois : la rigueur d'une pensée ou d'un raisonnement ne sera obtenue que si l'on se contraint à suivre les lois de la logique ; du même coup, on impose au lecteur ou à l'interlocuteur la rigueur de ce raisonnement à laquelle il ne peut échapper.

L'expression **À la rigueur,** d'un emploi courant, peut étonner. Elle signifie en effet qu'*en cas de nécessité absolue,* on pourra faire telle ou telle chose si la réalité extérieure nous l'impose, ce qui renvoie au *sens n° 1 du mot*. Mais cette expression est souvent utilisée dans un esprit de tolérance, pour accepter une exception à la règle, ce qui est contraire à l'idée d'inflexibilité du mot «rigueur» *au sens n° 2*. D'où une surprenante contradiction. *Vous pouvez à la rigueur ne pas faire d'introduction dans votre discours ; mais ce n'est pas très rigoureux...*

RIME. *n. f.* Répétition de sons identiques à la fin de deux ou plusieurs vers. En principe, il faut une succession de deux sonorités (voyelle + voyelle ; voyelle + consonne ; consonne + voyelle) pour que la rime soit suffisante. Dans le cas où une seule voyelle est répétée, on parle de rime *pauvre,* ou encore d'*assonance* (voir ce mot, et les exemples qui y sont donnés). Plus le nombre de sonorités répétées à la rime est grand, plus la rime est riche.

Dans la poésie classique, on alterne les rimes **masculines** et les rimes **féminines**; sont féminines les rimes dont le dernier mot se termine par un *e* muet, masculines toutes les autres. *Cousine/voisine, fille/brille, émue/remue* sont féminines. *Soleil/pareil, front/rond, peur/rigueur* sont masculines. Lorsqu'un vers se termine par une rime masculine, il ne peut être suivi que par un vers se terminant par une rime féminine (sauf s'il s'agit bien sûr de la *même* rime masculine). Et réciproquement.

Les rimes sont dites *plates* lorsqu'elles adoptent la disposition *aa/bb/cc/*; *croisées,* dans la disposition *abab*; et *embrassées,* dans la disposition *abba*.

La rime consistant à jouer sur le son et sur le sens, les poètes aiment y pratiquer la *paronomase* (figure de style qui consiste à rapprocher des mots de sonorités *proches* mais de sens *différents*) :

> *Comme la vie est lente*
> *Et comme l'Espérance est violente* (Apollinaire)

RITE. *n. m.* **Sens religieux :** ensemble de règles, de pratiques cérémoniales en usage dans une communauté religieuse. Le *rite romain* est le culte pratiqué par l'Église catholique. Plus précisément, **les rites** (au pluriel) : ensemble des pratiques et des règles qui fixent le déroulement d'une cérémonie donnée. *Les rites magiques* (destinés à se concilier des puissances surnaturelles). *Les rites maçonniques* (cérémonie d'initiation destinée, par exemple, à accueillir un nouveau membre). Le code qui contient et fixe l'ensemble de ces rites s'appelle un **rituel.**

Sens sociologique (courant) : manière d'agir habituelle propre à un groupe social, soit au cours de cérémonies particulières (remise d'une décoration), soit dans des pratiques coutumières de la vie courante (rite de la poignée de main; rites de la politesse). Les rites ont souvent un caractère invariable, qu'ils soient voulus consciemment ou non par la communauté : il est très difficile de modifier ou de contredire ce qui a été *ritualisé* (l'alternance brutale travail/vacances; la cessation de l'activité économique au mois d'août, en France, par exemple). Notons enfin que les rites peuvent être propres à un tout petit groupe ou à un individu (par exemple, le *rituel* dont s'entourent certains écrivains avant de se livrer à l'acte d'écrire). *Des procédures rituelles.*

ROBORATIF. *adj.* (du latin *robur*, «force, vigueur»). Qui fortifie, qui revigore. *Un ouvrage roboratif. Une boisson roborative.*

N.B. Pour l'étymologie, voir le verbe **Corroborer**.

ROCAMBOLESQUE. *adj.* Se dit d'un récit qui abonde en péripéties spectaculaires, en rebondissements inattendus (et invraisemblables). Peut s'appliquer à des événements réels. *Une aventure rocambolesque.*

N.B. Cet adjectif vient de Rocambole, héros de nombreux romans-feuilletons de Ponson du Terrail (1829-1871).

ROCOCO. *n. m.* et *adj.* Style du XVIIIe siècle, apparenté au baroque italien, qui se caractérise par la profusion de l'ornementation. *Le rococo dans la sculpture est souvent extravagant.* Comme adjectif, le terme est souvent synonyme de *tarabiscoté*, ridiculement compliqué.

ROMAN. *n. m.* Long récit en prose racontant une histoire de caractère fictif, vécue par des personnages imaginaires, que l'auteur veuille ou ne veuille pas nous faire croire à leur vraisemblance.

• À l'origine, le mot *roman* désigne l'ancien français — la langue vulgaire par opposition au latin (langue savante). Par extension, on a appelé *romans* des œuvres littéraires (en vers) qui racontaient des histoires fictives en langue romane (roman de chevalerie; roman courtois). Le terme s'est spécialisé par la suite pour désigner un *récit en prose* d'aventures *imaginaires,* par opposition aux autres genres littéraires (épopée, chronique, poésie, théâtre, fable, histoire). De nos jours, le roman est devenu un genre attrape-tout qui, tout en s'opposant aux autres genres, en intègre souvent les éléments spécifiques, même si ce n'est que de façon partielle.

• Le roman s'oppose à l'*essai*, mais il peut contenir des développements et des méditations qui valent bien des essais (la théorie du pouvoir dans *1984* d'Orwell). Le roman s'oppose à la *poésie*, mais certaines pages descriptives ou narratives sont d'une incomparable poésie (la «Promenade sur le lac» dans *La Nouvelle Héloïse* de Rousseau). Le roman s'oppose au *théâtre*, mais ses scènes et ses dialogues sont parfois d'une vigueur dramatique dépassant bien des œuvres théâtrales. Le roman s'oppose à l'*épopée,* mais offre parfois des pages épiques brossant formidablement le tableau des conditions sociales et des luttes humaines (Zola, *Germinal*). Le roman s'oppose à l'*histoire* mais il produit parfois des chroniques à la fois exactes et animées qui font magnifiquement revivre le passé (Flaubert, *Salammbô*). Et ainsi de suite.

• On distingue en général le roman du *récit* et de la *nouvelle,* qui sont des œuvres plus courtes (voir ces mots). Mais les auteurs nomment parfois « romans » des récits très courts (*L'Étranger* de Camus). Que conclure, sinon que le roman est un genre protéiforme dont l'aptitude essentielle est de s'enrichir de tous les autres, en les greffant à chaque fois sur le noyau spécifique que demeure le processus narratif. Le roman *raconte*, et à partir de là, il mime l'existence sous toutes ses formes, sous tous les points de vue, en employant tous les procédés de l'écriture littéraire, tous les moyens qui peuvent entraîner le lecteur dans le fantastique, ou le confronter à la représentation du réel.

Voir **Chronique, Conte, Fable, Nouvelle, Récit, Romanesque.**

ROMANCE. *n. f.* (de *romance,* chanson populaire espagnole). Pièce poétique simple et populaire, sur un sujet attendrissant, destinée le plus souvent à être chantée. Musique écrite pour chanter une romance. *« Elle chanta une de ces anciennes romances pleines de mélancolie et d'amour, qui racontent toujours les malheurs d'une princesse enfermée dans sa tour par la volonté d'un père qui la punit d'avoir aimé. »* (Nerval).

ROMANESQUE. *adj.* 1° Qui concerne le roman, son genre, son écriture. *La technique romanesque. Le mode romanesque. Un personnage romanesque.*

2° Qui présente (dans la vie courante) des caractères traditionnellement attribués au roman : aventure extraordinaire, monde irréel ou imaginaire, scènes et passions dramatiques. *Une aventure romanesque. Des amours romanesques.* Se dit en particulier des personnes qui voudraient vivre leur vie comme un roman, et négligent la réalité au profit de l'imaginaire. *Un esprit romanesque, une jeune fille romanesque.*

Madame Bovary, par exemple, est doublement « romanesque » : 1° Elle est un personnage de roman ; 2° Elle voudrait vivre sa vie comme un grand roman d'amour romantique (voir **Bovarysme**).

ROMANTIQUE. *adj.* 1° Qui se rapporte au romantisme comme mouvement littéraire et artistique (voir mot suivant). *La littérature romantique. René, premier héros romantique.*
2° Qui manifeste une sensibilité, un caractère, un esprit proches de ceux qu'exalte le romantisme (exaltation lyrique, goût de la rêverie, idéalisme sentimental, mépris de ce qui est bassement utilitaire). *Un adolescent romantique. Des rêves romantiques.* L'adjectif s'applique aussi à ce qui *produit* des états d'âme romantiques : *un coucher de soleil romantique ; un adieu romantique.*

ROMANTISME. *n. m.* Mouvement intellectuel et artistique qui se manifeste dès le milieu du XVIIIe siècle en Angleterre et en Allemagne, et atteindra son apogée au XIXe siècle, notamment dans la littérature française avec les poètes Lamartine, Hugo, Musset, Vigny, Nerval et des prosateurs comme Chateaubriand, Stendhal. Il s'agit d'un mouvement européen.

• Comme la plupart des grands mouvements artistiques, le romantisme se définit d'abord par ses réactions aux périodes qui précèdent :
— **Opposition au rationalisme** des Lumières, à son optimisme philosophique comme au culte de la raison, contre lequel les écrivains réhabilitent les droits de la sensibilité, de l'imagination, et l'expression lyrique des grands sentiments ;
— **Opposition à l'idéal classique,** à son esthétique de la mesure et de la retenue personnelle, contre lequel les romantiques prônent l'exaltation du moi et la libération de l'art.

• Ces oppositions s'accompagnent souvent d'une attitude individualiste de *refus de l'ordre social* de l'époque, aussi bien sous sa forme économique (l'utilitarisme bourgeois) que sous ses formes culturelles (académismes divers) : l'année 1830 (Révolution de juillet) est l'année de la bataille d'*Hernani* (Hugo); Berlioz compose *La Symphonie fantastique ;* en 1831, Delacroix peint *La Liberté guidant le peuple.* Le *culte du moi* s'affirme et s'accompagne, dans tous les domaines, d'un désir de liberté et de libération, ce qui ne va pas sans angoisses et sans souffrances, car le monde (sa réalité tant sociale que métaphysique) ne se plie pas d'emblée aux aspirations romantiques.

• Les thèmes que cultivera la littérature romantique, en tentant de renouveler les formes artistiques traditionnelles (le théâtre, la poésie) ou de leur conférer un développement exceptionnel (le roman, lieu privilégié de l'expression de l'individu face à la société), seront donc globalement : la *douleur,* le *mal de vivre* (voir **Mal du siècle**) ; les *grands sentiments humains* (l'amour, la souffrance, la mort, l'appel de la liberté) et *l'exaltation du «cœur»* («*Ah, frappe-toi le cœur, c'est là qu'est le génie !*», écrit Musset), l'*amour de la nature* (dans laquelle le «moi» se projette et se reflète), l'*appel du rêve* ou de l'esprit (Nerval, Vigny), la *glorification de l'artiste* (poète maudit dans son exception, ou prophète inspiré chargé d'éclairer les hommes). Mieux vaut vivre dans la démesure du sentiment et dans l'échec que de nier sa propre singularité en se fondant dans une société utilitariste (voir la pièce *Chatterton,* de Vigny). Cela dit, l'attitude romantique ne se limite pas à un retrait individualiste du «moi» dans l'exaltation de ses rêveries au sein de la nature : elle peut comporter aussi un engagement social ou politique (Lamartine, Hugo) au nom de la liberté, une volonté de se révolter et de triompher de l'ordre ancien.

• Comme le classicisme, le romantisme est parfois considéré comme une attitude esthétique valable de tous temps et qui peut traverser chaque artiste, comme élan, au même titre que le classicisme, comme exigence. C'est ainsi qu'on a pu relier le surréalisme ou le baroque au romantisme, en tant que tendance universelle de l'art. Pour Gide, classicisme et romantisme doivent se fondre : « *L'œuvre classique ne sera forte et belle qu'en raison de son romantisme dompté.* » Voir **Baroque, Classicisme.**

RONDEAU. *n. m.* Poème à forme fixe qui fut surtout en vogue au Moyen Âge. Construit sur deux rimes et un refrain, il donne l'impression de «tourner en rond» en raison de ses répétitions.

N.B. Ne pas confondre avec l'homonyme **Rondo,** pièce musicale (au cours d'une sonate ou d'une symphonie) dans laquelle un refrain alterne avec des variations.

ROTONDITÉ. *n. f.* Caractère de ce qui est rond ou sphérique. *L'homme a mis des siècles à découvrir la rotondité de la terre.* Peut s'appliquer au *pluriel,* de façon plaisante, aux rondeurs d'une personne grasse. *Mais il a pris conscience* *beaucoup plus vite des rotondités de la femme, comme en témoigne la peinture classique.*

ROTURIER. *adj.* et *n.* Qui n'est pas noble, qui appartient à la « roture » (classe des paysans, des bourgeois ou des propriétaires non nobles). *C'est un roturier ; il sent sa roture ; il est manifestement d'origine roturière.* Voir **Patricien** et **Plébéien.**

ROUÉ. *adj.* Qui est torturé au moyen du supplice de la roue. Au *figuré : être roué de coups* (battu).

n. m. Nom donné, au XVIIIᵉ siècle, à des personnes débauchées, qui eussent mérité le supplice de la roue. *Les roués de la Régence.*

Par extension *(sens actuel) :* personne intéressée, perverse et rusée, qui n'hésite pas sur les moyens pour arriver à ses fins. *Méfie-toi, c'est une rouée : elle ne séduit que pour escroquer. La rouerie est une forme d'habileté sans scrupule.*

ROUSSEAUISME. *n. f.* Attitude de confiance naïve en la bonté de la nature humaine, qui s'accompagne d'une vision idéaliste de l'existence de l'homme primitif, à l'état de nature. Une *conception rousseauiste de l'éducation* considérera que l'enfant est innocent et qu'il suffit de respecter sa nature pour l'éduquer.

Le *rousseauisme* est évidemment une caricature de la pensée de Jean-Jacques Rousseau (complexe et parfois contradictoire). Elle dérive de ses thèses sur l'origine de l'inégalité sociale et sur l'éducation.

RUBICON (franchir le). Le Rubicon est une rivière séparant l'Italie de la Gaule, que Jules César franchit en 49 avant J.-C., osant marcher sur Rome avec son armée pour conquérir le pouvoir *(Alea jacta est,* avait-il déclaré : « le sort en est jeté »). **Franchir le Rubicon,** c'est s'engager dans une opération hardie aux conséquences irréversibles, en risquant le tout pour le tout, quitte à braver les interdits. *Ce candidat jusqu'alors modéré va-t-il, en faisant appel aux voix d'extrême droite, franchir le Rubicon ?*

RUDIMENTS. *n. m.* Au **pluriel :** premiers éléments d'une réalité (une théorie, une organisation) ; notions élémentaires d'une science ou d'un art. *Des rudiments d'installation électrique. Ils n'ont que des rudiments de grammaire. Vos connaissances en mathématiques sont vraiment rudimentaires.*

RUSTIQUE. *adj.* (du latin *rus, ruris*, «campagne»). Qui se rapporte à la campagne. *La vie rustique.* Qui a le caractère simple, solide, peu raffiné, de ce qui se fait à la campagne. *Des meubles rustiques* (sens mélioratif). *Des manières rustiques* (sens péjoratif). Selon les contextes et les modes, l'adjectif *rustique* et la notion même de *rusticité* sont pris dans un sens favorable ou défavorable.

N.B. Les mots *rural, ruralité* ont la même étymologie. De même l'adjectif **rustaud** (lourdaud, grossier comme est censé l'être un paysan) et le nom **rustre** (homme brutal et grossier), qui sont nettement péjoratifs.

RYTHMIQUE. *(comme nom féminin)* Étude des rythmes de la langue littéraire (versifiée ou non). La rythmique étudie la longueur et la coupe des phrases, la cadence des éléments qui se succèdent (périodes), la place des accents et leurs déplacements éventuels. Voir **Accentuation, Anaphore, Enjambement, Période, Prosodie, Rejet.**

Plus généralement, la *rythmique* peut désigner un ensemble d'éléments hétérogènes rassemblés selon un certain rythme. *Les médias, en sélectionnant et en ordonnant les événements, soumettent l'opinion à une sorte de rythmique dominante dont il est difficile de s'extraire.*

SABBAT. *n. m.* 1° Jour de repos et de prière que les juifs observent le septième jour de la semaine, c'est-à-dire le samedi (le mot «samedi» dérive lui-même du latin *sabbatum*). L'adjectif *sabbatique* qualifie ce septième jour (*repos sabbatique*) et, par extension, l'année de congé (*année sabbatique*) accordée dans certaines professions, pour prendre du recul et parfaire sa formation (en principe tous les sept ans).

2° Rassemblement nocturne et tapageur de sorciers et de sorcières qui, selon une superstition du moyen âge, se tenait le samedi à minuit, présidée par Satan. Par extension, danse frénétique et endiablée. *Une ronde de sabbat.* Ce sens n'est évidemment pas à confondre avec le précédent!

SACERDOCE. *n. m.* 1° Dignité, mission et fonction de prêtre, dans diverses religions. Le sacerdoce confère au prêtre un pouvoir spirituel; dans ce sens, on dit aussi *prêtrise*. La fonction proprement dite du prêtre (sa mission, l'emploi dont il est chargé) s'appelle *ministère*. Voir aussi le mot **Sacrement**. *L'habit sacerdotal, les vêtements sacerdotaux.*

2° Fonction qui présente un caractère éminemment respectable, quasi religieux, en raison du dévouement, de la ferveur ou de l'abnégation qu'elle exige. *Le métier de professeur est considéré par certains comme un véritable sacerdoce. Pour un poète comme Mallarmé, le culte de l'Art fut un sacerdoce.*

Dans l'Église catholique, le sacerdoce comporte un pouvoir spirituel: il permet en particulier aux prêtres d'opérer des sacrements. Mais c'est là un pouvoir *délégué*. Le véritable sacerdoce (pouvoir d'action surnaturel, pouvoir de faire agir la grâce de Dieu) appartient à Jésus-Christ, fils de

Dieu, seul vrai Prêtre (cf. **Christianisme**). Celui-ci associe à son sacerdoce ses apôtres puis, à leur suite, le Pape et les évêques; l'Évêque à son tour confère le sacerdoce aux prêtres par un sacrement appelé le *sacrement de l'ordre*. Ceci explique que le prêtre n'ait pas de pouvoir spirituel par lui-même : il ne l'a qu'*au nom de* Jésus-Christ; seul Dieu (ou son Esprit) est censé agir en dernier ressort.

SACRALISER. *v. tr.* Conférer une valeur sacrée, quasi religieuse, à une réalité ou à une personne qui ne l'a pas par elle-même. *Sacraliser les auteurs classiques. Sacraliser la terre des ancêtres. Sacraliser la voiture, symbole de notre siècle. La publicité sacralise la jeunesse.* L'antonyme de ce mot, **désacraliser,** est fréquemment employé depuis les années 1970.

SACRÉ. *adj.* et *n.* Le sacré, c'est tout ce qui est considéré comme mystérieux, surnaturel, saint ou divin; tout ce qui se rapporte aux cérémonies religieuses, aux sacrements, aux objets du culte, à la liturgie; bref tout ce qui mérite une vénération ou une révérence religieuse. Dans ce premier sens, les mots *religieux* et *sacré* sont voisins et s'opposent au mot *profane*. On parle de respect *sacro-saint* (parfois ironiquement).

Par extension, le **sacré** s'étend à tout ce que, hors de la religion, dans le monde dit *profane,* on considère comme digne d'un respect absolu. *Les droits de l'homme sont sacrés. L'amour sacré de la Patrie.* Dans ce second sens, le mot peut s'affaiblir en prenant trop d'extension : voir le verbe **sacraliser.** *Un certain nombre de désacralisations s'imposent si l'on veut restituer au sacré sa valeur originelle.* Voir **Profane**.

N.B. Noter la valeur injurieuse du terme employé par antiphrase *(« Sacré nom de Dieu! »)*.

SACREMENT. *n. m.* Signe sacré, acte rituel par lequel, au nom de Jésus-Christ, le prêtre (ou l'évêque) opère une action ou une transformation surnaturelle sur celui qui en est l'objet. Le sacrement a toujours pour effet de relier à Dieu, de consacrer à Dieu, de rendre agissante la grâce de Dieu dans les âmes. Il n'est donc pas un simple «signe», un geste apparent : il est considéré comme un acte doté d'une efficacité réelle dans l'ordre spirituel. Les sacrements fondamentaux sont, dans le christianisme, le **baptême** et l'**eucharistie** (voir ces mots). L'Église catholique y ajoute la *confirmation,* l'*extrême-onction* (ou «dernier sacrement» apporté aux mourants), la *pénitence* (ou confession), le *mariage* (qui unit spirituellement, en Dieu, les deux époux) et l'*ordre* (qui confère au futur prêtre le sacerdoce et les fonctions qui lui sont liées). Il va de soi que les sacrements ne prennent sens et effet que dans la mesure où les croyants y adhèrent volontairement et consciemment. Notons aussi qu'ils présupposent, dans l'être humain, l'existence d'une vie spirituelle autonome, l'âme (au sens n° 1).

SACRIFICE. *n. m.* (du latin *sacrificium,* «sacrifice, offrande à Dieu»).

1° **Sens religieux :** offrande rituelle à Dieu, qui suppose l'abandon d'un bien qu'on «sacrifie», le don de sa propre personne (immolation volontaire), ou d'une autre victime (un animal, un être humain). *La notion de sacrifice est ambiguë :* elle apparaît comme un don gratuit, une reconnaissance de la divinité (un remerciement de ses faveurs); mais en même temps, elle peut être comme une sorte de moyen d'apaiser sa colère ou de se concilier ses pouvoirs (d'où l'aspect sanglant de ces sacrifices). Ce double aspect explique que le mot puisse être pris tantôt dans un sens très favorable (le «sacrifice du Christ» est avant tout un don de sa personne aux yeux des chrétiens), tantôt dans un sens défavorable (caractère archaïque, barbare, sadomasochiste de cette pratique dans des sociétés antiques).

2° **Sens profane :** privation d'un bien; renoncement volontaire à quelque chose, en vue d'un bien supérieur qu'on veut atteindre, ou par dévouement (à autrui, à une grande cause qu'on idéalise). Voir **Abnégation**. *Faire le sacrifice de sa vie pour libérer la patrie. Faire des sacrifices pour élever ses enfants.* L'**esprit de sacrifice :** la capacité à renoncer à des avantages personnels, à «prendre sur soi» pour donner aux autres.

SADISME. *n. m.* (du nom du marquis de Sade, dont les ouvrages mettent en action des personnages pervers : leur jouissance sexuelle est liée aux sévices qu'ils font subir à leurs partenaires).

1° Perversion sexuelle dans laquelle le sujet n'éprouve de satisfaction qu'en faisant souffrir (moralement ou physiquement) son partenaire. Le sadisme résulte d'une fusion entre la violence et la sexualité; il est souvent lié au masochisme, la même «pulsion de mort» pouvant être, dans le comportement sexuel, tournée vers soi ou vers l'autre. D'où le terme **Sado-masochisme.** Voir **Masochiste.**

2° Par extension, plaisir de voir souffrir ou de faire souffrir les autres (êtres humains ou animaux). Le sadisme se mêle souvent à d'autres sentiments, à la pitié même. Voici par exemple ce que Néron déclare, à propos de Junie qu'il aime et qu'il séquestre (*Britannicus,* Racine) :

> *J'aimais jusqu'à ses pleurs que je faisais couler*

SAGA. *n. f.* Récit héroïque de la littérature scandinave (Islande, Norvège) du Moyen Âge. Ces récits rapportent souvent les aventures légendaires de familles entières. D'où, par extension, l'application du mot *saga* aux longs romans qui racontent, de génération en génération, l'histoire d'une famille, ainsi qu'aux films (ou téléfilms) qui en sont tirés.

SAGACITÉ. *n. f.* Pénétration d'esprit, perspicacité. La sagacité est une forme de clairvoyance par laquelle, à l'aide de simples indices, on devine l'essentiel des choses. *La sagacité de son jugement. Une critique sagace.*

SAGESSE. *n. f.* **Sens philosophique (ou religieux) :** idéal supérieur de vie fondé sur la connaissance et la recherche de la Vérité. Voir les mots **Philosophie** («amour de la sagesse») et **Platonisme.** La *Sagesse* est aussi la sagesse que donne l'Esprit, dans la tradition judéo-chrétienne. Selon Confucius, la sagesse, profondément vécue par un homme juste, répand l'ordre et la paix autour de lui.

Sens moral (courant) : jugement équilibré et conduite faite de modération. Sens du discernement et mesure qui s'ensuit. Dans le mot sagesse, il y a toujours une association entre la capacité de l'esprit et la maîtrise de soi. *L'enfant atteint la sagesse quand il a « l'âge de raison ».*

La morale traditionnelle distingue le héros, le sage et le saint. Ils sont censés illustrer trois degrés de la vie morale. Le **héros** a le courage, le **sage** a la vérité, le **saint** a l'amour (de Dieu). Certains personnages, dans l'Occident chrétien, sont censés illustrer ces trois vertus, le roi saint Louis par exemple. Un héros du récit de Camus, *La Peste,* a pour idéal de devenir un *« saint sans Dieu ».*

SAINTETÉ. *n. f.* 1° Perfection de la vie spirituelle et morale. Dans la religion chrétienne, le Saint est Dieu lui-même, en tant que souverainement pur et parfait, en tant qu'Amour absolu. Les saints vivant de la Sainteté de Dieu, inspirés par sa grâce, mettent en pratique les exigences de l'amour (jusqu'au sacrifice de soi).

2° Ce qui est saint; ce qui se rapporte aux réalités sacrées de la religion. *La sainteté des vérités chrétiennes. Mourir en odeur de sainteté* (le corps de certains saints, après leur mort, était censé exhaler une douce odeur). On appelle **Sa Sainteté** (ou *Votre Sainteté*) la personne du Pape.

SALIQUE (loi salique). Ancienne loi (chez les Francs) qui excluait les femmes du droit de succession à la terre. Cette loi fut alléguée, plus tard, pour écarter les femmes de la succession à la couronne de France (et donc du droit de régner).

SALUBRE. *adj.* Sain, favorable à la santé. *Un climat salubre.* Le mot **salubrité** a un sens plus large : il comprend les *mesures* prises pour rendre salubre l'environnement humain, et peut s'employer au sens figuré. *Votre essai sur le conditionnement médiatique est une œuvre de salubrité publique.*

SALUT. *n. m.* (du latin *salus,* « santé » : le fait de dire « salut » à quelqu'un signifie, étymologiquement, qu'on lui souhaite une bonne santé).

1° **Sens général :** fait d'échapper à un danger, à la mort ou, plus positivement, de trouver l'état idéal qu'on recherchait. Le salut peut être physique (on échappe à la noyade en trouvant une *« planche de salut »* — expression devenue symbolique), ou moral (il peut concerner la société toute entière : on parle de *salut public*).

2° **Sens religieux :** fait d'être sauvé du mal et d'accéder à la félicité éternelle. Il s'agit là du *salut de l'âme,* dont l'idée est commune, sous diverses formes, à plusieurs religions (judaïque, chrétienne, islamique, bouddhique) et à certaines philosophies. L'urgence du salut est vécue tantôt sur le mode de l'angoisse (peur de la damnation éternelle, de l'enfer), tantôt sur le mode de l'impatience de la vie éternelle (la béatitude, le paradis, la contemplation de Dieu). Le christianisme classique a souvent développé l'obsession, imposée à chacun, de *faire son salut ;* le christianisme actuel met plutôt l'accent sur l'exigence d'aimer et d'instaurer la justice parmi les hommes.

Notons les deux adjectifs **salutaire** (qui est relatif au salut *au sens n° 1*) et **salvateur** (qui se rapporte plutôt *au sens* *n° 2 du mot salut : un mythe salvateur ; une réforme salvatrice).*

SAPER. *v. tr.* Détruire les fondations ou saper les bases d'une réalité physique ou morale. *Saper les assises d'une construction. Saper les principes fondamentaux de l'éducation. Saper l'autorité du gouvernement, le moral de l'opinion.*

N.B. Rien à voir avec le verbe populaire *se saper* (s'habiller).

SARCASME. *n. m.* Moquerie ironique, trait d'esprit railleur ou insultant. *Il l'accable de sarcasmes. Les sarcasmes d'un pamphlétaire. Un individu perpétuellement sarcastique. Un ton, un rire sarcastiques.*

SATANISME. *n. m.* 1° Culte rendu à Satan (prince des démons, dans la tradition judéo-chrétienne). Il consiste notamment à participer à des «messes noires» (inversion de la messe, célébration de l'Esprit du Mal).

2° Fascination pour tout ce qui est satanique ou pour la figure mythique du Diable. Baudelaire en donne l'exemple dans le poème des *Fleurs du Mal* intitulé «Litanies de Satan».

N.B. Le champ lexical du satanisme est assez fourni, avec les mots *démoniaque, diabolique, infernal, méphistophélique* et les autres termes de la même famille. Voir **Enfer.**

SATELLITE. *n. m.* Au **sens figuré,** se dit d'un pays qui se trouve dans une étroite dépendance politique ou économique d'une grande puissance. *Les «pays de l'Est» étaient des pays satellites de l'U.R.S.S.* Le terme peut s'employer aussi à propos de personnes qui «gravitent» autour d'autres plus puissantes.

SATIÉTÉ. *n. f.* (du latin *satis,* «assez»). État d'une personne dont la faim ou le désir sont amplement rassasiés. *Boire à satiété* (jusqu'à n'en plus avoir envie). État de lassitude provoqué par la surabondance ou la répétition d'une chose (qu'on ne désire plus). *Il n'en pouvait plus, il avait atteint la satiété. Il répète les mêmes astuces, à satiété.*

N.B. Sur la même racine, on a *insatiable, rassasier, satisfaisant.*

SATIRE. *n. f.* 1° Poème (dans la littérature classique) ou, plus généralement, texte dans lequel un écrivain ou un orateur tourne en ridicule ses contemporains, soit de façon générale (satire des mœurs), soit en s'attaquant à des personnes privées. La satire peut être mordante, sarcastique, violente, comme elle peut être parodique, humoristique, comique. *Les Satires* de Boileau.

2° Critique ou attitude critique qui, sans faire l'objet d'un texte ou d'un pamphlet en due forme, peut caractériser une œuvre en général *(une comédie satirique)*, les paroles d'une personne *(ses plaisanteries sont souvent satiriques)* ou un individu *(il a un don pour la satire)*.

N.B. Ne pas confondre avec **le satyre** (voir ci-dessous).

SATURER. *v. tr.* (du latin *saturare*, «rassasier»). Au *propre* comme au *figuré,* remplir à l'excès. *Ce qui est saturé d'une substance ne peut en contenir davantage* (à moins d'en être sursaturé). *Un marché saturé* (de tel produit). *Des oreilles saturées* (de telle musique). *Si vous ajoutez encore au programme scolaire, vous risquez de le saturer, — sans parler des élèves.*

N.B. On trouve parfois ce verbe employé intransitivement : *je sature.*

SATYRE. *n. m.* 1° **Divinité mythologique** qui présente un corps humain couvert de poils, avec des cornes et des pieds de bouc, ainsi qu'une queue. Le satyre est souvent représenté en train de jouer de la flûte ou de poursuivre des nymphes.

2° **Par extension, homme lubrique** qui poursuit les femmes de ses désirs obscènes. En particulier, exhibitionniste plus ou moins dangereux. *Le satyre du Bois de Boulogne est recherché par la police.* Ne pas confondre avec **la satire.**

SCABREUX. *adj.* (du latin *scaber,* «rude, raboteux»).

1° Embarrassant, difficile, risqué. *Une situation scabreuse. Se lancer dans une entreprise scabreuse.*

2° Inconvenant, qui choque la décence. *Tenir à une jeune fille des propos scabreux. Une histoire scabreuse.*

SCATOLOGIQUE. *adj.* Se dit de propos, de grossièretés, de textes qui se plaisent à évoquer les excréments. *Des plaisanteries scatologiques.*

N.B. Ne surtout pas confondre avec *eschatologique* !

SCÉNARIO. *n. m.* 1° Canevas ; texte qui présente de façon plus ou moins détaillée l'intrigue d'une pièce de théâtre, ou d'un roman.

2° Document écrit décrivant séquence par séquence, et parfois plan par plan, un film qui doit être tourné (avec dialogues, indications scéniques, mouvements de la caméra, etc.). Le terme peut s'employer pour la bande dessinée. Voir **Synopsis.**

3° Par extension, déroulement programmé d'un événement réel. *Le scénario d'un hold-up. Les négociations se sont déroulées selon un scénario classique.*

SCEPTICISME. *n. m.* (du grec *skepticos,* « qui examine, qui observe »).

1° **Sens philosophique :** doctrine selon laquelle l'esprit humain ne peut parvenir à aucune vérité générale ; tout pouvant être mis en doute, il faut s'abstenir de juger. Le scepticisme peut être relatif (ne porter que sur certains sujets, — c'est le cas des agnostiques à propos de l'existence de Dieu ; ou n'être qu'une phase provisoire de la démarche philosophique, — c'est le cas du « doute méthodique » de Descartes par exemple). Mais il est en principe absolu, niant toute possibilité de certitude (voir **Pyrrhonisme**) ; dans ce cas, il peut déboucher sur le nihilisme (en morale comme en politique).

2° **Sens courant :** attitude d'incrédulité et de défiance, soit à l'égard des opinions reçues, des valeurs admises, soit à l'égard d'informations ou d'entreprises précises. *Votre projet me laisse dans un profond scepticisme.*

On emploie l'adjectif et le nom **sceptique** dans des sens identiques. Le sceptique est celui qui professe le scepticisme total ou partiel (sens n° 1) ou celui qui met en doute ce qu'on lui apprend ou qu'on lui propose. Le mot *sceptique* désigne précisément, dans certains cas, l'incroyant en matière religieuse.

N.B. Ne pas confondre avec *septique* (« qui fait pourrir » ; voir le mot *aseptiser* et ses racines).

SCHÉMATIQUE. *adj.* 1° Qui a le caractère d'un schéma (représentation des traits essentiels d'un objet, d'un projet, d'un processus). *Un croquis schématique. Un programme schématique.*

2° Qui est simplifié, et même trop simplifié,

sommaire. *Une conception schématique. Un devoir schématique. Un esprit schématique* (excessivement simplificateur).

SCHÈME. *n. m.* Structure d'ensemble d'un processus, d'un objet, d'une action, telle qu'elle est perçue ou imaginée par l'esprit humain. L'emploi du mot *schème* renvoie à l'idée d'une forme encore plus abstraite, plus épurée, que celle qu'exprime le mot *schéma*. *Un schème de pensée. Le schème mental que laisse en nous la perception des choses. Les schèmes dominants d'une représentation artistique.*

SCHISME. *n. m.* (du grec *skhizein*, « fendre, séparer »). Séparation, rupture d'un groupe de croyants d'une religion donnée qui décident d'adopter une doctrine et une organisation différentes, tout en gardant la même foi religieuse de base. Un schisme commence par un mouvement hérétique qui, souvent persécuté par la hiérarchie religieuse, en vient à constituer un groupe autonome. À la suite du « schisme d'Orient », par exemple, l'Église orthodoxe se sépara de l'Église catholique romaine. Au XVIe siècle, la Réforme engendra un nouveau schisme, d'où est issue l'Église réformée et le protestantisme. On peut considérer le christianisme comme étant lui-même une déviation schismatique du judaïsme dont il provient.

Le mot *schisme* est parfois employé, par analogie, dans le domaine politique. Il existe toutefois d'autres mots (*dissidence, scission, division, sécession* : voir ces mots).

SCHIZOPHRÉNIE. *n. f.* (du grec *skhizein*, , « fendre », et *phrên*, « esprit ». Littéralement, « fissure de l'esprit ». Prononcer « ski ».). Grave psychose délirante, chronique, appelée autrefois « démence précoce ». Comme l'étymologie l'indique, elle se caractérise par la *dissociation*. Dissociation entre la pensée (qui peut rester vive) et la vie émotionnelle (désordonnée). Dissociation entre la vision du monde du schizophrène et la réalité extérieure : le sujet mêle ses perceptions réelles et ses hallucinations (auditives notamment), perd le contact avec le réel en s'isolant dans son délire. Dissociation de ses propres pensées et représentations mentales *entre elles,* qui perdent leur logique, leur cohérence. D'où une évolution vers la détérioration intellectuelle et affective, vers la démence proprement dite, le chaos du Moi.

N.B. On retrouve l'idée de dissociation dans l'expression

familière «il est un peu fêlé», «il a l'esprit fêlé»... mais la schizophrénie est d'une tout autre gravité !

SCIEMMENT. *adv.* En sachant ce que l'on fait, en parfaite connaissance de cause ; et donc, volontairement. *C'est sciemment qu'il agit. Elle a fait cette allusion sciemment, tout en jouant les étourdies.*

SCIENCE. *n. f.* 1° Savoir, culture ou savoir-faire d'une personne, d'une société. 2° Ensemble organisé de connaissances objectives, établies selon une démarche rationnelle, dans un domaine déterminé (*une science*), ou au niveau le plus général (*la science*).

• Le mot **science**, au sens actuel, renvoie à deux aspects :
— d'une part, au *contenu* de la ou des sciences en question : celui-ci ne doit comporter que des connaissances objectives, exactes, cohérentes, présentant de la réalité concrète ou abstraite des lois stables et vérifiables ;
— d'autre part, à la *démarche* scientifique, fondée sur la raison, sur l'observation, sur l'approche méthodique des faits, sur la rigueur logique de l'interprétation.

• En ce sens, la connaissance scientifique s'oppose aux autres formes du savoir humain : l'expérience individuelle (partielle et subjective), l'intuition artistique (intérieure, invérifiable), la connaissance philosophique (fruit de la réflexion, non quantifiable), la conviction religieuse (issue de l'évidence intérieure, non démontrable par la raison ou l'expérimentation). Une mention spéciale peut être accordée aux «sciences humaines» (psychologie, sociologie, anthropologie, etc.) : bien que celles-ci recourent à des formulations chiffrées et à des données statistiques, leurs lois et leurs théories ne présentent évidemment pas la même fiabilité que celles des «sciences exactes» ; cependant, elles ont bien un caractère scientifique par leurs démarches méthodiques, et par la rigueur avec laquelle elles fondent sur des faits leurs interprétations. Voir **Déterminisme**, **Épistémologie**, **Système**.

SCIENTISME. *n. m.* Attitude philosophique qui prétend que la science permet de tout connaître et peut donc répondre à la totalité des aspirations humaines. Cette attitude fut notable à la fin du XIXe siècle, à l'époque où le progrès scientifique et technique paraissait si prometteur. Elle a pu être une attitude dogmatique (refusant tout autre moyen d'aller à la vérité que celui des sciences positives). Mais la Seconde Guerre mondiale et les horreurs perpétrées par l'homme au cours du XXe siècle ont porté de rudes coups à l'optimisme scientiste. Voir **Positivisme.**

SCISSION. *n. f.* Action de se scinder, de se diviser plus ou moins brutalement, en parlant d'une assemblée, d'un parti, d'un syndicat, d'une association, etc. *Les désaccords au sein d'un mouvement politique aboutissent souvent à une scission. Les dissidents du parti, faisant scission, ont lancé un mouvement réformateur.*

N.B. Pour une division à l'intérieur d'une religion, le terme approprié est le mot **Schisme.** Pour une séparation au sein d'une collectivité nationale, voir le mot **Sécession.**

SCLÉROSE. *n. f. (sens propre)* Durcissement pathologique d'un tissu ou d'un organe. *La sclérose des artères s'appelle artériosclérose. (sens figuré)* État rigide, incapacité d'évoluer et de s'adapter, manque de souplesse, vieillissement. *La sclérose des institutions. Un parti sclérosé. Un esprit complètement sclérosé.*

SCOLASTIQUE. 1° *(n. f.)* Enseignement philosophique et théologique donné à l'Université au Moyen Âge, qui associait les dogmes chrétiens à la philosophie d'Aristote. La scolastique dégénéra à la fin du Moyen Âge, se figeant dans un discours creux, formaliste et traditionaliste. Le terme devint alors synonyme de philosophie figée et abstraite. *La scolastique marxiste. Toute doctrine qui se fige dégénère en scolastique.*

2° *(adj.)* Qui se rapporte à la scolastique, à la philosophie enseignée par l'École au Moyen Âge. *Abélard fut un brillant représentant de la philosophie scolastique. La logique scolastique.* Qui présente les mêmes défauts que la scolastique décadente (formalisme, discours creux). *Un esprit purement scolastique. Une culture scolastique, totalement déconnectée de la réalité.*

-SCOP-. *(-scope, -scopie)* Racines issues du grec *skopein*, « examiner, observer ». Nous les retrouvons dans de nombreux mots parmi lesquels **Cinémascope, Gyroscope, Horoscope, Kaléidoscope** (appareil qui permet de voir une succession rapide d'images colorées, d'où le *sens figuré* : suite rapide d'impressions changeantes), **Microscope, Périscope, Radioscopie, Télescope,** etc. On peut remarquer que plusieurs de ces mots sont composés de deux racines grecques *(Cinéma-, Horo-, Gyro-, Micro-, Péri-, Radio-, Télé-)*, qui en éclairent le sens. La racine *-scope* demeure vivante et permet d'inventer des mots nouveaux. À comparer à la racine latine **spec-**.

SCORIE. *n. f.* Résidu solide d'opérations chimiques ou (au pluriel) de coulées de lave. D'où le **sens figuré** de *déchet*, de sous-produit médiocre d'une œuvre. *Un roman encombré de scories, d'inutiles platitudes. Un esprit où quelques brillantes idées voisinent avec de multiples scories.*

SCRIPT. *n. m.* (anglicisme lui-même dérivé du latin *scriptum,* « écrit »). 1° Scénario détaillé de film ou d'émission, comprenant les dialogues, le découpage technique des séquences, etc. 2° Type d'écriture à la main qui se rapproche des caractères d'imprimerie.

SCRIPTURAIRE. *adj.* 1° Qui est relatif à l'Écriture sainte. *L'exégèse scripturaire.* 2° Qui est relatif à l'écriture : *système scripturaire* (graphique). Dans ce second sens, il est préférable de dire *scriptural* (relatif au code écrit par opposition au code oral). On appelle *monnaie scripturale* les moyens de paiement autres que la monnaie proprement dite, qui permettent d'effectuer des règlements par simple jeu d'écritures, entre banques.

SÉCESSION. *n. f.* Action par laquelle une fraction du peuple d'un État tente de se séparer de la collectivité, de façon violente ou pacifique, pour créer un État distinct (ou se réunir à un autre). *La guerre de Sécession opposa le Nord et le Sud des États-Unis (1861-1865).* **Faire sécession** peut se dire, par analogie, dans d'autres contextes. Voir les mots **Schisme, Scission.**

SECTAIRE. *adj.* et *n.* Se dit, dans un premier sens, de quelqu'un qui adhère à une secte religieuse dans un esprit exalté et intolérant. Par extension, en philosophie ou en politique, personne qui refuse toutes les idées différentes de celles qu'elle défend, par intolérance ou étroitesse d'esprit. *Être sectaire. Avoir une attitude sectaire. Le sectarisme est souvent lié au dogmatisme, mais les hérétiques sont parfois plus sectaires que ceux qui défendent le dogme.*

SÉCULAIRE. *adj.* (du latin *saeculum,* « siècle »). Qui date d'un siècle ou de plusieurs siècles. *Des coutumes séculaires.* Ne pas confondre avec **séculier.**

SÉCULARISATION. *n. f.* (à partir du latin *saecularis,* « séculier », qui appartient au siècle, c'est-à-dire au monde profane). Passage d'une communauté religieuse, ou d'un religieux, de l'état *régulier* (obéissant à une règle monastique) à un état *séculier* (clergé qui vit dans le monde), ou *laïque.* Le terme s'emploie aussi à propos de biens ou de *fonctions* ecclésiastiques : *la sécularisation de l'enseignement (jadis religieux) a abouti à l'enseignement public laïque que nous connaissons aujourd'hui.* Plus généralement, on parle de sécularisation à propos de l'ensemble des tentatives d'ouverture au monde moderne, dans l'Église catholique actuelle. Le fait que des prêtres travaillent dans des professions « laïques », le fait qu'ils portent un habit qui n'a plus de caractère ecclésiastique distinctif, par exemple, sont des indices de sécularisation.

SÉCULIER. *adj.* (du latin *saeculum,* « siècle ; monde profane »). Se dit du clergé qui remplit sa fonction ministérielle dans le monde, dans la société humaine profane (prêtres en paroisse, missionnaires, enseignants), par opposition au *clergé régulier,* qui mène une vie monastique soumise à une Règle. Voir **Régulier.** On peut dire *un séculier* (un prêtre séculier).

Le terme s'emploie aussi, par opposition à l'ensemble de l'Église, pour qualifier le pouvoir laïque, les autorités politiques. Le *bras séculier* désigne l'autorité de l'État.

SÉDENTAIRE. *adj.* et *n. m.* Qui n'exige pas de déplacement *(une profession sédentaire).* Qui ne se déplace pas, reste attaché en un lieu *(une population sédentaire ; la sédentarité s'oppose au nomadisme).* Qui n'aime pas bouger, ne sort pas de chez soi. *Je suis sédentaire, j'ai horreur de voyager.* D'où, péjorativement : *casanier.*

SÉDITION. *n. f.* Soulèvement, révolte organisés contre l'autorité établie. *La sédition éclata. Une sédition populaire, militaire.* Insurrection, rébellion. Le mot peut s'employer au figuré. *Un perpétuel esprit de sédition habite cet étudiant, contre la morale, contre la doctrine officielle, contre ses professeurs.* L'adjectif correspondant est **Séditieux.**

SÉGRÉGATION. *n. f.* (du latin *segregare,* « séparer du troupeau »). Action de mettre à part, de séparer de façon méthodique et officielle les populations de couleur de la caste des Blancs qui ont le pouvoir. Cette ségrégation raciale (politique de discrimination, apartheid) a notamment été le fait des États-Unis d'Amérique et de l'Afrique du Sud.

Plus généralement, la ségrégation peut porter sur des groupes dont la différence est relative à la religion, à la langue, aux mœurs ou à la culture. Toutes les formes de ségrégation ont été dénoncées, parmi lesquelles la ségrégation entre jeunes et vieux, la ségrégation entre hommes et femmes (sexisme). Même si certains *ségrégationnistes* tentent de légitimer la ségrégation en invoquant le respect des « différences » des catégories mises à part, la notion même de ségrégation est tout à fait contraire à la philosophie des droits de l'homme.

SEM(A). Racine issue du grec *sêma,* qui signifie « signe, sens ». Elle entre surtout dans la composition de mots spécialisés du vocabulaire linguistique et structural. **Monosémie** (caractère des mots qui n'ont qu'un seul sens); **Polysémie** (caractère des mots qui ont plusieurs significations); **Sémantique** (voir ci-dessous); **Sème** (unité minimale de signification; plusieurs sèmes contribuent au sens global d'un mot; par exemple, un fauteuil est 1° un siège 2° avec dossier 3° muni d'accoudoirs : ces trois sèmes sont nécessaires pour constituer la signification du mot); **Sémiologie** (étude générale des systèmes de signes, qu'ils soient linguistiques ou extra-linguistiques); **Sémiotique** (théorie des signes et de leur façon de signifier, dans la pensée humaine). Notons aussi le mot **Sémaphore** (littéralement : « porteur de signe »; voir la racine *-phor*).

SÉMANTIQUE. 1° *(n. f.)* Étude du langage considéré du point de vue du sens. Science du « signifié » des mots, de la façon dont les unités linguistiques produisent du sens en se combinant, de l'évolution des significations du vocabulaire au cours de l'histoire. La sémantique se distingue de la *phonétique,* de la *syntaxe,* de la *morphologie ;* mais elle doit en intégrer les données.

2° *(adj.)* Qui concerne le sens, la signification des mots, des unités linguistiques. On peut distinguer, dans l'étude d'un texte, le niveau sémantique, le niveau phonétique, le niveau syntaxique. Le **champ sémantique** couvre l'ensemble des significations que peut prendre un mot (en soi ou dans un contexte donné). À distinguer absolument du *champ lexical* (ensemble de mots concourant à la même signification globale). Voir les exemples donnés au mot **Champ.**

SEMPITERNEL. *adj.* (formé sur « éternel » à partir du latin *semper,* « toujours »). Qui se répète indéfiniment, au point de lasser. *Des plaintes sempiternelles.*

SÉNATEUR. *n. m.* (à partir du latin *senex,* « vieillard »). Membre d'un sénat. Quel que soit le type de sénat en question (conseil des anciens, chez les Romains ; assemblée élue au suffrage indirect de nos jours, en France), le sénateur est choisi (ou supposé choisi) pour l'honorabilité et l'expérience que lui confère son âge. D'où une image de sagesse et de modération, mais aussi de lenteur et de placidité. *Aller d'un train de sénateur* : s'avancer lentement et majestueusement.

SÉNESCENCE. *n. f.* (à partir du latin *senex, senis,* « vieillard »). Vieillissement, au sens précis (vieillissement organique) ou au sens général (baisse des fonctions, des performances diverses, y compris de l'activité mentale, à partir d'un certain âge).

SÉNILE. *adj.* (du latin *senex, senis,* « vieillard »). Propre à la vieillesse. *Une voix sénile. L'atrophie sénile.* En particulier : qui manifeste une dégradation des facultés intellectuelles (dégradation supposée liée à l'âge). *Une conduite sénile. Un président sénile.* Bien entendu, le mot est souvent employé péjorativement. *Ils n'ont pas vingt ans, et ils ont des réactions séniles !*

SENS. *n. m.* 1° **Faculté d'éprouver des impressions *physiques*.** À cette première façon de sentir correspond le mot **Sensation**. Cette faculté est liée aux cinq sens (goût, odorat, ouïe, toucher, vue). Au pluriel, les sens désignent l'instinct sexuel et la capacité de sentir qui lui est propre *(le plaisir des sens)* ; à cette acception du terme correspond le mot **Sensualité**. Voir aussi **Sensibilité**.

2° **Faculté de percevoir des réalités *intelligibles*** (et non pas « sensibles » physiquement). *Avoir le sens des choses, le sens moral, le sens commun. Avoir du bon sens.* Dans toutes ces significations, le mot *sens* renvoie à une capacité de jugement (plus ou moins intuitive). Il se rapproche du mot « sentiment » dans son acception ancienne : manière de voir, de juger, de penser *(À mon sens* est synonyme de *Mon sentiment est que).* Celui qui n'a pas de sens est *insensé.*

3° **Signification ; ensemble d'idées, de notations, de valeurs que présente un signe,** ou que suggère une réalité signifiante. *Le sens d'un mot. Le sens d'un événement. Le sens d'une conduite. Dans le signe, on peut distinguer le signifiant et le signifié : ce dernier correspond au sens.* On peut considérer que cette troisième acception du mot *sens* s'inscrit assez logiquement dans le sillage des deux autres : le « sens » d'un mot, par exemple, c'est globalement l'impression qu'il produit sur notre esprit. Dans le monde de l'intelligible qui est le leur, les signes produisent un « effet » qui est leur « sens » et que notre jugement, notre « bon sens », perçoit immédiatement.

4° **Direction ; ordre suivi,** par une réalité physique (un objet mobile) ou une réalité abstraite (le sens de l'histoire). À noter que cette quatrième acception, surtout *au niveau figuré*, rejoint la troisième : le « sens de ma vie », c'est à la fois son itinéraire (fléché par tel ou tel objectif que je me donne) et la signification que je lui cherche.

SENSIBILITÉ. *n. f.* Aptitude générale à sentir ou à réagir, *que ce soit au niveau physique ou psychique*. En particulier, **au sens courant,** affectivité, capacité à s'émouvoir facilement. Ce mot est surtout intéressant à comparer avec les autres mots du même champ lexical, pour mieux en comprendre les emplois et pour éviter les confusions dues à sa polysémie. Voir le mot **Sens.** On peut en particulier distinguer :

• **Sensibilité et sensation.** La sensation n'est que l'impression physique, perçue par notre sensibilité corporelle. La sensibilité inclut donc la sensation, mais la dépasse largement (en intégrant les émotions du cœur, les « états » d'âme, etc.). Notons que le mot *sensation* peut être pris au sens figuré pour désigner une vive impression globale (cf. l'expression « faire sensation » et le goût du « sensationnel »).

• **Sensibilité et sentiment.** Qu'il s'agisse d'émotions affectives ou esthétiques, la sensibilité suppose une certaine variabilité, en fonction des objets ou des personnes qui l'émeuvent. Le sentiment, quant à lui, suppose un état affectif durable, une disposition psychique relativement organisée qui peut chercher à s'entretenir elle-même. Ainsi, le sentiment comprend la sensibilité, le cœur, mais il la dépasse et la structure en lui donnant constance.

N.B. La **sensiblerie** est une sensibilité exagérée, ridiculement émotive.

SENSUALISME. *n. m.* Doctrine philosophique qui pose que toutes les connaissances que nous élaborons viennent des sensations que nous éprouvons. Cette doctrine fut développée par les philosophes Locke (1632-1704) et Condillac (1714-1780). Voir le mot **Empirisme** (sens n° 1).

N.B. Ce terme n'a rien à voir avec la «sensualité» (aptitude à goûter les plaisirs que procurent les différents sens). Le sensualisme ne fait donc pas l'apologie de la volupté amoureuse.

SENTENCE. *n. f.* 1° Jugement rendu par un tribunal. Arrêt, Verdict. *La peine capitale est une terrible sentence* (cette formule est un truisme).

2° Pensée ou morale exprimée dans une formule courte et littérairement soignée. *Qui se sert de l'épée périra par l'épée* est une sentence extraite d'un épisode célèbre de l'Évangile (l'arrestation de Jésus). Voir les mots **Adage, Aphorisme, Maxime, Précepte.**

La sentence affirmant la vérité morale de façon souvent dogmatique, l'adjectif **sentencieux** qualifie des propos ou des attitudes marquées d'un caractère grave, solennel, impératif. *Un ton sentencieux. Une diction sentencieuse.*

SENTIMENT. *n. m.* 1° Connaissance plus ou moins intuitive; sens intellectuel; jugement sur une question. *Exprimer son sentiment sur une affaire. Avoir le sentiment d'être mal compris.*

2° État d'âme durable éprouvé en tant que tel *(sentiment religieux, sentiment de mélancolie)* ou tourné vers quelqu'un *(le sentiment amoureux; un sentiment de haine).* Le domaine du sentiment est souvent opposé d'une part à la raison, à la réflexion *(se laisser guider par le sentiment, non par le devoir),* d'autre part à l'action *(l'excès de sentiment paralyse la capacité d'agir).* Voir les mots **Sens** et **Sensibilité** pour d'autres nuances.

SÉPULCRAL. *adj.* Qui évoque la mort, la tombe (le sépulcre). *Une clarté sépulcrale. Des sonorités sépulcrales.*

SÉQUENCE. *n. f.* Suite ordonnée d'éléments ou d'opérations. *Une séquence pédagogique.* En **linguistique,** série ordonnée de termes. Au **cinéma,** suite de plans dont l'ensemble constitue une scène ayant son unité (quelles qu'en soient la longueur ou la rapidité). *Une séquence cinématographique.*

SÉRAPHIQUE. *adj.* Qui se rapporte aux séraphins, aux anges. Se dit d'œuvres d'art ou de pages littéraires passablement angéliques et éthérées. *Un amour séraphique.*

SERMON. *n. m.* **Sens religieux :** prédication faite au cours de la messe. Homélie, prône, prêche. *Les oraisons funèbres sont souvent de brillants sermons.* **Sens courant** (péjoratif) : discours moralisateur désagréable et ennuyeux. D'où le verbe **sermonner :** faire des remontrances.

SERPENT DE MER. Grand animal marin à l'existence hypothétique, dont le «mystère» alimente de temps à autre les revues. D'où, au *sens figuré* : sujet rebattu, qui ressort périodiquement quand l'actualité est peu fournie. «*L'abîme entre les générations est un de ces serpents de mer préférés des chroniqueurs en mal de copie*». (G. Matzneff).

SERTIR. *v. tr.* Enchâsser une pierre précieuse dans une monture. Peut s'employer au sens figuré. *Un dialogue serti de brillants mots d'auteur.*

SERVILE. *adj.* (à partir du latin *servus*, «esclave», d'où vient aussi le mot «serf»). Qui est relatif au servage. *Sens figuré :* qui manifeste un esprit de soumission excessif à une autorité ou à un modèle. *Une obéissance servile. Un individu lâche et servile. Une imitation servile. La servilité des uns encourage la domination des autres.*

SERVITUDE. *n. f.* (à partir du latin *servus*, «esclave»). État d'une personne ou d'un peuple totalement asservi à un pouvoir (politique ou social). Soumission, dépendance extrême. *Une population réduite à une servitude infâme.* Dans le *Discours de la servitude volontaire,* Étienne de La Boétie (1530-1563) soutient que si l'homme se trouve dans la servitude, c'est qu'il le veut bien *(« Soyez résolus à ne servir plus, et vous voilà libres »).*

Le mot **servitude** désigne aussi la *nature* de la contrainte, de l'obligation qui place dans cet état de dépendance. *Les servitudes qui pèsent sur ma fonction. Travailler assis, les yeux fixés sur un écran : deux servitudes insupportables.*

SESSION. *n. f.* (du latin *sessio*, «séance»). Temps durant lequel une assemblée siège au cours de l'année. *Session d'automne, session de printemps.* Période pendant laquelle se déroule un examen *(J'ai échoué à la session de juin).*
N.B. Ne pas confondre avec *cession* (fait de céder).

SIBYLLIN. *adj.* (de *Sibylle*, femme inspirée qui prédisait l'avenir, dans l'Antiquité). Relatif aux sibylles : *des oracles sibyllins*. Mais ces oracles étaient souvent formulés de façon énigmatique, d'où le *sens courant :* mystérieux, hermétique. *Des propos sibyllins. Des remarques sibyllines, que seuls les initiés peuvent comprendre.*

SIC. Adverbe latin qui signifie *tel quel, ainsi*. Se met entre parenthèses, pour signifier qu'on vient de rapporter des propos qu'on cite textuellement (si étranges qu'ils soient). *Il m'a même traitée de sangsue (sic).*

SIDÉRAL. *adj.* (de *sidus, sideris*, «astre», en latin). Qui se rapporte aux astres. *Des observations sidérales. Une luminosité sidérale.* L'adjectif *intersidéral* désigne ce qui est *entre* les astres. *Les espaces intersidéraux* (ou encore *interstellaires*). Voir le mot suivant.

SIDÉRER. *v. tr.* (du latin *siderari*, «être sous l'influence néfaste des astres»; voir le terme *sidéral*). Frapper de stupeur, abasourdir. *Je suis littéralement sidéré par cette annonce.*

SIÈCLE. *n. m.* (du latin *saeculum*). Au **sens religieux** (fréquent dans la langue classique) : monde profane, société humaine (qui change selon les temps), par opposition à la vie religieuse et à ses vérités immuables. *Les agitations du siècle* (les désordres de la vie temporelle dans le monde). *Renonçant au siècle, elle prit le voile* (elle devint religieuse). Ce qui appartient au «siècle» est dit *séculier*. Voir les mots **Régulier, Sécularisation, Séculier, Temporel.**

SIGLE. *n. m.* Lettre initiale ou suite de lettres initiales qui sert d'abréviation, pour désigner une réalité (sociale), un organisme, une marque, etc. La lettre «B», sur une voiture circulant en France, est un sigle qui renvoie au mot *Belgique*. S.N.C.F. est le sigle de la Société Nationale de Chemins de Fer.

SIGNE, SIGNIFIANT, SIGNIFIÉ. *n. m.* En **linguistique**, le *signe* est l'élément fondamental (mot ou groupe de mots) de la *signification;* il se constitue, indissociablement, d'un *signifiant* et d'un *signifié.*

Le mot «citadelle», par exemple est un signe. Le *signifiant* de ce mot est la réalité matérielle qui nous le rend sensible, c'est-à-dire sa graphie (pour le lecteur) ou la chaîne sonore de sa prononciation (pour l'auditeur). Le *signifié* correspond au concept que représente ce mot dans la langue (définition du dictionnaire; connotations liées au contexte de son emploi). Dans notre emploi courant de la langue, le signifiant et le signifié d'un signe sont aussi inséparables que le recto et le verso d'une feuille de papier : lorsque nous entendons le mot «citadelle», le signifiant et le signifié ne font qu'un dans notre esprit, instantanément.

• Le signe se distingue de la réalité extralinguistique à laquelle il renvoie, et qu'on appelle *référent*. Le mot citadelle *renvoie* à *cette* citadelle réelle que je vois, ou que je me représente ; mais il est *distinct* d'elle. Ce n'est que dans un acte de parole particulière que le *signifié* du mot citadelle rejoint la «réalité» citadelle que je désigne. Mais il ne faut pas les confondre. Voir à ce sujet les exemples donnés au mot **Référent.**

Saussure, père de la linguistique (1857-1913), a précisément établi une loi qu'il nomme l'**arbitraire du signe.** Celle-ci constate que le lien entre le signifiant et le signifié est purement *conventionnel :* il n'y a pas de relation «naturelle» entre la *matérialité* d'un signifiant et ce qu'évoque le signifié. C'est bien par une *convention* que j'appelle «poisson» ce que l'Anglais appelle «fish». De même, le mot *citadelle,* par ses sonorités, peut me paraître d'une beauté qui convient parfaitement à une merveilleuse cité juchée sur une montagne : c'est une illusion subjective, comme peut le montrer la comparaison avec le mot *mortadelle*. C'est notre conditionnement psychique qui associe la réalité évoquée au signe qui l'évoque. Même dans le cas des *onomatopées* (voir ce mot), qui elles-mêmes obéissent à des codes différents selon les langues, il n'y a pas d'équivalence entre le signe et la chose.

• Cela dit, les artistes (et les locuteurs en général) aiment souvent *faire comme si* ce lien naturel existait, dans un souci d'**expressivité.** On prononcera le mot «craquer» en le faisant *craquer* dans sa gorge pour redoubler le signifié par le son du signifiant. Les allitérations recherchent souvent, de la même façon, des effets d'harmonie imitative. Il en est de même du code visuel. On parle à ce propos de *tendance iconique* (voir le mot **Icône**). On dit que le poète «motive» des termes qui ne le sont pas (il feint de croire que la sonorité du mot se déduit de son sens).

• Notons aussi qu'on emploie les termes signifiant et signifié dans un sens large, pour juger de certains effets esthétiques. *Signifiant* devient synonyme de «moyen d'expression» et *signifié* de «chose exprimée». On dira par exemple que, dans le cas d'une figure de style comme l'*hyperbole*, il y a exagération du signifiant par rapport au signifié (le locuteur amplifie par les mots ce qu'il veut dire). À l'inverse, dans l'*euphémisme*, il y a restriction du signifiant par rapport au signifié (le locuteur minimise la réalité qu'il évoque). D'où un classement des figures de style en « figures d'insistance » et « figures d'atténuation ». L'emploi des mots « signifiant » et « signifié », dans ce sens large, doit toutefois demeurer très prudent.

• Enfin, il va de soi que la distinction *Signe/Signifiant/Signifié* s'applique à d'autres signes que les signes linguistiques. La **sémiologie** (étude des systèmes de signes) les étend aux codes visuels (publicité, mode vestimentaire) et à tous les systèmes de communication.

SIMULACRE. *n. m. (sens ancien)* Représentation figurée d'une réalité, idole, image.

(sens courant) Manifestation qui n'a que l'apparence de la réalité qu'elle voudrait être ; faux-semblant. *Un simulacre de réconciliation. Un simulacre de procès.* Le plus souvent le simulacre est le résultat d'une *simulation* intentionnelle (au sens péjoratif de ce mot).

SIMULATION. *n. f.* **Sens général** (péjoratif) : action de simuler, de feindre (des sentiments, des symptômes), de faire croire par des apparences trompeuses. *Un dangereux simulateur.* **Sens technique :** méthode qui consiste à représenter (au moyen de procédés électroniques) des phénomènes physiques ou économiques que l'on veut étudier. Dans ce sens, le mot « simulation » est neutre, et même positif : il ne s'agit pas de feindre la réalité pour tromper, mais au contraire de l'approcher à l'aide de modèles de plus en plus précis.

SIMULTANÉISME. *n. m.* Technique romanesque qui consiste à présenter sans transition, dans un récit, des événements simultanés qui se déroulent en plusieurs lieux et relèvent d'actions distinctes. Huxley dans le début du *Meilleur des Mondes,* Malraux dans le début de *L'Espoir,* usent de la technique simultanéiste.

SINÉCURE. *n. f.* (du latin *sine*, « sans » et *cura*, « soin, souci »). Emploi où l'on est bien rétribué sans avoir rien (ou presque rien) à faire ; situation confortable et sans souci. *Il croyait que la profession d'enseignant était une sinécure ! Ce n'est pas une sinécure :* ce n'est pas de tout repos.

SINE DIE. Expression latine qui signifie « sans jour (fixé) ».

Se dit d'une réunion, d'un débat, d'une affaire, d'une décision qu'on renvoie à plus tard sans fixer de date. *Le projet ministériel est renvoyé sine die* (ce qui équivaut parfois, dans le vocabulaire politique, à un euphémisme signifiant *« pour toujours »*).

SINE QUA NON. Expression latine qui signifie littéralement « sans quoi rien ne peut se faire ». S'emploie presque toujours à propos d'une condition dont dépend la validité d'un acte, d'une décision. *Condition sine qua non. La paix ne sera possible qu'à la condition sine qua non que vous retiriez vos troupes.*

SNOB. *n.* et *adj.* (mot d'origine anglaise, considéré comme l'abréviation de la formule latine *Sine Nobilitate,* « sans titre de noblesse »). Personnage qui se veut distingué, fait étalage des goûts et des modes de la haute société, recherche les relations qui lui donneront l'illusion de l'élévation sociale. Mais en vain : le snob manque trop de discernement pour faire paraître autre chose que sa volonté de paraître...

N.B. Dans les écoles aristocratiques de Grande Bretagne, certains fils de riches étaient exceptionnellement acceptés alors que leur famille n'était pas noble. On inscrivait leur nom sur les listes en le faisant suivre des lettres SNOB., c'est-à-dire « sans titre de noblesse ». Ils étaient naturellement les plus arrogants et les plus prétentieux (cette origine est toutefois discutée).

SOCIALISME. *n. m.* 1° **Historiquement :** ensemble de doctrines économiques, sociales et politiques dont les traits communs sont de *dénoncer les inégalités sociales,* liées à des systèmes dans lesquels les intérêts particuliers priment l'intérêt général (notamment, au niveau économique, le régime de propriété privée des moyens de production et d'échange), et de *préconiser une organisation sociale plus communautaire,* volontariste, dans laquelle l'intérêt de tous doit prévaloir, assurant aux citoyens justice, liberté et participation égale au pouvoir politique. L'aspiration socialiste est très ancienne : elle est présente dans les « utopies » classiques (Platon, Campanella, More). Mais elle s'est particulièrement épanouie au XIXe siècle, en unissant les idéaux démocratiques à une critique (méthodique, scientifique) de l'économie capitaliste. Le marxisme, par exemple, se présente comme un socialisme scientifique. Le socialisme a connu de nombreuses tendances, plus ou moins réformistes ou révolutionnaires, plus ou moins collectivistes, plus ou moins utopiques, ou plus ou moins « scientifiques ».

2° **Actuellement** : les diverses tendances du socialisme, l'usure du mot due à son emploi par des partis ou des régimes dont l'idéologie était radicalement opposée au « vrai » socialisme, les avatars de la vie politique dans les démocraties occidentales, ont à la fois brouillé le sens du mot et considérablement affaibli ses connotations révolutionnaires. Se réclament du socialisme aujourd'hui des partis qui se disent « de gauche » sans être « communistes ». Le socialisme est devenu synonyme d'aspiration à la justice et à l'égalité sociale avec, politiquement, un reste d'étatisme et, économiquement, la défense d'un minimum de socialisation (entreprises nationalisées ; services publics centrés sur l'intérêt général, comme l'Éducation nationale). Le socialisme reste, quoi qu'il en soit, opposé au libéralisme (sens n° 3), — du moins si le mot reste fidèle à son sens, et ceux qui l'emploient, respectueux du sens des mots...

SOCIOLOGIE. *n. f.* (mot créé par Auguste Comte). Étude scientifique des phénomènes sociaux, qu'il s'agisse du fonctionnement d'ensemble des sociétés ou de secteurs plus particuliers (*sociologie du travail ; sociologie des religions,* etc.). La sociologie tente d'établir des lois propres aux groupes sociaux, c'est-à-dire se distinguant spécifiquement des lois de la psychologie individuelle, même s'il existe, évidemment, des interactions entre les consciences individuelles et les phénomènes collectifs ; mais l'intérêt de la sociologie est précisément de saisir des logiques sociales ou des représentations collectives qui échappent en partie aux individus qui les vivent. Voir **Anthropologie.**

SOLDE. *n. f.* Traitement traditionnellement versé aux « soldats », et par extension, à certains fonctionnaires. *Être à la solde de quelqu'un ;* être payé ou (acheté) par quelqu'un. Ne pas confondre avec le mot *solde* au masculin (ci-dessous).

SOLDE. *n. m.* Reliquat d'un compte. *Solde débiteur* (partie que l'on doit). *Solde créditeur* (somme que l'on possède positivement sur son compte). *Régler le solde d'une facture* (ce qui reste à payer). *Les soldes :* articles mis en vente (à prix réduits) pour épuiser le reste des stocks. Ne pas confondre avec *solde* au féminin.

SOLÉCISME. *n. m.* Faute de syntaxe. Par exemple, *l'homme auquel j'ai épousé sa fille* (pour « l'homme dont j'ai épousé la fille). On distingue le solécisme du barbarisme (faute de vocabulaire).

SOLILOQUE. *n. m.* (du latin *solus*, «seul» et *loqui*, «parler»). Discours d'une personne qui se parle à elle-même (dans la solitude) : *il poursuivait un soliloque sans fin.* Parfois : discours de quelqu'un qui est seul à parler dans une compagnie, comme s'il ne s'adressait qu'à lui-même. *Sa conversation dégénère en soliloque.* Pour le sens comme pour l'étymologie, comparer avec les mots **colloque** et **monologue**.

SOLIPSISME. *n. m.* (du latin *solus,* «seul», et *ipse,* «même»). Conception philosophique selon laquelle l'individu est la seule réalité existante : le monde «objectif» n'existe pas et n'est que la projection de sa conscience. Orwell s'est risqué à nommer «solipsisme collectif», dans *1984,* l'idéologie folle d'un pouvoir qui veut absolument que le monde n'existe pas en dehors de la représentation qu'il s'en donne... Voir **Subjectivisme**.

SOLLICITER. *v. tr.* (du latin *sollicitare,* «agiter fortement»).
1° **Sens ancien** (littéraire) : inciter, stimuler, entraîner, pousser à. *Solliciter l'attention* (l'éveiller). *Des objets alléchants qui nous sollicitent sans cesse* (qui attisent notre désir). *Des efforts qui sollicitent le corps* (le poussent à agir, parfois excessivement).
Au *figuré,* **solliciter un texte :** lui faire dire abusivement plus qu'il n'exprime.
2° **Sens courant :** prier quelqu'un, de façon à la fois pressante et respectueuse, en vue d'obtenir quelque chose (une démarche, un appui, un emploi, une faveur). La sollicitation est le plus souvent une requête adressée à une autorité, à une personne influente. *Solliciter quelqu'un de faire quelque chose. Solliciter quelque chose de quelqu'un.*

SOLLICITUDE. *n. f.* Attitude attentive et affectueuse envers une personne. *Veiller sur quelqu'un avec sollicitude. La sollicitude maternelle.*
N.B. La sollicitude n'est donc pas le fait de «solliciter», comme on pourrait le croire à première vue. Cependant, l'étymologie est commune aux deux mots : en latin, la *sollicitudo* est le fait d'être inquiet, agité intérieurement par le souci (de celui qu'on aime), ce qui se traduit par une bienveillance active.

SOMMAIRE. *adj.* et *n. m.* 1° Qui est brièvement résumé *(un exposé sommaire)*. Qui est réduit à son expression, à sa forme la plus simple *(un examen sommaire, une procédure sommaire.)* D'où, péjorativement : rudimentaire, schématique, superficiel. *Une exécution sommaire :* exécution capitale faite sans jugement préalable.

2° *(comme nom)* Abrégé, résumé ; table des matières ; index des chapitres ou des notions, le plus souvent en début de livre. Par extension, présentation d'un programme : *au sommaire, ce soir, vous aurez...*

SOMMER. *v. tr.* Donner impérativement l'ordre de faire quelque chose. *Je vous somme de me répondre sans délai.* La **sommation** a souvent un caractère juridique ou officiel : assignation à paraître en justice ; injonction de payer une dette ; ordre donné par une sentinelle ou par la force publique de cesser une action *(Halte, ou je tire)*. Au sens courant, sommer, c'est ordonner avec vigueur.

SOMPTUAIRE. *adj.* Se dit généralement de dépenses excessives, faites dans un esprit de luxe et d'apparat, pour impressionner. *Une société qui compromet son équilibre budgétaire par des dépenses somptuaires.*

N.B. Ne pas confondre avec **somptueux** (luxueux, magnifique) ; cependant, l'étymologie est la même (*sumptus* signifie « dépense », ce qui fait de l'expression *dépense somptuaire* un pléonasme !).

SONDER. *v. tr.* Au **sens figuré,** chercher à connaître les intentions ou les opinions de quelqu'un. *Sonder quelqu'un. Sonder les intentions de quelqu'un. Sonder l'opinion des Suisses.* Avec la multiplication des sondages d'opinion, le sens figuré de ce verbe devient prédominant.

SONNET. *n. m.* Poème à forme fixe, très répandu dans la littérature française à l'époque de la Renaissance (Du Bellay, Ronsard), et qui a joui d'un regain de faveur dans la seconde moitié du XIXe siècle (Baudelaire, Hérédia, Verlaine).

• Le sonnet se compose de deux quatrains et de deux tercets, soit quatorze vers. La disposition des rimes obéit aux schémas suivants : ABBA / ABBA / CCD / EED ou ABBA / ABBA / CCD / EDE ; il y a parfois des irrégularités. Le mètre des vers est au choix du poète (hexasyllabes, octosyllabes, décasyllabes, alexandrins). L'alexandrin est toutefois le plus répandu (dans *Les Fleurs du Mal*, par exemple).

• Les quatrains et les tercets d'un sonnet sont souvent mis en opposition, laquelle débouche sur un effet final appelé «chute» (effet descriptif, apostrophe lyrique, figure de style étudiée). Mais le sonnet peut aussi faire progresser une seule idée jusqu'à l'amplification finale (une métaphore filée, par exemple).

SOPHISME. *n. m.* Raisonnement d'apparence logique mais qui se révèle faux. L'auteur d'un sophisme est parfois dupe du caractère fallacieux de son argument; mais le plus souvent, il le développe *sciemment,* dans le but de convaincre l'auditoire, au risque de tromper le public (d'où la différence avec le **paralogisme**). On peut naturellement qualifier de «sophisme» un argument trompeur, même si celui qui le reprend ne le fait pas de mauvaise foi. Diderot qualifie ainsi de *sophisme de l'éphémère* l'argument d'une mouche (éphémère) qui, observant que de mémoire de mouche on n'avait jamais vu mourir un homme, en déduisait que les hommes sont immortels...

Les **sophistes grecs,** contemporains de Socrate et de Platon, particulièrement habiles dans la rhétorique et l'art de parler, soutenaient que le vrai et le faux pouvaient être également démontrés. Il ne restait donc plus à certains d'entre eux qu'à «vendre» leur capacité aux politiciens qui voulaient contrer leurs adversaires, ou séduire les foules, dans des buts intéressés. Les véritables philosophes leur reprochaient de faire de la parole un simple instrument d'action sur les hommes, au lieu de la mettre au service de la vérité.

SOPHISTIQUÉ. *adj.* 1° Excessivement raffiné, subtil, compliqué, à l'image des raisonnements de certains sophistes. Par extension, artificiel, faux, affecté. *Un style sophistiqué. Une beauté sophistiquée.*

2° En ce qui concerne des appareils, des objets : très perfectionné. *Un matériel sophistiqué* (sans connotation péjorative).

SOPORIFIQUE. *adj. (sens propre)* Qui plonge dans le sommeil. somnifère. *(sens figuré)* Particulièrement ennuyeux. *Un exposé, une lecture soporifique* (qui conduit à bâiller).

SOUFFRIR. *v. tr.* Au **sens littéraire** (classique) : supporter, admettre, tolérer. *Souffrez, Madame, que l'on vous loue !*

Cette règle ne souffre aucune exception. On ne saurait souffrir une telle insolence.

SOUILLURE. *n. f.* **Vocabulaire moral** (classique) : péché qui tache l'âme ; flétrissure morale, action avilissante et impure. *Pour certains puritains, les moindres actes de vie sont des souillures de l'âme.*

SPARTIATE. *n. et adj.* 1° Citoyen de l'ancienne Sparte (appelée aussi Lacédémone), célèbre cité grecque rivale d'Athènes.
2° Qui rappelle l'extrême rigueur et la sévérité des coutumes de Sparte. *Il menait une vie spartiate.*

SPÉCIFIQUE. *adj.* Qui appartient en propre à une espèce, à une chose, à un groupe, à une personne. *Un caractère spécifique de l'homme est, selon Rousseau, la faculté de se perfectionner. La spécificité d'un art. Un concept spécifiquement marxiste.*

SPÉCIEUX. *adj.* Qui, sous une belle apparence, est sans valeur ou sans intérêt. Fallacieux, trompeur. *Un raisonnement spécieux. Une argumentation spécieuse. Un motif spécieux.*
Ne se dit pas à propos des personnes.

SPEC(T)-. Racine issue du latin *spectare*, « regarder, observer », qu'on trouve dans le mot **Spectacle**, mais aussi en composition dans de nombreux autres termes comme **Aspect** (ce qui s'offre à la vue), **Circonspection, Inspection, Introspection, Perspective, Perspicace, Prospective, Rétrospective Spectre, Spectroscope, Spéculaire** (qui est relatif au miroir), **Spéculer** (en latin : « observer »), **Suspecter** (littéralement : « regarder de bas en haut »).

SPECTRE. *n. m.* (voir la racine *spect-*). Au **sens figuré**, idée effrayante, réalité menaçante. *Le spectre de la famine.* « *Un spectre hante l'Europe : le spectre du communisme* » (Marx).

SPÉCULATION. *n. f.* (du latin *speculari*, « observer »).
Sens originel : étude abstraite, recherche théorique. *Des spéculations intellectuelles, métaphysiques.* Le mot prend parfois le sens péjoratif de réflexion inutile, déconnectée du réel. *Ce sont là des spéculations gratuites, des considérations purement spéculatives.*

Sens économique : opération financière qui consiste à acheter puis revendre pour faire des bénéfices. *Des spécu-*

lations boursières. La spéculation a fait monter les prix dans l'immobilier. Le spéculateur *analyse* les tendances du marché, *observe* l'évolution de l'offre et de la demande, *calcule* les profits qu'il peut en tirer : ceci explique l'analogie entre les deux sens du mot «spéculer». Mais quel glissement dans l'objet de la spéculation !

SPHINX. *n. m.* (de **Sphinx,** le monstre mythologique). Au **sens figuré :** personnage énigmatique, qui tait ses intentions. Voir **Énigme.**

SPIRITUALISME. *n. m.* Philosophie qui considère que l'esprit constitue une réalité en soi, autonome, irréductible, et supérieure.

Le *spiritualisme* s'oppose radicalement au *matérialisme* (voir ce mot dans son sens *philosophique*). En cela, il est une des formes de l'idéalisme. Mais le spiritualisme est souvent lié, en outre, à la croyance en l'existence de Dieu : l'esprit, l'âme, a donc une vie propre en relation avec Dieu. Cette vie s'appelle *vie spirituelle* ou spiritualité. Voir ci-dessous les divers sens du mot spirituel. Voir aussi **Âme, Idéalisme, Matérialisme.**

N.B. Ne pas confondre le **Spiritualisme** avec le **Spiritisme** (croyance aux esprits qui font tourner les tables et hantent les vieilles demeures).

SPIRITUEL. *adj.* 1° **Qui concerne la vie de l'esprit,** comme réalité autonome et immatérielle. Ce qui est d'*ordre spirituel* s'oppose à ce qui est d'*ordre matériel* (et parfois, d'ordre social). La *vie spirituelle,* dans ce sens, est synonyme de vie morale. Les recherches de l'esprit, la création artistique font partie de la *dimension spirituelle* de l'être humain, au même titre que les exigences éthiques. Même un penseur athée peut, dans ce sens, considérer l'*activité spirituelle* (la vie de l'esprit) comme ce qui est le plus élevé en l'homme. *L'héritage spirituel d'un penseur.*

2° **Qui concerne la vie de l'âme dans sa relation à la divinité.** La *vie spirituelle,* dans ce sens, se rapporte à la croyance religieuse (son contenu, sa pratique). Un homme qui a des *préoccupations spirituelles* est un homme en recherche, qui s'interroge sur l'existence de Dieu, la réalité du monde surnaturel, etc. À ce sens correspond le terme *spiritualité* (attachement aux valeurs spirituelles, exercices spirituels comme la prière, intensité de la vie intérieure). On oppose, dans ce sens, les *réalités spiri-*

tuelles aux *réalités temporelles,* ou plus directement le *spirituel* au *temporel,* c'est-à-dire :
• **d'une part,** ce qui a trait à la vie de l'âme, aux réalités (immuables) du monde surnaturel, aux institutions religieuses qui sont censées les exprimer et les manifester ;
• **d'autre part,** ce qui relève du monde profane, des réalités matérielles de l'espace et du temps, de l'histoire humaine.

En particulier, le *pouvoir spirituel* désigne l'autorité de l'Église, par opposition au *pouvoir temporel* qui désigne l'autorité politique d'un État. *Le « pouvoir temporel » de la Papauté a beaucoup diminué ; son pouvoir spirituel, lui, y a gagné.*

3° **Qui se rapporte au bel esprit** (sens n° 5), à l'art de produire des mots piquants, ironiques ou humoristiques. *Un homme spirituel* (un homme qui fait de l'esprit, et non qui est tourné vers les choses de la religion). *Une réplique spirituelle* (un mot d'esprit, et non pas une maxime sainte !).

SPLEEN. *n. m.* (mot anglais qui signifie « rate », lieu où l'on situait jadis les « humeurs noires »). Mélancolie, vague à l'âme, ennui profond, neurasthénie. *J'ai le spleen.* Avec Baudelaire, qui oppose les élans de l'*Idéal* aux désillusions qu'apporte le *monde réel,* le mot **spleen** prend un sens profond, quasi pathologique, de « mal de vivre », dégoût de tout, désespoir, angoisse atroce.

SPOLIER. *v. tr.* Dépouiller quelqu'un d'un bien qui lui revient, par divers moyens frauduleux (violence, falsification de documents, abus de pouvoir). *Spolier un lointain cousin de sa part d'héritage.* Le mot peut être employé dans le sens global de *déposséder injustement. J'ai été spolié de mes droits légitimes.*

SPORADIQUE. *adj.* Qui existe çà et là, de façon éparse : *une maladie sporadique.* Qui se produit à intervalles irréguliers, de temps à autre. *Des grèves sporadiques. À Sarajevo, on entendait encore quelques coups de feu sporadiques.*

STADES. (en psychanalyse) Voir au mot **Génital.**

STAGNATION. *n. f. (sens propre)* État d'un liquide qui stagne, ne s'écoule pas. *(sens figuré)* Inertie, immobilité fâcheuse ; inactivité. *Stagnation de l'économie. Stagnation morale, sociale.*

N.B. Prononcer « stag-nation ».

STALINIEN. *adj.* Qui se rapporte à Staline ; qui pratique des méthodes rappelant le stalinisme, c'est-à-dire autoritaires et centralistes (collectivisation forcée, camps de travail sibériens, purges fréquentes pour éliminer les opposants politiques ou idéologiques, culte de la personnalité). *Des méthodes staliniennes. La direction du Parti est restée stalinienne.*

STANCE. *n. f.* Strophe comprenant un groupe régulier de vers qui forment un sens complet, et qui se répète, dans une organisation identique, tout au long d'un poème. La stance se termine souvent par un vers plus court que les autres, qui produit un effet de pause ou de « chute » dans l'élan lyrique qui anime l'ensemble. Les stances, au théâtre, suspendent l'action pour laisser libre cours à l'expression lyrique d'un personnage ou du chœur. Les stances du *Cid* (Acte I, Sc. 6) sont célèbres.

STANDARDISATION. *n. f.* **Au sens économique :** production de modèles en série selon des normes fixées à l'avance (le *standard* est précisément le modèle type qu'on reproduit). La standardisation est aussi l'action de standardiser, c'est-à-dire de normaliser une production, un objet courant, des procédures diverses.
Au sens social, par analogie, la standardisation est presque l'équivalent de la normalisation (voir ce mot) : l'emploi du mot, souvent péjoratif, se rapporte à l'uniformisation des modes de vie et de pensée, dans les sociétés modernes, à l'image des produits de consommation de masse.

STATU QUO. Locution latine qui signifie « dans l'état actuel des choses ». L'expression complète est *statu quo ante,* « l'état des choses tel qu'il était auparavant ». Raison pour laquelle on emploie souvent cette expression dans des contextes où il est question de *maintenir le statu quo,* qu'on le déplore ou qu'on s'en réjouisse. *En ce qui concerne les salaires, c'est le statu quo.*

STATUT. *n. m.* (du latin *statuere,* « établir »).
1° **Sens juridique :** ensemble de lois qui fixent l'état de droit d'une personne ou d'un groupe dans une société, notamment les garanties dont ils bénéficient. *Un statut de fonctionnaire. Un statut de réfugié politique. Des garanties statutaires* (liées au statut).
2° Position sociale de fait d'une personne ou d'une caté-

gorie. *Le statut de l'enfant. Le statut social des médecins leur vaut une considération que n'ont plus les professeurs.*
N.B. Au pluriel, **les statuts** sont les actes constitutifs qui fixent les objectifs et le fonctionnement d'une association ou d'une société. *Il faut rédiger très clairement les statuts.*

STÉRÉO-. Racine issue du grec *stereos*, « solide, substantiel ». D'où l'idée de solidité, d'épaisseur, de relief. **Stère** (mètre cube de bois); **Stéréographie** (représentation des solides par projection sur un plan); **Stéréophonie** (reproduction des sons « en relief »); **Stéréoscopie** (technique qui permet de reproduire une image comme en relief); **Stéréotype** (voir mot suivant).

STÉRÉOTYPE. *n. m.* (de *stéréo-*, « solide » et *type*, « caractère général »).
Sens technique (ancien) : cliché typographique obtenu en coulant du plomb dans une empreinte.
Sens figuré (le plus fréquent) : idée toute faite, cliché, poncif bien épais. Le stéréotype peut être une opinion générale, par exemple : *« On n'arrête pas le progrès ».* Il peut être aussi une image simpliste du monde : la représentation que certains se font du Français (homme avec béret, portant une baguette de pain, et buvant du vin rouge) est un stéréotype. On parle de *stéréotypes culturels*, de *formules stéréotypées*, de *représentations stéréotypées*. Ne pas confondre avec **Archétype**.

STICHOMYTHIE. *n. f.* Dialogue tragique au cours duquel les personnages se répondent réplique par réplique. Il s'agit souvent de vers très concis, symétriques, traduisant l'intensité des relations ou du débat. On peut aussi trouver des stichomythies dans un dialogue comique. Voici l'exemple d'un dialogue très tendu entre Hamlet et sa mère :

« LA REINE : *Hamlet, tu as gravement offensé ton père.*
HAMLET : *Mère, vous avez gravement offensé mon père.*
LA REINE : *Voyons, vous faites des réponses extravagantes.*
HAMLET : *Allons donc, vous posez des questions scandaleuses.* »

STIGMATISER. *v. tr. Sens propre* (ancien) : marquer un criminel au fer rouge, à la fois pour le punir corporellement et graver sur son corps l'empreinte qui rappelle son crime.
Sens figuré (littéraire) : condamner

très sévèrement, blâmer publiquement. *Stigmatiser les hypocrites. Stigmatiser l'égoïsme des riches, la lâcheté des juges, la décadence des mœurs. Un discours dans lequel l'auteur stigmatise les violations des droits de l'homme.*

Les **stigmates** sont les cicatrices durables laissées par des plaies. Au pluriel, l'expression renvoie souvent aux blessures du Christ qui, chez certains mystiques, se reproduisent mystérieusement. Un *stigmatisé,* une *stigmatisée* : personnes qui portent les stigmates de Jésus crucifié.

STIPULER. *v. tr.* **Sens juridique :** énoncer une condition précise dans un contrat. *Il faudrait stipuler qu'en cas de maladie grave non déclarée, le contrat d'assurance-vie est nul et non avenu. La clause n° 3 stipule que vous devez fournir un certificat médical.*

Sens général : faire connaître expressément ; spécifier (il s'agit le plus souvent d'une précision de nature impérative). *L'énoncé du sujet stipule que les calculatrices sont interdites. Il est stipulé dans la convocation que vous devez vous présenter à 7h45.*

STOÏCISME. *n. m.* (à partir du grec *stoa*, « portique », lieu où Zénon enseignait la philosophie stoïcienne qu'il fonda).

Sens philosophique : doctrine de Zénon de Citium (340-263 avant J-C.), qui influença profondément la culture antique. On en retient surtout l'extrême exigence morale, illustrée par les œuvres de Sénèque, Épictète et Marc-Aurèle. Bien qu'il existe de nombreuses variantes dans la pensée des philosophes stoïciens, on peut dire schématiquement que le stoïcisme part de l'idée que la Nature se confond avec Dieu. Vivre conformément à la Nature, vivre conformément à la Raison ne font qu'un, et sont à la base de la morale, de la sagesse, du bonheur. L'idée que développe alors Épictète est que toute existence se partage entre les choses qui ne dépendent pas de nous et les choses qui dépendent de nous. En ce qui concerne ce qui ne dépend pas de nous, il faut accepter et supporter, puisque rien n'y peut changer quoi que ce soit : *« Veux ce qui arrive comme cela arrive, et tu couleras une vie heureuse ».* En ce qui concerne ce qui dépend de nous, notamment la maîtrise des passions qui troublent l'âme (et peuvent en quelque sorte désordonner notre « nature » intérieure), tout est question de *raison* et de *volonté :* il faut apprendre à se détacher des désirs ou des douleurs (qui justement nous rendraient dépendants de ce qui ne dépend pas de nous), à placer le bonheur dans la vertu, et finalement, à être profondément en accord avec la Nature, dont l'ordre suprême aboutit en dernier ressort à l'harmonie. D'où la devise stoïcienne : *supporte et abstiens-toi.* Il ne faut pas oublier que la morale stoïcienne, qui suppose des attitudes héroïques en face du malheur, est d'abord une *morale du bonheur,* fondée sur la sagesse. Voir à ce propos **Épicurisme.**

Sens général : attitude de courage devant le mal et les malheurs, voire même d'impassibilité dans la douleur. Vigny l'exalte dans son poème « La Mort du Loup ». Cette attitude peut naturellement être adoptée par des personnes qui ne connaissent rien du stoïcisme comme philosophie. *Dans cette épreuve, il s'est conduit avec un admirable stoïcisme. Au cours de sa longue maladie, il s'est montré constamment stoïque.*

N.B. L'adjectif **stoïcien** peut renvoyer aux deux sens du mot. Pour la clarté de l'expression, il nous paraît préférable de dire :
— *« stoïcien »* pour ce qui renvoie à la philosophie ou à la morale développée par le stoïcisme et ses défenseurs ;
— *« stoïque »* pour ce qui renvoie aux attitudes ou aux êtres qui ont un comportement digne de la morale stoïcienne en face du malheur, de la maladie ou de la mort.

STRATAGÈME. *n. m.* (étymologie commune au mot *stratège,* qui vient du grec *stratos,* « armée » et *agein,* « conduire »).

(sens ancien) Ruse de guerre. *Le « cheval de Troie » imaginé par Ulysse est un des plus célèbres stratagèmes de l'histoire.*

(sens courant) Ruse extrêmement habile. *Scapin, les valets de comédie en général, sont experts dans l'art du stratagème.*

STRATÉGIE. *n. f.* (voir l'étymologie du mot *stratagème*).

1° **Sens politique et militaire :** art d'ordonner et de coordonner des forces offensives ou défensives, matérielles ou morales, en vue d'obtenir la victoire. La stratégie peut se limiter au terrain où opère une armée, ou s'élargir, comme dans le cas de la Seconde Guerre mondiale, à l'ensemble des opérations et des actions combinées par les belligérants, dans l'ordre économique, dans le domaine de la propagande, etc. On oppose classiquement la **stratégie,** science de l'*ensemble* des manœuvres et de leur coordination en vue d'un certain but, et la **tactique,** qui est aussi un art de la manœuvre, mais sur des *objectifs à court terme,* dans le cadre du plan défini par la stratégie. Cependant, ces deux mots sont souvent employés l'un pour l'autre.

2° **Sens général** (*figuré*) : art de coordonner un ensemble d'actions et de manœuvres pour atteindre un but général, dans quelque domaine que ce soit. *Une stratégie de conquête amoureuse. Une stratégie commerciale destinée à pénétrer un marché. Pour réussir à l'examen, quelle stratégie faut-il adopter?*

STRICTO SENSU. Expression latine qui signifie «au sens strict, au sens étroit», par opposition à *lato sensu* («au sens large»).

STRUCTURALISME. *n. m.* Méthode d'analyse et courant de pensée qui, dans les années 1950-1960, a renouvelé les sciences humaines en leur faisant saisir l'objet de leur étude comme des *ensembles de structures* (et non comme des réalités autonomes), comme des *systèmes d'interrelations* (et non comme de simples catégories de faits), sur le *modèle de la linguistique.*

• L'idée de **structure** suppose qu'un ensemble de phénomènes forme un *système :* chaque élément est relié au tout ; toute modification d'un élément rejaillit sur l'ensemble ; aucune réalité partielle n'a de sens en soi, mais au contraire, ne fait sens que dans sa relation à toutes les autres ; c'est donc la structure en tant que telle qui est réelle, agissante, comme système *englobant* les éléments qui le constituent.

• La linguistique fondée par Saussure est fondamentalement «structuraliste». Elle décrit en effet la langue comme un ensemble d'unités, en relation de dépendance *réciproque,* qui fonctionne à tout instant selon son organisation propre, indépendamment de son histoire, dans une perspective essentiellement **synchronique**. La *langue,* système organisé de signes, précède la *parole,* usage que le locuteur fait de ce système préétabli, et dont les structures préexistantes déterminent en grande partie son énoncé. L'*arbitraire du signe* est également imposé à l'individu, qui perçoit comme évident le *lien signifiant/signifié,* sans avoir conscience de cette distinction. Ces trois aspects (la *conception synchronique du système,* la *distinction langue/parole,* la *relation signifiant/signifié*) vont se retrouver, *transposés,* dans les autres sciences humaines qui illustrent le structuralisme.

• L'**anthropologie** dite «structurale», par exemple, pose que les structures de la vie sociale sont premières, tout comme le code préétabli de la «langue»; les individus n'ont pas conscience du système qu'elles régissent; à l'intérieur de la logique d'ensemble de ce système, les individus ont des relations, adoptent des rôles sociaux, qui sont semblables à des «paroles» particulières *actualisant* la «langue» générale qui les structure. *« Le système de parenté est un langage »,* écrit Cl. Lévi-Strauss.

• La **psychanalyse**, selon l'interprétation de Jacques Lacan, pose à son tour que *« l'inconscient est structuré comme un langage ».* Celui-ci parle, se «manifeste» à travers rêves et symptômes, qui sont comme le «signifiant» d'un «signifié latent» (ce que veut obscurément le désir). À travers ses manifestations diverses, le sujet est «parlé» par son inconscient alors même qu'il croit exprimer son «moi conscient». C'est la structure de l'inconscient, vaste langage aux logiques secrètes, qui s'exprime dans chaque «parole» prétendument consciente. Nous nous croyons la source du discours que nous émettons; nous ne sommes que l'instrument d'un langage qui nous traverse.

• L'**approche des savoirs et de leur archéologie** par Michel Foucault (qui refuse d'employer le terme de structuralisme) obéit au même esprit. Dans *Les Mots et les Choses,* Foucault tente de reconnaître, dans diverses époques, le terrain philosophique sous-jacent, la configuration des savoirs et des représentations qui servent de base à telle ou telle expression artistique, telle ou telle pensée particulière. Cette *« épistémé »* est comme la langue inconsciente dont les productions culturelles manifestes sont les «paroles» visibles et repérables, — paroles conditionnées par les structures (mentales) dont elles sont l'émanation.

• La **sémiologie** de Barthes et ses essais de critique littéraire ont aussi pour objet d'analyser les *structures signifiantes* que masquent les mythes quotidiens ou les formes littéraires.

• La question que pose le structuralisme, au-delà de son aspect méthodologique, est *philosophique :* puisque toutes ces structures traversent comme des langages les êtres humains qui pensaient agir, parler, penser librement, quelle est donc la *place,* quelle est donc la *liberté* du sujet?

L'homme existe-t-il comme être libre et responsable ? Ou, si l'on préfère : le structuralisme est-il un anti-humanisme ?

Cette question est celle que pose toute attitude déterministe dans le domaine des sciences humaines (voir **Déterminisme**). On pourrait répondre que l'homme au sens large reste le créateur des langages qui déterminent l'individu en particulier ; la conscience de tous les conditionnements qui structurent le sujet est *déjà* une forme de libération de celui-ci ; montrer ce qui *limite* l'expression du sujet n'est pas nier la *possibilité* de l'expression, mais définir le champ de sa liberté.

STYLE. *n. m.* Au **sens littéraire,** manière propre qu'a un écrivain d'écrire ; art original qu'il manifeste dans son expression, et qui permet de le reconnaître entre tous. Le style de Voltaire, le style de Racine, le style de Hugo sont tels que l'amateur est rapidement capable de dire « C'est du Voltaire, du Racine, du Victor Hugo ». Bien entendu, si l'on approfondit la question, on comprend vite que le style ne se limite pas à la virtuosité langagière de l'auteur : sa sensibilité, sa vision des choses, son humeur entrent pour beaucoup dans sa façon d'écrire, ce qui a permis à Buffon d'énoncer sa célèbre formule *« Le style est l'homme même »*, et à Proust d'ajouter, de façon très pertinente : *« Le style pour l'écrivain, aussi bien que la couleur pour le peintre, est une question non de technique mais de vision »*.

Dans *Le Degré zéro de l'écriture*, Roland Barthes a introduit une nuance entre le style et l'écriture : le style serait l'expression du moi instinctif, biologique, lié aux profondeurs secrètes et à la mythologie intérieure de l'écrivain, tandis que l'écriture représenterait le choix social qu'il effectuerait d'un certain code littéraire, en fonction de l'idée qu'il se fait de la forme. Le style serait personnel, l'écriture en quelque sorte « politique ». Cette distinction a été discutée. Il se trouve que le mot *écriture* est devenu synonyme du mot *style* (lequel intègre la dimension sociale que Barthes donnait à l'écriture).

La notion de style s'est naturellement étendue à toutes les productions artistiques, y compris au *mode d'être* des personnes en société. On parle aussi de style d'une époque, d'une école artistique, du comportement d'une catégorie de personnes (le *style de vie*).

STYLISER. *v. tr.* Représenter une réalité, une forme, un objet, un caractère de façon simplifiée, épurée, de sorte qu'on en dégage l'essence (et rien qu'elle). « Styliser » n'est pas seulement simplifier ou schématiser : c'est tenter par la même occasion de saisir la nature profonde de ce qu'on représente, qu'il s'agisse d'un objet concret (ramené à sa ligne, à son dessin, à son épure idéale) ou d'un objet abstrait (le caractère d'un personnage dans une nouvelle, dans une pièce de théâtre). Un interprète musical peut styliser ; un caricaturiste stylise constamment ; un décorateur fait de même. La volonté de stylisation s'oppose en quelque sorte à la volonté de réalisme : la première recherche la forme essentielle, qui symbolise son objet ; l'autre recherche la forme pleine et substantielle, qui se voudrait un équivalent du réel.

STYLISTIQUE. *n. m.* Étude des procédés d'expression et de style qui permettent à un locuteur d'employer la langue de façon la plus originale (par rapport à des énoncés qui seraient « neutres », sans recherche d'effets). Il existe une *stylistique générale,* étudiée scientifiquement par les linguistes, centrée sur la notion d'*écart* possible des énoncés par rapport à ce qui serait le « degré zéro » de l'expression. Mais le plus souvent, l'emploi du mot stylistique désigne la *stylistique littéraire,* plus proprement tournée vers l'analyse du style des auteurs, qui comprend l'étude des figures de style, de la prosodie, des champs lexicaux, et de tout ce qui se rapporte, globalement, à l'expressivité et à l'**énonciation.**

SUB-. Préfixe d'origine latine qui signifie « sous, en dessous de », soit localement *(submerger, subodorer, subrepticement, substance),* soit socialement *(subalterne, subordonné, subjuguer).* Il exprime également l'infériorité qualitative *(subaigu, subdivision, subsidiaire, subsonique),* la proximité temporelle ou spatiale *(suburbain, succéder, suffixe, subséquent).* Il prend aussi la forme *suc-* (succéder), *suf-* (suffixe), *sup-* (supporter) ou *sus-* (susciter, suspect, suspendre).

SUBALTERNE. *adj.* et *n.* (du latin *sub,* « sous » et *alter,* « autre ». Littéralement : « l'autre qui est en dessous ». Comparer avec *alter ego).* Qui occupe une position hiérarchiquement inférieure ; qui est subordonné à quelqu'un, qui en dépend. *Un officier subalterne. Un subalterne doit le respect à son supérieur.* Par extension, qui est secondaire, accessoire, quelconque. *Un rôle subalterne. Une position subalterne. Des préoccupations subalternes.*

SUBCONSCIENT. *n. m.* (de *sub*, « en dessous de ; d'un degré plus faible »).

1° *(comme adjectif)* Qui est faiblement conscient, qui se trouve à la limite de la conscience. Ce qui est subconscient peut parvenir à la conscience ou rester dans l'obscurité, mais n'en influe pas moins sur le comportement. *Une représentation subconsciente. Des sentiments, des souvenirs subconscients le troublaient vaguement, sans qu'il pût parvenir à les identifier.*

2° *(comme substantif).* Zone psychique où se déroulent des phénomènes dont le sujet n'a pas une conscience actuelle, mais où il peut accéder par un profond effort d'introspection. En psychanalyse, le terme *subconscient* fut d'abord synonyme d'*inconscient,* puis rejeté par Freud car il ne s'opposait pas assez radicalement à l'idée de conscience. Il faut donc bien rappeler que l'inconscient est inconscient, *inaccessible* à la conscience en raison de la censure. Le subconscient, lui, est mouvant, *prêt à accéder* à la conscience si celle-ci se concentre suffisamment sur les sentiments, fantasmes, souvenirs, idées qui s'agitent à sa périphérie, dans la pénombre...

SUBJECTIF. *adj.* 1° *(sens philosophique)* Qui relève du sujet humain, individu libre et pensant, doté d'une vie intérieure, d'une perception propre, bref d'une subjectivité. Dans ce sens, *subjectif* s'oppose à *objectif* (qui a rapport à l'objet extérieur, qui existe en soi, de façon autonome). *La vie subjective. Des phénomènes intersubjectifs* (se produisant entre deux sujets humains). *Une étude objective des phénomènes subjectifs. Les lois de la subjectivité humaine.*

2° *(sens courant)* Qui est personnel, qui varie selon les individus ; qui donc est discutable (contrairement aux faits « objectifs »). *Un jugement subjectif. Des impressions purement subjectives. Il a une vision très subjective du monde politique.* Se reporter aux mots **Objectif** et **Objet.**

SUBJECTIVISME. *n. m.* **Sens courant :** attitude de ceux qui jugent d'après leurs seules impressions « subjectives » (au sens n° 2), tout à fait « personnellement », sans se soucier des réalités objectives.

Sens philosophique : théorie ou

position qui tend à privilégier excessivement le point de vue subjectif (sens n° 1) sur le point de vue objectif, à réduire les phénomènes de l'existence à la perception qu'en a le sujet, à subordonner les jugements de valeurs aux réactions individuelles (au lieu de rechercher des critères d'appréciation morale ou esthétique objectifs). Le subjectivisme poussé à l'extrême débouche sur le *solipsisme* (c'est-à-dire la réduction du monde à la représentation qu'on en a, d'où l'idée que le monde n'est qu'une projection de notre esprit personnel). Voir **Solipsisme**.

SUBJUGUER. *v. tr.* (du latin *sub*, « sous » et *jugum*, « joug »). Exercer un ascendant puissant sur quelqu'un. Séduire, charmer, envoûter. Mettre « sous le joug » (moralement ; voir ce mot). *Subjuguer les esprits, subjuguer un public. Ce brillant professeur n'a pas besoin de contraindre ses élèves : il les subjugue.*

SUBLIMATION. *n. f.* **En physique :** passage direct d'un corps de l'état solide à l'état gazeux. D'où le sens imagé qui suit.
              En psychanalyse : processus selon lequel certaines pulsions du **Ça** s'élèvent et se transforment en aspirations à des valeurs morales ou sociales reconnues. Il y a dans la sublimation à la fois une *épuration* des désirs que le **Surmoi** censure et que le **Moi** rejette, et un *déplacement* de l'énergie qu'ils contiennent sur des objets socialement valorisés. Les conduites humanitaires, l'engagement politique et social, l'élaboration artistique ou même la vie spirituelle sont, pour Freud, des formes de sublimation. Cela ne veut pas dire qu'elles se *réduisent* aux éléments pulsionnels qui se sont transférés en elles, car l'énergie, les tendances du **Ça** ne suffisent pas à produire de tels effets. Mais cette énergie, ces tendances, au lieu d'être refoulées dans un **Inconscient** qu'elles agitent, sont transformées et captées par l'activité sociale, par l'idéal moral du sujet, avec la « bénédiction » du **Surmoi**. La **sublimation** est à la fois l'opposé et le complément du **refoulement**.

SUBLIME. *adj.* et *n.* (du latin *sublimis*, « qui est très haut dans les airs » ; au sens littéral : qui se trouve *sous les limites du ciel*). D'où les acceptions suivantes :
(en ce qui concerne les personnes) Qui est admirable ; qui fait preuve d'un talent ou d'une vertu exceptionnels. *Il a été sublime, il a eu une attitude sublime. Une âme sublime.*
(en ce qui concerne les choses de la pensée ou de l'art)

Qui est particulièrement noble, élevé, divin, transcendant. *Un vers d'une beauté sublime. Un aphorisme sublime. Une scène sublime. Un adieu, un échange sublimes.*

Le sublime : ce qu'il y a de plus élevé dans l'art, ce qui bouleverse l'âme et transporte l'esprit. Dans *l'esthétique classique,* le sublime est le comble de l'art et il se rencontre dans les œuvres les plus nobles. Cependant, la noblesse du genre ou du sujet de l'œuvre ne suffit pas : encore faut-il que le passage sublime transporte subitement le spectateur ou le lecteur. C'est le cas, par exemple, du mot du vieil Horace, à qui l'on dit que son fils s'enfuit devant ses trois poursuivants, et qui le regrette amèrement : *« Que vouliez-vous qu'il fît contre trois ? — Qu'il mourût ! »* (*Horace*, Corneille.)

Pour les romantiques, et notamment Victor Hugo, le *sublime* reste aussi le comble de l'art, aux antipodes du *grotesque*. Mais dans le grotesque même il peut y avoir une forme de sublimité (voir le personnage de Quasimodo). Hugo a d'ailleurs forgé l'oxymore *« une sublime laideur »*.

SUBLIMINAL. *adj.* (du latin *sub*, « sous » et *limen, liminis*, « seuil, limite »). Se dit de perceptions ou d'émotions qui se trouvent *au-dessous* du seuil de la conscience. *Une représentation subconsciente est subliminale.* Mais surtout, on parle d'images ou de perceptions subliminales lorsque l'esprit enregistre effectivement un message visuel ou auditif extrêmement bref, sans avoir conscience de le faire. L'exemple classique est celui de la vingt-cinquième image / seconde ajoutée à un film (qui n'en comprend que vingt-quatre à la seconde) : perçue inconsciemment par les spectateurs, elle déclencherait chez eux un réflexe conditionné dont ils ne savent pas l'origine.

SUBODORER. *v. tr.* (du latin *sub*, « sous » et *odorari*, « sentir »). Flairer (au sens *figuré*), deviner, pressentir. *Je subodore là-dessous une perfide manœuvre. Il subodorait toujours le moindre défaut de son adversaire.*

SUBORDINATION. *n. f.* État de dépendance dans lequel une personne ou une chose est soumise à une autre. Comme l'indique l'étymologie, la subordination place quelqu'un ou quelque chose *sous* quelqu'un ou quelque chose d'autre dans un *ordre* donné. *La subordination du fonctionnaire à son supérieur. La subordination des pulsions à la raison qui les domine. La subordination, dans une* *phrase, d'une proposition (subordonnée) à la proposition principale.*

N.B. Ne pas confondre le verbe **Subordonner** (placer à un rang inférieur dans un ordre hiérarchique donné) et le verbe **Suborner** (corrompre, détourner du bon chemin, et aussi «séduire une jeune fille»).

SUBREPTICEMENT. *adv.* (du latin *sub*, «par-dessous» et *repere, reptum,* «ramper»; cf. aussi le mot *reptile*). D'une manière *subreptice*, c'est-à-dire furtive, dissimulée, opérée souterrainement, à la façon d'un reptile qui glisse entre les herbes… *Il a agi subrepticement. Une manœuvre subreptice. Il allait de librairie en librairie pour placer subrepticement son dernier livre sur la pile des meilleures ventes.* Antonyme : *ostensiblement.*

SUBSIDIAIRE. *adj.* Accessoire, annexe, complémentaire. Se dit en particulier d'une question qui, dans un concours, est donnée en complément de la question principale, pour départager les concurrents. *Méfiez-vous des questions subsidiaires : elles sont parfois plus difficiles que la question principale. À l'appui de sa thèse fondamentale, l'orateur a ajouté quelques considérations subsidiaires.*

N.B. La *question subsidiaire* faisant souvent la décision dans un concours, certaines personnes font l'erreur de croire que *subsidiaire* signifie *essentiel!*

SUBSISTER. *v. intr.* 1° *(pour les choses)* Durer, demeurer encore, continuer d'exister (malgré les épreuves du temps; malgré l'élimination d'autres éléments). *Il ne subsiste rien de cette civilisation. De vagues souvenirs subsistent dans ma mémoire.*

2° *(pour les personnes)* Survivre tant bien que mal. Pourvoir à ses besoins essentiels pour demeurer dans l'existence. *Je subsiste, bien difficilement il est vrai. Il ne pouvait que subsister. Des moyens de subsistance.*

SUBSTANCE. *n. f.* (du latin *sub*, «sous» et *stare*, «se tenir». Littéralement, «ce qui se tient dessous»).

Sens concret : matière dont se constitue une chose. *La substance s'oppose à l'apparence comme le contenu à la simple surface.*

Sens abstrait : ce qui est essentiel dans un ouvrage, dans une pensée; ce qui constitue sa matière, son contenu. **En substance :** pour l'essentiel. *Votre devoir a un bon plan,* *mais il manque de substance. La substance d'un ouvrage* (son fond, souvent par opposition à sa forme).

Sens philosophique : ce qui est permanent, ce qui existe par soi-même, et donc ne change pas. On oppose ainsi la *substance* (invariable, liée à l'essence des choses, qu'aucun événement ne peut changer) et l'*accident* (ce qui arrive, qui est contingent ou accessoire, mais ne modifie pas la nature des choses). Il est de l'ordre de la *substance* qu'une craie soit une craie, mais de l'ordre de l'*accident* qu'elle soit bleue, rouge ou blanche. Voir le mot **Essence.**

N.B. Noter que l'opposition grammaticale entre le *substantif* et l'*adjectif* renvoie approximativement à cette opposition. Le *substantif,* le nom, désigne la chose dans sa nature (dans ce qu'elle est en soi), tandis que l'*adjectif,* qui lui est «adjoint», lui ajoute des qualités qui sont variables, dont l'absence ou la présence ne modifie en rien la «nature» de ce que le substantif désigne.

SUBSTITUT. *n. f.* **Sens juridique :** magistrat qui remplace le procureur de la République.
Sens courant : ce qui sert à remplacer quelque chose, à jouer le même rôle. Ce qui se substitue à. *La margarine est un excellent substitut du beurre. Pour les psychologues, le pouce et la cigarette sont des substituts du sein maternel.* Mot de sens voisin : **Succédané.**

SUBSTRAT. *n. m.* Ce sur quoi repose quelque chose ; ce sans quoi quelque chose ne saurait subsister. Ce terme peut avoir un *sens philosophique* (fondement, essence, support indispensable d'une réalité), un *sens concret* (base, infrastructure de quelque chose de matériel, géologique, technique, ou économique), un *sens linguistique* (langue première d'un lieu, qui a laissé des traces dans la langue aujourd'hui dominante).

SUBTERFUGE. *n. m.* (du latin *subterfugere,* «fuir en cachette»). Procédé habile, moyen détourné qu'on utilise pour se tirer d'une situation difficile. Échappatoire. *James Bond trouve toujours un subterfuge au moment critique.* Par extension : ruse, artifice.

SUBTIL. *adj. (pour les personnes)* Qui a de la finesse, de la perspicacité, de l'esprit. *Un personnage subtil. Une intelligence trop subtile pour être totalement convaincante.*
(pour les choses) Qui manifeste de la subtilité, de l'ingéniosité, du raffinement ; et donc, ne peut être saisi

que par des esprits subtils. *Une argumentation, une analyse, une opinion subtiles. Une question subtile. Un style subtil.*

SUBVERSIF. *adj.* Qui est de nature à renverser l'ordre établi, qui menace le système social et politique, qui met en cause les valeurs dominantes de la société. *Un comportement subversif. Des opinions, des analyses subversives. Le nouveau roman a tenté de subvertir le code romanesque traditionnel. C'est en vain que de petits groupes gauchistes tentent de répandre la subversion. Sous des allures respectables, la vieille dame indigne tenait des discours subversifs.*

N.B. Comparer l'étymologie de ce mot (*subvertere* signifie « renverser », en latin) avec celle des mots *diversion, divertissement, conversion, extraversion* et *introversion.*

SUCCÉDANÉ. *n. m.* Produit de remplacement. Ersatz. *Un succédané de sucre.* Au **figuré** : ce qui remplace une chose absente, qui supplée à ce qui manque, faute de mieux. *Il lisait des romans-photos, pâles succédanés de films.* Par rapport à *substitut,* le mot *succédané* a une nuance péjorative.

SUCCINCT. *adj.* Qui est dit ou écrit en peu de mots : bref, concis, rapide, sommaire. *Une description succincte. Un récit succinct. Un témoignage succinct.* Par extension : qui s'exprime en peu de mots. *Une personne succincte dans ses propos. Soyez succinct autant que possible.*

N.B. Respectez l'orthographe de ce mot, bien que le *c* final ne se prononce pas.

SUFFISANT. *adj.* **Pour les choses :** qui suffit, qui est assez abondant, qui satisfait à ce qui était exigé. *Un repas suffisant. Une note suffisante. Des qualités suffisantes pour assumer cette mission.* On oppose classiquement la condition *nécessaire* (indispensable, mais qui ne suffit pas forcément) à la condition *suffisante* (qui permet d'opérer totalement une action, de prouver une hypothèse).

Pour les personnes : qui se montre totalement satisfait de soi-même, et donc, vaniteux, prétentieux, arrogant. *Un personnage suffisant, qui semble toujours savoir tout sur tout. Un air, un ton suffisants.* La *suffisance* est synonyme de *fatuité, vanité.*

SUFFRAGE. *n. m.* (*sens propre*) Vote (favorable) exprimé par un électeur, spécialement dans le domaine politique.

Un candidat en quête de suffrages. Refuser son suffrage. Le suffrage désigne aussi la façon dont s'exerce l'élection : *suffrage universel* (tous les citoyens sont appelés à voter), *suffrage direct* (les citoyens désignent directement, sans intermédiaire, leurs élus), *suffrage indirect* (les citoyens désignent, dans un premier temps, un corps électoral qui sera chargé de procéder, à son tour, au choix des élus).

(*sens figuré*) Accord, approbation (individuelle ou collective). *Ce pianiste, lors de son dernier récital, a rallié tous les suffrages. C'est à Peau d'âne que le Prince accorda son suffrage.*

N.B. On nomma **suffragettes** (fin XIXe / début XXe) des militantes anglaises qui réclamaient pour les femmes le droit de vote.

SUGGESTIF. *adj.* 1° Qui suggère parfaitement ce qu'il évoque (une réalité, des sentiments, des idées). *Un portrait suggestif* (évocateur). *Une description suggestive. Une mimique suggestive.*

2° Qui suggère en particulier des idées, des représentations, des fantasmes érotiques. *Une tenue suggestive. Un mouvement des hanches tout à fait suggestif. Une scène amoureuse plus suggestive que descriptive.*

SUI GENERIS. Expression latine qui signifie «de son espèce», c'est-à-dire «bien spécifique, unique en son genre». *Une saveur sui generis*, une saveur qui n'appartient qu'à elle, unique en son genre. *Un personnage fascinant, inimitable sui generis* (parfaitement unique en son genre, devant être apprécié comme tel, et non selon les critères de jugement communs).

SUJET. *n. m.* **Sens philosophique.** Être humain en tant qu'être pensant, capable de *connaître,* par opposition à l'objet de la connaissance sur lequel s'exerce sa pensée. La raison, la conscience réflexive caractérisent le «sujet» humain au sens philosophique. Une des difficultés majeures qu'éprouve l'homme de se connaître lui-même, vient de ce qu'il est à la fois le sujet et l'objet de cette connaissance.

• Le sujet humain, siège de la connaissance, est aussi placé au centre d'une existence, en relation avec le monde. Le sens du mot «sujet», dans le vocabulaire de la philosophie et des sciences humaines, s'étend donc à l'*individu dans son ensemble,* tel qu'il se vit, tel qu'il s'assume, tel qu'il se voit, tel qu'il se veut. Le sujet devient alors l'être humain dans toute sa «subjectivité», avec ses conditionnements, sa psychologie, son destin, sa liberté, ses questions.

• Dans ce sens, on peut différencier le «sujet» et le «moi» : le sujet est porteur d'un *moi*, d'un psychisme individuel; mais il englobe ce *moi* : il peut choisir de le construire, se donner un «idéal du moi».

• On peut de la même façon différencier le «sujet» et «l'individu». Le mot *individu* s'applique communément à chaque être humain, considéré à l'état brut, si l'on ose dire, de l'extérieur. Le terme *sujet* indique qu'on parle de cet individu du point de vue de sa qualité propre, de sa subjectivité, de sa conscience d'homme plongé dans l'existence, plus ou moins maître de sa destinée. *Le sujet, c'est l'être conscient animé de désir et en quête de sens.*

• On peut encore différencier le «sujet» et la «personne». Le mot *personne,* tel que l'idéalise le personnalisme par exemple, désigne alors le sujet devenu maître de sa vie, ayant trouvé les voies de son épanouissement. L'individu ne devient une personne que lorsqu'il est vraiment sujet de sa vie : conscient de son existence et maître de sa liberté. Pris au sens moral, le mot sujet devient alors synonyme de personne reconnue comme telle.

N.B. L'évolution des significations du mot sujet est assez révélatrice puisque le terme conserve actuellement des sens quasi opposés, dus à sa longue histoire.

Au départ, le mot sujet vient du latin *subjectum,* «ce qui est subordonné, ce qui est soumis à». Il désigne ce qui est soumis à la pensée ou à l'activité de l'esprit *(le sujet d'une réflexion, le sujet d'un livre, le sujet d'une œuvre),* aussi bien que ce qui est soumis à l'autorité politique *(les sujets du souverain, les sujets d'une nation).* Il désigne également le fait d'être le support de certaines actions *(être le sujet d'une expérience médicale)* ou de certaines influences extérieures ou intérieures *(les passions sont subies par le sujet).* Au *sens linguistique,* le «sujet» grammatical est ce à quoi se rapportent les actions, les sentiments, les pensées : le sens du mot n'est plus passif. Au *sens philosophique* défini plus haut, le sujet qui connaît est d'abord livré, *soumis* aux perceptions, expériences, connaissances subjectives qui s'impriment dans son esprit ; mais il est aussi (tant bien que mal) *maître* de cette connaissance qu'il doit approfondir par la pensée et la «réflexion». Ainsi, très insensiblement, le mot sujet est passé d'un sens passif (être soumis, être qui subit) au sens actif (être qui réfléchit, qui retentit, qui réagit), pour devenir, au niveau moral, synonyme de personne libre et agissante.

SUJÉTION. *n. f.* 1° Fait d'être soumis à un pouvoir politique ou social, de vivre dans la dépendance ou dans l'oppression. *Une fois affranchis, les esclaves noirs continuèrent de vivre dans la sujétion des Blancs.*

2° Assujettissement à une nécessité particulière, à une contrainte. *L'habitude de boire est vite une sujétion. L'emploi du temps hebdomadaire est une pénible sujétion.*

N.B. Ne pas confondre avec **Suggestion.**

SUMMUM. *n. m.* Mot latin qui signifie «le plus haut degré». *Être au summum de la gloire. Atteindre le summum de la bêtise.* Synonymes : *apogée, comble, faîte, sommet.*

N.B. Bien prononcer «sommom» (et non pas «soummoum»!).

SUPER-. Préfixe d'origine latine qui signifie «au-dessus, par-dessus». Indique la «supériorité» au niveau spatial, au niveau social, au niveau moral : *superposer, supersonique, supermarché ; supérieur, superstructure, superviser ; superlatif,* etc. De nombreux mots, le plus souvent techniques, peuvent être composés à partir de ce préfixe très vivant. Voir **Hyper-** et **Ultra-.**

N.B. Le préfixe **Supra-**, qui signifie «au-dessus, au-delà de», est beaucoup moins répandu *(suprahumain, suprasensible, supraterrestre, supranational)* ; il a pour antonyme **infra-.** *Supra* et *infra* s'emploient comme synonymes de «ci-dessus» ou «ci-dessous», pour des renvois dans un texte.

SUPERBE. *n. f.* Au **sens classique,** maintien hautain et orgueilleux (concrètement) ; orgueil manifeste (moralement). *La superbe d'un jeune héros.* L'adjectif *superbe* a aussi cette connotation au XVIIe siècle.

SUPERFÉTATOIRE. *adj.* Qui s'ajoute inutilement (à ce qui existe déjà), qui est superflu. *Des précisions superfétatoires. Des démarches superfétatoires. Quand je t'ai dit d'apporter* *une bouteille d'eau, il m'a semblé superfétatoire d'ajouter « potable ».*

SUPERSTITION. *n. f.* Croyance dénuée de tout fondement, souvent inspirée par la crainte des dieux ou des forces invisibles de l'univers. Irrationnelle, illogique, la superstition sacralise souvent des objets ou des pratiques qui sont censés avoir des effets magiques. *Croire que le chiffre 13 porte malheur, ou qu'on peut se protéger du mal en portant une patte de lapin, sont des superstitions.*

La superstition est en général considérée comme une déviation dangereuse du sentiment religieux, notamment par les croyants sensés et modérés. Pour les athées, au contraire, toute religion est superstition ; l'idée même de culte est superstitieuse.

Quoi qu'il en soit, on peut estimer que la superstition comporte au moins deux dangers : elle maintient dans l'ignorance, empêchant la raison humaine d'accéder aux lumières de l'esprit ; elle pousse à des conduites intolérantes, ajoutant la cruauté à la stupidité (ce fut le cas, par exemple, dans ces sociétés où l'on massacrait les hommes roux, censés être des incarnations du démon !). Voir **Dogmatisme, Fanatisme, Lumières.**

SUPERSTRUCTURE. *n. f.* **Sens concret :** partie supérieure d'une construction (située au-dessus du niveau du sol), par opposition à l'infrastructure.

Sens philosophique (dans le vocabulaire marxiste) : ensemble des institutions (politiques, juridiques, culturelles) et des idéologies (doctrines philosophiques, religions, culture dominante) qui sont, dans une société donnée, déterminées par les structures économiques et les rapports de production (c'est-à-dire l'*infrastructure*). Cette superstructure est *produite* par la réalité économique (dont elle contribue à masquer les rapports de force et les conflits d'intérêts) ; elle n'en jouit pas moins d'une certaine *autonomie* par rapport à l'infrastructure. Les penseurs marxistes centrent leurs analyses sur les interactions entre *infrastructure* et *superstructure*.

SUPPLANTER. *v. tr.* (du latin *supplantare*, « écarter quelqu'un en lui faisant un croche-pied »). Prendre la place de quelqu'un qu'on évince. *Supplanter un rival dans le cœur d'une femme. Une manœuvre habile destinée à supplanter un concurrent.*

Ce verbe peut s'appliquer aux choses, au sens de « remplacer, éliminer ». *La télévision n'a pas complètement supplanté la radio dans le goût du public. La poésie moderne est supplantée par la chanson.*

SUPPLÉER. *v. tr.* Ajouter ce qui manque ; remplacer quelque chose ou quelqu'un qui fait défaut. *Suppléer une lacune. Suppléer un professeur absent.* Cette construction directe s'emploie de moins en moins : on préfère dire *suppléer à,* qui a le même sens global (« remédier à ce qui fait défaut »). *Suppléer au manque d'imagination par la vivacité du style. Suppléer par les gestes à l'incapacité de parler. Suppléer par des auxiliaires au manque de professeurs.*

SUPPUTER. *v. tr.* (du latin *putare,* « calculer »). Évaluer ; calculer à partir de certaines données ce que peut représenter une quantité, une somme, un ensemble de possibilités. Examiner, apprécier plus ou moins empiriquement, plus ou moins intuitivement. *Supputer la somme qu'a pu coûter une fête, la valeur que peut représenter un meuble. Supputer ses chances de succès à l'examen. Supputer le nombre d'exemplaires auquel sera tiré un ouvrage, et les bénéfices qui en découleront.*

SUPRA-. Voir **Super.**

SUPRÉMATIE. *n. f.* Au **sens politique :** situation dominante acquise par un pays, économiquement, commercialement ou militairement. Hégémonie. *Dans le domaine de la conquête spatiale, les U.S.A. ont vite recherché la suprématie sur l'U.R.S.S.*

Par extension : position de supériorité, ascendant, prééminence de quelqu'un sur les autres. *Dans les années 1950, J.-P. Sartre jouissait d'une véritable suprématie dans l'empire des lettres.*

SURANNÉ. *adj.* Qui remonte à de lointaines années, qui appartient à une époque révolue. D'où : démodé, archaïque, vieillot. *Des robes surannées* (très anciennes, ayant peut-être le parfum des choses de jadis). *Un esprit suranné* (qui raisonne de façon archaïque, est prisonnier de conceptions passéistes).

SURENCHÈRE. *n. m. (sens propre)* Enchère nettement plus élevée que l'enchère précédente. Dans une vente, l'enchère consiste à proposer d'acheter à un prix supérieur au prix fixé au départ. La surenchère consiste à faire monter le prix plus haut encore, pour dissuader les autres acheteurs. On peut ainsi *surenchérir* sans fin (on dit aussi «faire monter les enchères»). *(sens figuré)* Dans le domaine politique (principalement), la surenchère consiste à proposer des exigences ou à faire des promesses qui dépassent largement celles qu'avancent les concurrents; ceux-ci se sentent alors obligés d'aller eux-mêmes plus loin dans leurs propositions, et ainsi de suite. *La surenchère électorale peut aboutir à la pire démagogie.*

SURMOI. *n. m.* En **psychanalyse,** l'une des trois instances psychiques fondamentales décrites par Freud, avec le **Ça** et le **Moi.** Le **Surmoi** représente consciemment l'ensemble des interdits moraux qui règnent sur l'individu et, inconsciemment, le censeur qui refoule les pulsions du **Ça** cherchant à pénétrer le champ de conscience du **Moi.**

• L'idée de «Sur-moi» vient de la constatation qu'une partie du Moi du sujet s'oppose à l'autre. Le sujet se juge, se critique; il vit un conflit entre ses désirs et sa «morale»; il est donc habité par une instance psychique plus ou moins sévère, qui interdit ou permet, condamne ou approuve; et ceci, pour des raisons confuses, puisque souvent le sentiment de culpabilité éprouvé par le **Moi** n'a pas de motif apparent. Cette instance agit ainsi en grande partie de façon inconsciente. Elle s'est constituée dans la prime enfance.

• Le **Surmoi** est en effet l'intériorisation des interdits parentaux (et de ceux qui ont suivi l'éducation familiale). Le premier de ces interdits naît de la situation œdipienne. Sur le petit «Œdipe» amoureux de sa mère, le père fait peser la menace de son autorité, la puissance de son droit: l'enfant a peur d'un châtiment, il se sent coupable de ce désir qui brave l'interdit. Plutôt que de vivre dans l'angoisse et la culpabilité, il change alors de camp, rejoint le parent de même sexe auquel il va s'identifier: il «intériorise», il incorpore à son **Moi** l'interdit paternel. L'instance extérieure, l'instance parentale, est devenue partie intégrante de lui-même. Cela le rassure, car le **Surmoi** a aussi une fonction protectrice (contre le désordre de pulsions contradictoires, contre l'angoisse liée aux désirs du **Ça**). L'interdit œdipien n'est naturellement pas le seul: toutes les exigences de l'éducation, qui disciplinent la vie physique et psychique du bébé en brimant sa nature, sont l'objet d'interdits. Ils suscitent sa colère, son angoisse ou son hostilité, jusqu'à ce qu'ils soient acceptés et intériorisés.

• Dès lors, le Surmoi, façonné et renforcé par toutes les intériorisations, tous les interdits, toutes les exigences successives de l'éducation, agit et réagit de façon autonome à l'intérieur du psychisme, tant dans le domaine de la vie consciente (où il devient notre conscience morale, notre idéal éthique, nos principes de vie) que dans le domaine de la vie inconsciente (où il censure, refoule les pulsions qui nous semblent déshonorantes ou coupables, non sans convertir une bonne part d'entre elles en aspirations légitimes : voir **Sublimation**).

• Deux remarques pour finir :
— le Surmoi n'est pas un ennemi du Moi : s'il est trop fort, il écrase et inhibe le sujet qui n'ose plus rien désirer, certes ; mais s'il est trop faible, il ôte au sujet la structure interne dont il a besoin pour grandir, pour se construire lui-même ; il est un peu comme une colonne vertébrale du psychisme : trop rigide, il paralyse ; trop mou, il rend l'individu incapable de se dresser ;
— le Surmoi n'est pas seulement l'intériorisation des exigences parentales : à travers elles, ce sont toutes les valeurs, toute la vision du monde de la civilisation à laquelle il appartient qui *constituent* l'individu. La dimension culturelle du Surmoi est aussi importante que sa dimension purement psychologique.

Voir les mots **Censure, Œdipe, Inconscient, Refoulement, Sublimation.**

SURNATUREL. *adj. et n.* 1° *(sens général)* Qui est au-delà de la nature, semble échapper à ses lois, ne peut s'expliquer par des connaissances naturelles. *Un pouvoir surnaturel. Un phénomène surnaturel* (supranormal). Par extension, tout ce qui est magique, merveilleux, extraordinaire, fantastique, ou qui semble tel. *Une femme d'une beauté surnaturelle.*

2° *(sens religieux)* Qui est d'ordre divin. Qui se produit sous l'effet d'une intervention divine, par la grâce de Dieu. *Un miracle est d'ordre surnaturel. Hors des apparences du monde sensible, au-delà de la nature, il existe une vie surnaturelle : celle des anges, celle du paradis, celle de l'au-delà où les morts, ressuscités, vivent dans la contemplation du Dieu-Amour.* Dans ce sens, l'adjectif peut être substantivé : on dit **le surnaturel.**

SURRÉALISME. *n. m.* (mot créé par Apollinaire en 1917). Mouvement littéraire, intellectuel et artistique d'avant-garde qui, animé par André Breton, se proposa à partir des années 1920 de révolutionner la pensée, l'art et la vie. Le *Manifeste du surréalisme* a été publié par André Breton en 1924 et fut suivi en 1929 du *Second manifeste du surréalisme.* À côté de Breton, les principales figures du mouvement ont été Louis Aragon, Philippe Soupault, Paul Éluard, Robert Desnos. Le mouvement lui-même s'effritera avant la Seconde Guerre mondiale, mais son influence libératrice sur la littérature, le cinéma, la peinture du XXe siècle, aura été déterminante.

• L'ambition du surréalisme est d'abord, dans le sillage des découvertes psychanalytiques, de **libérer la pensée** des contraintes de la raison et de la morale établie. La plate raison réaliste cache et empêche le *« fonctionnement réel de la pensée »*. Du même coup, elle empêche l'être humain de connaître et d'éprouver le monde réel, — ses zones mystérieuses, sa profondeur insoupçonnée, la *« vraie vie »*. La *« surréalité »* du monde ne peut être perçue que par des voies irrationnelles, hors du contrôle de la raison réaliste.

• Cette libération de la pensée est aussi **libération de l'art.** En se mettant à l'écoute de l'inconscient, du rêve, des automatismes de l'esprit (par la pratique, précisément, de *« l'écriture automatique »*), le poète surréaliste saisit et transcrit l'authenticité même de la vie créatrice, enfin libérée du contrôle de tous les académismes.

• La révolte surréaliste contre les codes artistiques antérieurs, contre les contraintes de la raison et de la morale admise, s'accompagne d'un **désir de révolution sociale et politique** contre l'ordre bourgeois, qui a produit cette morale contraignante et imposé son rationalisme dans tous les domaines. Ainsi, l'aventure intérieure qu'est la poésie surréaliste se double d'une attitude de violence externe à l'égard de l'ordre établi, même si la tentation d'adhérer au communisme, au début des années 1930, tourne court et provoquera des scissions.

• Le mouvement surréaliste, bien entendu, n'a pas « changé la vie ». Mais il a libéré l'écriture, ouvert la voie à la poésie de l'insolite, donné au rêve humain sa place centrale dans l'œuvre d'art, et permis à la littérature de se faire explosion de langage.

SURRÉALISTE. *adj.* 1° Qui se rapporte au mouvement évoqué ci-dessus. 2° Qui est bizarre, étrange, délirant, merveilleux ou cauchemardesque. *Une situation surréaliste. Un discours complètement surréaliste.*
N.B. Cet emploi est critiqué.

SUSCEPTIBLE. *adj.* 1° Capable de, apte à. *Un projet susceptible de révolutionner nos usages.* 2° Qui se vexe facilement. Ombrageux. *Il est trop susceptible.*

SUSPENSE. *n. m.* (de l'anglais *suspense,* issu du français «suspens»). Dans un film, un spectacle, un roman policier, un récit, moment d'attente angoissée de ce qui va se produire (un crime horrible, le sauvetage in extremis du héros, etc.). L'action semble s'être *suspendue,* le temps se fige, tout va basculer dans un sens ou un autre; le spectateur *suspend* son souffle, ne respire plus. Hitchcock a été le maître incontesté du suspense. Par extension, on parle de suspense à propos de situations angoissantes de la vie réelle, dans l'attente d'un événement décisif.
N.B. Prononcer «suspennss», pour ne pas confondre avec le mot *suspens* («en suspens» signifie «en attente, en suspension»).

SUSPICION. *n. f.* (des racines latines *sub,* «sous» et *spic-,* «regarder». Littéralement, «regarder par-dessous (avec défiance)»). Fait de considérer quelqu'un comme suspect; défiance, attitude soupçonneuse. *Bien que les choses aient été clarifiées, elle continuait de me regarder avec suspicion. Manifester de la suspicion, avoir de la suspicion à l'égard de quelqu'un, suspecter.* Voir la racine **Spec-**.

SUSTENTER (SE). *v. pron.* Se nourrir (littéralement : «se soutenir en s'alimentant»). *Le jour de l'examen, il ne faut pas négliger de se sustenter.*
N.B. En physique, la *sustentation* est le fait de se tenir en équilibre (en reposant sur des bases stables). La sustentation de la Tour de Pise pose quelques problèmes...

SYBARITE. *n. m.* Jouisseur qui se plaît dans une atmosphère de luxe et de raffinement. C'était le cas des habitants de Sybaris, ville très prospère dans l'Antiquité.

Antonyme : **anachorète** (religieux qui mène une vie austère et solitaire).

SYLLOGISME. *n. m.* En logique, argument qui se compose de trois propositions dont la troisième se déduit parfaitement des deux autres (voir **Déduction**). Les deux premières propositions se nomment prémisses (la première est générale, ou *majeure;* la seconde est particulière, ou *mineure*). La troisième est la conclusion logique des deux premières. L'exemple classique consiste à nous donner la «preuve» que Socrate est mortel :

Majeure :   Tous les hommes sont mortels ;
Mineure :   or, Socrate est un homme ;
Conclusion : donc, Socrate est mortel.

On notera que de nombreux raisonnements sont des syllogismes *implicites,* dans la mesure où toutes les prémisses ne sont pas données. Le fameux *« Je pense, donc je suis »* de Descartes pourrait ainsi s'énoncer : «1° Ce qui pense existe. 2° Or, je pense. 3° Donc je suis». Par ailleurs, la forme du syllogisme est souvent trompeuse en ce qu'elle semble énoncer les prémisses comme des vérités, alors qu'elles ne sont elles-mêmes que des *présupposés*. Par exemple, pour affirmer «Tous les hommes sont mortels», il faudrait avoir pu constater que Socrate (s'il s'agit d'un homme) est mortel, ce qui n'est pas le cas au moment où son disciple fait ce raisonnement : la conclusion étant *déjà* contenue dans la majeure, le syllogisme ne prouve rien. C'est ce qui conduit certains auteurs (comme Ionesco) à tourner en ridicule le syllogisme. Un véritable syllogisme devrait toujours s'énoncer sous la forme prudente qui suit :

1° S'il est vrai que tous les hommes sont mortels,
2° s'il est vrai que Socrate est un homme (et non un Dieu),
3° alors, Socrate est mortel.

SYM-, SYN-. Préfixes issus du grec *sun,* «ensemble, avec». Entrent dans la composition de nombreux mots parmi lesquels **Symbiose** (littéralement, «vie ensemble» ; au *niveau biologique,* association d'animaux ou d'organismes qui vivent l'un par l'autre ; au *sens figuré,* étroite union entre personnes, entre groupes) ; **Sympathie** (littéralement : fait d'éprouver la souffrance d'autrui, de sentir les mêmes choses en même temps) ; **Symphonie** (ensemble de sons harmonieusement orchestrés) ; **Synagogue** (assemblée, réunion, au sens étymologique); **Synonyme** (mot ou expression de même sens, ou de sens voisin); **Syntaxe** (littéralement, «ordre d'un ensemble»: organisation de la phrase; règles qui régissent l'ordre des mots; étude de ces règles). Voir aussi les mots suivants : *symbole, synchrone, syncrétisme, synecdoque, synergie, synopsis, synthèse.* La racine **sym-, syn-** indique toujours davantage qu'une simple juxtaposition : elle implique l'idée de lien organique, d'ensemble ordonné.

SYMBOLE. *n. m.* (du grec *sumbolon,* «signe de reconnaissance»: il s'agissait d'un objet partagé en deux moitiés, ce qui permettait aux deux personnes possédant chacune un morceau de se reconnaître).

1° **Dans le langage scientifique :** signe conventionnel correspondant à une réalité abstraite, à une opération mentale, à un élément du monde physique, etc. Le signe «+» symbolise l'addition; le signe «H» est le symbole de l'hydrogène; la lettre «x» symbolise l'inconnue dans une équation. La capacité de symbolisation est liée, chez l'être humain, à la capacité d'abstraction.

2° **Dans le langage littéraire ou esthétique :** représentation concrète (par un objet, une image, un personnage, un récit) d'une réalité morale, invisible, abstraite, conceptuelle, en vertu d'un lien de nature métaphorique ou métonymique entre la chose représentée et le signe concret qui la représente. Ainsi, le drapeau est le symbole de la patrie; la colombe, le symbole de la paix; le serpent, le symbole de la tentation; le récit de *La Peste* (Camus), le symbole du mal collectif et contagieux dans la cité; un squelette tenant une faux, le symbole de la mort.

La genèse des symboles est semblable à la genèse du signe linguistique. Elle peut être purement conventionnelle, même si cette convention peut s'expliquer : le rouge symbolise l'interdiction par exemple (mais c'est peut-être qu'à l'origine, le rouge est la couleur du feu, qui brûle). Le symbole est souvent d'origine *analogique* (c'est-à-dire métaphorique) : c'est parce que la mort «fauche» les âmes qu'elle est représentée comme une faucheuse (cette personnification est une allégorie; le processus d'élaboration est bien métaphorique). Mais le symbole peut aussi être le résultat d'une *association* d'idées ou d'images de nature métonymique : par exemple, le trône symbolise le pouvoir royal, l'autel symbolise le pouvoir de l'Église (un *élément du* tout suffit à désigner la réalité globale). L'emblème est un symbole en général collectif (voir ce mot : tous les emblèmes sont des symboles, mais la réciproque n'est pas vraie). Voir **Métaphore** et **Métonymie**.

Le symbole, quoi qu'il en soit, renvoie toujours à une autre réalité que lui-même : il figure, il représente. C'est ce qui permet d'élargir le sens du mot aux récits, aux scènes, aux évocations concrètes qui, en poésie, au théâtre, dans le roman, dans diverses productions esthétiques, ont une portée qui dépasse la seule lecture réaliste de ce qui est montré ou relaté. « L'Albatros » de Baudelaire, d'abord simple image du poète, prend tout à coup une portée symbolique en ce que l'on n'a plus besoin de la comparaison pour comprendre : l'Albatros *devient* symbole de la condition du poète. Un meurtre, dans un roman, au-delà de la simple élimination d'un homme, peut devenir le symbole d'une « libération » (comme c'est le cas dans *L'Étranger* de Camus) : un certain nombre de textes peuvent ainsi avoir une double portée à la fois réaliste (psychologique) et symbolique (métaphysique). Il faut souvent interpréter, décoder les signes, pour faire ressortir le sens symbolique de l'œuvre.

SYMBOLISME. *n. m.* (de *symbole,* voir ci-dessus).

1° **Sens général :** fait de recourir à un ou à des symboles ; système de symboles *(le symbolisme de la religion chrétienne)* ; sens symbolique d'une œuvre, d'un texte, d'un objet, d'une image *(le symbolisme d'une poésie, d'un récit ; le symbolisme de l'eau).*

2° **Sens précis** (histoire littéraire) : mouvement artistique et littéraire de la fin du XIXe siècle qui s'oppose à la fois au réalisme naturaliste et au formalisme poétique des parnassiens. Le symbolisme s'efforce de traduire une vision spirituelle du monde et d'exprimer les états d'âme poétiques au moyen d'images concrètes, de sonorités suggestives et de rythmes qui sont comme les « symboles » (la correspondance secrète) de l'univers invisible et intérieur évoqué.

• Historiquement, le symbolisme n'est pas une école littéraire structurée. Le mot *symbolisme* est né après coup (en 1886) pour définir un mouvement dont les principaux illustrateurs (Verlaine, Rimbaud, Mallarmé, et aussi Baudelaire) ont écrit ou publié des œuvres symbolistes *avant* qu'on parle de symbolisme. Ce mouvement aura néanmoins l'intérêt de provoquer une prise de conscience et de faciliter ainsi l'influence du symbolisme.

- Le naturalisme prétend représenter la réalité telle qu'elle est, bien pleine et bien visible; le symbolisme, à la suite de Baudelaire, de Nerval, soutient que l'essentiel est invisible; que le monde apparent masque des réalités mystérieuses; que le visible, dans ce qu'il a de meilleur, est toujours «symbole» de l'invisible, de l'au-delà, du spirituel (voir le mot **Correspondances**).
- La poésie parnassienne, soucieuse d'une beauté uniquement formelle, oubliait la mission du poète : décrypter le monde, explorer ce qui dépasse la nature, exprimer les profondeurs de la vie intérieure de l'être humain. Les images, les rythmes, les sonorités des poètes parnassiens étaient produits (et consommés) en tant que tels; ils ne renvoyaient à rien d'autre.
- *L'originalité des symbolistes sera d'utiliser les moyens esthétiques des parnassiens au service de leur message spiritualiste,* pour explorer et représenter (de façon non réaliste, mais symbolique) les réalités spirituelles, «surréelles» pourrait-on dire, qui constituent à leurs yeux à la fois le monde et l'intériorité humaine. Le symbolisme ne produit pas nécessairement des œuvres «symboliques», en ce qu'elles traduiraient des messages précis dont le symbole serait la clef, mais des œuvres dont l'agencement, les sonorités, les rythmes et les images sont comme un équivalent concret, une représentation énigmatique et suggestive du monde intérieur ou invisible auquel elles renvoient secrètement. Cet art de la suggestion a été nommé par Baudelaire *« sorcellerie évocatoire ».*

SYMPTOMATIQUE. *adj.* 1° *(médicalement)* Qui se rapporte aux symptômes. *Un médicament atténuant les effets symptomatiques d'une fièvre.*

2° *(sens figuré)* Qui est révélateur, caractéristique. *À peine embauché, il songeait à ses vacances : c'est symptomatique. Un événement symptomatique. Une conduite symptomatique.*

N.B. Contrairement au mot *symptôme,* l'adjectif *symptomatique* ne prend pas d'accent circonflexe.

SYNCHRONE. *adj.* (du grec *sun,* «ensemble» et *chronos,* «temps»). Qui se produit en même temps, au même moment, à intervalles égaux, à la même vitesse. Bref, ce qui se trouve «synchronisé». *Des mouvements synchrones.*

SYNCHRONIQUE. *adj.* Au **sens linguistique,** se dit de l'étude d'une langue *à un moment donné,* envisagée comme un vaste système fonctionnant de façon autonome, par opposition à l'adjectif *diachronique,* qui concerne l'étude d'une langue dans la perspective de son évolution, de l'histoire de ses formes ou de ses mots. La linguistique structurale est synchronique (voir **Structuralisme**).

SYNCRÉTISME. *n. m.* **Sens culturel :** ensemble philosophique ou religieux qui tend à amalgamer des éléments épars, pris dans des doctrines différentes. L'éclectisme combine et fait fusionner des aspects divers, les meilleurs ; le syncrétisme rassemble également mais *parvient mal* à fondre ce qu'il réunit, les éléments étant souvent hétérogènes. *Le syncrétisme est un éclectisme incohérent.*
 Sens psychologique : attitude de saisie globale et confuse des divers aspects de la réalité, que la perception n'est pas capable de distinguer les uns des autres. Dans les premières phases de son développement, l'esprit de l'enfant est syncrétique : il ne parvient pas même à percevoir les objets comme distincts les uns des autres, et le monde comme distinct de lui-même.

SYNDROME. *n. m.* Ensemble de symptômes qui caractérisent une maladie ou un traumatisme psychique. Le terme peut s'employer, par analogie, pour désigner un mal de nature collective (le *syndrome afghan* : traumatisme dont souffraient les soldats russes envoyés par l'URSS en Afghanistan) ou même technologique (le *syndrome chinois* : emballement d'un réacteur nucléaire qui, s'enfonçant dans le globe terrestre — depuis la Californie jusqu'aux antipodes — viendrait exploser en Chine, provoquant irrémédiablement la mort de la planète ; mais il ne s'agit là que du scénario d'un film de science-fiction !). On nomme aussi *syndrome de Stockholm* l'amour de la victime pour son bourreau.

SYNECDOQUE. *n. f.* Figure de style qui consiste à évoquer une réalité par un terme qui a une signification plus limitée *(la partie pour le tout)* ou au contraire plus large *(le tout pour la partie).* Cette figure est un cas particulier de la **métonymie,** dont les exemples sont extrêmement fréquents, aussi bien dans la langue littéraire (la *voile* pour le *navire ;* la *Russie* pour *le gouvernement russe*) que dans la langue courante (*les Verts* pour *le mouvement écologique, un bordeaux* pour *un vin bordelais*).

On range aussi dans la synecdoque l'emploi du pluriel pour le singulier ou inversement (*les eaux* pour *l'eau*), de la matière pour l'objet (*le fer* pour *l'épée*), de l'espèce pour le genre (le *bipède* pour *l'homme*), du moins pour le plus (ou inversement), etc. Dans tous ces emplois, les termes *métonymie* et *synecdoque* sont quasi interchangeables.

SYNERGIE. *n. f.* (du grec *sun*, « ensemble » et *ergon*, « action, travail »). Convergence de plusieurs organes coopérant à une même fonction *(sens biologique),* ou concours de plusieurs actions centrées sur la recherche d'un effet unique. *Une bonne stratégie implique une synergie des moyens politiques, économiques et militaires.*

SYNÉRÈSE. *n. f.* En **versification,** fusion de deux syllabes vocaliques en une seule (à l'inverse de la diérèse : voir ce mot). Dans ce vers de Baudelaire, par exemple, le mot *féerique* compte pour trois syllabes (fée-ri-que) au lieu de quatre (fé-e-ri-que) :

> *« Des palais ouvragés dont la féerique pompe »*

La synérèse est parfois naturelle dans le langage courant (opposer par exemple la prononciation de *hier* dans « hier » ou « avant-hier »).

SYNESTHÉSIE. *n. f.* (du grec *sunaisthêsis*, « perception simultanée »). Phénomène d'association par lequel des sensations de nature différente s'équivalent, se correspondent. Trouver un son *aigu* (comme si on le voyait ou touchait), une couleur *criarde* (comme si on l'entendait), un parfum *savoureux* (comme si on le mangeait) sont des exemples de synesthésies. On voit que les synesthésies, les correspondances entre sensations, peuvent être à l'origine de nombreuses métaphores. D'où leur emploi en poésie, notamment chez Baudelaire, qui en a fait la « théorie » dans son sonnet « Correspondances » (voir ce mot). Mais les prosateurs en usent aussi : *« Je croyais entendre la clarté de la lune chanter dans les bois »* (Chateaubriand).

SYNOPSIS. *n. m.* (du grec *sunopsis*, « vue d'ensemble »). **Au cinéma :** bref résumé, schéma de scénario. **En général :** tableau d'ensemble sur une question. L'adjectif **synoptique** qualifie ce qu'on peut embrasser d'un seul coup d'œil. *Un tableau synoptique.* Les *Évangiles synoptiques* sont les trois récits de l'Évangile dont le plan est similaire (ceux de Matthieu, Marc et Luc), et qu'on peut donc comparer d'un seul regard (par opposition à l'Évangile selon saint Jean).

SYNTAGME. *n. m.* En **linguistique,** groupe de mots ayant une unité de sens *(la vie humaine; s'en prendre à),* que la syntaxe combine à d'autres pour en faire une phrase. Le syntagme est une unité intermédiaire entre le mot isolé et la phrase. L'*axe syntagmatique* associe les syntagmes. Voir **Paradigme.**

SYNTHÈSE. *n. f.* (du grec *sun,* « ensemble » et *thesis,* « action de poser »; littéralement : « action de poser ensemble, composition »).

1° Opération de l'esprit qui consiste à rassembler des éléments pour les fondre en un ensemble organisé, composé, cohérent. La **synthèse** va des parties au tout, *à l'inverse de* l'**analyse** qui distingue, divise, sépare (pour montrer les liens entre les éléments d'un tout).

2° Résultat de l'opération précédente (qu'il s'agisse de la synthèse d'éléments abstraits, dans un ouvrage par exemple, ou de la synthèse de réalités concrètes ou matérielles, comme en chimie). Exposé d'ensemble. Reconstitution, combinaison. L'adjectif *synthétique* correspond à ces deux premiers sens. *Un esprit synthétique* (capable de synthèse au sens n° 1). *Un document synthétique; un ouvrage synthétique* (qui a opéré une synthèse au sens n° 2).

3° Dans la dialectique hégélienne ou marxiste : la « synthèse » est une position provisoire à laquelle aboutit la contradiction entre la « thèse » et « l'antithèse », position qui sera à son tour niée pour que la pensée (ou l'histoire) parvienne à un stade ultérieur, et ainsi de suite. Voir les mots **Antithèse** et **Dialectique.**

4° Dans les dissertations : troisième partie traditionnelle d'une discussion ou d'un exposé. Après avoir établi une « thèse », puis procédé à sa critique — « l'antithèse », la dissertation tente de les concilier pour aboutir à un juste milieu, ou encore de les *dépasser* grâce à une troisième thèse.

SYSTÈME. *n. m.* Ensemble ordonné et cohérent d'éléments interdépendants, susceptible de fonctionner de façon autonome. Le mot système est employé aussi bien pour des réalités objectives que pour des représentations de l'esprit. D'où les nuances suivantes :

1° Un système peut être un ensemble naturel, concret, qui semble fonctionner en soi, indépendamment de l'action consciente de l'homme. *Le système solaire. Le système nerveux.* Les sciences de la nature observent de nombreux systèmes de ce genre.

2° Un système peut être un ensemble réel à demi produit par la volonté humaine, à demi issu d'une cohérence interne qui lui est propre. *Le système capitaliste. Le système politique. Le système des médias.* Pour désigner l'ordre établi, dans une société qui semble fonctionner d'elle-même, on dit parfois directement *« le système ».* Dans tous ces exemples, il y a bien intervention humaine pour faire fonctionner, pour analyser, pour parfaire des structures mises en place ; mais en même temps, il y a une sorte de logique interne de la réalité prise dans son ensemble, qui échappe aux volontés individuelles des hommes, qui fonctionne indépendamment des éléments qu'elle intègre. Quand Baudrillard intitule un livre *Le Système des objets,* il ne dit pas que ce « système » est sciemment organisé par les autorités politiques ou le pouvoir populaire, mais que, selon des processus divers, les objets sont vécus par les individus de la « société de consommation » comme une forme de langage par lequel ils se signifient socialement, sans totalement en être conscients. Le système fonctionne, voilà tout. Voir à ce sujet le mot **Structuralisme.**

3° Un système peut enfin être absolument pensé, ordonné, médité par l'esprit humain. C'est le cas des doctrines politiques ou religieuses, des « systèmes » philosophiques, des théories scientifiques. Dans ces exemples, ce qu'élabore la pensée humaine n'est pas sans rapport avec la réalité ; mais rien ne dit que la réalité est elle-même organisée selon le modèle inventé par notre esprit pour en rendre compte de façon cohérente. À la limite, quand il y a excès d'interprétation, développement d'une logique « systématique » qui semble déconnectée du réel, qui s'enferme en elle-même, on parlera d'*esprit de système.*

La question que pose généralement la notion de système, notamment en philosophie et en sciences humaines (mais aussi bien en physique, dans l'interprétation de l'infiniment grand ou de l'infiniment petit), est de savoir si le système existe en soi ou s'il est le fruit de l'invention humaine. L'intelligence humaine, pour saisir le monde, a besoin d'y reconnaître des cohérences, donc de traduire la réalité extérieure en termes de système (cf. le titre *La Logique du vivant*). L'expérimentation, l'approfondissement des connaissances, permettent souvent de confirmer, d'infirmer ou de parachever les systèmes d'interprétation élaborés par l'homme. Il y a donc bien «du système» dans l'ordre des choses; mais il ne faut pas confondre ce système réel avec les systèmes (provisoires) de représentation par lesquels nous tentons d'en rendre compte : le système solaire existe bien ; mais il est sans doute bien plus complexe que les systèmes théoriques élaborés jusqu'à présent par les astrophysiciens pour en rendre compte.

Il n'en reste pas moins que la notion de système est essentielle pour comprendre les réalités dans leur ensemble, dans leurs interrelations. Les structures du réel objectif et celles de notre cerveau qui connaît, en définitive, sont le produit du même monde, des mêmes lois. Connaître, c'est peut-être repérer et retrouver les isomorphismes naturels qui existent entre nos structures cérébrales et les systèmes de l'univers...

TABOU. *n. m.* (mot d'origine polynésienne).
Sens propre : chez les Polynésiens primitifs, ce qu'il n'est pas permis de toucher (car *sacré*), et par extension, ce qu'il n'est pas permis de faire, sous peine d'un châtiment surnaturel. Le tabou est à la fois l'interdiction et ce qui fait l'objet de cette interdiction. Voir **Totem**.

Sens courant : interdit absolu, chose interdite. *Des tabous sexuels. Le tabou de l'inceste.* Se dit en particulier de réalités dont il est recommandé de ne pas parler. *Un sujet tabou.*

TACITE. *adj.* (du latin *tacere*, « se taire »). Qui n'est pas expressément formulé, mais sous-entendu, implicite. *Une reconnaissance tacite* (inexprimée, mais bien réelle). *Un accord tacite* (qui n'a pas été formulé, mais demeure tout à fait valable). *Ils se sont tacitement entendus.* Antonyme : *explicite*.

N.B. L'adjectif *tacite* qualifie des *choses* inexprimées, alors que l'adjectif *taciturne* qualifie la *personne* qui parle peu.

TACITURNE. *adj.* Souvent silencieux. Qui par nature préfère se taire, ou parle peu. *Un personnage taciturne.* « *Ton amour taciturne et toujours menacé* » (Vigny). Par extension : sombre, morose, sévère. *Ton humeur taciturne et toujours menaçante.*

N.B. Ne pas confondre avec *tacite*, malgré l'étymologie commune.

TACT. *n. m.* (du latin *tangere*, « toucher » ; voir le mot *tangible*).
1° Sens du toucher, qui permet à la peau de ressentir le « contact », la pression, etc. Le tact est, par définition, l'organe qui éprouve les sensations « tactiles ».

2° *(sens figuré)* Délicatesse, «doigté»; sens plus ou moins intuitif de ce qu'il convient de faire ou ne pas faire dans les relations humaines. *Il a du tact, ses propos sont toujours nuancés. Ce n'est pas agir avec tact que de demander à une veuve des nouvelles de son mari.*

TAILLABLE ET CORVÉABLE À MERCI. Se dit de quelqu'un qui est exploité, taxé, pressuré, par ceux qui lui imposent de pénibles travaux. L'expression vient des mots *taille* (impôt direct, sous l'Ancien Régime) et *corvée* (travail gratuit que le paysan devait au seigneur) ; elle est souvent utilisée sur un mode plaisant.

TALENT. *n. m.* Voir **Génie**.

TALION (loi du talion). Fait d'infliger comme punition à un coupable le traitement qu'il a fait subir à sa victime : *«œil pour œil, dent pour dent»* dit le proverbe. Du **point de vue historique**, la loi du talion, instituée par le peuple hébreu, représenta un progrès sur la barbarie qui précédait :
— d'une part, parce que le châtiment était limité à la gravité de l'offense (alors que la vengeance spontanée était souvent disproportionnée);
— d'autre part, parce que des *juges* ordonnaient légalement la punition (la victime n'avait plus à se faire justice elle-même, ce qui enrayait l'engrenage de vengeances sans fin, entre des familles par exemple).

TANGIBLE. *adj.* (du latin *tangere*, «toucher»).
Sens propre : que l'on peut toucher concrètement, qui est tout à fait palpable. *Une réalité tangible, des preuves tangibles* (le poignard de l'assassin, le sang de la victime).
Sens figuré : qui est évident, éclatant, bien réel, sensible (à l'esprit). *Des résultats tangibles* (un chiffre d'affaires). *Que deux et deux fassent quatre, c'est une réalité tangible.*
N.B. «Tangible» s'applique à ce qui peut être «touché», alors que le *tact* désigne la capacité de toucher. L'étymologie est commune. Voir le mot **Intangible**.

TANTALE *(supplice de Tantale).* Supplice qui consiste à désirer sans fin un objet que l'on vous offre et que l'on vous retire au moment de l'atteindre. Tantale, héros de la mythologie grecque, était condamné à une faim et une soif éternelles : quand il tendait la main vers les fruits, les branches de l'arbre se repliaient hors de sa portée ; quand il se penchait pour boire, l'eau de la source s'enfonçait dans le sol, pour reparaître ensuite…

TARE. *n. f.* 1° Poids qui équivaut au récipient (à l'emballage) de la marchandise qu'on pèse. La tare vient en *déduction* du poids global, elle est comme un « défaut », un manque qui diminue la quantité de produit. D'où le *sens figuré* qui suit.

2° Grave défaut héréditaire, infirmité mentale qui handicape une personne. Par extension : imperfection grave, vice, défaut nuisible à un groupe, à la société, à une institution. *Les tares de la IVe République. L'argent, tare du monde moderne, qui ne vit que pour le gain.*

TARGUER (SE). *v. pron.* Se vanter, se prévaloir avec ostentation d'une capacité ou d'une qualité. *Il se targue d'écrire un roman en trois jours. Je me targue de vous préparer à l'examen efficacement. « La modestie est la seule vertu dont je me targue. — Tu te contredis ! »*

TARTUFFERIE. *n. f.* (de Tartufo, mot italien, et *Tartuffe*, pièce de Molière qui fait la satire d'un faux dévot particulièrement fourbe). Hypocrisie. Action hypocrite. *Il m'a flatté puis trahi : sa tartufferie me répugne. La tartufferie d'un procédé.*

TAUTOLOGIE. *n. f.* (du grec *tautos*, « le même » et *logos*, « discours »). Figure de rhétorique qui consiste à définir une chose par elle-même, soit en répétant le mot, soit en lui substituant des synonymes qui n'éclairent en rien la notion. *Une clef ouvre parce qu'elle a la capacité d'ouvrir. Une femme est une femme. Racine, c'est Racine. Un étudiant étudie, c'est-à-dire qu'il fait des études.* La tautologie ne se distingue guère en apparence du *truisme*, du *pléonasme* ou de la *lapalissade*. Là où elle devient quelque peu perverse ou mystificatrice c'est, le plus souvent dans les discours de propagande, en ce qu'elle force l'auditeur à acquiescer à une pseudo-explication qui n'explique rien, mais couvre des présupposés obscurs que le locuteur n'explicite pas. Si par exemple je dis *« Une femme est une femme »*, j'en appelle au respect de la nature féminine ; si un publicitaire écrit, sous un bijou, *« Parce qu'une femme est une femme »*, il sous-entend que, par sa nature, une femme ne peut pas ne pas choisir ce bijou. Sous l'apparence d'un truisme, il force l'adhésion à une « vérité » contestable. La tautologie est souvent la figure privilégiée du discours «essentialiste» (voir le mot **Essentialisme**). La langue politique en abuse.

TAYLORISME. *n. m.* (du nom de Frederick Taylor, économiste américain, 1856-1915). Organisation scientifique du travail industriel, fondée sur une gestion rationnelle du temps et la simplification des gestes de l'ouvrier travaillant à la chaîne. Ne pas confondre avec «l'équivalent» soviétique de recherche du rendement maximum des travailleurs, nommé *stakhanovisme*, qui était centré sur la recherche d'innovations techniques et l'émulation entre «camarades» partageant la foi communiste. Taylorisme et stakhanovisme sont des termes souvent employés péjorativement.

TECHNIQUE. *n. f.* La technique recouvre l'ensemble des procédés, des matériels et des machines qui permettent à l'homme d'agir sur la nature. La technique se fonde de plus en plus sur la connaissance scientifique, dont elle met à profit les découvertes. La grande question que pose la technique moderne est de savoir si le progrès matériel qu'elle facilite est réellement, en même temps, un progrès humain : l'observation des guerres civiles ou internationales du XXe siècle montre en effet que le progrès technique a largement favorisé leur barbarie. Est-ce seulement l'*usage* fait par l'homme de la science et des technologies qu'il faut incriminer ? Ou bien, la technique engendre-t-elle par elle-même une vision technicienne du monde qui, dans tous les domaines, aboutit à la soumission des individus aux impératifs fonctionnels de la machine ?

TECHNOCRATIE. *n. f.* (à partir de la racine grecque *kratos*, «pouvoir». Littéralement, «pouvoir des techniciens»).

1° **Système politique** dans lequel les détenteurs de compétences techniques, les experts économiques, les hauts fonctionnaires exercent une influence déterminante sur les responsables politiques légitimement élus, ou officiellement au pouvoir. Le phénomène technocratique provient de la complexité des sociétés modernes : leurs lois économiques, le tissu industriel, les secteurs technologiques de pointe, ne semblent pouvoir être compris et gérés que par des spécialistes d'un savoir que n'ont pas les gouvernants ou les responsables politiques en place. Ceux-ci s'en remettent donc à la compétence des experts et autres «technocrates», dont ils suivent les avis scrupuleusement. Ainsi le pouvoir réel passe-t-il aux mains de ceux qui constituent les dossiers, font des rapports «techniques», préconisent des solutions «obligatoires», ou qui, à la tête de sociétés d'importance internationale, prennent des décisions qui s'imposent aux gouvernements légitimes.

2° **Classe des technocrates** qui, sortis de grandes écoles d'ingénieurs ou munis de diplômes prestigieux dans différents domaines du savoir (technique, politique, économique), sont situés dans les grands corps de l'État, aux rouages essentiels du pouvoir, dont ils déterminent les décisions. *Une technocratie financière décide de la politique économique de l'État.* Dans ce sens, on parle aussi de **technostructure**.

N.B. Les mots *technocratie*, et surtout *technocrate*, sont souvent employés péjorativement. On accuse le technocrate de décider sur dossier, au lieu d'être à l'écoute des réalités et des hommes (contrairement à «l'homme de terrain»), et d'agir *clandestinement* sur la marche de la société, hors de tout contrôle démocratique.

TECHNOLOGIE. *n. f.* 1° Étude scientifique des techniques.

2° Ensemble de techniques appropriées à un domaine industriel, à la production ou à la fabrication d'un matériel donné, d'un type d'énergie, d'objets particuliers, etc. Le mot *technologie*, plus prestigieux que le mot *technique*, est parfois employé comme synonyme de ce dernier. Il y a pourtant une nuance : une technologie regroupe un *ensemble* de techniques : *une technologie de pointe ; la technologie des engins spatiaux.*

TE DEUM. *n. m.* Expression latine qui désigne un chant de louange et d'action de grâces (*Te Deum laudamus*, «Nous te louons, Dieu»). Le *Te Deum* désigne aussi l'ensemble d'une cérémonie d'action de grâces, et par extension, les compositions musicales écrites pour cette cérémonie. Le *Te Deum* de Berlioz.

TÉLÉ-. Préfixe d'origine grecque qui signifie «à distance, au loin». Il se trouve notamment dans de nombreux mots désignant des *moyens de communication à distance*, dont le sens est bien connu : *télécommande, télégramme, télégraphe, téléguider, téléobjectif, télépathie, téléphone, télescope, téléscripteur, télévision.* Le mot *télévision*, abrégé en *télé*, a lui-même engendré une autre série de mots composés *(télédiffusion, télé-enseignement, téléfilm, téléspectateur).*

Ne pas confondre avec l'autre préfixe d'origine grecque *téléo-*, qui signifie « but, finalité », et concerne surtout le mot **téléologie** : étude des finalités de l'homme, des rapports entre les fins et les moyens.

TÉMÉRAIRE. *adj.* Excessivement audacieux. *Un jeune homme hardi jusqu'à en être téméraire.* Qui dénote une témérité extrême, une hardiesse imprudente. *Une entreprise téméraire.* En particulier, un *jugement téméraire* : un jugement inconsidéré, sans preuve, souvent émis par quelqu'un de mauvaise foi.

TEMPÉRANCE. *n. f.* Modération en toutes choses, et en particulier dans l'alimentation (vivres et *boissons*). Alors que l'*intempérance* désigne l'abus des plaisirs de la table et surtout des plaisirs sexuels, la *tempérance* vise surtout l'abstention ou la modération de consommation de boissons alcoolisées.

N.B. Traditionnellement, la **Tempérance** est l'une des quatre vertus cardinales (essentielles) du Sage maître de ses passions, avec le **Courage**, la **Justice** et la **Prudence**.

TEMPO. *n. m.* Mouvement plus ou moins rapide dans lequel un morceau de musique doit être exécuté ; notation de ce rythme. On distingue, du plus rapide au plus lent, les indications suivantes : *Presto, Allegro, Allegretto, Andante, Andantino, Moderato, Adagio, Lento* (mais il y a de multiples nuances).

Par analogie, on parle du *tempo* d'un récit, d'un roman, d'un film, d'une pièce : le rythme que l'auteur confère à son déroulement.

TEMPOREL. *adj.* 1° Qui se rapporte au temps. On oppose souvent ce qui est *temporel* à ce qui est *spatial*. Dans un début de récit, il est important de relever les *indices spatio-temporels* qui permettent au lecteur d'entrer dans l'atmosphère du livre. L'adjectif *temporel* s'emploie aussi en grammaire : *une subordonnée temporelle*.

2° Qui est de l'ordre du temps par opposition à ce qui est immuable ou éternel. Est *temporel* tout ce qui passe, tout ce qui « n'a qu'un temps ». Et donc, tout ce qui est relatif au monde, à l'époque présente, à la société des hommes, aux réalités matérielles (périssables), *par opposition au monde spirituel*, au monde des âmes, au monde de la vie éternelle. **Le temporel** devient alors l'antonyme du **spirituel**. On oppose le « pouvoir temporel » de l'État au «pouvoir spirituel» de l'Église (qui a eu aussi un large pouvoir temporel!). Voir **Siècle, Sécularisation, Séculier, Spirituel**.

TEMPORISER. *v. intr.* Retarder une décision, attendre un moment favorable pour agir, en général dans un but stratégique. *Il refuse de répondre à nos demandes, il temporise.*

TENDANCIEUX. *adj.* Se dit d'un texte, d'un récit, d'une analyse, d'un discours qui, sous une apparence anodine ou objective, tente d'influencer le destinataire dans le sens des idées ou du parti pris de l'auteur. La tendance en question est souvent idéologique ou politique. *Présenter une version écrite ou filmée tendancieuse d'un événement historique. Faire un cours apparemment neutre sur la religion, mais en réalité tendancieux* (tendant à influencer les élèves en pour ou en contre). Un propos peut être partial et s'avouer comme tel; il est «tendancieux» quand il *masque* sa partialité pour circonvenir l'auditoire.

Ne pas confondre avec *tendanciel* (qui indique une certaine tendance d'un phénomène donné, physique ou économique: *un accroissement tendanciel du volume de transactions boursières*).

TERCET. *n. m.* Groupe de trois vers qui présentent une unité de sens et au moins deux rimes semblables. Le tercet est rarement un ensemble isolé, comme le distique. Il appartient en général à un poème qui lui confère son unité de sens et de forme; c'est le cas des deux tercets qui achèvent un sonnet.

TERGIVERSER. *v. intr.* Hésiter entre plusieurs décisions, ne pas parvenir à s'engager; et donc, prendre des détours, des faux-fuyants, pour retarder l'heure de la réponse, pour éviter de prendre position, pour masquer son indécision. *Assez tergiversé, il est temps d'agir. En face des revendications salariales, le patron tergiversait. Les tergiversations d'un perpétuel indécis.*

TERMINOLOGIE. *n. f.* 1° Ensemble des termes spécialisés employés par une science, une technique, un art, un domaine (politique, religieux, intellectuel). *L'analyse textuelle, en cours de français, a sa terminologie particulière qui comprend des mots comme «énonciation», «antithèse», «champ lexical», «rythme ternaire», etc.*

2° Étude des dénominations propres

à un champ du savoir, à une profession, etc. Il s'agit donc de l'étude systématique de la terminologie au sens n° 1.

TERNAIRE. *adj.* Qui se compose de trois éléments *(un nombre ternaire)*. En particulier, **dans le domaine poétique ou musical :** qui se constitue de trois temps successifs. Un *rythme ternaire*, dans une phrase, dans un vers, est un procédé d'insistance qui consiste à faire ressortir trois groupes de mots successifs. C'est le cas par exemple de ces vers de Verlaine :

> *O triste, / triste / était mon âme*
> *A cause, / à cause / d'une femme*

Ou de cette phrase de Chateaubriand : *« Nous aimions / à gravir les coteaux ensemble, / à voguer sur le lac, / à parcourir le bois à la chute des feuilles »*. Ou encore de devises comme *« Liberté, Égalité, Fraternité »*. Naturellement, le rythme ternaire est plus ou moins marqué.

N.B. Ne pas confondre avec **tertiaire** (« troisième ») qui se dit en géologie dans l'expression *« l'ère tertiaire »* et en économie dans l'expression *« secteur tertiaire »* (secteur des activités de service, par opposition au secteur *primaire* — l'agriculture — et au secteur *secondaire* — les industries).

TERROIR. *n. m.* Étendue de terre cultivée, dans une communauté villageoise. S'emploie en particulier pour la culture de la vigne. *Un vin qui a le goût du terroir.* Au *figuré*, désigne une région rurale ou provinciale : *des expressions du terroir ; des coutumes qui sentent leur terroir ; des poètes du terroir.*

TERRORISME. *n. m.* Ensemble d'actes de violence destinés à semer la terreur. Le terrorisme a pu être le fait du pouvoir en place, notamment sous la Révolution française, pendant la période nommée « la Terreur » (en 1793-1794), jusqu'à la chute de Robespierre. Mais le plus souvent, le terrorisme est le fait d'une organisation politique (secrète ou déclarée) qui veut créer un climat d'insécurité et renverser l'ordre établi. Par extension, au *sens figuré*, le mot est employé à propos de toute forme d'intimidation ou de pouvoir autoritaire, dans le domaine culturel par exemple. *Un discours terroriste. Le terrorisme du chef de file d'un mouvement artistique d'avant-garde. L'attitude terroriste des intellectuels de gauche à l'égard de Camus, dans les années 1950.*

TESTAMENT. *n. m.* 1° Acte juridique par lequel une personne organise sa succession après sa mort (partage de ses biens entre les héritiers, choix des légataires, etc.). Par extension, ouvrage écrit ou œuvre d'art par lesquels un homme, un écrivain, un artiste «lègue» à la postérité son message ultime, l'essentiel de sa pensée.

2° Au **sens religieux**, le mot «testament» signifie *alliance*. Il fut donc appliqué aux Écritures dans lesquelles est révélée «l'alliance» de Dieu et des hommes, c'est-à-dire les deux parties de la Bible : l'**Ancien Testament** (expression de l'Ancienne Alliance, celle de Dieu et du peuple juif) et le **Nouveau Testament** (les Évangiles, expression de la Nouvelle Alliance annoncée et établie par Jésus-Christ).

TÉTRA-. Préfixe d'origine grecque qui signifie «quatre». **Tétraèdre** (polyèdre à quatre faces triangulaires ; une pyramide dont la base est un triangle forme un tétraèdre) ; **Tétralogie** (groupe de quatre œuvres ; on appelle notamment *La Tétralogie* un cycle de quatre opéras de Wagner).

THANATOS. *n. m.* Nom du dieu grec de la mort. Par opposition à «Éros» (qui symbolise en psychanalyse les pulsions de vie et d'amour), on a nommé «Thanatos» l'ensemble des pulsions de mort et d'autodestruction. Dans la vision freudienne, le sujet est traversé par de multiples pulsions contradictoires, de nature quasi mythique, *Éros et Thanatos*.

THAUMATURGE. *n. m.* Personne qui fait (ou qui prétend faire) des miracles. *Les promesses du futur président lui conféraient l'image d'un thaumaturge.*

THÉÂTRE. *n. m.* (*sens littéraire*) Genre littéraire qui consiste à faire représenter, sur une scène, un texte dialogué que jouent les acteurs. Le théâtre comprend différents types de pièces : la comédie, le drame, la tragédie, la tragi-comédie, etc. Mais l'œuvre théâtrale ne se réduit jamais au texte (quel que soit l'intérêt qu'on éprouve à le lire) : ce qui la caractérise, c'est la **représentation**. Des personnages vont et viennent sur scène, parlent, désirent, souffrent, agissent, aiment, meurent, s'opposent, s'unissent : mais, quoi qu'il leur arrive, cela nous est manifesté par des gestes, des éclats de voix, des paroles dites devant un public (contrairement à ce qui se passe dans un roman). Or, *représenter*, étymologiquement, cela veut dire «rendre présent». La mise en scène, l'exhibition des acteurs, le grand jeu collectif (le public joue aussi : il joue à y croire !), tout cela caractérise le théâtre, l'art *dramatique*.

La fonction du théâtre est de divertir, d'offrir des émotions à « vivre » ; et puisqu'il s'agit d'un jeu collectif, ce sont souvent les grandes émotions humaines qui y sont représentées (les drames de la destinée, les conflits de pouvoir, l'absolu des passions, les mythes fondamentaux de la condition humaine, le procès éternel des mystifications sociales, etc.). La fonction du théâtre est aussi, classiquement, d'instruire, d'édifier : sans doute parce que l'on peut en tirer certaines « leçons », mais surtout parce qu'il ne cesse de donner à l'homme à méditer sur son mystère, sur les multiples dimensions de son destin. Son origine religieuse lui conserve encore de nos jours une sorte de caractère sacré. Voir **Catharsis**, **Distanciation**, **Drame**, **Représentation**, **Tragédie**.

THÉISME. *n. m.* (du grec *theos*, « Dieu »). Doctrine qui affirme l'existence d'un Dieu unique et personnel, créateur du monde, mais refuse toute idée de révélation. Ce mot est souvent synonyme de *déisme*. Toutefois, le théisme (contrairement à certaines formes de déisme) pose que Dieu *intervient* dans l'évolution du monde ; il s'oppose au *panthéisme*.

THÉMATIQUE. *n. f.* Ensemble plus ou moins organisé de thèmes, dans une œuvre, dans une école artistique, dans un domaine culturel. La thématique d'une œuvre littéraire ou artistique n'est pas toujours totalement consciente chez un auteur. On peut relever des thématiques inconscientes que la critique s'efforce d'étudier et d'interpréter.

THÈME. *n. m.* 1° Ce sur quoi porte un énoncé, un texte, un discours, une œuvre, une réflexion. Sujet, contenu partiel ou principal d'un ouvrage. En linguistique, on distingue le *thème* (ce à propos de quoi est formulé un énoncé) du *prédicat* (ce que l'on déclare, à propos du thème, dans cet énoncé) : dans la phrase *Cette voiture est puissante,* le thème est *« cette voiture »* et le prédicat *« est puissante »*. Cette distinction peut être élargie à tout « discours ». Le **thème** (la liberté, le chômage, la nature, la mort ; le quiproquo dans la comédie de boulevard ; le spleen chez Baudelaire ; l'oiseau dans la poésie) se distingue ainsi du **message** (ce que l'auteur dit sur ces divers sujets) et aussi du **traitement** — de la forme, de la manière — par lequel l'auteur fait œuvre originale à partir de ce thème. Le thème peut être conscient ou inconscient, mineur ou majeur, isolé ou faisant partie d'une «thématique» d'ensemble.

2° A partir de l'exemple littéraire, le mot *thème* s'emploie aussi dans le vocabulaire artistique. Il peut désigner le sujet d'un tableau, un élément décoratif qui revient dans une œuvre picturale ou architecturale, etc. En musique, notamment, le thème est un dessin mélodique (un rythme de base, un leitmotiv, un schème musical fragmentaire) qui va donner lieu à une composition d'ensemble ou à une série de variations.

N.B. Traditionnellement, on distingue l'exercice de la version (qui consiste à traduire une langue étrangère) de l'exercice inverse, le thème, qui consiste à traduire un texte de la langue maternelle dans une langue étrangère. D'où l'expression **fort en thème** : très bon élève, sujet très brillant (avec parfois un emploi péjoratif : individu qui n'existe pas en dehors de sa culture livresque).

THÉO-. Racine issue du grec *theos*, «Dieu». On trouve ainsi les mots **Théocratie** (système politique dans lequel le pouvoir est exercé par des chefs religieux, ou par un souverain dont l'autorité se présente comme émanant directement de Dieu); **Théologie** (dans le christianisme principalement : ensemble des études centrées sur Dieu, sur les textes sacrés, sur la «révélation», sur les dogmes et les traditions religieuses; conception élaborée par tel ou tel théologien : *la théologie de la libération*); **Théosophie** (ensemble de doctrines qui croient possible d'entrer en communication directe avec Dieu par l'approfondissement de la vie intérieure, et d'agir par des moyens surnaturels, sous l'inspiration de l'Esprit qui illumine). Voir **Apothéose, Athéisme, Panthéisme, Monothéisme, Polythéisme, Théisme**.

THÉORIE. *n. f.* 1° Ensemble de connaissances abstraites, de concepts organisés de façon plus ou moins systématique, qui vise à rendre compte de phénomènes existants dans différents domaines. Voir le mot **Système**. Dans ce sens, la théorie est souvent liée à l'expérimentation : elle cherche à établir des lois, elle se remet en question dès que des faits contredisent la représentation qu'elle propose d'une réalité. La théorie peut aussi rester dans le domaine de l'abstraction, comme dans les mathématiques, où des théorèmes se déduisent de façon cohérente à partir de postulats donnés. Mais souvent, ces édifices théoriques débouchent sur des modèles qui pourront rendre compte de la réalité, et mieux agir sur elle.

2° Ensemble de connaissances ou d'idées développées de façon hypothétique ou spéculative, indépendamment des applications, sans souci de réalisme, mais avec méthode, systématiquement. La théorie, dans ce cas, s'oppose à la pratique. Le terme prend souvent des connotations péjoratives *(Tes théories sont dangereuses ; tout cela demeure théorique, donc inapplicable ; en théorie, c'est envisageable, mais en pratique impossible).* Cependant, le travail d'élaboration théorique n'est jamais inutile et peut permettre d'élucider des parts de la réalité, d'aboutir à des éléments de vérité. Les doctrines politiques, les théories philosophiques contribuent toutes au progrès de l'esprit humain, à la connaissance par l'homme de sa condition, aussi discutables puissent-elles paraître dans leur ensemble, en tant que systèmes.

-THÈQUE. Racine issue du grec *thêkê*, « réceptacle, armoire », que l'on retrouve dans les mots **Bibliothèque, Cinémathèque, Discothèque, Photothèque** — tout ce qui permet de ranger et classer des objets culturels.

THÉRAP-. Racine issue du grec *therapeuein*, « soigner », que l'on retrouve dans les mots **Thérapeute** (personne qui soigne les malades) et **Psychothérapeute** (qui soigne les maladies psychiques, en procédant à des *psychothérapies*) ; **Thérapeutique** (qui est relatif aux soins ; comme *substantif* : science qui étudie les remèdes et les moyens propres à guérir, ou ensemble de soins — *une thérapeutique appropriée*) ; **Thérapie** (ensemble de soins, type de traitement appliqué à certaines maladies ; en particulier, en psychiatrie : *On me recommande une thérapie analytique*). Voir aussi les nombreux mots composés à partir de ceux-ci : *ergothérapie, hydrothérapie, kinésithérapie, kinésithérapeute, radiothérapie, chimiothérapie, thalassothérapie,* etc.

THÉSAURISER. *v. intr.* (du latin *thesaurus*, « trésor »). Amasser de l'argent qu'on conserve pour soi, sans le faire « travailler ». *Il n'achète ni ne dépense : il thésaurise.*

N.B. Le mot **Thesaurus**, en français, désigne un répertoire de termes (en documentation).

THÈSE. *n. f.* (du grec *thesis*, « action de poser », qui entre aussi en composition dans les mots *antithèse, hypothèse, parenthèse, synthèse,* et leurs dérivés).

1° À propos d'une réalité donnée, d'un sujet de discussion : position que l'on prend, opinion que l'on soutient, théorie que l'on avance. La thèse peut être une idée simple ou un ensemble conceptuel très étoffé : elle a toujours le caractère d'une affirmation qui peut être discutée (aussi volumineuse que soit l'argumentation qui la défend). *Soutenir une thèse, réfuter une thèse, élaborer une thèse.* Un **roman à thèse**, une **pièce à thèse** : œuvre qui vise à illustrer une position idéologique ou morale, à diffuser un «message» de l'auteur. *La thèse d'un livre, d'un ouvrage. Quelle est la thèse de l'accusation ?*

2° À l'université, ouvrage ou recherche portant sur un sujet donné, et défendant une proposition, une «thèse» au sens n° 1. Le document imprimé ou publié qui en résulte. *Après avoir soutenu sa thèse de doctorat, il l'a publiée.*

3° Dans la **dialectique**, premier moment d'une pensée ou d'une phase historique, à laquelle vient s'opposer l'*antithèse*, d'où résultera une *synthèse* provisoire. Voir ces mots.

4° Premier point d'un exposé ou d'un devoir en trois parties, qui adopte le plan traditionnel *thèse/antithèse/synthèse.*

THURIFÉRAIRE. *n. m. (sens propre)* Dans divers cultes, personnage qui porte l'encensoir. *(sens figuré)* Celui qui flatte, qui loue, qui encense un personnage, une institution. *Les thuriféraires du pouvoir. Une personnalité renommée, entourée de ses thuriféraires.* Le terme a souvent une connotation péjorative : le thuriféraire flatte *avec excès*, par manque de discernement ou par intérêt.

TIERS MONDE. (littéralement, «le troisième monde». Expression forgée sur le modèle de *«tiers état»*, — cette population majoritaire qui, sous l'Ancien régime, n'appartenant ni à la noblesse, ni au clergé, était tenue pour négligeable dans les affaires du royaume). Ensemble des pays qui, n'appartenant ni au bloc capitaliste (États-Unis, Europe, Japon) ni au bloc communiste (ex-U.R.S.S. et pays satellites), ne «comptaient» pas dans la marche du monde. La plupart refusaient de s'aligner sur l'un des deux blocs dominants, et souffraient d'un sous-développement économique alarmant, dans les années 1950-1970. Depuis, on préfère dire, à propos du tiers-monde, «pays en voie de développement». D'autre part, certains auteurs, estimant que le mot «tiers monde» ne convenait pas à la diversité des pays en question, ont récusé cette expression faussement unitaire :

il y a *des* tiers-mondes. L'expression demeure toutefois pour désigner les pays pauvres de la planète. Le *tiers-mondisme* caractérise l'attitude de ceux qui se préoccupent du tiers monde, se solidarisent avec ses souffrances, désirent favoriser sa libération. *René Dumont est un tiers-mondiste unanimement reconnu et respecté.* Voir **Quart monde**.

TIMORÉ. *adj.* Excessivement craintif. Qui n'ose pas agir, prendre des risques ou des responsabilités. *Une jeune fille timorée. Un caractère timoré. Un comportement timoré. Une politique timorée.*

TIRADE. *n. f.* Au **théâtre**, long discours en prose ou en vers qu'un personnage prononce d'une seule traite. La tirade se distingue du monologue en ce qu'elle s'adresse à des interlocuteurs. Par exemple, la «tirade du nez», dans *Cyrano*. Par extension, s'applique à des développements trop longs, à des discours tenus par des personnes réelles, dans la vie courante. *Les tirades sans fin d'un dictateur à la tribune.*

TITANESQUE. *adj.* Qui rappelle la grandeur ou la force des Titans, divinités primitives dans la mythologie antique. *Un travail titanesque* (gigantesque, démesuré). *Un spectacle titanesque* (colossal, cosmique). *Une entreprise de titan.*

TOGE. *n. f.* Ample vêtement dont se drapait le citoyen romain pour paraître en public; avant de parvenir à l'âge adulte (17 ans), il portait une toge d'aspect différent appelée «toge prétexte».

De nos jours, le mot désigne la robe que portent, dans des occasions solennelles, certains avocats, magistrats ou professeurs.

TOISER. *v. tr.* Considérer avec un air de défi, regarder avec mépris. *Rastignac toise Paris et lance à la capitale son cri ambitieux : « A nous deux, maintenant ! ».*

N.B. Une toise est une ancienne mesure. Au *figuré*, toiser, c'est «se mesurer à»...

TOLÉRANCE. *n. f.* (du latin *tolerare*, «supporter»).

1° **Capacité à supporter.** Supporter des désagréments causés par autrui; des influences nocives de produits toxiques; des écarts par rapport aux règles sociales, morales ou civiles (de la part d'une autorité instituée), ou à des normes techniques. Ce sens correspond au verbe «tolérer» (admettre à la rigueur), et s'avère plutôt restrictif.

2° **Attitude d'acceptation, de respect,** voire même de

sympathie à l'égard des personnes qui ont des opinions ou des conduites, des croyances ou des manières de vivre assez ou très différentes des siennes. La tolérance religieuse en particulier, largement réclamée au XVIII siècle, suppose le respect de la liberté de pensée, l'absence de persécutions ou d'attitudes dogmatiques, le droit de pratiquer accordé à chacun selon ses croyances. Cette forme de tolérance se présente comme beaucoup plus positive que la précédente; elle suppose qu'il y a toujours de la vérité dans les idées d'autrui. Il faut comprendre ou, en tout état de cause, laisser celui qui se trompe venir de lui-même à la vérité, sans la lui imposer. Voir *L'Art de conférer* de Montaigne

La problématique de la tolérance est au cœur de **la question des droits de l'homme**. D'une part en effet, la tolérance deviendrait coupable si elle devenait indifférence à la violence faite à autrui, lâcheté en face de conduites elles-mêmes intolérantes. D'autre part, si l'on peut respecter le droit à l'erreur, peut-on tolérer que des personnes dans l'erreur diffusent et propagent celle-ci, lorsqu'il s'agit de contrevérités manifestes (— par exemple, la thèse «révisionniste» qui nie l'existence des chambres à gaz dans les camps de concentration nazis)?

Le débat est vaste. La tolérance est une vertu qui ne doit pas être pratiquée sans discernement. Les lois qui défendent la liberté de penser doivent aussi réglementer la liberté de diffuser la pensée, car la bêtise et l'erreur sont parfois virulentes, et il est parfois difficile de combattre l'erreur sans neutraliser (tout en les respectant) ses propagandistes, à une époque où l'influence des médias peut être si grande sur les esprits peu avertis.

TOLLÉ. n. m. Puissante protestation collective; clameur d'une foule indignée, ou mouvement général d'opposition (dans la presse par exemple). *Le recul de l'âge de la retraite a suscité un beau tollé. Le tollé de l'opinion publique fut immédiat.*

-TOME, -TOMIE. Racines issues du grec *tomos, tomia,* qui signifient «couper, découper, diviser». On les retrouve notamment dans les mots **Atome** (partie *indivisible* de matière), **Anatomie** (dissection du corps, d'où par extension, *étude* des organes par dissection, puis, par extension encore, forme, structure corporelle), **Dichotomie** (coupure entre deux réalités qu'on oppose radicalement), **Lobotomie**

(section de fibres nerveuses dans le cerveau), **Trachéotomie** (ouverture de la trachée au niveau du cou), **Tome** (une des parties d'un ouvrage divisé ou publié en plusieurs tomes ou volumes).

TOPO-. Racine issue du grec *topos*, «lieu», que l'on trouve dans **Topographie** (étude et représentation des formes d'un terrain; configuration, relief d'un lieu), **Toponymie** (étude des noms de lieux; ensemble des noms de lieux d'une contrée déterminée). Noter aussi les mots **Topique** (qui se rapporte à un «lieu commun»; qui représente, en psychanalyse, une configuration d'instances psychiques), **Isotopes** (éléments atomiques qui ont la même place dans le tableau de Mendéléïev) et **Utopie** (lieu — idéal — qui n'existe nulle part; voir ce mot).

TOTALITAIRE. *adj.* 1° **Se dit de régimes politiques** qui prétendent organiser et gouverner la *totalité* de la vie des citoyens, aussi bien publique que privée. *Un pays totalitaire. Un État totalitaire.* Il s'ensuit que le pouvoir, détenu en général par un dirigeant unique ou une petite classe de dirigeants, impose aux citoyens un Parti unique, supprime toute opposition, s'empare de tous les moyens de communication de masse, surveille l'orthodoxie politique et idéologique des citoyens, traque les opposants, les emprisonne, et les «rééduque» en pratiquant le «lavage des cerveaux». L'U.R.S.S. sous Staline (réalité historique), la société décrite par Orwell dans son roman *1984*, donnent une idée précise de ce que peut être un pays totalitaire, — beaucoup plus terrifiant que la **tyrannie** (voir ce mot).

2° **Se dit d'une philosophie, d'une religion, d'une doctrine politique** qui, pour de bonnes ou mauvaises raisons, croit détenir la clef idéale de la vie de l'homme en société et, forte de cette conception *intégrale* du salut de l'être humain, recommande ou inspire la création d'un État susceptible de réaliser cet idéal. Une *pensée* totalitaire est souvent à l'origine d'un *régime* totalitaire, même si celui-ci en est la caricature ou la déviation. Le marxisme-léninisme, par exemple, a été une philosophie sans doute exaltante en ce qu'elle prétendait, par la révolution, faire le bonheur total du genre humain; mais sa mise en œuvre, dans la plupart des pays dits communistes, a engendré un pouvoir totalitaire, dont la réalité était aux antipodes de l'idéal rêvé — ce que trop d'intellectuels, perdant tout esprit critique, refusèrent de voir; il faut dire qu'en élaborant le concept de « dictature du prolétariat », le marxisme prenait quelques risques. Orwell, qui a médité sur la tentation du pouvoir, fait ce diagnostic : *« On n'établit pas une dictature pour sauvegarder une révolution. On fait une révolution pour établir une dictature. »*

TOTALITARISME. *n. m.* 1° Caractère d'un régime totalitaire (voir ci-dessus).

2° Caractère d'une philosophie ou d'une *idéologie* totalitaire (qui prétend expliquer *tout* l'homme et produire une société qui fera le bien total de l'homme). Indépendamment de ses déviations, de son détournement par des pouvoirs qui ne cherchent qu'à cautionner leur absolutisme, le totalitarisme est *en germe* dans la *pensée* de ceux qui rêvent d'une société idéale, comblant intégralement tous les besoins et tous les désirs de l'homme. C'est en ce sens qu'on peut parler du totalitarisme de certaines utopies. L'esprit de système des uns, le besoin de certitudes simplistes des autres, se sont conjugués pour favoriser le totalitarisme. Voir, à l'inverse, le mot **Relativisme**.

TOTEM. *n. m.* (mot indien). Être mythique (animal, parfois plante) qui, chez les Algonquins, était considéré comme l'ancêtre ou le protecteur du clan. À ce titre, il était l'objet d'un culte particulier et d'un certain nombre de *tabous*. Le totem peut concerner un groupe social plus ou moins élargi, ou même un seul individu. Il est un des éléments de l'organisation sociale ou familiale ; il détermine les relations entre les individus et la classification entre les êtres. Divers anthropologues ou sociologues ont estimé que le **totémisme** était la forme primitive de la religion ; les tabous dont fait l'objet le totem seraient une forme rudimentaire de la morale (cf. la thèse de Freud, *Totem et Tabou*). À partir de là, le mot *totem* est parfois employé au sens figuré (souvent de façon ironique).

TOUR D'IVOIRE. Expression qui désigne, au sens figuré, la position hautaine et solitaire dans laquelle se retranchent certains artistes ou penseurs qui refusent de se mêler au monde. *La tour d'ivoire où s'enferment les poètes. J'ai choisi de me retirer dans ma tour d'ivoire, loin des foules.*

TRADITIONALISME. *n. m.* 1° **Sens religieux.** A/ Doctrine selon laquelle l'essentiel de la foi chrétienne est contenu dans la Révélation (les « Écritures ») et dans la Tradition.

Celle-ci représente en effet ce que l'Église des premiers siècles, les communautés et certains «Pères» de l'Église, considérés comme inspirés par l'Esprit Saint, ont élaboré ou approfondi dans la pratique et dans la philosophie du christianisme. La Raison ne peut donc plus trouver de vérités nouvelles; elle ne peut que s'employer à commenter l'héritage doctrinal constitué par la Révélation et la Tradition. Le traditionalisme s'oppose donc souvent aux recherches théologiques, freine toute interprétation nouvelle, se méfie de tout ce qui peut s'écarter de la doctrine.

B/ Attachement excessif aux *formes* de la pratique religieuse héritées du passé (liturgie traditionnelle, catéchisme conformiste, messe en latin, etc.) Ce traditionalisme est évidemment beaucoup plus superficiel que le précédent. Il arrive même que les traditionalistes, en se fixant à des pratiques historiquement datées, oublient la «vraie» Tradition ci-dessus évoquée. Voir **Intégrisme**.

2° **Sens courant.** Attachement excessif aux notions, aux techniques, aux manières, aux formes (esthétiques) traditionnelles. Passéisme; refus de la modernité. Ce sens, répandu, a peut-être l'inconvénient d'identifier «traditionalisme» et «prise en compte de la tradition». Qu'il s'agisse du domaine religieux ou des autres, la tradition représente un acquis, une expérience, une pensée collective, un héritage culturel qu'il serait irréfléchi de nier en bloc ou d'oublier. Dans le mot *traditionalisme*, c'est le *-isme* final qui est péjoratif, en ce qu'il incrimine un *excès*.

TRAGÉDIE. *n. f.* (*sens courant*) Catastrophe sanglante, qui semble le plus souvent l'aboutissement d'une série d'événements implacables.

(*sens littéraire*) La **tragédie classique** est une œuvre dramatique dont les éléments constitutifs sont les suivants :
— le sujet est noble, grave : il met en scène des personnages illustres, tirés de l'Histoire ou de la Légende, qui vivent des actions hors du commun ;
— l'histoire aboutit toujours à un dénouement douloureux, marqué par le malheur ou la mort, fruit du Destin, qui conduit fatalement les héros à l'échec, quoi qu'ils puissent entreprendre pour l'éviter ;
— le spectacle met en scène les plus fortes passions humaines (l'amour, la haine, le goût du pouvoir, le désir de défier le destin ou les dieux), de façon à susciter chez le

spectateur la compassion pour les victimes, l'horreur devant le crime ou la démesure, l'admiration face aux conduites sublimes (voir le mot *sublime*);
— le style est *relevé*, aussi «noble» que les personnages, et ne supporte pas le mélange des genres : aucun élément prosaïque ou comique ne doit ternir la pureté du poème tragique, qui est le plus souvent écrit en vers;
— l'action, enfin, doit respecter la «*règle des trois unités*», de manière à donner le maximum de force et de vraisemblance à la cérémonie tragique (unité de lieu, unité de temps, unité d'action : voir le mot **Unités**).

Notons que la gravité et la tension de la tragédie n'excluent pas ce qu'on appelle l'**ironie tragique**, qui peut consister en l'attitude méprisante et railleuse que le héros adopte à l'égard du propre destin qui l'écrase, mais aussi prendre la forme d'un Sort cruellement moqueur à l'égard du héros qui en est dupe (pensons au cas d'Œdipe, qui promet à son peuple de châtier de façon exemplaire le meurtrier de Laïos, en ignorant qu'il est lui-même le coupable et que Laïos est son propre père!). Voir **Drame**, **Tragi-comédie**, **Tragique**.

TRAGI-COMÉDIE. *n. f.* Au XVIIe siècle, la tragi-comédie est une pièce de théâtre dont le dénouement est heureux. À la différence de la tragédie, elle n'est donc pas marquée par un caractère de fatalité, par un destin conduisant irrémédiablement les héros à une fin tragique. Mais il s'agit tout de même d'une pièce *sérieuse*, comme *Le Cid* de Corneille. Dans l'Antiquité, en revanche, la «tragi-comédie» comportait des éléments comiques. Ce sera aussi le cas du «drame» romantique. L'adjectif **tragi-comique** s'emploie surtout pour caractériser des situations où le rire et le drame se mêlent, dans la vie courante.

TRAGIQUE. *adj.* et *n. m.* 1° **Sens littéraire** (classique) : qui est relatif à la tragédie, à la noblesse de ses héros, à son atmosphère pesante, à son dénouement sanglant (pour le contenu); qui se rapporte à l'art de la tragédie, à ses règles propres, à son style soutenu. Le tragique se caractérise essentiellement par le rôle de la fatalité, du destin qui, inexorablement, conduit le héros à l'échec, au malheur et à la mort, en dépit de ses efforts désespérés. Le spectateur sait, dès le départ, que cela se terminera catastrophiquement : il vient contempler la marche du destin, partager les souffrances et les efforts vains du héros, pleurer sur la condition tragique de l'homme, et sans doute, se délivrer à travers cette contemplation des grands sentiments douloureux qui nourrissent ses angoisses conscientes ou inconscientes (voir **Catharsis**).

2° **Sens courant :** qui présente un caractère funeste, effroyable, terriblement douloureux ; qui bouleverse, stupéfie par son horreur. *Une situation tragique, des événements tragiques, une nouvelle tragique.* Dans la langue courante, le mot tragique conserve souvent l'idée de fatalité : c'est malgré les hommes et leur volonté apparente que les choses s'enchaînent tragiquement, que l'histoire se fait « tragédie », que des innocents sont victimes de *circonstances tragiques.*

TRAME. *n. f. (sens propre)* Réseau de fils ingénieusement enchevêtrés, dans un métier à tisser, pour produire étoffes et tissus. Par extension, toute sorte de réseau concret, de quadrillage, de texture.
(sens figuré) Enchevêtrement de faits réels *(la trame d'une histoire)* ou d'événements fictifs *(la trame d'un roman)* qui constituent le fond sur lequel se déroule une aventure marquante. Le mot désigne aussi, dans la langue classique, une intrigue, un complot, d'où le sens figuré du verbe **tramer** : machiner, ourdir, organiser secrètement (un complot, une conspiration, — ou encore une intrigue dramatique).

TRANS-. Préfixe issu du latin *trans*, qui signifie « par-delà, au-delà de, à travers ». Il marque en général l'idée de passage ou de mutation, comme dans les mots **Transhumance** (déplacement saisonnier d'un troupeau de la plaine vers la montagne, ou inversement), ou **Transmutation** (changement d'une matière en une autre ; changement total de nature). Plus de cent cinquante mots comportent ce préfixe, parmi lesquels la dizaine qui suit.

TRANSCENDANT. *adj.* (du latin *transcendere*, qui combine le préfixe *trans*, « par-delà » et le verbe *ascendere*, « s'élever ». D'où, littéralement : « qui s'élève au-dessus »).
1° **Sens courant.** Supérieur aux autres ; qui surpasse la moyenne : *un esprit transcendant.* Qui est d'une essence supérieure : *des vérités transcendantes.* D'où le verbe **transcender,** dépasser.
2° **Sens philosophique.** Qui est d'un ordre supérieur, radicalement distinct de la réalité commune. Qui échappe aux lois de la matière ou du monde. Par exemple, l'âme est

pour les croyants *transcendante* par rapport au corps soumis aux lois naturelles. À plus forte raison, Dieu est-il *transcendant* au monde. La **transcendance** se définit par deux caractères :
— elle est *supérieure* à la réalité à laquelle on la réfère ;
— elle est *qualitativement* différente, d'un autre ordre.
• Les philosophes opposent ainsi ce qui est *immanent* (qui est *dans* la réalité du monde, au même niveau) à ce qui est *transcendant* (extérieur, infiniment plus élevé, d'un autre ordre). La *justice transcendante* vient du ciel, de Dieu ; la *justice immanente* appartient à l'ordre des choses (elle punit les méchants par une sorte de logique interne à la marche du monde). Voir le mot **Immanent**.
• Les mots *transcendant* et *transcendance* se sont parfois affaiblis dans le vocabulaire philosophique, ne désignant plus qu'une forme de distance d'une réalité (vaguement supérieure) par rapport à une autre (la transcendance du sujet par rapport à son expérience ; la transcendance du monde par rapport à mon existence, etc.).

TRANSFERT. *n. m.* Action de transférer, de déplacer d'un lieu à un autre.

En **psychanalyse**, la notion de transfert est centrale. Elle désigne un déplacement de sentiments inconscients, originaires de la petite enfance, que le sujet revit en les fixant sur son analyste, au moment de la cure. La situation de l'analyse, où le psychanalyste a une position plus ou moins directive (position que le sujet en analyse peut ressentir comme une autorité), favorise en particulier l'émergence de sentiments infantiles : tout à coup, le sujet identifie son analyste à un parent (il en fait une projection de son surmoi, l'image d'un père par exemple) et nourrit à son égard une très vive hostilité (transfert négatif) ou un amour inexplicable (transfert positif), le plus souvent un mélange des deux. Au cours de cette émergence et de ce déplacement d'émotions archaïques, les pulsions refoulées, les angoisses, les fantasmes, tout le matériel enfoui dans l'inconscient revient à la surface, s'extériorise. Cela permet au psychanalyste de mieux comprendre son client, et à l'*analysant* (le sujet en analyse) de progressivement prendre conscience (non sans résistances) de ce qui était au fond de lui. Certains auteurs estiment que *tout* le traitement analytique *est* transfert. Quoi qu'il en soit, le transfert opère une vaste *catharsis* du sujet en analyse.

- Il faut noter que le transfert est un transfert de sentiments *inconscients*. Dans la vie courante, chacun a l'expérience d'avoir transféré *consciemment* certaines humeurs (« le coup de pied » au chien libère de l'agressivité contre le patron). Dans le cas de l'analyse, il s'agit de sentiments profonds qui surprennent brutalement celui qui les éprouve comme celui qui en est l'objet. On parle de *contre-transfert* quand le psychanalyste, ne maîtrisant pas bien la situation, en vient à réagir excessivement, sous l'effet de son propre inconscient.
- Ce transfert est indispensable au traitement du sujet : d'une part parce que les sentiments, en étant extériorisés, « libèrent » le moi qui en souffrait ; d'autre part parce que, en les formulant et en les analysant, le sujet va pouvoir contrôler les émotions, les représentations, les situations ainsi mises au jour.
- Naturellement, la notion de transfert dépasse le cadre de la cure psychanalytique. La vie sociale, les réactions passionnelles qui traversent les individus, les « projections de fantasmes » que chacun peut faire sur chacun, les œuvres artistiques, les grands mouvements collectifs, sont autant de lieux courants où le phénomène de transfert règne en maître, pour le meilleur et pour le pire. Et souvent pour le pire (voir **Racisme, Bouc émissaire, Fanatisme**, etc.).

TRANSFIGURATION. *n. f.* (de *trans-* « au-delà de » et *figure*, « forme »). Littéralement, changement d'apparence, dans un sens d'élévation.

1° **Sens religieux :** phénomène miraculeux au cours duquel un personnage se trouve empli d'une présence surnaturelle qui le rend radieux, rayonnant, resplendissant. En particulier, la **Transfiguration** : épisode de l'Évangile où le Christ apparaît soudain à ses apôtres dans toute la gloire de sa divinité, sur le mont Thabor *(« Son visage devint brillant comme le soleil et ses vêtements blancs comme la lumière »)* ; fête qui célèbre cet épisode.

2° **Sens courant ou littéraire :** transformation éclatante d'une réalité, d'une personne. *Il m'est apparu transfiguré par la joie. Les jeux de la lumière au soleil couchant opèrent une véritable transfiguration du paysage. Vous étudierez comment l'auteur, au-delà de la pure description, parvient par le biais des images et des effets symboliques, à une véritable transfiguration du réel.*

TRANSFUGE. *n. m.* (littéralement : « qui fuit au-delà »).

1° Soldat qui déserte et passe dans le camp ennemi.

2° Par analogie, personne qui abandonne un groupe, un parti, un mouvement, une doctrine, pour se rallier à un autre. *C'est un transfuge du parti socialiste : il a rejoint le gouvernement pour devenir ministre de l'Environnement.* Alors qu'au sens n° 1 un transfuge est considéré comme un traître, au sens n° 2 il n'est qu'un dissident (l'emploi du terme n'est plus forcément péjoratif).

TRANSGRESSER. *v. tr.* (littéralement : « passer par-dessus, passer outre »). Désobéir à une loi, enfreindre une règle, violer un tabou. *Transgresser un ordre, un interdit moral, une norme sociale.* Le mot *transgression*, dans une certaine littérature (surtout depuis les événements de mai 1968, en France), jouit souvent d'une connotation positive : la transgression fait plaisir à celui qui a l'audace de transgresser ; ce qui est transgressé est le plus souvent décrit comme un ordre oppressif ; en transgressant cet ordre, on se « libère » sans nuire à autrui… Bien entendu, tout dépend du contexte dans lequel le terme est employé.

TRANSIGER. *v. intr.* Conclure un arrangement avec quelqu'un, à la suite de concessions réciproques. Le résultat est une *transaction*, un compromis. **Transiger sur** (quelque chose) : concéder excessivement, laisser faire par faiblesse. *On ne transige pas sur l'honneur. J'ai eu tort de transiger sur ce point de doctrine avec des opposants sans foi ni loi.* Voir **Intransigeant**.

TRANSITION. *n. f.* Passage progressif, graduel, d'un état à un autre. Au **sens littéraire** (dans un discours, un exposé, une dissertation) : manière habile de passer d'une idée à une autre, de lier la conclusion d'une partie à l'introduction de la partie suivante. *Vous ne devez pas passer brutalement, dans votre devoir, du « pour » au « contre » : il faut faire une transition qui explique qu'à votre première série d'arguments s'opposent des objections décisives.*

TRANSITIF. *adj.* Voir le mot **Intransitif**.

TRANSPORT. *n. m.* Au **sens classique** : émotion très vive, bouleversement de l'âme. Le plus souvent au pluriel : *des transports de joie, des transports de colère* (« emportements »). *De vifs transports* (d'admiration). *De doux transports* (amoureux). Baudelaire parle des parfums *« Qui* *chantent les transports de l'esprit et des sens »*. Le mot *transport* sera utilisé jusqu'au XXᵉ siècle dans ce sens. On dit encore *se transporter* pour « se mettre en colère », et plus fréquemment, *« Ça me transporte »* pour traduire un sentiment d'admiration *(Dans cette exposition de tableaux, il n'y a vraiment rien qui me transporte)*.

TRANSPOSER. *v. tr.* 1° Placer un élément à une place différente de celle qu'il occupe normalement, intervertir. *Transposer un mot* (par exemple, l'épithète *blanc* peut être **antéposée** dans *les blancs moutons*, **postposée** dans *les moutons blancs* : en passant d'une construction à l'autre, j'ai transposé le mot *blanc*). *Transposer une sensation d'un registre dans un autre* (par exemple, dire *« une symphonie de couleurs »* : voir à ce sujet les mots **Correspondance** et **Synesthésie**.

2° Dans le **vocabulaire littéraire ou artistique**, déplacer un ensemble de formes, de thèmes, de structures, de schémas narratifs d'un domaine dans un autre. *Transposer une composition musicale d'une tonalité dans une autre. La métaphore, fondée sur l'analogie, est souvent une transposition d'un ordre de réalités dans un autre. On peut transposer l'histoire d'un livre pour en faire un film original.* West Side Story *est une transposition moderne des thèmes de Roméo et Juliette.* Une bonne transposition doit toujours être originale et *adapter* les éléments transposés au nouveau genre, au mode spécifique du domaine esthétique dans lequel elle s'effectue. C'est ce qui la distingue du plagiat ou du pastiche.

TRAUMATISME. *n. m.* (du grec *trauma*, « blessure » : le mot « trauma » reste d'ailleurs employé pour désigner un choc physique ou psychique violent).

1° **Sens physique :** ensemble des troubles qui résultent d'une lésion, d'un choc, etc. *Un traumatisme crânien.*

2° **Sens psychologique :** ensemble des troubles psychiques conscients et inconscients qui résultent d'un événement brutal de la vie affective du sujet ; en psychanalyse, cet événement se situe dans la prime enfance et bouleverse à ce point la victime que toute l'organisation psychique de celle-ci en est durablement affectée. De là naîtront des névroses ou des psychoses. L'individu est donc littéralement « traumatisé ». Le choc psychologique (Freud dit *« trauma »*) n'est pas forcément « traumatisant » par lui-même : tout dépend de la fragilité du sujet. Un « traumatisme » peut être par exemple pour l'enfant une scène réelle (ou *fantasmée*!) d'agression sexuelle.

TRAVELLING. *n. m.* Mouvement d'une caméra qui se déplace sur un chariot pour filmer un plan, un personnage en action (que l'on suit parallèlement à son action), etc. Effet qui en résulte dans le film. Le travelling peut se faire vers l'avant ou vers l'arrière (effet de «zoom», qu'on peut d'ailleurs obtenir, maintenant, avec une caméra fixe), ou encore latéralement *(travelling latéral)*. Comparer avec **Panoramique**.

TRÉPASSER. *v. intr.* **Sens classique :** décéder (passer définitivement de l'autre côté...). Le *trépas* est la mort. La Fontaine écrit :

> *Le trépas vient tout guérir*
> *Mais ne bougeons d'où nous sommes*
> *Plutôt souffrir que mourir*
> *C'est la devise des hommes*

Notons, en langue provinciale, l'emploi direct du verbe **passer** pour un moribond qui vient de mourir : *« il a passé »*.

TRÉPIDATION. *n. f. (sens propre)* Petit tremblement, agitation continue par petites saccades. *Des trépidations du métro.*
(sens figuré) Agitation. *L'incessante trépidation de la vie moderne. Mener une existence trépidante.* (L'*intrépide* est celui qui ne tremble pas !).

TRI-. Préfixe issu du grec *treis* ou du latin *tria*, qui signifie «trois». *Triangle, tricycle, triple, trisaïeul, trinité.* À retenir les mots **Trilogie** (ensemble de trois pièces de théâtre ou de trois œuvres : *la trilogie de Jules Vallès : L'Enfant, Le Bachelier, L'Insurgé*), **Trimètre** (alexandrin composé de trois groupes de quatre syllabes, ce qui lui donne un rythme ternaire ; voir Césure) et **Triptyque** (œuvre peinte en trois panneaux ; par extension, ouvrage littéraire en trois parties).

TRIBUN. *n. m.* (magistrat romain). Au **sens moderne** (par influence de «tribune»), orateur éloquent qui défend une cause en général populaire. *C'est un redoutable tribun, capable d'entraîner les foules.* Dans un journal, une **tribune libre** est un article où un responsable, une personnalité, développe librement son point de vue sur un sujet d'actualité.

TRIBUTAIRE. *adj.* (du latin *tributarius*, « qui concerne le tribut — l'impôt — dû au souverain », et par extension, désigne la *dépendance* de celui qui est soumis à cet impôt). Qui dépend étroitement de quelqu'un ou de quelque chose. Assujetti à. *Pour son alimentation, le Japon est tributaire de l'étranger. Je ne puis aller et venir à ma guise : je suis tributaire de mon emploi du temps.*

Noter l'expression figurée **payer un lourd tribut à** : faire d'importants sacrifices pour.

TRIVIAL. *adj.* Grossier, vulgaire, sale, choquant. *Des réalités triviales. Un langage trivial. Des plaisanteries triviales. Un personnage trivial.* Le mot anglais **trivial** (banal, insignifiant, sans nuance péjorative) est un faux ami. *Trivial pursuit* signifie littéralement « passe-temps banal » !

TRONQUER. *v. tr.* Ôter, retrancher d'un ouvrage, d'un document, d'un produit culturel, une partie importante ou essentielle. *Une citation tronquée. Ils ont tronqué mon manuscrit, c'est intolérable. Les réalisateurs ont finalement tronqué l'émission, pour en retirer les passages hostiles au gouvernement.* Un document peut être tronqué pour des raisons pratiques (sa longueur). Quand l'opération est motivée par des raisons morales ou idéologiques, on emploie le verbe **Expurger**.

TROPE. *n. m.* Terme classique employé pour désigner les figures de style ou de rhétorique. Il est repris dans le vocabulaire spécialisé de la linguistique contemporaine.

Issu du grec *tropos*, « tour », ce mot se retrouve *comme suffixe* dans certains termes comme *héliotrope* (qui se tourne vers le soleil) ou *isotrope* (qui a la même configuration ou les mêmes propriétés physiques).

TROPHÉE. *n. m.* Dans l'Antiquité, dépouille d'un ennemi, armes capturées qui témoignent de la victoire. D'où, par extension, tout signe qui témoigne d'une victoire, d'un triomphe (monument, coupe, etc.). *Le vainqueur de Roland-Garros élève son trophée vers le public qui l'ovationne.*

TROUBADOUR, TROUVÈRE. *n. m.* Poète qui, au Moyen Âge, récitait ses œuvres ou celles d'autrui (poésie, chansons de geste) de château en château. Ces deux mots signifient étymologiquement « trouveur » (celui qui trouve, qui invente). Au Nord de la France, en langue d'oïl, il s'appelait **trouvère** *(troveor)* et pouvait être attaché à un seigneur.

Au Sud, en langue d'oc, il s'appelait **troubadour** *(trobador)* et était généralement errant.

TRUCULENT. *adj.* Se dit d'un style ou d'un personnage parfaitement libre dans son expression, qui n'hésite pas devant le mot cru, abonde en expressions pittoresques, séduit par sa vitalité verbale et son réalisme sans frein. On associe souvent l'adjectif *truculent* à la verve de Rabelais.

TRUFFER. *v. tr.* Au **sens figuré** : remplir d'éléments disséminés ; bourrer. *Un ouvrage truffé de mots d'auteur. Une dissertation truffée de barbarismes.* Contrairement au sens propre du verbe (garnir de truffes en principe savoureuses), le sens figuré est souvent péjoratif.

TRUISME. *n. m.* (de l'anglais *truism*, issu de *true*, « vrai »). Vérité si évidente, si banale, qu'il vaut mieux s'abstenir de la formuler. *Un discours politique truffé de truismes.* Voir **Lapalissade**.

TURPITUDE. *n. f.* Honte, bassesse, vilenie d'une action ou d'une personne. *La turpitude de son âme.* Conduite indigne. *Les turpitudes d'une jeunesse dévoyée.* A noter que ce mot ne s'emploie plus guère qu'ironiquement.

TUTÉLAIRE. *adj.* Se dit d'une divinité qui protège. *Un dieu tutélaire. Un ange tutélaire.* Par extension : qui garde, qui protège chaleureusement. *Une amitié tutélaire. Une demeure tutélaire.*

N.B. Cet adjectif correspond au substantif **tutelle**, et peut être employé au sens juridique (l'autorité *« tutélaire »* du « tuteur »).

TYPE. *n. m.* Au **sens littéraire ou artistique** : modèle abstrait qui représente, qui incarne un ensemble de réalités ou de personnes. *Le type même de l'avare est Harpagon ; de l'hypocrite, Tartuffe. Elle représente pour moi le type même de la beauté animée. La littérature classique cherche à décrire des types humains universels, à exprimer des types d'émotions fondamentales.* Voir **Essence, Archétype, Prototype**.

Un ensemble de types, un classement en catégories spécifiques, s'appelle une **Typologie**. *Une typologie des systèmes politiques.*

TYPOGRAPHIE. *n. f. (de tupos*, « caractère » et *graphein*, « écrire »). Ensemble des procédés d'impression et de composition des textes, à l'aide de caractères d'imprimerie dits «caractères typographiques». Présentation typographique d'un texte déterminé. *Là où certains voient des fautes d'orthographe, d'autres estiment n'avoir fait que des erreurs typographiques.*

La composition traditionnelle de la typographie, par assemblage de caractères en relief, a presque disparu devant des procédés modernes informatisés (photocomposition, traitement de textes, etc.).

TYRANNIE. *n. f.* 1° **Sens large.** Pouvoir absolu et arbitraire, fondé sur la force et l'oppression, en général cruel et injuste. D'où, autorité abusive, pouvoir oppressif exercé par un chef, un père, un roi, un président, etc. *La tyrannie du monarque. La tyrannie de Néron. La tyrannie d'un instituteur qui fait trembler les petits.* Par extension, oppression quelle qu'elle soit. *La tyrannie du conformisme ambiant, des modes musicales, du système publicitaire.*

2° **Sens précis** (notamment dans la typologie des gouvernements, selon Montesquieu). Régime politique dans lequel un seul homme concentre tous les pouvoirs : l'exécutif, le législatif, le judiciaire (auxquels il faudrait ajouter, au XXe siècle, le pouvoir de propagande et d'information). Synonymes : *despotisme, dictature, autocratie*. Dans ce sens, la tyrannie se distingue en principe de la monarchie, dans laquelle le pouvoir royal est *équilibré* par d'autres forces dans la nation (un parlement ; une catégorie sociale, la noblesse par exemple).

Malgré leur forme extérieure dictatoriale apparemment identique, la *tyrannie* et le *régime totalitaire* se distinguent radicalement. Le tyran se moque en général de ce que pensent ses sujets *(Oderint dum metuant*, «qu'ils me haïssent pourvu qu'ils me craignent») : il lui suffit de régner en inspirant de la crainte. Le pouvoir totalitaire a une autre dimension. D'une part, parce qu'il est souvent de nature oligarchique (c'est une petite classe d'hommes, érigée en système, qui gouverne). D'autre part, et surtout, parce qu'il veut opprimer l'esprit même des citoyens, *normaliser la pensée collective*, c'est-à-dire jouir de la *totalité* même du pouvoir de l'homme sur l'homme. Orwell illustre formidablement cet aspect dans son roman *1984* : *« Le pouvoir est le pouvoir sur d'autres êtres humains : sur les corps, mais surtout sur les esprits. »*

UBIQUITÉ. *n. f.* (du latin *ubi*, «où»; *ubique*, «partout»). Faculté d'être présent, au même instant, en plusieurs lieux. *Excusez-moi, mais je n'ai pas le don d'ubiquité. Comment cet homme d'affaires a-t-il pu en une seule journée, signer un contrat à New-York, diriger une réunion à Bonn et assister à la création d'un opéra à Paris ? Il a le don d'ubiquité !*

N.B. L'*ubiquité*, en théologie, est un attribut caractéristique de Dieu. La tradition chrétienne rapporte que certains saints auraient été doués d'ubiquité. Le mot s'est naturellement très vite employé au *sens figuré*, ou bien de façon hyperbolique (à propos par exemple d'un écrivain qui, le même jour, publie dans divers journaux, ou d'un artiste omniprésent dans les médias).

UBUESQUE. *adj.* Qui a un caractère digne du «père Ubu», personnage créé par Alfred Jarry (*Ubu Roi*, 1896), lequel se montre grotesque, énorme, caricaturalement cruel dans l'exercice du pouvoir. *Le régime de «l'empereur» Bokassa Ier était parfaitement ubuesque.*

ULTÉRIEUR. *adj.* (à partir du latin *ultra*, «au-delà»). Qui se produit après, qui succède à autre chose; qui arrivera dans le futur. *Les événements ultérieurs confirmèrent ses analyses. Des instructions vous seront données ultérieurement.* Synonyme : *postérieur.* Antonyme : *antérieur.*

ULTIMATUM. *n. m.* (à partir du latin *ultimus*, «dernier»). Condition impérative qu'impose un État à un autre, dont le refus est susceptible d'entraîner la guerre. L'ultimatum n'est souvent qu'un prétexte utilisé par un État qui veut la guerre (ou qui désire se la faire déclarer, pour ne pas avoir l'air d'être l'agresseur). Les vrais motifs sont souvent beaucoup plus profonds.

Par extension : sommation précise, souvent inacceptable,

qu'il n'est pas possible de discuter ou négocier : on ne peut qu'obéir ou se révolter brutalement (en déclenchant une crise). *Je suis placé devant un ultimatum.* Pluriel : *des ultimatums.*

ULTIME. *adj.* (du latin *ultimus*, «dernier»). Dernier; qui se produit tout à fait à la fin. *Ses paroles ultimes. Nos ultimes forces* (les toutes dernières). *Ma patience est à bout : voilà mon ultime proposition.* Le dernier poème des *Châtiments* (Hugo), intitulé «Ultima verba», se clôt par le vers *« Et s'il n'en reste qu'un, je serai celui-là ».*

ULTRA. Mot latin qui signifie «au-delà». Comme adjectif ou substantif, il peut désigner des extrémistes, en particulier des individus *«ultra-réactionnaires»* (ultra-royalistes : *un ultra, des ultras*). Comme préfixe, il indique parfois ce qui est au-delà, au sens propre (*ultra-montain* : qui est au-delà des montagnes, et donc qualifie le pouvoir papal; voir **Gallicanisme**). Mais le plus souvent, le terme désigne le degré extrême (*ultra-sensible*) ou l'excès (*ultra-moderne*). Voir **Extra-** ou **Hyper-**.

UNI-. Préfixe issu du latin *unus*, «un», qui s'oppose en général à l'idée de multiplicité. Ainsi, *unicellulaire* s'oppose à *pluricellulaire*. Ce préfixe se retrouve dans de nombreux mots dont la compréhension est assez claire : *uniforme, unijambiste, unilingue* (qui s'oppose à bilingue), *unisexe*, etc. Voir, ci-dessous, **Unilatéral** et **Univoque**.

UNICITÉ. *n. m.* Caractère de ce qui est unique. *L'unicité d'une expérience, intransmissible à autrui. L'unicité d'une espèce.* Mot de sens proche : *singularité*. Antonymes : *multiplicité, pluralité*. Ne pas confondre avec *unité*.

UNILATÉRAL. *adj.* 1° Qui ne se situe ou ne se fait que d'un seul côté. *Stationnement unilatéral. Engagement unilatéral* (d'une personne envers une ou plusieurs autres).

2° Qui est décidé par une seule partie, lorsque deux ou plusieurs sont en cause. *Décision unilatérale* (de rompre un contrat).

3° Qui ne voit ou ne considère qu'un seul aspect des choses. *Un jugement unilatéral.* Voir les mots **Bilatéral** et **Multilatéral**.

UNITÉS (règle de trois unités). Règle, issue d'Aristote, qui s'est imposée au théâtre classique français, au XVIIe siècle. Les trois unités sont :

— l'**unité d'action** : un seul événement central doit nourrir l'intrigue, depuis l'exposition jusqu'au dénouement ; l'unité d'action accroît l'émotion du spectateur en concentrant son intérêt ;
— l'**unité de temps** : tout doit se passer en une seule journée, car il paraîtrait invraisemblable que le spectateur assiste en deux heures à une histoire s'étendant sur plusieurs mois ou plusieurs années : l'idéal est celui d'une action dont la durée (fictive) coïncide avec la durée (réelle) de la représentation ;
— l'**unité de lieu** : l'action devant se passer en un jour, la vraisemblance exige qu'elle se déroule en un seul endroit (une ville à la limite, un palais de préférence et, si possible, une pièce de ce palais, qui puisse coïncider avec la scène où évoluent les personnages) ; cette règle, qui ne vient pas d'Aristote, mais découle logiquement des deux autres, explique que tant d'actions ponctuelles, qui alimentent la trame de l'histoire, soient rapportées par des témoins, au lieu d'être directement mises en scène.

La règle des trois unités sera mise en cause à l'époque romantique, notamment par Victor Hugo dans la *Préface de Cromwell* (1827), qui retourne contre elle le principe de vraisemblance ; « *L'action, encadrée de force dans les vingt-quatre heures, est aussi ridicule qu'encadrée dans le vestibule. Toute action a sa durée propre comme son lieu particulier.* » Voir **Dénouement**, **Exposition**, **Intrigue**, **Péripétie**, **Tragédie**.

UNIVERSALISME. n. m. Doctrine religieuse selon laquelle tous les hommes sont appelés au salut et qui, par conséquent, s'adresse à tous sans distinction. *Le christianisme est un universalisme.* Se dit aussi de philosophies à visée « universaliste », considérant la réalité du monde comme une totalité à penser globalement.

UNIVERS CONCENTRATIONNAIRE. Monde qui reproduit les caractères inhumains des camps de concentration : entassement brutal des individus, réduits à des numéros et parqués comme des troupeaux ; travail forcé, sous la conduite d'une administration sadique, dans des conditions de vie déplorables (faim, soif, maladies, absence d'hygiène) ; dépérissement progressif des êtres, voués à une féroce lutte pour la vie, dans la hantise de leur extermination. L'univers concentrationnaire n'organise pas seulement la souffrance et la mort de l'homme : c'est son humanité même qu'il tente délibérément de dégrader. Cette expression vient du livre de David Rousset, *L'Univers concentrationnaire* (1946).

UNIVOQUE. *adj.* (littéralement : « qui a une seule voix »). Se dit d'un mot qui conserve le même sens, bien précis, quels que soient les différents contextes où on l'emploie. Antonyme : *équivoque*.

N.B. Le terme s'emploie aussi en mathématiques pour désigner une relation dans laquelle un terme A entraîne toujours le même corrélatif B. *Une relation univoque n'est pas forcément réciproque* (si elle l'est, on la déclare *bi-univoque*).

URBANITÉ. *n. f.* (littéralement, « ce qui est urbain », c'est-à-dire est spécifique de la ville). Politesse raffinée, extrême civilité dans les relations avec autrui. *Il traitait ses invités avec beaucoup de courtoisie et d'urbanité.* Ne pas confondre avec **urbanisme** (science de l'habitat urbain ; art de le rendre humain).

URBI ET ORBI (littéralement : « *à la ville (Rome) et à l'univers* »). Locution latine qui s'applique à la bénédiction que le Pape adresse, depuis son balcon, à la foule romaine et au monde entier. Par extension, se dit d'une nouvelle adressée à l'ensemble du monde, propagée partout. *Il proclamait son malheur urbi et orbi.*

US. *n. m. plur.* Usages, habitudes. Ne s'emploie pratiquement que dans l'expression **les us et coutumes** : les traditions, les mœurs d'un pays.

USAGE (VALEUR D'). **Au sens général,** le mot usage a un double sens, descriptif et normatif. Au point de vue *descriptif*, l'usage est l'utilisation effective d'un objet, d'une faculté, d'un instrument concret ou abstrait, d'un langage. Au point de vue *normatif*, l'usage est en fait le *bon* usage, la pratique *recommandée*, qu'il s'agisse de conduites sociales (les bienséances, les bonnes manières dont il faut savoir *user*) ou langagières (le bon usage du français). Voir le mot **Norme**.

En économie, on oppose parfois la *valeur d'usage* à la *valeur d'échange*. La valeur d'usage représente l'utilité effective d'un bien, d'un produit : sa faculté de remplir efficacement le besoin qu'il est censé satisfaire. La valeur d'échange représente, sur le marché, ce contre quoi ce produit peut être échangé (sa *valeur monétaire* qui permet, en le vendant, d'acheter d'autres produits) : la valeur d'échange dépend des lois du marché, et en particulier de la loi de l'offre et de la demande, indépendamment donc de la valeur d'usage de ce bien. Ainsi, la valeur d'usage d'une voiture représente son utilité effective comme moyen de transport, fiable et confortable ; sa valeur d'échange, son prix effectif en fonction du marché. À ces deux valeurs, certains économistes ajoutent la *valeur-signe*, c'est-à-dire la valeur symbolique que l'acheteur peut trouver à un produit qu'il acquiert pour manifester aux autres son identité sociale. Ainsi, une voiture d'une marque prestigieuse peut ne plus valoir beaucoup sur le marché d'occasion (comme valeur d'échange), mais combler de vanité celui qui la possède, malgré l'ancienneté du véhicule. Cette triple distinction *(valeur d'usage / valeur d'échange / valeur-signe)* est souvent précieuse pour interpréter le rôle de la marchandise dans la « société de consommation ».

USUFRUIT. *n. m.* Droit de jouir d'un bien (de profiter de ce qu'il rapporte) dont on n'a pas la propriété. Par exemple, une veuve peut avoir l'usufruit d'un bien qui appartient aux héritiers de son mari : elle gère ce patrimoine, en tire des bénéfices pour vivre, mais n'a pas la faculté de vendre ce bien, qui ne lui appartient pas ; l'usufruit cessera au décès de cette veuve.

USURPATION. *n. f.* Fait d'usurper, c'est-à-dire de ravir par la force ou par la ruse un bien, un titre, un avantage, un pouvoir, une dignité qui, en droit, doit revenir à quelqu'un d'autre. L'usurpation est toujours une forme d'appropriation illégitime. *« Ce chien est à moi, disaient ces pauvres enfants. C'est là ma place au soleil ». Voilà le commencement et l'image de l'usurpation de toute la terre.* (Pascal) *Usurper une réputation* (qu'on ne mérite pas, que d'autres mériteraient mieux).

UTILITARISME. *n. m.* 1° **Doctrine selon laquelle est bien tout ce qui est utile**, à la fois *moralement* (le but est de produire le plus de plaisirs possible pour le plus grand nombre de personnes) et *économiquement* (le but de l'économie — libérale — est de satisfaire les besoins, largement quantifiables, des consommateurs). Les deux principaux inspirateurs de l'utilitarisme sont les philosophes anglais J. Bentham (1748-1832) et J. Stuart Mill (1806-1873). L'utilitarisme ne préconise pas un bonheur égoïste et uniquement matériel, mais son influence a contribué à légitimer toutes les conceptions économiques qui *réduisent à un calcul de réalités quantifiables* le bonheur de la société et la « qualité » de la vie. Le productivisme et la société de consommation sont imprégnés d'idéologie utilitariste.

2° **Esprit utilitaire ;** attitude des personnes qui, en tous domaines, n'envisagent les choses que dans la mesure de leur utilité immédiate. La pensée philosophique ne rapporte rien matériellement parlant : dire *« à quoi ça sert, la philosophie ? »*, c'est ainsi faire preuve d'utilitarisme dans un domaine où celui-ci est déplacé.

UTOPIE. *n. f.* (du grec *u-*, « non » et *topos*, « lieu »). Littéralement : « ce qui n'existe nulle part »).

1° *(avec une majuscule)* Nom donné par Thomas More (1478-1535) à la cité idéale qu'il imagine dans son récit *Utopia* (1516).

2° *(sens littéraire)* À l'instar de l'*Utopie* de More, ouvrage qui décrit une cité imaginaire ; conception politique que se fait l'auteur de cette société idéale. La *République* de Platon, le *Télémaque* de Fénelon, la *Cité du Soleil* de Campanella décrivent des utopies. Dans tous ces livres, les auteurs partent d'une critique de la société contemporaine pour imaginer une cité idéale édifiée sur des principes rigoureux et devant aboutir au plus grand bien des hommes.

On fait souvent aux utopies la critique d'irréalisme ; mais les auteurs savent bien que leurs cités imaginaires sont irréalisables comme telles : ils désirent surtout esquisser des principes, éclairer des projets, et faire la critique de ce qui est en décrivant ce qui devrait être. *« L'utopie d'aujourd'hui est la réalité de demain »* (Gide).

L'autre critique traditionnellement faite aux utopies est qu'elles ignorent la liberté du citoyen : la société imaginée est si parfaite qu'il est impossible d'en transgresser les lois ou d'en modifier les institutions ; le bonheur et la vertu y sont obligatoires. Cette critique est sans doute plus fondée. Elle est à l'origine des « anti-utopies » comme *Le Meilleur des mondes* de Huxley, civilisation si parfaite qu'elle en devient cauchemardesque. Ce sont les capacités soudaines que le progrès a mises aux mains des États qui, au XXe siècle, ont fait soudain craindre la réalisation des utopies totalitaires. On les appelle aussi **dystopies.** Le roman *1984* d'Orwell en est, avec *Le Meilleur des mondes*, l'une des plus célèbres.

Ces deux livres sont à méditer par tout citoyen du XXᵉ siècle. Voir **Totalitarisme**.

3° *(sens courant)* L'utopie est une conception politique ou sociale irréaliste *(Votre programme relève de l'utopie!)*. Le terme s'applique par extension à tout projet irréalisable. *L'autogestion est-elle vraiment une utopie? Des rêveries utopiques. Les chimères d'un utopiste.*

VACATION. *n. f.* (du latin *vacare*, « être libre »). *(sens ancien)* Accomplissement d'une fonction; occupation officielle. *« La plupart de nos vacations sont farcesques »* (Montaigne; la plupart de nos occupations sont pure comédie).
(sens actuel) Fonction déterminée qu'on accomplit pendant une période limitée; rémunération de ce temps d'activité. *En plus de mon travail, j'effectue quelques vacations à l'Université, assez bien payées; ce n'est pas le cas de tous les vacataires.*

N.B. Le même verbe latin, *vacare*, « être libre, inoccupé », a pu donner deux séries de mots de sens contraires. *Vacant, Vacances, Vaquer* (intransitif) ont conservé le sens étymologique (liberté, vide, suspension d'activité). À l'inverse, *Vacation, Vaquer* (transitif indirect, dans *Vaquer à ses affaires*) indiquent l'idée de fonction, d'activité, sans doute en raison du glissement sémantique : être libre, c'est être *libre de s'occuper* à ce qu'on choisit de faire…

VACUITÉ. *n. f.* (du latin *vacuus*, « vide »; cf. le verbe *évacuer*). Vide, au *sens figuré*. Vide moral, vide intellectuel ou mental. *Se trouver dans un état de complète vacuité intellectuelle. La vacuité d'une œuvre littéraire* (son creux, sa nullité, son absence de valeur). *La vacuité d'une émission télévisée* (son indigence, le vide de son contenu).

N.B. La *viduité* désigne l'état de veuvage : ne pas confondre.

VADE MECUM. *n. m. inv.* (littéralement, en latin, « viens avec moi »). Petit manuel, guide, répertoire ou aide-mémoire qu'on conserve sur soi.

VADE RETRO SATANA. (« *Retire-toi, Satan* »). Parole adressée par le Christ à Satan, qui essaie en vain de le tenter. Cette locution s'emploie pour exprimer le rejet violent, indigné, d'une proposition ou d'une tentation qui scandalise. Elle est utilisée parfois pour caricaturer l'attitude rigide des puritains.

VAILLANCE. *n. f.* Bravoure guerrière. Par extension, courage moral (dans la lutte, dans le travail, dans la souffrance). *La vaillance d'un héros. À cœur vaillant, rien d'impossible.* Ne pas confondre avec *valeur* ou *validité*.

VALEUR. *n. f.* 1° **Sens philosophique :** ce que l'esprit pose comme étant le plus digne d'estime dans les divers domaines de la vie humaine, en particulier dans l'ordre social, l'ordre esthétique et l'ordre moral. Le Bien, le Beau, le Vrai sont des valeurs fondamentales. Les Idées platoniciennes sont des valeurs en soi, douées d'existence autonome. La Liberté, la Justice sont des valeurs.
• En fonction des valeurs qu'elle reconnaît, la conscience mesure les actes, les opinions, les ouvrages, les événements. Elle évalue, elle juge : il s'agit de *jugements de valeur* par opposition aux *jugements de fait*. Le jugement de valeur porte une appréciation positive ou négative sur les êtres, les conduites, les choses ; le jugement de fait se contente d'établir la réalité objective (ou non) des choses, des faits, des actes sur lesquels portera le « jugement de valeur ».
• Pour établir des jugements, l'être humain se réfère à de nombreuses valeurs entre lesquelles il établit une hiérarchie ou *« un système de valeurs »*. Par exemple, on peut placer, par ordre décroissant, la Solidarité, la Justice et la Liberté, et en fonction de ces critères, juger de la nature d'une société. Voir les mots **Éthique, Morale**.

    2° **Sens social :** les valeurs représentent ce à quoi les groupes, les collectivités croient le plus, ce qui fonde la morale ou les normes collectives, ce à quoi tient fondamentalement la société. Par elles-mêmes, les « valeurs » collectives, les « échelles de valeurs » d'une société ne sont pas qualitativement différentes de ce qu'il en est pour chaque personne. Toutefois, en ce qui concerne les valeurs sociales, on notera :
• La confusion qui s'opère, dans les valeurs « dominantes » d'une société, entre les normes morales et les normes sociales (voir le mot **Norme**). Les conduites *valorisées* dans une société peuvent même s'opposer aux valeurs morales que cette société affiche par ailleurs. Par exemple, on peut simultanément glorifier l'argent-roi (et ceux qui le gagnent), et conserver une morale de la probité (voir *Topaze*, de Mar-

cel Pagnol); on peut exalter l'individualisme, et en même temps déplorer le manque de solidarité, etc.
• Les valeurs sociales sont liées aux « **modèles culturels** » (voir cette expression). Elles s'imposent ainsi aux individus avant même qu'ils aient par eux-mêmes réfléchi à leur morale, établi leur « hiérarchie » des valeurs, et réellement fait la différence entre les valeurs sociales et les valeurs morales. Il y a donc « valeur » et « valeur » : la multiplicité des emplois du mot suppose une attention précise à ses divers sens. Il ne faudrait nommer « valeurs » que celles qui sont l'objet d'une réflexion et d'un choix conscients, délibérés, de la part de chaque personne.

N.B. Pour l'opposition faite, en économie, entre *« valeur d'usage »* et *« valeur d'échange »*, voir le mot **Usage**.

VALIDE. *adj.* 1° *(pour une personne)* Qui est en bonne santé, tout à fait robuste, et donc capable d'activités physiques précises. *Un jeune homme valide* (propre à faire son service militaire). *Un président valide* (capable *physiquement* d'exercer le pouvoir). Antonyme : *invalide*.

2° *(pour les choses)* Qui satisfait aux conditions requises ; qui produit effectivement et valablement son effet. *Une signature valide, un contrat valide, une opération valide. Un calcul, une proposition valides. La validité d'un test, la validité d'une information, d'une décision. Valider une élection. Valider une opération* (en appuyant par exemple sur la touche *« Val »* d'un appareil ; antonyme : *invalider*).

VALORISER. *v. tr.* Conférer ou donner une plus grande valeur à une personne ou à une chose. *Valoriser une monnaie* (faire prendre de la valeur à). *Valoriser quelqu'un* (en parler positivement ; le mettre en valeur dans une réunion).

Ce verbe est à mettre en rapport avec le sens moral du mot « valeur ». Selon les modes, la société *valorise* souvent des réalités ou des conduites dont on peut mettre en cause, d'un point de vue moral, la réelle « valeur ». Il peut s'agir par exemple, en publicité, de la « valorisation » de certains produits (qu'on associe artificiellement à la santé, à la vie, à la tendresse, etc.), qui aboutit à une sorte de banalisation des « valeurs » ainsi utilisées. Il peut s'agir, plus généralement, de conduites (réussites diverses) ou de personnes dont les médias soignent « l'image », sans rapport avec la réalité. Antonyme : *dévaloriser*.

VANDALISME. *n. m.* (de *Vandales*, peuple germanique qui envahit la Gaule, l'Espagne et l'Afrique du Nord au Ve siècle). Attitude de destruction aveugle et brutale, qui conduit à saccager gratuitement les œuvres d'art, à détériorer les édifices publics, etc. *Commettre des actes de vandalisme. Qu'on cambriole mon appartement, soit ! Mais qu'on lacère les tableaux et qu'on détériore sans raison mon matériel électronique, ça, c'est du vandalisme !*

VANITÉ. *n. f.* (du latin *vanitas*, «état de ce qui est vide, n'a qu'une apparence vaine»). **Sens ancien** *(pour les choses)* : caractère de ce qui est superficiel, futile, illusoire, inconsistant, insignifiant. *La vanité des agitations humaines !*
Sens courant *(pour les personnes)* : défaut d'une personne suffisante, satisfaite d'elle-même, complaisante et prétentieuse. *La vanité d'un auteur qui croit toujours avoir écrit un chef-d'œuvre. La vanité des snobs.*
On oppose souvent la *vanité* (prétention superficielle et niaise) à l'*orgueil* (qui peut parfois être légitime, relever d'une fierté justifiée).

VATICINER. *v. intr.* (du latin *vaticinari*, «prédire l'avenir, inspiré par les dieux»). **Sens actuel** *(péjoratif)* : prophétiser de façon délirante et confuse, souvent en annonçant des catastrophes imminentes. *Il tient des discours véhéments et extravagants sur l'an 2000, il vaticine.*

VAUDEVILLE. *n. m.* Comédie au rythme rapide, fondée sur l'intrigue, les quiproquos, les rebondissements et les situations cocasses. Labiche et Feydeau, auteurs dramatiques de la fin du XIXe siècle, sont des maîtres du genre. Bergson définit ainsi les situations du vaudeville : *« Est comique tout arrangement d'actes et d'événements qui nous donne, insérées l'une dans l'autre, l'illusion de la vie et la sensation nette d'un agencement mécanique ».*

VEAU D'OR (adorer le). Le *veau d'or* est une idole qu'adorèrent les Hébreux au pied du mont Sinaï, et que Moïse détruisit, furieux de voir son peuple trahir ainsi le vrai Dieu. **Adorer le veau d'or,** c'est s'adonner au culte de l'argent et des richesses matérielles, en se détournant des valeurs spirituelles et humaines.

VÉHÉMENCE. *n. f.* Mouvement violent d'un sentiment ; ardeur impétueuse de son expression. *La véhémence d'une passion. Un discours fougueux, plein de véhémence.*

Il déambulait sur les trottoirs, dans un état d'agitation et de véhémence qui effrayait les passants. Synonymes : *flamme, emportement, fougue.*

VELLÉITAIRE. *adj.* et *n.* Qui voudrait bien vouloir, mais n'arrive pas à se décider à agir, malgré ses intentions. Qui demeure hésitant, ne parvient pas à la réalisation. *Un individu trop velléitaire pour faire un bon militaire. Une tentative velléitaire, vite étouffée. Louis XVI, dit-on, était un velléitaire. Les vélléités ne suffisent pas : il faut de la volonté pour réussir.*

VÉLOCITÉ. *n. f.* Grande rapidité, grande agilité. *Courir avec vélocité, agir avec vélocité. La vélocité (des mains) d'un pianiste virtuose.*

N.B. On sait que le *vélo*, nom commun de la bicyclette, est une abréviation du mot *vélocipède* (étymologiquement : « pied rapide »).

VÉNAL. *adj.* (à partir du latin *venum*, « vente »). 1° *(choses)* Qui s'échange, s'achète ou se vend contre de l'argent, en particulier certaines charges sous l'Ancien Régime. *Un office vénal. La vénalité des charges. La valeur vénale d'un objet* (par opposition, par exemple, à sa valeur sentimentale).

2° *(personnes)* Qui se laisse acheter, qui se vend au plus offrant. D'où, cupide, intéressé. *Une femme vénale* (qui fait commerce de ses charmes). *Un arbitre vénal* (corruptible).

VÉNÉRER. *v. tr.* **Sens religieux :** considérer avec amour, adoration et crainte des réalités sacrées, des personnes saintes. *Vénérer Dieu, vénérer un saint* (les adorer, leur rendre le culte qui leur est dû). Synonyme : *révérer.*
Sens général (qui garde une connotation religieuse) : aimer et admirer, avec un grand respect ; révérer. *Vénérer un maître. Vénérer ses grands-parents. Consciente de son génie, elle vénérait son mari. Un vénérable vieillard.*

VÉNIEL. *adj.* (du latin *venia*, « pardon »). **Sens religieux :** qui peut être pardonné, qui est sans gravité. *Un péché véniel* (et non pas *mortel*; voir **Péché**). Par extension : faute légère, excusable. *Un défaut véniel. Un mensonge véniel.*

VÉRACITÉ. *n. f.* (du latin *verax*, « véridique »). 1° Qualité d'une personne qui rapporte la vérité (ou s'efforce de la dire). *La véracité d'un témoin. Écrire avec un souci de véracité.*

2° Qualité d'un discours, d'une parole, d'un texte, d'un récit qui est conforme à la vérité. *Je ne mets pas en doute la véracité de son témoignage. Le réalisme balzacien est d'une grande véracité.*

N.B. L'adjectif correspondant est **véridique** *(un historien véridique, un discours véridique).*

VERBAL. *adj.* 1° Au sens *grammatical* : qui se rapporte au verbe. *Forme verbale. Phrase verbale.* 2° Qui est dit ou fait de vive voix (par opposition à ce qui est écrit). *Un ordre verbal. Une promesse verbale* (dite oralement, et non pas signée). Dans ce sens, l'adjectif peut être *péjoratif* (conformément au proverbe latin *Verba volant, scripta manent* : «Les paroles s'envolent, les écrits restent»). 3° Qui se rapporte aux mots, à la langue, par opposition aux autres moyens d'expression. *Le langage verbal et le langage visuel. Le flot verbal des tirades de Cyrano. La violence verbale prépare souvent la violence physique.*

N.B. Ne pas confondre avec **Verbeux**, qui caractérise un discours (écrit ou oral) confus et abondant.

VERBALISME. *n. m.* Défaut qui consiste à masquer par l'abondance verbale le manque d'idées. Logomachie. *Le verbalisme d'un discours politique. Il se gargarise de grands mots ; c'est du pur verbalisme.* Voir **Verbiage**.

VERBE. *n. m.* (du latin *verbum*, «parole»).

1° *Sens grammatical :* mot qui, dans une proposition exprime l'action ou l'état du «sujet». Ses désinences varient en fonction du sujet, du temps et du mode.

2° Parole, discours, expression écrite ou orale de la pensée. *Le verbe de Victor Hugo. Le verbe poétique. La magie du verbe.* **Avoir le verbe haut :** parler avec force et hauteur. Voir le mot **Verve** (même étymologie).

3° **Le Verbe :** dans la théologie chrétienne, la parole de Dieu (à la fois souffle créateur et message divin) ou **Logos**. Le Verbe fait partie de l'Être de Dieu ; il en est la seconde personne, incarnée en Jésus-Christ, d'où la phrase fondamentale *« Le Verbe s'est fait chair »* (Évangile selon saint Jean).

VERBEUX. *adj.* Qui est particulièrement confus et prolixe en paroles. *Un orateur verbeux, un discours verbeux, une explication verbeuse.*

N.B. Le substantif correspondant est **Verbosité** (proche

de *verbalisme*). Ne pas confondre *verbeux* et *verbal* (voir ce mot).

VERBIAGE. *n. m.* Abus de mots, de paroles inutiles. Bavardage, délayage. *Le verbiage d'une médiocre dissertation.* Le *verbalisme* d'un auteur se traduit par le *verbiage* de son discours; on juge alors son style *verbeux*.

VERGOGNE. *n. f.* Mot ancien qui signifie « honte, discrétion » et ne s'emploie plus que dans l'expression **sans vergogne** : sans pudeur, sans scrupule. *Un menteur sans vergogne. Il promet et il trompe sans vergogne. Ils s'acharnent sans vergogne sur un président malade et épuisé.* De même racine, le mot *dévergondé* qualifie quelqu'un qui, sans honte, mène une vie scandaleuse.

VÉRISME. *n. m.* Mouvement littéraire italien (fin XIXe siècle) qui, à l'instar du naturalisme français, cherche à représenter très exactement la vérité concrète de la vie quotidienne et de la réalité sociale. Par extension, le terme s'applique à toute œuvre éprise de réalisme social. *Le vérisme dans l'art. Un roman vériste. Le cinéma vériste.*

VERSATILE. *adj.* Qui change facilement ou brusquement d'opinion, de parti, d'attitude. Inconstant. *Une foule versatile. Un individu d'humeur changeante, lunatique, versatile.*

VERSET. *n. m.* 1° Petit paragraphe numéroté d'un texte sacré ou religieux. *Les versets de la Bible* (Ancien ou Nouveau Testament). *Les versets du Coran.* Les versets peuvent se réduire à une phrase. La numérotation facilite les renvois au texte, les citations.

2° Petit paragraphe de prose poétique, tendant à imiter les versets des psaumes bibliques. Constitué d'une ou plusieurs phrases, le verset a surtout été utilisé par Claudel; sa « respiration » est rythmée, afin de traduire le lyrisme des élans du cœur ou de l'âme.

VERSION. *n. f.* 1° Traduction d'un texte. D'où, par extension, l'un des états qu'un texte peut prendre à la suite de diverses adaptations ou traductions; variante. *Dans quelle version lisez-vous la Bible?* Se dit aussi des diverses présentations d'un film *(version originale, version en langue française).*

2° Présentation ou interprétation particulière d'un fait, d'une série d'événements. *Les deux témoins n'ont pas la même version des faits.*

VERSIFICATION. *n. f.* Art d'écrire en vers. Code qui régit cet art, variable selon les époques. Produit de cet art. *La versification ne suffit pas à faire de la poésie. La versification française s'est assouplie du classicisme au romantisme. Vous étudierez la versification de ce poème.* Voir **Alexandrin, Césure, Hémistiche, Rime**.

VERTU. *n. f.* (du latin *virtus*, «qualité qui fait la valeur d'un homme», le mot *vir* désignant l'homme; «vertu» et «virilité» ont la même origine).

1° **Sens classique :** courage moral, force d'âme. *La vertu du héros cornélien. « La naissance n'est rien où la vertu n'est pas ».* Noblesse de cœur.

2° **Sens courant** *(concernant les personnes)* : qualité morale; disposition à vouloir et à faire le bien. On peut distinguer *La* vertu (honnêteté générale, conduite de sagesse, absence de méchanceté, courage moral) et *Les* vertus particulières (souvent codifiées par la morale chrétienne : tempérance, justice, courage, charité, humilité, honnêteté, sincérité, etc.). *La vertu d'une femme* (sa chasteté, sa fidélité conjugale). *Les vertus et les vices. Il a de la vertu* (il endure avec courage une situation pénible).

3° *(concernant les choses) :* propriété spécifique, qualité particulière qui rend une chose capable de produire ce qu'on attend d'elle. Principe, faculté, pouvoir. *La vertu curative d'une plante* (sa capacité à soigner). *La vertu apéritive d'une clef* (sa faculté d'ouvrir une serrure). *L'ubiquité est la vertu d'être présent en plusieurs endroits simultanément. En vertu de* (par le pouvoir propre à) : *en vertu de la loi, je vous arrête.*

N.B. Ce troisième sens existe déjà, par extension, dans le mot latin *virtus* : celui-ci désignant le caractère distinctif *de l'homme*, par glissement, a désigné aussi le caractère distinctif (la capacité propre) *des choses*. D'où les deux évolutions, apparemment divergentes, du terme.

VERVE. *n. f.* (du latin *verbum*, «parole»). Inspiration littéraire. Brillante capacité verbale. Vivacité d'esprit liée à la facilité de parole. *La verve d'un orateur, d'un pamphlétaire. La verve de Cyrano de Bergerac.* **Être en verve :** se sentir à l'aise pour parler et briller.

VESTALE. *n. f.* Chez les Romains, prêtresse de Vesta, chargée d'entretenir le feu sacré, en l'honneur de la déesse. Les vestales devaient rester chastes durant les trente années de leur fonction, sous peine de cruels châtiments. Au *sens figuré*, le mot désigne une femme d'une rigoureuse chasteté.

VÉTILLE. *n. f.* Chose insignifiante, sans gravité. *Ce n'est qu'une vétille. Ignorer le sens du mot vétille, est-ce vraiment une vétille ?*

VETO. *n. m. inv.* (mot latin, « je m'oppose »). Opposition formelle, refus. Le *droit de veto* est le droit accordé à une autorité de s'opposer absolument aux décisions d'une assemblée, d'un Conseil.

VÉTUSTE. *adj.* Vieux ; abîmé, dégradé, détérioré par le temps. *Un immeuble vétuste.* Cet adjectif s'emploie quasi exclusivement à propos des bâtiments, du mobilier, des installations.

VEULE. *adj.* Qui est sans volonté, sans énergie, sans vigueur. *Une nature veule. Un personnage veule et lâche. Le pouvoir des tyrans s'appuie souvent sur la veulerie des masses.*

VIA. (« voie », en latin). Préposition qui signifie « en passant par ». *Paris-Rome via Milan.* Peut s'employer au figuré dans le sens « par l'intermédiaire de ».

VIATIQUE. *n. m.* (du latin *via*, « voie »). *(sens ancien)* Provisions, argent pour voyager. *(sens religieux)* Eucharistie donnée au mourant, pour son dernier voyage. *(sens littéraire)* Soutien moral, secours indispensable.

VICE. *n. m.* 1° Défaut technique. *Un vice de fabrication. Un vice caché qui annule un contrat* (une maison dont les fondations ne tiennent pas ; ce défaut, caché par le vendeur, annule la vente : c'est un *vice rédhibitoire*).

2° Grave défaut moral ; mauvais penchant ; disposition à faire le mal. *L'habitude de mentir est un vice. Vivre dans le vice et la débauche. L'alcoolisme est-il un vice ou une maladie ? L'oisiveté est la mère de tous les vices.*

VICE-VERSA. Locution latine qui signifie « réciproquement, inversement ». *Les publiphobes détestent les publicitaires, et vice-versa.*

VICISSITUDES. *n. f.* Ne s'emploie plus qu'au pluriel : changements heureux ou malheureux, succession d'événements positifs ou négatifs, aléas, tribulations. *Les vicissitudes de* *l'existence. Les vicissitudes d'un long voyage.* Le mot s'emploie de plus en plus pour désigner une suite d'événements malheureux. *Affaibli par les vicissitudes de sa carrière.*

VILIPENDER. *v. tr.* (littéralement, «considérer comme vil»). Dénoncer, traiter par le mépris; présenter publiquement comme vil quelqu'un ou quelque chose. *Vilipender les mœurs de l'époque. Vilipender un adversaire politique.* Noter que la personne *vilipendée* n'est pas nécessairement *vile*: elle est seulement présentée comme telle. On dit, familièrement, «traîner dans la boue».

VINDICTE PUBLIQUE (désigner quelqu'un à la vindicte publique). La «vindicte» est la vengeance (voir *Vindicatif*). **Désigner à la vindicte publique,** c'est *dénoncer quelqu'un comme coupable aux yeux de tous.* Voir **Clouer au pilori.**

VINDICATIF. *adj.* Qui est porté à se venger; rancunier. *Avoir un caractère vindicatif.* Qui traduit un désir de vengeance. *Un ton, un air vindicatifs.*

VIOLON D'INGRES. Activité secondaire, généralement artistique, à laquelle on se livre avec succès. Ingres, peintre français (1780-1867), pratiquait en effet le violon avec talent. *Quel est votre violon d'Ingres? Moi, c'est le piano.*

VIRTUEL. *adj.* Qui n'existe qu'en puissance, par opposition à ce qui est réel ou réalisé. Possible, potentiel. *Un projet resté à l'état virtuel. Un talent encore virtuel. Les virtualités d'un enfant* (ses potentialités, qu'il faut aider à se faire jour). Bien que les trois mots soient souvent synonymes, on peut distinguer ce qui est *potentiel* (proche de la réalisation), ce qui est *possible* (réalisable, mais non encore mis en œuvre) et ce qui est *virtuel* (qu'il faut vraiment aider à se réaliser, et donc, peut très bien rester dans l'irréel). *J'étais virtuellement champion; mais il m'a manqué la persévérance.*

Image virtuelle: image produite artificiellement d'une «réalité» qui n'existe absolument pas. La technique moderne permet de créer des images virtuelles animées, qui semblent «criantes de vérité». D'où leur danger...

VIRTUOSITÉ. *n. f.* Grande maîtrise technique dans la composition ou dans l'exécution d'une œuvre d'art. *La virtuosité d'un écrivain, d'un dramaturge. La virtuosité d'un pianiste* (sa vélocité manuelle). On oppose parfois le brio de la virtuosité à la profondeur de l'art véritable.

VIRULENT. *adj.* **Sens propre :** se dit d'une maladie dont les germes sont très actifs, pathogènes (ils se multiplient rapidement), violemment nocifs. *Une grippe virulente. Un poison virulent.*

Sens figuré : violent, nuisible, corrosif, venimeux. *Une critique virulente. Un propos virulent. « Dans un monde où la bêtise est virulente, il nous faut rendre l'intelligence contagieuse »* (F. Brune).

VISIONNAIRE. *adj.* et *n.* **Sens courant :** qui a des visions, qui se croit détenteur de messages surnaturels. Illuminé. **Sens littéraire :** qui a des vues d'avenir, anticipe sur le futur. *Un artiste visionnaire. Dont les œuvres témoignent d'une ardente et originale vision des choses.*

VITUPÉRER. *v. tr.* ou *intr.* Protester avec véhémence contre quelqu'un ou quelque chose. Proférer des injures, blâmer avec violence. *Vitupérer le gouvernement (ou contre le gouvernement). Vitupérer contre les jeunes, contre la hausse des impôts. Il passe son temps à vitupérer.*

VOCATION. *n. f.* (du latin *vocare*, « appeler »).
Sens religieux : appel de Dieu ou sentiment d'être appelé par Dieu à telle mission, à telle vie, et en particulier au sacerdoce. On dit alors « *la* vocation ». *Il a la vocation.*
Sens général : disposition personnelle à faire telle chose, à exercer tel métier ; penchant pour tel type de vie. *Il a vraiment la vocation de l'enseignement. C'est en allant au théâtre qu'il a vivement senti sa vocation d'acteur.* Par extension, destination naturelle d'un groupe, d'une entité plus ou moins humaine. *La vocation agricole de la France. La vocation de la S.N.C.F. est de transporter les voyageurs au moindre prix.* **Avoir vocation à :** être qualifié pour.
N.B. Certains orateurs jouent parfois habilement des divers sens de ce mot. Ainsi, certains hommes politiques peuvent présenter leur goût du pouvoir sous la forme d'une *vocation naturelle* (un « appel » du pays, ou de Dieu…).

VOCIFÉRER. *v. intr.* Parler d'une voix forte et coléreuse ; hurler (en général contre quelqu'un). *Vociférer contre le représentant du pouvoir. La foule éclata en vociférations.* Le verbe peut être employé transitivement : *vociférer des injures.*

VŒU. *n. m.* 1° Promesse, engagement pris envers Dieu. *Les prêtres font vœu de célibat dans la religion catholique.*

Le vœu d'obéissance, le vœu de pauvreté. Par extension, engagement moral pris envers soi-même ou envers quelqu'un d'autre. *Deux époux se font vœu de fidélité l'un envers l'autre. J'ai fait vœu de ne plus passer sous un pont.*

2° Vif souhait ; désir que s'accomplisse quelque chose pour soi ou pour quelqu'un d'autre. *Faire un vœu. Présenter ses vœux.* Souhait ou demande collective. *Le vœu le plus cher de la nation est de retrouver la liberté.* Désir humain en général :

« *Borné dans sa nature, infini dans ses vœux,*
L'homme est un dieu tombé qui se souvient des cieux »

(Lamartine)

VOGUE. *n. f.* Ce qui est présentement en faveur dans le public, ce qui est à la mode. *Les vogues se succèdent et se contredisent. La vogue du yo-yo, la vogue de la mini-jupe. Être en vogue* (avoir du succès). *Un auteur en vogue.*

VOLAGE. *adj.* Qui change souvent de sentiment, d'objet aimé. Inconstant en amour. *Une femme volage.* Dans *Phèdre*, Thésée est présenté comme un :

« *Volage adorateur de mille objets divers* »

VOLONTARISME. *n. m.* **Sens philosophique :** doctrine qui affirme la primauté de la volonté, réalité essentielle, sur les idées ; l'action prime la pensée.

Sens courant : attitude des personnes qui croient au pouvoir de la volonté sur les événements. *Le volontarisme d'un chef d'État. Au lieu de laisser aller les choses, ayons une attitude volontariste.*

VOLUBILE. *adj.* Qui parle beaucoup, avec aisance et rapidité. *Un orateur volubile. Des explications volubiles.*

VOLUPTÉ. *n. f.* Intense plaisir des sens ; et notamment, jouissance sexuelle. *J'ai goûté dans ses bras de douces voluptés.* Vive joie morale ou esthétique. *Exprimer son mépris n'est pas sans volupté.*

-VOR(E). Racine issue du latin *vorus*, de *vorare*, « manger ». On la retrouve dans les mots *vorace* (qui dévore avidement), *carnivore, dévorer, herbivore, insectivore, omnivore.* Voir la racine grecque **Phage** (même sens).

VOUER. *v. t.* 1° Promettre, engager, consacrer (par un vœu).

Vouer un temple à Dieu. Vouer son existence à une grande cause. **Se vouer** : se consacrer.

2° Destiner irrémédiablement : *être voué au malheur* (être prédestiné, condamné à). *Vouer aux gémonies* (voir ce mot).

VOX POPULI. *n. f.* «Voix du peuple», en latin. Cette expression désigne l'opinion générale des citoyens, la «voix» du plus grand nombre. Elle équivaut approximativement à ce qu'on appelle aujourd'hui l'Opinion (publique), pour peu que celle-ci soit bien la voix du plus grand nombre, et non pas ce que les médias déclarent être l'opinion générale... Notez le proverbe (très discutable) *Vox populi, vox Dei* (la voix du peuple est la voix de Dieu).

VRAI, VRAISEMBLABLE. *adj.* et *n.* 1° Est vrai, d'abord, ce qui est conforme à la réalité objective, dûment observée, attestée ou «vérifiée». Dans ce sens, le *vrai* s'oppose au faux ou au fictif et se confond avec le *réel* (voir ce mot, et les problèmes qu'il pose).

2° Est vrai ce qui correspond, pour nous, à la vérité, cette vérité pouvant être subjective, intérieure ou de nature générale (conceptuelle). *Le vrai*, dans ce sens, *peut s'opposer au réel*. C'est le cas lorsque Victor Hugo déclare que le théâtre *«n'est pas le pays du réel»* (en raison des aspects conventionnels du décor) mais qu'il est néanmoins *«le pays du vrai»* (en raison des sentiments humains qui s'y expriment). Le vrai dépasse le réel. Le réel peut masquer le vrai.

3° Est vrai ce qui est authentique, ce qui correspond profondément à ce qu'on peut en attendre. Un *vrai* roman, un *vrai* homme d'État, un *vrai* pianiste. Le mauvais pianiste n'est pas un «faux» pianiste, mais simplement un pianiste qui n'atteint pas l'essence, l'excellence de son art.

Le **vraisemblable** peut se définir à partir de ces trois significations du mot *vrai*, de ces trois «degrés» de vérité.

1° *Au sens courant*, le vraisemblable est ce qui a l'apparence du vrai, ce qui n'est pas nécessairement vrai, mais probable, très plausible. Le vraisemblable peut être démenti par le réel (par le vrai au sens n° 1) mais s'accorder avec le sens n° 2 (on éprouve un sentiment de vérité en face de quelque chose qui n'est pas forcément certain).

2° *Au sens littéraire*, notamment à l'époque classique, le

vraisemblable (ou la vraisemblance) correspond à la vérité générale, profonde, qui nous semble caractériser la nature des choses (ou des êtres). Ce sens du mot associe plus ou moins les deux nuances (n° 2 et n° 3) du « vrai ». Lorsque Boileau écrit *« Le vrai peut quelquefois n'être pas vraisemblable »*, il signifie ainsi que des réalités vraies (sens n° 1) peuvent avoir un caractère si particulier, si exceptionnel, qu'elles ne correspondent pas à la vérité générale qui prévaut à ses yeux : il vaut mieux les éliminer de l'œuvre d'art, selon lui, car n'étant pas représentatives, elles ne sont guère crédibles.

Cette distinction est essentielle en littérature et dans le domaine artistique en général. Le lecteur ou le spectateur a en effet besoin de croire à la réalité apparente, à l'illusion de réalisme, à la « vérité » de ce qu'on représente à ses yeux (pour suivre ; pour s'identifier ; pour adhérer au message de l'auteur). Mais en même temps, la phrase de Boileau est réversible : *le vraisemblable n'est pas toujours « vrai »* : le réalisme peut être un piège ; l'art qui s'enferme dans une certaine *convention* du vrai (le « vraisemblable ») risque de sombrer dans une forme d'académisme et de faillir à sa mission profonde de révélateur du monde.

Vrai, Réel, Vraisemblable sont donc trois mots en étroite interdépendance, qu'il faut apprécier et différencier avec précision, selon leurs contextes.

VULGAIRE. *adj.* (à partir du latin *vulgus*, « le commun des hommes, la multitude »).

Sens classique : commun, banal, ordinaire. *La langue vulgaire* (la langue de tous, par opposition aux langages spécialisés ou littéraires). Ce sens (devenu rare) n'est pas péjoratif. Voir **Vulgarisation**.

Sens courant : bas, grossier, sans distinction, mal élevé. *Des préoccupations vulgaires* (communes, terre à terre). *Un personnage vulgaire* (qui se caractérise par la vulgarité, la trivialité de ses manières ou de son langage).

Le vulgaire : le commun des hommes. On dit aussi, plus péjorativement, le **Vulgum pecus** : le troupeau des mortels, la multitude ignorante.

VULGARISATION. *n. f.* (à partir du latin *vulgus*, « la multitude »). Fait de répandre dans le public, de rendre accessibles au plus grand nombre, des connaissances, des techniques jusqu'alors détenues par les seuls spécialistes.

Un ouvrage de vulgarisation. La télévision peut beaucoup pour vulgariser les sciences physiques et naturelles.

N.B. Ne pas confondre avec *vulgarité*, malgré l'origine commune. Noter le verbe *divulguer* (rendre public) qui a la même racine.

VULGATE. *n. f.* Nom de la traduction latine de la Bible due à saint Jérôme (347-419) et adoptée par l'Église. Comme l'étymologie le montre, il s'agissait là d'une forme de *vulgarisation* : la vulgate est la version commune, répandue auprès du public. Par extension, on nomme parfois *vulgate* l'ensemble des textes de référence d'une philosophie ou d'une doctrine donnée. *La vulgate marxiste.*

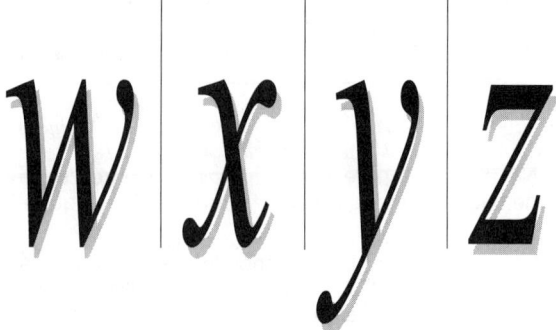

WELTANSCHAUUNG. *n. m.* Mot allemand popularisé par J.-P. Sartre, qui signifie « vision du monde ». Il s'agit à la fois d'une conception métaphysique du monde et de l'attitude que l'on adopte globalement en face de la vie. Le terme peut concerner un individu ou un groupe, voire une culture entière.

XÉNOPHOBIE. *n. f.* (du grec *xenos*, « étranger » et *phobos*, « peur »). Hostilité systématique à l'égard des étrangers, ou de ce qui est étranger. *Les Français sont-ils vraiment un peuple xénophobe ?* À la xénophobie s'oppose la maxime fondamentale de l'humanisme : « Je suis homme, et rien de ce qui est humain ne m'est étranger » *(Homo sum, nihil humani a me alienum puto*, Térence, poète latin, 190-159 avant Jésus-Christ). Antonyme : *xénophilie* (sympathie pour les étrangers).

YANG et **YIN.** *n. m.* Principes fondamentaux de la philosophie traditionnelle chinoise. Le **yang** est le principe universel du mouvement, de l'activité (présent en toute chose et en tout être) ; le **yin**, complémentaire, est le principe général de la passivité (lui aussi omniprésent, — sans nuance péjorative). Du côté du *yang* se trouvent le feu, le soleil ; du côté du *yin* se trouvent l'eau, l'ombre, la lune. C'est l'action négative de l'homme qui peut mettre en cause l'équilibre naturel du yin et du yang. Cette opposition se retrouve un peu (restreinte à la psychologie de l'homme et de la femme) dans la distinction *animus/anima* selon le psychologue Jung.

ZÉLATEUR. *n. m.* Partisan résolu et actif d'une cause, d'une personne, d'une religion, etc. Le zélateur se manifeste précisément par l'ardeur de son zèle, qui le conduit parfois à des interventions intempestives.

N.B. Au départ, comme le mot zèle (ardeur à servir Dieu), le terme a une connotation religieuse, puis il passe dans le domaine profane. Au sens courant, le mot *zèle* signifie ardeur, empressement (cf. *faire du zèle*).

ZÉPHYR. *n. m.* En **langue classique**, nom poétique pour désigner un vent doux et agréable :

« Ce n'était qu'un murmure : on eût dit les coups d'aile
D'un zéphyr éloigné glissant sur les roseaux » (Musset)

ZEUGMA. *n. m.* Figure de style qui consiste, pour éviter de répéter un terme, à lui donner plusieurs compléments de nature différente (et renvoyant à des sens eux-mêmes différents de ce mot). Par exemple, un même adjectif peut être complété par une expression abstraite et une expression concrète :

« Vêtu de probité candide et de lin blanc » (Hugo)

Ou encore :

« Pleins de bière et de drames » (Brel)

L'effet recherché est souvent comique : *« Il sauta la barrière et son repas » ; « Je lui ai porté une lettre et un coup de pied » ; « Tu adores Dieu et moi les frites »*, etc.

ZIZANIE. *n. f.* Trouble, dispute, mésentente entre deux ou plusieurs membres d'un groupe. *Semer la zizanie.*

ZOMBIE. *n. m.* (mot créole). **Sens propre :** revenant, fantôme invoqué par un sorcier. **Sens figuré :** personnage falot, amorphe, vide de pensée. *« Le face-à-face terrible et dérisoire du fanatique et du zombie »* (A. Finkielkraut).

ZOO-. Racine issue du grec *zôon*, « animal ». On la retrouve dans **Zoologie** (étude des animaux ; le *jardin zoologique* ou *zoo*), **Zoomorphisme** (représentation de formes animales), **Zoophilie** (attachement excessif pour les animaux ; déviation sexuelle qui fait d'un animal l'objet du désir).

ZYGOMATIQUE. *adj.* Se dit de certains muscles du visage, allant de la pommette aux commissures des lèvres, dont la contraction permet notamment à l'être humain de rire. Cet adjectif, popularisé par un sketch de Raymond Devos, n'est pas véritablement un « mot-concept ». Sa présence s'impose toutefois à la fin d'un dictionnaire d'inspiration humaniste : Rabelais ne dit-il pas que *« rire est le propre de l'homme »* ?

Achevé d'imprimer par Hérissey – Évreux – N° 82117
Dépôt légal : 17042 - Novembre 1998